武汉统计年鉴

WUHAN STATISTICAL YEARBOOK

2002

(总第14期，NO.14)

武汉市统计局 编

Compiled by

Wuhan Statistical Bureau

中国统计出版社

China Statistics Press

Editorial Board of Wuhan Statistical Yearbook-2002

《武汉统计年鉴—2002》编辑部

总　　编：苏建平

副 总 编：王嘉玮　穆　熙　鲁海祥　朱习娣　胡国亮
肖　魁　刘　凯

编　　辑：（按姓氏笔划为序）
王　卫　王延岭　邓传发　刘　秒　余汉桥
陈仁智　陈至勇　姜晓鸣　夏国华　钱国双
韩洪福　薛鄂鸣

责任编辑：蔡启新　陈　燕　王　卫

成　　员：（按姓氏笔划为序）
王　青　王　忠　朱　慧　余　晖　余红兵
吴文杰　张卫东　胡开锋　胡海玲　钱　露
高汉香　谢　蓉

统计制图：余　晖

英文翻译：张卫东

英文校对：张卫东

Editorial Department of Wuhan Statistical Yearbook-2002

Editor-in-chief: Su Jianping

Deputy Editor-in-chief: Wang Jiawei Mu Xi Lu Haixiang Zhu Xidi
Hu Guoliang Xiao Kui Liu Kai

Editor: (Sorted by Stroke of Chinese Surname)

Wang Wei Wang Yanling Deng Chuanfa Liu Miao Yu Hanqiao
Chen Renzhi Chen Zhiyong Jiang Xiaoming Xia Guohua
Qian Guoshuang Han Hongfu Xue Eming

Coordinator: Cai Qixin Chen Yan Wang Wei

Editorial Staff: (Sorted by Stroke of Chinese Surname)

Wang Qing Wang Zhong Zhu Hui Yu Hui Yu Hongbing
Wu Wenjie Zhang Weidong Hu Kaifeng Hu Hailing Qian Lu
Gao Hanxiang Xie Rong

Statistical Chart Designer: Yu Hui

English Translator: Zhang Weidong

English Proofreader: Zhang Weidong

编辑说明

一、《武汉统计年鉴- 2002》是一部全面反映武汉市经济和社会发展情况的资料性年刊。全书运用丰富的统计数据、高质量的分析资料和生动的统计图表，力求全面、系统、真实地反映武汉市2001年以及重要年份，包括近十年来改革开放社会经济发展的新成就。

二、全书内容分为三个部分。第一部分为特载，收录了国家、湖北省、武汉市2001年国民经济和社会发展统计公报，武汉市第十届人民代表大会第五次会议主要文件和资料。第二部分为专题文章，反映武汉市各行业领域国民经济与社会发展状况。第三部分为统计资料，由14部分组成。包括综合、人口与劳动工资、工业、农业、固定资产投资、交通运输邮电、城市公用事业、能源物资、国内商业、外经、旅游、财政金融保险、科技、教育、文化、卫生、企业调查等方面的数据和城郊区主要统计资料。在附录部分，收集了全国、湖北省及全国19个副省级以上城市的主要经济指标、武汉市主要经济指标占全国、全省的比重情况。为便于读者正确使用统计资料，篇末附有《主要统计指标解释》。

三、本年鉴的资料主要来源于2001年统计年报，部分来自抽样调查。

四、本年鉴各表中，有关对全表的注解均在该表的上方，对表中部分指标的注解则在该表的下方。

五、资料中所使用的度量衡单位均采用国际标准计量单位。

六、本年鉴表中的使用符号说明：“—”表示无数据；“…”表示数据不足本表最小单位；“空格”表示该项统计指标数据不详或无该项数据；“#”表示其中的主要数据；“*”或“①”表示本表下有注解。

Editor's Note

Ⅰ.Wuhan Statistcal Yearbook-2002 is an annual Statistical publication, which covers comprehensive data series、 top-quality article and lively statistieal table and some selected as mwll as in historically important years and most recent ten years of Wuhan's main statistical indices, roundly and truly reflects in a systematic way various aspects of Wuhan's economic and scocial development.

Ⅱ.The book contains the following three parts. 1.Feature Articles. Feature Artlcies cover three communiques in 2001 on National Economic and Social Development respectively disseminated by National Statistical Bureau, Hubei Provincial Statistical Bureau and Wuhan Municipal Statistical Bureau, and the primary documents of the fifth session of the tenth people's Congress Council of Wuhan municipality. 2 .Special Articles. Special Articles collecta series of articles that sumarizing the status quo and changes in all kinds of fields or sectors. 3.Statical Data. Statistical data are composed of the Following 14 srctions, General Survey, Population、 employment and Wages, Industry, Agriculture, Investment in fixed Assrts, Transport、 Post and Telecommunication Services, Urban Public uytilities, Consumption of Energy and materials, Domestic Trade, Foreign Trade and International Economic Cooperation, Tourism, Public Finance、 Banking and Insurance, Scielce And Technology、 Education、 Culture、 Public Health, Enerprise Survey and 13 administrative areas of the city.in the end of the book,one appendix is compiled, which contains major economic Idicators of the mhole Nation、 Hubei Province and 19 cities at and above vice Province level and percentage of Wuhan's Economy Aggregate in The Nationwide and Hubei Province. Inaddition, Explanatory Notes on Main Statistical Indicators are provided at the end of esch section.

Ⅲ.The major data sources of this publication are obtained from annual statistical reports and some from sample surveys.

Ⅳ.The notes con cerning the whole table are placed at the upper part of the book, while the notes concerning individual indicatora are placed at the lower part.

Ⅴ.The units of measurement used in this book are intemationally standard measurement units.

Ⅵ.Notations used in this book: "—" indicates no data in the item, "…" indicates that the figures is not large enough to be measured with the smallest unit in the table,the blank indicates that the data not available, "#" indicates the major items of the total "*" indicates "see footnotes below"

图　　1：人口及构成
Chart　1：Population and Its Composition

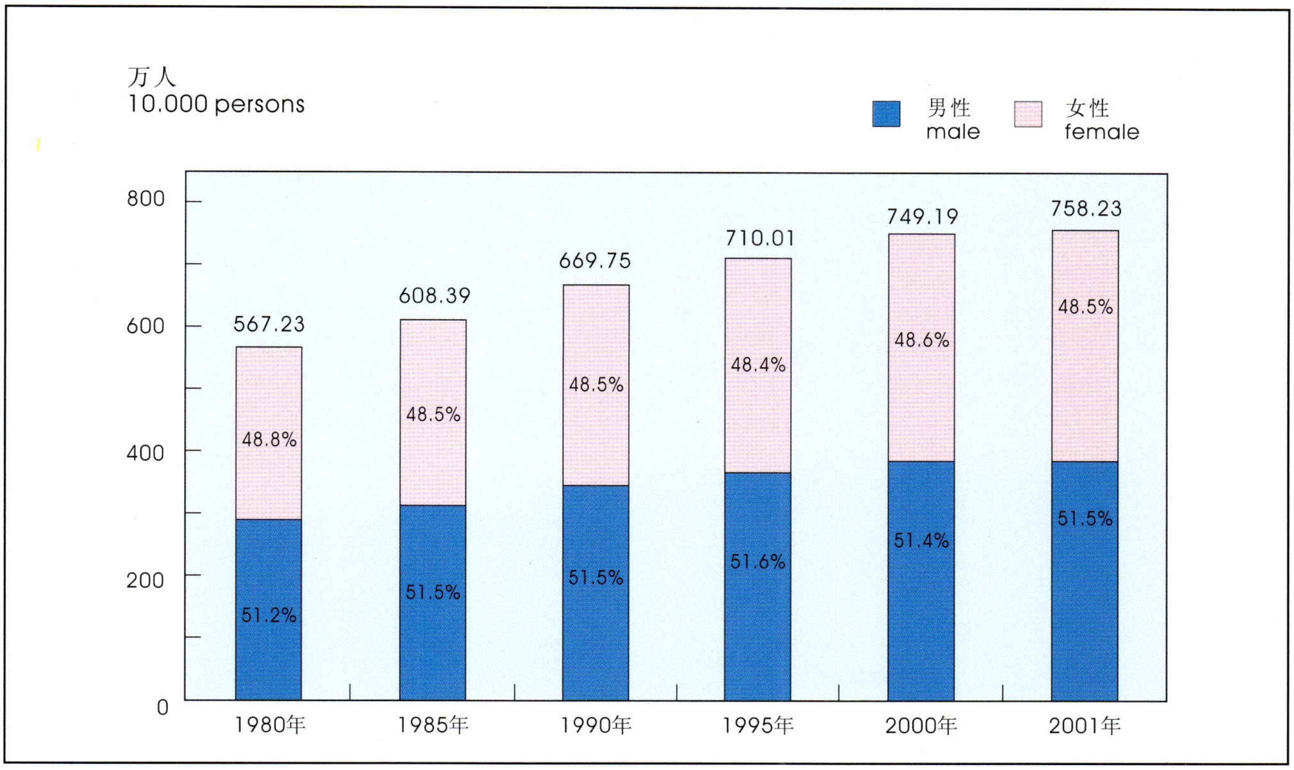

图　　2：社会劳动者构成（2001年）
Chart　2：Composition of Employment

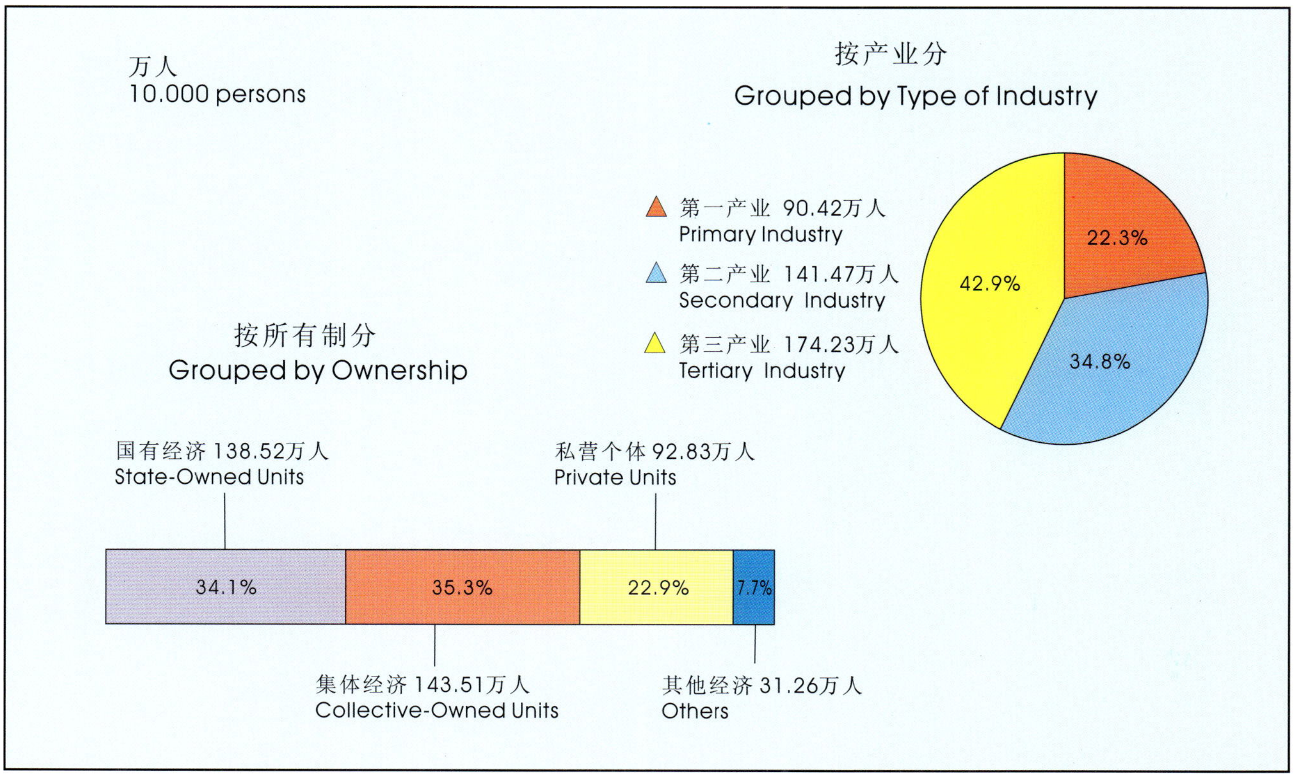

图　3：国内生产总值及增幅
Chart 3: Gross Domestic Product and Its Growth Rate

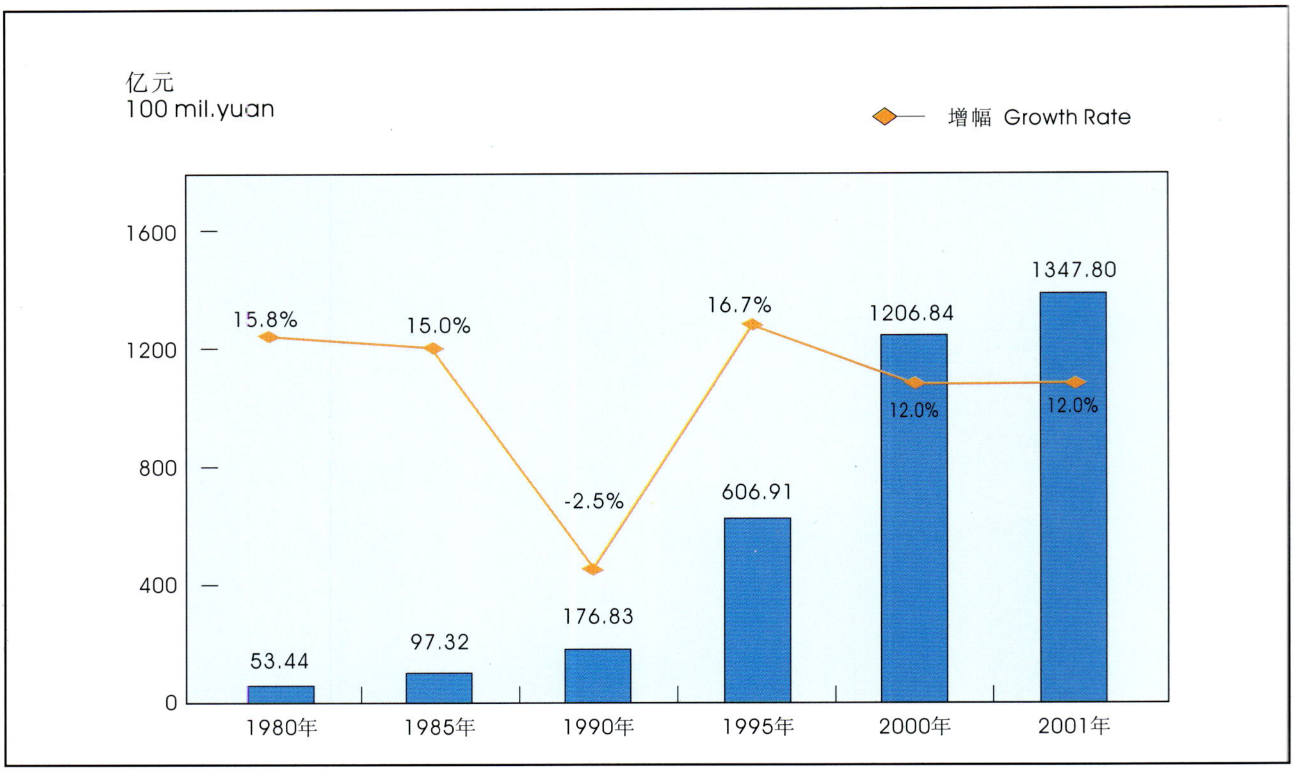

图　4：国内生产总值构成（2001年）
Chart 4: Composition of Gross Domestic Product

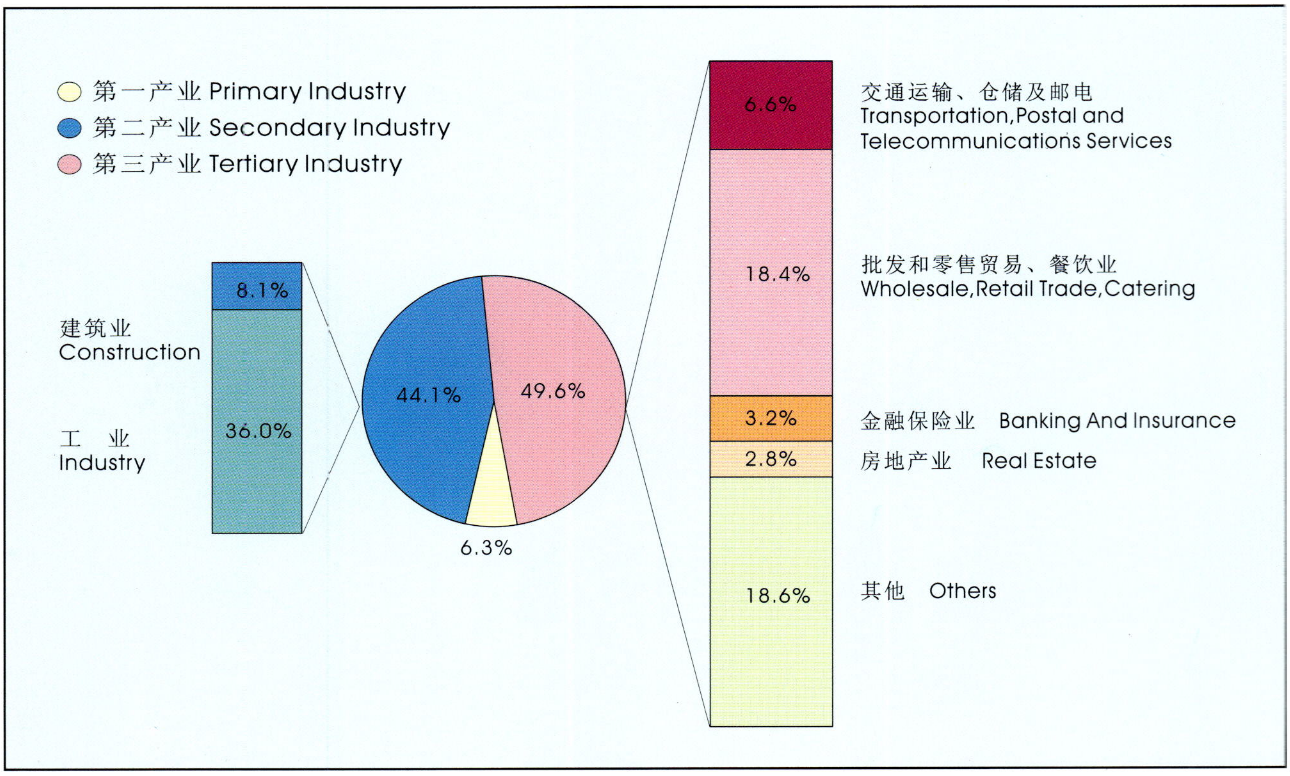

图　　5：工业总产值及增幅
Chart 5: Gross Output Value of Industry and Its Growth Rate

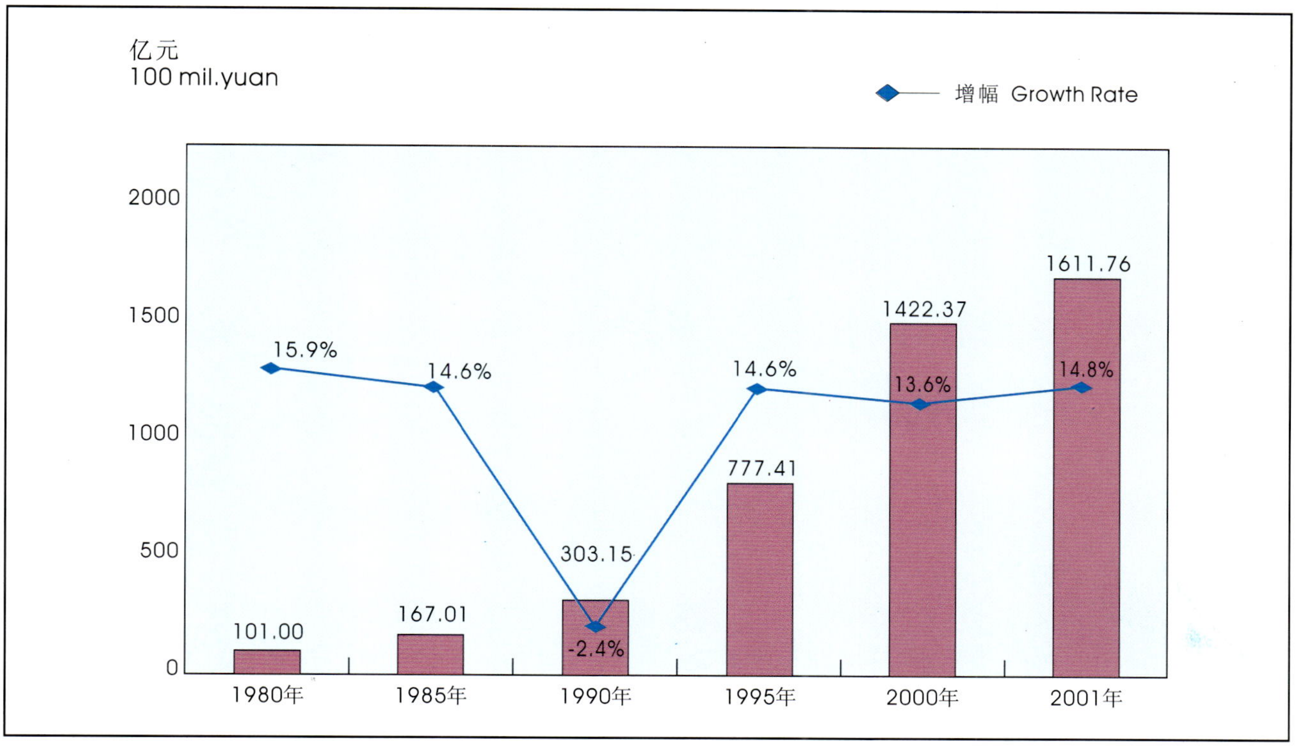

图　　6：工业总产值构成（2001年）
Chart 6: Composition of Gross Output Value of Industry

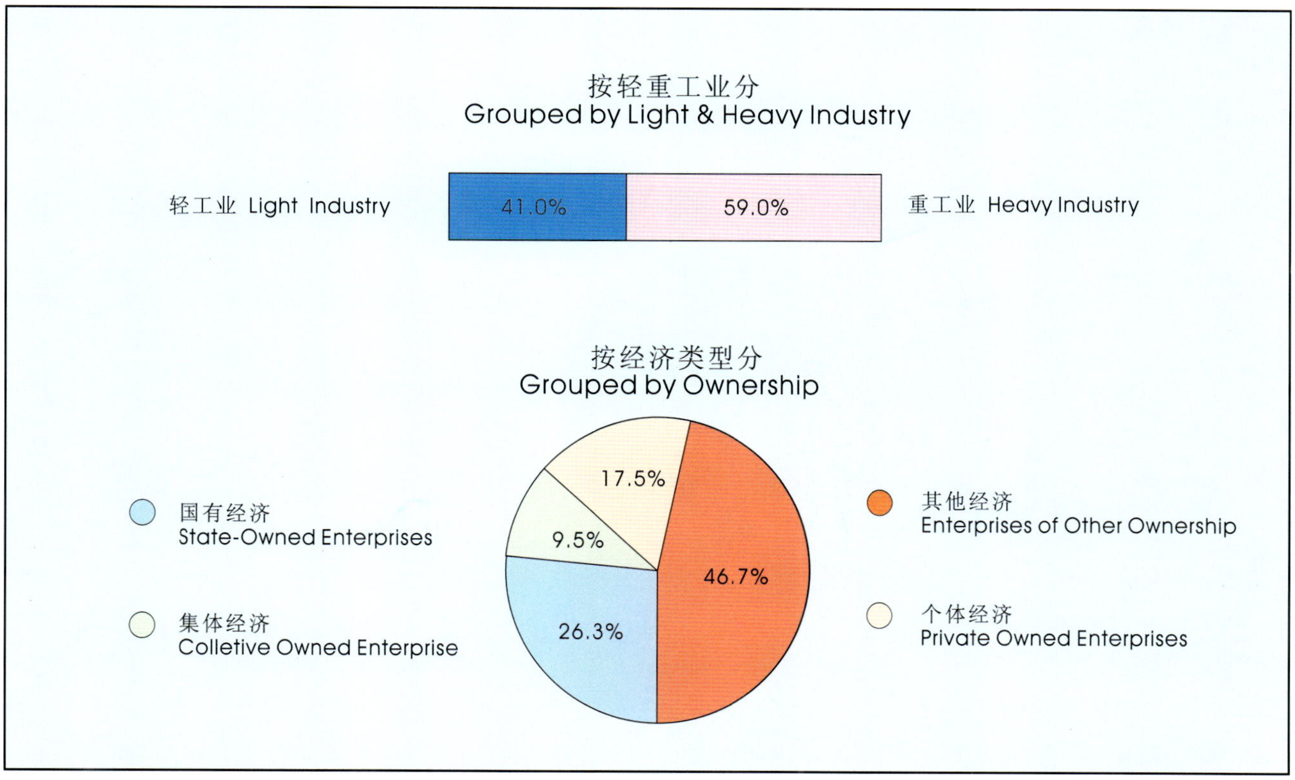

图 7：农业总产值及增幅
Chart 7：Gross Agricultural Output Value and Its Growth Rate

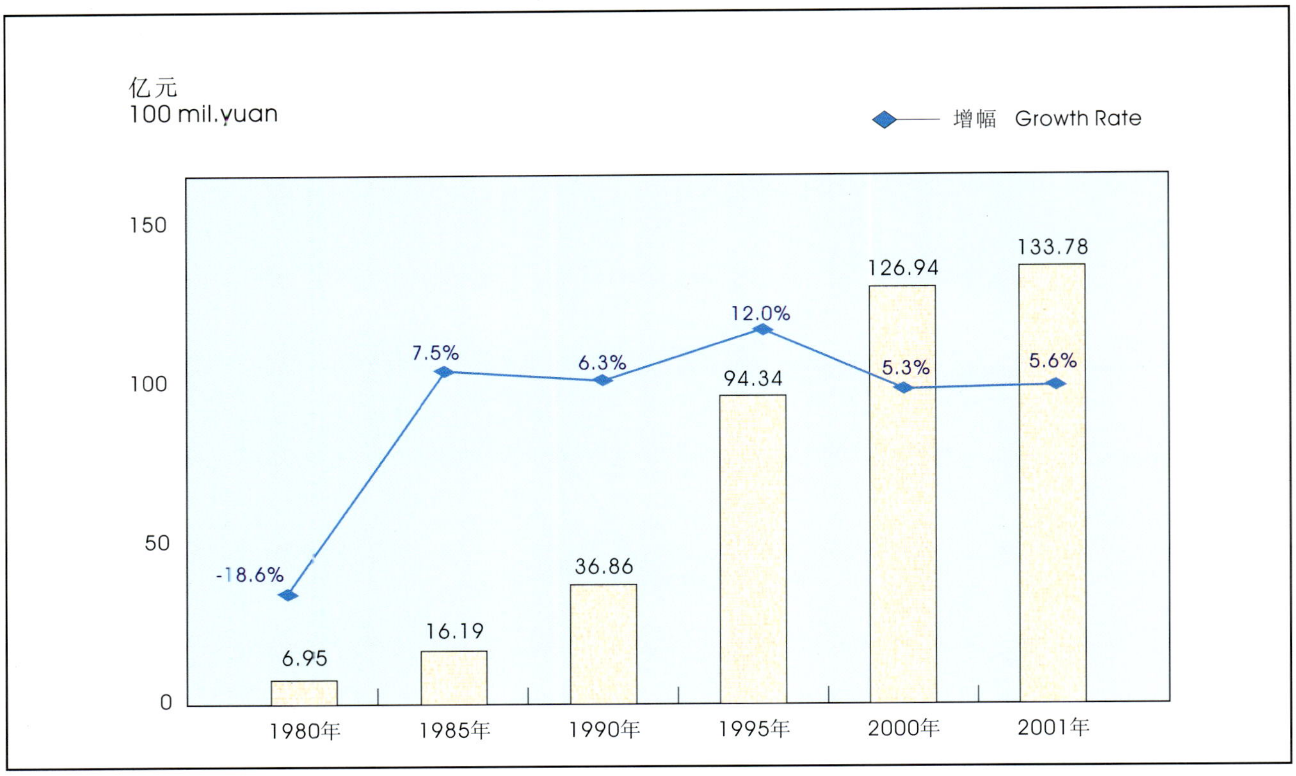

图 8：农业总产值构成（2001年）
Chart 8：Composition of Gross Agricultural Output Value

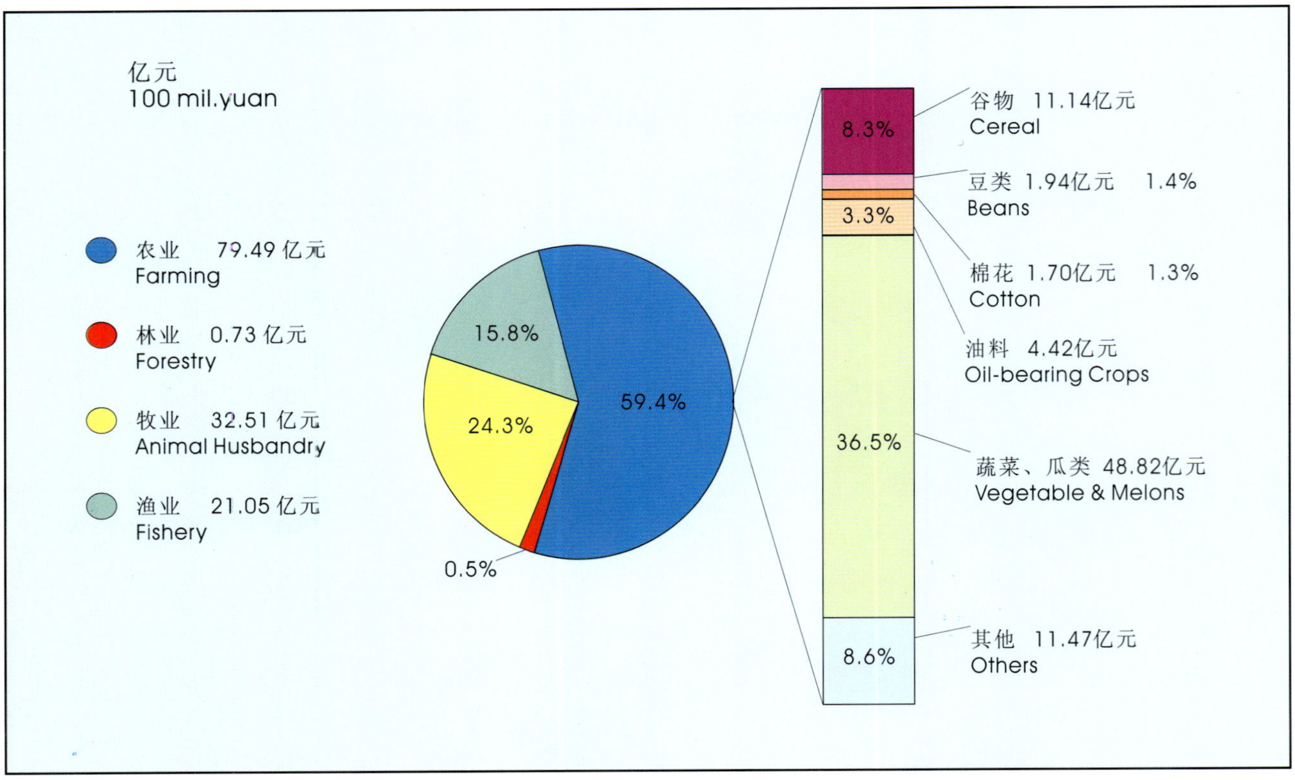

图　　9：全社会固定资产投资及增幅

Chart　9：Total Investment in Fixed Assets and Its Growth Rate

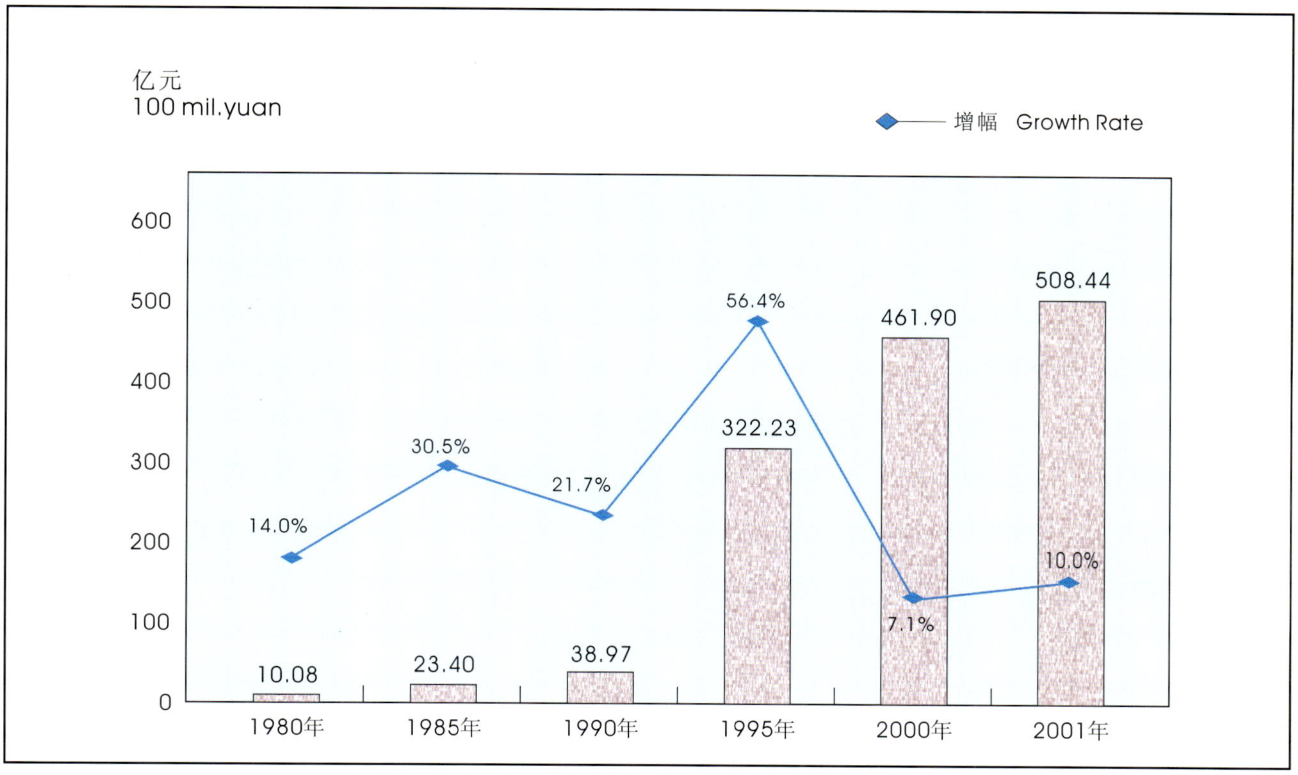

图　　10：全社会固定资产投资构成（2001年）

Chart　10：Composition of Total Investment in Fixed Assets

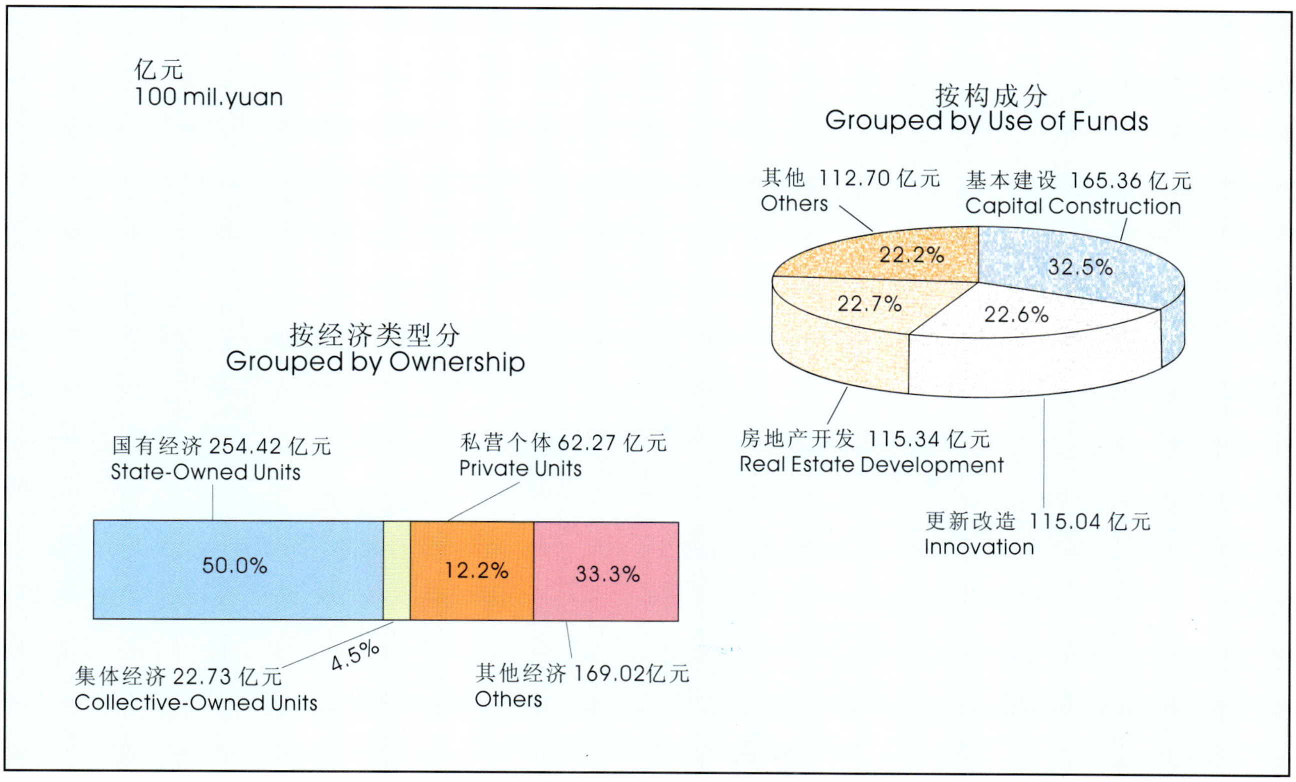

图　11：社会消费品零售总额及增幅
Chart　11：Total Retail Sales of Consumer Goods and Its Growth Rate

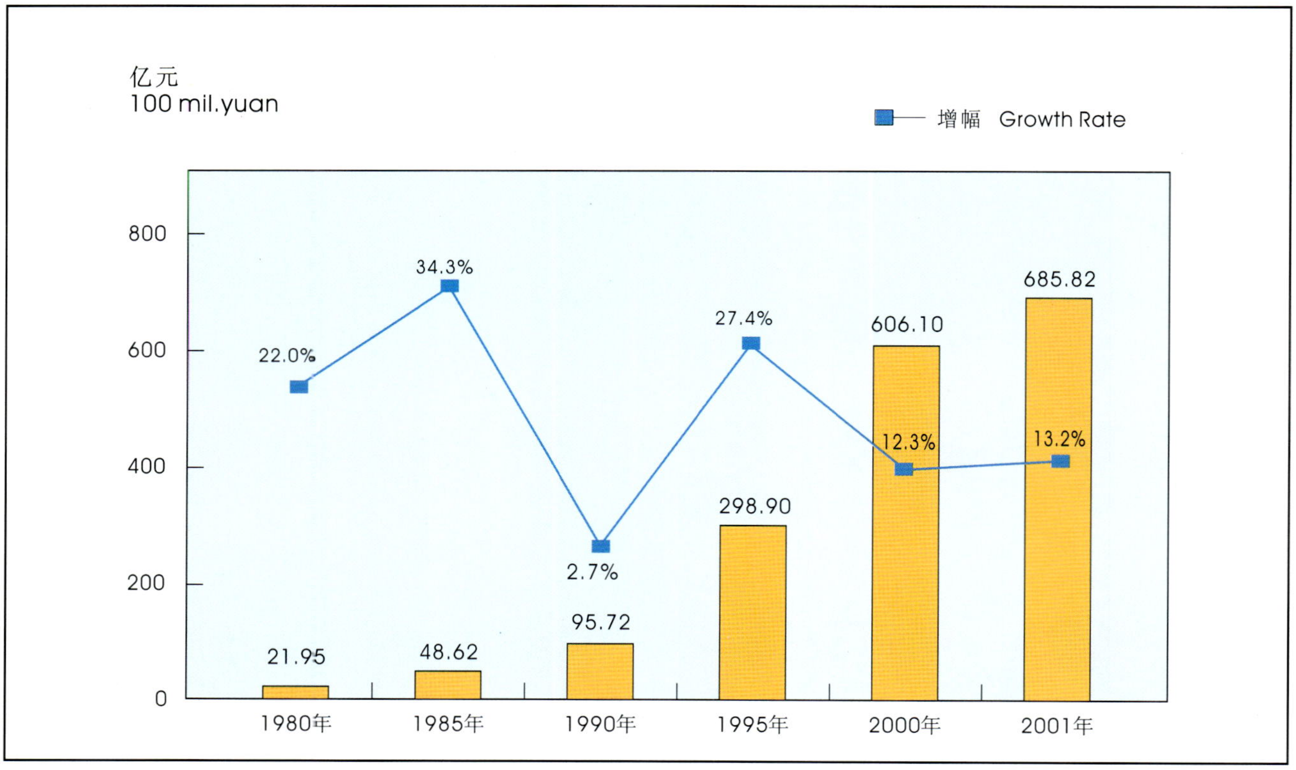

图　12：进出口总额及增幅
Chart　12：Total Imports and Exports and Its Growth Rate

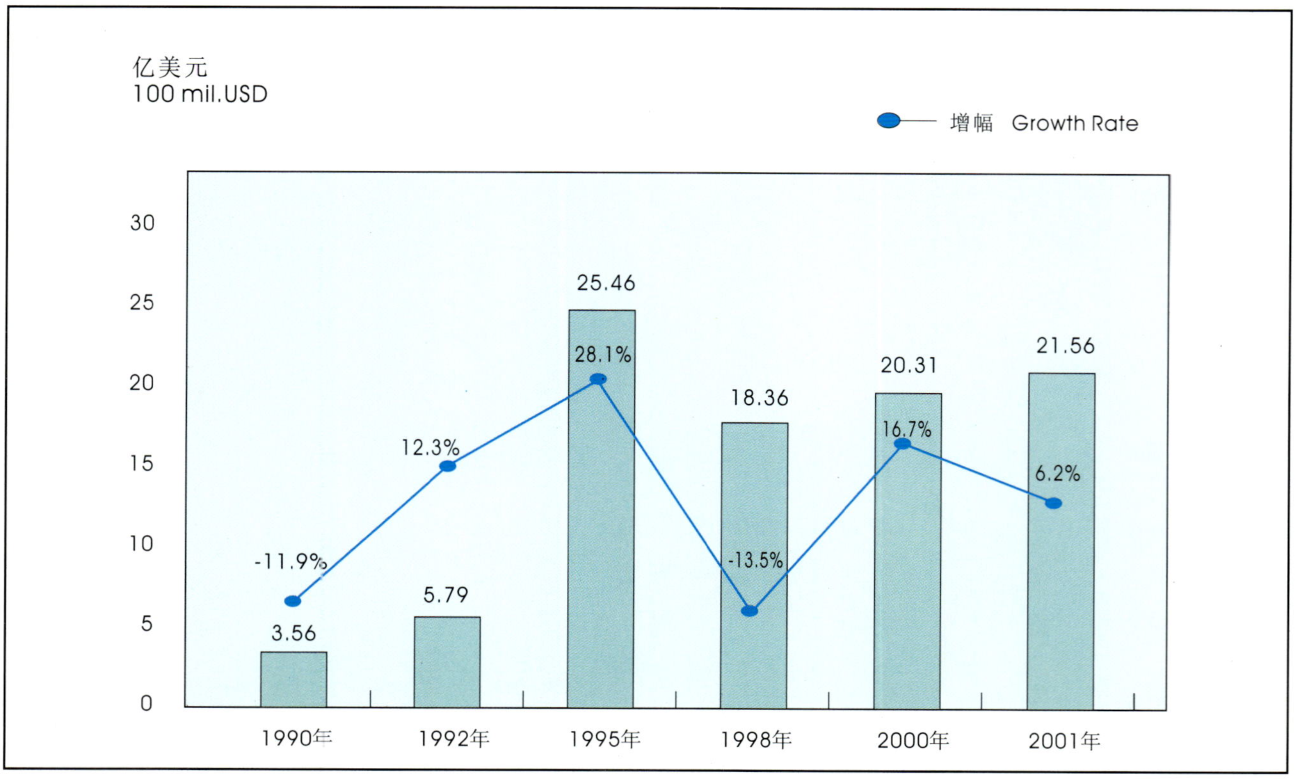

图　　13：财政收入及增幅
Chart　13：Government Revenues and Its Growth Rate

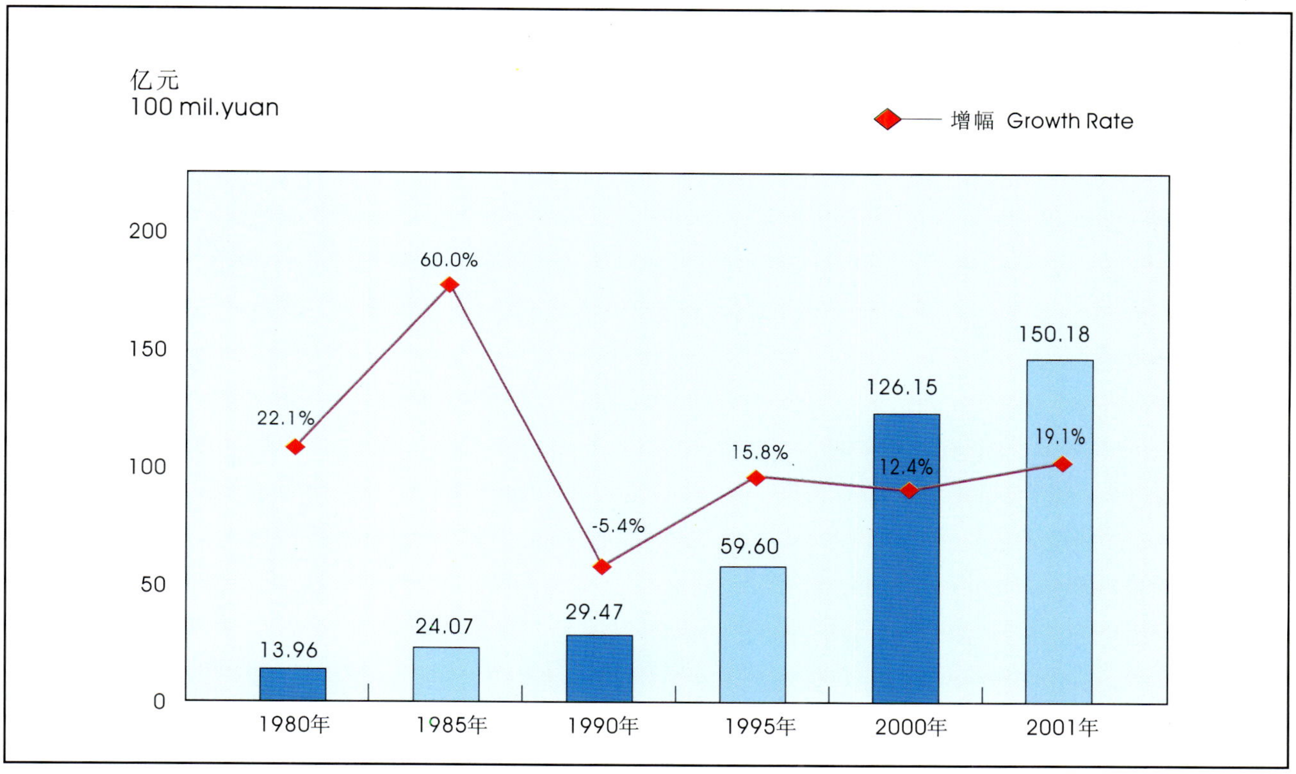

图　　14：物价指数
Chart　14：Price Indices

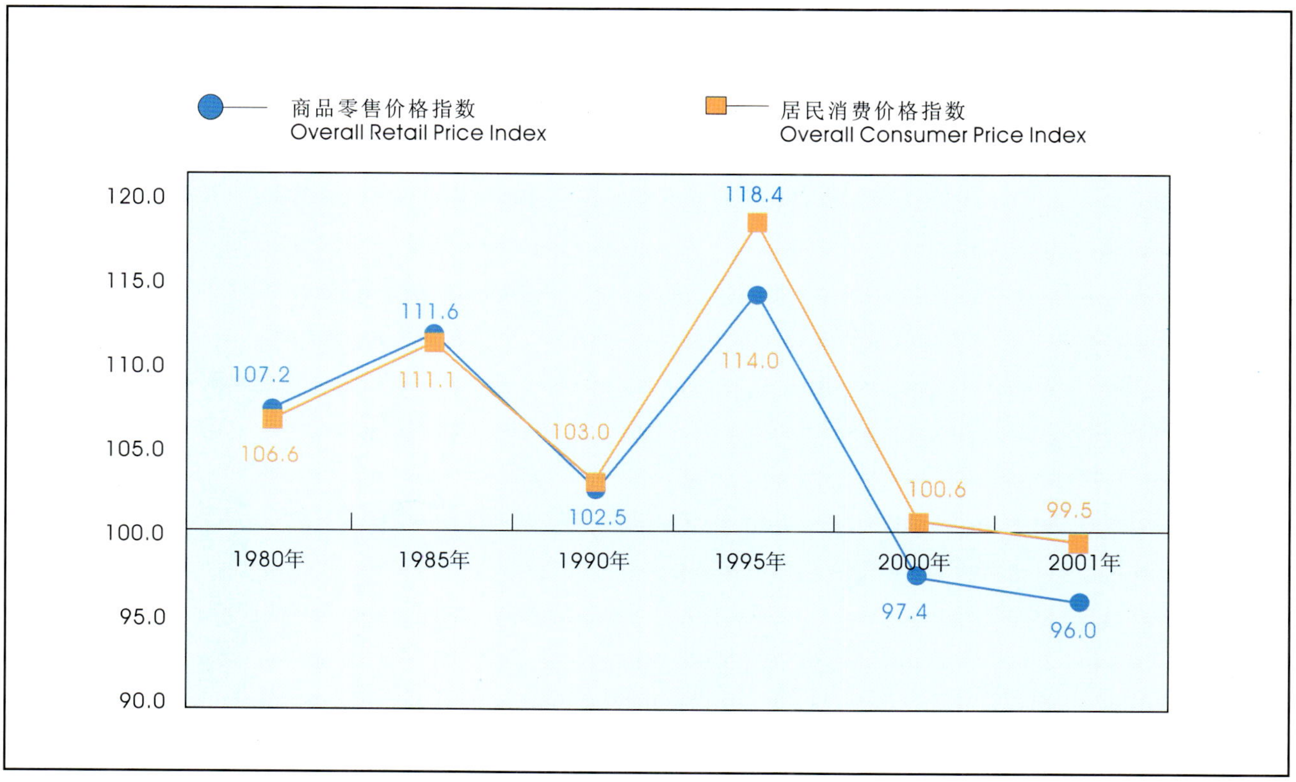

图　15：城镇居民人均可支配收入及增幅

Chart　15：Urban Houshold Per Capita Disposable Income and Its Growth Rate

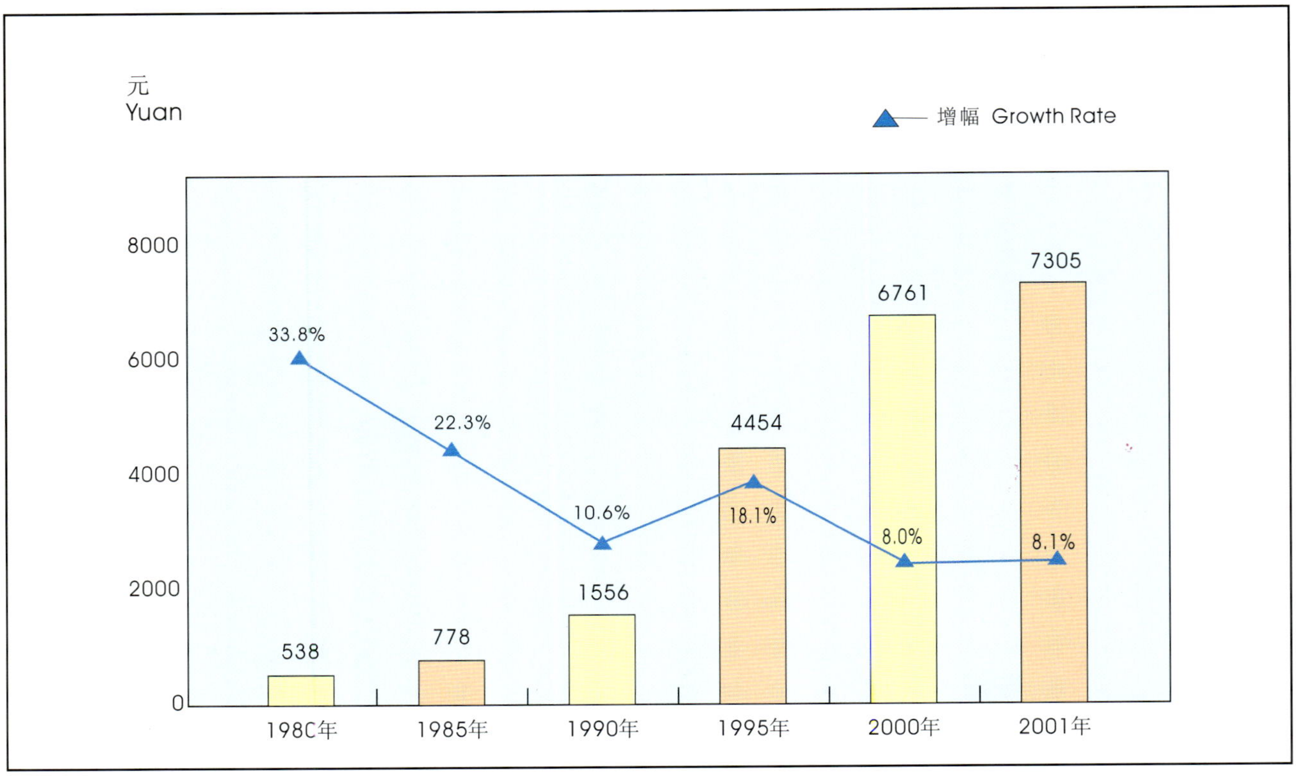

图　16：农村人均纯收入及增幅

Chart　16：Rural Household Per Capita Net Income and Its Growth Rate

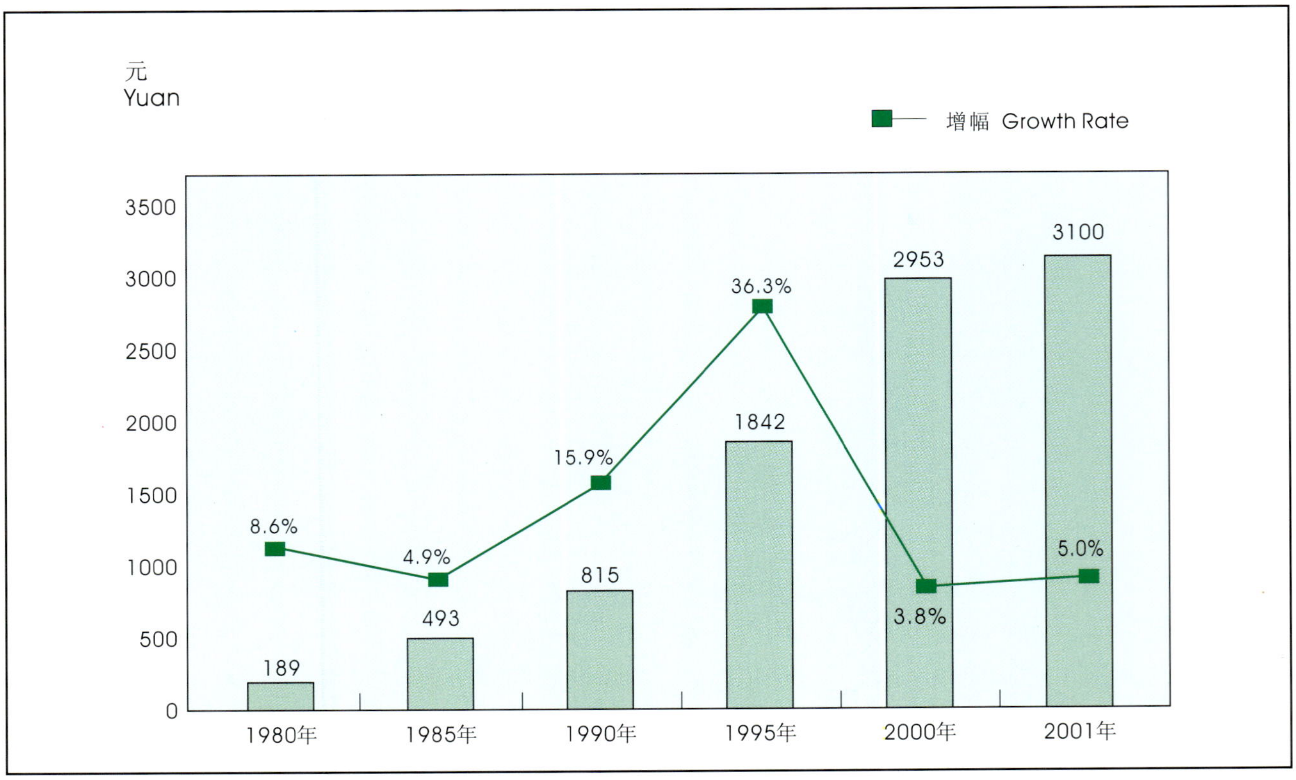

目　　录

CONTENTS

第三部分:统计资料
PART THREE: STATISTICAL DATA

一、综　　合
GENERAL SURVEY

二、人口与劳动工资
POPULATION, EMPLOYMENT AND WAGE

三、工　　业
INDUSTRY

四、农　　业

AGRICULTURE

五、固定资产投资与建筑业
INVESTMENT IN FIXED ASSETS，CONSTRUCTION

七、公用事业

URBAN PUBLIC UTILITIES

八、能源、物资

CONSUMPTION OF ENERGY AND MATERIALS

九、贸易、外经、旅游业

DOMESTIC TRADE, FOREIGN TRADE, ECONOMIC COOPERATION AND TOURISM

十、财政、金融和保险

FINANCE, BANKING AND INSURANCE

十一、物价指数和人民生活
PRICE INDICES AND PEPOLE'S LIVELIHOOD

十二、科技、教育、文化、卫生及其他

SCIENCE、TECHNOLOGY、EDUCATION、CULTURE、HEALTH AND OTHERS

十三、企业调查

ENTERPRISE SURVEY

十四、城(郊)区资料
STATISTICS FOR DISTRICTS

附　录
APPENDIX

第一部分：特载

PART ONE: FEATURE ARTICLES

一、统计公报

STATISTICAL COMMUNIQUE

中华人民共和国2001年
国民经济和社会发展统计公报

中华人民共和国国家统计局

2002年2月28日

2001年，全国各族人民在党中央、国务院的正确领导下，认真贯彻“三个代表”重要思想，努力克服复杂多变的国际政治经济环境的不利影响，坚持扩大内需的方针，继续实施积极的财政政策和稳健的货币政策，加快经济结构调整，积极稳妥地推进各项改革，不断扩大对外开放，大力整顿和规范市场经济秩序，经济运行总体质量和效益不断改善，国民经济继续保持持续健康发展，教育、科技和各项社会事业全面进步，城乡人民生活水平继续提高，实现了“十五”计划和现代化建设第三步战略部署的良好开局。

一、综　　合

国民经济持续较快增长。初步统计，全年国内生产总值为95933亿元，按可比价格计算，比上年增长7.3%。其中第一产业增加值14610亿元，增长2.8%；第二产业增加值49069亿元，增长8.7%；第三产业增加值32254亿元，增长7.4%。

市场价格保持稳定。全年居民消费价格总水平比上年上涨0.7%。其中，城市上涨0.7%，农村上涨0.8%；食品价格持平（其中，粮食下降0.7%，肉禽及制品、鲜菜分别上涨1.6%和1.4%，蛋上涨6.0%），烟酒、衣着价格分别下降0.3%和1.9%，家庭设备、交通通信价格分别下降2.3%和1.0%，娱乐教育文化价格上涨6.6%，居住价格上涨1.2%。工业品出厂价格下降1.3%；原材料、燃料、动力购进价格下降0.2%；固定资产投资价格上涨0.4%。

就业规模继续扩大。年末全国就业人员73025万人，比上年末增加940万人。其中城镇就业人员23940万人，增加789万人。年末国有企业下岗职工为515万人，比上年末减少142万人。全年通过多种途径使227万人实现了再就业。年末城镇登记失业率为3.6%。

国际收支状况良好。全年对外贸易顺差225亿美元，比上年减少16亿美元。实际使用外商直接投资468亿美元，比上年增长14.9%。年末国家外汇储备达到2122亿美元，比上年末增加466亿美元。人民币汇率保持稳定，年末汇率1美元兑8.2766元人民币，人民币比上年末升值15个基本点。

经济结构调整取得了新进展，经济运行总体质量和效益不断改善。农业以市场需求为导向，大力推进品种、品质和布局的优化，主要农作物逐步向优势产区集中。高新技术产业保持较快增长，传统工业技术改造力度加大，一些行业淘汰落后和压缩过剩生产能力取得新的成效。西部地区投资力度有所加大。全年全部国有及年产品销售收入500万元以上的非国有工业经济效益综合指数为122.1，比上年提高3.4点；实现利润4657亿元，增长8.1%。

国民经济和社会发展中存在的主要问题是：经济结构性矛盾和经济体制深层次问题依然比较突出；就业压力增大，农民收入增长仍比较缓慢，部分群众生活还比较困难；企业自主创新能力和市场适应能力不强，部分企业生产经营还相当困难；重大安全事故时有发生，地方保护主义造成的国内市场分割局面尚未完全改变，市场经济秩序仍比较混乱。

二、农　　业

种植业结构继续调整。全年粮食播种面积比上年减少，棉花面积扩大76万公顷，糖料面积扩大约17万公顷，蔬菜面积扩大约115万公顷，油料面积减少约70万公顷，优质专用小麦面积扩大130多万公顷，优质稻种植面积的比重达50%以上，优质油菜籽面积扩大较多。

粮食有所减产。受调减播种面积和严重干旱的影响，全年粮食产量45262万吨，比上年减产2.1%。其中夏粮产量10188万吨，减产4.6%；早稻产量3396万吨，减产9.5%；秋粮产量31678万吨，减产0.3%。

棉花、糖料增产，油料减产。全年棉花产量532万吨，比上年增长20.4%；糖料产量8790万吨，增长15.1%；油料产量2872万吨，减少2.8%。蔬菜生产在精细品种增加的基础上继续保持较快增长。

畜牧业、渔业生产稳步发展。全年肉类总产量达6340万吨，比上年增长3.5%；全年水产品产量达4375万吨，增长2.3%。

林业水利建设取得新进展。全年完成造林面积530万公顷，比上年增长3.8%。其中退耕还林工程完成退耕还林40万公顷。长江干堤断面达标已占设计的80%，黄河下游大堤加高累计完成544公里。全年新增有效灌溉面积100多万公顷，新增节水灌溉面积130多万公顷，综合治理水土流失面积500多万公顷。

三、工业和建筑业

工业生产增长较快。全年全部工业增加值42607亿元，比上年增长8.9%。全部国有及年产品销售收入500万元以上的非国有工业企业增加值26950亿元，增长9.9%。其中，国有及国有控股企业增加值15198亿元，增长8.1%；集体企业3141亿元，增长7.2%；股份制企业8086亿元，增长10.4%；外商及港澳台投资企业6622亿元，增长11.9%。重工业增加值16301亿元，增长11.1%；轻工业增加值10649亿元，增长8.6%。全年工业企业产品销售率为

97.7%，比上年略有提高。

高新技术产品产量保持较快增长，一些行业淘汰落后和压缩过剩生产能力取得新的进展。全年工业新产品产值比上年增长 15.7%。微波通信设备、光通信设备、移动电话机、电子计算机等电子及通信设备产品产量增长 28.9% 至 87.5%；轿车、数控机床等技术含量和附加值高的产品也保持了快速增长。原煤产量增长 10.9%，原油增长 1.3%，发电量增长 9.0%；钢材增长 19.8%，十种有色金属增长 10.5%。全年关闭各类小煤矿 10944 处，关停小钢厂 12 户，淘汰落后小水泥生产能力 1520 万吨、小玻璃生产能力 263 万重量箱，关停小火电机组 230 万千瓦。

建筑业生产增长较快。全年全社会建筑业完成增加值 6462 亿元，比上年增长 7.4%。全国四级及四级以上建筑企业实现利润 226 亿元，增长 17.6%；税金总额 441 亿元，增长 13.9%。施工工程个数 83 万个，其中投标承包工程 35 万个，占全部施工工程个数的 42.2%；施工面积 178758 万平方米，比上年增加 18616 万平方米；房屋竣工面积 82542 万平方米，增加 1828 万平方米。

国有企业改革继续深化。现代企业制度建设加快，股份制企业的规范工作取得新的进展，着重培养了一批市场竞争力较强、拥有自主知识产权和一定国际竞争优势的大公司和企业集团。小型企业改制工作取得明显成效，一批资源枯竭的矿山和严重资不抵债、扭亏无望的企业，通过关闭破产退出市场。国有工业企业效益仍然保持较高水平，全年实现利润总额 2330 亿元。煤炭行业扭转了多年整体亏损的局面，冶金、汽车等行业实现利润快速增长。

四、固定资产投资

固定资产投资较快增长。全年全社会固定资产投资 36898 亿元，比上年增长 12.1%。其中，国有及其他经济类型投资 26401 亿元，增长 12.8%；城乡集体经济投资 5189 亿元，增长 8.1%；城乡居民个人投资 5308 亿元，增长 12.7%。基本建设投资 14567 亿元，增长 8.5%；更新改造投资 5889 亿元，增长 15.3%；房地产开发投资 6245 亿元，增长 25.3%；其他投资 10197 亿元，增长 8.5%。

投资结构继续改善。全年第一产业投资 888 亿元，与上年基本持平；第二产业投资 8633 亿元，增长 7.8%，其中，原材料工业投资增长 17.0%，机械电子工业投资增长 21.7%，轻纺工业投资增长 23.9%；第三产业投资 18306 亿元，增长 17.6%，其中，运输邮电通信业投资增长 13.7%，房地产公用服务咨询业投资增长 24.1%。农村电网改造、公路国道主干线、重大水利工程等在建重点基础设施工程的建设继续加快。

西部地区投资保持较快增长。全年东部地区投资 15883 亿元，比上年增长 13.3%；中部地区投资 6316 亿元，增长 16.3%；西部地区投资 4704 亿元，增长 19.3%，明显高于东、中部地区投资增长。青藏铁路、西电东送等一批重大建设工程相继开工。

全国基本建设投资新增主要生产能力有：原煤开采 1081 万吨，天然原油开采 1898 万吨，天然气开采 21 亿立方米；大中型发电机组容量 1498 万千瓦，11 万伏及以上变电设备 5347 万千伏安；新建铁路主线正线交付运营里程 1210 公里，增建铁路复线交付运营里程 1443 公里，新建公路 29278 公里，其中高速公路 3017 公里，新扩建万吨级港口泊位年吞吐能力 5790 万吨；新增局用交换机容量 3100 万门，新增光缆线路长度 25 万公里，新增数字蜂窝移动电话交换机容量 8000 万户。

五、国内贸易

消费品市场销售稳定增长。全抨社会消费品零售总额 37595 亿元，比上年增长 10.1%。其中，城市消费品零售额 23543 亿元，增长 11.5%；县及县以下消费品零售额 14052 亿元，增长 7.7%。批发零售贸易业零售额 25511 亿元，增长 10.7%；餐饮业零售额 4369 亿元，增长 16.4%；其他行业零售额 7716 亿元，增长 4.9%。

生产资料市场销售平稳增长。全国限额以上批发零售贸易业生产资料销售总额 16449 亿元，比上年增长 4.0%。

限额以上批发零售贸易企业销售保持增长，但经济效益下降。1－11 月份实现商品销售收入净额 24601 亿元，比上年同期增长 4.5%，其中批发业增长 3.0%，零售业增长 12.0%；毛利率 7.8%，其中批发业 6.7%，零售业 12.8%；费用率 8.0%，其中批发业 6.7%，零售业 14.0%；实现利润总额 245 亿元，比上年同期下降 9.1%，其中批发业下降 12.0%，零售业增长 11.6%。

六、对外经济

进出口保持增长。全年进出口总额达 5098 亿美元，比上年增长 7.5%。其中出口总额 2662 亿美元，增长 6.8%；进口总额 2436 亿美元，增长 8.2%。在出口额中，一般贸易出口 1119 亿美元，增长 6.4%；加工贸易出口 1475 亿美元，增长 7.1%。机电产品和高新技术产品出口增长较快，其中机电产品出口 1198 亿美元，增长 12.8%，占出口总额的比重为 44.6%，比上年提高 2.3 个百分点；高新技术产品出口 465 亿美元，增长 25.4%，占出口总额的比重为 17.5%，提高 2.6 个百分点。

全年对美国出口 543 亿美元，比上年增长 4.2%；对香港地区出口 465 亿美元，增长 4.6%；对日本出口 450 亿美元，增长 7.9%；对欧盟出口 409 亿美元，增长 7.1%；对东盟出口 184 亿美元，增长 6.0%；对韩国出口 125 亿美元，增长 10.9%；对俄罗斯出口 27 亿美元，增长 21.4%；对拉丁美洲出口 82 亿美元，增长 14.6%；对非洲出口 60 亿美元，增长 19.1%。

外商直接投资增长较快。全年批准设立外商投资企业 26139 个，比上年增长 16.0%；合同外资金额 692 亿美元，增长 10.4%；实际使用外商直接投资 468 亿美元，增长 14.9%。

国外经济合作业务继续保持增长。全年完成营业额 121 亿美元，比上年增长 7.2%；新签合同额 165 亿美元，增长 10.1%。

七、交通、邮电和旅游

交通运输和邮电通信业保持稳定增长，全年完成增加值 5222 亿元，比上年增长 6.5%。

全年各种运输方式完成货物运输周转量 46304 亿吨公里，比上年增长 4.8%。其中，铁路 14575 亿吨公里，增长 6.7%；公路 6180 亿吨公里，增长 0.8%；水运 24860 亿吨公里，增长 4.7%；民航 44 亿吨公里，增长 3.8%。全年各种运输方式完成旅客运输周转量 13000 亿人公里，比上年增长 6.0%。其中，铁路 4767 亿人公里，增长 5.2%；公路 7047 亿人公里，增长 5.8%；水运 95 亿人公里，下降 5.6%；民航1091亿人公里，增长12.5%。全国港口完成货物吞吐量24亿吨，比上年增长8.8%，其中外贸货物吞吐量达6亿吨，增长13.6%。

邮电通信业全年完成邮电业务总量4370亿元，比上年增长24.0%。年末局用交换机总容量为2亿门；固定电话用户达到17900万户，其中城市电话用户11100万户，乡村电话用户6800万户；移动电话用户达到14480万户，已成为全球移动电话用户规模最大的国家；电话普及率为26部/百人；年末互联网用户超过3000万户。

国内国际旅游持续发展。全年国内出游78366万人次，比上年增长5.3%；国内旅游收入3522亿元，增长10.9%。全年境外入境人数8901万人次，比上年增长6.7%。其中外国人1123万人次，增长10.5%；香港、澳门和台湾同胞7778万人次，增长6.2%。在入境旅游者中，过夜人数3316万人次，增长6.2%。国际旅游外汇收入178亿美元，增长9.7%。全年大陆出境人数1213万人次，比上年增长15.9%，其中因私出境人数695万人次，增长23.4%。

八、金融、证券和保险

货币供应量适度增长。年末广义货币供应量（M2）余额为158302亿元，比上年末增长14.4%；狭义货币供应量（M1）余额为59872亿元，增长12.7%；流通中现金（M0）余额为15689亿元，增长7.1%。

金融机构存贷款稳定增加。全部金融机构各项存款余额143617亿元，增长16.0%。其中，企业存款余额51547亿元，增长16.9%；城乡居民储蓄存款余额73762亿元，增长14.7%。全部金融机构各项贷款余额112314亿元，按可比口径计算，增长11.6%。其中，短期贷款余额67327亿元，增长7.7%；中长期贷款余额34273亿元，增长15.2%。贷款结构继续改善。全国农村信用社贷款余额11971亿元，增加1395亿元。消费贷款余额6990亿元，增加2755亿元，其中个人住房贷款余额5598亿元，增加2282亿元。与国债资金相配套的基础建设贷款得到及时安排。

证券市场继续发展。全年在上海、深圳证券交易所发行A股（包括增发）84只，配股126只，共筹资1098亿元，比上年减少401亿元；发行B股、H股共9只，筹资70亿元，减少507亿元；全年通过发行、配售股票共筹集资金1168亿元，减少935亿元。年末境内上市公司（A、B股）数量由上年末的1088家增加到1160家，市价总值43522亿元，比上年末下降9.5%。全年国家共发行内债4884亿元，比上年增加227亿元。

保险事业快速发展。全年内外资保险机构保费收入2109亿元，比上年增长32.2%。其中财产险保费收入685亿元，寿险保费收入1288亿元，健康险和意外伤害险保费收入136亿元。支付各类赔款及给付598亿元，其中财产险和短期人身险赔款395亿元，寿险给付203亿元。

九、教育和科学技术

各级各类教育全面发展。全国普通高等学校招生268万人，比上年增招48万人，在校生719万人；成人高等学校招生196万人，在校生456万人。全国研究生培养单位招生17万人，增招4万人，在学研究生39万人。全国普通高中招生558万人，在校生1405万人。各类中等职业技术教育学校招生398万人，在校生1164万人。全国初中学校招生2288万人，在校生6514万人。普通小学招生1944万人，在校生12543万人。特殊教育学校招生6万人，在校生39万人。幼儿园在园幼儿2022万人。全国成人技术培训学校培训学员9270万人次。

科技研究开发及产业化取得较大进展。年末国有企事业单位共有各类专业技术人员2887万人。从事研究与发展活动人员93万人年，其中科学家和工程师70万人年。全年全国研究与发展（R&D）经费支出960亿元，比上年增长7.1%。其中基础研究经费47亿元。全年国家组织了647项重点技术创新项目和1329项国家级重点新产品试产计划项目，完成了80项重大技术装备的研制及鉴定验收。新安排高技术产业化重大专项和示范工程220多项。全年共取得省部级以上科技成果28376项，其中基础理论成果1854项，应用技术成果24966项，软科学成果1556项。全年受理国内外专利申请203582件，授权专利114252件，分别比上年增长19.3%和8.5%。全国共签订技术合同24万项，技术合同成交金额800亿元，比上年增长23.0%。

综合技术服务进一步完善提高。全国共有产品质量检验机构5500个，其中国家检测中心233个。国家监督抽查8166家企业211类9858种产品和商品。全国现有质量认证机构79个，其中产品认证机构29个，已完成对近2万个企业的产品认证。全国共有法定计量技术机构4939个，全年强制检定计量器具3234万台件。制定、修订国家标准1045项，其中新制定497项。全国共有城乡天气预报警报服务网发射站点841个，卫星云图接收站点319个。全国共有地震台站1245个，地震遥测台网28个。全国共有917个海洋观测、监测站点。测绘部门公开出版地图1187种，图书327种。

国土资源调查及地质勘查新发现大中型矿产地176处，有42种矿产新增查明资源储量。其中石油7亿吨，天然气4302亿立方米，原煤16亿吨。全国地质环境监测站31个，成功预报地质灾害195起。

十、文化、卫生和体育

文化艺术、广播影视、新闻出版等各项事业较快发展。年末全国共有艺术表演团体2621个，文化馆2899个，公共图书馆2689个，博物馆1394个。广播电台311座，中、短波广播发射台和转播台770座，广播综合人口覆盖率92.9%。电视台358座，电视综合人口覆盖率94.1%。全国有线电视用户8803万户。生产故事影片88部，科教、纪录、美术片66部。出版全国性和省级报纸216亿份，各类杂志29亿册，图书63亿册（张）。年末全国共有档案馆3885个，已开放各类档案4817万卷（件）。

卫生事业稳步发展。年末全国共有卫生机构33万个，其中医院、卫生院7万个；病床床位319万张，其中医院、卫生院297万张；卫生技术人员449万人，其中医生209万人，护师、护士128万人。全国共有卫生防疫、防治机构6025个，卫生技术人员22万人；妇幼保健所、站2539个，卫生技术人员8万人。农村乡（镇）共有卫生院5万个，床位74万张，卫生技术人员102万人。农村有医疗点的村数占总村数的89.7%，乡村医生和卫生员128万人。

体育事业蓬勃发展。全年在国内外的各项比赛中，我国运动健儿共获得了89个世界冠军；8人2队12次创10项世界纪录；15人3队20次创15项亚洲纪录。第九届全国运动会获得圆满成功。全民健身活动进一步开展。顺利完成在全国31个省、自治区、直辖市进行的国民体质监测工作。全年在通过销售中国体育彩票筹集的资金中，有26亿元用于奥运争光计划和全民健身计划。

十一、环境保护

监测的340个城市中，有117个城市空气质量达到二级标准，占监测城市数的比重为34.4%，比上年回落1.2个百分点；有114个城市达到三级标准，比重为33.5%，提高3.6个百分点；有109个城市未达到三级标准，比重为32.1%，回落2.3个百分点。颗粒物仍是我国城市空气中的主要污染物。在47个环境保护重点城市中，部分城市的二氧化硫污染程度有所加重，超标城市比重有所提高。对道路噪声监测的273个城市中噪声污染严重的占9.5%，对区域环境噪声监测的210个城市中50.5%的区域环境噪声优于城市居住区声环境质量标准。全国建成了3314个烟尘控制区，面积达2万平方公里；建成了3121个环境噪声达标区，面积超过1万平方公里。

重要水系的污染形势依然严峻。七大流域干流地表水水质有51.7%的断面满足国家地表水Ⅲ类水质标准要求，比上年回落6个百分点；26.1%的断面为Ⅳ类水质，上升4.5个百分点；12.8%的断面为Ⅴ类水质，与上年持平；超过Ⅴ类水质标准断面的比例为9.4%，上升1.5个百分点。近岸海域海水水质基本稳定。357个近岸海水水质监测点中，达到国家一类海水水质标准的监测点比重为12.2%，二类为27.8%，三类为18.6%，四类为12.5%，劣四类为28.9%。

生态环境保护力度加大。全国已批准国家级生态示范区82个，生态示范区建设试点地区和单位215个；全国自然保护区达到1551个，其中国家级自然保护区171个；自然保护区面积14472万公顷，占国土总面积的14.4%。

十二、人口、人民生活和社会保障

人口自然增长率继续下降。年末全国总人口为127627万人。其中，城镇人口48064万人，占37.7%；乡村人口79563万人，占62.3%。全国男性人口为65672万人，女性为61955万人。0－14岁人口比重为22.5%，15－64岁人口比重为70.4%，65岁及以上老年人口比重为7.1%，老年人口达到9062万人。全年全国出生人口1702万人，出生率为13.38‰；死亡人口818万人，死亡率为6.43‰；全年净增人口884万人，自然增长率为6.95‰。

城乡居民生活水平进一步提高。全年全国城镇居民人均可支配收入6860元，比上年实际增长8.5%。农村居民人均纯收入2366元，实际增长4.2%。其中农村居民人均现金纯收入1748元，实际增长5.7%。居民住房条件继续改善。全年城镇竣工住宅面积5.4亿平方米，农村竣工住宅面积7.4亿平方米。城乡居民家庭恩格尔系数分别为37.9%和47.8%，均比上年降低1.3个百分点。

社会保障进一步加强。年末全国参加失业保险职工人数为10355万人，领取失业保险金人数为312万人；有10630万职工和3346万离退休人员参加了基本养老保险；有7629万职工和退休人员参加了基本医疗保险。“两个确保”继续得到落实。90%以上国有企业下岗职工的基本生活得到保障，绝大多数企业离退休人员按时足额领到基本养老金，社会化发放率达到97.8%。全国城镇最低收入标准以下的居民中有1123万人得到最低生活保障救济。

社会福利事业继续发展。年末全国各类可提供食宿的收养性社会福利单位床位116万张，收养各类人员83万人。城镇建立各种社区服务设施21万个，其中综合性社区服务中心9924个。全年通过销售社会福利彩票筹集社会福利资金41亿元，接收社会捐赠款超过7亿元。

注：

1. 本公报为初步统计数。
2. 香港和澳门特别行政区统计数据未包括在本公报中，分别由香港和澳门特别行政区政府发布。
3. 各项统计数据均未包括台湾省。
4. 国内生产总值、各产业增加值绝对数按现价计算，增长速度按可比价计算。
5. 基本建设新增生产能力中天然原油开采、天然气开采、局用交换机容量、新增光缆线路长度及数字蜂窝移动电话交换机容量含更新改造增加的能力。
6. 邮电业务总量完成额按2000年不变价格计算。
7. 恩格尔系数是指居民家庭食品消费支出占家庭消费支出的比重。

附表1　2001年工农业主要产品产量

产品名称	计量单位	绝对数	比上年增长%
一、农产品产量			
粮　　食	万吨	45262	-2.1
油　　料	万吨	2872	-2.8
花　　生	万吨	1447	0.2
油 菜 籽	万吨	1132	-0.5
棉　　花	万吨	532	20.4
黄 红 麻	万吨	11	-12.7
甘　　蔗	万吨	7700	12.8
甜　　菜	万吨	1090	35.0
烤　　烟	万吨	204	-8.8
茶　　叶	万吨	69	1.0
水　　果	万吨	6536	5.0
肉类总产量	万吨	6340	3.5
水产品产量	万吨	4375	2.3
二、工业产品产量			
纱	万吨	700	6.4
布	亿米	291	4.8
化　　纤	万吨	828	19.3
糖	万吨	619	-11.5
卷　　烟	万箱	3402	0.2
彩色电视机	万部	3967	0.8
家用电冰箱	万台	1349	5.5
房间空调器	万台	2313	28.7
能源生产总量	亿吨标准煤	11.7	8.4
原　　煤	亿吨	11.1	10.9
原　　油	亿吨	1.65	1.3
发 电 量	亿千瓦小时	14780	9.0
钢	万吨	15266	18.8
钢　　材	万吨	15745	19.8
十种有色金属	万吨	856	10.5
水　　泥	亿吨	6.4	7.2
木　　材	万立方米	5100	13.3
硫　　酸	万吨	2740	12.9
纯　　碱	万吨	906	8.6
乙　　烯	万吨	481	2.3
化　　肥（折100%）	万吨	3397	6.6
发电设备	万千瓦	1339	7.2
汽　　车	万辆	233	12.8
轿　　车	万辆	70.4	16.0
拖 拉 机	万台	3.8	-7.8
集成电路	亿块	63.6	8.2
程控交换机	万线	7223	1.2
传 真 机	万部	318	19.8
微型电子计算机	万部	758	12.7
移动通信设备	万部（信道）	2474	64.4
光通信设备	万部	4.79	28.9

附表 2　2001 年居民消费价格指数（以上年为 100）

项目名称	全国	城市	农村
居民消费价格指数	100.7	100.7	100.8
食　品	100.0	100.1	99.8
粮　食	99.3	99.2	99.7
肉禽及其制品	101.6	101.7	101.4
蛋	106.0	106.3	105.3
水产品	97.1	96.9	97.8
鲜　菜	101.4	101.4	100.9
在外用餐	100.2	100.4	99.6
烟酒及用品	99.7	99.7	99.6
衣　着	98.1	97.8	98.9
家庭设备用品及服务	97.7	97.5	98.4
医疗保健及个人用品	100.0	99.3	101.1
交通和通信	99.0	99.1	98.7
娱乐教育文化用品及服务	106.6	106.7	106.4
居　住	101.2	101.7	100.3

2001年湖北省国民经济和社会发展统计公报

2002年1月30日

2001年，在国际经济环境发生重大变化、内需不足、局部地区遭受严重干旱的情况下，省委、省政府积极贯彻落实以扩大内需为主的一系列方针政策，带领全省人民团结拼搏、克难奋进，国民经济继续保持了良好的发展势头，实现了“十五”计划的良好开局。

一、综　合

国民经济继续保持稳定增长。2001年，全省国内生产总值达到4662.28亿元，按可比价格计算，比上年增长9.1%，高于全国平均水平1.8个百分点。从三次产业看，第一产业完成增加值692.17亿元，比上年增长2.5%；第二产业增加值2313.66亿元，增长10.2%；第三产业增加值1656.45亿元，增长10.4%。从构成看，一、二、三产业占国内生产总值的比重由2000年的15.5∶49.6∶34.9，变化为14.9∶49.6∶35.5。

在经济发展的同时，按照国家的总体部署，全省继续深化改革，国有大中型企业改革和脱困成果得到巩固。积极实施外向带动战略，努力改善投资环境，对外开放进一步扩大。

国民经济和社会发展中存在的主要困难和问题：一是物价总水平仍在低位运行；二是农民收入增长缓慢，农村购买力低；三是改革和调整中出现的深层次矛盾尚未得到根本解决，经济结构不合理；四是经济外向度低，出口下滑。

二、农　业

在局部地区遭受特大旱灾的压力下，全省上下加大农业结构调整力度，大力实施优质名牌战略，一大批优质稻、优质油、优质水果、优质蔬菜和无公害绿色食品得到迅速发展，区域特色农业初具规模。全年粮食总产量为2138.49万吨，比上年减产80万吨，减幅为3.6%；棉花总产量为37.35万吨，比上年增产6.92万吨，增长22.7%；油料产量279.45万吨。

林业大力开展植树造林和育苗，继续实施退耕还林和天保工程。全年新增造林面积159.55千公顷；当年育苗面积达21.67千公顷，比上年增长1倍；退耕还林面积24.40千公顷，增长71.5%。

畜牧业、水产业呈稳定增长态势。全年猪牛羊肉产量达到246.35万吨，比上年增长5.9%。水产品产量达到242万吨，比上年增长3.3%，再创历史最高水平。

农业机械化进程加快，农业生产条件进一步改善。年末全省拥有农业机械总动力1469.24万千瓦，比上年增长3.9%；大中小型拖拉机31.46万台，增长3.3%；农村用电量60.17亿千瓦时，与上年大体持平。

三、工业和建筑业

全省工业经济保持了持续平稳健康发展态势。

全省国有工业和年产品销售收入在500万元以上非国有工业完成增加值1096.83亿元，按可比价格计算，比上年增长12.8%，比全国平均增速高2.9个百分点，比上年增速高0.8个百分点。

其中国有及国有控股工业完成增加值717.38亿元，比上年增长11.7%；国有工业增加值447.88亿元，增长12.3%；集体工业增加值179.67亿元，增长11.5%；股份合作工业增加值18.64亿元，增长8.5%；股份制工业增加值288.53亿元，增长14.5%；外商及港澳台投资工业增加值124.92亿元，增长12.0%；其他经济类型工业增加值37.19亿元，增长16.6%。

重工业生产增长速度快于轻工业。全年轻工业增加值404.75亿元，比上年增长11.1%；重工业增加值692.08亿元，增长14.0%。轻重工业之比由2000年的1∶1.58，变为1∶1.71。

工业产品结构继续改善，高新技术产品对工业生产支撑作用明显。科技含量和附加值高的电子、信息、通信类产品生产增长加快，通讯电缆、移动通信设备、激光视盘机等生产分别比上年增长40.8%、1.8倍和83.4%。主要能源、原材料和机械产品保持稳定增长。部分适销对路的纺织品和生活消费品生产增长较快，其中纱增长5.7%、服装增长12.3%。市场供大于求的一般消费品生产增长有所减缓或下降。

工业产销衔接好转，产品销售率稳步回升。全省工业完成销售产值3256.45亿元，比上年增长14.1%。工业产品销售率为97.73%，略高于全国平均水平。能源、冶金、汽车等行业的产销衔接较好，产销率均在98%以上。

工业经济效益继续提高，企业实现利润快速增长。全省工业经济效益综合指数为112.33，比上年提高9.3个百分点，经济效益综合指数及增幅均为近几年来最好水平。全年工业企业实现利润119.26亿元，比上年增长38.6%；其中国有及国有控股企业实现利润78.20亿元，增长48.4%。扭亏工作取得进展。企业亏损面下降，亏损企业亏损额减少。工业企业亏损面为21.3%，比上年缩小0.5个百分点；亏损企业亏损额为40.46亿元，下降8.0%。

建筑业稳步发展。全年国有建筑业完成增加值86.22亿元，比上年增长4.1%。四级及四级以上建筑企业实现利润6.15亿元，增长15.6%；税金14.3亿元，增长0.3%。建筑业改革进一步推进，招投标制度逐步完善。国有建筑单位施工工程1.82万个，其中招投标承包工程9815个，招投标面为53.9%。

建筑市场管理加强，市场体系进一步完善。国有建筑企业劳动生产率为6.99万元，增长6.8%；房屋建筑施工面积3543万平方米，比上年增加28万平方米；房屋竣工面积1507万平方米，增加211万平方米。

四、固定资产投资

全省固定资产投资稳定增长。全社会完成固定资产投资1551.75亿元，比上年增长9.2%。按经济类型划分，国有经济投资918.38亿元，增长7.2%；集体经济投资118.79亿元，下降0.8%；城乡居民个人投资225.55亿元，增长6.0%；其他经济投资289.03亿元，增长24.6%。按投资管理渠道划分，基本建设投资683.40亿元，增长10.1%；技术改造投资282.74亿元，增长15.3%；房地产开发投资151.24亿元，增长12.3%。

全省农林水利、电力、交通邮电共完成投资598.37亿元，占全社会投资额的38.6%。重点建设项目进展顺利。全年39个重点建设项目完成投资298.65亿元，占全省基本建设投资额的43.7%。其中宜昌当玻扩建工程、湖北省人民医院门诊楼、宜昌长江公路大桥、宜昌夷陵长江公路大桥、江汉大学新建工程、京珠国道主干线湖北北段、军山长江公路大桥等一批项目建成投产。新增的主要生产能力有：发电装机容量15.26万千瓦，新改建公路3004公里，其中高速公路224公里。

五、国内贸易和市场物价

国内消费品市场保持平稳增长。全年实现社会消费品零售总额1975.16亿元，比上年增长10.4%，增幅高于全国平均水平0.3个百分点。分城乡看，城市实现消费品零售额1267.09亿元，比上年增长12.3%；县及县以下农村实现零售额708.07亿元，增长7.1%。分行业看，批发零售贸易业实现零售额1221.64亿元，比上年增长10.3%；餐饮业225.67亿元，增长17.3%；其他行业527.86亿元，增长7.8%。

限额以上贸易企业销售稳定增长。1—11月全省809家限额以上批发零售贸易企业实现商品销售收入净额770.75亿元，比上年增长4.6%；其中批发业增长3.7%，零售业增长8.4%；企业毛利率为6.7%；企业实现利润1.47亿元。

市场价格虽有小幅回升，但仍处低位运行。全年居民消费价格总指数为100.3，比上年上涨0.3%。分城乡看，城市上涨0.4%，而农村下降0.2%。工业品出厂价格呈前涨后跌之势。

全年工业品出厂价格下降1.0%，其中轻工业品下降2.3%，重工业品下降0.4%。

六、对外经济

受国际经济增长放缓的不利因素影响，全省外贸出口有所下降。全年进出口总额35.78亿美元，比上年增长11.5%。出口总额17.98亿美元，下降6.9%。其中，一般贸易出口下降2.4%，加工贸易出口下降17.7%。进口总额17.80亿美元，增长39.1%。

利用外资增势强劲。全年实际利用外资总额20.17亿美元，比上年增长54.7%。

外商直接和其他投资新批项目349个，比上年增长5.4%；实际投资15.61亿美元，增长47.5%。间接利用外资4.56亿美元，增长85.4%。

七、交通、邮电和旅游

全省交通运输业发展平稳，邮电通信业持续快速增长。全年交通运输和邮电通信业完成增加值282.45亿元，比上年增长8.4%。全年货物周转量812.65亿吨公里，比上年增长3.5%。旅客周转量496.59亿人公里，增长3.3%。

邮电部门完成邮电业务总量144.05亿元，比上年增长23.5%。长途光缆线路总长度达到11026公里，新增局用交换机25.2万门，新增固定电话用户92.8万户，新增移动电话用户200.9万户，达到1065万户。全省电话普及率达到17.85部/百人。数据通信用户达到2.1万户，计算机互联网用户103万户。

国内旅游稳定增长，春节、“五一”、“十一”三个长假期拉动作用明显。全省国内旅游人数6064.02万人次，比上年增长10.6%；国内旅游收入337.19亿元，增长24.7%。

国际旅游快速增长。全年湖北入境旅游人数66.78万人次，比上年增长48.1%。其中：外国游客54.27万人次，增长51.9%；港、澳、台胞12.51万人次，增长37.8%。国际旅游外汇收入1.85亿美元，增长27.1%。

八、财政、金融和保险

财政收入稳定增长。全年完成财政总收入386.10亿元，比上年增长9.0%。地方一般预算收入231.86亿元，比上年增长8.2%。

财政支出增加，加大了对重点建设项目和教育事业的投入。全年财政支出476.40亿元，比上年增长29.2%。其中：基本建设支出和教育事业费支出分别增长1.9倍和21.2%。

金融体制改革继续深化，金融形势保持稳定。年末金融机构各项存款余额4238.47亿元，比年初增加681.28亿元。其中：企业存款余额1556.86亿元，增加208.47亿元；城乡居民储蓄存款余额2287.40亿元，增加381.50亿元。金融机构各项贷款余额3787.24亿元，比年初增加303.89亿元。

保险事业不断发展壮大。全年保费收入70.06亿元，增长15.6%。其中，财产险保费收入20.54亿元，寿险保费收入49.52亿元。支付各类赔款及给付27.05亿元，其中，财产险赔款10.79亿元，寿险给付16.26亿元。

九、教育和科学技术

教育事业稳步发展，高等教育改革逐步深化，九年义务教育得到巩固、提高。

年末全省普通高校61所，招生15.9万人，在校生45.3万人；研究生培养单位38个，招生1.3万人，在校研究生3.1万人；成人高校30所，成人高等教育招生9.7万人，在校生25.3万人。全省高等教育毛入学率已达到16%。普通中等专业学校190所，在校生21.5万人。普通高中581所，在校生82.7万人。各类高级中等职业学校在校生48万人(不含技工学校学生)。成人中等专业学校在校生4.6万人。全省普通初中在校生299.78万人，小学毕业生升入初中的升学率达93.8%；小学在校生628.05万人，小学学龄儿童入学率达99.5%。全年共扫除文盲14万人。

科学研究和技术开发取得新的成果。全年共取得省级重大科技成果651项。获省级科学技术奖254项。全年专利申请4322件，授权专利2204件。技术市场更加活跃。全省共签订技术合同9024份。

技术合同成交金额33.86亿元，比上年增长22.7%。

十、文化、卫生和体育

文化事业健康发展。年末全省共有文化馆151个，公共图书馆103个，博物馆94个，艺术表演团体97个，电影放映管理机构82个。全年出版全国性和省级报纸4.99亿份，各类杂志1.92亿册，图书3.04亿册。年末共有档案馆148个，已开放各类档案169.42万卷（件）。

卫生事业不断进步。年末全省共有卫生机构1.09万个，卫生技术人员23.41万人。病床床位14.62万张。全省共有卫生防疫、防治机构203个，卫生技术人员1.32万人。

体育事业蓬勃发展。在国内外的各项比赛中，全省运动健儿共获得49枚金牌，31枚银牌，34枚铜牌。全民健身活动进一步开展。

十一、环境保护

居民环境保护意识增强，环保事业加快发展。年末全省环境保护系统共有0.67万人，各级环境监测站95个，环境监测人员0.21万人。自然保护工作取得了新的成就。全省生态示范区建设试点单位总数已达到12个，自然保护区达到40个，其中国家级自然保护区6个。

环境法制建设取得新进展，执法力度进一步加大。全年完成环境污染限期治理项目216个，总投资6.18亿元。污染物总量控制计划与跨世纪绿色工程规划的实施工作有序进行。至2001年12月止，已竣工项目6个，完成投资额2.22亿元。

环境保护形势依然严峻。一些大中城市污染没有得到根本改观，垃圾、农药、化肥等污染和水土流失、森林、草地功能衰退等生态问题仍然存在。

十二、人　　口

人口自然增长率继续下降。全年出生人口50.72万人，出生率为8.51‰；死亡人口36.18万人，死亡率为6.07‰；全年净增人口14.56万人，自然增长率为2.44‰，比上年下降1.26个千分点。年末全省总人口为5974.56万人，其中：城镇人口为2452.07万人，占40.59%；农村人口为3522.49万人，占59.41%。男性人口3071.52万人，占51.41%；女性人口2903.04万人，占48.59%。0－14岁人口比重为22.43%，15－64岁人口比重为70.83%，65岁以上老年人口比重为6.74%，老年人口达到402.69万人。平均每户家庭人口为3.45人。

十三、人民生活和社会保障

城乡居民收入增加，生活水平继续改善。全省城镇居民人均可支配收入5856元，比上年增加331元，增长6.0%，增幅与上年基本持平。农民人均纯收入2352元，比上年增加83元，增长3.7%，增幅比上年提高1.4个百分点，是1997年以来农民收入增幅最大的一年。

劳动就业工作有所加强。年末全省城镇单位在岗职工和其他从业人员为515.28万人，13.88万名国企下岗职工通过再就业工程实现了再就业。但由于企业目前处于新老体制转换过程中，部分国有企业生产经营困难，下岗失业人员仍有所增加。

社会福利事业不断发展。年末全省各类社会福利院床位达7.7万张，收养6.5万人。城镇建立起各种社区服务设施8400处，其中社区服务中心180个。全省城镇已全部建立了最低生活保障制度。全年销售社会福利彩票3.28亿元，接收社会捐赠0.7亿元。

2001年武汉市国民经济和社会发展统计公报

武汉市统计局

2002年1月29日

2001年，全市人民在市委、市政府的正确领导下，贯彻落实中央关于扩大内需、促进经济增长的一系列宏观经济政策，加大结构调整力度，努力增加投资和扩大消费，稳步推进各项改革，积极扩大对外开放，保持国民经济健康发展。全市经济运行质量和效益进一步提高，人民生活水平继续改善，各项社会事业全面进步，实现了“十五”计划的良好开局。

一、综　　合

国民经济稳步发展。初步统计，全年国内生产总值1348亿元，按可比价格计算，比上年增长12%。其中，第一产业增加值85亿元，增长5.3%；第二产业增加值595亿元，增长12.9%；第三产业增加值668亿元，增长12.1%。人均国内生产总值由上年的16206元提高到17905元。三次产业结构由上年的6.7：44.2：49.1变化为6.3：44.1：49.6。

经济运行质量提高。全年完成财政收入150.18亿元，同比增长21.8%，占国内生产总值的比重为11.1%，比上年提高0.6个百分点。

工业对经济总量贡献作用明显。在国内生产总值净增额中，第一产业贡献率为2.6%；第二产业贡献率为43.7%；第三产业贡献率为53.7%。从行业来看，工业增加值净增50.67亿元，贡献率为35.9%，即全市国内生产总值的净增额中有三分之一以上来自工业部门新创造的价值。

城乡居民收入增加，生活水平提高。城镇居民人均可支配收入7304元，增长8%；农民人均纯收入3100元，增长5%。城镇居民恩格尔系数（食品支出占消费支出的比重）由上年的0.385下降到0.381，农村居民恩格尔系数由0.511下降到0.508。

市场物价稳中有落。全年居民消费价格总水平比上年下降0.5%。其中，交通和通讯、居住类价格均上升0.1%，衣着和食品类价格分别下降8.1%和0.3%。工业品出厂价格下降1.6%，原材料、燃料、动力购进价格上升0.8%。

劳动就业工作取得新进展。年末，全市从业人员408万人，下降2.3%。其中，城镇私营个体从业人员94.36万人。全年下岗职工、失业人员实现再就业6.8万人次。年末登记失业率5.22%。

二、农　　业

农业生产稳定。全市战胜了严重旱灾，保持了发展势头。除粮食减产外，大部分经济作物产量比上年均有所增长。全年粮食总产量120.2万吨，减产7.9%；棉花总产量2.18万吨，增长8.5%；油料18.1万吨，增长3.5%；蔬菜499.54万吨，增长5%；水果52.74万吨，增长11.9%。

畜牧、水产业有所增长。全年水产品产量33.95万吨，增长5.8%；牛奶产量6.99万吨，增长53.6%；生猪出栏192.19万头，增长6%；禽蛋产量13.91万吨，增长1.5%。

农业基础条件有所改善。年末，全市耕地总面积216.1千公顷，平均每个农村劳动力拥有耕地0.16公顷。农田有效灌溉面积170.15千公顷，占耕地总面积78.7%。当年新增“无公害蔬菜”基地5.3千公顷。农业机械总动力160.67万千瓦，增长8.2%；大中型拖拉机6182台，下降3.6%；农用运输车6302辆，增长14.2%；全年化肥施用量（折纯）15.68万吨，增长6.2%；农村用电量106616万千瓦小时，下降3.6%。

三、工业和建筑业

工业生产稳定增长。全年工业增加值485亿元，比上年增长13.2%。在当年工业增加值中，全部国有及年销售收入500万元以上非国有工业企业完成工业增加值326亿元，按可比价格计算增长14.3%。其中，国有经济137亿元，增长5%；集体经济18.6亿元，增长7.5%；个体私营经济12.2亿元，增长13.5%；其他经济158.2亿元，增长24.2%。

非公有制经济和开发区继续保持快速发展。在全部国有及年销售收入500万元以上的非国有工业企业实现的工业增加值中，股份制、外商及港澳台经济分别实现工业增加值95.9亿元和67.7亿元，比上年增长30%和14.9%。东湖新技术开发区和武汉经济技术开发区工业增加值分别为76亿元和56亿元，增长31%和25.2%。

工业结构调整取得新进展。全年开发新产品1200个，新产品实现产值60亿元，比上年增长9%，实现利税7.5亿元，增长7%。光电子信息、生物工程及新医药等高新技术产业成长迅速，钢铁、机电、化工等传统产业调整步伐加快。全年高新技术产业产值430亿元，增长29.5%，占规模以上工业的比重为42.2%，比上年提高5.6个百分点。

工业企业经济效益明显提高。全部独立核算的国有及年销售收入500万元以上的非国有工业企业经济效益综合指数为128.46%，比上年提高11个百分点，为近六年的最高水平。其中，资产贡献率9.06%，提高1.8个百分点；成本费用利润率7.58%，提高1.6个百分点；产销率97.2%，大体持平；全员劳动生产率49022元/人，增长5.6%。工业企业利润总额达到66.82亿元，增长35.3%。亏损企业亏损额下降10%。

建筑业生产增长加快。全年建筑业增加值110亿元，比上年增长11.2%。国有及国有控股建筑企业施工单位工程12650个，其中实行招投标承包工程4647个，招投标承包面36.7%。施工房屋面积2568.1万平方米，增加481.9万平方米；竣工房屋面积912.2万平方米，增加118.3万平方米。国有建筑施工企业施工质量优良品率53.5%，提高4.3个百分点。建筑业全员劳动生产率70015元/人。

四、固定资产投资

固定资产投资规模扩大，增速加快。全年固定资产投资508.44亿元，比上年增长10.1%。其中，基本建设投资165.36亿元，增长17.2%；技术改造投资115.04亿元，增长10.1%；房地产投资115.34亿元，增长13.8%。按投资主体划分，国有单位投资259.67亿元，增长5.9%；非国有单位投资248.77亿元，增长14.8%。

重点项目建设进展顺利。全市46项市级重点工程全年完成投资105.64亿元，占全市固定资产投资总额的20.8%。其中，武汉国际会展中心、中山公园改造、江滩改造工程竣工，武汉体育中心、绕城公路、轻轨一号线、武钢二热轧、长飞光纤六期等项目进展顺利。

房地产业明显活跃。年末，全市累计审批房地产开发企业800家，注册资金201.62亿元。房地产开发年竣工面积614.04万平方米，增长23.6%。商品房销售面积408.85万平方米，增长13.7%。

五、国内贸易

国内商业保持畅旺。全年社会消费品零售总额（不含居民购买商品房）685亿元，增长13%。其中，国有经济完成78亿元，下降5.2%；集体经济完成70.4亿元，下降4%；股份制经济完成124亿元，增长17.9%；私营经济完成105亿元，增长37.4%。按行业分，批发零售贸易业实现382.2亿元，增长12.5%；餐饮业75亿元，增长21.2%；其他行业227.8亿元，增长11.4%。

商品市场体系逐步完善，新型业态不断涌现。全年限额以上批发零售贸易业消费品零售额149亿元，比上年增长15.5%。全年新增1000平方米以上的超市、便利店10个，连锁经营公司零售额占全市社会消费品零售额的比重达10.4%。全市商品交易市场达到653个，比上年减少95个。其中营业面积1万平方米以上的市场90个。全年商品市场成交额474亿元，下降3.8%。其中，生产资料成交额48亿元，下降68.2%；消费资料成交额426亿元，增长24.6%。年末，全市商业网点数10.5万个，增长1.9%；商业从业人员53万人，增长4.9%。传统综合性大中型百货商场营业额保持稳定，超市、仓储式商场、平价广场等新型商业业态显示出旺盛生命力，物流公司、加工配送中心、网上超市、电子商务等新的购物形式正在兴起。

六、对外经济

外贸出口下降。全年实现外贸进出口总额（海关数）21.56亿美元，比上年增长6%。其中，出口9.46亿美元，下降19%。以船舶、成套设备为主的机电产品出口2.69亿美元，占全市出口总额的28.4%。外贸经营主体多元化的格局进一步巩固，自营企业、“三资”企业出口分别为1.66亿美元和1.45亿美元，占全市出口总值的比重为17.5%和15.3%。出口国别和地区达到135个，比上年增加6个。外经贸体制改革取得新进展，组建了武汉恒信国际经贸集团，成立了首家外商独资专业外贸公司，武汉出口加工区通过国家验收封关运行。

实际利用外资规模扩大。全年实际利用外资14.32亿美元，比上年增长10%；其中，直接利用外资10.4亿美元，增长38.6%。外商投资大项目增多，投资额在500万美元以上的项目数为25项，比上年增加6项，投资总额为7.9亿美元，是上年的3.2倍。来汉投资的世界500强企业由上年的36家增加到40家。“三资”企业稳定发展，全年累计批准“三资”企业3895家，其中当年新批141家。

对外工程承包和劳务合作取得新进展。全年对外签定承包工程和劳务合作合同数56份，比上年增长5.7%；合同总金额1.05亿美元，增长15.9%；实现工程承包和劳务合作营业额0.64亿美元，增长13.6%。年末在外劳务人员4295人，增长10.4%。在境外兴办企业4家，投资总额500万美元。外经业务涉及世界76个国家和地区。

国内横向经济技术协作稳步发展。全年引进内资72亿元，比上年增长41.2%。发展投资规模5000万元以上的内资内联企业23家，引进内资500万元以上项目119项，比上年增长45.1%。引进驻汉办事机构120家，其中注册资金1000万元以上的大企业、大公司驻汉办事机构48家。

七、交通、邮电和旅游

交通客货运输业平稳增长。全年货物周转量697.1亿吨公里，比上年增长1.6%。其中，铁路422亿吨公里，增长0.3%；公路53.87亿吨公里，增长3%；水运220.82亿吨公里，增长3.8%；航空0.41亿吨公里，下降22.6%。全社会旅客周转量262.74亿人公里，增长4.9%。其中，铁路177亿人公里，增长8.6%；公路52.62亿人公里，增长2.2%；水运5.9亿人公里，下降40.3%；航空27.22亿人公里，增长4.6%。全市港口货物吞吐量2560万吨，与上年基本持平。

邮政电信业稳步发展。全年完成邮电业务总量57.22亿元，比上年增长5%。其中，邮政6.5亿元，增长1.6%；电信50.72亿元，增长5.4%。市话局用交换机已装容量222万门，增长16.2%。其中当年新增29万门。年末市话用户数165万户，增长13%；移动电话用户数177.5万户，增长64.4%。市话普及率每百人41部，增长13.9%；城镇电话普及率每百户81部，增长2.5%。互联网业务高速发展，年末武汉热线用户数达到44万户，增长76%。

旅游产业迅速发展。旅游设施、旅游景点建设逐步加快，国际、国内旅游均保持较快增长，春节、“五一”和“十一”三个长假的拉动作用较为明显，市内一日游快速发展。年末全市拥有星级宾馆饭店104家。其中，五星级2家，四星级5家，三星级46家。共有客房11984间，床位21981张。全年接待海外游客28.6万人次，增长29%，其中来自港、澳、台地区和英、法、德等欧洲国家的游客占45.5%，接待海外旅游者人天数72.8万人天，增长30%。全年实现旅游总收入161亿元，增长22.3%。其中国际旅游外汇收入12138万美元，增长23.8%；国内旅游收入151亿元，增长21.8%。

八、财政、金融和保险

财政收入快速增长。全年完成全口径财政收入150.18亿元，增长21.8%，其中，地方财政收入86.16亿元，增长28.7%。财政收入占国内生产总值比重为11.1%，比上年提高0.6个百分点。全年地方财政支出112.55亿元，增长

26.4%。

金融业平稳运行，各项存贷款稳定增长。年末全市金融机构各项存款余额2014.86亿元，比上年末增长19.8%。其中，企业存款余额994.34亿元，增长19.2%；城乡居民储蓄存款余额802亿元，增长21.6%。金融机构各项贷款余额1518.73亿元，增长13.8%。其中，短期贷款余额820.62亿元，增长8.2%；中期流动资金贷款余额65.96亿元，增长75.4%；中长期贷款余额530.37亿元，增长11.6%。

保险业快速发展。全年保费收入26.41亿元，增长17.6%。其中，财产险保费收入8.6亿元，增长19.4%；寿险保费收入17.8亿元，增长17.1%。全年保险赔付支出7.81亿元，增长13.5%。其中，财产险赔付支出4.75亿元，增长31.9%；寿险赔付支出3.06亿元，下降6.7%。

九、城市建设和环境保护

城市基础建设速度加快，公用设施继续完善。年末全市建成区面积210.88平方公里。全年改扩建等级公路175.8公里，增长3.4%。28公里内环线已经开通，中环线西段11.4公里建成贯通，加上先期建成的南环段，中环线累计贯通21.9公里、东段北段正抓紧建设；年末，拥有公交线路248条，公交客车1277辆，专线车3909辆，出租车12137辆。城区自来水普及率100%。全年新增燃气用户3.35万户，年末气化率86%，比上年提高2.7个百分点。

环境创新步伐加快，城市面貌明显改观。园林绿化建设和环境整治力度加大，城市环境质量进一步改善，环境"亮点"明显增多。"两江四岸"亮化工程取得阶段性成果，开放式中山公园建成开放，武汉外滩一期、东湖环湖二期及天河梨园线路段整治工程完工，建成开放田田、光谷、武展和绿荫等4个绿化广场。全年城区植树37万株，市区垂直绿化9.47公里。全年新增景观路4条，新增景观路长度40公里。全市拥有公园27个，公园面积544.5公顷。城区新增公共绿地面积144万平方米，人均公共绿地面积8.09平方米，建成区绿化覆盖率33.7%。

环境保护力度加大。全年治理污染源86项。噪声达标区达到20片，共138.91平方公里。全市区域环境噪声平均值54.7分贝，交通干线噪声平均值70.6分贝。烟尘控制区达到38片，共230.61平方公里。城区可吸入颗粒物日均值0.135毫克/立方米，二氧化硫年日均值0.039毫克/立方米，二氧化氮年日均值0.048毫克/立方米。饮用水源水质达标率97%。

十、教育和科学技术

教育事业稳步发展。普通高中招生规模继续扩大，中等职业教育结构渐趋完善；"两基"教育成果进一步巩固；素质教育全面展开，教育质量稳步提高；高等教育资源整合力度进一步加大，高校后勤社会化改革取得显著成效，新江汉大学经教育部批准正式成立。年末，全市共有普通高校35所，在校学生30.83万人，比上年增长22.4%；普通中等专业学校74所，在校学生9.05万人，下降16.9%；普通中学521所，在校学生51.29万人，增长9.1%；职业学校89所，在校学生3.09万人，下降22.4%；小学1676所，在校学生70.88万人，下降4.7%；盲聋哑特殊教育学校8所，在校学生1751人，增长20.3%；幼儿园624所，在园幼儿11.36万人，下降5.9%。小学在校生辍学率为0.02%，初中在校生辍学率为1.29%。继续教育发展较快，全年完成职工全员培训30万人次，成人高校在校学生数17.85万人。校舍建设得到加强，总投资8亿元的新江汉大学一期工程顺利完工。当年扩建、改造中小学危房11万平方米，新建、改扩建中小学学校竣工面积24万平方米，新建教师住宅10.92万平方米。

科学研究和技术开发取得新进展。全年科技部门实施的科技计划项目121项，其中地方科技计划项目35项，国家级科技计划项目86项，共完成投资7亿元，比上年增长8.7%；软科学研究计划项目23项；计划部门组织实施的高技术产业发展项目43项。全市登记科技成果170项，评定市科技进步奖69项，其中达到国内领先和国际先进水平的成果64项。全年专利申请1927件。技术市场交易日趋活跃，全年技术市场签定各类技术合同2700项，合同成交额20亿元，比上年增长33.3%。

高新技术产业化步伐加快。国家光电子信息产业基地"武汉中国光谷"建设进展顺利，东湖新技术开发区被批准为国家光电子信息产业基地，成为国家实施知识产权制度示范园区。年末，全市累计审批高新技术企业1470家，比上年增长14.3%；累计审定民营科技企业2800家，民营科技企业当年实现技工贸收入151亿元，增长28%。高新技术产业化计划项目当年实现产值44亿元，实现利税10.5亿元。

十一、文化、卫生和体育

文化事业繁荣活跃。群众文化活动蓬勃发展，全年开展群众性大型文化活动6项，在全省首届新区文化节上获得1金2银2铜的好成绩。2001年文艺创作喜获丰收，全年获得20项国家级奖项，其中话剧《母亲》获第七届中国戏剧节最高奖——中国曹禺戏剧奖·优秀剧目奖，并囊括了优秀编剧奖、优秀导演奖、优秀表演奖、优秀舞美奖和表演奖。市文化系统新创作和演出的剧目获省级以上奖69项，其中，国家奖10项，省级奖59项。创作了《我从三峡来》、《母亲》等一批在国内外有较大影响的文化精品。年末，全市有公共图书馆17个，博物馆12个，广播电台2个，电视台2座，广播和电视人口覆盖率分别为97.75%和99.7%。总投资8亿元的武汉广播电视中心奠基动工。

精神文明创建活动蓬勃开展。围绕创建文明城市目标，广泛开展了"告别不文明行为，塑造武汉人新形象"、"共建美好家园，倡导文明新风"为主题的系列活动，市民文明素质进一步提高。百步亭花园社区获得"全国精神文明社区"称号。全年共建设省级文明单位150家，市级文明单位603家。创建文明街（镇）50个，文明社区300个，十星级文明农户示范村10个。

卫生事业稳步发展。城镇医药卫生管理体制改革取得新进展，2134家医疗机构实行了分类管理，药品监督管理新机制初步形成。年末，全市有卫生机构2241个，其中医院219个；卫生技术人员5.48万人，其中医生2.11万人；卫生机构病床数3.26万张，其中医院病床2.35万张。平均每千人拥有医生3.14人，病床3.13张。全年法定报告传染病总发病率211.55人/10万人，免疫接种率96%，食品卫生监督覆盖率98%，公民无偿献血人数5.7万人。

体育事业稳步推进。群众性体育运动广泛开展，全年开展全市群众性大型体育活动28次，成功举办了武汉市第六届体育运动会和武汉市抢渡长江挑战赛。体育基础设施建设明显加强，江汉二桥体育训练基地一期工程竣工，武汉体育中心即将建成。竞技体育取得新成绩，在第九届全运会上获金牌5枚。

十二、人口、人民生活和社会保障

人口增长速度保持平稳。年末全市总人口756.5万人，比上年末增长0.97%。人口出生率8.14‰，人口死亡率5.67‰，自然增长率2.47‰，净迁移率7.29‰，计划生育率98.8%。

人民生活水平有所提高。全年职工平均工资9086元，比上年增长19.1%；城区居民人均可支配收入7304元，增长8%；农民人均纯收入3100元，增长5%，其中现金收入2200元，增长8.7%。城镇居民恩格尔系数（食品支出占消费支出的比重）由上年的0.385下降到0.381，农村居民恩格尔系数由0.511下降到0.508。居民居住条件进一步改善，年末，城区居民人均居住面积9.65平方米，比上年末提高0.85平方米；农村居民人均居住面积31.95平方米，提高0.13平方米。年末每百户城镇居民家庭拥有家用电脑20台、空调器94.8台、移动电话22.8部、彩色电视机133.4台、电冰箱105台、组合音响30.2台。

社会保障和民政福利事业稳步发展。城镇职工医疗保险制度稳步实施，基本医疗保险工作启动。年末，城区进入养老保险的企业11072户，增长3.3%；进入养老保险的职工133.31万人，增长0.5%。年内全市50万人参加了医疗保险。国有企业职工失业保险覆盖面达97%，比上年增加1个百分点；养老保险和失业保险社会化发放面进一步扩大，养老保险金社会化发放率99.3%。享受最低生活保障人数达到17万人。全年扶持农村贫困户13665户，增长3.3%，其中脱贫6002户，增长4.2%。城镇居民享受最低生活保障补贴41.1万户次数，是上年的3.7倍，共98.8万人次，是上年的3.5倍；城市居民生活保障费实际发放额7210.33万元，是上年的4.2倍。

注：1、本公报为初步统计数。

2、计算增幅时以上年年报数为基数。

3、国内生产总值、各产业增加值绝对数按现价计算，增长速度按可比价计算。

二、武汉市第十届人民代表大会第五次会议主要文件

PRIMARY DOCUMENTS PASSED ON THE FIFTH SESSION OF THE TENTH PEOPLP'S CONGRESS OF WUHAN MUNICIPALITY

政 府 工 作 报 告

——2002年1月10日在武汉市第十届人民代表大会第五次会议上

代市长　周　济

各位代表：

现在，我代表市人民政府，向大会报告政府工作，请予审议，并请市政协各位委员和其他列席人员提出意见。

一、2001年的工作总结

2001年，是我市跨入新世纪，实施第十个五年计划的开局之年。全市各族人民在省委、省政府和市委的领导下，高举邓小平理论伟大旗帜，以江泽民总书记"三个代表"重要思想为指导，深入贯彻党的十五大和十五届五中、六中全会精神，抓住机遇，开拓前进，较好地完成了市十届人大四次会议确定的八项重点工作和十项重点工程，实现了"十五"计划的良好开局。

（一）国民经济持续快速健康发展，综合实力显著增强。预计国内生产总值1348亿元，比上年增长12%。工业在调整中快速增长，预计工业增加值485亿元，增长13．2%；第三产业持续发展，预计增加值668亿元，增长12．1%。投资和消费需求扩大，预计全年固定资产投资508亿元，增长10%；社会消费品零售总额685亿元，增长13%。经济效益逐步回升，预计全年规模以上工业企业实现利润66．8亿元，增长35．3%。财政收入快速增长，预计全口径财政收入150．18亿元，增长21．8%。城乡居民收入提高，人民生活继续改善，预计全年城镇居民人均可支配收入7304元，增长8%；农村居民人均纯收入3100元，增长5%。

（二）结构调整取得新进展，开发区和区级经济对全市经济发展的支撑作用进一步增强。基本完成城市新的经济增长带规划编制工作，启动和实施了一批基础设施和产业项目。东湖新技术开发区、武汉经济技术开发区保持快速发展势头，预计工业增加值分别比上年增长31%和25%，财政收入分别增长64%和53．9%。武汉光电子信息产业基地（武汉·中国光谷）得到国家计委和科技部批准，成为我国第一个国家级光电子信息产业基地，一批重点项目建设进展顺利。武汉出口加工区规划建设进展良好，通过国家验收封关运行，一批产业项目建成营运。吴家山海峡两岸科技产业园、江汉江北民营科技产业园等园区建设加快。阳逻经济技术开发区物流园区、工业园区建设全面启动。区级经济发展加快，预计13个区国内生产总值和财政收入分别为593亿元和49．6亿元，同比增长14%和30%。各区区属国有企业改革进展顺利，民营经济快速发展；开放开发继续推进，经济发展区招商引资取得新的成绩。"五大产业基地"（光电子信息、汽车及现代制造、钢材及新材料、生物工程及新医药、环保产业）、"五大功能中心"（金融商贸、科教、物流、信息、旅游目的地和集散中心）规划建设起步良好，一批产业项目和技改项目建成和启动，光电子信息、生物工程及新医药等高新技术产业成长迅速，预计高新技术产业产值430亿元，比上一年增长29．5%。钢铁、机电、化工等传统产业调整步伐加快。

（三）农村经济稳步发展，农业结构调整力度加大。广大干部群众战胜历史罕见的旱灾，夺取了抗灾保增收的胜利，预计农业增加值85亿元，增长5．3%。农业结构调整稳步推进，粮棉种植面积继续调减，产业化基地建设加快，农业产业化龙头企业快速发展。奶业、苗木花卉等产品产业化经营规模扩大，市场占有率提高。国家级南湖农业科技园、武汉生态农业园等示范园区建设取得新进展，都市农业起步较好。农产品质量检测体系建设开始起步，"放心肉"、"放心菜"和"绿色食品"工作取得新的成效。乡镇企业在改革调整中发展，一批企业进一步壮大。农田水利建设稳步推进，农村电网改造基本完成，改水改厕工作继续推进。农业农村现代化试点初见成效，蔡甸、纸坊、阳逻、武湖等28个中心镇和小城镇建设步伐加快。

（四）各项改革大步推进，多种所有制经济共同发展格局进一步强化。所有制结构进一步调整，民营经济、外资经济、混合经济快速发展。国有大中型企业三年改革脱困成果进一步巩固，企业制度、技术、管理创新继续推进；国有中小型企业改革平稳进行，改革改制面达到83%。国有资产监管营运体制进一步完善，组建了高科控股、博泰集团等国有资产营运机构；国有资产监管力度加大，向15家国有资产营运机构委派了财务总监。整顿和规范市场经济秩序工作顺利推进，以食品、药品、农资为重点的打假专项斗争取得明显效果，建筑市场、金融市场、税务和价格秩序好转。安全生产和消防工作取得成效，基层、基础工作进一步加强。机构改革顺利开展，市级工作部门精简29．7%，人员编制精简30%。行政审批制度改革取得阶段性成效，市级行政审批事项精简48%。再就业工作取得新进展，全市再就业服务中心的下岗职工稳步退出，下岗职工、失业人员实现再就业6．8万人次，国有企业下岗职工的基本生活得到保障。社会保障制度改革平稳推进，全市企业职工养老保险新增参保人员7．5万人，51．5万名离退休人员养老金按时足额发放，社会化发放率达到100%；失业保险征缴面扩大，新增参保单位889户，全年征缴失业保险金1．5亿元；医疗保险制度改革稳步实施，基本医疗保险工作启动。城镇居民最低生活保障标准提高，覆盖面扩大。

（五）投资环境建设不断加强，对内对外开放扩大。投资环境建设继续推进，制定了《武汉市人民政府应对入世工作实施意见》，建立了招商顾问制，联合办公中心实行外来投资审批首问责任制，兴办外资企业前置审批手续一步到位。利用外资规模扩大，预计全年实际利用外资14.32亿美元，增长10%。到武汉投资的世界500强由36家增加到40家，跨国公司在汉设立地区性、区域性机构累计达到110家。对外工程承包和劳务合作稳步扩大，外经业务涉及世界76个国家和地区。外经贸体制改革取得新进展，组建了武汉恒信国际经贸集团，成立了首家外商独资专业外贸公司。东引、西进、中联步伐加快，实际引进内资72亿元，增长41.2%。成功举办了第二届武汉国际机电产品博览会、第三届武汉经济贸易洽谈会等大型经贸活动，与法国波尔多等友城的交往扩大。

（六）环境创新步伐加快，城市面貌进一步改观。基础设施建设全面推进。绕城公路西南段、军山长江大桥、中环线西环段建成通车，新、改、扩建长丰大道、关山二路等城区道路19条、农村公路520公里，长丰桥、晴川桥、黄陵大桥竣工通车，城市轨道交通一号线一期工程建设加快，世行城市交通项目、阳逻长江公路桥、“川气进汉”等项目前期工作进展顺利，国际会展中心竣工。住宅建设稳步推进，完成投资101亿元，竣工面积602万平方米。武汉“数字城市”工程启动，骨干网络建设进展顺利，被国家批准为信息化试点城市。城市景观建设取得成效。“两江四岸”亮化工程取得阶段性成果，开敞式中山公园建成开放，完成汉口江滩一期拆迁和汉口沿江大道武汉关至一元路段环境改造工程，东湖环湖二期整治工程完工，光谷广场、田田广场等建成，完成了龙王庙由险点到景区的建设，建成绿地面积242万平方米。生态环境建设和保护加强。“湖改江”、排渍治污工程进展顺利，环卫、环保设施建设力度加大，基本建成二廊庙、龙王嘴、沙湖三座污水处理厂，新解决15万人饮用长江水、50万人渍水问题。堤防建设加速推进，基本完成135公里的干堤加固工程。完成危房改造30万平方米，竣工人防工程10万平方米。“一控双达标”取得新进展，市域环境噪声平均值低于国家标准。城市综合管理加强。完成了空间布局、道路交通重点专项规划，编制了一批环境创新重大项目规划。土地资产管理加强，实行土地储备供应制度，年度建设用地占用耕地实现占补平衡。“畅通工程”取得成效，重点整治了40余条街道，市容市貌得到改观。

（七）各项社会事业全面发展，社会主义精神文明建设显著加强。科技创新体系建设步伐加快，新组建4个高新技术创业服务中心及10家企业研发中心，累计建立工程技术研究中心达到11个。经科技部批准，在武汉建立了国家中药现代化科技产业基地、国家农业科技园、国家信息安全产业化基地等国家级科技产业园区。10项科技攻关项目和10项产业化项目进展顺利，知识产权管理和保护工作进一步加强。成功举办了全国53个高新区所在城市市长座谈会。教育事业稳步发展，新江汉大学经教育部批准正式成立，基础教育进一步巩固，农村教育进一步加强，薄弱学校建设加快，素质教育向纵深推进，“创新素质实践行”活动初见成效，教育质量稳步提高。《武汉市社会主义精神文明建设“十五”规划》全面实施，以文明社区、文明单位为重点的文明城市创建工作取得新成绩，涌现出“吴天祥小组”、民意街派出所、百步亭小区等一批全国精神文明创建典型。成功举办了纪念辛亥首义90周年系列活动。文化、新闻出版、广播电视事业健康发展。创作了一批在国内有较大影响的文化精品，有20多项在全国获奖，话剧《母亲》获得第七届中国戏剧节曹禺戏剧优秀剧目奖。文化市场整顿取得成效。卫生、体育、计划生育工作取得新成绩。城镇医药卫生体制改革取得新进展，2134家医疗机构实行了分类管理。成功举办了市第六届运动会和武汉市抢渡长江挑战赛。农村和流动人口计划生育管理和服务水平提高。社区建设取得成效。“双拥”工作和国防教育、国防动员、人民防空工作力度加大，城市民兵工作改革试点顺利进行。外事、侨务和对台工作取得新的成绩，民族和宗教工作稳步推进。文物、档案、文史、地方志，决策咨询、参事，国家安全、保密，审计、物价、统计、仲裁，地震、气象，残疾人、老龄人等工作进一步加强。

（八）民主法制建设继续推进，依法行政水平进一步提高。各级政府坚持依法行政，行政管理和行政执法法制化和规范化步伐加快。认真执行人大及其常委会的各项决议，办理人大议案3件，人大代表建议417件。提请市人大常委会审议通过地方性法规5件，颁布政府规章和规章性文件27件。接受人民政协的民主监督，办理政协委员建议案、提案782件。“四五”普法教育工作全面启动。反腐败斗争不断深入，坚决查处了一批大案要案。依法打击“法轮功”邪教组织。开展“打黑除恶”严打专项斗争，查处“黄、赌、毒”等丑恶现象，社会治安综合治理得到加强，治安状况进一步好转。

各位代表！一年以来，全市上下围绕经济建设中心，实施“开放先导”和“科教兴市”战略，两个文明建设同步推进、协调发展。这些成绩的取得，来之不易，是全市各族人民团结奋斗、顽强拼搏的结果。在此，我谨代表市人民政府，向辛勤工作在各条战线上的广大工人、农民、知识分子，向驻汉解放军和武警官兵，向给予政府工作积极支持的人大代表、政协委员和各民主党派、工商联、无党派人士、工青妇各界，向离退休老同志、老领导，向所有关心和支持武汉改革开放和现代化建设的台湾同胞、香港和澳门特别行政区同胞、海外侨胞和国际友人，表示衷心的感谢！

回顾一年来的工作，我们清醒地看到，我市同发达地区的差距依然较大，经济社会发展中还存在不少困难和问题。经济发展还不够快，经济发展的环境还不够好；外贸出口、农民收入增长目标未能全面完成；经济外向度不高，结构性矛盾对经济增长的制约仍然存在，重点产品、企业、产业不多不大，规模和竞争力不强；量大面广的国有中小企业依然面临许多困难，“再就业”、“两保”工作压力较大；农业适应市场和抗御自然灾害的能力仍然较弱；城乡环境、社会治安还存在薄弱环节；机关作风有待进一步改进。对于这些问题，我们将采取有效措施，逐步加以解决。

二、2002年的主要工作

今年政府工作总的要求是：高举邓小平理论伟大旗帜，以江泽民总书记“三个代表”重要思想为指导，全面贯彻落实党的十五大、十五届五中、六中全会和中央、省经济工作会议精神，统一思想，坚定信心，振奋精神，团结奋斗，进一步做好应对入世的各项工作，努力扩大投资、消费和出口，保持国民经济持续快速健康发展；深入实施“开放先导”、“科教兴市”战略，加快建设“五大产业基地”、“五大功能中心”和农业产业化体系，推进经济结构战略性调整；深化经济体制改革，推进各项体制创新；加强城市规划、建设与管理，促进城市环境创新；坚持“两手抓，两手都要硬”的方针，加强社会主义精神文明和民主法制建设，不断提高人民群众的物质文化生活水平，加快改革开放和现代化建设步伐，以优异成绩迎接党的十六大胜利召开。

在新的一年里，我们将继续坚持把发展作为主题，把结构调整作为主线，把改革开放和科技进步作为动力，把提高人民生活水平作为根本出发点，继续推进经济发展和社会全面进步。主要预期目标是：国内生产总值增长12%左右，财政收入增长12%，全社会固定资产投资增长10%，社会消费品零售总额增长12%，实际利用外资增长10%，外贸出口增长12%，城镇居民人均可支配收入增长8%，农村居民人均纯收入增长6%，城镇登记失业率控制在5%以内。为此，着重抓好八项工作。

（一）坚定不移地以发展为主题，努力实现快速发展目标

发展是硬道理，是解决武汉所有问题的关键。确定国内生产总值和财政收入分别增长12%这个目标，体现了以发展为主题，促进武汉跨越式发展的指导思想。第一，今年各方面需要解决的矛盾仍然比较集中，产业发展、结构调整、国企改革、增加就业、提高工资和改善人民生活，都需要我们保持较快的经济增长水平。如果没有一定的速度，当前来之不易的大好形势就有可能逆转。第二，这个速度也是保证实现“十五”计划目标的速度。“十五”前两年是做好启动、夯实基础的时期，速度不能低。尽管今年经济环境存在诸多不确定因素，但只有确保12%的增长水平，才有可能争取后三年工作的主动，实现“十五”年均增长12%以上、国内生产总值再翻一番的目标，为顺利实施“十五”计划提供必要的空间。第三，这个速度也是逐步缩小与先进城市发展差距的速度。当前，我市在区域竞争中，面临着东西夹击的挑战。2001年，深圳、广州、杭州等城市国内生产总值的规模和增幅均高于我市，西安、成都等西部城市呈现加速增长态势。在今年的计划安排中，我市增长12%，居中上游水平。只有保持这样的增长速度，才能适应全国各大城市快速发展的形势。综合考虑各方面因素，两个12%的目标是一个积极的发展目标。

当然，我们要充分估计到今年形势中困难的一面，我们面临着严峻的挑战。美国经济去年第三、第四季度负增长，欧盟经济增长减缓，日本经济继续低迷，我国面临比亚洲金融危机更为险峻的外部环境；尤其是加入世贸组织以后，各级政府进一步转变职能的任务很重，我市产业、产品和企业面临更加激烈的国际国内市场竞争压力，就业和再就业问题突出，维护社会稳定的任务较重。我们要把困难估计得严重一些，把影响的时间考虑得长一些，把应对措施准备得充分一些。另一方面，我们必须充满信心地把握完成今年各项目标任务的诸多有利条件，我们面临着极好的发展机遇。我国加入世贸组织，在更大范围和更深程度上参与经济全球化，为我市进一步发展外向型经济和调整经济结构提供了新的机遇。国家继续实施扩大内需的政策，加快西部大开发和中西部发展，为我市扩大投资、拓展市场和刺激消费提供了有利条件。我市经济增长潜力较大，比较优势明显，随着现代化的推进，这些潜在的优势必将逐步转化为发展优势。经过20多年的改革开放和现代化建设，我市国有企业改革和经济结构调整取得明显成效，重点企业、外资经济、民营经济、开发区和区级经济，已成为全市经济重要支撑，为改革发展奠定了基础。特别是今年将召开党的十六大，必将进一步激发全市广大干部群众抢抓机遇、加快发展的积极性和创造性。因此，全面完成今年的各项目标任务，是有把握的。

需要指出的是，这个目标是指导性、预测性的，各区要从实际出发，只要是有效益和质量的增长，能搞多快就搞多快。要把工作的着力点放在调整经济结构、提高增长质量上，努力实现有良好效益的快速增长。

（二）发展壮大重点产业和主导产业群，促进经济结构战略性调整

*一是重点建设五大产业基地，进一步调整优化工业结构。*要以高新技术产业化和传统产业高新技术化为方向，狠抓产业发展，建设大项目、培植大企业，重点建设光电子信息、汽车及现代制造业、钢材及新材料、生物工程及新医药、环保产业五大产业基地，力争工业增加值增长13%。特别是要举全市之力，努力实现东湖新技术开发区（武汉·中国光谷）和武汉经济技术开发区的超常规建设和跨越式发展，使之成为带动武汉经济全面发展的龙头。要启动和实施一批重大产业项目，加快实施长飞七期工程、神龙公司改造、武钢二冷轧项目等大项目，壮大邮科院、神龙公司、武钢集团等大公司大集团。启动化工发展区建设。要积极采用高新技术和先进适用技术，改造重点产业和骨干企业，实施一批重大技改项目，全年技改投资126亿元，增长10%左右。支持企业加快技术创新，实施20项技术创新重点项目。建立健全风险投资机制，发展高新技术企业孵化器；完善中介服务体系，加速技术开发和科技成果的转化。要深入实施名牌战略，着力打造主导产品和品牌，引导企业开展ISO9000质量认证和ISO14000环保认证工作，积极采用国际标准和国内先进标准，提高产品质量，扩大市场占有率。

*二是重点建设五大功能中心，调整提高第三产业。*适应服务业扩大开放的新形势，发展壮大主导产业，力争第三产业增加值增长12%。要重点建设华中地区金融商贸中心。抓住我市服务领域先行开放的机遇，完善区域性、开放性的金融组织体系和市场体系，引进各类金融机构来汉设立总部或分支机构，发展离岸金融业务；规范发展证券、保险、投资等非银行金融机构，扩大资金、证券、债券市场规模，发展区域性票据中心；探索建立个人联合征信系统，完善企业征信机制，优化社会信用环境。进一步开放商贸流通业，发展连锁超市等现代商业业态；推动商业改造改组，支持商贸企业走出去，大力发展会展经济。要积极推进华中地区科教

中心建设。规划启动大学新城建设，依托“两区多园”和大院大所，构建华中高新技术产业高地，实施区域科技创新体系建设工程。要加速建设华中地区物流中心。规划建设沌阳、舵落口、阳逻物流园区，加快阳逻国际集装箱转运中心、武汉中百物流配送中心等项目建设，支持现代物流企业发展。要以信息化带动工业化和现代化，推进华中地区信息中心建设。加快建设武汉“数字城市”，积极发展信息服务业，加快建设政务、科技等信息中心。要加快旅游目的地和集散中心建设，综合开发旅游资源，加强区域旅游企业协作，促进“假日经济”发展。

*三是加快建立农业产业化体系，切实做好农业农村工作。*要坚持面向市场、依靠科技的原则，发挥特大城市城郊和主销区的优势，以发展都市农业和农产品加工产业化为方向，努力实现农业增效农民增收目标，力争农业增加值增长5%。要依法逐步推进集体土地经营权有偿流转和适度规模经营，改革农业经营方式，培育农业龙头企业，推进农业产业化经营。要推进农业科技进步，加快农业科技示范园区建设，实施优质高产种籽种苗工程。完善农业生产标准、质量检测、安全执法体系，推进“放心肉”、“放心菜”和“绿色食品”工程建设。进一步扩大农业领域的开放引进，提高农业外向度。深化粮棉购销体制和农副产品流通体制改革，健全农业社会化服务体系。进一步抓好乡镇企业二次创业。要以特色农业为基础，以加工工业为主导，以龙头企业为主体，大力实施《农产品加工产业化推进计划》。加快卫星城、中心城镇、农民新村建设，改革城镇户籍制度，促进人口、企业向城镇聚集。实行退耕还林还草、封山育林，改善农业生态环境。切实加大投入，加快农村路桥、水电等基础设施建设。积极推进农村税费改革，采取有效措施，切实减轻农民负担，维护农村社会稳定。

*四是大力发展区级经济，增强区级经济实力。*发挥各区优势，大力发展特色经济，推进各区联合协作，发展区域经济。中心城区要大力发展信息、商贸、金融和社区服务业，注重发展高新技术产业，加快形成以现代服务业和都市型工业为主体的产业体系。市郊各区要大力发展都市农业和农产品加工工业，加快二、三产业发展。各区要加强发展区建设，突破性地进行招商引资和发展民营经济，培植区级经济新的增长点。要集中力量建设区级财源，增强区级财政经济实力。同时，要进一步完善市、区财税体制，做好财税金融工作，支持强区建设和全市改革与发展。

*五是加快新的经济增长带建设，进一步优化生产力布局。*进一步落实市人大 2001 年 1 号议案，组团式推进新的经济增长带的开发建设，加快东湖、沌口、吴家山等九大经济组团发展，促进区域内产业集聚，构建具有国际竞争力的产业群。加快东湖新技术开发区建设，重点建设光电子信息和生物工程与新医药两大产业基地，大学科技园、软件产业园和国家农业科技园三大园区。推进武汉经济技术开发区建设，重点建设武汉出口加工区和区内科技工业园，力争引进一批新的重大项目。加强吴家山海峡两岸科技产业园、江汉江北民营科技园等园区建设，加大阳逻经济技术开发区招商引资力度，引进一批投资项目。

（三）进一步深化改革，加快经济体制创新

*一是大力发展民营经济。*民营经济应该成为我市国民经济的重要组成部分和支撑力量。要进一步解放思想，把发展民营经济作为调整优化结构的重大战略举措来抓，放开手脚，扎实工作，力争今年有突破性进展。要进一步拓宽民营经济发展的领域，凡符合国家法律法规、产业政策以及入世后对外资开放的行业和投资领域，都要对私营、个体企业开放。要进一步完善鼓励支持民营经济发展的政策，加强对民营经济发展的引导和服务，要形成全社会关心、尊重民营企业的氛围，切实为民营经济加快发展创造一个公平竞争的环境，使民营经济尽快成为全市重要的经济增长点。要大力推进国有经济布局的战略性调整，坚持区级经济以民营为主的取向，加快国有资本从一般性竞争行业中退出的步伐，鼓励民营经济采取承包、租赁、并购等形式参与国有企业重组，发展混合经济。

*二是继续深化国有企业改革。*发展壮大大型企业和企业集团，增强企业核心竞争力，是应对入世的迫切需要。要进一步加快国有大中型企业产权改革和制度创新，依法将未改制的国有大中型企业改制为有限责任公司或股份有限公司，实行投资主体多元化，年内基本完成市属国有大中型工业骨干企业的公司制改造。进一步完善企业法人治理结构，继续抓好向国有参控股公司和大型企业、国有资产营运机构委派和推荐外部董事的试点工作，强化约束激励机制。要引导企业加快管理创新，强化企业安全及基础管理。要依法推进破产兼并，淘汰长期亏损、扭亏无望的劣势企业，降低企业亏损面和亏损额。继续抓大放小，推动国有资产流动重组，引导和支持国有大中型企业和企业集团加强与境内外大公司、大集团的联合，培育一批拥有自主知识产权、核心竞争力强的大型企业和企业集团。支持国有中小企业加快改革步伐，通过股份制等多种形式，放开搞活。要引导企业加快技术创新步伐，加大技术改造力度，增强核心竞争力。进一步深化市、区国有资产管理体制改革，健全国有资产监控体系，建立国有资本金动态监控机制。完善国有资产基础管理体系，建立国有资产经营预算、决算制度，制定《武汉市国有资产管理条例》。

*三是加快政府职能转变。*进一步转变政府职能，是应对入世的迫切要求。要牢固树立管理就是服务的观念，努力建立高效、精干、廉洁的服务型政府。要全面清理政府规章和其他政策措施，逐步建立和完善符合世贸组织规则的法规体系。要进一步深化行政管理体制改革，进一步减少行政审批事项，推进政务公开。要深化财税、金融、物价、投资等体制改革，切实把政府职能转到经济调节、市场监管、社会管理和公共事务上来，不断提高政府工作效率和水平。继续培育和规范发展社会中介服务机构，注重保护企业合法权益。要进一步整顿和规范市场经济秩序，切实加强安全生产工作，创造良好市场环境。要进一步改革和完善社会保障体系，提高养老、失业保险管理服务社会化程度，稳步扩大基本医疗保险参保范围。多方筹集资金，确保国有企业下岗职工基本生活。要妥善处理社会各阶层、各利益群体的分配关系，切实保障特困居民的基本生活，落实好帮扶特困群众的各项措施。

（四）加强城市建设和管理，加快环境创新步伐一是加快基础设施建设。畅通内环、速建中环、续建外环，开工建设阳逻长江公路大桥，力争开工建设天兴洲长江大桥，启动世行城市交通项目，抓紧建设市区20余条主次干道、4条快速出口通道及周边公路和420公里农村公路。着力推进城市轨道交通建设，加速实施轻轨一号线一期工程，开工建设一号线二期工程，力争开工建设地铁长江隧道。抓紧实施“大交通”枢纽建设，争取天河机场第二候机楼工程早日开工，启动武昌火车站改造工程，推进舵落口等5座客运、货运站场建设。加速武汉交通一体化进程，规划现代立体交通网络系统的建设。加强公用设施建设，积极推进“川气进汉”、“湖改江”工程。继续推进堤防、排渍治污工程建设，完成长江干堤武汉段加固工程。抓紧建设南太子湖污水处理厂、二妃山垃圾处理厂和危险废物处置中心。

二是大力推进环境景观建设。开展植树造林活动，全民动员，绿化武汉。完成汉口江滩一期景观建设，抓紧实施东湖环境整治三期、汉口江滩综合整治二期、月湖风景区整治一期、武昌临江大道整治一期、人民广场、“两江四岸”二期亮化、中环线绿化、汉江航道整治等重大工程项目，新建、改造30个城市公园和游园。力争全年建设绿地240万平方米，全市人均公共绿地达到8．33平方米，绿化覆盖率、绿地率分别达到34．88%和29．50%。

三是加大城市综合管理力度。进一步改革完善城市综合执法管理体制，逐步建立科学有序、运转高效、执法严明的城市新型综合执法管理体制，提高城市依法综合管理水平。切实加强规划控制和规划管理，推进规划管理法制化。切实保护好生态环境，实施“蓝天”、“碧水”工程。加强大气和水污染治理，控制主城区噪声污染，启动绿色环保小区建设，营造良好的人居环境。深化“畅通工程”，大力整治道路交通秩序，严禁违章占道，优化交通环境。

（五）深入实施“开放先导”战略，大力发展开放型经济

一是加强招商引资。要抓住国际资本看好我国市场和沿海产业向内地转移的机遇，大力加强我市招商引资工作。今年是我市招商引资的项目年，要继续实行招商引资目标责任制，努力调动广大干部和群众招商引资的积极性，千方百计引进各类外资项目，特别要策划一批战略性、长远性的利用外资项目。不断改进招商方式，积极探索委托招商、代理招商、网上招商等市场化运作方式，增强招商引资的针对性和实效性。进一步优化外商投资结构，努力引进国际大公司、大财团、大商社来汉投资经营，推动武钢、武商等大企业与跨国公司合资、合作，进入跨国公司的全球生产链和营销网，促进我市尽快成为跨国公司的区域性制造基地、研发中心、营销总部。支持上市公司、国有大中型改制企业、民营企业参与跨国并购、境外上市、风险投资等新型利用外资活动。要充分利用加入世贸组织后武汉的有利条件，积极推进外商投资金融、保险、航空、现代物流、医疗卫生、科技教育、社会中介服务等服务贸易领域，带动我市流通和服务业水平的提高。

二是继续改善投资环境。要抓住入世机遇，下大气力改善投资环境。要抓紧“过渡期”的调整和准备工作，清理、修订和完善法规和规章，落实投资环境责任制和责任追究制，严格依法办事，严肃查处违法违纪行为，创造良好法制环境。政府要带头讲信用，厂商和个人要讲信用、诚实守信，发展信用经济和信用文化，创造良好信用环境。要进一步改善办事手段，提升联合办公中心功能，提高办事效率和水平，创造良好的服务环境。要在全社会倡导敬业爱岗、勇于创新的良好社会风尚，每一个市民都要从我做起，十分注重改善投资环境，努力做到“人人都是投资环境”。

三是千方百计扩大出口，加强经济技术合作。继续深化外经贸体制改革，扩大三资企业出口规模，鼓励外贸公司、大型自营出口企业，积极与国外综合商社和大型跨国公司合资合作，组建外资外经贸企业。加快科技兴贸步伐，抓紧建设光纤光缆等十大出口基地，扩大大型机电产品和高新技术产品出口。发挥武汉出口加工区的优势，提高区内企业的投产水平和出口规模。鼓励具有比较优势的企业建立海外生产基地、研发机构和海外销售网络。拓展对外工程承包领域，扩大工程承包规模，加强国际劳务合作，引导企业和个人境外就业和创业。加快东引、西进、中联步伐，大力引进东部地区的资金、技术、人才和管理经验，积极参与服务西部大开发，加强与武汉经协区和长江中游经济圈的联合协作。办好第三届武汉国际机电产品博览会、第四届武汉经济贸易洽谈会等大型经贸活动。

（六）深入实施“科教兴市”战略，增强城市发展后劲与活力

一要加快科技创新体系建设。要依托“两区多园”，积极培育科技创新基地。加强高新技术创业服务中心、大学科技园等孵化器建设，增强孵化能力。进一步深化科研院所体制改革，加强专利和知识产权管理与保护，建立完善知识产权保护体系。抓紧科技中介服务体系建设，发展一批高质量的产权服务、信息咨询等科技中介服务机构，重点抓好“生产力促进中心”、“科技成果转化服务中心”的建设，促进科技成果转化。

二要全面推进教育改革与发展。加强基础教育，普及高中阶段教育，加大薄弱学校建设力度，加强农村教育工作，促进基础教育全面发展；积极推进素质教育，继续开展“创新素质实践行”活动；大力支持在汉的国家及各类高等院校建设，办好新江汉大学，加快高等教育发展；稳步发展职业教育、成人教育，加强学前教育。加大教育投入，完善多元化办学格局，加快教育信息化步伐，深化教育方式改革，加强教师队伍建设。

三要加快人才培养和引进步伐。继续推进人才培养工程，加大引智工作力度，培养引进一批精通国际语言和事务的高层次人才、高科技人才和优秀年轻创业人才。完善人才流动政策，健全人才资源市场配置机制、人才竞争激励机制和人才社会保障机制，努力营造优秀人才聚集和脱颖而出的环境。

（七）坚持“两手抓，两手都要硬”的方针，加强社会主义精神文明和民主法制建设

一是深入开展文明城市创建活动。要围绕创建文明城市和“三年争创国内一流”的目标，在市民文明建设和环境综合整治上狠下功夫，力争成为全国“创建文明城市工作先进城市”。加强公民及全社会的道德培育，贯彻“以德治国”

思想。要把贯彻落实《公民道德建设实施纲要》作为创建文明城市的重要任务，继续开展《武汉市市民文明公约》教育活动，为创建全国文明城市奠定良好的思想基础。要实行精神文明建设目标管理责任制，以创建文明社区、文明单位、文明家庭为主要内容，开展"吴天祥小组"活动，学习推广"民意派出所"和"百步亭小区"的文明建设经验，掀起群众性精神文明创建工作的新高潮。要切实加强科普工作，崇尚科学，抵制邪教，破除迷信。要全面实施武汉市"十五"时期妇女和儿童发展规划，重视发展老龄事业，弘扬尊老爱幼的传统美德。

二是大力发展文化、卫生、体育等社会事业。要积极营造良好的创作环境，大力发展新闻出版、广播影视等事业。不断推出反映时代精神、具有武汉特色的文化艺术精品。要深化文化体制改革，加强文化市场管理。保护和规划开发首义文化资源。要高标准规划建设武汉艺术中心、青少年活动中心、武汉广播电视中心等基础设施，办好第五届中国武汉国际杂技艺术节。要推进医疗卫生体制改革，健全城乡卫生服务体系，做好血防工作，提高医疗服务质量和疾病控制能力，加大药品、卫生监督执法力度。加强农村和流动人口的计划生育管理，提高人口素质，进一步稳定我市低生育水平。大力开展全民健身活动，培育优势项目和体育后备人才，办好远东四国女足对抗赛、中国－武汉国际抢渡长江挑战赛等重大赛事。推进社会救济、社会福利、优抚安置和社会互助工作，加快社区改革与建设。

三是切实加强民主法制建设。各级政府要自觉接受同级人大及其常委会的监督，认真执行人大及其常委会的各项决议。高度重视人民政协的政治协商、民主监督和各民主党派的参政议政，支持和接受舆论监督。充分发挥决策咨询机构和专家学者的作用，进一步推进科学和民主决策。加强政府法制建设，不断提高行政立法工作质量，进一步完善行政执法责任制、公示制、评议考核制和错案追究制度，提高依法行政水平。深化法制宣传教育，切实抓好"四五"普法工作。认真贯彻党的民族、宗教、侨务政策，做好对台工作和海外联谊工作。继续做好人民来信来访工作，及时化解各种矛盾，解决人民群众的疾苦。坚持领导干部廉洁自律、查办违纪违法案件、纠正部门和行业不正之风"三项工作格局"，深入持久地开展反腐败斗争；坚持标本兼治，注重制度创新，加快行政审批、财政管理、干部人事制度改革步伐，认真落实"收支两条线"规定，着力抓好经营性土地使用权出让招标拍卖、建设工程项目公开招投标、政府采购、产权交易进入市场等四项制度的落实，深入开展领导干部经济责任审计，从源头上预防和治理腐败。积极开展全民国防教育，进一步完善国防动员体系，完成城市民兵工作改革任务。进一步做好"双拥"工作，密切军政军民关系，努力实现全国双拥模范城"三连冠"目标。要坚持社会治安综合治理的方针，深入开展严打整治斗争，依法严厉打击严重危害社会治安的各项刑事犯罪活动。坚持打防结合，标本兼治，把影响社会安全的因素化解在基层，解决在萌芽状态，确保一方平安，确保社会秩序稳定和人民生活安定。

（八）切实转变工作作风，努力改善人民群众生活

中央确定，今年是转变作风年、调查研究年。要认真贯彻落实党的十五届六中全会精神，按照省委、省政府和市委的要求，抓好各项工作的贯彻落实，使机关作风有一个大的转变，政府工作有一个新的气象。要以奋发有为的精神状态，坚持与时俱进，围绕武汉改革与发展中的重点、难点、热点问题，深入基层，深入群众，调查研究、开动脑筋、总结经验、把握规律，创造性地开展工作。要切实转变作风，反对形式主义、官僚主义；注意工作方法，狠抓落实，务求实效。要牢固树立全心全意为人民服务的宗旨，坚持精打细算，厉行节约，把有限的资金用在扩大就业、改善困难群众生活上，扎扎实实为人民群众办实事，努力解决与人民群众切身利益相关的八个突出问题。

第一，高度重视城市规划，切实加强控制性详细规划和专项规划的编制和实施工作。城市规划是城市建设的总纲，它决定着城市建设和环境创新的水平。必须把加强城市规划工作放在城市建设和发展的首位。要加强城市控制性详细规划的编制和报批工作，力争建成区控制性详细规划编制覆盖率达到100%。年内基本完成市域城镇体系规划、国土资源保护、整治和开发规划的编制，加快全市分区详细规划和城市绿地系统规划编制工作。编制过程中要依靠专家、依靠群众、依靠科技进步，努力编制一个高水平的规划。加强城市规划管理，严格实施规划，推进管理法制化。

第二，继续实施再就业工程。大力发展劳动密集型产业和城镇经济，创造更多的就业岗位。充分利用社会培训资源，为下岗失业人员提供有效的就业培训服务；建立健全劳动力市场，支持下岗失业人员自主创业和自谋职业，力争全年实现下岗职工和失业人员再就业7万人次。

第三，千方百计增加居民收入。支持城乡居民勤劳致富，拓展增收领域，切实减轻人民群众特别是农民的负担。做好扶贫帮困工作，努力增加低收入群众收入，实现城乡居民收入的持续增长。确保城镇居民人均可支配收入和农村居民人均纯收入分别增长8%和6%。

第四，进一步加快住宅建设。按照统一规划、综合配套的要求，重点抓好汉口后湖、长丰、武昌南湖、汉阳四新等地区住宅小区开发建设。全年建成住宅600万平方米，改善6万多户市民家庭的居住条件。加快廉租住房建设，竣工经济适用住房60万平方米，改造危房35万平方米。

第五，植树造林，绿化武汉。要进一步推进山水园林城市建设，全民动员，植树造林，努力营造"绿色武汉，城在林中"的良好生态环境。今年，城区以公共绿地、沿江、沿路、社区为重点，植树100万株，其中大树苗10万株；郊区大力种植生态公益林和速生经济林，植树2000万株。要强化领导，动员民众，社会各方参与，创新营运机制，科学栽植养护，精心规划组织，实施《绿色武汉行动计划》。

第六，进一步加强环境整治。以整治"三车"和行车秩序为重点，深入实施"畅通工程"，改善出行条件。继续开展背街小巷和城乡结合部环境整治，综合治理武泰闸蔬菜批发市场周边等重点地区及8条进出市区道路两侧环境。加强区域环境卫生工作，力争无暴露垃圾、无污水漫溢、无乱搭乱盖、环境卫生整洁的街道达到85%以上。解决中心城区10个占道集贸市场和32个自发集贸摊群退路入室问题。

第七，实施重点抗旱工程。加大投资力度，完成江夏南

部灌溉补源、黄陂溻水橡胶坝等十大抗旱骨干工程，配套建设一批农田水利设施，提高农业农村抗旱排涝能力，基本解决郊区100多万亩农田灌溉、100多万人口及100多万头大牲畜饮水困难。

第八，推进社区建设。以创建全国社区建设示范市为目标，加强社区服务设施和网络建设，建立市、区、街三级社区服务信息网络系统；实施为社区老年人服务的“星光计划”项目；90%的街道建立社区服务中心，85%的社区建立社区服务站，为居民创造安全、和谐、文明的生活环境。

各位代表，今年是极不平凡的一年，摆在我们面前的任务光荣而艰巨。让我们高举邓小平理论伟大旗帜，以江泽民总书记“三个代表”重要思想为指导，在省委、省政府和市委领导下，紧紧依靠全市各族人民，齐心协力，开拓创新，不断开创我市各方面工作的新局面，以现代化建设的新成绩为中华民族的伟大复兴作出贡献。

关于武汉市2001年国民经济和社会发展计划执行情况与2002年计划(草案)的报告

——2002年1月11日在武汉市第十届人民代表大会第五次会议上

武汉市发展计划委员会主任　　刘家栋

各位代表：

我受市人民政府委托，向大会报告我市2001年国民经济和社会发展计划执行情况与2002年计划(草案)的安排意见，请予审议。

一、2001年国民经济与社会发展计划执行情况

2001年，在市委的正确领导下，在市人大的监督支持下，全市人民认真学习和贯彻江泽民总书记"七一"重要讲话精神和"三个代表"的重要思想，落实中央的各项方针政策，团结奋斗，开拓进取，"十五"计划开局良好，国民经济和社会发展取得显著成效。经济继续保持较快增长，预计完成国内生产总值1348亿元，同比增长12%，达到计划增长目标，其中一、二、三次产业分别增长5.3%、12.9%和12.1%。

1.农村经济稳定发展，农业实现增值增效。面对遭遇特大旱灾的不利局面，在努力抗灾保丰收、保目标、保稳定的同时，围绕农业增效、农民增收，积极推进农业产业化，突出培植十大农业主导产品，全市农村经济平稳发展。预计完成农业增加值85亿元，同比增长5.3%，高出计划目标0.3个百分点。农业结构调整继续推进，农业产业化进展较好，订单农业发展有所突破，十大主导农产品产值占农业总产值的比重达59.7%，比上年提高3个百分点。由于遭受旱灾等因素影响，农民收入没有完成计划目标，预计农村居民人均纯收入3100元，较上年增加147元，同比增长5%，低于年度计划1个百分点。

2.工业保持快速增长，新兴产业支撑明显。2001年工业成为拉升全市经济增长的主要力量，预计完成工业增加值485亿元，同比增长13.2%，达到计划增长目标。预计规模以上工业企业利润总额66.82亿元，增长35.3%。五大产业基地活力显现，成为工业增长的主要新增因素。两大开发区快速增长，东湖新技术开发区、武汉经济技术开发区工业增加值分别增长31.0%、25.2%。光电子产业呈现超常规发展态势，启动实施了38个光电子产业项目。东湖新技术开发区工业增加值中，光电子信息产业占57%，比上年提高近10个百分点。全市高新技术产业快速发展，对工业的支撑力度明显增强。预计全年高新技术产业实现工业增加值150亿元，占全市工业增加值比重达到31%。郊区工业化步伐加快，发挥大项目带动作用，成为区级工业快速发展的主要推动力量。

3.市场销售稳中趋活，一批消费新热点初步形成。我市市场销售平稳增长，预计完成社会消费品零售总额685亿元，同比增长13%，完成年度计划。市场物价较为平稳，全年居民消费价格指数为99.5%。商贸业加快发展新业态，大力推进对外开放，促进了传统商业的结构升级。中商集团销品茂项目开工建设，武商集团、中百集团以连锁经营的业态形式向省内地市拓展，麦德龙、家乐福、正大等跨国商业集团在汉相继开设新的连锁店。随着居民消费结构升级，一批消费新热点初步形成，对三产业及全市经济的支撑作用正在逐步增强。住房消费需求明显升温，房地产业快速发展，预计商品房销售面积和房地产开发竣工面积同比分别增长49.9%、20.6%。旅游业加强了宣传促销，开发精品线路与客源市场，都市旅游的吸引力开始显现，预计完成旅游总收入150亿元，同比增长13.6%。

4.投资呈现较快增长，城市环境创新步伐加快。在国家坚持实施积极财政政策的带动下，我市狠抓项目投资工作，完善投资目标管理责任制，固定资产投资初步扭转了近几年平缓增长的态势，呈现快速增长势头。预计完成全社会固定资产投资508亿元，同比增长10%，达到计划增长目标，其中基本建设、技术改造、房地产投资预计分别增长17.1%、10.1%、13.8%。列入市一级目标管理的46项重点工程进度良好，超额完成年初确定的102.15亿元的重点工程投资计划。武汉国际会展中心、江汉大学新建工程、白沙洲水厂扩建、安凯200万公里电缆、邮科院SDH系列设备产业化、新洲举水补源一期工程、武汉出口加工区等18个项目基本建成，城市电网改造进展顺利，新洲、黄陂等6区农网建设高压工程收尾。城市基础设施建设全面推进，绕城公路西南段、军山长江公路大桥、睛川桥、长丰桥建成通车；城市景观建设力度加大，"两江四岸"亮化工程取得阶段性成效，中山公园开敞式改造完工，汉口江滩一期拆迁、东湖环湖二期整治等工程完工，改善了城市形象。

5.利用外资保持较好增长势头，外贸体制改革取得新进展。随着投资环境的不断改善和近年来国际资本加速流入国内，我市利用外资稳定增长，投资规模、结构层次逐步提高，来汉投资的世界500强企业由36家增加到40家，特别是台资增长较快。预计实际利用外资14.32亿美元，同比增长10%，完成年度计划目标。由于世界经济增长放慢，我市出口商品比较单一等原因，预计完成外贸出口5.12亿美元，同比下降21.1%。全面推进外贸体制改革，组建了武汉恒信国际经贸集团，新设了19家由企业法人、经营者、外销员和职工共同投资的公司制企业，我市外贸企业竞争力逐步增强。

6.财政收入快速增长，金融对经济的支持力度较强。我市财政收入快速增长，其中既有企业效益提高的积极影响，又有加大清欠征管力度的作用和预算外收入转为预算内收入的暂时性因素。完成财政收入150.18亿元，同口径增长21.8%，超额完成年度计划。金融保持了对经济的支撑作用，预计金融机构贷款余额比年初新增157亿元。由于股市波动较大和居民收入平稳增长，金融机构储蓄存款持续回升，预计比年初增加206亿元，其中城乡居民储蓄存款增加118亿元。

7.社会保障体系建设得到加强，居民收入稳定提高。巩固了“两个确保”工作，积极稳妥地推进下岗职工出再就业服务中心，深入开展了再就业援助行动，全年下岗职工、失业人员实现再就业6.8万人次；由于大量下岗职工出再就业中心和企业改制，城镇登记失业率升至5.2%，高出计划目标1.7个百分点；养老金社会化发放率达到100%；养老、失业保险覆盖面进一步扩大，企业职工养老保险新增参保人员7.5万人，失业保险新增参保单位近889户；最低生活保障工作有所突破，覆盖率稳步上升，由上年的0.7%提高到4%，城镇居民最低生活保障标准每月提高15元。由于机关事业单位职工两次增加工资、最低生活保障标准提高和企业效益持续改善，居民收入稳步提高，预计城镇居民人均可支配收入7305元，同比增长8.1%，达到计划目标要求。

8.“科教兴市”战略深入实施，各项社会事业协调发展。科技创新体系建设步伐加快，新组建4个高新技术创业服务中心及10家企业研发中心，组织实施了一批科技攻关项目和科技成果推广项目。以两大国家级开发区为主导的高科技园区体系初步形成，国家光电子产业基地、国家中药现代化科技产业(湖北)基地相继落户我市。大力发展民营科技企业，全市民营科技企业达到2800家。成功举办了第二届武汉高新技术产业与资本市场论坛和全国53个高新区所在城市市长座谈会。教育事业稳步发展，应试教育逐步向素质教育转轨，高等教育发展取得突破，新江汉大学经教育部批准正式成立。人事工作取得新进展，加大了中高级人才引进力度，推进了人才市场与社会化服务体系建设。计划生育工作得到巩固，强化了农村和流动人口的计生管理，人口自然增长率为2.47‰，完成年度计划目标。民政事业持续发展，社区建设向纵深推进，全市社区居委会已基本建立了依法自治的工作运行机制，深入开展了以便民利民为主要内容的社区服务活动。卫生医药事业取得新成绩，城镇职工基本医疗保险制度改革正式启动实施。新闻出版、广播电视等各项社会事业也都取得了良好进展。

总体上看，2001年国民经济和社会发展是平稳正常的。2001年初在市十届人大四次会议上提出的12项国民经济和社会发展主要指标，预计有9项可以实现，因宏观环境变化、遭受严重旱灾以及大量下岗职工出再就业服务中心，外贸出口、农村居民人均纯收入和城镇登记失业率3项指标未能达到年初确定的计划。在国民经济和社会发展中，还存在着一些不容忽视的矛盾与困难。一是结构性矛盾较为突出。表现在产业结构升级滞后，一批新兴产业规模实力不足，缺乏大项目、大企业的支撑，制约整体增长速度提升；部分传统行业与企业生产经营困难，企业效益主要集中于少数大企业的局面没有根本改变。二是参与国际市场竞争的能力不强。外贸出口应对国际市场波动的能力比较脆弱，还难以适应加入世贸组织以后的形势要求。三是居民收入增长相对缓慢。近年来我市居民收入特别是低收入居民的收入增长偏慢，与国内生产总值、财政收入的较快增长形成反差，与同类城市的收入水平相比存在差距，对扩大内需乃至经济良性运行、人才与资本的吸纳已经产生了较大不利影响。四是“三农”问题仍然较为突出。传统农业向现代农业的转变尚未实现根本性突破，农民收入增长缓慢，农业基础设施较为薄弱，还难以有效抵御自然灾害的冲击。以上问题，应当引起高度重视，采取得力措施，逐步加以解决。

二、2002年我市经济和社会发展环境与预期目标

2002年宏观经济环境存在较大的不确定性。由于美国、日本和欧盟三大经济体同时陷入衰退，世界贸易增长大幅度放慢，国际直接投资大幅度减少，我国经济发展面临比亚洲金融危机更为严峻的国际经济形势。入世初期，国内部分产业还将受到较大冲击，在这一宏观环境下，我市经济和社会发展将面临更大的竞争压力，结构性与体制性矛盾将对我市经济良性运行继续构成较强制约，改革与发展的任务相当艰巨。对此我们一定要有清醒的认识，密切关注和正确分析形势的发展变化，使2002年经济发展建立在扎实可靠的基础上。

做好2002年国民经济和社会发展工作具有许多有利条件。加入世贸组织后，只要应对措施得当，就能进一步扩大开放，拓宽经济发展的空间；2002年国家将继续实施扩大内需的各项政策，尽力减小外需受阻的负面影响，这样有利于改善我市经济增长结构；与此同时，我市自身也积累了较好的发展基础，初步形成了若干消费新热点和新兴产业，对全市经济发展的支撑作用正在不断增强。在2002年的经济工作中，我们既要看到有利条件，坚持抢抓机遇，又要充分估计到可能遇到的困难，坚持以经济建设为中心的方针不动摇，认真落实中央经济工作会议提出的“稳定、安全、灵活、多元”的八字方针，努力使全市国民经济和社会事业发展得更快更好。

2002年政府工作总的要求是：高举邓小平理论伟大旗帜，以江泽民总书记“三个代表”重要思想为指导，全面贯彻落实党的十五大、十五届五中、六中全会和中央、省经济工作会议精神，统一思想，坚定信心，振奋精神，团结奋斗，进一步做好应对“入世”的各项工作，努力扩大投资、消费和出口，保持国民经济持续快速健康发展；深入实施“开放先导”、“科教兴市”战略，加快建设“五大产业基地”、“五大功能中心”和农业产业化体系，推进经济结构战略性调整；深化经济体制改革，推进各项体制创新；加强城市规划、建设与管理，促进城市环境创新；坚持“两手抓，两手都要硬”的方针，加强社会主义精神文明和民主法制建设，不断提高人民群众的物质文化生活水平，以优异成绩迎接党的十六大胜利召开。

按照上述总体要求，2002年国民经济和社会发展计划安排应该把握以下原则：

——落实“十五”计划重大战略举措，把制订年度目标与实施“十五”计划结合起来。坚持把“十五”计划目标落实到年度具体工作中，全面实施事关发展全局的重大战略举措，切实强化项目支撑，为“十五”后三年的大发展打下坚实基础。

——面对加入世贸组织的新形势，把应对挑战与抢抓机遇结合起来。要充分应对加入世贸组织对我市经济运行造成的冲击，努力做到应有预案，对有良策，充分运用加入世贸组

织我们享有的权利，迎接挑战，拓展我市经济发展新空间。

——加快体制创新、科技创新与环境创新，把创新经济运行机制与推进结构优化升级结合起来。继续推进各项改革，加快政府职能转变与技术进步，全方位改善经济发展综合环境，进一步发挥市场配置资源的基础性作用，促进国民经济实现良性循环。

——增加城乡居民收入，把经济发展与社会进步结合起来。把增加城乡居民收入放在更加突出的位置，采取得力措施，努力扩大就业，多渠道增加城乡居民特别是低收入居民的收入，形成扩大需求与居民收入增加的良性互动，保持社会稳定。

2002年我市国民经济和社会发展主要预期目标初步安排为：

——国内生产总值增长12%左右；

——工业增加值增长13%；

——全社会固定资产投资增长10%；

——社会消费品零售总额增长12%；

——外贸出口增长12%，实际利用外资增长10%；

——财政收入增长12%；

——居民消费价格与上年持平；

——城镇居民人均可支配收入与农村居民人均纯收入分别增长8%、6%；

——城镇登记失业率控制在5%以内；

——人口自然增长率控制在4‰以内。

上述指标建议是从加快发展，保持稳定，努力提高经济增长质量和效益的要求出发作出的安排，需要我们奋力拼搏才能实现。主要基于以下考虑。一是与"十五"计划平均水平相衔接。"十五"前两年是做好启动、夯实基础的时期，速度不能低。必须保持"十五"年均增长水平，争取今后工作的主动权。全国、全省在2002年国民经济和社会发展主要指标安排上，也均以"十五"平均增长速度为参照依据；二是只有保持较快的发展速度，才能更好地应对东西夹击的竞争态势，在日益激烈的区域和城市综合实力竞争中争取有利地位，稳步缩小与沿海先进城市的差距，不断扩大与实力相近的城市的优势；三是上述指标安排具有实现的可能性，有较强的产出基础，工业有一批规模较大的新增因素，三产业的新增长点也开始发挥较强的拉动作用，在现有的产业支撑格局下，通过全市人民的努力，完成上述预期计划指标是可能的。

三、2002年国民经济和社会发展的重点和主要措施

2002年国民经济和社会发展计划工作要着力应对加入世贸组织之后的竞争态势，抢抓发展机遇，把深入实施"十五"计划重大战略举措作为工作的重中之重，加快建设与谋划一批支撑全局的重大项目，在建设五大产业基地、五大功能中心与新经济增长带等方面取得显著进展，促进我市经济结构优化、升级，提升城市综合竞争力。

1.扩大投资需求，保持固定资产投资快速增长。一是强化重大项目建设与策划，增强对全市投资的支撑力度。围绕重大项目与"十五"计划相衔接的要求，按照项目动态管理、滚动推进的原则，初步确定2002年市级重点工程项目46个，年度投资126.4亿元，占全市年度投资计划的22.6%；市级重大前期项目60项，跟踪策划一批重大项目。强化"十五"项目库运作，着力策划一批特大型产业项目。健全完善投资目标责任制，加大跟踪检查、协调服务和考核力度，确保工作目标与措施落实到位。二是切实做好国债项目建设，积极争取国债资金。加强对国债项目资金使用和工程质量的管理，对年内必须完成的国债续建项目，包括江堤整险加固、汉南至白庙加固工程、城市道路新扩建工程、金口固体废弃物处理工程，要集中力量，倒排工期，加强稽察，确保按时保质完工。抓紧申报国债项目，争取国家支持。三是拓宽建设资金来源。加快启动民间投资，扩大投资领域，最大限度放开投资市场，全方位拓宽投资渠道。积极稳妥地发展各类投资基金，争取将"武汉光电子信息产业投资基金"纳入国家产业投资基金试点范围。积极探索增量、存量融资，鼓励境外融资，扩大投资资金来源。四是加快投融资体制改革。按照"谁投资、谁决策、谁受益、谁承担风险"的原则，加快形成投资主体自主决策、融资方式多样、中介服务规范、政府调控有力的新型投融资体制。加强全社会投资的宏观管理，组织研究和修订我市外资导向目录，建立经常性的投资信息发布制度。

2.加快建设五大产业基地，促进工业快速增长与结构调整。以建设五大产业基地为重点，加速推进高新技术产业化和支柱产业高新技术化，带动工业结构整体升级，培植壮大新兴生产力。一是明确发展目标，强化大项目对五大产业基地建设的支撑作用。实施运作一批事关发展全局的大项目，推动优质资源向五大产业转移，2002年五大产业基地共计实施项目119项。光电子产业基地，实施项目22项；完成规模以上工业总产值155亿元，增长30%。抓紧烽火通信光分叉复用与光交叉连接设备、华工电气光纤电力互感器等大型高技术产业项目建设，加快发展光电子产业群。汽车与现代制造业基地，要加快技术升级，努力扩大产业规模，重点实施神龙公司技改、万通汽车合资、南洋印务、武塑工业园等11个项目，年度投资12.6亿元；完成工业总产值140亿元。钢材制造与新材料产业基地，实施项目47项，力争有7个项目完工；完成工业总产值265亿元，增长15%。重点抓好二热轧、硅橡胶电缆附件产品等项目建设，争取武钢二冷轧工程开工。生物技术与新医药产业基地，实施项目29项，完工12个项目；工业总产值力争达到80亿元。加快龙人集团、中联药业、健民药业、同济现代药业等企业的GMP生产车间改造与认证，实施滨湖大输液生产基地、海特神经生长因子等产业化项目。环保产业基地，重点启动实施凯迪电力烟气脱硫技改等10个重点建设项目；完成工业总产值54亿元，增长28%。二是加快产业集聚与整合。切实改变产业布局较为分散的局面，促进产业集约化经营。汽车工业和机械装备制造业尽量向武汉经济技术开发区集中，着手实施市内60多家相关企业向开发区搬迁、改造。生物与新医药产业要推进企业向关南、庙山、沌口、东西湖四大基地搬迁。三是加快技术创新。重点抓好20个技术创新项目，大力促进以企业为主体的技术创新体系建设，切实加大研发投入，实现技术与产业的对接。建设一批研发中心和工程示范基地。进一步推进应用型科研机构的转制，采取与企业联合、整体或部分并入企业的方式设立研发中心，形成产学研联合机制。

3.培育五大功能中心，提升城市综合服务功能。抓住服务业逐步对外开放的机遇，推进五大功能中心建设，增强城市的集聚与辐射功能，2002年五大功能中心共计实施项目94项。推进华中地区金融商贸中心建设，扩大开放，大力引进各类金融机构来汉设立总部或分支机构，扩大区域性票据市场，提高金融对地方经济发展的支持力度。商贸业实施项目18项，年度投资11.28亿元，强化以现代业态改造传统商业，推动我市商业集团以连锁经营等形式向外扩张，抓好光电子市场建设；推进华中地区物流中心建设，加快传统仓储运输业向现代物流业转型，物流业实施项目4项，续建舵落口货运中心，新开郭徐岭物流中心，完成阳逻物流园区、关山物流中心的前期筹备工作；推进华中地区信息中心建设，按照以信息化带动工业化的要求，组织实施项目50项，年度投资30亿元，信息产业产值达到220－230亿元，增长30%左右，实施电信宽带多媒体改扩容、宽带接入网工程等一批重点工程，建设政务信息化工程、数字企业综合平台等急需的应用系统，建立10家不同类型的电子商务应用示范点，启动一批“数字武汉”示范工程；推进华中地区科教中心建设，组织实施重点项目17项，实施区域科技创新体系建设工程、科教现代化建设工程、科教阵地建设工程；推进华中地区旅游目的地和集散中心建设，强化都市旅游的核心作用。2002年旅游总收入达到168亿元，增长12%，筹备建立“华中旅游协调委员会”，初步构筑华中旅游营运框架，延伸旅游地域范围，设计精品线路，实现旅游项目与产品的拓展整合。加快旅游景点建设，提升我市旅游吸引力，实施旅游项目5项，武汉海洋公园、汤逊湖观音岛太虚讲堂、地球村欢乐世界将部分或全部建成，投入营运。

4.培植十大主导农产品，推进都市农业发展。一是集中优势资源，发展重点产品。在十大农产品中，重点发展奶制品、无公害蔬菜、冷食瓜、特种水产、苗木花卉五大特色产品，实施一品一策，在规模、质量、品牌上实现突破。奶业要引导现有龙头企业扩大生产规模，实行强强联合，全市奶产量达到8万吨，增长14.4%。无公害蔬菜要发展净菜加工配送运营业务。全年基地发展到10万亩，产值7亿元。特种水产要围绕大市场，发展大流通，实现产值3.5亿元。苗木花卉要重点加快骨干基地建设，开发旅游休闲功能。二是提高农业产业化经营水平。积极探索土地流转制度改革，推进土地规模化、集约化经营。发展壮大产业化龙头企业，推动企业兼并联合，尽快壮大规模实力，提高农产品深加工度，发展外向型农业，着力扶持武汉光明、东流港牧业园、华泰、莲花湖集团、海天集团等龙头企业，力争产值过5亿元以上的企业达到4个。建立农业社会化服务体系，大力发展运销中介组织；依托特色产品，兴建一批产地批发市场。三是加强农业基础设施建设，增强抗灾防灾能力。完成投资43亿元的长江干堤加固工程，完成以新洲、黄陂橡胶坝工程、江夏南部灌溉补源工程、蔡甸西湖补源工程等十大抗旱骨干工程为主的农村水利建设任务，解决58个乡镇、126万亩农田灌溉、116万农村人口饮用水困难。四是加快小城镇建设。大力推进重点小城镇建设，重点扶持小城镇的产业发展，提升服务功能，吸引农村剩余劳动力向小城镇转移。

5.优化生产力布局，加快新的经济增长带建设。按照形成“新的经济、新的景观、新的生活”的规划要求，2002年要规划和建设新经济增长带内基础设施，初步形成各组团的特色和优势，为新增长带的形成和发展打下坚实基础。一是深入政策研究与设计，推进政策创新和政策落实。支持各组团逐步完善配套政策。二是着力做好基础设施与生态景观建设。开工建设三环线南段（武咸公路——武黄公路），打通三大园区联通道，建设江堤中路、南湖南路等道路，加快各组团之间联通道建设。把新增长带开发建设与生态保护相结合，启动以三环线为核心的生态轴建设，建设九大组团之间的绿化隔离带。三是促进整个增长带组团式推进、集聚式发展。东湖开发区、武汉开发区、吴家山三大组团要发挥核心增长极的集聚作用，进一步提升发展速度；古田、白沙洲两个组团要推动产业转向转型，古田组团要着重发展都市加工业，白沙洲组团要发挥区位优势，发展现代物流业。南湖、黄家湖、四新、什湖四个组团要加快规划启动工作，做好黄家湖大学城、什湖F1赛车场项目前期工作。

6.深入实施开放先导战略，进一步加快改革开放。大力发展开放型经济，不断提高我市经济外向度和国际竞争力。千方百计开拓国际市场。加快建设光纤光缆等十大出口产品基地，扩大机电、高新技术产品出口规模。发挥出口加工区的窗口作用，大力发展加工贸易。继续实施市场多元化战略，巩固主体市场，开拓新市场，不断扩大客户群体，千方百计进入国际连锁采购网络。要促进利用外资较快增长，提高利用外资的规模和水平。做好对外商的配套服务，推进外资到位工作。继续加大对世界500强的招商引资力度，做好宣传与沟通，建立联络渠道，寻求合作意向。创新招商方式，培育发展招商中介组织，采取委托招商、代理招商等新方式，切实提高招商引资的效率。要继续推进对内开放，加强经济技术项目合作，积极把支援三峡与参与西部开发，促进经济合作结合起来。

进一步深化企业改革。加快企业规范的公司制改造，健全法人治理结构，转换企业经营机制。加快国有资本退出竞争性领域和劣势企业退出市场步伐，抓好依法破产，探索无资产、无经营活动的空壳企业的处置办法。支持企业跨行业、跨部门、跨所有制的兼并重组，引导企业靠大、联大、做大。进一步完善国有资产监管营运体制，开展国有资产经营预算试点、营运机构多元化重组试点，建立国有资本金动态监控机制。

7.努力提高居民收入水平，积极扩大消费需求。一是稳步提高居民收入水平，增强消费能力。2002年要提高机关事业单位工资性津贴、补贴以及基本工资水平，带动其它行业工资的相应增加；大幅度提高最低工资标准，加大监察落实力度；继续探索分配制度改革，推行经营者年薪制，鼓励生产要素参与收益分配。要将居民收入指标细化分解，纳入目标管理，发挥政府部门在工资收入上的宏观管理与指导职能，引导全社会工资收入的较快增长。二是围绕扩大就业的工作方针，着力培育市场导向的就业机制。2002年实现下岗职工和失业人员再就业7万人次，做好下岗职工出中心再就业工作，千方百计扩大就业和再就业，健全劳动力市场信息网络，完善市场服务功能。切实加强再就业培训，深入开展再就业援助行动。大力发展社区就业，挖掘第三产业就业潜力，鼓励多种就业形式。三是健全完善社会保障体系。巩固“两个确保”工作，积极推进国有企业下岗职工基本生活保障向失业保险并轨，进一步做好养老、失业保险的扩面工作，切实提高社保基金征集率，千方百计充实社保基金实力；推进社会保障对象的社会化管理服务。四是制定积极的消费政策，为扩大消费创造条件。继续围绕培育壮大住房、旅游等消费新热点，完善政策，创造环境。抓紧清理和取消不合理收费等抑制消费的规定，尽快出台汽车消费政策，完善汽车销售服务体系；降低住房开发、交易各环节的税费，加快启动住房二、三级市场；建立个人信用制度，启动个人信用联合征信系统，进一步扩大消费信贷规模；加强城乡公共设施、供电和信息等基础设施建设，改善居民消费条件；继续规范和整顿市场经济秩序，加大清费治乱减负的力度，开展对药品批发与零售、汽车购买与使用、住宅销售与物业管理、各类学校收费的专项检查，提高明码标价的普及率与合格率，打击销售假冒伪劣商品等违法行为，增强居民消费信心。

8.加快发展区级经济，提高对全市经济发展的支撑度和贡献率。一是坚持发展特色经济。按照全市圈层式发展格局，强化区域内资源综合协调与运用，发展各具特色的区级经济，构建充满活力的区级产业新体系，加快培养一批具有较大影响力和较高知名度的特色产业与产品，把特色经济做活做大做强。二是加速推进区级经济民营化。以产权制度改革为核心，把发展民营经济与加快区属国有中小企业改革结合起来，鼓励民营经济多途径渗透进入；加强民营企业的现代企业制度建设，引导民营企业上规模、上档次、上水平，提升民营企业的综合竞争力。三是加快建设区级发展区。营造优良创业环境，明确主导支撑产业，建设特色园区，避免产业趋同，要在引进大项目上取得显著进展，充分发挥各个区级发展区在区级经济跨越式发展中的龙头带动作用。四是注重提升功能。适应郊区工业化、城市化步伐加快，中心城镇向中等城市转变的趋势，重视发展具有市郊特色的第三产业，推动城区、郊区三产业发展的分工与对接。

9.围绕建设中心景观区，推进环境创新。按照"十五"计划建设城市中心景观区的总体要求，2002年要高标准实施汉口江滩综合整治二期、临江大道综合整治、硚口人民广场、东湖三期、两江四岸亮化二期和琴台广场等"六大城市景观工程"。重点实施完工汉口江滩一期景观工程建设，形成长江一、二桥之间的景观大道；启动武昌区紫阳湖至长江二桥的临江大道整治工程，将该地区建设成为具有较强历史延续感的标识性滨江景观区和主题鲜明的旅游区。高标准规划设计南岸嘴景区工程，建设滨水特色的城市景观核心区。系统实施路桥工程，畅通一环，加快建设三环，续建外环，建设20条城市主干道、连通道及进出口道路，打通瓶颈路、堵头路，开工建设阳逻长江大桥和江汉六桥，抓紧建设武青三干道、和平大道、后湖路等八条国债道路，完善城市快速交通路网。加快城市轨道交通建设，加速实施轻轨一号线一期工程，力争开工建设二期工程。全面推进王家墩机场外迁工作。加强城市规划工作，坚持规划先行，提高规划设计水平。实行建管并重，强化城市管理，改革完善城市综合执法管理体制，提高城市依法综合管理水平。

10.积极发展各项社会事业，促进经济与社会协调发展。加快发展教育事业，大力发展义务教育，全面提高义务教育整体水平；办好新江汉大学，推进高校后勤服务社会化改革；优化教育资源配置，稳步发展职业教育、成人教育及学前教育，提高教育信息化水平。巩固和加强计划生育工作，重点抓好农村和城市流动人口计划生育工作，完善计划生育综合管理体制。加快发展文化事业，制定文化产业政策，逐步形成规范高效的文化产业运作机制；继续整治音像制品市场，开展群众性大型文化活动，创作一批文化艺术精品。大力发展新闻出版和广播电视等事业，高标准规划、建设武汉艺术中心、青少年活动中心和武汉广播电视中心。推进医疗卫生体制改革，扩大基本医疗保险参保范围，加快药品流通体制改革，发展社区卫生服务，做好区域卫生规划编制工作。

各位代表，2002年面临的宏观经济环境较为复杂，我市改革和发展的任务十分繁重。我们要在市委的统一领导下，坚定信心、迎难而上、开拓进取、扎实工作，巩固和发展"十五"计划良好开局，促进国民经济持续快速健康发展，以经济社会发展的新成绩迎接党的十六大的胜利召开。

关于2001年全市和市本级预算执行情况及2002年全市和市本级预算草案的报告

——2002年1月11日在武汉市第十届人民代表大会第五次会议上

市财政局局长　　张福来

各位代表：

我受市人民政府委托，现在向大会报告2001年全市和市本级预算执行情况及2002年全市和市本级预算草案，请予审议，并请市政协各位委员提出意见。

一、2001年全市和市本级预算执行情况

2001年，全市人民以党的十五届五中、六中全会精神和江泽民同志“三个代表”的重要思想为指导，进一步解放思想，真抓实干，国民经济保持了持续稳定增长。全市财政工作紧紧围绕经济建设中心，继续落实中央积极财政政策，支持经济发展，深化财政改革，严格收支管理，强化财政监督，较好地完成了市十届人大四次会议批准的财政预算。

2001年，全市财政收入完成1501818万元，为任务的107.8%，比上年增长19.1%，剔除武钢所得税上划因素，同口径增长21.8%。按分税制口径：上划中央“两税”收入640232万元，为任务的99.8%，增长13.6%；地方财政收入861586万元，为预算的114.6%，增长23.5%，同口径增长28.7%。全市财政支出预计1125481万元，为预算的101.3%，比上年增长26.4%。

市本级预算执行情况是：市本级地方财政收入完成433032万元，为预算的107.6%(不含东湖开发区收入，为预算的103.2%)，比上年增长11.7%，同口径增长20.4%，其中经常性财政收入增长7.4%。分项目情况是：工商税收263198万元，为预算的93.3%，增长7%；企业所得税61729万元，为预算的128.8%，同口径增长46.9%；耕地占用税1237万元，为预算的94.3%；契税13346万元，为预算的210.8%，主要是房地产交易额增加，契税相应增长；其他收入101749万元，为预算的147.8%，增长44.7%；排污费收入1648万元，为预算的100%，增长3%；教育费附加收入12081万元，为预算的82%，下降6.5%；国有企业计划亏损补贴21956万元，为预算的107.4%，系为保“两节”稳定，预退了部分稳定工作专项资金。

市本级财政支出预计569570万元，为预算的102%，比上年增长22.7%。分项目情况是：基本建设支出25067万元，增长1.9%；企业挖潜改造资金35094万元，增长1.4倍，主要是拨付了中央下拨的国债专项重点技改项目资金；城市维护费19616万元，下降1.3%；科技三项费用10430万元，增长10.3%；教育费附加支出5209万元，下降29.2%，主要是收入下降和结转增加的影响，支出相应减少；农业支出4439万元，增长15.7%；文化事业费5925万元，增长21.4%；科学事业费5022万元，增长11.6%；教育事业费18982万元，增长16.7%；卫生事业费13947万元，增长25.9%；社会保障补助支出53421万元，下降17.8%，加上省转移支付专户支出共计71904万元，增长2.7%；其他各项事业行政费371020万元，增长34.4%，主要是两次增资因素的影响；排污费支出1398万元，下降5.6%。农业、科学、教育支出均超过了市本级经常性财政收入增长幅度，达到了法定的支出增长要求。

市本级财政收支平衡预计情况是：资金来源975454万元，其中：当年市本级财政收入433032万元，中央税收返还收入299541万元，武钢所得税结算返还35300万元，中央、省下拨专款99224万元，两个开发区结算返还55965万元，上年滚存结转结余52392万元。资金运用975273万元，其中：当年市本级财政支出569570万元，上解中央支出253465万元，下拨支出109848万元，按规定结转下年支出42390万元。资金来源与资金运用相抵，累计净结余181万元。目前，全市各级财政部门根据规定正在办理决算，待市级决算正式编报后，再专题向市人大常委会报告。

2001年，围绕完成全年财政预算任务，全市财政工作的着力点主要放在以下六个方面。

(一)支持经济发展和城市环境创新。一是支持企业技术改造和结构调整。安排1.3亿元财政技改专项资金和结构调整资金，重点支持致嘉数码钢琴、双骏等企业技改项目以及阳逻开发区等区级经济的发展，扶持迪赛高科技、和讯电子等80多个中小企业技术创新项目的实施；利用国债专项挖潜改造拨款2.3亿元，支持武钢、晨鸣纸业等10家大中型骨干企业的技术改造、结构调整以及中百连锁超市等现代流通业的发展；拨付财政扶持资金2.5亿元，促进上市公司和外商投资、高新企业扩大规模，加快发展。二是支持企业改革改制。认真做好转制企业资产损失的确认工作；对净资产为负数的商业和工业改制企业，将财政债务转增国家资本金；划转区属企业债权6266万元，拨付粮食企业改制资金5588万元，促进国有中小企业和粮食企业改制。三是支持城市基础设施建设。落实国债专项资金5.6亿元，争取国家开发银行贷款2亿元，引进外国政府和国际金融组织贷款1.1亿美元，支持污水处理、轻轨交通、长江干堤等基础设施建设；筹措城市建设资金3.2亿元，支持江滩改造、东湖整治、道路基础设施等环境创新项目的建设；筹措资金1.2亿元支持东湖开发区道路管网建设、景观路改造以及环境综合整治；安排预算内基本建设支出2.5亿元，支持水利和新江大、市一医院等单位的重点项目建设。四是积极开展治乱减负。认真做好收费立项审核报批工作,清理全市收费项目,取消不合理收费28项,减轻了企业负担。

(二)强化财政收入征管。一是严格目标管理,努力实现收入均衡入库。把全市财政收入、市级财政收入、财政收入占GDP的比重等指标纳入市政府目标考核范围,按部门和区分解下达,确保各项收入任务落到实处,同时加强收入执行的进度检查,严格按计划按进度组织收入,上半年月均进度8.1%,下半年月均进度8.6%,促进财政收入均衡入库。二是进一步加大财源建设力度,经济强区战略取得明显成效。全年各区财政收入共完成49.6亿元,增长30.4%,增幅高于全市8.6个百分点,收入总量已占全市的三分之一,增长2.1个百分点。在市级收入中,武汉经济技术开发区和东湖新技术开发区收入增幅分别达53.9%和64%,对全市和市级收入的拉动作用进一步增强。三是突出税收重点,加大征收力度。积极主动地适应经济结构和税源结构的变化,进一步完善税源监控制度,加大对两个开发区、股份经济、涉外经济、高新技术产业以及重点税源企业的服务与征管,稳定骨干税收,将实现的税收及时足额征收入库。积极推进"金税工程",逐步完善以票控税、电脑定税、发票刮奖等办法,探索对全社会税源的有效监管办法,堵塞"跑、冒、滴、漏",实现应收尽收。四是严格税收政策,提高征管质量。贯彻新《税收征管法》和国务院关于整顿经济秩序的精神,组织专班对市属77户企业进行税收入库专项检查,查出10个区混市级收入6000万元,并对发现的问题进行整改。

(三)积极推进部门预算。市财政根据市十届人大四次会议关于2001年度预算报告的决议,严格按照《预算法实施条例》的规定,在市人大批准预算的30日内对市直115个单位的部门预算正式批复下达。各部门各单位在2001年部门预算执行中,严格按照《预算法》及《武汉市预算审查监督条例》的规定,坚持先有预算、后有支出,严格按批复预算安排支出,预算约束力有所增强。财政部门加强对部门预算执行监督检查,开展了部门预算执行情况专项检查,通过单位自查、组织专班进行重点检查和召开22个部门预算执行分析会,查找问题,分析原因,研究措施,规范部门预算执行的管理。

(四)保障重点支出需要。一是认真落实中央增资政策,结合我市实际,制定具体实施方案,筹措落实增资资金5亿元,确保中央两次增资政策兑现;不断改进和加强财政统一发放工资工作,确保机关事业单位职工工资和离退休人员离退休费按时足额发放。纳入全市财政统发工资人员13.07万人,月统发工资额8800万元。二是积极支持农村经济发展。2001年,市安排农业基本建设支出7500万元,农业科技三项费用1780万元,分别占市级基本建设支出和科技三项费用的30%和22.25%,达到《武汉市农业投资保障条例》规定比例要求,加上预算内支农支出、农业综合开发支出、乡镇企业发展基金等,全市财政对农业投入达3.87亿元,有力地支持了农业产业结构调整、"菜篮子"工程建设和乡镇企业二次创业,促进了农业产业化发展。在全市遭遇历史罕见特大旱灾的情况下,市财政投入抗旱资金1788万元,通过打井挖塘、改种补种农作物、补养牲畜家禽等措施,使农业经济损失减少到最低限度。三是进一步增加对科教文卫等事业的投入。全市科技投入2亿元,增长17.8%,重点支持了邮电通信、汉网等重大攻关项目和产业化项目;全市教育事业费支出13.2亿元,增长20%,主要用于教师工资发放、"普九"教育和学校布局调整;文体事业费支出2.2亿元,卫生事业费支出2.5亿元,促进了文化卫生事业发展。

(五)推动社会保障事业发展。一是继续做好"两个确保"工作。多渠道筹措资金8.85亿元,用于国有企业下岗职工基本生活、鼓励下岗职工提前出再就业中心和保证统筹范围内50多万离退休人员按时足额领到基本养老金。二是继续做好居民最低生活保障工作。城乡居民最低生活标准每月提高15元,扩大低保覆盖面,全市财政增加投入6000多万元。三是积极支持城镇职工基本医疗保险制度的建立。按照《武汉市城镇职工医疗保险办法》,认真做好财政负担的医改经费审核工作,保证医改经费到位和机构的正常运转。四是落实稳定工作专项资金8000万元,缓解企业结构调整和改革中出现的矛盾,努力维护社会稳定。

(六)切实整顿和规范财政经济秩序。一是全面落实收支两条线规定,完善"单位开票,银行代收,财政统管"的预算外资金管理制度,全市722家单位实行银行代收代缴;在推进部门单位实行财务统管的基础上,全市纳入财政专户管理的部门单位2039户,纳入财政专户管理的预算外资金26.5亿元。二是积极推进财政行政审批制度改革,简化办事程序,取消财政审批事项35项,精减58%。三是大力推行会计委派制,全市13个区均建立了区级行政事业单位会计核算中心,纳入中心集中核算的单位数占各区行政事业单位数的80%,全市所有乡镇街道实行零户统管。四是认真开展《会计法》执行情况大检查,全市2.5万户单位按要求进行了自查,查出各种违纪金额1.73亿元,对56户企业开展了重点检查,共查出各种违规违纪金额8923万元,并按规定进行了处理。五是进一步扩大政府采购范围。政府采购总金额达2.4亿元,比上年增长75%,节约资金1500万元。同时,对审计部门在同级财政审计中查出的问题,均按规定进行整改。

各位代表,2001年市本级预算执行情况良好,但是,预算执行过程中仍存在一些不可忽视的问题:市级新的经济增长点不多,财政收入增长乏力;财政收入的质量有待提高,收入结构有待进一步优化;各项社会事业快速发展需求,增大了财政支出的压力;各种违规违纪现象时有发生,特别是会计信息失真的现象还在一定范围内存在,整顿财经秩序的任务仍十分艰巨。所有这些问题,我们将在今后的工作中认真加以解决。

二、2002年全市和市本级预算草案

2002年全市预算安排的指导思想是:以邓小平理论、江总书记"七一"讲话和"三个代表"的重要思想为指导,深入贯彻党的十五届五中、六中全会和中央、省市经济、财政工作会议精神,稳步构建公共财政框架,继续实施积极的财政政策,支持经济建设;严格依法治税,强化税收征管,确保财政收入的稳定增长;加大调整财政支出结构的力度,保障重点支出的需要,努力节约开支;进一步完善社会保障体系,维护社会稳定;大力推进财政改革,强化财政管理,加快公共财政体制建设;加强预算外资金管理,严格实行收支两条线制度;加强财政监督管理,提高依法理财水平。

根据全市预算安排指导思想，结合全市“十五”国民经济和社会发展计划，综合考虑2002年的财政收支政策和经济发展形势，财政收入要保持与经济增长同步，财政支出按略低于财政收入的增幅安排。2002年全市和市本级预算安排如下：

全市财政收入安排1682040万元，比上年增长12%。其中：中央“两税”收入717328万元，增长12%；地方财政收入964712万元，增长12%。全市财政支出按照量入为出、收支平衡的原则，安排1075456万元（不含中央、省下拨专款），增长10%。需要说明的是，2002年全市财政预算是代编的，待将各区预算汇总后报市人大常委会备案。

市本级地方财政收入安排567892万元，增长12%，其中经常性财政收入增长8.6%。在市本级地方财政收入中，武汉经济技术开发区收入73082万元，东湖新技术开发区收入71390万元。除两个开发区收入外，其他各项目的情况是：工商税收259117万元，增长12%，其中：增值税25%部分85403万元，城市维护建设税37831万元；企业所得税46843万元，增长12%；耕地占用税1385万元，增长12%；契税5000万元，下降61.1%，系改变入库办法影响；其他收入112189万元，增长12.5%；排污费收入1846万元，增长12%；教育费附加收入12830万元，增长12%；国有企业计划亏损补贴15790万元，下降28.1%。

市本级财政支出安排603560万元（不含中央、省专款），增长10.7%。在市本级财政支出中，武汉经济技术开发区支出85937万元；东湖新技术开发区支出40000万元，系按规定市返还区上年税收收入，待办理决算事项时据实调整。除两个开发区支出外，其他各项目的情况是：基本建设支出25000万元，其中：用于农业7500万元；重点建设项目投资3000万元；重点建设项目贴息资金2000万元，其中：用于农业600万元；企业挖潜改造资金13000万元，其中：结构调整资金5000万元，企业技改资金8000万元；城市维护费支出21031万元；科技三项费用9000万元，其中：用于农业1870万元；教育费附加支出4830万元；各项事业行政费350951万元，对农业、科学、教育等法定支出按高于经常性财政收入增幅安排增长10%；排污费支出1791万元；预备费10000万元；社会保障补助支出17120万元；政策性专项支出20000万元。

按照上述收支安排，市本级资金来源928291万元，其中：当年市本级地方财政收入567892万元，中央税收返还收入325099万元，武钢所得税结算返还35300万元。市本级资金运用928291万元，其中：当年市本级财政支出603560万元，上解中央支出253465万元，下拨支出71266万元。市本级财政收支安排是平衡的。

2002年，市直98个部门已经按照“两上两下”程序和规定编制了部门预算，市经委、科技局、教育局等有预算分配权的部门也开始了专项资金的预算细化工作。2002年的部门预算主要在科学合理地确定预算安排次序、强化预算内外资金统一管理、拓宽市本级预算编制的深度、深化部门预算编制工作等方面进行了有益的探索。这次提交审议的25个部门的预算是比照中央和省里做法确定的，现已汇编成册随同预算草案报告一并提请审议。

三、与时俱进，开拓创新，为全面完成2002年的预算任务而奋斗

2002年的财政工作既面临新机遇，也面临新的挑战。做好2002年的财政工作，对于顺利实现“十五”计划，保持我市国民经济持续、快速、健康发展，促进社会全面进步具有重要意义。

（一）集中财力支持重点，增强我市经济发展后劲。一是结合“十五”计划，从政策与服务上加大对传统产业、重点企业技术改造和结构调整的支持力度，开拓市场、壮大规模、提高效益，增强企业的竞争力，促进重点税源企业快速发展，稳定骨干财源。捆绑使用技改和结构调整资金1.3亿元，在专家论证、科学决策的基础上，结合预算级次和效益产出，重点用于大项目、大集团建设以及出口专项和国有资本金注入；支持以“武汉·中国光谷”为龙头的五大产业基地等新的经济增长点建设，推进高新技术产业化和产品结构优化，努力培植和发展技术含量高、扩张能力强的高新技术企业，培植可持续发展财源。二是改革政府对竞争性领域的投资办法，使财政支持经济发展的方式方法符合公共财政的发展方向和WTO规则的要求。积极发挥投资公司和担保公司的融资作用，实行市场化运作方式，采取政府投资为引导、企业投资为主体、银行贷款为支撑、民间投资为补充的多层次、多渠道筹资方式，促进经济发展。三是充分发挥财政政策的引导作用，支持民营企业和第三产业加快发展，形成新的财源增长点。四是切实做好支农工作。加大以农田水利建设为中心的农业和农村基础设施建设的投入，支持发展都市农业；推广农业适用技术，加快农业社会化、产业化以及“菜篮子”工程建设，加强对农业的扶持和保护，促进农业发展，增加农民收入。五是切实加强财政项目资金使用过程的检查监督，努力做到事前论证、事中监督、事后评价，探索和拓展企业效绩评价应用领域，促进财政投资决策科学化。

（二）严格依法治税，确保完成全年财政收入任务。一是坚持实行目标责任制，将财政收入分部门、分级次、分区分解落实，做到任务到位，责任到人。二是继续加大对企业所得税和个人所得税的征管，确保所得税收入分享改革后地方财政收入的稳定增长。三是继续实施强区战略，支持区级经济发展，涵养区级税源，壮大区级财政实力。四是推进“金税工程”建设，加快财税银联网进程，逐步实现信息、资源共享，加强对零散性税源、流动性税源和隐蔽性税源的征收管理，降低税收成本，提高征管效率。五是进一步强化财税监督职能，加大户管查稽、清收欠税和税收检查力度，扩大征管空间，挖掘增收潜力，严厉打击涉税案件和违法乱纪行为，维护国家税收的严肃性。六是加大宣传力度，在全社会营造依法纳税、纳税光荣的良好社会风气。同时，自觉增强服务意识，为纳税人提供更加优质的服务。通过加强税收征管，进一步提高财政收入占GDP的比重、税收收入占财政收入的比重和地方财政收入占整个财政收入的比重。

（三）进一步完善社会保障体系，促进社会稳定。一是提高社会保障程度，继续做好“两个确保”工作，针对我市老工业基地的特点，着力增加社会保障支出，确保离退休人员基本养老金和国有企业下岗职工基本生活费按时足额发放，积极推进国有企业下岗职工基本生活保障向失业保险并轨。二是加大对养老保险金和失业保险金的征管力度，依法扩大养老保险覆盖面，提高养老保险收缴率，扩大征缴面，增加基金收入。

三是加强和完善城市居民最低生活保障制度，认真贯彻《城市居民最低生活保障条例》，切实做好城镇贫困人口的最低生活保障工作。四是积极推进医疗保险制度改革，进一步扩大参保范围，认真核定缴费基数，加强财务制度建设，规范医保资金财政专户管理，保证新旧制度平稳过渡。五是进一步完善社保资金财务监管体系，加大资金监管力度，严格实行专户管理，专款专用，确保社保资金不被挪用和挤占。

（四）坚持量入为出，保证重点支出需要。一是集中资金优先保证中央统一规定的机关事业单位职工工资和津贴、补贴按时足额发放，保证国家出台的工资政策落实到位，继续做好财政统一发放工资工作。二是保证农业、科学、教育支出按法定比例增长，同时加强预算执行监督管理，保证财政资金的合理使用。三是调整卫生事业费支出结构，增加对地方病防治经费8个点左右，同时，督促有关区安排专项防治经费，市里安排的转移支付配套资金要与区的工作努力程度和经费安排情况挂钩。四是大力支持城市基础设施建设，促进植树造林和道路绿化，改善生活环境和投资环境，推进城市环境创新。五是推进支出管理制度改革，将深化部门预算与推行政府采购制度、国库集中支付制度相结合，逐步建立符合公共财政框架的支出管理体系。

（五）加强预算外资金管理，深入落实收支两条线规定。加大落实“收支两条线”管理的力度，从根本上解决预算外资金管理中存在的突出问题。一是进一步开展清理检查和治乱减负工作，对收费（基金）、罚没项目进行清理，重点清理住房建设收费、涉农收费、对外投资收费、行政审批收费，完善收罚项目“登记管理”制度，及时向社会公布实施和禁止的收罚项目，同时加强对收费的监督检查，规范收费行为。二是加强预算外资金收入管理，通过银行代收代缴、财政直接征收、委托代收等征收方式，把执收单位的预算外资金及时足额纳入财政专户管理。三是按预算外资金管理的有关规定，结合实行部门预算，编制单位预算外资金收支计划，合理测算预算外收入，使预算内外资金统筹安排、统一管理、规范使用，在市质量技术监督局、市环保局进行试点，将按规定收取的预算外收入全部纳入预算，同时由财政预算保证其执法必需的开支，做到支出与收入彻底脱钩。

（六）健全财政监督机制，规范财政经济运行秩序。一是强化预算的法律约束力。严格按照《预算法》和《武汉市预算审查监督条例》的要求，硬化预算执行，规范预算行为。二是加强财政资金使用的监督。对财政资金的拨付实行跟踪问效，及时掌握资金使用情况及效果，杜绝截留、挪用和损失浪费。在继续对专项资金使用进行监督的基础上，对国债专项资金的拨付实行财政和单位“双签”管理制度，逐步建立财政部门、主管部门、用款单位、审计部门相互监督的制约机制。三是加强财务会计监管工作。深入开展新《会计法》执法检查及会计信息质量核查，认真落实会计执业准入制度、会计责任和审计责任追究制度；进一步推行会计委派制，推动机关和企事业单位加强财务管理；整顿和改善会计中介市场秩序，规范和完善企业财务会计信息的披露办法和监管模式，提高会计信息质量。四是抓紧学习和掌握WTO的相关规则，密切关注和分析加入世贸组织对当前及今后一个时期财政收支的影响，深入研究制定相应措施，按规定程序清理财政规范性文件，对不符合政企分开和政事分开原则、妨碍公平竞争的，以及实际上难以发挥有效作用的规范性文件进行废止或修改，并予以公布，使财政规章制度与政府职能转变和WTO规则相适应。

各位代表，2002年财政工作任务十分艰巨。我们要在市委的领导下，在市人大的支持监督下，忠实实践江总书记“三个代表”的重要思想，与时俱进，开拓创新，确保完成全年财政预算任务，为我市的经济建设和社会发展作出新的贡献。

第二部分：专文

PART TWO: SPECIAL ARTICLES

经济运行特点、问题及对策与建议

2001年，受益于国家“实施积极的财政政策，扩大国内需求”的一系列方针政策，我市经济保持稳定增长的势头。全年完成国内生产总值1347.80亿元，比上年增长12.0%。经济运行的质量和效益进一步提高，财政收入较快增长，金融运行保持平稳，投资和消费需求共同拉动我市经济稳定增长。

一、全年经济运行情况

2001年，第一产业实现增加值85.03亿元，比上年增长5.3%，对GDP的贡献率为2.6%，拉动GDP增长0.3个百分点；农业生产保持了1998年以来增幅稳步回升的格局。

第二产业实现增加值594.84亿元，比上年增长12.9%，对GDP的贡献率为43.7%，拉动GDP增长5.7个百分点，其中工业增加值485.01亿元，比上年增长13.2%，对GDP的贡献率为35.9%，拉动GDP增长4.8个百分点；建筑业增加值109.83亿元，比上年增长11.2%，对GDP的贡献率为7.8%，拉动GDP增长0.9个百分点。

第三产业实现增加值667.93亿元，比上年增长12.1%，对GDP的贡献率为53.7%，拉动GDP增长6.0个百分点。第三产业中，卫生、体育和社会福利事业、房地产业、邮电通信业、教育、文艺和广播电影电视业、社会服务业以及批发零售和贸易餐饮业增加值都实现了12%以上的增长，其中对第三产业增长贡献最为显著的是批发零售和贸易餐饮业，2001年批发和零售贸易餐饮业实现增加值248.58亿元，拉动GDP增长2.4个百分点。

总体上看三次产业仍然保持了上年的增长格局，但所占比重有所变化。第一产业在GDP中的占比由上年的6.7%下降到6.3%，第二产业由上年的44.2%下降到44.1%，第三产业由上年的49.1%上升到49.6%，产业结构仍然保持了“三二一”格局。

二、经济运行的几大特点

1.财政收入快速增长，经济运行质量提高

2001年，我市完成财政收入150.18亿元，比上年增长21.8%，财政收入占GDP的比重由上年的10.5%，提高到11.1%，即每百元GDP创造的财政收入由上年的10.5元提升到本年度的11.1元。由于财政收入主要来自于税收，而税收增加是在企业效益改善、经济运行质量提高的基础上实现的，因此，财政收入快速增长，在GDP中的占比提高，说明我市经济运行质量有所提高，宏观经济运行环境有所改善。

2.企业技术改造力度增强，工业经济效益综合指数提高

加快企业技术改造的步伐，不断提高生产技术水平，是增强我市经济竞争力的重要基础，也是进一步扩大投资需求、改善供给能力的重要举措。2001年，我市更新改造投资115.04亿元，比上年增长10.1%。其中用于技术进步及三废治理的内涵式投资26.59亿元，占全部更新改造投资的23.1%，比上年提高7.4个百分点；用于设备更新改造的投资74.15亿元，占全部更新改造投资的64.5%，比上年提高12.6个百分点，企业工艺设备和技术水平的提高，为提升制造业和加工工业的竞争能力打下了良好基础。2001年，全市规模以上工业实现利税145.89亿元，经济效益综合指数为128.46%，比上年117.48%提高11个百分点。

3.恩格尔系数有所下降，居民消费结构进一步改善

2001年，反映我市城镇居民消费水平的恩格尔系数（食品支出占总消费支出的比重）由上年的38.5%下降至38.1%，下降了0.4个百分点；反映农村居民消费水平的恩格尔系数由51.1%下降至50.8%，下降了0.3个百分点。恩格尔系数下降是居民消费结构改善的主要标志。

在城镇居民的消费结构变化中，除食品、家庭设备用品及服务和居住支出比重下降外，其余各项支出比重总体呈上升局面。其中，医疗保健及娱乐教育和服务支出比重，分别比上年提高1.3和0.6个百分点；交通和通讯以及衣着支出比重基本维持在上年的水平，说明我市城镇居民消费结构在满足衣和食两项基本消费需求之后，开始向其它类消费服务转移，城镇居民消费结构开始升级。农村居民消费结构中，衣着支出比重上升了0.6个百分点，其它如文教、娱乐服务及交通和通讯类支出比重都有明显下降，说明我市农村居民消费结构虽有所改善，但步伐缓慢，农民收入增速仍有待提高。

三、经济运行中存在的主要问题

1.农民收入增长缓慢，城镇与农村居民收入差距扩大

2001年，我市农民人均纯收入3100元，比上年增长5.0%，虽然增速比上年提高1.2个百分点，扭转了1996年以来增速连续下滑的态势（1996－2000年农民人均纯收入增速依次为20.0%、15.6%、6.8%、4.2%、3.8%），但与同期城镇居民人均可支配收入增速8.1%相比，仍属缓慢增长，且与城镇居民的收入差距有拉大的趋势（见下表），1999年，城镇居民人均可支配收入是农村居民人均纯收入的2.20倍，到2001年，这一比值已达到2.36倍，因此，农村居民收入水平的提高已成为我市消费需求进一步扩张，国民经济继续稳步增长的关键，必须想办法千方百计地提高农村居民收入。

1999—2001年农村居民和城镇居民收入情况比较

年　份	农村居民人均纯收入（元）(1)	城镇居民人均可支配收入(元)(2)	比值((2)/(1))
1999年	2845	6262	2.20
2000年	2953	6761	2.29
2001年	3100	7305	2.36

2.服务业层次不高、企业规模偏小

2001年，第三产业占GDP的比重为49.6%，比上年提高0.5个百分点，拉动GDP增长6个百分点，是我市经济增长的主要动力，而第三产业的主要行业为服务业。我市服务业在总体规模扩大的同时仍存在层次不高，企业规模偏小的问题。

传统服务业如商业餐饮、金融、社会服务业等在我市整体规模越做越大，但这些传统服务业都是在计划经济时代遗留下来的，存在企业规模偏小，服务层次不高，竞争力不强，抵御风险能力弱，企业规模效益差等问题。“九五”以来虽然我市的第三产业中新兴行业有了长足发展，但由于起步较晚，从业人员素质、服务意识、技术水平和技术装备等方面与其他大中城市比还存在着很大差距，与市场经济体制密切相关的技术贸易、专业服务等新兴服务行业还非常薄弱，某些领域尚属空白。因此在对传统服务业进行改造、整合的同时，必须注重新兴服务业的开拓创新及层次提升。

3.收入分配差距扩大、消费群体缩小

我市2001年城镇居民人均可支配收入为7305元，同期农村居民人均纯收入为3100元，城镇居民可支配收入相当于农村居民的2.36倍；在城市居民中，百分之十的高收入群体2001年人均收入为18737.76元，是百分之十的低收入群体的人均收入2593.56元的7.2倍，而在1999年，这两个值仅为2.2和5.3倍，收入差距呈继续扩大的趋势。如果收入差距是不合理的，一部分人的暴富，意味着更多的人陷入贫困状态，这就必然导致消费群体缩小，社会购买力下降，从而阻碍社会生产力的提高。

四、加快我市经济发展的对策与建议

1.调整农村经济结构，增加农民收入

2001年，我市农村居民人均现金收入3100元，比上年增长5.0%，低于同期城镇居民可支配收入3.0个百分点。农村居民人均收入增长长期低于城镇居民的二元增长结构已成为扩大内需的主要制约因素。

目前我市农村居民的消费水平不到城镇居民消费水平二分之一，相对于城镇居民，农民的消费水平还十分低下，这就严重制约了我市内需规模的扩大。我市有309.34万农村居民，占全市总人口的40.8%，而农村经济规模只占全市经济总量的6.3%，农村经济的发展，农民收入的提高，已成为关系到全市经济稳定增长根基的重要问题；而且提高农民收入对缩小城乡居民收入差距，解决由二元经济结构带来的消费需求断层问题也至关重要。提高农民收入，根本的解决之道是农村经济结构的调整，在当前全国农产品普遍供过于求，价格低迷的情况下，调整农业和农村经济结构就显得更为重要。

2.制定刺激消费措施，坚持扩大内需方针

生产与消费是辩证统一的关系，生产决定消费，消费是生产的目的和动力。消费对生产具有反作用，消费调节着生产，是生产发展的动力；只有生产出来的商品最终进入消费后，生产过程才算真正结束，并开始下一轮生产过程。如果市场疲软，消费萎缩，生产就不能正常进行下去；出口需求由于受国际政治经济形势影响，波动频繁，起伏较大，加上我市为内陆城市，不具有沿海开放城市的地域优势，因此国际市场对我市经济的增长影响相对较小，因而必须依靠国内市场求发展。

我们必须制定相应的政策措施刺激消费，扩大内需，促进消费需求的增长，目前我国居民的最终消费率大约为60%，远低于发达国家水平(如美国为84%)，也低于一些发展中国家的水平(如印度为78%)，我市居民最终消费率2001年为54.4%，不仅远低于发达国家及部分发展中国家的水平，也低于国内60%的平均水平，因此今后相当长的时间内，鼓励消费，扩大内需的政策措施应得到延续和完善，只有这样，才能为生产发展提供长期广泛的市场支持，才能为经济的持续增长提供可靠保证。

3.大力发展服务业，加快城市化进程

从近几年我市产业结构变动的趋势看，工业比重相对下降，服务业比重相对上升，而且这一趋势仍将继续，服务业的发展已成为提升我市经济结构，解决城市就业问题，保持社会经济稳定增长的必由之路。服务业发展与城市化是相互依赖、相互促进的。服务业发展能拉动非农就业增长从而带动城市化水平的提升，而城市化的加快也能够促进服务业的较快扩张。我市农村居民有309.34万人，而全市耕地面积仅有216.10(2001年末数)万亩，人均耕地仅0.7亩，人多地少的矛盾极为突出，单纯依靠种植业来发展农业是没有出路的，农村经济的发展必须依靠经济结构的调整，调整农村经济结构必然伴随着农村剩余劳动力的转移，而吸纳这些剩余劳动力就必须依赖服务业的大发展。因此，发展服务业不仅是解决我市城市就业问题的重要途径，也是解决我市农村就业的重要途径；另一方面，农村居民向城市转移，必然伴随着其收入结构的改变和收入水平的上升，相应地，其消费水平也会有所提高，这又必将刺激我市消费需求的扩张，带动服务业的发展。

后国民

积极应对挑战，工业生产保持平稳增长态势

2001年，是新世纪的开局之年，全市工业战线继续抓住国家扩大内需的机遇，克服外部经济环境的不利影响，全力投入五大产业基地建设，加快改革步伐，坚持以发展为主题，积极推进工业结构调整的优化和升级。全市工业总体运行态势良好，保持了工业生产持续快速增长和经济效益水平的提高，实现了“十五”计划的良好开局。

一、工业经济平稳增长

2001年，工业经济平稳增长，在全市经济中占有重要地位。全年完成工业增加值485.01亿元，与上年相比增长13.2%，对全市GDP的贡献率达36%。其中，规模以上工业完成工业增加值329.8亿元，比上年增长14.3%，高于全市GDP平均增幅2.3个百分点，以工业为主体的第二产业成为全市经济增长的领头羊。

从轻、重工业看，重工业增长快于轻工业；规模以上轻工业全年完成工业增加值88.83亿元，比上年增长3.6%，重工业完成增加值240.97亿元，比上年增长16.1%，随着工业产品结构调整，生产能力的提高和科技的进步，一些工业产品从无到有，产品的科技含量也有所提高，工业产品产量较上年有不同幅度的增长。在轻工业产品中，乳制品增长1.7倍，软饮料增长24.3%，机制纸及纸板增长5%，卷烟增长2%；在主要原材料、能源产品中，生铁增长5.2%；钢增长6.2%；成品钢材增长10.1%；水泥增长30.8%；发电量增长19.2%；部分耐用消费品以及信息通讯产品增长较快，房间空调器增长1.57倍，通信电缆增长2.18倍，2001年还生产了彩色电脑显示器17.58万台，激光盘14.8万片，填补了我市在这些产品上的空白。

从所有制结构看，我市通过加大改善投资环境，加快企业改组改制步伐，多元化经济格局得到进一步发展。2001年，非公有制工业经济比重为55.8%，比上年提高了3.6个百分点。同时也应看到，国有经济在全市工业中仍占有重要地位。2001年，国有经济保持着平稳增长，完成工业增加值130.03亿元，比上年增长2.5%。股份制、三资经济持续快速发展，增速分别达到30%和14.9%；另外，私营经济加速发展，经济总量有所扩大，2001年完成工业增加值17.91亿元，比上年净增7.16亿元。

二、五大产业基地建设全面启动，对全市工业起着强大的支撑和带动作用

我市“十五”规划提出了建设支撑工业体系的“五大产业基地”战略，既是对90年代初形成以钢、车、机、新为支柱的工业格局的产业结构的深化，又是发挥比较优势，对全市工业体系的创新。2001年全市涉及“五大产业基地”的规模以上工业企业有546户，(剔除五大产业基地的重复企业)，完成工业总产值(现价)555.47亿元，占全市规模以上工业的54.4%，实现销售收入561.41亿元，占全市的57.3%；实现利润总额48.44亿元，占全市的72.3%；是全市工业重要的支撑力量。

其中，以通讯设备、激光产品为特色的光电子信息产品制造业全年完成工业总产值158.1亿元，以轿车制造为重点的现代制造业完成总产值149.37亿元，钢材及新材料制造业完成总产值204.4亿元，生物工程及新医药产品制造业完成总产值48.6亿元，环保产品制造业完成总产值12.2亿元。

市委市政府有关职能部门落实“十五”计划纲要，根据五大产业基地发展规划，确定了“十五”期间投资5000万元以上重点项目100个，总投资332.7亿元，支撑“十五”工业发展的一大批项目开始逐步实施，将有力支撑和带动全市工业的进一步发展。

三、开发区、区级经济成为工业增长的两大板块

以东湖、武汉两大开发区和吴家山海峡两岸高科技产业园为代表的高新技术产业群迅速发展壮大，“两区一园”核心辐射力，庙山、蔡甸、滠口、阳逻等科技园区发展和兴起，优化了工业产业布局，成为我市工业快速增长的生力军和增长板块。

2001年，东湖、武汉两大开发区规模以上工业增加值总量为109.81亿元，占全市规模以上工业增加值的比重为33.3%，增速分别达到33.1%和20.1%，占全市拉动全市工业增长约6个百分点。

区级经济发展进入快车道，对全市经济增长贡献率进一步提高。2001年，区级工业共完成工业增加值56.41亿元，增速达18.8%，占全市规模以上工业增加值的比重为17.1%，比上年提高1.4个百分点。13个区工业保持了两位数增长，处于新经济增长带的洪山区、东西湖区、蔡甸区、江夏区增幅分别为16.1%、12.4%、25.6%和26.9%。

四、亿元企业不断发展壮大，工业增长质量有所提高

以培植大企业、大产业为着力点，壮大经济增长支撑点，是当前及今后经济工作的重点之一。全市工业在“靠大”、“联大”、“做大”上下功夫，销售收入过亿元的工业企业，从1997年，近五年来平均每年以10户递增，到2001年达到了128户，完成工业增加值265.46亿元，占全市的比重达80.5%，比五年前提高1.1倍；实现销售收入777.31亿元，占全市的79.3%，实现利税127.56亿元，占全市的87.4%。亿元企业的发展壮大，成为全市工业经济的中流砥柱，长飞、邮科院、武船、海尔、华工科技、精伦电子等一批企业，销售收入与利税的增长在50%以上。

抓生产讲效益，工业结构调整的积累效益显现出来，全市工业企业经济效益水平显著提高。2001年，全市规模以上工业经济效益综合指数为132.95%，比上年提高15.47个百分点，是近年来的最好水平。全年实现销售收入980.42亿元，比上年增长9.3%，利润总额66.97亿元，增长35.6%。从分经济类型看，外商投资经济效益综合指数最高；从分轻、重工业看，重工业综合指数高于轻工业；从分企业规模看，大型企业综合指数高于中、小型企业；从分行业看，所属的33个行业大类中综合指数排名前三位的行业是：烟草加工业、化学纤维制造业、电子及通讯设备制造业。

五、工业经济运行中一些不容忽视的问题

一是工业的支撑点不多，全市工业增长的稳定性易受大企业，尤其是受特大型企业生产波动的影响。全市年产品销售收入在10亿元以上企业有包括武钢、神龙、石化、烟厂、长飞、邮科院等13户，仅是规模以上企业单位数的1%。近年来，武钢工业生产一直处于低速徘徊，神龙面临来自国际、国内两大市场压力，生产的不确定因素增大。全球IT产业的萎缩，也会给我市光电子信息产业带来一定的冲击。

二是受外部环境趋紧的影响，工业产品出口下滑，企业的外向度不高。

三是国企改革和脱困任务仍然艰巨，国有企业亏损面仍在三成以上，部分企业资金短缺，产品库存积压严重，“两项资金”占用上升，截止年底，规模以上工业企业产成品存货为211.36亿元，应收帐款净额为195.97亿元，同比分别上升0.4%和3.9%。

展望2002年，面对东西夹击和国内市场国际化的考验，武汉工业的发展形势是严峻的，挑战与机遇并存。我们应把握好加入世贸组织这一契机，坚持走结构调整之路，加快利用高新技术改造和提升传统产业的步伐，促使全市工业保持持续、健康、稳定的发展。

胡　红

农村经济稳步增长运行质量明显提高

2001年，我市围绕农业增效，农民增收，以发展现代都市农业为目标，大力推进农业农村经济结构战略性调整，克服了严重旱灾的不利影响，农业农村经济继续稳步增长，经济运行质量明显提高。

一、农业和农村综合经济总量持续增长

2001年全市实现农林牧渔业增加值85亿元，比上年增长5.3%；全市农林牧渔业产值133.78亿元，比上年增长5.6%。全市“菜篮子”主要产品产量继续增长。与上年相比，蔬菜产量499.54万吨，增长5%；油料产量18.1万吨，增长3.5%；肉类产量24.95万吨，增长7.8%；禽蛋产量13.93万吨，增长1.8%；水果产量52.75万吨，增长11.9%；水产品产量33.95万吨，增长5.8%。粮食是我市农业结构调减的主要品种，粮食产量120.2万吨，比上年减少7.9%；棉花2000年严重受灾，产量大减，2001年出现恢复性增长，产量2.18万吨，比上年增长8.5%。

二、农业和农村经济结构战略性调整步伐加快

在整个农村经济结构中，农业比重下降，非农产业比重显著上升。2001年7个市郊区的二、三产业增加值占国内生产总值的比重预计达81.6%，同比上升了1.6个百分点。从全市农村从业人员构成看，一、二、三产业从业人员由2000年的64.8:18.2:17转变为2001年的64:18.2:17.8，其中一产业比重继续下降，比上年下降0.8个百分点，二产业比重与上年持平，三产业比重比上年上升0.8个百分点。

从农林牧渔四个行业各自占农业总产值的比重看，种植业、林业所占比重下降，畜牧业、渔业所占比重上升。其中种植业、林业所占比重为59.4%和0.5%，分别比上年下降2.1和0.2个百分点；畜牧业、渔业所占比重为24.3%和15.7%，分别上升1.4和0.9个百分点。

种植业内部结构进一步优化，粮棉等传统农业的比重进一步下降。2001年全市粮棉播种面积比上年减少8.86千公顷，其占农作物总播种面积的比重为46.4%，比上年下降1.8个百分点。蔬菜、水果、花卉园艺作为都市农业发展的重点呈迅速发展态势，其占种植业产值的比重为71.5%，比上年上升6.9个百分点，已成为农民收入新的增长点。畜牧业发展步伐加快，特别是奶业摆脱了前几年一直徘徊不前的局面，呈现出跨越式发展势头，其产量达6.99万吨，比上年增长53.6%。

三、农产品质量提高，农业经济效益增强

市郊各区把提高农产品质量，发展适销对路的优质专用农产品生产作为结构调整的重点，淘汰了一批劣质品种，发展了一批优质专用品种，培育了一批名牌农产品。2001年全市优质稻种植面积已达水稻种植面积的70%以上，“双低”油菜籽种植面积已达油菜籽总面积的95%以上，畜禽、水产、果菜等鲜活农产品的优质率有很大提高。

随着农业科技应用力度加大，农产品质量提高，农业经济效益也有了大的增强。2001年，我市农业劳动生产率持续增长，全市农林牧渔业劳平提供增加值9974元，比上年增长5.9%，劳平提供蔬菜5862公斤，肉类293公斤，禽蛋163公斤，水产品398公斤，牛奶82公斤，分别比上年增长6.5%、9.3%、2.5%、7%和54.7%，每公顷耕地提供种植业产值3.68万元，比上年增加886元，增长2.5%。

四、农村生产生活条件有了较大改善

2001年，我市加大了农村基础设施建设的投入力度，江河堤防、农村道路、抗旱设施、电网改造、电话通讯、改水改厕、挖塘打井、镇村建设、退耕还林、封山育林等方面的投资力度、建设进度、受益程度均比以往有大幅提高。全市农村已基本实现村村通电、通汽车、通电话；自来水受益村占50%，比上年提高2.2个百分点；农业机械总动力160.67万千瓦，比上年增8.2%；农村用电量达106616万千瓦小时；农用化肥施用量156812吨(折纯量)，增6.1%；农用塑料薄膜6327吨；农药使用量7666吨，增长5.1%。

2001年我市农村经济虽然保持了平稳增长，但面临的问题和困难仍不容忽视。主要表现在：一是入世后农业面临严峻挑战，农业结构战略性调整的任务相当艰巨；二是农业龙头企业“少、小、弱”，农业产业化经营水平不高，农产品加工业滞后严重；三是农村基础设施建设欠帐较多，投入不足，抵制自然灾害特别是旱灾的能力不足；四是农村城市化水平不高，农业剩余劳动力转移缓慢，农民收入增长缓慢，与城市居民收入水平差距进一步拉大。这些问题和困难是当前农业和农村经济发展到新的阶段所暴露出来的，需要引起各级有关部门的重视，制定相应的对策和措施，以推动农业农村经济向更高的层次发展。

李昌勋

人口与就业概况

人口总数和户数　2001年末，武汉市户籍人口总数为758.22万人，比上年增加9.03万人，增长12.1‰，其中：男性390.24万人，女性367.99万人，分别占总人口的51.6%和48.4%；农业人口309.33万人，非农业人口448.89万人，分别占人口总数的40.8%和59.2%。

年末，全市总户数为218.66万户，比上年增加5万户，增长2.3%；户平均人数为3.47人，比上年减少0.03人。

人口变动及密度　武汉市人口增长速度较上年减缓，2001年人口出生率为7.85‰；死亡率为4.97‰；自然增长率为2.88‰。人口继续保持低出生、低死亡、低增长水平。

全市人口密度为每平方公里892人，比上年增加10人。

计划生育　2001年全市计划生育率为98.79%，一孩率为85.21%、二孩率为14.37%、三孩率为0.42%；独生子女领证率为36.67%。

劳动力资源配置　随着人口总量的继续增长，我市劳动力资源逐年增加，2001年年末总资源数为558.18万人，比上年增加3.5万人，增长0.6%，其中：经济活动人口430.98万人，比上年增加3.22万人，增长0.8%；从业人员406.12万人，比上年减少11.68万人，下降2.8%。

1. 从产业结构看：2001年末，第一产业从业人员为90.42万人，占全部从业人员的22.3%；第二产业从业人员141.47万人，占34.8%；第三产业从业人员174.23万人，占42.9%。与上年相比，第二产业占比下降0.9个百分点；第一产业和第三产业分别上升0.4和0.5个百分点。

2.非公有经济从业人员保持稳定。2001年，我市非公有经济从业人员为117.11万人，与上年持平。其中：股份制经济、港澳台投资经济及其他经济发展快较，从业人员分别为15.99万人、2.92万人和1.78万人，比上年分别增加2.02万人、0.59万人和1.31万人，增长14.5%、25.3%、和2.8倍。非公有经济占比为28.8%，比上年增长0.8个百分点。个体、私营从业人员有所减少。

3.就业压力仍然很大。2001年我市劳动力市场推荐就业12.62万人次，失业下岗职工实现再就业9.46万人次，登记失业率为5.0%，比上年增长1.15个百分点。

职工人数及变动　2001年末，全市职工人数为180.39万人，比上年减少9.67万人，下降5.1%。

1. 其他经济职工人数稳步上升，国有、集体经济职工人数下降。受招商引资、企业转制等多种因素影响，其他经济在国民经济发展和吸纳劳动力就业方面的功能越来越强大。2001年末，全市其他经济单位职工人数为30.69万人，比上年增加4.03万人，增长15%；而国有经济职工人数为126.87万人，比上年减少4.86万人，下降5.9%；集体经济职工人数为22.83万人，比上年减少5.77万人，下降20.3%。

2. 新兴、高科技行业职工人数上升，传统行业职工人数下降。2001年末，我市职工人数上升的5个行业分别是：金融、保险业增长7.9%；房地产业增长6.3%；科学技术服务研究和综合技术服务业增长0.6%；其他行业增长7.5%。教育、文化艺术及广播电影电视业与上年持平。11个行业下降，降幅较大的分别是批发和零售贸餐饮业降15.9%；采掘业降8.3%；建筑业降7.7%；地质勘探、水利管理业降7.4%；农、林、牧、渔业降5.1%；制造业降4.9%。减少职工人数最多的行业分别是批发和零售贸易餐饮业减少3.97万人；制造业减少3.69万人，分别占减少职工人数总量的41.3%、38.2%。

3. 市属及以下单位职工下降最为突出。由于企业改制工作稳步推进，我市职工提前退休、买断工龄、下岗职工出中心工作实施力度加大，形成离岗职工大幅度减少，从而影响职工人数下降。2001年末，全市中央单位职工人数为34.73万人，比上年减少0.96万人，下降2.7%；省属单位职工人数为14.75万人，比上年减少0.89万人，下降5.7%；市属及以下单位职工人数为130.91万人，比上年减少7.82万人，下降5.6%。

职工工资及变化　2001年，我市城镇单位职工平均工资为9080元，比上年增长19.0%。其中：国有经济单位职工平均工资为10005元，比上年增长20.0%；集体经济单位职工平均工资为4040元，比上年增长5.7%；其他经济类型单位职工平均工资为9030元，比上年增长11.6%。

1. 按隶属关系分组：中央在汉单位12777元，比上年增长15.7%；省属在汉单位9539元，比上年增长11.0%；市属单位8040元，比上年增长20.7%，其中区属单位6563元，比上年增长18.4%。

2. 按企业、事业、机关分组：全市企业单位7814元，比上年增长18.4%；事业单位13124元，比上年增长20.9%；机关单位15610元，比上年增长17.0%。

近年来，我市国民经济持续健康发展，改革步伐不断加快，企业通过改制和结构调整，经济运行质量明显改善，经济效益不断提高，加上国家不断出台调整工资政策，2001年我市职工工资出现了快速增长态势，主要特点表现如下：

1. 国家增资政策作用明显。在国家调资政策指导下，我市国有经济的工资增长速度快于其他经济类型，主要原因有两个方面：一是大部分事业、机关单位为国有经济类型，这些单位的职工是国家增资政策的主要对象，并且资金来源有保障，兑现比较及时。在国有经济中，职工工资增幅较快的有关行业有：卫生、体育和社会福利事业为14432元，比上年增长26.0%；教育、文化艺术及广播电影电视业为13891元，增长22.0%；科学研究和综合技术服务业为14216元，增长21.2%。二是国有企业通过改革和改制，经济效益不断提高，随着国家增资政策逐步落实，职工工资出现补偿性增长。2001年，国有企业职工平均工资8390元，比上年增长19.6%，其中制造业8288元，增长24.0%；批发和零售贸易、餐饮业7015元，增长27.4%。

2. 离岗职工的减少而拉动人均工资增长。2001年全市职工减少9.66万人,其中离岗职工减少8.04万人。由于离岗职工年均生活费只有2418元,与在岗职工年均工资相差8896元,离岗职工人数的下降,引起在岗职工所占权数增大,全部职工工资增幅随之上升3.6个百分点。特别是市属单位,2001年离岗职工减少了8万人,从而提高了市属职工平均工资增长5.2个百分点,其中区属离岗职工减少3.97万人,提高了区属职工平均工资增长6.4个百分点。

3. 不同工资水平的差距继续加大。2001年中央在汉单位职工平均工资为12777元,高于省属和市属单位3238元和4737元,差距分别比上年增加794元和356元。在中央在汉职工中,国有经济单位职工占87.1%,平均工资为13197元,其中企业单位11646元、事业单位18282元、机关单位17345元;工资较高的行业有:卫生、体育和社会福利业26644元;教育、文化艺术及广播电影电视业18320元;电力、煤气及水的生产和供应业16770元,均高出全市企业、事业、机关单位和同类行业工资平均水平。

4.工资增长与经济发展走势大体同步。2001年,我市GDP比上年增长12.0%,其中各区属GDP增长在12.2%至21.1%之间;规模以上工业增加值比上年增长14.3%,财政收入比上年增长21.8%,其中地方财政收入增长28.7%。从以上综合统计数据表明,我市经济发展和财政收入处于良好状态,加上国家增资政策的刺激,我市职工工资出现较大提高,形成了工资增长与经济发展走势趋同的局面。从工资实际增长幅度看,2001年增长19.0%,若剔除因离岗职工减少而虚增的3.6个百分点外,实际增长15.4%。

余芙蓉

固定资产投资稳定增长

2001年是新世纪的第一年,也是“十五”计划的第一年,由于国家积极的财政政策和稳健的货币策的推动,我市努力扩大内需,固定资产投资保持了稳定增长,全市共完成投资508.44亿元,比上年净增46.52亿元,增长10.1%,完成了年初市政府确定的政府工作目标任务。

一、固定资产投资完成基本情况

1. 基本建设投资大幅增长。2001年全市基本建设投资165.36亿元,比上年增长17.2%,增幅比上年提高10.5个百分点,净增投资24.24亿元,对全市固定资产投资的贡献率为52.1%。18项基建大中型项目完成投资54.71亿元,占基建投资的33.1%,有力支撑了基建投资增长。

全市46项重点项目完成投资105.64亿元,占全社会固定资产投资的20.8%。武钢程潮铁矿、安凯电缆、华中数控、城市交通的中环线西北段及江汉五桥,城市山水园林建设、武汉国际会展中心等项目完工及部分项目投资使用。

2. 企业技术改造投资力度有所增强。国家技改贴息优惠政策的实行,对企业技术改造降低成本,增加预期利润,调动技改积极性起到了较好推动作用。2001年全市技术改造投资115.04亿元,比上年增长10.1%。用于技术进步及三废治理的内涵式投资26.59亿,所占比重提高到23.1%,比上年增加7.4个百分点;用于设备的投资71.45亿元,所占比重提高到64.5%,比上年增加12.6个百分点,使企业的工艺设备和技术水平明显提高,增强了企业的竞争实力,对工业和其它行业的高速增长起到了强有力的支撑。

3. 房地产业供销两旺。由于商品房市场需求旺盛,房地产业出现投资和需求良性互动局面。2001年,全市房地产开发投资115.34亿元,比上年增长13.8%,商品房竣工面积614.04万平方米,增长23.6%,商品房销售面积408.85万平方米,增长13.7%。随着房改政策的逐步到位和住宅金融服务的改善,住宅消费,个人购房成为拉动房地产业发展的主要动力,全年个人购买商品房375.9万平方米,占商品房销售的91.9%。

4. 国债投资保持了一定力度,区级投资规模快速增长。2001年,全市国债项目完成投资25.54亿元,主要用于基础设施、文教、高新技术产业化、贴息技改等项目,对引导社会资金流向,启动民间投资,起了积极作用。

各区通过积极改善投资环境,发挥各自优势培植区级经济的新增长点,内引外联,固定资产投资强劲增长。区级投资完成102.22亿元,比上年增长31.4%。

二、资金来源改善,投资结构不断优化

1. 第三产业投资进一步增长。2001年全市第三产业完成投资367.90亿元,比上年增长5.2%。其中邮电通信业投资30.74亿元,增长25.6%;住宅投资102.71亿元,增长12.1%,第三产业投资的比重超过百分之72,投资结构继续得到改善。城市基础设施建设取得成效。一批重点项目,如绕城公路西南段、军山长江大桥、黄陵大桥竣工;基本建成了二廊庙、龙王庙、沙湖三座污水处理厂;开敞式中山公园、武汉关至一元路沿江环境改造工程、东湖二期整治工程、光谷广场、田田广场完工,为武汉市增加了很多新的亮点。2001年,我市城市基础设施投资207.19亿元。

2. 工业投资回升。政策环境的向好,使企业投资信心增强,工业投资逐步摆脱低迷状况,呈现快速增长。2001年全市工业投资123.2亿元,比上年增长28.7%。我市重点发展的五大产业项目完成投资63.78亿元,占工业投资的51.8%,其中:光电子信心产业投资13.93亿元,汽车产业投资3.72亿元,钢材及新材料投资39.52亿元,生物工程及新医药投资4.77亿元,环保产业投资1.84亿元,工业产业结构调整得到进一步深化。

3. 国有单位投资平稳增长,非国有投资日趋活跃。2001年全市国有单位投资259.67亿元,比上年增长5.9%,非国有单位投资248.77亿元,增长14.8%,其中:集体、私营、私人投资84.09亿元,增长12.3%。非国有投资增幅高出国有单位投资增幅8.7个百分点。民间投资稳步增长,弥补了国有资金的不足,成为拉动投资增长的新力量,投资主体由单一的政府投资向集体、私营、外商等多元化投资主体转移。

4. 固定资产投资资金到位情况较好,企业自筹资金的比重增加,投资资金来源增长快于投资完成额增长。2001年全市基建、技改、房地产投资(下同)资金到位422.02亿元,比上年增长20%,比投资额增长率为14.1%的幅度高5.9个百分点,为固定资产投资增长打下了良好基础。投资资金按来源分:其中企业自筹资金161.9亿元,增长36.2%,比重占43%,比上年提高6.8个百分点;预算内资金36.75亿元,增长134.7%,比重占9.8%,提高4.8个百分点;银行货款70.21亿元。增长11.7%,但所占比重比上年下降1.3个百分点。拖欠工程费用的现象得到一定缓解。2001年各项应付款60.47亿元,占当年投资额的15.3%,比上年减少1.5个百分点,仅比上年净增加2.37亿元。房地产开发投资中自筹和定金预付款资金占67.8%,成为主要资金来源。

2001年我市固定资产投资有了长足发展,为“十五”规划开了个好局,但仍存在一些问题:项目储备不充足的问题,势必对投资增长后劲产生一定影响。从当年情况看,基建技改在建项目1423个,仅比上年增加13个,当年完工857个。随着投资规模逐年增加,投资高增长的难度越来越大。民间投资虽呈增长趋势,受到投资领域准入制限制,融资渠道不畅等因素影响,投资行为仍不活跃,社会投资的增长还有待提高。空置面积不断增加,房地产业滚动开发受到一定抑制。当年商品房空置面积288.2万平方米,比上年增加56.4万平方米。以上诸多问题应引起相关重视,要加大招商引资力度,改善投资环境,吸引民间投资和社会资金,促进全市固定资产投资持续增长,为武汉市经济的持续发展提供支持。

涂孝斌

建筑业生产经营情况较好

2001年,我市建筑业调整,优化结构,不断深化改革,转换经营机制,积极开拓市场呈现出良好的发展态势,生产经营保持了较好增长势头,建筑业总产值突破200亿元。

1、生产持续增长,劳动生产率稳步提高。2001年,全市建筑业完成总产值207.65亿元,比上年增加52.26亿元,增长33.6%,增幅比上年提高18.7个百分点。从经济类型来看,国有企业完成建筑业总产值112.32亿元,比上年增加25.12亿元,增长5.9%。增幅最大的经济类型是股份有限公司,增幅比上年提高42.9个百分点,增长74.5%。从行业构成来看,土木工程建筑业的产值增长较快,为179.98亿元,比上年增长38%;其次是设备安装业8.88亿元,增长36.3%;线路管道安装业为10.03亿元,增长16.8%,而装修装饰业产值为8.76亿元,比上年下降10.9%。

2001年,全市按总产值计算的建筑业劳动生产率为8.46万元/人,比上年增加2万元/人,增长31%。其中:国有及国有控股企业劳动生产率为10.8万元/人,比上年增加2.6万元/人,增长31.7%,高于全市平均水平。

2、房屋施工面积继续增加,工程投标承包面进一步扩大。住宅与人民生活息息相关,近年来受国家停止住房福利分配,实行货币化分配的影响,商品房需求增加,开发商投向住宅建筑的积极性提高,为我市建筑业提供了有效的生产需求,我市房屋建设速度明显加快。2001年,我市建筑企业承建的房屋施工面积2836.9万平方米,比上年增加750.4万平方米,增长36%,其中,本年新开工面积1262.4万平方米,比上年增长48%,房屋施工面积再攀新高。

随着市政府关于进一步加强全市工程招投标统一管理通告的发布施行,我市建筑业招投标工程的管理力度不断加大,工程投标承包面进一步拓宽,企业竞争向有序化发展,市场招投标率稳步上升。2001年全市房屋施工面积中,实行投标承包的面积为2272.7万平方米,按施工面积计算的投标承包率为80.1%,比上年提高了8.4个百分点,投标承包面的拓宽,是我市加强有形建筑市场的建设,完善招投标管理的必然结果。

3、资产负债略有下降,经济效益有所好转。2001年,全市建筑业资产负债率70.3%,比上年下降4.3个百分点,说明企业偿还债务的能力逐渐提高。2001年,全市建筑企业实现利润总额3.81亿元,比上年增盈2.23亿元,人均创税1553元,比上年增加897元,产值利润率为1.8%,高于上年0.8个百分点。其中:国有及国有控股企业实现利润2.11亿元,产值利润率为1.3%,比上年增加1.2个百分点,虽然低于全市平均水平,但国有及国有控股企业经济效益在不断提高。

4、亏损企业与亏损面均有所减少。2001年,通过全市建筑企业的共同努力,建筑业整体经济效益有所好转。全市有亏损建筑企业91个,占有建筑施工任务企业的21.3%,亏损面较上年缩小4.1个百分点。其中,国有建筑企业亏损面为19.6%,比上年缩小4.4个百分点,亏损额为0.7亿元,减少0.47亿元。国有建筑企业虽亏损面逐渐缩小,但仍未实现整体扭亏为盈,经济效益仍不容忽视。

5、主要问题:一是拖欠工程款现象继续加剧。2001年,全市建筑企业年末拖欠工程款57.97亿元,比上年增加4.81亿元,占整个工程结算收入的32.7%,其中:一、二级建筑企业年末拖欠工程款54.55亿元,占全市拖欠工程款的94.1%,占其工程结算收入的33.3%,高于全市平均水平,说明我市建筑企业已陷入"干的工程越多,垫支越多,拖欠越多"的怪圈,大量的工程拖欠款使建筑企业不堪重负,有些款项已形成呆帐、坏帐、死帐,严重影响了建筑企业的正常经营和发展。对此我市要对拖欠工程款严重的单位采取不审批新项目,控制其建设资金等措施,加大"清欠"力度,使建筑企业真正减轻负担,作为政府部门要加大执法力度,简化法律清欠程序,同时要成立专门机构,对久欠不还的债款可交由清欠机构化办代清;作为建筑企业要把拖欠工程款纳入资金运营的重要内容来抓,依法清欠,以缓解企业资金紧张的矛盾。

二是建筑市场不规范,工程质量有待进一步提高。近年来,无序的市场秩序、不公平的市场竞争仍充斥着建筑市场,暗标、人情标、压级压价、分包转包的现象时有发生。这种状况严重影响了建筑工程质量。2001年,全市单位竣工个数为6548个,优良单位工程个数3585个,优良品率为53.8%,比上年下降4.3个百分点,造成影响工程质量的主要因素有:一是施工队伍素质不高;二是使用不合格材料;三是非法挂靠,层层转包,除此之外,建设单位发包工程管理不规范,其在发包工程时,将不该分割的工程人为地进行肢解,造成建筑企业在施工过程中互不协调,造成整体工程质量隐患,因此,我市要继续深入整顿规范建筑市场,制定多项地方性法规、规章及行业行政管理措施,使我市建筑市场逐步进入规范化管理渠道,使之朝着公平、公正、公开、有序的方向发展。

张　珀

贸易业稳步、健康发展

随着市场经济的不断发展及市场竞争的日益激烈,我市贸易业呈现稳步、健康发展态势,2001 年全市批发、零售贸易业实现商品销售 1452 亿元,比上年增长 3.0%。

一、经营特点

1. 超亿元以上企业销售额占主导地位。2001 年,全市限额以上贸易业商品销售额为 745.1 亿元,比上年增长 3.3%,占全市商品销售的 51.3%。去年,面对激烈的市场竞争,我市批发贸易业克服困难,改变经营观念,通过重组、改制,吸收优良资产,剔除不良资产,增强实力,增加一批销售超亿元企业。2001 年我市亿元企业达到 85 家,比上年增长 37.1%,全年销售额达到 695.4 亿元,占全市限额以上贸易业商品销售额的 93.3%,比上年增长 3.7%。

2. 消费品市场繁荣活跃。2001 年,全市社会消费品零售总额为 685.8 亿元,比上年增长 13.2%,其中:批发零售贸易业实现的零售额为 382.5 亿元,增长 12.6%,占全市社会消费品零售总额的 55.8%;餐饮业 75.9 亿元,增长 22.5%,占总数的 11.1%;制造业 43.1 亿元,比上年增长 10.8%,占总数的 6.3%。吃的商品零售为 323.2 亿元,穿 129.2 亿元,用 215.3 亿元,烧 18.1 亿元,分别占零售总额的 47.1%、18.9%、31.4% 和 2.6%。

随着科技进步,人民生活水平的不断提高,人们对商品的需求愈来愈旺盛,个性化要求越来越强烈,据对全市 279 家限额以上批发零售贸易企业统计,在整体商品销售平稳增长之中,部分商品大类呈现出新的特点:

(1)食品、饮料、烟酒类零售增加。2001 年我市食品、饮料、烟酒类零售额 23.2 亿元,比上年增长 24.1%。在解决了生活温饱的前提下,人们更加注重饮食科学化、合理化和营养化,人们推崇的是低脂肪、高蛋白食品及健康饮料,例如牛奶就成为了人们健康来源的一部分,据统计,我市 2001 年牛奶产量达到 5.79 万吨,比上年增长 45.8%,奶产品消费量达到 19.6 公斤/人(据城调队 500 户居民生活调查资料统计)比 96 年增长 1.8 倍。

(2)服饰需求求新,销售平稳发展。人们已不满足于过去有衣穿、有帽戴,更加注重款式、花色、品牌,高档西服成为白领阶层的首选,休闲装成为年轻人的新宠。2001 年,我市服装,鞋帽,针纺织类零售额 32.8 亿元,比上年增长 7.5%。其中,服装、鞋帽类零售额 27.3 亿元,比上年增长 8.3%。

(3)家用电器购买力增强。由于家用电器科技含量的不断提高,功能的不断增多,价格的逐步平民化,加上家用电器步入新一轮更新换代期,许多家庭出现一户多机的情况,使我市家用电器和音像器材类零售大幅增长,2001 年零售额 26.7 亿元,比上年增长 39.1%,其中:电视 29.3 万台,比上年增长 15.2%,组合音响 2.4 万台,比上年增长 81.8%,冰箱 14.6 万台,增长 39.0%,空调 24.1 万台,增长 65.8%。据市城调队对 500 户城市居民调查显示,2001 年彩电、组合音响、冰箱和空调每百户拥有 133.4 台、30.2 台、105 台和 94.8 台,分别比上年增长 6.0%、9.4%、2.5%和 11.0%。

(4)移动通讯商品销售发展迅速。从移动通讯进入我国后发展迅速,移动电话由最初的身份象征成为现在人们通讯联系的主要方式,式样由最初砖头式的手机发展为现在小巧、功能多样的手机,手机逐渐成为继 BP 机以后人们拥有的普通通讯工具。2001 年,移动电话零售 1.9 万部,增长 375%。据市城调队对 500 户城市居民调查显示,2001 年移动电话每百户拥有 22.8 部,比上年增长 39.0%。

3. 连锁经营发展迅速。适应市场的发展和竞争的需要,我市商业经营业态不断推陈出新。过去我国主要以百货经营为主,随着外资的进入及市场竞争的白热化,超级市场、仓储商场、会员制超市、量贩店等各种商业形式不断出现,特别是连锁经营已成为当今零售业的主要经营方式,它比传统的商业更具有便利性、价格优势,更具有吸引力。2001 年我市贸易、餐饮业连锁总店达到 33 家,营业面积达到 72.4 万平方米,其中:零售业 20 家,营业面积为 57.2 万平方米,商品零售额为 65.5 亿元,占全市社会消费品零售总额的 9.6%,餐饮业 13 家,营业面积为 15.2 万平方米,其零售额为 9.8 亿元,占全市社会消费品零售总额的 1.4%;从零售业态来分,百货商店零售额为 21.2 亿元,超级市场零售额为 41.6 亿元,专业店零售额为 2.6 亿元,它们分别占连锁店零售业销售总额的 32.4%、63.5%、4.1%。在中国连锁经营协会公布的 2001 年中国连锁百强评比中,中商集团平价连锁公司、中百连锁仓储超市有限公司、武商集团量贩公司位列其中,分获 23、37 和 45 位。

4. 消费品市场竞争激烈,外商进入步伐加快。从 90 年代初开始,我国零售业对外开放,95 年以后外商以各种形式大规模、全方位抢占零售市场,武汉作为全国重要商业城市必然成为外商必争之地,从法国家乐福第一个进入我市开办商业以来,泰国正大、德国麦德龙相继开张并不断扩张,家乐福在 2002 年将开设武昌分店,正大将开设宝丰店和武泰闸店,美国将开设普尔斯玛特超市,英国将开设百安居装饰超市,再加上由港澳台投资的新世界百货、工艺大楼及王府井百货,我市消费品市场的竞争性将越来越激烈,同时也将极大促进我市消费品市场的发展。2001 年,我市外商及港澳台零售额为 16.8 亿元,比上年同期增长 37.4%,其中外商 11.5 亿元,增长 44.0%,港澳台 5.4 亿元,增长 25.1%。

5."黄金周"销售喜人。为扩大内需,促进销售,国家延长了"春节"、"五一"、"十一"假期,假日旅游应运而生,带动了我市商业、餐饮业的发展,使"黄金周"成为我市零售、餐饮业的重头戏,在"黄金周"期间,我市各大商业部门积极采取文艺表演、商品打折、让利、抽奖等多种形式吸引顾客,各大商场人头涌动、人流如潮,各大酒楼门庭若市,异常火爆,使我市零售额有了大幅增长,我市三个"黄金周"期间零售额分别达到 22.0 亿元、20.4 亿元和 22.9 亿元,分别占当月全市社会消费品零售总额的 37.1%、38.1%和 37.1%。

二、主要问题

我市商业企业虽然销售增长，但零售业利润大幅下滑，直至亏损。2001年我市限额以上批发零售贸易业利润总额为2.1亿元，比上年下降52.3%，其中：批发业为2.48亿元，比上年增长0.4%，但零售业却不尽人意，其利润由2000年的赢利1.9亿元下降为2001年的亏损0.4亿元，盈亏相抵，其减少利润2.3亿元。其原因在于：

(1)三大费(经营费、管理费、财务费)支出居高不下。在激烈的市场竞争中，我市贸易业为了站稳市场，扩大市场份额，不断加大各项投入，使各项费用加大。2001年，我市限额以上零售企业三大费为15.2亿元，比上年同期增长29.9%，其中：经营费为4.5亿元，管理费为9.1亿元，财务费为1.7亿元，分别比上年增长80.0%、19.7%、6.3%；

(2)"价格战"挤占了部分商业利润。商业企业为了抢占市场份额，不得不以牺牲利润为代价，竞相压价，大打价格战，出现了空调论斤卖，商品自主定价，一轮又一轮彩电降价，一轮又一轮服装打折，形成恶性循环，使得企业效益大打折扣，一路下滑。

面对激烈的市场竞争及外资咄咄逼人的攻势，我市商业面临严重挑战。第一，要大力发展连锁经营等先进的物流形式，减少中间环节，降低费用。第二；作为商业企业要积极行动起来，拓展思路，广开渠道。向居民区发展，向周围县、市发展，大力发展连锁超市、便民店，中商在徐东路兴建"中商团结销品茂"，中百在2001年开设了47家超市，并在2002年将新建45家超市；第三，企业要加强内部管理，努力降低成本，营造良好的购物环境与经营特色，以人为本。例如：武广去年开发了自有品牌PAPILLON，并推出WAP手机网上购物服务，中南推出"无障碍退换货"举措等，以期在激烈的市场竞争中保持不败。

严春华

外商直接投资变化及“三资”企业经营情况

2001年我市新批合同外资15.38亿美元，比上年增长17.3%，其中外商直接投资额达8亿美元，增长86.8%；实际利用外资14.32亿美元，比上年增长10.0%，其中外商直接投资7.22亿美元，下降4.2%。从外商直接投资情况看，虽然总额出现了一定的下降，但投资来源与去向结构已发生明显变化。随着我市利用外资结构的不断调整，“三资”企业经营活动正常开展，“三资”企业经营情况良好。

一、外商直接投资变化情况

1、中外合资下降，中外合作与外商独资增多。2001年全市外商直接投资额中，中外合资30004万美元，比上年下降40.0%，占比41.5%；中外合作14356万美元，增长177.5%，占比19.9%；外商独资27863万美元，增长37.9%，占比38.6%。选择合作方式的明显增长，主要是国内企业缺乏资金和技术，只能以厂房、设备、机器、土地等与外方合作经营。

2、主要投资来源地投资增长。投资额最大的前三位依次是香港(29570万美元)，英国(10940万美元)，荷兰(7395万美元)，分别比上年增长120.0%，35.5%和3.4倍；占比分别为40.9%，15.1%，10.2%。香港作为我市最大投资来源地全部外商投资比例达到40.9%，比上年提高了23.1个百分点。从外商直接投资增幅情况看，最大的前5位依次是西萨摩亚净增1670万美元，上年度无投资；加拿大1776万美元，增长3.6倍；荷兰7395万美元，增长3.4倍；澳门1131万美元，增长2.23倍；日本2059万美元，增长1.58倍。

3、产业间投资正向均衡方向发展。2001年第一、二、三产业间投资额之比由2000年的0.09：74.4：25.5发展为0.7：47.7：51.6。第三产业吸纳的外商直接投资额为37283万美元，占全部外商直接投资额的51.6%，为三个产业之最，与上年相比，第三产业占比增加26.1个百分点。一、二、三产业投资额比上年增幅分别为6.9倍、-38.6%、93.5%。尤为突出的是第一产业农业虽然只吸收外资515万美元，但增幅较大，这对我市吸收外商直接投资行业领域来说，有了良好的开端。

从单个行业来看，外商直接投资最多的三个行业分别是制造业29702万美元，占比41.1%；房地产业21322万美元，占比29.5%；电子及通信设备制造业为11465万美元，占比15.9%；其他各行业占比不足20%。

武汉作为“入世”后零售领域率先开放的城市，目前已引起世界商业集团的关注，继法国的家乐福在汉开店设点以后，德国的麦德龙、泰国的正大集团，也纷至沓来，全球头号商业巨头——美国沃尔玛也加快了在汉“圈地”步伐。另外，香港新世界、德国欧比艾、英国百安居等均在汉投资经营仓储百货超市、建材超市、电子超市、农产品超市等。

4、投资结构优化，行业分布趋于均衡。第一，外商投资大项目增多，2001年投资额在5000万美元以上的项目数为25项，比上年增加6项，投资总额7.9亿美元，是上年的3.2倍，来汉投资的世界500强企业由上年的36家增加到40家。1000万美元以上的项目20个，比上年增4个。第二，高新科技项目增多。2001年在新批的外商投资企业中，有50多家涉及电子信息技术、计算机技术、生物工程技术、新材料技术、环保技术等高新技术产业，占比达50%以上，比上年提高了10个百分点，高科技项目由过去的点缀，发展到占据新批外商投资企业的“半壁江山”。第三，第三产业项目增多，房地产、现代商业、管理咨询、风险投资等服务业成为外商投资新热点。香港的凯恩斯投资公司、和记黄埔公司、台湾的帝伽集团、德国舒尔茨公司均在汉酝酿房地产开发大手笔，商业零售业也有多家大集团接踵而至。

5、外商投资企业增资扩股明显增多。2001年，全市有35家外资企业合计增资5340多万美元。全球500强之一的美国康宁公司控股的武汉电信器件公司已增资500万美元，进行二期工程扩建，并计划再增资1800万美元。武汉NEC移动通讯有限公司增资1750万美元，日电光通信、特凌门窗、正大食品都将所得利润转为投资，分别增资290万美元，500万美元和497万美元。表明外商在汉投资的信心不断增强。

二、“三资”企业经营情况

2001年我市“三资”企业经营状况良好，利润总额增幅较大。全市“三资”企业实现主营业务销售收入211.5亿元，比上年增长7%，资产总额、利润总额和实交税金及附加费分别为459.6亿元、16.5亿元和11.4亿元，与上年相比分别增长7.3%、43.0%和5.3%。“三资”企业的支撑作用特点主要表现为：

1、分投资方式看，中外合资企业在“三资”企业中的作用突出。2001年中外合资企业主营业务销售收入174.6亿元、资产总额368亿元、实交税金及附加费10.5亿元、利润总额16.6亿元，占全部“三资”企业比重分别为82.6%、80.1%、91.9%和100%。分别比上年增长6.8%、5.2%、4.2%和30.7%。同期外商独资企业以上各种指标分别为23.4亿元、47.8亿元、0.49亿元和-0.5亿元，其占比都在11%以下，且销售收入、资产总额、实交税金及附加费呈现负增长。中外合作企业对应指标分别为13.5亿元、43.8亿元、0.4亿元和0.6亿元，其占比分别为6.4%、9.5%、3.8%和3.6%，比重虽不高，但销售收入比上年增长161.1%，资产总额增长75.4%，实交税金及附加费增长78.4%，表明合作企业的发展步伐较快。

2、分产业活动情况看，第二产业在经营活动中起主导作用。从规模上看，一、二、三产业的资产总额分别为0.48亿元、317亿元和142.1亿元，占比分别为0.1%、69%和30.9%。分别比上年下降34.1%、增长5.1%和12.8%；上年占比分别为0.17%、70.4%、29.4%。

从主营业务销售收入看，一、二、三产业分别为0.2亿元、184.3亿元和27亿元，占比分别为0.09%、87.1%和12.8%。分别比上年增长29.6%、12.3%和下降19%；上年占比分别为0.07%、83.1%、16.9%。

从实交税金及附加费来看，一、二、三产业分别为0、10.2亿元和1.25亿元，占比分别为0、89.3%和10.7%。与上年比分别持平、增长 11.1% 和下降 26.6%；上年占比分别为 0、84.6%、15.4%。

从利润总额看，一、二、三产业分别为 3 万元、176231 万元和 - 11350 万元，占比分别为 0.002%、106.9% 和 - 6.9%。分别比上年下降 104.4%、增长 42.9% 和 42.5%；上年占比分别为 0、1、0。

3、骨干“三资”企业的地位明显。2000 年全市主营业务销售收入前五位“三资”企业是：武汉神龙汽车有限公司(主营业务销售收入 61.3 亿元)(下同)、武汉长飞光纤光缆有限公司(16.1 亿元)、武汉广场管理有限公司(9.3 亿元)、红桃开集团有限公司(6.1 亿元)、武汉统一食品有限公司(5.3 亿元)，共完成销售收入 98.2 亿元，占全部“三资”企业比重 49.7%。2001 年上述五家公司完成主营业务销售收入分别为：58.6 亿元、25.7 亿元、12.0 亿元、4.2 亿元、6.1 亿元，共完成销售收入 106.6 亿元，占比 50.4%。实现的销售收入接近和超过总销售收入的一半。

2001 年武汉神龙汽车有限公司纳税额为 9.3 亿元，纳税额比上年净增 3.4 亿元，增长 57.6%，神龙汽车有限公司的纳税额在上年就排在全国外商投资企业纳税百强中的第 12 名。武汉长飞光纤光缆有限公司实现利润总额为 9.3 亿元，同比增长率 144.7%。

三、存在的问题

外商直接投资对我国经济增长及创造就业机会的作用是显而易见的。我市在利用外资中的成效也是明显的，但同时还存在一些不足，主要表现在：

1、对技术含量高的行业投资不够。所谓技术含量高的行业是指自动化电子化程度高的、新兴的朝阳行业。2001 年我市利用外资比重最大行业是房地产业(占 29.5%，增 1.265 倍)；电子及通信设备制造业(占 15.9%，增 6.03 倍)虽在投资中处于第二位，增幅为 6.03 倍，处于第三位，表明我市对技术含量较高的行业利用外资有明显进展。但从整体发展要求看，引进的外资项目规模结构仍偏小，行业领域较窄，技术水平仍较低，即使是高新技术项目，大多也是终端产品的组装加工，真正能与国际先进水平接轨，国内领先的高科技大项目很少。

2、部分外商直接投资企业在国内市场有形成垄断之嫌。目前，“三资”企业已在我国部分行业中居于绝对控制地位，1995 年集成电路行业生产总值已占全行业产值的 88.8%。汽车方面，目前德国大众一家公司控制着我国轿车市场的 68.3%。国内洗发护发用品、碳酸饮料、手机、轿车等基本上是“三资”企业生产的。在我市外资行业垄断虽不十分明显，但某些行业生产中的控制地位已有显现，对此，应有先知先觉，制定相应的预防对策。

四、建　议

大力吸引外商投资应该注意以下几点：

第一、协调行业和产业平衡关系。在引进外商投资的同时应该注意各行业之间的协调发展。在国民经济三个产业方面，同样要注意按比例协调发展。目前我市第一产业引进外商投资比重偏小，发展潜力还很大。第三产业还有很多领域有待开发，比如：金融、保险、服务、教育、咨询和信息产业等。当然，我国加入 WTO 以后，第三产业的行业限制会越来越小，在这方面我们可以有很大的招商引资的空间。

第二、应大力引进高新技术，高科技行业。我市要发展经济，需要大量的海外资本的支持，引进外资，特别更应该注重新技术的引进，注重科技含量高的项目的引进，以推动生产力的发展，不断提高劳动生产率和产品市场竞争力。

第三、努力改善投资环境，更多地吸引跨国公司关注武汉。“人人都是投资环境”是市政府倡导的一种改善软环境的口号和行为规范，希望这种措施能落到实处。在硬件措施和基础设施方面，同样要尽力而为，特别是环境卫生和环保方面要创造出令外商神往的境地，充分利用我市的山水资源，勾画出一幅碧水蓝天的美丽图景。世界 500 强企业中，去年来汉投资的有 40 家，比上年虽有增长，但总量还是偏少，来汉投资的企业还不到一成。这就需要我们一方面改善投资环境，另一方面要下大力气宣传自己，要全方位、多方面、不间断地宣传武汉，要随时介绍武汉的新发展和新变化，要利用一切渠道，有针对性地向世界跨国公司介绍武汉，吸引他们到武汉来投资，要让世界了解武汉知道武汉。

第四、适度保护与积极引进外商直接投资。我国在积极鼓励外商直接投资的同时，也应当理直气壮地提出反对垄断，反对垄断实际上是为更多的外商直接投资提供进入我国市场的机会，采取措施防止垄断比打破垄断容易，在较小范围内破除垄断所产生的振动会比较小。怎样做到既能积极引进外资又防止垄断形成，不妨从以下几方面着手：鼓励投资多元化，防止形成市场垄断；对趋近垄断标准的产品市场发出警告；坚决干预已形成的外商垄断；加快贸易自由化进程，限制垄断的消极作用；扶持民族产业的发展以抵抗外来垄断。

胡　海

财政收支快速增长　金融保险健康发展

2001年，我市国民经济继续呈现稳步增长态势，全年实现国内生产总值1347.80亿元，比上年增长12.0%。财政、金融和保险事业持续保持了良好的发展态势。

一、财政收入和支出快速增长

2001年，我市财政收入大幅增长，财政支出大幅度增加。财政收支与国民经济大体呈现出一种良性互动格局。

（一）财政收入快速增长，收入质量进一步提高

2001年，我市实现财政收入150.18亿元，按可比口径计算（下同）比上年增长21.8%，增速高于上年9.4个百分点。其中地方财政收入完成86.16亿元，增长28.7%，增速高于上年13.3个百分点；中央两税收入达64.02亿元，增长13.6%，增速高于上年4.7个百分点。全年财政收入呈现以下特点：

1、财政收入质量进一步提高。2001年，我市地方财政收入以高于全口径财政收入6.9个百分点的速度高速增长，地方财政收入占全口径财政收入的比重达57.4%，比上年提高2.1个百分点。这说明随着经济的发展，我市财力特别是地方财力进一步集中，政府不仅对经济发展的调控能力进一步增强，而且为全市基础设施建设，不断改善投资环境和提高市民的生活水平提供了财力保障。同时，全市财政收入占GDP的比重也达11.1%，比上年提高0.6个百分点。这表明，我市国民经济增长的含金量继续保持提高趋势。

2、区级财政收入强劲增长，成为全市财政的重要支撑。2001年，在建设经济强区战略的推动下，各区大力招商引资、深化财源建设，实现全口径财政收入77.20亿元，比上年增长38.9%，增收21.6亿元，增速比上年高9.8个百分点，高于全市财政收入增速17.1个百分点。区级财政收入占全市财政收入的比重由上年的44.1%上升至51.4%，占据了全市财政收入的“半壁江山”。两个开发区是区级财政收入最耀眼的“明星”，财政收入增幅明显超过区级财政收入平均增长水平。武汉经济技术开发区实现财政收入17.27亿元，增长53.9%；东湖新技术开发区实现财政收入10.30亿元，增长64.0%。此外，汉南区（39.6%）、汉阳区（36.5%）、武昌区（34.1%）、江夏区（34.1%）、东西湖区（33.6%）、江岸区（33.0%）、青山区（31.7%）、江汉区（31.1%）等区财政收入增长速度超过了30.0%。区级财政收入的高速增长，充分显示出我市区级经济的活力与蓬勃发展的态势。

3、我市地方财政收入的财源格局略有改变。在国家采取总量控制和严厉打击走私活动等措施后，钢材、成品油价格稳中有升；神龙富康轿车销售情况良好；我市大型连锁超市迅速发展；节假日商业、旅游、餐饮、娱乐和交通运输等服务业营业收入大幅增加；……。在这些因素的共同作用下，2001年，我市增值税、营业税均保持两位数的增幅，带动了全市工商税收的稳步增长。2001年，我市地方财政收入中工商税收完成52.02亿元，增长16.2%。其中，增值税的25%部分完成16.03亿元，增长13.0%；营业税完成18.25亿元，增长10.4%。工商税收占地方财政收入的比重为60.4%。与此同时，由于规模以上工业经济效益进一步回升，企业所得税迅猛增长，完成13.08亿元，增长78.7%，拉动了财政收入中企业收入的快速增长，完成11.01亿元，增长37.5%，占地方财政收入的比重由上年的11.5%增加到12.7%。而且房地产市场的持续升温，也促使契税增长80.7%，完成2.17亿元，净增长近1亿元。

（二）财政支出迅速增长，支出结构进一步优化

2001年，在财政大幅增收的形势下，我市继续实施积极的财政政策，加强财政对宏观经济的调节作用，积极提高居民的收入水平，满足重点支出的需要，进一步刺激内部需求，财政支出迅速增长。全年财政支出119.6亿元，比上年增长34.3%，高于地方财政收入增幅5.6个百分点，超出当年地方财政收入33.44亿元，比上年增加14.14亿元。同时，财政支出结构也逐步调整和优化，体现出对社会经济不断发展的适应性特点。

1、经常性财政支出均衡增长。2001年，受提高行政事业单位职工工资等因素影响，我市经常性财政支出均保持较快增长。其中，文教卫科事业费支出23.99亿元，增长24.5%，占财政支出总额的20.1%，依然是我市地方财政的主要支出项目；行政管理费支出8.22亿元，增长30.9%；公检法司支出9.20亿元，增长25.7%。这三大项经常性项目支出合计41.41亿元，占财政支出总额的34.6%，这一比重比上年下降2.3个百分点。这说明我市财政支出结构趋于优化，地方财政除给付经常性支出外，还有一定财力可用于经济和社会发展。

2、企业挖潜改造支出大幅增长。2001年，我市灵活运用积极的财政政策，投入相当资金用于建设性项目。市财政拨付国债专项重点技改项目资金，使企业挖潜改造支出达3.82亿元，增长169.0%；科技三项费用1.47亿元，同比增长19.5%；基本建设支出2.52亿元，增长2.4%；城市维护费用支出5.2亿元，增长15.3%。这些支出项目对建设我市基础设施，改善投资和发展环境，提高人民生活水平，增强我市经济发展后劲起到了重要作用。

二、金融保险业健康发展

2001年，我市金融保险业继续保持快速、健康的良好发展态势。全年金融保险业实现增加值43.70亿元，比上年增长5.2%；对全市经济增长的贡献率为3.24%，基本与上年持平。

（一）金融业持续、健康发展

过去的一年里，我市金融部门积极深化金融改革，整顿金融秩序，防范和化解金融风险，金融秩序明显好转，金融业竞争能力进一步提高。金融业已成为推动我市国民经济快速、稳定、健康发展的重要力量。

1、投资和消费意愿趋弱，金融机构存款余额大幅增长

2001年，在经济稳定增长的基础上，我市金融机构各项存款余额达2014.86亿元（本币，下同），比上年增长19.8%，比年初净增加333.03亿元。其中企业存款达994.34亿元，比

上年增长19.18%,比年初净增加152.84亿元,较上年多增加44.21亿元。值得注意的是,这多增加的44.21亿元中,定期存款多增加54.38亿元(活期存款净减少10.17亿元),表明在国内外经济环境日趋复杂的情况下,企业的投资减少,多采取收缩发展战略。这对扩大投资需求,增强全市经济发展后劲,将产生不利的影响,应引起足够的重视。

城乡居民储蓄存款余额为802.00亿元,比上年增长21.6%,其中城镇居民储蓄存款余额为753.00亿元,增长22.0%。这反映了随着住房分配制度改革改福利分房为货币分房,医疗改革变公费医疗为社会保障以及教育费用的持续上升等,居民的即期和预期开支都大幅度增长,加之证券市场低迷,因此居民消费和投资证券的意愿都比较弱,而储蓄愿望十分强烈。可见,在投资和消费倾向都趋弱的情况下,如何有效的刺激内需仍然是我市国民经济发展中的重大问题。

2、金融机构贷款余额质与量提高

去年,全市金融机构贷款余额达1518.73亿元,比上年增长13.8%,低于存款余额增幅6个百分点。但中期和中长期贷款增长较快,中期流动资金贷款余额65.96亿元,比年初净增28.11亿元,增长75.4%;中长期贷款余额530.37亿元,比年初净增90.04亿元,增长11.6%;其中基本建设贷款余额286.98亿元,增长8.4%,技术改造贷款余额94.30亿元,增长4.5%。中长期贷款主要投向以交通、电力等为主的基础产业,以钢铁、汽车为主的我市支柱产业和以通信、环保等为主的高科技产业,为我市调整产业结构,培植支柱产业提供了资金保证。个人中长期消费贷款58.43亿元,增长167.15%。个人中长期消费贷款的迅猛增长,扩大了我市内需,带动了房地产及相关产业的发展。

短期贷款余额82.62亿元,增长8.2%。短期贷款中私营企业及个体贷款8.28亿元,增长63.5%,表明我市金融业积极解放思想,支持私营及个体经济发展,推动了我市中小企业的发展;三资企业贷款14.13亿元,增长19.8%,促进了商品出口,推动了我市招商引资工作;工业贷款283.94亿元,商业贷款225.19亿元,分别增长8.23%和1.66%,在一定程度上缓解了我市工商企业资金周转的需要。

3、货币回笼步伐减缓

2001年,全市金融机构现金收入4062.52亿元,增长22.7%。其中有两项收入增速较快,两项收入大幅下降:储蓄存款收入2746.40亿元,增长31.1%;居民归还贷款收入7.23亿元,增长24.0%;有价证券收入6.17亿元,下降45.8%;其他金融机构收入54.66亿元,下降39.0%。

全市金融机构现金支出3854.64亿元,增长24.6%。受B股对境内居民开放的影响,兑换外币支出1.13亿元,增长55.4%;居民提取贷款支出7.55亿元,增长40.2%;储蓄存款支出2684.05亿元,增长31.5%;城乡个体经营支出112.65亿元,增长27.1%。仅有价证券支出大幅下降,减少51.3%,为5.83亿元。

现金收支相抵,全年货币回笼207.88亿元,比上年回笼减少8.20亿元。我市货币回笼步伐略为减缓。

4、证券业呈现调整特色

2001年,由于国际政治、经济形势剧烈变化和国内宏观环境的影响,我国证券市场震荡加剧。在此形势之下,我市证券业发展呈现出鲜明的调整期特色。(1)证券交易金额高位回落。全年证券交易金额为2883.25亿元,比上年下降25.2%;其中,股票交易金额1267.34亿元,下降52.4%;基金交易金额92.56亿元,下降56.5%。(2)证券业经济效益大幅下滑。2001年我市证券业营业收入仅为11.38亿元,下降35.4%;营业利润为-1.15亿元,为近三年最低水平,我市证券业经济效益在此轮大调整中已经下滑到一个历史低谷。(3)证券交易结构明显变化。伴随着我国证券市场的逐步发展,我市证券交易品种逐步迈向多元化,交易结构明显变化,2001年股票交易额所占比例大幅下降,由1997年的86.2%降为2001年的44.0%。与此同时,基金和国债交易额所占比例大幅增长,基金交易额占比从1.9%上升为3.2%,国债交易额占比从11.8%上升到28.9%。(4)证券业控制资源减少。2001年,我国证券市场低迷,我市证券企业也采取了收缩战略,全市证券业期末资产合计为164.48亿元,比上年减少16.8%;证券营业网点数76个,比上年减少9.5%;期末从业人员2609人,比上年减少15.1%。

(二)保险市场规模继续扩大

2001年,我市保险市场发展很快,业务品种不断创新。保险公司除经营传统的保险品种外,还不断推出投资连接保险、分红保险等新的品种,加之人民收入水平不断提高,理财意识不断增强,从而推动了我市保险业快速成长,市场规模继续扩大,为全市经济、社会事业的持续、健康发展发挥了重要作用。

2001年,我市实现保费收入26.41亿元,比上年增长17.6%;其中财产险保费收入8.6亿元,增长19.4%;寿险保费收入17.8亿元,增长17.1%。保险赔付支出7.81亿元,增长13.5%;其中财产险赔付支出4.75亿元,增长31.9%;寿险赔付支出3.06亿元,下降6.7%。全市保险赔付率达25.5%,比上年提高6.1个百分点,保险业对全市经济、社会发展的保障作用得到进一步巩固和加强。

桂　静

小幅回落　蓄势调整

——居民消费价格总水平保持基本稳定

2001年,我市居民消费价格总水平呈小幅回落走势,总指数为99.5%,在全国36个大中城市中居第25位,在19个副省级以上城市中居第13位,处于偏下水平。现将全年物价变动情况综述如下:

一、消费价格变动的基本特点

2001年,我市居民消费价格涨落有致,总体运行平稳。与上年相比,八大类商品的价格上涨和下跌各有四类,上涨类别是:娱乐教育文化用品上涨了10.7%,烟酒及用品上涨了0.4%,交通和通讯、居住分别上涨了0.1%;下降类别是:家庭设备用品及维修服务下降了8.9%,衣着下降7.1%,医疗保健和个人用品下降4.2%,食品下降0.3%。可以看出,在上涨类别中,除娱乐教育文化用品及服务的涨幅较大外,其余涨幅均较小;而在下降类别中,工业消费品价格降幅大于食品价格的降幅,对总指数的影响也比食品类大得多。全年居民消费价格运行呈如下特点:

1. 物价运行先抑后扬。从2001年月环比价格看,上半年逐月回落,7月份开始逆转,以后连续6个月上扬,累计上涨了2.7%。从同比价格看,1—5月为上升势头,经过6—8月的徘徊,9—12月又连续下滑(见附表)。月环比价格与同比价格的走向不一致,主要是受2000年政策性价格调整的翘尾影响。如果剔除这一影响,月同比与月环比价格指数的运行趋势是一致的,也是呈先抑后扬格局。

附表　2001年月度居民消费价格指数

月份	环比(上月=100)	同比(上年=100)	月份	环比(上月=100)	同比(上年=100)
1月	99.7	99.0	7月	100.2	100.5
2月	101.1	98.3	8月	100.3	100.1
3月	99.1	99.4	9月	100.6	98.3
4月	99.5	100.4	10月	100.4	98.3
5月	99.5	101.2	11月	100.8	99.3
6月	97.9	99.6	12月	100.4	99.5

2. 食品价格对物价总指数的影响减弱。多年来,食品价格变动对整个物价的影响都较大,在物价波动的链条中一直处于首要环节,但从2001年我市价格指数涨跌构成来看,在八大类商品中,食品价格对总指数的影响最小,这种状况是改革开放以来没有过的,表明食品对物价总指数的影响已逐步减弱。一方面,长期以来的经济结构调整,使食品生产已逐步满足了市场需要,价格趋向平稳;另一方面,居民的食品支出没有随着收入的增长而扩大,1997年城市居民人均食品支出为2347.56元,2001年为2413.44元,需求也是趋向平稳的。因此,食品价格已不成为影响市场物价的主导因素。

3. 市场对价格的自发调节作用加大。2000年,政府为了宏观调控的需要,适时出台了一系列的价格调整政策,主要集中在对基础产品和服务性收费价格方面,如食盐上调67.0%、居民卫生费上调66.7%,公汽票价普线上调100%,专线上调20%,学杂费上调80%;而2001年仅在11月份对城市供水价格进行了调整,综合水价上调了30%。从范围和幅度上看,都小于上年的调整力度,说明价格的市场化程度进一步提高,市场对价格的自发调节作用进一步加大。

二、价格变化突出的几个方面

一是粮食和食用油价格下降幅度大。2000年,受严重干旱等因素的影响,全国粮食大幅减产,下半年我市粮食价格开始止跌回升。但充裕的粮食库存使粮食在总量上仍然保持了供大于求的局面,因此绝对价格较低的粮食价格在经过短暂的反弹以后,重新恢复了下降走势。与上年相比,2001年我市粮食价格累计下降了8.0%,其中大米下降了9.9%,面粉了下降11.1%。同时,我市食用油价格也在上年累计跌幅较大的基础上,继续惯性下滑,加上食用油销售市场竞争加剧,生产企业纷纷让利,各大超市的瓶装色拉油加量不加价,买一赠一的促销风潮一浪高过一浪,推动了食用油整体价格的下降,全年油脂价格比上年下降了16.0%,其中植物油下降了10.3%,植物油制品下降了17.2%。

二是衣着类商品价格继续全面下降。面对激烈的商业竞争,2001年我市各大商场抓住各种商机,继续加大了打折促销的力度,以各种特卖会和抽奖销售方式吸引消费者,服装作为促销活动的主体,大打"折扣牌",折扣从7-8折到3-5折不等,部分品种还出现了2折。汉派服装由于大多数品牌效应不理想,打折幅度普遍较大。特别是2001年4月份,中南商业大楼为歇业改造,推出了为期一个月的"清仓大甩卖"活动,吸引了三镇百万顾客,出现了异常火爆的场面,主要热点集中在衣着类商品的抢购中。中南商业大楼作为在全国较有影响的大型商业企业,其大规模的"歇业大甩卖"牵动了市场的神经,引起了各商场的连锁反应,使服装"折扣风"愈演愈烈。2001年,服装价格累计比去年下降9.3%,其中男式服装下降11.3%,女式服装下降8.4%,男装中以衬衫和西服的降幅最为突出,分别比去年下降了22.9%和16.5%,而女装中的职业套装平均降幅也达23.6%。

三是家庭耐用消费品价格大范围下降。2001年,受国际经济环境变动的影响,全国家庭耐用消费品普遍出口不畅,使本已趋于饱和的国内市场进一步供大于求,多数耐用消费品价格下降。彩电、电冰箱、空调器、洗衣机、热水器、摄像机、照相机、微波炉等日常家用品价格出现了大范围、大幅度的下降,绝对价格已处于较低水平,其中微波炉价格比上年下降了32.8%,摄像机下降24.2%,影碟机下降17.1%,空调器下降了14.9%,洗衣机下降14.6%,彩电下降了12.9%。电脑、移动电话等高科技产品由于升级换代速度迅猛,新产品的不断推出,使非主流产品不断地遭到淘汰,其中的泡沫成份也迅速被挤掉,价格连连走低,其中移动电话下降了37.5%,电脑价格下降了2.3%。同时,随着中国加入WTO,汽车行业将面临巨大的冲击,过去一直较为坚挺的汽车价格开始有了降价迹象。2001年,轿车平均价格比上年下降了8.7%,并显示出继续下降的势头。随着汽车价格的进一步下降和人们消费水平的不断提高，过去不敢奢望的轿车产品将逐步进入寻常百姓家庭。

四是黄金饰品价格跌入较低点。2001年，黄金饰品受国际国内市场的影响，零售价格不断下调，每克平均价格由102.67元降至94.00元，个别商场甚至亮出了每克87.8元的最低价，创下了近10年来的最低点。尽管如此，对于黄金饰品，消费者购买欲望仍然较弱，看的多，买的少。过去那种认为持有黄金可以保值的观念逐步淡化，黄金饰品已成为纯粹意义上的装饰物。

三、市场物价回落的主要原因

2001年，国家在经济领域继续坚持了扩大内需的方针，进一步实施了积极的财政政策和稳健的货币政策。在宏观政策的指导下，我市经济保持了较快的发展势头。尽管如此，在经济增长的同时，物价仍然小幅回落，表明抑制物价回升的因素仍然存在。

1. 上游产品价格下降影响最终消费品价格下降。2001年，初级产品中农副产品、纺织原料及钢材价格普见低落，原材料、燃料和动力购进价格因煤炭价格攀升微涨了0.84%，但涨幅比去年减少了2.76个百分点，表现出价格下降或涨幅减弱的变动趋势。这一趋势直接传导至最终产品即消费品价格中，导致产品出厂价格不同程度地下跌，全年工业品出厂价格总水平比上年下降了1.6%，其中耐用消费品价格下降了7.7%，并在一定程度上影响我市消费品价格出现下降。

2. 经济增长快于消费增长。2001年，我市人均国内生产总值为17905元，比上年同期增长10.8%，城区居民人均消费支出为6342.24元，增长4.4%，农民人均生活费支出1969元，增长4.6%，经济增长明显快于消费增长，继续加剧了总供给与总需求的不平衡。据有关资料，目前国内商品市场仍然维持着供过于求的状况，低档小家电商品供过于求的矛盾还在加剧，这是物价回落的根本原因。

3. 生产增幅快于收入增幅。2001年，全市完成工业增加值485亿元，比上年增长13.2%，农业增加值85亿元，增长5.3%。城区居民人均可支配收入为7305元，增长8.1%；农民人均纯收入3100元，增长5.0%。工农业生产的增幅快于城乡居民收入的增幅，而收入增长相对缓慢必然导致消费不畅。另外，城镇下岗职工仍然较多，收入分配差距继续拉大等导致需求不足的深层次问题还没有完全解决，这些都不利居民进一步增加消费。人们的购买能力不足，是物价下降的另一重要原因。

4. 居民消费欲望不强。2001年，我市商界各种形式的降价促销活动一年四季连绵不断。这些活动的开展虽然在一定程度上刺激了消费，活跃了市场，也给消费者带来了实惠。但总的来看，消费者的购买欲望仍然不强，即使在“黄金周”期间也没有出现异常火爆的场面。而对商家不断翻新的促销活动，居民消费越来越趋于理性，消费者观望态度较为明显，人们普遍在等待更为有利的价格时机，降价预期是这种等待的根本原因，直接影响着人们的消费决策行为，也对价格回升起到了一定的抑制作用。

总体来看，2001年我市物价虽然出现了小幅回落的走势，但是综合各方面的情况，这种回落只是物价回升过程中的一种蓄势调整，物价总水平仍然保持基本稳定。为改善全市经济环境，各级政府都作出了积极的努力，价格管理体制改革有了新的突破，取消了26个项目的行政审批，市场配置资源的基础作用得到进一步发挥，放开了一批商品和服务的价格；价格杠杆调节作用进一步加大，逐步理顺了不合理价格关系；扶持再就业工作也取得新的进展，并积极引进外资等等，这些都十分有利于我市扩大投资和消费，对经济发展的有利因素多于不利因素。同时市场也面临比较严峻的形势。据有关部门预测，2002年社会商品供大于求的格局仍然不会改变，国内600种主要商品中，供过于求的518种，占86.3%，没有供不应求的商品，因而价格下行的压力在加大，价格总水平的调控难度也会加大。中国加入WTO后，国外低价优质产品，特别是农产品价格将对国内相关产品价格产生较大冲击，使以农产品为原料的加工业产品成本下降，在很大程度上会制约价格总水平回升，加上国内市场企业间的竞争，行业内的价格大战将更加残酷，经济运行中的不确定因素仍在增多。因此，要继续保持物价的基本稳定，任务仍显得十分艰巨。

骆小平

城区居民生活质量综述

2001年,我市国民经济继续保持了快速健康发展的良好势头,实现了"十五"计划的良好开局,经济运行质量和效益继续改善。城区居民收入水平稳步提高,消费结构不断优化,生活质量进一步提高。根据抽样调查统计:2001年我市城区居民人均收入为7305.04元,比上年增长8.1%,考虑物价下降因素,实际增长8.6%;消费性支出6342.28元,比上年增长4.4%。

一、居民收入稳步增长

2001年我市居民可支配收入总体上呈稳步增长,从居民收入构成上看,工资性收入比重有所上升;非工资性收入增幅趋缓,比重下降。

1. *工资性收入仍是居民家庭收入的主体*

2001年我市城区居民人均工资性收入4336.29元,比上年增长9.7%,工资性收入的增长拉动可支配收入增长5.7%。工资性收入占可支配收入比重达59.4%,仍为居民家庭收入的主体。

政策性增资因素对我市居民可支配收入增长的影响较大。2001年1月和10月国家机关、事业单位职工及其离退休人员增加了两次工资,拉动居民可支配收入增长2.2个百分点。

2. *非工资性收入增幅趋缓*

2001年居民人均非工资性收入2988.81元,比上年增长5.7%,增幅明显放缓,低于工资性收入增幅3.9个百分点,非工资性收入的增长使可支配收入增长2.3个百分点。其占可支配收入的比重由上年的41.8%下降为40.9%。在非工资性收入中,人均离退休金2003.28元,比上年增长11.7%,其他劳动收入370.82元,比上年增长3.5%。但由于受世界经济衰退、投资效益下降以及银行利率下调、存款利息征税等因素的影响,一部分非工资性收入下降,如居民人均个体经营净收益65.88元,比上年下降16%,利息、红利等财产性收入236.18元,比上年下降34.1%。

二、居民消费水平有所提高,消费结构不断优化

2001年各级政府为了扩大内需,采取了加大投资力度等一系列措施,加之市民收入水平的稳步增长,为居民家庭消费质量提高提供了有力的保障。2001年我市居民人均消费性支出6342.28元,比上年增长4.4%,居民消费呈以下特点。

1. 食品消费稳定增长;饮食消费多样化,质量不断提高。2001年居民人均购买食品支出2413.44元,比上年增长3.1%。食品的消费质量也进一步提高,营养结构日益改善。主要表现为主食消费量下降,副食中各种高营养、低脂肪食品受到更多人的青睐;各种方便、快捷的成品、半成品食品已成为居民消费的主要组成部分。居民人均从市场上购买的粮食76.8kg,比上年下降3.3%,人均副食品支出2213.52元,比上年增长3.8%。人均消费鲜菜129.6kg,上升6.1%;人均水产品消费143.52元,上升11.8%,人均数量为16.8kg,上升15.3%;营养丰富的奶及奶制品人均消费104.88元,增长1.1倍,干鲜瓜果消费121.20元,增长2.3%,人均消费量63.6kg,增长21.9%,随着都市生活节奏的加快以及饮食社会化程度的提高,使居民消费场所从家庭走向社会。2001年居民人均在外用餐支出478.44元。

2. 服装价格平稳,衣着消费支出增加。我市服装市场竞争激烈,各种促销活动不断,价格平稳,居民购买服装比上年有较大幅度的上升。2001年居民人均衣着支出570.87元,比上年上升8.8%,其中成衣消费人均420.74元,比上年上升9%。居民购买服装档次进一步提高,穿着更加趋向个性化,在穿着上更加追求服装与鞋帽袜的系列配套。2001年,居民人均用于鞋帽袜及其他服装支出128.29元,比上年增长8%。

3. 交通通讯支出继续保持较快增长。我市交通通讯事业的迅速发展,居民信息意识和时效意识的不断增强,现代化的交通通讯已成为居民生活不可缺少的一部分,对方便出行和快捷的信息获取方式的追求,使居民交通通讯支出继续保持较快增长。2001年,居民人均此项支出398.42元,比上年增长10.9%。居民人均用于交通方面支出共149.31元,比上年增长6.5%;居民通讯支出249.12元,比上年增长13.7%。据统计2001年末市话用户165万户,增长13%,移动电话用户177.50万户,增长64.4%。市话普及率每百人41部,增长13.9%。互联网业务高速发展,年末武汉热线用户达到44万户,增长76%。越来越多的市民是手机、呼机"一个都不能少",电子邮件、网上冲浪也开始被更多的居民家庭所接受,上网已成为一种生活时尚。

4. 医疗保健消费迅猛增长。随着居民自身保健意识的增强,"健康是金"的观念越来越深入人心,居民对保健用品及服务的需求不断增加,加之医疗制度改革的进一步深化,职工个人自费负担的医药费比重上升,使居民医疗保健支出大幅度增加。2001年居民人均医疗保健支出370.28元,比上年增加35.2%。其中人均医药费支出307.80元,比上年增加33.6%,滋补品17.40元,较上年增长3.7%,医疗保健服务32.09元,比上年增长60.6%。

5. 教育消费升温,居民精神文化生活日益丰富。改革开放的深入发展使人们越来越深刻的认识到知识资源的重要性,随着人们追求科技进步意识的增强,崇尚科学,尊重知识已成为时尚。2001年居民人均用于教育支出442.87元,比上年增长6.3%,其中成人教育38.76元,比上年增长86.6%,以学生择校费支出为主的其他教育支出90.71元,比上年增长54.5%。同时,随着我市居民文化素质的不断提高,书报杂志已成为人们生活中不可缺少的精神食粮。2001年居民人均书报杂志消费41.70元。

6. 家电等耐用消费品拥有量进一步增长。居民家庭耐用消费品的拥有程度是反映一个家庭生活水平的重要标志。近年来,随着城市住房条件的改善,闲暇时间的增多,以及新型家电不断推出,使居民对各种家电需求显著增加,而且更趋于高档、多功能,家庭现代化水平不断提高。2001年居民人均用于耐用消费品支出448.02元，比上年上升3.7%。每百户新购彩色电视机8台、电冰箱3.4台、空调器7.6台、淋浴热水器3.2台、洗衣机3.2台。具有时代气息的厨卫小家电备受青睐，如微波炉新购7.2台、电炊具9.4台。人们追求高时效耐用消费品，如计算机这一信息时代的产品迅速进入居民家庭，每百户新购3.4台。耐用品拥有量进一步增长。截止2001年底，每百户拥有彩色电视机133.4台、电冰箱105台、洗衣机102.4台、家用电脑20台、空调器94.8台、淋浴热水器71.6台、摩托车8.4辆、摄像机2.2台、微波炉36.8台、影碟机48.2台、组合音响30.2台。与上年相比，其中微波炉、家用电脑、彩色电视机、淋浴热水器的增幅较大，分别增长48.4%、25%、6%、2.3%。

7. 居住消费与上年基本持平。2001年居民人均居住消费1046.76元，与上年基本持平。居住条件进一步改善，年末，城区居民人均居住面积达到9.65平方米，比上年提高0.85平方米，居住质量进一步提高。据500户资料，截止2001年底，居民家庭自有房(含部分产权)比例已达67.4%，单元配套房增加，近90.6%的家庭拥有独用厨房，85.8%的家庭拥有独用卫生间，98.4%使用了卫生便捷的液化石油气及管道气，居民住宅配套设备日趋完善，使城区居民居住水平有了很大提高。

8. 居民消费结构日趋合理和优化。在居民消费水平不断提高的同时，居民消费结构也日趋合理和优化。2001年我市居民吃穿两大类消费支出占消费性支出的比重为47.1%，反映居民生活质量的恩格尔系数(食品支出占消费性支出的比重)，由2000年的38.5%下降为38.1%，表明我市居民生活质量在不断提高。医疗保健比重由4.5%上升为5.8%，娱乐文教由11.5%上升为12.1%，杂项消费由5.2%下降为4.9%，设备用品类由8.6%下降至7.3%，交通通讯由5.9%上升至6.3%，居住由17.2%下降至16.5%。以上数据表明我市居民消费呈现生存型比例下降，享受发展型比例上升的趋势和特点。

三、居民家庭之间的收入差异呈扩大趋势

2001年在居民总体收入水平逐年增长的同时，不同家庭之间的收入差距呈逐年扩大趋势。据500户资料，占调查总数的10%的最高收入户，人均可支配收入为18676.60元，比上年增长20.2%，10%的最低收入户人均可支配收入2593.56元，与上年相比仅增长3.4个百分点。二者之间的差距进一步扩大，由去年的6.2:1扩大到7.2:1。

由于收入差距的扩大，低收入户收入增长缓慢，使得低收入户生活只能维持较低水平。据调查，2001年最低收入户人均消费性支出2497.32元，只相当于最高收入户的17.6%，低于全市平均水平的60.6%。最低收入户的食品比重高达55.5%，而最高收入户的恩格尔系数仅为23.1%。按照联合国制定的生活标准，最高收入户已跨越小康，进入富裕水平，而最低收入户生活仍在温饱阶段。这是应该值得十分重视的问题，应引起政府及有关部门的高度重视。

瞿　芳

农民生活收支情况

一、农民纯收入增长情况

2001年,据我市560户农村住户抽样调查,我市农民人均纯收入达3100元,较上年增加147元,增长5.0%。增速比上年提高1.2个百分点,扭转了近四年增速逐年下滑的态势(2000年增长3.8%,1999年增长4.2%,1998年增长6.8%,1997年增长15.6%,1996年增长20.0%)。

1. 从收入来源看,农民家庭经营收入和非生产性收入小幅增长,工资性收入增幅较大。2001年,我市农民人均家庭经营收入2047元,较上年增加56元,增长2.9%;农民人均非生产性收入即转移性和财产性收入166元,较上年增加4元,增长2.5%;农民人均工资性收入887元,较上年增加86元,增长10.7%,占全部农民纯收入的比重达到28.6%,增速比上年提高1.5个百分点。其中农民外出从业得到的收入人均为383元,增加43元,增长12.6%。据调查,2001年我市农村外出从业劳动力人数占农村整半劳动力总数的比重已达17.5%,较上年的15.9%增加1.6个百分点。同时受乡镇企业二次创业后经济效益有所好转的影响,农村居民在本地企业和集体中得到的收入人均为504元,增加43元,增长9.3%。

2. 从收入结构看,农民家庭经济收入占全部纯收入的比重下降,但来自家庭经营的非农产业收入呈增长态势。2001年,我市农民人均家庭经营收入占全部纯收入的比重为66.0%,比上年下降了1.4个百分点。其中来自家庭经营的非农产业收入342元,增长10.0%,占全部家庭经营收入的比重为16.7%,比上年提高了1.1个百分点。

值得注意的是2001年我市农民收入基尼系数为0.3179,较上年的0.2878有所扩大。收入分组中,低收入户(户人均纯收入1000元以下)的比重已达4.3%,而高收入户(户人均纯收入5000元以上)所占比重为15.9%,高低收入户所占比重较上年均有所增加,一定程度上反映了农民收入的两极分化趋势。

二、农民生活消费支出情况

2001年,我市农民生活消费人均支出1969元,较上年增长4.6%,扭转了1999年下降8.1%、2000年下降2.1%的趋势,实现了增长。

1. 从消费构成看,八大类消费支出有增有降。2001年,农民生活消费支出中,食品、文教娱乐用品及服务和居住消费支出依然占据前三位,分别为1000元、241元和194元,较上年分别增长3.9%、下降9.1%和增长2.9%。其中文教娱乐用品及服务支出减少主要是受农村学杂费支出大幅减少的影响,2001年农民农村学杂费支出人均为199元,较上年减少18元,降幅达8.1%;包含旅游支出的其他商品和服务支出人均达139元,较上年增长47.7%;衣着消费支出人均135元,增长14.3%;家庭设备、用品及服务支出人均89元,增长12.1%;医疗保健支出人均86元,增长2.3%;交通通讯消费支出人均85元,减少5.6%。

2. 从消费质量看,农民生活水平稳步提高。2001年,我市农民食品消费的明显变化是食品消费比重即恩格尔系数继续下降,食品消费转向多样化。食品消费支出占全部生活消费支出的比重为50.8%,较上年的51.1%下降0.3个百分点,其中人均用于副食及其他食品的支出644元,占食品消费支出的64.4%;用于在外饮食的支出119元,较上年增长35.2%,占食品消费支出的比重由上年9.2%上升到11.9%。截至2001年末,我市农民人均住房面积为31.95平方米,其中钢混面积所占比重为61.5%,较上年末的58.5%提高3.0个百分点。

3. 农民家庭拥有耐用消费品继续增加。2001年末,我市农村每百户农民家庭拥有电冰箱30.36台、较上年末增长20.5%;空调6.25台,增长2.1倍;抽油烟机7.32台,增长36.3%;摩托车8.93辆,增长20.5%;电话机41.79部,增长28.9%;移动电话6.25部,增长98.4%;彩色电视机57.50台,增长13.3%;影碟机13.39台,增长20.5%;摄像机0.71台,增长2.7倍;家用电脑1.79台,增长2.2倍。我市农民家庭拥有的耐用消费品不仅数量在逐步增加,而且开始向高档次、广泛性方向发展。

张晓勇

社会事业健康发展

教育事业

一、高等教育持续发展

我市是全国教育大市，教育规模、教育资源和办学教学条件在全国堪称一流，尤其是经过2000年高校的重组整合，我市高等教育事业呈现出强强联合、优势互补、学科门类更加齐全、师资力量更加雄厚、资源配置更加合理、发展空间更为广阔的新局面。我市现有教育部直属学校7所，占教育部直属高校的9.9%。在全国《跨世纪优秀人才培养计划》中，我市有6名学者入围。高校在校学生人数在全国副省级以上城市中仅次于北京，排第二位。

2001年我市拥有普通高校35所，比上年增加5所，共招收大学本、专科学生104221人，比上年增长12.8%，在校本、专科学生人数308332人，比上年增长22.4%，教职员工人数56842人，比上年增长4.6%。专任教师23432人，比上年增长8.9%，其中：副高以上职称10799人，占专任教师人数的46.1%，在校研究生人数30655人，比上年增长26.3%。其中市属普通高校3所，比上年增加1所，在校学生人数17163人，比上年增长8.2%。高校每一专任教师负担学生人数13.16人，比上年增加1.45人。

二、中等职业技术教育结构进一步优化

2001年我市积极调整学校布局，加强重点职业学校和重点专业建设，全市共撤并学校20所，提高了单位办学规模，优化了教育资源，促进了职业教育向质量效益型的转变。

2001年我市拥有中等职业技术学校228所，比上年减少27所，共招生39732人，比上年下降3.1%。在校学生人数141374人，比上年下降13.2%，专任教师10687人，比上年下降19.1%。

三、普通高中教育继续保持快速发展

2001年我市拥有普通高中119所，招生49425人，比上年增长15.1%，在校学生人数132940人，比上年增长14%，专任教师8818人，比上年增长6.94%，每一教师负担学生人数15.1人，比上年增加1人，升学率为76.57%。

四、义务教育得到巩固和提高

2001年我市继续执行国家、省有关义务教育的各项制度，试行“防流控辍首问工程”。义务教育阶段在校学生人数达109.07万人，小学、初中入学率分别达到99.99%、98.7%，7—15周岁三类残儿入学率中心城区达95%，小学辍学率为0.23%、初中辍学率为1.3%，义务教育的各项指标均符合国家要求。

文化、广播电视、出版事业

2001年，我市文化、广播电视、出版宣传导向正确，基调鲜明、富有特色，为全市的改革发展、推动两个文明建设营造了良好的舆论氛围。

2001年我市拥有艺术表演团体17个，艺术表演场所13个，群众文化馆18个，公共图书馆17个，藏书量达745.8万册，拥有博物馆13个，文物藏品14.77万件。拥有广播电台2座，广播发射及转播台10座，广播节目套数12套，广播平均每日播出时间220小时55分钟。拥有电视台2座，电视发射及转播台6座，电视节目套数12套，电视平均每周播出时间1192小时7分钟。广播人口覆盖率97.67%，电视人口覆盖率99.73%，分别比上年增加0.9、2.2个百分点。全年累计出版图书4841种，比上年增加312种，总印数30383.22万册。其中新出版图书2624种。出版文化、科学、教育、体育类图书2535种，比上年增加370种，总印数占全部出版图书总印数的95.3%。出版少年儿童读物177种，比上年增加56种，其中新出版少儿读物143种，比上年增加38种。

2001年我市实施精品战略和创优工程，创作出了一批既具有强烈时代精神又具有浓郁的地域特色的优秀作品。作品《三峡魂》、《我从三峡来》、《家和万事兴》获2001年中宣部“五个一”工程奖，话剧《母亲》获第十届中国戏剧节曹禺戏剧奖．优秀剧目奖，京剧《射雕英雄传》获第三届中国京剧节优秀剧目奖，杂技《大飞人》获首届中国杂技艺术节优秀剧目奖，电视剧《儿科医生》获全国电视剧“飞天奖”二等奖，《科技之光》等一批精品栏目已产生出品牌效应，深受人民群众的喜爱。

群众文艺创作成绩喜人，小品《爱的代价》和《母亲的心》分获全国第十一届“群星奖”金奖、铜奖，女声独唱《采莲船》获全国第二届“蒲公英”少儿文艺比赛金奖。

体育事业

一、群众体育活动广泛开展

2001年我市城区有95条街和25个乡镇建立了基层体育工作组织，逐步形成了市、区、街(乡镇)社区、晨晚练点为主体的全民健身五级管理体系，同时，创建了一批全民健身基地，投放了一批健身器材。发动社会力量开发新的体育场所，更多的满足了人民群众的需要。2001年全市中小学继续贯彻落实《学校体育工作条例》，中小学在校学生体育达标率95.7%。此外，我市先后举办了新世纪全民健身体育庙会、全国中小学生毽球比赛、武汉市第十届武术“单刀会”、武汉首届“泰康杯”少儿棋类比赛等各类群体活动，至此，我市已连续五次荣获全国全民健身周活动优秀组织奖，青山区和黄陂区被国家体育总局命名为第三批“全国武术之乡”，武汉市体育舞蹈学校被命名为“全国青少年体育舞蹈俱乐部”创建单位。

二、竞技体育取得好成绩

去年在全国九运会上，武汉籍运动员不畏强手、奋勇拚搏，共获得了六枚金牌，为我市争得了荣誉。在湖北省15项青少年年度比赛中，我市选手获得金牌134枚，总分2906分，其中的729.5分按规则要求直接记入2003年湖北省十一届运动会武汉代表团总成绩。去年我市还组建了江汉大学女子足球俱乐部，为我市女子足球运动的发展奠定了基础。

三、体育产业迅速发展

2001年，我市的电脑体育彩票、即开型体育彩票、足球彩票销售形势良好。新开办体育经营单位62家，涉及经营项目20个，培训从业人员459人。全市已形成彩票业、体育竞赛业、培训业、广告业等多种形式的体育产业群，为我市体育事业的持续发展注入了活力。

卫生事业

2001年我市拥有医疗卫生机构2241个，其中医院219个；卫生床位数32605个，拥有卫生技术人员54816人，其中医生23563人；全年医院诊疗人次数2284万人次，病床使用率59.9%；平均每千人口拥有医院床位数3.79张、医生3.11人，人口期望寿命76.05岁，比上年提高0.85岁。

一、城镇医疗体制改革不断深化

2001年，我市加大城镇医疗卫生体制改革力度，颁布实施了《武汉市城镇职工基本医疗保险办法》，截至年底，我市参加基本医疗保险人数已达5.95万人。此外，我市还全面实施医疗机构分类管理，推进社区卫生服务，推行药品集中招标采购。截至12月底我市对7个中心城区的21家基层医院进行了资格论证，共创建省级卫生服务示范点4个。

二、预防保健工作得到进一步加强

2001年我市传染病报告发病率为201/十万，孕产妇死亡率23.1/十万，婴儿死亡率7.97‰，均比上年下降。儿童四苗覆盖率为96%，下降2.2个百分点，甲类传染病处理率达100%。全年累计完成查螺面积74.76万亩，灭螺6.3万亩。

三、全面推行乡村一体化

2001年，我市拥有乡村卫生人员3624人，全市无医疗点乡村数仅占为3.7%，比上年下降1.1个百分点，村设置医疗点数1892个，乡村卫生组织一体化所管理的乡镇已超过40%，乡村卫生服务管理一体化覆盖率达85%。

四、规范服务行为，服务质量提高

2001年，我市二级以上的医疗单位全部实行了住院费用"一日清单制"及"门诊收费查询"制度，并试行"病人选医生"和"责任医师制"，同时，继续开展"规范化服务达标"和"十大窗口竞赛"活动，市儿童医院被省委、省政府授予"省级文明行业示范点"。

民政事业

一、推进城市基层管理体制改革，社区建设工作得到长足进步

2001年我市深入开展全国社区建设示范市活动，出台了《加强社区居委会成员和教务管理意见》，对部分社区居委会的职能进行了清理划分，培训了近5000名社区居委会成员，全市1081个社区居委会已基本建立依法自治的工作运行机制。截至年底全市增拨社区工作者生活补贴617.4万元，新增社区服务设施面积4万平方米，社区专职队伍、专业服务队伍以及自愿者服务队伍达17万人。

二、社会保障取得新的进展

2001年我市再次提高了城市最低生活保障标准，先后两次扩大了最低保障覆盖面，最低保障标准由城区每人195元/人、城镇每人143元/人分别提高到210元/月、158元/月，全市享受最低生活保障近17万人，另外我市还制定并组织实施了对低保对象实行基本医疗救助和水费补助，对12万低保对象和"三无"人员就医实行了"两减一免"的优惠政策，较好保障了特困居民的基本生活。目前，我市已初步形成了以"低保"为主体、以临时救济为补充、以优惠政策相配套、以基层社区组织为依托城乡一体独立于企事业之外的社会救助体系，这种政府保障、民政主管、全员纳入、属地管理的工作模式被国家民政部誉为"武汉模式"在全国推广。

2001年我市郊区农村再次遭受特大旱灾，受灾人口达167.7万人。我市累计筹集资金1202万元、棉衣和棉被58万件支援灾区。同时加大扶贫力度，有计划的组织"扶贫送温暖"的对口扶贫活动。截止12月底共扶持农村贫困户14055户，脱贫6494户。另外我市继续加强农村福利院建设，改善服务设施，提高服务水平，年内已有五个农村福利院实现了升级达标。

三、落实优抚安置政策

2001年我市对3784名城镇义务兵家属发放了优待金，为500名志愿军老战士提供了医疗、生活救助，深入开展军民共建活动，密切军民关系，加强双优宣传为争创全国双优模范城市"三连冠"奠定了坚实的基础。安置工作也井然有序，年内我市共接收退役士兵复员干部5062人，安置3812人，占符合安置政策的98.6%，城镇待分配退役士兵生活补助费共160万元也落实到位。

四、社会福利化步伐加快

2001年我市进一步加快社会福利化步伐，全市七城区、十七个街道均已建立了三十张床位以上的福利机构，各类福利机构已达75所，养老床位数5510张，收养老人4200人。推出"慈爱助孤工程"，动员全社会来关注资助社会孤儿这一弱势群体，先后为500名孤儿建立了资助联系卡。进一步拓宽"福彩"的发行渠道，为福利事业筹措了资金。同时加快福利企业改制进程，年内已有12个福利企业实现了改制。

环境保护

一、"三废"排放情况有所缓解

2001年，我市废水排放总量68456.38万吨，比上年减少6344.7万吨，下降8.47%。其中工业废水排放量33066.38万吨，工业废水排放达标率90.2%，工业废水中污染物排放量中除挥发酚有所增加外，均比上年减少。其中汞、镉、六价铬、砷、氰化物、化学需氧量、石油类污染物排放量分别比上年减少0.01吨、0.01吨、0.22吨、0.68吨、1.06吨、5740吨、329.97吨。

工业废气排放总量为1950.13亿立方米，比上年减少276.01亿立方米，其中二氧化硫和工业粉尘排放量比上年减少，烟尘排放量则比上年增长7.01%。

工业固体废物产生量530.34万吨，比上年减少65.61万吨。工业固体废物排放量1.39万吨，比上年略增0.17万吨。工业固体废弃物综合利用率91.04%，比上年增加2.3个百分点。

二、水、气、声环境质量良好

2001年我市水体100%达标。环境空气中二氧化硫、二氧化氮年均值均符合国家二级标准。空气中可吸入颗粒物年均值比上年有所下降，新老城区区域环境噪声平均值比上年略有上升。

三、环境整治力度加大成效显著

2001年我市对49家单位的污染源进行了治理和改造，对170家主要排污单位进行了全面检查，促使重点企业污染防治设施运转率达到93.6%，对207家排污严重、群众反映强烈的饮食业单位油烟污染予以整治，关停20家生产难降解餐具企业，收缴一次性餐具近40万个，泡沫餐具在我市基本绝迹，全市50个尾气监测点全年共监测车辆28160台，机动车排气合格率91%，新增废气处理能力272万标立方米/小时，废水处理能力9255.7吨/日。生活垃圾处理率88.8%。

同时我市大力开展城市环境创新工作，改善投资环境。截至12月底，中山公园、汉口新沿江大道、龙王庙“水上世界”等城市改造项目相继竣工，极大的改善了市民的居住环境，形成了独特滨江滨湖城市风貌，使我市有了更加吸引人的良好投资环境，目前全国已有2000多家外地企业落户我市，全球共有46个国家和地区的客商、49户世界500强企业来汉投资。

社会治安

2001年我市公、检、法经费支出占地方财政支出比重为8.78%，比上年增加0.56个百分点，拥有律师事务所(市属)74所，律师人数631人，治安案件查处数比上年增长2.4%，刑事案件破案率比上年增加9.3个百分点。青少年案犯占全部案犯比重比上年下降1个百分点。

2001年我市开展“严打整治”斗争，加大反腐败力度。全年共批捕犯罪嫌疑人6956人，公诉6611人，分别比上年增加14.6%和7.2%。其中，批捕重大犯罪嫌疑人2495人，占批捕总数的35.9%，全年共立案查处贪污贿赂、渎职等职务犯罪237件。

2001年，我市增强安全防范和社会面控制能力，城区和郊区中心镇已建立了安全防范体系，居民区可防范性案件有所下降，“110”接处警快速反应能力明显提高。

谷润芳

交通运输、邮电通信业发展情况

2001年，我市交通运输、邮电通信业紧紧抓住国家继续实行积极的财政政策和进一步扩大内需所带来的机遇，不断加大基础设施及重点项目的投入力度，积极调整结构，交通运输、邮电通信业保持着稳步发展的良好势头。

一、交通运输业状况

2001年，我市交通运输业平稳发展。全年实现全社会运输总周转量917.29亿吨公里，比上年增长1.68%。完成全社会客运量1.17亿人，同比增长2.31%；客运周转量259.13亿人公里，增长5.24%。其中，铁路、公路和航空客运量和周转量均保持了良好的增长势头，水路客运则大幅度下降。全年完成全社会货运量1.62亿吨，同比下降0.16%；完成全社会货运周转量723.91亿吨公里，下降2.17%。各种运输方式客、货运输的主要情况是：

1、铁路运输调整结构，客、货运输稳步增长。武汉铁路分局充分发挥地处武汉的区位优势，不断拓宽客、货运输市场，通过调图提速，优化客货运列车结构，强化客货营销，在上年"客货两旺"的基础上，实现了进一步的增长。在客运方面，抓住客车提速的良好机遇，增设售票网点，依靠春运及"黄金周"及时增开民工专列和旅游热线客车，充分发挥了铁路在中长途旅客运输中的优势，较好满足了旅客的需求。全年完成旅客发送人2654.20万人，比去年净增155.60万人，完成旅客周转量171.60亿人公里，增长8.21%。在货运方面，全年货物发送量完成5253.20万吨，同比增长6.75%，货物周转量完成432.60亿吨公里，增长2.69%。2001年，由于我国经济保持稳定增长，其大宗货物运量稳步上升，发往局外的货物增多，如煤炭、焦炭、钢铁及铁矿石等均有增加。特别是煤炭，2001年其货运量完成4694.40万吨，比上年净增419.70万吨，占其增运总量的55.99%。

2、公路通车里程延长，等级提高，客运增长，货运下降。2001年，我市公路在册通车里程3775.22公里，其中，高速公路42.30公里、一级126.06公里，二至四级共3079.80公里，等外公路527.06公里。全市公路密度达49.46公里每百平方公里(10.58公里/万人)，等级公路里程比重已达86.04%，有路面里程比重已达到了94.38%。国道里程与去年持平，省道里程较略有增加，县道增加10.05公里(其中，新洲柳明线增加8.15公里，东西湖张辛线增加1.90公里)，乡道增加71.04公里(其中，新洲增加33.95公里，黄陂增加30.25公里，江夏增加6.84公里)。年末我市公路桥梁达到385座，总长26156.94延米，较上年增加4座，增长2397.16延米。公路网的覆盖面和通达程度不断向县、乡延伸，为公路运输拓展客、货运输业务提供了良好的条件。

2001年，武汉汉光高速等一批龙头企业，不断提高服务水平，努力降低成本消耗，克服火车提速以及社会运输企业激烈竞争带来的影响，调整运输线路，增设售票网点，增加热门线路的发车密度，使公路旅客运输业保持了稳定增长。仅汉光高速一家当年就完成客运量66.67万人，完成旅客周转量18764.52万人公里，比上年增长13.19%。面对竞争，汉光高速果断采取稳定票价，增加武汉——宜昌、武汉——荆州这两条生命线路的发车密度，以及加大长途包车业务等措施，取得了较好经济效益。2001年，我市全社会公路运输完成客运量8573.00万人，旅客周转量53.37亿人公里，分别比上年增长1.84%和2.46%。客运周转量的增长快于客运量的增长，说明公路旅客运输中的长途运输的比重进一步提高。随着"假日经济"日趋成熟、道路通达程度和车辆档次的不断提高，公路客运的优势将进一步显现。公路运输全年完成货运量7141.00万吨，同比增长0.82%；货物周转量53.63亿吨公里，下降6.47%。

公路运输中，交通部门完成客运量4994.07万人，旅客周转量25.78亿人公里，分别比上年下降6.51%和0.44%；非交通部门完成客运量3578.93万人，客运周转量完成27.59亿人公里，分别比上年增长16.36%和5.32%。交通部门完成货运量898.20万吨，货运周转量2.59亿吨公里，分别比上年增长2.77%和下降35.37%；非交通部门完成货运量6242.80万吨，货运周转量完成51.04亿吨公里，分别比上年增长0.54%和下降4.30%。由于公路运输企业大量改制，交通部门企业数大量减少，年末独立核算公路运输业企业单位数由上年的60户减少到46户，大量交通部门的车辆涌入社会，使得交通部门公路运输逐渐萎缩。

3、水上运输业日渐萎缩，港口客、货吞吐量均呈下降之势。2001年，全市水上运输完成客运量198.42万人，比上年下降24.09%，完成客运周转量7.27亿人公里，同比下降27.69%。2001年，我市水上客源日渐减少，随着铁路运输的多次提速，公路运输灵活便捷优势的发挥，水上客运在市场竞争中处于劣势，武汉至上海的水路航线全线停航，武汉最大的水上客运公司——长航武汉客运有限公司，已停止经营水上客运业务，准备转向经营。在货运方面，全年完成水运货运量3845.70万吨，比上年下降9.76%，其中交通部门完成3557.60万吨，下降2.90%；完成全社会货运周转量237.24亿吨公里，下降9.02%，其中交通部门完成219.39亿吨公里，增长3.11%。由于水上旅客运输速度慢，不能适应目前人们出行灵活快速的需求，我市水上客运业逐渐萎缩，而水上货运辐射能力强，水运企业应适应市场需求，可通过集装箱运输、改建发展汽车滚装船等来赢得新货源，以期给萧条的水上运输带来一丝亮点。

2001年，全市完成港口旅客吞吐量80.70万人，比上年下降15.50%；完成港口货物吞吐量2560.47万吨，下降0.04%，其中集装箱吞吐量43.10万吨，增长86.58%。随着两个泊位、5000标箱的阳逻集装箱转运中心的即将启用，将使我市的港口吞吐能力大幅提高，特别是带动集装箱的转运能力增强，从而拉动我市水运货运业的发展，充分发挥我市临江的地理优势。

4、民航增开航线，旅客运输平稳增长。2001年，我市两家航空公司努力开辟新航线，争占市场份额。当年，南航湖北分公司以抢占国内、国际航线为主，收缩地区航线的经营方式来扩大市场占有份额，共开辟国际、国内及地区航线67条，比上年增加了一条航线。其中，国内航线58条，增加2条；国际航线6条，增加2条；地区航线3条，减少3条。武汉航空公司共开辟国内航线40条，新增飞往拉萨、银川等国内航线，巩固港、澳航线，发展东南亚航线，力争开通美国航线；并不断寻求新的发展方向，与东方航空公司合作共同组建股份公司，以壮大企业；准备引进3架西安飞机制造厂生产的新舟60型飞机，用以扩大支线航线；还将建设天河机场第二侯机楼。全年天河机场的旅客吞吐量已达274.41万人，同比增长56.53%；空港货物吞吐量达5.60万吨，增长62.79%。

2001年，我市民航运输业完成客运量277.30万人，比上年增长6.49%，完成客运周转量26.88亿人公里，增长5.47%。随着机票价格的下调和人们生活水平的提高，利用节假日出行旅游的人数不断增加，给我市的航空客运业带来了无限商机，同时各航空公司采取包机、建立与大机构团体的联系等一系列举措，保证了客源的稳定。民航货运业因其运营成本较高，目前仅占有少量鲜、活等特殊货物运输市场，与铁路、公路货运方便、成本低廉相比，在大宗货物运输上所占份额较小。2001年，我市民航货运业完成货运量4.13万吨，同比下降20.58%，完成货运周转量0.44亿吨公里，同比下降21.52%。

二、邮电通信业状况

2001年，我市邮电通信业继续保持快速发展，全年共完成邮电业务总量57.83亿元(按2000年价格计算，下同)，比上年增长15.45%，其中，通信业务总量达51.63亿元，占全市邮电业务总量的89.28%。到目前为止我市移动电话用户数已达160.73万户，当年新增78.99万户，是上年新增用户的2.60倍。固定电话用户数为190.79万户，其中，城市电话用户数占到了87.64%。移动交换机容量达296.00万门，局用交换机容量达225.08万门。互联网业务迅速发展，2001年，英特网拨号用户数达50.90万户，比上年净增21.86万户，其中，因特网注册用户达11.03万户，因特网非注册用户也已达39.87万户，分别比上年净增2.65万户和19.21万户。因特网拨号用户使用时长达3131.44万小时，净增1653.13万小时。武汉通信企业在不断进行内部挖潜的同时，还加大了基本建设及更新改造的投资力度，全年完成投资额22.19亿元，其中完成更新改造投资19.27亿元。随着城市信息化速度的加快，我市的邮电通信业将会再上一个新台阶。

三、交通邮电重点基础设施和项目建设状况

2001年，我市进一步加大了交通重点基础设施和交通、通信重点项目的投入和建设力度，改善了我市的投资环境和面貌。全市完成交通、通信重点项目投资总额达27.39亿元，占全市重点项目投资完成额的25.93%。其中，公路重点项目投资额9.67亿元，占交通、通信重点项目投资完成额的35.30%。重点基础设施项目完成投资额23.81亿元，特别是江汉三桥、江汉五桥、周边公路及通信网的建设已相继建成投产，贯通了中环线西端全线，并联通了白沙洲长江大桥，与规划中的武汉新的经济增长带连成一体，进一步带动了“两区一园”的经济发展。同时使107国道和318国道在城区边缘贯通，分流了城市过境车辆，大大减轻了城区交通压力，有利于老城区的改造，并为两江相会，地理位置优越的南岸嘴，绘制了武汉独特的风景线。伴随公路基础设施的日益发展和完善，全社会民用车辆发展迅猛。年末，全社会民用车辆达20.01万辆，其中：载客汽车12.11万辆。京珠公路湖北段暨军山长江大桥已竣工通车，标志着武汉绕城公路西南段半圆形成。我市的几大物流中心：舵落口货运中心仓储及水泥货场、汉阳客运中心大楼、阳逻集装箱转运中心等已经建成或即将建成，将给我市交通运输业带来新的发展契机。

秦永荣

第三部分:统计资料

PART Ⅲ:STATISTICAL DATA

一、综　　合

GENERAL SURVEY

资料整理人员：邓传发　陈　燕　王　青　钱　露　余　晖　张卫东　刘　秒
应小莉　后国明　刘　洁

STAFF FOR DATA PROCESSING:

Deng Chuanfa　Chen Yan　Wang Qing　Qian Lu　Yu Hui　Zhang Weidong　Liu Miao
Ying Xiaoli　Hou Huoming　Liu Jie

1-1 土地面积、人口密度、户数、人口数
STATISTICS ON LAND AREA, POPULATION DENSITY, HOUSEHOLDS AND POPULATION

城（郊）区 District		土地面积（平方公里）Land Area (sq. km)	人口密度（人/平方公里）Population Density (person/sq. km)	2001		2000	
				户数（户）Households (household)	年末人口（人）Population (person)	户数（户）Households (household)	年末人口（人）Population (Person)
总计	Total	8494.41	893	2186562	7582259	2136596	7491943
江岸区	Jiang'an	64.24	9795	204595	629226	200699	625717
江汉区	Jianghan	33.43	13760	147865	459998	146510	457768
硚口区	Qiaokou	46.39	11584	179745	537377	171729	535317
汉阳区	Hanyang	108.34	4206	150845	455694	123235	386658
武昌区	Wuchang	81.22	10885	261404	884065	252913	858944
青山区	Qingshan	45.80	9569	121944	438277	118912	431421
洪山区	Hongshan	509.00	1272	148792	647384	141432	609335
东西湖区	Dongxihu	439.19	523	78821	229486	78929	225960
汉南区	Hannan	287.70	378	40900	108677	39678	108388
蔡甸区	Caidian	1108.10	432	141771	478442	170129	545467
江夏区	Jiangxia	2010.00	328	178556	658841	173572	663863
黄陂区	Huangpi	2261.00	489	295087	1106287	284719	1103235
新洲区	Xinzhou	1500.00	632	236237	948505	234139	939870

注：江汉区人口含水上人口，汉阳区人口含武汉经济开发区人口。

1-2 行政区划及群众性自治组织（2001年）
ADMINISTRATIVE DIVISION AND GRASSROOTS UNITS (2001)

单位：个 (Unit)

城（郊）区 District		乡政府 Township Governments	镇政府 Town Governments	街办事处 Subdistrict Offices	社区居委会 Community	村民委员会 Villagers' Committee
总计	Total	15	21	108	1081	2028
江岸区	Jiang'an	1	—	16	154	28
江汉区	Jianghan	—	—	13	112	5
硚口区	Qiaokou	1	—	10	128	13
汉阳区	Hanyang	2	—	9	97	36
武昌区	Wuchang	—	—	14	195	2
青山区	Qingshan	—	—	10	105	—
洪山区	Hongshan	6	2	6	83	137
东西湖区	Dongxihu	—	1	1	41	—
汉南区	Hannan	—	1	1	8	27
蔡甸区	Caidian	1	3	7	40	302
江夏区	Jiangxia	2	5	5	43	333
黄陂区	Huangpi	2	6	7	41	595
新洲区	Xinzhou	—	3	9	34	550

1-3 气象情况
METEOROLOGICAL DATA

项目	Item	1995	1996	1997	1998	1999	2000	2001
年平均气温(℃)	Annual Average Temperature(℃)	17.4	16.8	17.5	18.2	17.7	18.7	18.0
年平均最低气温(℃)	Annual Average Utmost Lowest Temperature(℃)	14.2	13.6	14.3	14.8	14.5	15.5	14.7
年平均最高气温(℃)	Annual Average Utmost Highest Temperature(℃)	21.6	20.9	21.8	22.5	21.8	22.7	22.4
年极端最低气温(℃)	Annual Utmost Lowest Temperature (℃)	-2.6	-4.3	-3.9	-3.7	-4.2	-4.7	-2.8
最低气温日期(日/月)	Annual Utmost Lowest Temperature Day	26/12	18/2	24/1	19/1	22/12	27/1	25/12
年极端最高气温(℃)	Annual Utmost Highest Temperature (℃)	38.1	37.0	36.0	37.8	36.9	39.3	37.8
最高气温日期(日/月)	Annual Utmost Highest Temperature Day	23/7	31/7	8/8	24/8	31/7	16/7	2/7及30/7

1-4 城市规模和建设用地
CITY SCALE AND CONSTRUCTION LAND-USED

单位：平方公里 (sq.km)

项目	Item	1995	1996	1997	1998	1999	2000	2001
建成区面积	Developed Areas	200	202	202	204	208	210	212
城市建设用地	City Construction	231	233	233	236	239	241	247
1.公共设施用地	Public INstallations	41	41	41	43	43	43	44
2.工业用地	Industry	54	55	55	55	56	56	57
3.道路广场用地	Road & Square	20	20	20	20	20	20	20
4.仓储用地	Warehouse	12	12	12	12	13	13	13
5.市政公用设施用地	Municipal Public Installations	11	11	12	12	12	12	12
6.对外交通用地	Traffic	13	13	13	13	13	13	13
7.绿　　地	Green Area	13	13	13	13	13	13	13
8.居住用地	Dwelling	58	58	59	59	60	62	66
9.其　　他	Others	9	10	8	9	9	9	9
国家建设征用土地	State Capital Construction	1	2	1	2	3	2	9

注:上表资料不含蔡甸、江夏、黄陂、新洲四区的数据。
Note: Data in Table 1-4 dose not include that of JiangXia, Caidian, Huangpi and Xinzhou.

1-5 各部门机构数
GRASSROOT UNITS IN VARIOUS SECTORS

机构数 Grassroots Units		2000	2001
农村基层单位	Rural Grassroots Units		
乡政府(个)	Towoship Governments(unit)	33	16
镇政府(个)	Town Governments(unit)	41	21
村民委员会(个)	Village Committees(unit)	2087	2082
乡村户数(万户)	Number of Rural Households (10 000 units)	70.87	71
乡镇企业(个)	Township Enterprises (unit)	108265	108806
工业企业(个)	Industrial Enterprises (unit)	31945	37935
#规模以上企业单位数	All State - owned Enterprises and Non - State owned ones with Annual Sales Income Over 5 million yuan	1224	1309
国有	State - owned	455	320
集体工业	Collective - owned	272	204
私营工业	Private	122	247
其他工业	Others	375	538
建筑业企业(个)	Construction Enterprises and Units (unit)	546	441
#国有	State - owned	158	112
邮电业	Establishments of Postal and Telecommunications Services		
邮电局所(个)	Postal and Telecommunications Services(unit)	232	313

续 表 Continue

机构数	Grassroots Units	2000	2001
卫生机构（个）	Health Care (unit)	1069	1053
#医院、卫生院	Urban and Township Hospitals	220	219
疗养院	Sanatoriums	6	6
门诊部、所	Clinics	714	730
专科防治所、站	Specialized Prevention & Treatment Stations	28	20
卫生防疫站	Sanitation and Antiepidemic Stations	45	24
妇幼保健所、站	Maternity and Children Centers	14	14
社会福利（个）	Social Welfare Establishments (unit)		
社会福利事业单位	Social Welfare Institutions	13	13
教育事业（各类学校数）（所）	Education (number of all kinds of schools) (unit)	3287	3125
普通高等学校	Regular Institutions of Higher Education	30	35
中等学校	Secondary Schools	614	660
#普通中学	Regular Secondary Schools	495	521
小学	Primary School	1735	1676
幼儿园	Kindergarden	723	624
艺术事业（个）	Art Institutions (unit)	34	34
艺术表演团体	Art Performer Troupes	18	17
艺术表演场所	Art Performer Places	14	13

续 表 Continue

机　　构　　数	Grassroots Units	2000	2001
图书馆业	Library	17	17
公共图书馆(个)	Public Library(unit)	17	17
群众文化业	Mass Culture	223	217
群众艺术馆、文化馆机构数(个)	Mass Art and Culture Units(unit)	20	18
其他文化产业	Other Cultural Units	50	40
博物馆数(个)	Museum(unit)	12	13
广播电视（座）	Broadcasting and Television Stations (unit)		
广播电台	Radio Stations	4	2
电 视 台	Television Stations	3	2
科学研究机构（县以上政府部门的）(个)	Scientific Research Institutions (State – owned Unit at and above County Level (unit)		
自然科学	Natural Science and Technology	103	95
社会科学	Social Science and Humanities	8	8
科学技术情报	Scientific and Technical Information and Literature	4	4

1-6 国民经济和社会发展总量与速度指标
PRINCIPAL AGGREGATE INDICATORS ON NATIONAL ECONOMIC AND SOCIAL DEVELOPMENT AND THEIR INDICES AND GROWTH RATE

指标	Item	总量指标 Aggregate Data				
		1985	1990	1995	2000	2001
人口与就业	**Population and Employment**					
人口（万人）	**Population（10 000 persons）**					
年底总人口	Population at the Year－end	608.39	669.75	710.01	749.19	758.23
非农业人口	Non－Agricultural Population	337.22	374.47	406.68	441.14	448.89
农业人口	Agricultural Population	271.17	295.27	303.33	308.05	309.34
男性人口	Male	313.24	345.09	366.37	385.20	309.24
女性人口	Female	295.15	324.66	343.64	364.00	367.99
就业（万人）	Employment（10 000 persons）					
从业人员数	Employment	335.81	357.8	398.64	417.8	406.12
#职工人数	Staff and Workers	212.55	227.12	222.3	199.64	192.39
宏观经济	**Macroecnomic Indicator**					
国民核算	**National Accounting**					
国内生产总值(亿元)	Gross Domestic Product（100 million yuan）	97.32	176.83	606.91	1206.84	1347.80
第一产业	Primary Industry	12.48	27.5	60.74	81.36	85.03
第二产业	Secondary Industry	59.21	92.04	294.67	533.31	594.84
第三产业	Tertiary Industry	25.63	57.29	251.5	592.17	667.93
支出法国内生产总值(亿元)	Gross Domestic Expenditures(100 million yuan)					
#总消费	Total Consumptions	53.66	119.87	311.42	651.75	732.77
居民消费	Resident Consumption	43.14	99.91	236.83	491.59	533.03
政府消费	Public Consumption	10.52	19.96	74.59	160.16	199.74
资本形成总额(亿元)	Total Investment(100 million yuan)	37.9	45.59	358.45	561.00	619.12
固定资本形成	Fixed Assets	23.4	35.97	328.81	506.79	564.60
存货增加	Stock	14.5	9.62	29.65	54.21	54.52
物价指数(上年=100)	Price Indices(Preceding year=100)					
商品零售价格总指数	General Retail Price Index	111.6	102.5	114	97.4	96.00
居民消费价格总指数	General Consumer Price Index	111.1	103	118.4	100.6	99.50

注:本表中的价值量指标均按当年价格计算。
Figures in vlaue terms in this table are calculated at current prices.

速度指标(%) Indices and Growth Rates						
指数 Index(2001 比上以下各年) (2001 as percentage of the following years)				平均增长速度 Average Annual Growth Rate		
1985	1990	1995	2000	1986 - 1990	1991 - 1995	1997 - 2001
123.1	111.9	105.5		1.94	1.17	1.2
130.8	117.8	108.5		2.11	1.66	1.6
113.6	104.3	101.6		1.72	0.54	0.6
123.0	111.6	105.1		1.96	1.2	1.1
123.3	112.1	105.9		1.92	1.14	1.2
124.4	116.8	104.8		1.28	2.19	
93.9	87.9	89.8		1.33	-0.43	-2.5
474.3	383.5	183.6		4.3	15.9	12.1
212.7	168.7	125.7		4.7	6.1	4.0
402.9	354.8	179.5		2.6	14.6	11.7
767.8	533	202.7		7.6	21.3	14.0

续 表 Continue

指标	Item	总量指标 Aggregate Data 1985	1990	1995	2000	2001
工 业	Industry					
工业总产值（亿元）	Gross Industrial Output Value (100 million yuan)	167.01	303.15	777.41	1422.37	1611.76
主要工业产品产量	Output of Major Inustrial Products					
纱（吨）	Yarn (ton)	97067	92473	99020	85339	80302
布（万米）	Cloth (10 000 metres)	40034	36228	34400	20347	18852
原油加工量（万吨）	Crude Oil Processed (10 000 tons)	153.92	202.55	228.3	299.73	256.00
合成洗涤剂（吨）	Synthetic Detergents (ton)	35209	50457	38357	18686	15224
化学原料药（吨）	Chemical Raw Medicine (ton)	1720	3096	3007	4142	3956
中成药（吨）	Traditional Chinese Patent Medicine (ton)	6722	7311	7468	7096	7487
通讯电缆（公里）	Cable For Communications (km)	—	2670	148294	1040294	3305185
家用洗衣机（台）	Washing Machines (unit)	31.23	19.63	17.49	39.25	26.39
房间空调器（万台）	Household Air Conditioner (10 000 units)	—	0.27	5.24	37.76	96.99
手 机（部）	Mobile Telephone (unit)	—	—	—	303466	172173
钢（万吨）	Steel (10 000 tons)	418.58	483.2	543.94	671.65	713.11
生 铁（万吨）	Pig Iron (10 000 tons)	406.41	450.65	556.89	641.6	675.06
成品钢材（万吨）	Steel Products (10 000 tons)	367.67	407.52	476.56	539.39	593.97
汽 车（辆）	Automobile (unit)	5725	1194	2289	59228	58884
国有及年销售收入在500万元以上的非国有企业财务指标	Principle Financial Item of Industrial Enterprises of State Ownership and Non－state－owned ones with Annual Sales Income Over 500 million yuan					
固定资产原价（亿元）	Original Value of Fixed Assets (100 million yuan)	127.96	197.29	586.57	1107.53	1117.51
固定资产净值年平均余额（亿元）	Annual Average Net Value of Fixed Assets (ditto)	—	—	—	722.59	—
利润总额（亿元）	Pre－tax Profits (100 million yuan)	18.83	11.74	17.03	49.39	66.97

速度指标(%)　Indices and Growth Rates

指数 Index(2001 比上以下各年) (2001 as percentage of the following years)				平均增长速度 Average Annual Growth Rate		
1985	1990	1995	2000	1986－1990	1991－1995	1997－2001
491.93	367.41	199.55		6.01	14.3	11.59
87.9	92.3	86.2		－0.97	1.38	－3.0
50.8	56.2	59.1		－1.98	－1.03	－12.9
194.7	148.0	131.3		5.64	2.42	0.4
53.1	37.0	48.7		7.46	－5.34	－15.2
240.8	133.8	137.7		12.47	－0.58	－1.0
105.6	97.1	95.0		1.69	0.43	0.8
	38962.3	701.5			123.32	44.5
125.7	199.9	224.4		－8.87	－2.28	－1.7
	13985.2	720.6			80.96	82.7
160.5	139.0	123.5		2.91	2.40	5.7
157.9	142.4	115.2		2.09	4.32	4.7
146.7	132.4	113.2		2.08	3.18	4.8
1034.6	4960.5	2587.5		－26.91	13.90	37.8
865.5	561.4	188.8		9.05	24.35	10.2
262.3	420.7	290.0		－9.02	7.72	43.5

续 表 Continue

指 标	Item	1985	1990	1995	2000	2001
		总量指标 Aggregate Data				
农 业	Agriculture					
年底耕地面积（千公顷）	Cultivated Areas (1 000 hectares)	249.64	240.11	225.75	217.84	216.10
农林牧渔业劳动力(万人)	Number of Persons Engaged in Farming, Forestry, Animal Husbandry and Fishery(10 000 persons)	—	88.43	84.22	79.66	78.06
农林牧渔业总产值(亿元)	Gross Output Values of Farming, Forestry, Animal Husbandry and Fishery(100 million yuan)	16.19	36.86	94.34	126.94	133.78
主要农产品产量(万吨)	Output of Major Farm Products(10 000 tons)					
粮 食	Grain	163.42	177.37	173.01	130.55	120.18
棉 花	Cotton	4.49	4.27	4.53	2.02	2.18
油 料	Oil - bearing Crops	5.05	6.47	11.16	17.5	18.11
茶 叶	Tea	0.06	0.08	0.1	0.13	
水 果	Fruits	1.49	2.24	4.55	11.14	52.75
蔬 菜	Vegetables	100.81	154.89	246.14	443.12	499.54
牲猪出栏(万头)	Slaughtered Hogs(10 000 heads)	88.85	124.08	170.59	181.25	192.19
家禽出笼(万只)	Slaughtered Poultry(10 000 heads)	296.41	1085.78	2480.18	3834.92	4078.93
禽 蛋	Eggs	3.12	5.05	9.43	13.68	13.93
牛 奶	Milk	2.93	4.06	2.68	4.56	6.96
水 产 品	Aquatic Products	5.61	11.28	21.74	32.09	33.95
固定资产投资	Investment in Fixed Assets					
全社会固定资产投资总额(亿元)	Total Investment in Fixed Assets(100 million yuan)	23.4	38.97	322.23	461.93	508.44
国有单位	State - owned Units	—	—	190.13	224.71	254.42
集体单位	Collective - owned Units	—	—	14.49	22.37	22.73
私营经济	Private Units	—	—	0.59	22.47	62.27
其他经济	Others	—	—	117.02	192.38	169.02
建 筑 业	Construction					
建筑业企业人数(万人)	Number of Employed Persons(10 000 persons)	16.92	17.46	23.34	24.22	24.95
建筑业总产值(亿元)	Gross Output Value(100 million yuan)	12.59	22.5	107.19	155.39	207.65
施工房屋面积(万平方米)	Floor Space of Buildings Under Construction(10 000 sq.m)	613	641	1560	2086.5	2836.88
竣工房屋面积(万平方米)	Floor Space of Buildings Completed(10 000 sq.m)	289	274	449	793.89	1255.79

速度指标（%） Indices and Growth Rates						
指数 Index(2000 比上以下各年) (2000 as percentage of the following years)				平均增长速度 Average Annual Growth Rate		
1985	1990	1995	1999	1986－1990	1991－1995	1997－2001
87.3	90.7	96.5		－0.78	－1.23	－0.8
	90.1	94.6	97.4		－0.97	－1.1
238.2	186.8	132.2		4.98	7.16	
79.9	73.6	75.5		1.65	－0.50	－6.0
45.0	47.3	44.6		－1.00	1.19	－13.5
346.5	270.5	156.8		5.08	11.52	29.1
216.7	162.5	130.0		5.92	4.56	
747.7	497.3	244.8		8.50	15.23	104.1
439.6	286.1	180.0		8.97	9.71	37.7
204.0	146.1	106.2		6.91	6.57	16.7
1293.8	353.2	154.6		29.65	17.96	
438.5	270.9	145.1		10.11	13.30	34.9
155.6	112.3	170.1		6.74	－7.97	18.9
572.0	284.5	147.6		14.99	14.02	43.3
1974.1	1185.3	143.4		10.74	52.58	
		118.2				
		154.4				
		3808.5				
		164.4				
143.1	138.7	103.8		0.63	5.98	
1234.2	690.6	145.0		12.31	36.65	13.3
340.4	325.5	133.8		0.90	19.47	12.2
274.7	289.7	176.8		－1.06	10.38	21.3

续 表 Continue

指标	Item	1985	1990	1995	2000	2001
		总量指标 Aggregate Data				
交通运输	**Transportation**					
交通部门货物运输量(万吨)	Freight Traffic in Transportation System(10 000 tons)	6830.9	8378.5	8311.9	9464.3	9713.1
铁　路	Railway	2312.9	4758.5	5055	4921.1	5253.2
公　路	Highway	1782.4	1134.3	934.6	874	898.2
水　运	Waterway	2735.3	2485.6	2319.3	3664	3557.6
空　运	Civil Aviation	0.29	0.1	3	5.2	4.1
交通部门旅客运输量(万人)	Passenger Traffic in Transportation System(10 000 persons)	6518.9	6266.8	7250	8362.4	8124.0
铁　路	Railway	2119.9	2088	2242	2498.6	2654.2
公　路	Highway	2636.3	2996.2	4166.9	5342	4994.1
水　运	Waterway	1754	1166.4	624.6	261.4	198.4
空　运	Civil Aviation	8.7	16.3	216	260.4	277.3
邮电通信业	**Postal and Telecommunications Services**					
邮电业务总量(亿元)	Total Business Revenue(100 million yuan)	0.37	1.83	12.55	52.35	
函　件(万件)	Number of Letters Delivered(10 000 pieces)	7579.4	9899.1	17615.4	13855.56	14756.72
包　件(万件)	Number of Parcels(10 000 pieces)	68.4	176	342	146.42	122.62
报刊期发数(万份)	Number of Newspapers and Magazines Distributed (10 000 copies)	33876	15913	33112	24267	
住宅电话用户(万户)	Resident Telephone Subcribers(10 000 subscribers)	0.001	0.57	53.09	126.99	167.23
移动通信用户(万户)	Number of Mobile Telephone Subcribers(10 000 subscribers)	—	—	5.99	81.74	160.73
市内电话交换机总容量(万门)	Capacity of Local Telephone Exchanges(10 000 lines)	4.24	7.96	98.28	191.34	225.08
国内商业	**Domestic Trade**					
社会消费品零售总额(亿元)	Total Retail Sales of Consumer Goods(100 million yuan)	48.62	95.72	302.61	606.1	685.82

速度指标(%)　Indices and Growth Rates

指数 Index(2001 比上以下各年)(2001 as percentage of the following years)				平均增长速度 Average Annual Growth Rate		
1985	1990	1995	2000	1986 – 1990	1991 – 1995	1997 – 2001
138.6	113.0	113.9		4.17	-0.16	3.4
212.8	103.4	97.4		15.52	1.22	0.9
49.0	77.1	93.5		-8.64	-3.80	-0.8
134.0	147.4	158.0		-1.90	-1.38	9.8
1793.1	5200.0	176.3		-19.18	97.44	4.5
128.3	133.4	115.3		-0.79	2.96	2.8
117.9	119.7	111.4		-0.30	1.43	5.9
202.6	178.3	128.2		2.59	6.82	2.8
14.9	22.4	41.9		-7.84	-11.74	-17.3
2993.1	1597.5	120.6		13.38	67.67	2.8
14148.6	2860.7	417.1		37.67	46.97	
182.8	140.0	78.7		5.49	12.22	-6.8
214.1	83.2	42.8		20.81	14.21	-19.2
71.6	152.5	73.3		-14.03	15.78	
	22278.9	239.2		255.77	147.64	1.9
	1364.6					69.6
4512.7	2403.8	194.7		13.43	65.31	5.7
1246.6	633.2	200.3		14.51	25.89	12.5

续 表 Continue

指 标	Item	总量指标 Aggregate Data				
		1985	1990	1995	2000	2001
对外经济贸易	Foreign Trade					
进出口总额(亿美元)	Total Imports and Exports(By Customs Statistics, USD 100 million)		3.56	25.46	20.31	21.56
进口总额(亿美元)	Imports(By Customs Statistics, USD 100 million)		0.91	10.43	8.57	12.10
出口总额(亿美元)	Exports(By Customs Statistics, USD 100 million)		2.65	15.03	11.74	9.47
利用外资	Utilization of Foreign Capital					
签订利用外资协议额(亿美元)	Amount of Foreign Capital for Utilization Through Signed Contracts or Agreements(USD 100 million)	—	0.12	6.38	4.28	8.00
实际利用外资(亿美元)	Amount of Foreign Capital Actually Utilized(USD 100 million)	—	0.8	11.15	13.03	14.32
国际旅游	International Tourism					
海外旅游者人数合计(万人)	Number of Tourists from Abroad(10 000 persons)	9.82	8.54	16.11	22.16	28.59
旅游外汇收入(万美元)	Foreign Exchange Earnings From Tourim(USD 10 000)	391	2014	5904	9847	12000
财　政	Public Finance					
全口径财政收入(亿元)	Government Revenue(100 million yuan)	24.07	29.47	59.6	126.15	150.18
地方财政收入(亿元)	Local Government Revenues(100 million yuan)	—	—	28.84	69.77	86.16
地方财政支出(亿元)	Local Government Expenditures(100 million yuan)	6.62	15.43	31.37	89.04	119.6
金融保险	Finance and Insurance					
金融机构各项存款(亿元)	Deposits in Financial Institutions(100 million yuan)			631.35	1694.32	2143.79
金融机构各项贷款(亿元)	Loans From Financial Instituions(100 million yuan)			634.53	1342.94	1666.32
保险公司保险金额(亿元)	Amount Insured in Chinese - funded Insurance Companies (100 million yuan)				2355.72	4240.95
保险公司保费收入(亿元)	Insurance Premium in Chinese - funded Insurance Companies(100 million yuan)	0.38	2.69	8.64	22.45	26.40
保险公司赔款及给付(亿元)	Amount Reparations Chinese - funded Insurance Companies(100 million yuan)	0.1	0.68	5.33	4.36	6.76

注:金融机构各项存贷款额2000年前为本币数,2001年为本外币合计数。

速度指标(%) Indices and Growth Rates						
指数 Index(2001 比上以下各年) (2001 as percentage of the following years)				平均增长速度 Average Annual Growth Rate		
1985	1990	1995	2000	1986－1990	1991－1995	1997－2001
	3566.7	67.1			121.37	3.9
	1628.8	116.9			69.37	9.3
225.7	259.5	137.6		－2.75	13.53	6.4
2518.4	488.9	166.8		38.80	24.00	
524.1	428.1	211.7		4.13	15.13	15.7
		241.9				18.9
1345.0	577.1	283.8		18.44	15.25	24.9
		268.4				19.0
		211.6				14.0
5907.9	834.6	259.8		47.91	26.29	11.62
4360.0	641.2	81.8		46.72	50.95	6.67

续 表 Continue

指标	Item	总量指标 Aggregate Data				
		1985	1990	1995	2000	2001
教育、文化	**Education and Culture**					
教　育	**Education**					
专任教师数(万人)	Full－time Teachers(10 000 persons)					
普通高等学校	Institutions of Higher Education	1.89	1.98	1.95	2.15	2.34
中等专业学校	Specialized Secondary Schools	0.37	0.56	0.71	0.57	0.50
普通中学	Regular Secondary Schools	2.27	2.23	2.53	3.07	3.13
职业中学	Vocational Secondary Schools	0.15	0.19	0.18	0.34	0.27
小　学	Primary Schools	2.99	3.18	3.33	3.48	3.44
在校学生数(万人)	Students Enrollment(10 000 persons)					
普通高等学校	Institutions of Higher Education	8.82	9.86	15	25.19	30.83
中等专业学校	Specialized Secondary Schools	2.9	5.32	10.51	10.88	9.05
普通中学	Regular Secondary Schools	34.04	28.46	36.6	47.02	51.29
职业中学	Vocational Secondary Schools	1.95	1.72	2.12	3.97	3.09
小　学	Primary Schools	65.69	69.83	76.99	74.39	70.88
文　化	**Culture**					
出版数量(万册)	Publications (10 000 copies)					
图　书	Number of Books Published	24239	28081.4	35206.72	28841.63	30383.20
杂　志	Number of Magazines Issued	8278	7203	11267.57	19854.72	17259.31
报　纸	Number of Newspaper Issued	72016	47127	45767	100622	98012

速度指标(%) Indices and Growth Rates						
指数 Index(2000 比上以下各年) (2000 as percentage of the following years)				平均增长速度 Average Annual Growth Rate		
1985	1990	1995	2000	1986－1990	1991－1995	1997－2001
113.8	108.6	110.3		0.93	－0.30	3
154.1	101.8	80.3		8.64	4.86	－6.8
135.2	137.7	121.3		－0.35	2.56	3.5
226.7	178.9	188.9		4.84	－1.08	11
116.4	109.4	104.5		1.24	0.93	
285.6	225.5	167.9		2.25	8.75	14.1
375.2	204.5	103.5		12.90	14.59	－6.0
138.1	165.2	128.5		－3.52	5.16	5.5
203.6	230.8	187.3		－2.48	4.27	11.4
113.2	106.5	96.6		1.23	1.97	－2.1
119.0	102.7	81.9		2.99	4.63	－0.7
239.8	275.6	176.2		－2.74	9.36	0.8
139.7	213.5	219.9		－8.13	－0.58	1.0

续 表 Continue

指标	Item	总量指标 Aggregate Data 1985	1990	1995	2000	2001
家庭、生活、环境	Family, People's Livelihood and Environment					
家庭	Family					
家庭总户数(万户)	Total Number of Households (10 000 households)	151.33	178.83	196.34	213.66	218.66
城镇居民平均每户家庭人口(人)	Average Household Size in Urban Areas(person)	3.75	3.24	3.15	3.12	3.08
农村居民平均每户家庭人口(人)	Average Household Size in Rural Areas(person)	5.3	4.81	4.39	4.02	3.98
婚姻	Marriages and Divorces					
结婚数(对)	Number of Marriages(couples)	54535	53501	62697	49049	47187
离婚数(对)	Number of Divorces(couples)	901	1934	3711	5139	5195
居住	Housing					
城市居民人均居住面积(平方米)	Per Capita Net Floor Space of Urban Residents(sq.m)	5.39	6.1	7.2	8.8	9.65
农村居民人均居住面积(平方米)	Per Capita Net Floor Space of Rural Residents(sq.m)	19.19	22.64	28.22	31.82	31.95
生活	Livelihood					
城镇居民人均可支配收入(元)	Per Capita Annual Disposable Income of Urban Households(yuan)	778.44	1555.8	4453.9	6761	7305
农村居民人均纯收入(元)	Per Capita Annual Net Income of Rural Households(yuan)	493	815	1842	2953	3100
职工平均工资(元)	Average Wage of Staff and Workers(yuan)	1107	2093	5327	7628	9080
卫生	Health Care					
医院、卫生院(个)	Number of Hospitals(unit)	1507	1417	1443	1069	1053
医生(人)	Doctors(person)	45406	53894	58860	56444	54816
医院、卫生院床位数(万张)	Number of Hospital Beds(10 000 units)	27768	34640	36430	33073	32605
市政建设	City Construction					
自来水供应量(万吨)	Volume of Tap Water Supply(10 000 tons)	60024	84736	107909	99230	90654
下水道长度(公里)	Length of Sewer Pipelines(km)	854	1197	1298	1482	1527
公共汽(电)车总数(辆)	Total Number of Public Buses and Trolley Buses(unit)	1803	1910	3305	6018	5635
铺装道路总长度(公里)	Length of Paved Roads(km)	1042	1222	1307	1332	1613
园林绿地覆盖面积(公顷)	Coverage of Parks, Gardens and Green Land(hectares)	4805	4481	5237	5873	6801

速度指标(%) Indices and Growth Rates						
指数 Index(2001 比上以下各年) (2001 as percentage of the following years)				平均增长速度 Average Annual Growth Rate		
1985	1990	1995	2000	1986 - 1990	1991 - 1995	1997 - 2001
141.2	119.5	108.8		3.40	1.89	0.6
83.2	96.3	99.0		-2.88	-0.56	-0.6
75.8	83.6	91.6		-1.92	-1.81	
89.9	91.7	78.2		-0.38	3.22	-0.7
570.4	265.7	138.5		16.51	13.92	-0.7
163.3	144.3	122.2		2.51	3.37	0.8
165.8	140.5	112.8		3.36	4.50	
868.5	434.6	151.8		14.85	23.41	9.3
599.0	362.3	160.3		10.58	17.71	7.0
689.1	364.5	143.2		13.59	20.54	8.7
70.9	75.4	74.1		-1.22	0.36	-1.0
124.3	104.7	95.9		3.49	1.78	-0.8
119.1	95.5	90.8		4.52	1.01	-1.0
165.3	117.1	92.0		7.14	4.95	-0.5
173.5	123.8	114.2		6.99	1.63	0.7
333.8	315.1	182.1		1.16	11.59	0.9
127.8	109.0	101.9		3.24	1.35	0.8
122.2	131.1	112.1		-1.39	3.17	1.3

1－7 国民经济和社会发展主要结构指标
STRUCTURAL INDICATORS ON NATIONAL ECONOMIC AND SOCIAL DEVELOPMENT

单位：%

指标	Item	1985	1990	1995	2000	2001
人口与就业	**Population and Employment**					
人　口	**Population**					
城乡结构	Urban and Rural Structure					
非农业	Non－Agricultual Population	55.4	55.9	57.3	58.9	58.9
农　业	Agricultural Population	44.6	44.1	42.7	41.1	41.1
性别结构	Sex Structure					
男	Male	51.5	51.5	51.6	51.41	51.47
女	Female	48.5	48.5	48.4	48.59	48.53
就　业	**Employment**					
产业结构	Industrial Structure					
第一产业	Primary Industry	—	28.7	23.5	21.9	22.3
第二产业	Secondary Industry	—	41.2	37.9	35.7	35.8
第三产业	Tertiary Industry	—	30.1	38.6	42.4	41.9
宏观经济	**Macro Economy**					
国民核算	**National Accounting**					
国内生产总值产业结构	Industrial Structure					
第一产业	Primary Industry	12.8	15.6	10.0	6.7	6.3
第二产业	Secondary Industry	60.8	52.0	48.6	44.2	44.1
第三产业	Tertiary Industry	26.4	32.4	41.4	49.1	49.6
投　资	**Investment**					
全社会固定资产投资结构	Structure of Total Investment in Fixed Assets					
基本建设	Capital Construction	48.5	36.7	34.6	30.6	32.5
更新改造	Innovation	28.6	39.6	22.7	22.6	22.6
房地产开发	Real Estate Development		8.6	28.4	21.9	22.7
其他投资	Other Investment	22.9	15.1	14.3	24.9	22.2
财　政	**Government Finance**					
财政收入结构	Structure of Government Revenue					
中　央	Central Government	—	—	51.62	44.69	42.63
地　方	Local Government	—	—	48.38	55.31	57.37
利用外资	**Utilization of Foreign Capital**					
实际利用外资结构	Structure of Foreign Capital Actually Utilized					
对外借款	Loans from Abroad	—	85.89	44.77	26.95	18.87
外商直接投资	Direct Investment by Foreign Entrepreneurs	—	14.11	53.04	57.89	50.43

续 表 Continue

指标	Item	1985	1990	1995	2000	2001
外商其他投资	Other investment by Foreign Entrepreneurs	—	—	2.19	15.16	30.7
产业结构	**Industrial Structure**					
农业	**Agriculture**					
农林牧渔业产值结构	Structure of Gross Output Value					
农业	Farming	67.7	60.4	59.6	61.6	59.4
林业	Forestry	1.2	0.9	0.7	0.7	0.5
牧业	Animal Husbandry	21.5	27.7	28	22.9	24.3
渔业	Fishery	9.7	11	11.7	14.8	15.8
工业	**Industry**					
全部工业总产值结构	Structure of Gross Output Value of Industry					
轻工业	Light Industry	44.4	41.7	38	43.1	41.0
重工业	Heavy Industry	55.6	58.3	62	56.9	59.0
运输业	**Transportation**					
货运量结构	Structure of Freight Traffic					
按运输方式分	By means of Transportation					
铁路	Railways	33.9	56.8	60.8	52	54.1
公路	Highways	26.1	13.5	11.2	9.2	9.2
水运	Waterways	40	29.7	27.9	38.7	36.6
民用航空	Civil Aviation	—	—	0.04	0.05	0.04
国际旅游	**International Tourism**					
来华旅游人数结构	Structure of Tourists					
外国人	Foreigners	77.14	26.79	59.7	79.27	73.43
华侨	Overseas Chinese	1.32	0.06	2.19	—	—
港澳台同胞	Compatriots form Hong Kong, Macao and Taiwan	21.54	73.14	38.11	20.73	26.57
教育	**Education**					
在校学生结构	Structure of Student Enrollment					
大学生	College and University Students	8.12	9.12	11.66	17.19	18.67
中学生	Secondary School Students	31.36	26.34	28.48	32.07	38.33
小学生	Primary School Students	60.52	64.54	59.85	50.74	43
专任教师结构	Full - time Teachers by Type					
大学	College and Universityes	26.42	26.75	24.91	24.73	24.17
中学	Secondary Schools	31.78	30.22	32.42	35.25	38.36
小学	Primary Schools	41.8	43.03	42.67	40.02	37.47

1-8 按经济类型分的国民经济比例关系

单位：%

项目	Item	1995
工业总产值比例	Ratio of Gross Industrial Output Value by Ownership	
国有单位	State - owned Units	56.8
集体单位	Collective Owned Units	24.7
城乡个体	Individuals in Urban and Rural Area	7.4
其　　他	Others	11.1
社会消费品零售总额比例	Ratio of Total Retail Sales of Consumer Goods by Ownership	
国有单位	State - owned Units	18.7
集体单位	Collective Owned Units	16.7
城乡个体	Individuals in Urban and Rural Area	25.3
其　　他	Others	39.3
全社会从业人员数比例	Ratio of Employment by Ownership	
国有单位	State - owned Units	41.8
城镇集体单位	Collective Owned Units in Urban Area	10.9
个体劳动者	Urban Individuals	9.4
乡村劳动力	Rural Laborers	32.2
其　　他	Others	5.7
全社会固定资产投资额比例	Ratio of Investment in Fixed Assets by Ownership	
国有单位	State - owned Units	59.0
集体单位	Collective Owned Units	4.5
城乡个体	Individuals in Urban and Rural Area	7.7
其　　他	Others	28.8

PROPORTIONS OF AGGREGATE INDICATORS BY TYPE OF OWNERSHIP

(%)

1996	1997	1998	1999	2000	2001
42.3	36.4	32.2	29.6	29.0	26.3
33.4	30.0	21.1	18.5	13.8	9.5
12.7	14.8	18.4	18.9	16.4	17.5
11.6	18.8	28.3	33.0	40.8	46.7
18.0	15.5	15.4	14.9	13.6	11.5
16.4	14.7	14.7	13.7	12.1	10.3
21.3	19.4	20.4	29.2	32.3	35.3
44.3	50.4	49.5	42.2	42.0	42.9
40.5	39.3	38.1	37.1	36.0	34.11
10.1	9.9	8.8	8.1	6.9	5.7
10.0	11.1	12.4	13.0	15.2	14.7
30.0	29.5	29.0	29.1	29.0	29.63
9.4	10.2	11.7	12.7	12.8	15.86
57.5	45.8	47.7	51.8	48.6	50.0
4.4	5.6	5.6	5.1	4.8	4.5
7.9	10.6	6.2	6.3	4.9	2.9
30.2	38.0	40.5	36.8	41.7	42.6

1-9 平均每天主要社会经济活动

项　　目 Item		1993	1994
一、每天创造的财富	Wealth Created Per Day		
国内生产总值(万元)	Gross Domestic Product (10 000 yuan)	9787.12	13308.49
工农业总产值(万元)	Gross Industrial and Agricultural Output Value (10 000 yuan)	17142.74	22305.75
工业总产值	Gross Industrial Output Value	15813.97	20322.74
农业总产值	Gross Agricultural Output Value	1328.88	1983.07
财政收入(万元)	Government Revenue (10 000 yuan)	1170.14	1410.41
交通部门铁路货运量(万吨)	Railway Freight Traffic of Transportation System (10 000 tons)	13.82	13.73
交通部门公路货运量(万吨)	Highway Freight Traffic Of Transportation System (10 000 tons)	2.95	2.79
主要工业产品产量	Output of Major Industrial Products		
钢(吨)	Steel (ton)	14421.10	14658.63
成品钢材(吨)	Steel Products (ton)	12834.25	12713.70
水　泥(吨)	Cement (ton)	4219.73	4493.15
发 电 量(万度)	Electricity (10 000 kwh)	977.09	1481.58
汽　车(辆)	Motor Vehicles (Unit)	7.71	8.40
布(万米)	Cloth (10 000 meters)	85.22	196.48
二、主要能源物资每天消费量	Consumption of Major Energy and Materials Per day		
煤　炭(吨)	Coal(ton)	26130.14	29398.90
生　铁(吨)	Pig Iron (ton)	14650.14	14496.10
钢　材(吨)	Steel Products (ton)	2967.12	3328.22
水　泥(吨)	Cement (ton)	3496.71	5406.30
木　材(立方米)	Timber (cubic meters)	389.04	387.67
三、每天其他经济活动	Other Economic Activity Per day		
铁路客运人数(万人次)	Railway Passenger Traffic (10 000 person times)	6.11	6.33
公路客运人数(万人次)	Highway Passenger traffic (10 000 person times)	10.12	11.19
接待海外旅游人数(人次)	Number of Foreign Tourists (person times)	348	3.61

SELECTED INDICATORS ON AVERAGE DAILY SOCIAL AND ECONOMIC ACTIVITIES

1995	1996	1997	1998	1999	2000	2001
16627.67	21428.22	24995.34	27449.04	30157.88	33523.33	36926.03
26792.33	30753.42	34945.48	36022.74	38855.18	42446.85	47823.01
24207.67	27744.11	31621.64	32799.73	35490.48	39510.28	44157.81
2584.61	3009.30	3323.84	3223.01	3364.69	3526.11	3665.21
1632.88	1981.92	2340.27	2741.39	3117.53	3456.16	4114.52
13.85	13.78	13.71	13.31	13.19	13.67	14.39
2.56	2.56	2.16	3.36	3.34	2.39	2.46
14902.47	14820.82	16703.56	16830.14	17383.33	18401.37	19537.26
13056.44	12869.32	13859.45	13740.55	14146.94	14983.06	16273.15
4912.88	4546.30	4898.79	4973.97	5798.06	6131.67	7919.45
1883.78	2182.65	2610.04	2915.93	3152.68	2667.18	3137.62
6.27	32.51	90.02	103.21	125.38	164.52	161.33
94.25	103.21	95.23	90.72	62.50	56.52	51.65
31095.62	31969.86	33546.85	33626.85	32339.72	32713.61	33126.30
14929.59	15166.85	16528.13	16943.56	17306.67	17994.72	18686.30
3433.15	2746.03	2176.99	2115.62	1327.22	1512.5	1461.37
5317.81	3393.70	2667.95	3100.55	994.72	646.94	813.42
405.48	234.52	332.60	285.48	154.17	144.17	229.04
6.14	5.46	5.41	5.77	6.26	6.94	7.27
11.42	11.89	12.79	15.93	19.35	14.84	13.68
431	575	847	414	446.67	615.52	

1-10 主要指标人均水平

本表价值量指标按当年价格计算。

项目 Item		1990
一、国内生产总值(元)	Gross Domestic Product (yuan)	2673.17
二、工农业总产值(元)	Gross Industrial and Agri. Output Value (yuan)	5139.98
工业总产值	Gross Industrial Output Value	4582.77
农业总产值	Gross Agricultural Output Value	557.21
三、财政收入(元)	Government Revenue (yuan)	445.50
四、主要工业产品产量	Output of Main Industrial Products	
纱(公斤)	Yarn (kilogram)	14.98
布(米)	Cloth (meters)	54.77
电视机(台)	Television Set (unit)	0.03
钢(公斤)	Steel (kg)	730.46
发电量(千瓦小时)	Electricity (kwh)	430.15
成品钢材(公斤)	Steel Products (km)	616.05
五、主要农产品产量	Output of Major Farm Products	
粮食(公斤)	Grain (kg)	268.13
棉花(公斤)	Cotton (kg)	6.46
油料(公斤)	Oil-bearing Crops (kg)	9.78
蔬菜(公斤)	Vegetable (kg)	234.15
六、居民生活	Residents' Livelihood	
居民年消费水平(元)	Per Capita Annual Living Expenditure for Consumption (yuan)	1258
非农业居民	Non-farmer	1496
农民	Farmer	926
职工年平均工资(元)	Average Annual Wage of Staff and workers (yuan)	2093
城市居民月可支配收入(元)	Per Capita Disposable Income of Urban Residents (yuan)	122.12
城市居民月生活费支出(元)	Per Capita Exipenditure for Living Cost of Urban Residents (yuan)	118.12
农村住户年人均纯收入(元)	Per Capita Annual Net Income of Rural Households (yuan)	815
农村住户年人均生活费支出(元)	Per Capita Annual Expenditure for Living Cost of Rural Households (yuan)	744
人均储蓄余额(元)	Per Capita Savings Deposit of Urban and Rural Residents (yuan)	1029
城镇居民	Urban Residents	1614
农民	Rural Residents	285
市区居民居住面积(平方米)	Per Capita Living Floor Area of Urban Residents	6.1

PER CAPITA QUANTITY OF MAJOR INDICATORS

Data in terms of value are calculated at current prices.

1995	1996	1997	1998	1999	2000	2001
8608.50	10969.87	12672.66	13765.00	14751.09	16206.00	17882.00
13871.01	15743.78	17717.39	18064.57	19005.29	20805.00	23159.00
12532.87	14203.20	16032.20	16448.31	17359.51	19100.00	21384.00
1338.10	1540.58	1685.19	1616.21	1645.79	1706.00	1775.00
845.38	1014.61	1186.52	1374.73	1524.86	1694.00	1993.00
14.05	13.10	14.13	13.14	11.72	11.46	10.65
48.79	52.84	48.28	45.49	30.57	27.32	25.01
0.01	0.01	0.004	0.006	0.010	0.005	
771.50	758.73	846.87	844.00	850.27	901.91	945.99
975.28	1117.38	1320.26	1462.27	1542.07	1289.36	2022.2
675.96	658.83	702.67	689.06	691.97	724.31	788.06
245.40	237.45	235.61	212.55	209.85	175.30	159.45
6.42	4.68	5.24	3.59	2.89	2.71	2.89
15.83	15.85	16.57	17.57	18.61	23.49	24.03
349.13	420.98	488.68	532.00	573.81	595.04	662.77
3359	4277	4923	5458	5752	6601	7072
4710	5994	6807	7510	8030	9355	9995
1577	1939	2298	2569	2524	2672	2858
5327	5981	6406	6746	7091	7628	9080
347.52	391.90	464.42	492.71	521.84	563.39	608.75
338.23	371.32	393.26	438.70	454.40	506.23	528.52
1842	2210	2555	2730	2845	2953	
1443	1873	1952	2092	1922	1882	
3231	4763	5603	6807	7809.92	8855	
4992	7446	8741	10701	12378	14090	
907	1110	1232	1327	1338	1386	
7.2	7.5	7.8	8.1	8.5	8.8	9.65

1-11 国内生产总值及构成
GROSS DOMESTIC PRODUCT AND ITS COMPOSITION

本表按当年价格计算　　Data in this table are calculated at current prices.

年份 Year	国内生产总值(亿元) Gross Domestic Product (100 mil. yuan)	第一产业 Primary Industry	第二产业 Secondary Industry	第三产业 Tertiary Industry	构成(%) Composition (%)	第一产业 Primary Industry	第二产业 Secondary Industry	第三产业 Tertiary Industry	人均国内生产总值(元) Per Capita GDP (yuan)
1990	176.83	27.50	92.04	57.29	100.0	15.6	52.0	32.4	2673
1993	357.23	35.87	177.46	143.90	100.0	10.0	49.7	40.3	5192
1994	485.76	44.01	242.62	199.13	100.0	9.1	49.9	41.0	6980
1995	606.91	60.74	294.67	251.50	100.0	10.0	48.6	41.4	8609
1996	782.13	71.61	366.19	344.33	100.0	9.2	46.8	44.0	10970
1997	912.33	78.79	422.06	411.48	100.0	8.6	46.3	45.1	12673
1998	1001.89	75.85	449.72	476.32	100.0	7.6	44.9	47.5	13765
1999	1085.68	78.54	478.39	528.75	100.0	7.2	44.1	48.7	14751
2000	1206.84	81.36	533.31	592.17	100.0	6.7	44.2	49.1	16206
2001	1347.80	85.03	594.84	667.93	100.0	6.3	44.1	49.6	17882

1-12 国内生产总值及指数
GROSS DOMESTIC PRODUCT AND ITS INDICES

本表按1990年不变价格计算。　　Data in this table are calculated at 1990 constant prices.

年份 Year	国内生产总值(亿元) Gross Domestic Product (100 mil. yuan)	第一产业 Primary Industry	第二产业 Secondary Industry	第三产业 Tertiary Industry	指数 上年=100 Index (preceding year=100)	第一产业 Primary Industry	第二产业 Secondary Industry	第三产业 Tertiary Industry	人均国内生产总值(元) Per capita Gross Domestic Product (yuan)
1990	181.14	26.92	96.93	57.29	97.5	110.5	91.3	103.7	2738
1993	270.64	30.50	137.09	103.05	119.3	107.1	119.7	123.0	3933
1994	324.10	33.00	165.30	125.80	119.8	108.2	120.6	122.1	4658
1995	378.38	36.14	191.57	150.67	116.7	109.5	115.9	119.8	5367
1996	438.76	39.10	220.59	179.07	116.0	108.2	115.1	118.8	6153
1997	502.95	42.37	252.58	208.00	114.6	108.3	114.5	116.2	6986
1998	559.17	41.95	278.86	238.36	111.2	99.0	110.4	114.6	7682
1999	620.54	43.51	305.78	271.25	111.0	103.7	109.7	113.8	8431
2000	694.72	45.42	343.93	305.37	112.0	104.4	112.5	112.6	9329
2001	1351.64	85.67	601.87	664.10	112.0	105.3	112.9	112.1	17933

注:2001年数据按2000年价格计算。
Note: The datas in 2001 are calculated at 2000 prices.

1-13 分行业国内生产总值
GROSS DOMESTIC PRODUCT BY SECTOR

本表按当年价格计算。
单位：亿元

Data in in this table are calculated at current prices.
(100 mil. yuan)

项目 Item	1995	1996	1997	1998	1999	2000	2001
国内生产总值 Gross Domestic Product	606.91	782.13	912.33	1001.89	1085.68	1206.84	1347.80
第一产业 Primary Industry	60.74	71.61	78.79	75.85	78.54	81.36	85.03
第二产业 Secondary Industry	294.67	366.19	422.06	449.72	478.39	533.31	594.84
工业 Industry	244.39	300.91	346.60	366.68	387.38	434.33	485.01
建筑业 Construction	50.28	65.28	75.46	83.04	91.01	98.98	109.83
第三产业 Tertiary Industry	251.50	344.33	411.48	476.32	528.75	592.17	667.93
交通运输、仓储及邮电通信业 Transport, Storage, Post and Telecommunication Services	48.73	55.74	66.74	70.16	77.57	82.43	89.38
批发和零售贸易、餐饮业 Wholesale, Retail Trade and Catering Services	83.20	131.71	168.99	192.38	204.19	225.07	248.58
金融保险业 Banking and Insurance	40.06	52.12	35.80	28.47	31.48	41.54	43.70
房地产业 Real Estate	10.24	12.70	14.52	24.14	27.83	30.81	37.08
社会服务业 Social Services	18.79	28.75	44.29	58.94	66.46	73.87	88.28
卫生、体育和社会福利事业 Health, Sports and Social Welfare	8.72	11.75	14.55	16.49	17.54	20.81	26.19
教育、文化艺术和广播电视业 Education, Culture and Arts, Broadcasting, Television and Film	15.33	21.29	26.72	33.66	42.35	48.37	57.14
科学研究事业和综合技术服务业 Scientific Research, Polytechnical Services	6.07	7.07	10.28	16.30	19.38	20.65	22.42
地质勘探、水利业、农林牧渔服务业 Geological Prospecting, Water Conservancy, FFAF① Services	4.50	4.33	6.77	5.72	7.89	8.62	9.37
国家政党机关、社会团体 Government Agencies, Party Agencies, Social Bodies	11.32	13.19	16.01	21.88	24.82	29.84	33.59
其他行业 Others	4.54	5.68	6.81	8.18	9.24	10.16	12.20

①FFAF is the short form for Farming, Forestry, Animal Husbandry and Fishery.

1－14 国内生产总值要素构成(2001年)

COMPOSITION OF GROSS DOMESTIC PRODUCT IN 2000

本表按当年价格计算。 Data in this table are calculated at current prices.
单位：万元 (10 000 yuan)

项目 Item	增加值 Value－added	劳动者报酬 Remune－ration for Labor	固定资产折旧 Depreci－ation of Fixed Assets	生产税净额 Net Taxes on Prod－uction	补贴 Subsidy	营业盈余 Operation Surplus
国内生产总值 GDP	13478027	6737038	1728260	2034172	50489	2978557
第一产业 Primary Industry	850334	709846	10415	21617	11300	108456
农业 FFAF	850334	709846	10415	21617	11300	108456
第二产业 Secondary Industry	5948410	2051932	768931	1180035	31127	1947512
工业 Industry	4850058	1512193	698056	1050279	31127	1589530
建筑业 Construction	1098352	539739	70875	129756	—	357982
第三产业 Tertiary	6679283	3975260	948914	832520	8062	922589
交通运输、仓储及邮电通信业 Transport, Storage, Post and Telecommunication Services	893823	412324	239816	92867	—	148816
批发和零售贸易、餐饮业 Wholesale, Retail Trade , Catering Services	2485813	1501248	201312	455739	8062	327514
金融保险业 Banking And Insurance	437025	119600	45605	134221	—	137599
房地产业 Real Estate	370805	88278	92341	34618	—	155568
社会服务业 Social Services	882792	529479	133139	82681	—	137493
卫生、体育和社会福利事业 Health, Sports and Social Welfare	261871	230295	31863	104	—	－391
教育、文化艺术和广播电视事业 Education, Culture, Art , Broadcasting, Television, Film	571392	495615	59656	5864	—	10257
科学研究事业和综合技术服务业 Scientific Research, Polytechnical Services	224182	194345	20140	6239	—	3458
地质勘探、水利业、农林牧渔服务业 Geological Prospecting, Water Conservancy FFAF Services	93708	62375	8923	20135	—	2275
国家政党机关、社会团体 Government Organs, Party Organs, Social Bodies	335917	219746	116119	52	—	—
其他行业 Others	121955	121955	—	—	—	—

1-15 居 民 消 费 水 平
TOTAL CONSUMPTION OF RESIDENTS

项目 Item		2001	2000	2001年为2000年% 2001 Increase Rate Over 2000 %
一、按当年价格计算(元/人)	Calculated at Current Prices(yuan)			
全体居民消费水平	Per Capita Consumption of All Residents	7072	6601	107.1
农业居民	Farmer	2858	2672	107.0
非农业居民	Non-farmer	9995	9355	106.8
二、按可比价格计算(元/人)	Calculated at 2000(yuan)			
全体居民消费水平	Per Capita Consumption of All Residents	7103	6601	107.6
农业居民	Farmer	2861	2672	107.1
非农业居民	Non-farmer	10045	9355	107.4
三、居民年平均人口(万人)	Average Annual Population of Residents (10 000 persons)	753.71	774.70	101.2
农业居民	Farmer	308.69	306.90	100.6
非农业居民	Non-farmer	445.02	437.80	101.6

1-16 国民经济各部门总产出
TOTAL OUTPUT VALUE BY SECTOR IN NATIONAL ECONOMY

单位：万元 (10 000 yuan)

项目 Item		按当年价格计算 At Current Prices		按不变价格计算 At 2000 Prices		2001年为2000年% 2001 Increase Over 2000 %
		2001	2000	2001	2000	
总产出	Total Output	35223855	31275991	35539774	31275991	113.6
第一产业	Primary Industry	1337788	1269443	1347803	1269443	106.2
第二产业	Secondary Industry	20276539	18018032	20551296	18018032	114.1
工　业	Industry	16665776	14761612	16904060	14761612	114.5
建筑业	Construction	3610763	3256420	3647236	3256420	112.0
第三产业	Tertiary Industry	13609528	11988516	13640675	11988516	113.8
#运输仓储邮电业	Transport, Storage, Post and Telecommunication Services	1718890	1564148	1709523	1564148	109.3
零售批发贸易餐饮业	Wholesale & Retail Trade and Catering Services	6216533	5626808	6386427	5626808	113.5

主 要 统 计 指 标 解 释

国内生产总值 是按市场价格计算的国内生产总值的简称。它是一个国家(地区)所有常住单位在一定时期内生产活动的最终成果。国内生产总值有三种表现形态,即价值形态、收入形态和产品形态。从价值形态看,它是所有常住单位在一定时期内所生产的全部货物和服务价值超过同期投入的全部非固定资产货物和服务价值的差额,即所有常住单位的增加值之和;从收入形态看,它是所有常住单位在一定时期内所创造并分配给常住单位和非常住单位的初次分配收入之和;从产品形态看,它是最终使用的货物和服务减去进口货物和服务。在实际核算中,三种表现形态表现为三种计算方法,即生产法、收入法和支出法。三种方法分别从不同的方面反映国内生产总值及构成。

不变价格 指用同类产品的年平均价格作为固定价格,来计算各年产品价值。按不变价格计算的产品价值消除了价格变动因素,不同时期对比可以反映生产的发展速度。新中国成立后,随着工农业产品价格水平的变化,国家统计局先后五次制定了全国统一的工业产品不变价格和农业产品不变价格,从 1949 年到 1957 年使用 1952 年工(农)业产品不变价格,从 1957 年到 1971 年使用 1957 年不变价格,从 1971 年到 1981 年使用 1970 年不变价格,从 1981 年到 1990 年使用 1980 年不变价格,从 1990 年开始使用 1990 年不变价格,从 2001 年开始使用 2000 年不变价格,从 2001 年开始使用 2000 年不变价格。

平均每年增长速度 在我国计算平均增长速度有两种方法,一种是习惯上经常使用的"水平法",又称几何平均法,是以间隔期最后一年的水平同基期水平对比来计算平均每年增长(或下降)速度。另一种是"累计法",又称代数平均法或方程法,是以间隔期内各年水平的总和同基期水平对比来计算平均每年增长(或下降)速度。

在一般正常情况下,两种方法计算的平均每年增长速度比较接近,但在经济发展不平衡,出现大起大落时,两种方法计算的结果差别较大。

本书内所列的平均每年增长速度,除固定资产投资是用"累计法"计算以外,其余均用"水平法"计算。从某年到某年平均增长速度的年份,均不包括基期年在内。如建国四十三年的平均增长速度是以 1949 年为基期计算的,则写为 1950 — 1992 年平均增长速度,余类推。

各个计划时期 表内所用各个"时期"代表的年份如下:恢复时期为 1950 年到 1952 年;第一个五年计划时期(简称一五时期)为 1953 年到 1957 年;第二个五年计划时期(简称二五时期)为 1958 年到 1962 年;第三个五年计划时期(简称三五时期)为 1966 年到 1970 年;第四个五年计划期(简称四五时期)为 1971 年到 1975 年;第五个五年计划时期(简称五五时期)为 1976 年到 1980 年;第六个五年计划时期(简称六五时期)为 1981 年到 1985 年;第七个五年计划时期(简称七五时期)为 1986 年到 1990 年;第八个五年计划时期(简称八五时期)为 1991 年到 1995 年。

国有经济单位 指生产资料归国家所有的各种企业、事业单位,以及各级国家机关、人民团体等单位。

集体经济单位 指生产资料归公民集体所有的各种企业、事业单位。包括农村各种经济组织经营的农、林、牧、渔业,乡、村经营的企业,事业单位;城市、县、镇以及街道兴办的集体经济性质的企业、事业单位。

私营经济单位 指生产资料归公民私人所有的单位。包括私营独资企业、私营合伙企业和私营有限责任公司。

联营经济单位 指不同所有制性质的企业之间或者企业、事业单位之间共同投资组成新的经济实体。包括紧密型联营企业,半紧密型联营企业和松散型联营企业。

股份制经济单位 指全部注册资本由全体股东共同出资,并以股份形式投资举办企业。主要包括股份有限公司和有限责任公司。

外商投资经济单位 指外国投资者根据中华人民共和国有关涉外经济的法律、法规,以合资、合作或独资的形式在中国大陆境内开办企业。包括中外合资经营企业、中外合作经营企业和外资企业。

港、澳、台投资经济单位 指港、澳、台地区投资者参照中华人民共和国有关涉外经济的法律、法规,以合资、合作或独资的形式在大陆兴办企业。包括合资经营企业、合作经营企业和独资企业。

三次产业 根据社会生产活动历史发展的顺序对产业结构的划分,产品直接取自自然界的部门称为第一产业,对初级产品进行再加工的部门称为第二产业。为生产和消费提供各种服务的部门称为第三产业。它是世界上较为通用的产业结构分类,但各国的划分不尽一致。我国的三次产业划分是:

第一产业:农业(包括种植业、林业、牧业和渔业)。

第二产业:工业(包括采掘工业、制造业、自来水、电力、蒸气、热水、煤气)和建筑业。

第三产业:除第一、第二产业以外的其他各业。由于第三产业包括的行业多、范围广,根据我国的实际情况,第三产业可分为两大部分;一是流通部门,二是服务部门。具体又可分为四个层次:

第一层次:流通部门,包括交通运输业、邮电通讯业、商业、饮食业、物资供销和仓储业。

第二层次:为生产和生活服务的部门,包括金融、保险业,地质勘查业,房地产,公用事业,居民服务业,咨询服务业和综合技术服务业,农、林、牧、渔、水利服务业和水利业,公路、内河(湖)航道养护业等。

第三层次:为提高科学文化水平和居民素质服务的部门,包括教育、文化、广播电视,科学研究、卫生、体育和社会福利事业等。

第四层次:为社会公共需要服务的部门,包括国家机关、政党机关、社会团体,以及军队和警察等。

劳动者报酬 劳动者报酬是指劳动者因从事生产活动所获得的全部报酬。它包括劳动者获得的各种形式的工资、奖金和津贴，既包括货币形式的，也包括实物形式的，它还包括劳动者所享受的公费医疗和医药卫生费、上下班交通补贴和单位支付的社会保险费等。单位支付的社会保险费，就是单位直接支付给负责社会保险的政府单位（一般指劳动部门）的社会保险金或为本单位职工离退休、发生死亡、伤残、医疗保险等而支付的保险费。对于个体经济来说，其所有者所获得的劳动报酬和经营利润不易区分，这两部分统一作为劳动者报酬处理。

生产税净额 指生产税减生产补贴后的差额。生产税指政府对生产单位生产、销售和从事经营活动以及因从事生产活动使用某些生产要素，如固定资产、土地、劳动力所征收的各种税、附加费和规费。具体包括销售税金及附加、增值税、管理费中开支的各种税、应交纳的养路费、排污费和水电费附加、烟酒专卖上缴政府的专项收入等。生产补贴与生产税相反，是政府对生产单位的单方面收入转移，因此视为负生产税处理，包括政策亏损补贴、粮食系统价格补贴、外贸企业出口退税收入等。

固定资产折旧 指一定时期内为弥补固定资产损耗按照核定的固定资产折旧率提取的固定资产折旧，或按国民经济核算统一规定的折旧率虚拟计算的固定资产折旧。它反映了固定资产在当期生产中的转移价值。各种类型企业和企业化管理的事业单位的固定资产折旧指实际计提并计人成本费用中的折旧费；不计提折旧的单位，如政府机关、非企业化管理的事业单位和居民住房的固定资产折旧则是按照统一规定的折旧率和固定资产原值计算的虚拟折旧。原则上，固定资产折旧应按固定资产的重置价值来计算，但是我国目前尚不具备对全社会固定资产进行重估价的基础，所以暂时只能采用上述方法来计算。

营业盈余 指常住单位创造的增加值扣除劳动者报酬、生产税净额和固定资产折旧后的余额。它相当于企业的营业利润加上生产补贴，但要扣除从利润中开支的工资和福利以及从税后利润中提取的公益金等。

Explanatory Notes on Main Statistical Indicators

Gross Domestic Productrefers to gross domestic product calculated at market prices, which is the final products of all resident units in a country (or region) during a certain period of time. Gross domestic product is expressed in three different forms, i. e. value, income, and products respectively. The form of value refers to the total value of all products and services produced by all resident units during a certain period of time minus total value of input of materials and services of the nature of non – fixed assets or the summation of the value added of all resident units; the form of income includes all the income created by all resident units and distributed primarily to all resident and non – resident units, the form of products refers to all final goods and services minus imports of goods and services. In the practice of national accounting, gross domestic product is calculated with three approaches, i. e. product approach, income approach, and expenditure approach respectively to reflect gross domestic product and its composition from different aspects.

Constant Pricerefers to the average price of a given product in certain year, which is used for comparison of output value over time. As the output value at constant prices removes the factor of price changes, it reflects the trend of production development over time. Since 1949, with the changes in general price level, the State Statistical Bureau has issued nationally unified constant prices five times: the 1952 constant prices for 1949 – 1957; the 1957 constant prices for 1958 – 1970; the 1970 constant prices for 1971 – 1981; the 1980 constant prices for 1981 – 1990: and the 1990 constant prices have been used since 1990; and the 2000 constant prices have been used sine 2001.

Average Annual Growth Rate Two methods for calculating average annual growth rate are applied in China, one is often called "level approach" or the method of calculating geometric average, which is derived by comparing the level of the last year of the interval with that of the beginning year; the other is called "accumulative approach" or algebraic average or equation method, which is derived by the summation of the actual figure of each year in the interval divided by the figure in the base year.

Usually the results calculated by the two methods are fairly close, but they differed sharply when uneven economic development occurred with striking fluctuations in growth .

The average annual growth rates listed in this statistical yearbook are calculated by "level approach" except for the growth rate of investment in fixed assets. The base years are not listed when the years are listed for average annual growth rates. For instance, the average annual growth rate of 43 years since 1949 is listed as average annual growth rate of 1950 – 1992 without listing the base year 1949. And the analogy of this is also for the rest.

Various Planning Periods The conventional division of time period in this statistical yearbook is as follows: Economic Rehabilitation Period, 1950 – 1952; The first five – year plan period, 1953 – 1957; The second five – year plan period. 1958 – 1962; The third five – year plan period, 1966 – 1970; The fourth five – year plan period, 1971 – 1975; The fifth five – year plan period. 1976 – 1980; The sixth five – year plan period, 1985; The seventh five – year plan period, 1986 – 1990; The eighth five – year plan period, 1991 – 1995 .

State – owned Economic Unitsrefer to various enterprises, institutions, and government administrative organizations at various levels, social organizations and etc. , with state ownership of production means.

Collective – owned Economic Unitsrefer to various enterprises and institutions with collective ownership of production means, including various rural economic organizations engaged in farming, forestry, animal husbandry, and fishery, enterprises and institutions run by townships and villages; collective enterprises and institutions run by cities, counties, towns and subdistrict offices.

Private – owned Economic Unitsrefer to economic units owned by private individuals, including individual owned private enterprises, jointly owned private enterprises, and private owned companies, Ltd.

Joint Owned Unitsrefer to economic entities jointly invested by enterprises of different types of ownership or by enterprises and institutions, and the partnerships among the joint owned units can be close, half close, or loose. **Share Holding Economic Units**refer to enterprises invested in the form of share holding with its investment by all the share holders, which mainly include companies limited by shares and companies with limited liabilities.

Foreign Owned Economic Unitsrefer to enterprises established by foreigners in the territory of mainland China according to related economic laws and regulations of the People's Republic of China as joint ventures, cooperative corporations, or ventures exclusively with sole investment, including joint ventures, cooperative enterprises, and foreign enterprises.

Economic Units Funded by Overseas Chinese from Hong Kong, Macao, and Taiwanrefer to enterprises established by entrepreneur from Hong Kong, Macao, and Taiwan in the territory of mainland China according to related economic laws and regulations of the People's Republic of China as joint ventures, cooperative corporations and ventures exclusively with sole investment, including joint ventures, cooperative enterprises, and exclusively invested enterprises.

Three Industries Industry Structure has been classified according to the historical sequence of development. Primary industry refers to extraction of natural resources; secondary industry involves processing of primary products; and tertiary industry provides services of various kinds for production and consumption. The above classification is universal although it varies to some extent form country to country. Industry in China comprises:

Primary industry: agriculture (including farming, forestry, animal husbandry and fishery).

Secondary industry: industry (including mining and quarrying, manufacturing, water supply, electricity generation and supply, steam, hot water, gas) and construction.

Tertiary industry: all other industries not included in primary or secondary industry.

Due to the fact that tertiary industry involves in a large variety of industries in China, it is divided into two sectors: circulation sector and service sector and further into four levels:

The first level: circulation sector, including transportation, postal and telecommunications, services, commerce, catering trade, material supply and marketing, and storage.

The second level: service sector providing services for production and consumption, including banking, insurance, geological survey real estates, public utilities, service for residents, consultant service, and comprehensive technical services, and service for agriculture, forestry, animal husbandry, fishery, water conservancy, and maintenance of roads

The third level: service sector for upgrading scientific, educational and cultural level of the people, including education, culture, broadcasting, television, scientific research, public health, sports and social welfare, etc.

The fourth level: sector providing services for public needs, including government agencies, political and party organizations, social organizations, armies, and policemen.

Laborers' Remuneration refers to the whole payment earned by the laborers from the productive activities they are engaged in. It includes wages, bonuses and allowances the laborers earned in various forms, including monetary form and form in kind. It also includes the free medical services provided to the laborers and the medicine expenses, traffic subsidies and social insurance fee paid by the laborers' working units for them. The social insurance fee paid by the laborers' working units refer to the social insurance fee paid directly by the working units to the government department (usually the department of labor) or the insurance fee paid by the enterprises and institutions for the retirement, death, and medical injury treatment of the staff and workers. As the individual economy is concerned, since the laborers' remuneration is not easily distinguished from the operating profit, both are treated as laborers' remuneration.

Net Taxes on Productionrefers to the difference of the taxes on production minus the subsidies on production. The taxes on production refers to the various taxes, extra charges and fees levied on the production units on their production, sale and business activities as well as on some factors of production, such as fixed assets, land and labor force, used in the production activities they are engaged in. Specifically speaking, they include sales tax and extra charges, value added tax, various taxes paid in the administrative expenses, road toll payable, sewage charges, extra charges on water and electric power consumed, special revenue turned over to the government by the monopolized trade of tobacco and liquor, etc. In contrast to the taxes on production, the subsidies on production is the unilateral transfer of part of the government's revenue to the production units and is therefore treated as the negative taxes on production. They include subsidies on the loss due to implementation of government policies, price subsidies to the grain institutions, foreign trade corporations' receipts from drawback, etc.

Depreciation of Fixed Assetsrefers to the depreciation of fixed assets drawn in accordance with the stipulated depreciation rate for the purpose of compensating the wear loss of the fixed assets or the depreciation of fixed assets calculated in a fictitious way in accordance with the stipulated unified depreciation rate in the national economic accounting system. It reflects the value of transfer of the fixed assets in the production of the current period. The depreciation of fixed assets in various enterprises and institutions managed as enterprises refers to the depreciation expenses actually drawn and calculated as part of the cost. In the units which do not draw the depreciation expenses, such as government agencies, institutions not managed as enterprises as well as the houses of residents, the depreciation of fixed assets is the fictitious depreciation, which is calculated in accordance with the stipulated unified depreciation rate. In principle, the depreciation of fixed assets should be calculated on the basis of the re - purchased value of the fixed assets. However, there is no actual condition to re - evaluate all the fixed assets in China. Therefore, the above - mentioned methods are temporarily adopted at present.

Operating Surplusrefers to the balance of the value added created by the resident units deducting the laborers' remuneration, net taxes on production and the depreciation of fixed assets. It is equivalent to the business profit of the enterprises plus subsidies on production, but the wages and welfare expenses paid from the profits and the public welfare fund drawn from the post - tax profits should be deducted.

二、人口与劳动工资

POPULATION, EMPLOYMENT AND WAGE

资料整理人员：陈仁智　罗厚淳　余芙蓉　帅国豪　万庆敏　杨伟成　李　采

STAFF FOR DATA PROCESSING:

Chen Renzhi　Luo Houchun　Yu Furong　Shuai Guohao　Wan Qingming　Yang Weicheng　Li Cai

2－1 户 数、人 口 数
NUMBER OF HOUSEHOLDS AND POPULATION

年份 Year	总户数(户) Number of Households(household)			总人口数(人) Total Population (person)		
	全市 The Whole City	市区 Districts	市辖县 Counties	全市 The Whole City	市区 Districts	市辖县 Counties
1978	1242830	779952	467238	5482880	3322161	2160719
1979	1265333	805526	459807	5583605	3433589	2150016
1980	1295255	830192	465063	5672307	3509273	2163034
1981	1354643	874370	480273	5779010	3597711	2181299
1982	1394258	909938	484320	5869748	3670204	2199544
1983	1431570	941572	489998	5943953	3727202	2216751
1984	1468176	973558	494618	6005880	3780639	2225241
1985	1513285	1004550	508735	6083925	3837778	2246147
1986	1569960	1045759	524201	6199553	3941133	2258420
1987	1618773	1090338	528435	6293398	4023135	2270263
1988	1679344	1125273	554071	6417236	4101710	2315526
1989	1736160	1164641	571519	6532563	4172870	2359693
1990	1788289	1202528	585761	6697458	4245531	2451927
1991	1847598	1249019	598579	6770312	4290091	2480221
1992	1882288	1274475	607813	6844645	4331477	2513168
1993	1908908	1293022	615886	6916923	4376387	2540536
1994	1942012	1310771	631241	7000050	4436130	2563920
1995	1963446	1326770	636676	7100100	4494872	2605228
1996	1991734	1502525	489209	7159414	5172500	1986914
1997	2012794	1528372	484422	7239017	5241346	1997671
1998	2054327	1555256	499071	7317907	5302373	2015534
1999	2087144	2087144	—	7401993	7401993	—
2000	2136596	2136596	—	7491943	7491943	—
2001	2186562	2186562	—	7582259	7582259	—

2-2 人口构成
POPULATION COMPOSITION

项目 Item		全市 The Whole City 人口(人) Population (person)	比重(%) as Percentage in Total Population(%)
2000年合计	Total in 2000	7491943	100.00
其中：男	Male	3851969	51.41
女	Female	3639974	48.59
农业人口	Agricultural Population	3080543	41.12
非农业人口	Non-agricultural Population	4411400	58.88
2001年合计	Total in 2001	7582259	100.00
其中：男	Male	3902378	51.47
女	Female	3679881	48.53
农业人口	Rural Population	3093367	40.80
非农业人口	Urban Population	4488892	59.20

2-3 人口变动
POPULATION CHANGES

项目 Item		全市 The Whole City 2000	2001
出生人口(人)	Number of Births (person)	63641	59164
死亡人口(人)	Number of Deaths (person)	42258	37482
自然增长人口(人)	Natural Increase In Population(person)	21383	21682
净迁移人口(人)	Net Migrating Population (person)	42641	59687
出生率(‰)	Birth Rate (‰)	8.55	7.85
死亡率(‰)	Death Rate (‰)	5.67	4.97
自然增长率(‰)	Natural Growth Rate (‰)	2.88	2.88
净迁移率(‰)	Net Migrating Rate (‰)	5.73	7.92

2-4 计 划 生 育（2001年）
STATISTICS ON FAMILY PLANNING (2001)

城（郊）区 District		出生婴儿（人）Number of Infant Birth (person)	一孩率（%）the First Child Rate (%)	二孩率（%）the Second Child Rate (%)	多孩率（%）Rate of The Third Child and above (%)	计划生育率（%）Family Planning Rate(%)	独生子女领证率（%）Percentage of Women Who Have Certificate of The Only Child(%)
总　计	**Total**	**54428**	**85.21**	**14.37**	**0.42**	**98.79**	**36.67**
江 岸 区	Jiang'An	4327	91.70	8.23	0.07	99.75	56.88
江 汉 区	Jiang Han	2951	92.51	7.39	0.10	99.93	60.30
硚 口 区	Qiao kou	4129	90.63	9.23	0.15	99.73	63.66
汉 阳 区	Han Yang	2737	92.91	6.98	0.11	99.74	64.86
武 昌 区	Wu Chang	6272	93.37	6.60	0.03	99.92	63.74
青 山 区	Qing Shan	3261	94.42	5.58	0.00	100.00	58.75
洪 山 区	Hong Shan	4519	87.87	12.04	0.09	99.76	45.59
东西湖区	Dong Xi Hu	2463	87.29	12.51	0.20	99.27	41.24
汉 南 区	Han Nan	737	86.97	12.62	0.41	99.19	43.79
蔡 甸 区	Cai Dian	3318	84.81	14.80	0.39	98.04	16.42
江 夏 区	Jiang Xia	4393	79.74	19.62	0.64	98.16	17.10
黄 陂 区	Huang Pi	7563	73.58	25.24	1.18	96.58	12.62
新 洲 区	Xin Zhou	7055	74.05	25.02	0.94	97.52	2.23
武汉经济技术开发区	Wuhan Economic and Technical Development Zone	491	90.22	9.37	0.41	98.98	21.50
东湖新技术开发区	Dong Hu Development Zone	212	70.75	28.77	0.47	99.53	16.04

2-5 分年龄的人口数(2001年)
POPULATION GROUPED BY AGE (2001)

单位：人 (person)

项 目 Item	全 市 The Whole City 合 计 Total	 男 Male	 女 Female
总 计 Total	7582259	3902378	3679881
0-4岁(years old)	238866	131453	107413
0	38124	20914	17210
1	47783	26323	21460
2	49106	27279	21827
3	51498	28335	23163
4	52355	28602	23753
5-9岁(years old)	397697	214871	182826
5	60368	32800	27568
6	69942	38507	31435
7	82088	44617	37471
8	91135	48628	42507
9	94164	50319	43845
10-14岁(years old)	598996	312240	286756
10	103268	54976	48292
11	115118	60058	55060
12	126419	65915	60504
13	125394	64945	60449
14	128797	66346	62451
15-19岁(years old)	674441	350136	324305
15	121004	62540	58464
16	115427	59585	55842
17	122018	62834	59184
18	142892	73887	69005
19	173100	91290	81810
20-24岁(years old)	756487	415285	341202
20	177807	96636	81171
21	159159	89731	69428
22	154932	85774	69158
23	138437	75998	62439
24	126152	67146	59006

续 表1 Continued

单位：人 (person)

项 目 Item	全 市 The Whole City		
	合 计 Total	男 Male	女 Female
25－29岁(years old)	585272	303351	281921
25	119583	62874	56709
26	116371	60393	55978
27	110449	56809	53640
28	112720	58370	54350
29	126149	64905	61244
30－34岁(years old)	695573	353315	342258
30	130940	66819	64121
31	145421	73840	71581
32	145028	73328	71700
33	157232	79616	77616
34	116952	59712	57240
35－39岁(years old)	732109	374939	357170
35	121730	62591	59139
36	120708	61976	58732
37	139998	71808	68190
38	182409	93346	89063
39	167264	85218	82046
40－44岁(years old)	588967	298549	290418
40	110604	55990	54614
41	89429	44632	44797
42	110619	56713	53906
43	133045	67761	65284
44	145270	73453	71817
45－49岁(years old)	623993	313122	310871
45	134365	67347	67018
46	123385	61963	61422
47	134829	67588	67241
48	119943	59979	59964
49	111471	56245	55226

续 表2 Continued

单位：人 (person)

项 目 Item	全 市 The Whole City 合 计 Total	男 Male	女 Female
50 - 54 岁 (years old)	474788	243532	231256
50	100637	51335	49302
51	99795	50707	49088
52	99053	51372	47681
53	88708	45336	43372
54	86595	44782	41813
55 - 59 岁 (years old)	313639	161335	152304
55	78235	40378	37857
56	63426	32758	30668
57	61674	32128	29546
58	54627	27904	26723
59	55677	28167	27510
60 - 64 岁 (years old)	276915	139012	137903
60	62504	31865	30639
61	57202	28805	28397
62	50098	25099	24999
63	54479	27196	27283
64	52632	26047	26585
65 - 69 岁 (years old)	254435	124999	129436
65	54253	27101	27152
66	52310	25491	26819
67	51357	24915	26442
68	53828	26688	27140
69	42687	20804	21883
70 - 74 岁 (years old)	172080	84635	87445
70	38743	19499	19244
71	38172	19303	18869
72	33336	16180	17156
73	31866	15416	16450
74	29963	14237	15726

续　表3　Continued

单位：人　　(person)

项　目 Item	全　市 The Whole City 合　计 Total	男 Male	女 Female
75－79岁(years old)	112605	50040	62565
75	26759	12462	14297
76	24553	11252	13301
77	24186	10643	13543
78	20174	8518	11656
79	16933	7165	9768
80－84岁(years old)	55930	22071	33859
80	15226	6304	8922
81	12811	5090	7721
82	11176	4438	6738
83	9067	3417	5650
84	7650	2822	4828
85－89岁(years od)	22808	7648	15160
85	6431	2276	4155
86	5535	1896	3639
87	4775	1566	3209
88	3365	1052	2313
89	2702	858	1844
90－94岁(years old)	5469	1562	3907
90	2054	631	1423
91	1285	391	894
92	933	228	705
93	740	198	542
94	457	114	343
95－99岁(years old)	1043	253	790
95	366	97	269
96	267	64	203
97	173	44	129
98	131	31	100
99	106	17	89
100岁及以上(100 and Over)	146	30	116

2-6 死亡人口年龄(2001年)
NUMBER OF DEATHS BY AGE OF DEATHS(2001)

单位：人 (person)

项目 Item	全市 The Whole City		
	合计 Total	男 Male	女 Female
总计 Total	37482	20583	16899
0-4岁(years old)	227	126	101
5-9岁	192	110	82
10-14岁	280	175	105
15-19岁	261	158	103
20-24岁	350	203	147
25-29岁	422	237	185
30-34岁	619	397	222
35-39岁	884	555	329
40-44岁	1179	749	430
45-49岁	1576	989	587
50-54岁	1792	1108	684
55-59岁	2057	1264	793
60-64岁	3004	1741	1263
65-69岁	4590	2756	1834
70-74岁	5327	3139	2188
75-79岁	5619	3062	2557
80-84岁	4720	2202	2518
85-89岁	3079	1217	1862
90-94岁	1041	323	718
95-99岁	231	63	168
100及以上(100 and over)	32	9	23

2－7 历年社会劳动者(从业人员)人数
EMPLOYMENT IN VARIOUS YEARS

单位：人 (person)

年份 Year	合计 Total	职工 Staff And Workers	国有经济单位 State－Owned Units	城镇集体经济单位 Urban Collective Owned Units	其他经济类型单位 Units of Other Types of Ownership	城镇个体劳动者 Urban Individuals	农村乡村劳动者 Rural Individuals	私营经济 Private Enterprises
1949	934540	183811	95897	87914		42129	708600	
1950	970456	212926	123899	89027		36130	721400	
1951	1027310	255494	154917	100577		33416	738400	
1952	1052079	268422	215868	52554		30157	753500	
1953	1148644	339273	281095	58178		33171	776200	
1954	1182805	362955	312861	50094		38150	781700	
1955	1251921	382432	335474	46958		30889	838600	
1956	1506083	597013	476996	120017		28770	880300	
1957	1527035	627768	483788	143982		35565	863700	
1958	1754068	912815	797759	115056		5953	835300	
1959	1705391	941424	812331	129093		1067	762900	
1960	1768486	1004289	843609	160680		2997	761200	
1961	1663471	833232	696101	137131		5939	824300	
1962	1590317	714188	583318	130870		18229	857900	
1963	1654940	729714	598391	131323		19826	905400	
1964	1729610	784352	627876	156476		16058	929200	
1965	1782996	818602	666031	152571		12894	951500	
1966	1801323	838370	681691	156679		7953	955000	
1967	1828293	867893	706837	161056		—	960400	
1968	1883844	886744	721189	165555		—	997100	
1969	1972699	930999	739006	191993		—	1041700	
1970	2065762	999562	800299	199263		—	1066200	
1971	2185510	1112610	905340	207270		—	1072900	
1972	2251762	1176762	950212	226550		—	1075000	
1973	2305596	1200496	950508	249988		—	1105100	

注：职工人数含铁路职工数。
Note: Staff and Workers in railway system are included in Staff and Workers.

续 表 Continued

单位：人 (person)

年份 Year	合计 Total	职工 Staff And Workers	国有经济单位 State-Owned Units	城镇集体经济单位 Urban Collective Owned Units	其他经济类型单位 Units of Other Types of Ownership	个体劳动者 Urban Individuals	农村乡村劳动者 Rural Individuals	私营经济 Private Enterprises
1974	2353033	1219233	962126	257107	—	—	1133800	—
1975	2464088	1320588	1014578	306010	—	—	1143500	—
1976	2523109	1390009	1065080	324929	—	—	1133100	—
1977	2579060	1458260	1130773	327487	—	—	1120800	—
1978	2719234	1582234	1250430	331804	—	—	1137000	—
1979	2801742	1661206	1245788	415418	—	3336	1137200	—
1980	2932485	1779045	1308905	470140	—	5540	1147900	—
1981	3056426	1900545	1385403	515142	—	8981	1146900	—
1982	3131774	1957870	1425084	532786	—	10804	1163100	—
1983	3197671	2018590	1482655	535935	—	19481	1159600	—
1984	3259660	2050282	1491358	557460	1464	29978	1179400	—
1985	3358067	2125500	1544054	579619	1827	40367	1192200	—
1986	3409038	2153563	1557118	594089	2356	34975	1220500	—
1987	3482989	2195032	1599477	592870	2685	39557	1248400	—
1988	3512528	2230171	1634245	592032	3894	49457	1232900	—
1989	3551532	2249871	1653159	590704	6008	58561	1243100	—
1990	3577977	2271208	1679906	584459	6843	52069	1254700	—
1991	3602369	2301518	1697827	587195	16496	46189	1246200	8462
1992	3606069	2300186	1710755	570739	18692	52159	1244600	9124
1993	3749200	2335800	1732300	535300	69200	148900	1234200	29300
1994	3868272	2263362	1683859	487028	92475	281153	1247100	76657
1995	3986400	2223000	1667100	432700	123200	374800	1285100	103500
1996	4064200	2188500	1645000	411300	132200	404800	1218700	252200
1997	4118300	2164400	1619100	406100	139200	457600	1214100	282200
1998	4152000	2107400	1554300	366400	186700	514900	1203600	326100
1999	4177800	2068900	1504900	338000	226000	541500	1214400	353000
2000	4178000	1996400	1440400	289500	266500	636100	1213000	332500
2001	4061200	1929600	1385200	231800	312600	596700	1203300	331600

2-8 分产业社会劳动者(从业人员)人数
NUMBER OF EMPLOYED PERSONS BY TYPE OF INDUSTRY

单位：人 (person)

项目	Item	1995	1996	1997	1998	1999	2000	2001
总计	Total	3986400	4064200	4118300	4152000	4177800	4178000	4061200
第一产业	Primary Industry	936400	914300	929700	928500	929600	914300	904200
第二产业	Secondary Industry	1509800	1546000	1542200	1522500	1518700	1489500	1414700
第三产业	Tertiary Industry	1540200	1603900	1646400	1701000	1729500	1774200	1742300

2-9 城镇失业人员就业情况
NUMBER OF URBAN UNEMPLOYED PERSONS EMPLOYED

单位：人 (person)

项目	Item	1995	1996	1997	1998	1999	2000	2001
合计	Total	44000	46113	50800	51300	52000	62000	67028
国有单位招收	Recruits of State - owned Units	5991	7297	6100	8300	22500	17771	17329
集体单位招收	Recruits of Collective Owned Units	6042	9073	15000	14200	7900	6473	10196
其他经济单位招收	Recruits of Units of Other Types of Economy	4735	15220	5800	15700	12700	31785	29662
个体劳动者	Individuals	12900	7744	7100	11400	5300	4768	8664
其他	Others	14332	16779	16800	1700	3600	1203	1177

2－10 职工年末人数
NUMBER OF STAFF AND WORKERS IN VARIOUS YEARS(YEAR－END)

单位：人 (person)

年份 Year	合计 Total	按性别分 Grouped By Sex		按经济类型分 Grouped By Ownership		
		男职工 Male	女职工 Female	国有经济 State－owned Unit	集体经济 Collective Owned Units	其他经济 Others
1949	183811	—	—	95897	87914	—
1950	212926	—	—	123899	89027	—
1951	255494	—	—	154917	100577	—
1952	268422	—	—	215868	52554	—
1953	339273	—	—	281095	58178	—
1954	362955	—	—	312861	50094	—
1955	382432	—	—	335474	46958	—
1956	597013	—	—	476996	120017	—
1957	627768	—	—	483788	143980	—
1958	912815	—	—	797759	115056	—
1959	941424	—	—	812331	129093	—
1960	1004289	—	—	843609	160680	—
1961	833232	—	—	696101	137131	—
1962	714188	—	—	583318	130870	—
1963	729714	—	—	598391	131323	—
1964	784352	—	—	627876	156476	—
1965	818602	—	—	666031	152571	—
1966	838370	—	—	681691	156679	—
1967	867893	—	—	706837	161056	—
1968	886744	—	—	721189	165555	—
1969	930999	—	—	739006	191993	—
1970	999562	—	—	800299	199263	—
1971	1112610	—	—	905340	207270	—
1972	1176762	—	—	950212	226550	—
1973	1200496	—	—	950508	249988	—

续表 Continued

单位：人 (person)

年份 Year	合计 Total	按性别分 Grouped By Sex 男职工 Male	女职工 Female	按经济类型分 Grouped By Ownership 国有经济 State - owned Unit	集体经济 Collective Owned Units	其他经济 Others
1974	1219233	—	—	962126	257107	—
1975	1320588	—	—	1014578	306010	—
1976	1390009	—	—	1065080	324929	—
1977	1458260	893760	564500	1130773	327487	—
1978	1582234	957913	624321	1250430	331804	—
1979	1661206	987682	673524	1245788	415418	—
1980	1779045	1029561	749484	1308905	470140	—
1981	1900545	1109010	791535	1385403	515142	—
1982	1957870	1131753	826117	1425084	532786	—
1983	2018590	1187008	831582	1482655	535935	—
1984	2050282	1223005	827277	1491358	557460	1464
1985	2125500	1250960	874540	1544054	579619	[illegible]
1986	2153563	1267028	886535	1557118	594089	2356
1987	2195032	1282102	912930	1599477	592870	2685
1988	2230171	1293418	936753	1634245	592032	3894
1989	2194541	1256030	938511	1597829	590704	6008
1990	2208406	1259361	949045	1621657	579906	6843
1991	2238764	1272299	966465	1639883	582385	16496
1992	2238367	1272596	965771	1653336	566339	18692
1993	2234649	1293389	941260	1652658	514979	67012
1994	2166722	1234443	932279	1604331	471167	91224
1995	2136068	1209075	926993	1590970	423212	121886
1996	2102438	1193061	909377	1567739	403065	131634
1997	2080056	1188376	891680	1544150	397581	138325
1998	2023702	1156141	867561	1474913	362121	186668
1999	1975376	1148562	826814	1415312	334014	226050
2000	1900560	1113144	787416	1347993	286019	266548
2001	1803937	1066803	737134	1268677	228331	306929

2-11 分行业职工年末人数(2001年)
NUMBER OF STAFF AND WORKERS BY SECTOR AT THE YEAR-END(2001)

单位：人 (person)

项目 Item	合计 Total	国有 State-owned Units	集体 Collective Owned Units	其他 Units of Other Types of Ownership
总计 Total	1803937	1268677	228331	306929
一、按企业、事业、机关单位分组 Grouped by Enterprises、Institutions and Agencies				
1.企业 Enterprises	1406122	881323	218636	306163
2.事业 Institutions	314080	303807	9507	766
3.机关 Agencies	83735	83547	188	—
二、按国民经济行业分组 Grouped by Sector				
(一)农、林、牧、渔业 Farming、Forestry、Animal Husbandry and Fishery	75739	74217	1115	407
(二)采掘业 Mining and Quarrying	1467	1415	1	51
(三)制造业 Manufacturing	714892	410720	139564	164608
(四)电力、煤气及水的生产和供应业 Electric Power、Gas and Water Production and Supply	26027	23732	326	1969
(五)建筑业 Construction	122105	90046	17539	14520
(六)地质勘查业、水利管理业 Geological Prospecting and Water Conservancy	19654	19654	—	—
(七)交通运输、仓储及邮电通信业 Transportation、Storage、Post and Telecommunication Services	116439	90753	17688	7998
(八)批发和零售贸易、餐饮业 Wholesale & Retail Trade and Catering Services	211775	108643	32581	70551
(九)金融、保险业 Banking and Insurance	36542	23360	2983	10199
(十)房地产业 Real Estate	17693	11447	371	5875
(十一)社会服务业 Social Services	99400	64697	10276	24427
(十二)卫生、体育和社会福利业 Health care、Sports and Social Welfare	58450	54241	3595	614
(十三)教育、文化艺术及广播电影电视业 Education、Culture and Arts、Radio、Film and Television	171198	170684	469	45
(十四)科学研究和综合技术服务业 Scientific Research and Polytechnical Services	39692	33799	287	5606
(十五)国家机关、政党和社会团体 Government Agencies、Party Agencies and Social Organizations	85037	84788	249	—
(十六)其他行业 Other Trades	7827	6481	1287	59

2-12 分行业职工平均人数(2001年)
AVERAGE NUMBER OF STAFF AND WORKERS BY SECTOR (2001)

单位：人 (person)

项目 Item	合计 Total	国有 State-owned Units	集体 Collective Owned Units
总计 Total	1831058	1294787	234485
一、按企业、事业、机关单位分组 Grouped by Enterprises、Institutions and Agencies			
1.企业 Enterprises	1433439	907521	224869
2.事业 Institutions	314153	303990	9426
3.机关 Agencies	83466	83276	190
二、按国民经济行业分组 Grouped by Sector			
(一)农、林、牧、渔业 Farming、Forestry、Animal Husbandry and Fishery	74778	73253	1118
(二)采掘业 Mining and Quarrying	1441	1383	1
(三)制造业 Manufacturing	728116	426844	141683
(四)电力、煤气及水的生产和供应业 Electric Power、Gas and Water Production and Supply	26156	23667	325
(五)建筑业 Construction	124768	90057	18101
(六)地质勘查业、水利管理业 Geological Prospecting and Water Conservancy	19644	19644	—
(七)交通运输、仓储及邮电通信业 Transportation、Storage、Post and Telecommunication Services	120083	94059	17969
(八)批发和零售贸易、餐饮业 Wholesale & Retail Trade and Catering Services	221945	116435	35741
(九)金融、保险业 Banking and Insurance	36401	23663	3012
(十)房地产业 Real Estate	17938	11717	376
(十一)社会服务业 Social Services	99195	64367	10370
(十二)卫生、体育和社会福利业 Health care、Sports and Social Welfare	58380	54377	3567
(十三)教育、文化艺术及广播电影电视业 Education、Culture and Arts、Radio、Film and Television	170905	170383	477
(十四)科学研究和综合技术服务业 Scientific Research and Polytechnical Services	39066	34222	288
(十五)国家机关、政党和社会团体 Government Agencies、Party Agencies and Social Organizations	84809	84558	251
(十六)其他行业 Other Trades	7433	6158	1206

2－13　分行业职工工资总额(2001 年)
TOTAL WAGES OF STAFF AND WORKERS BY SECTOR(2001)

单位:万元　　　　　　　　　　　　　　　　　　　　　　　　　(10 000 yuan)

项　　　　目 Item	工资总额 Total	国　有 State－owned Units	集　体 Collective Owned Units	其　他 Units of Other Types of Ownership
总　计 Total	1662643.9	1295389.7	94740.8	272513.4
一、按企业、事业、机关单位分组 Grouped by Enterprises、Institutions and Agencies				
1.企　业 Enterprises	1220064.5	761424.4	86956.6	271683.5
2.事　业 Institutions	412293.0	403906.3	7556.8	829.9
3.机　关 Agencies	130286.4	130059.0	227.4	—
二、按国民经济行业分组 Grouped by sector				
(一)农、林、牧、渔业 Farming、Forestry、Animal Husbandry and Fishery	36072.4	35272.8	518.7	280.9
(二)采 掘 业 Mining and Quarrying	679.6	661.2	0.4	18.0
(三)制 造 业 Manufacturing	526333.1	353749.0	45593.0	126991.1
(四)电力、煤气及水的生产和供应业 Electric Power、Gas and Water Production and Supply	35553.6	31058.1	502.5	3993.0
(五)建 筑 业 Construction	94108.9	70242.7	12373.2	11493.0
(六)地质勘查业、水利管理业 Geological Prospecting and Water Conservancy	23963.9	23963.9	—	
(七)交通运输、仓储及邮电通信业 Transportation、Storage、Post and Telecommunication Services	114091.1	97834.9	6097.2	10159.0
(八)批发和零售贸易、餐饮业 Wholesale & Retail Trade and Catering Services	151245.3	81677.1	12820.9	56747.3
(九)金融、保险业 Banking and Insurance	56075.3	35090.7	2784.6	18200.0
(十)房地产业 Real Estate	20628.1	10961.0	355.5	9311.6
(十一)社会服务业 Social Services	86276.6	50682.8	9127.1	26466.7
(十二)卫生、体育和社会福利业 Health Care、Sports and Social Welfare	81649.9	78478.6	2463.1	708.2
(十三)教育、文化艺术及广播电影电视业 Education、Culture and Arts、Radio、Film and Television	237048.4	236675.4	342.9	30.1
(十四)科学研究和综合技术服务业 Scientific Research and Polytechnical Services	56968.3	48650.3	254.2	8063.8
(十五)国家机关、政党和社会团体 Government Agencies 、Party Agencies and Social Organizations	132921.9	132606.9	315.0	—
(十六)其他行业 Other Trades	9027.5	7784.3	1192.5	50.7

2-14 历年职工年平均工资
ANNUAL AVERAGE WAGE OF STAFF AND WORKERS IN VARIOUS YEARS

单位：元　　　　　　　　　　　　　　　　　　　　　　　　　　　　　　(yuan)

年份 Year	合计 Total	国有 State-owned Units	集体 Collective Owned Units	年份 Year	合计 Total	国有 State-owned Units	集体 Collective Owned Units
1949	548	630	455	1975	589	622	486
1950	464	503	412	1976	570	602	471
1951	485	523	430	1977	568	601	469
1952	533	535	524	1978	620	651	508
1953	546	562	471	1979	679	715	558
1954	548	565	452	1980	780	829	640
1955	569	577	480	1981	770	810	658
1956	621	644	505	1982	786	824	683
1957	637	668	527	1983	798	838	691
1958	597	619	490	1984	968	1023	831
1959	549	566	433	1985	1107	1176	928
1960	559	577	456	1986	1239	1325	1021
1961	555	574	455	1987	1379	1478	1211
1962	595	617	491	1988	1630	1747	1319
1963	630	653	520	1989	1893	2028	1526
1964	651	677	537	1990	2093	2244	1669
1965	648	676	532	1991	2332	2483	1901
1966	639	666	520	1992	2689	2887	2104
1967	637	664	518	1993	3533	3788	2696
1968	637	664	518	1994	4580	5028	3081
1969	681	646	504	1995	5327	5781	3534
1970	581	608	474	1996	5981	6474	3811
1971	498	523	408	1997	6406	6897	4021
1972	567	594	463	1998	6746	7231	4405
1973	568	598	466	1999	7091	7699	4238
1974	583	613	477	2000	7628	8339	3823
				2001	9080	10005	4040

2－15　分行业职工年平均工资(2001年)
ANNUAL AVERAGE WAGE OF STAFF AND WORKERS(2001)

单位：元　　(yuan)

项　目 Item	合　计 Total	国　有 State－owned Units	集　体 Collective Owned Units
总　计 Total	9080	10005	4040
一、按企业、事业、机关单位分组 Grouped by Enterprises、Institutions and Agencies			
1.企　业 Enterprises	7814	8390	3867
2.事　业 Institutions	13124	13287	8017
3.机　关 Agencies	15610	15618	11968
二、按国民经济行业分组 Grouped by Sector			
(一)农、林、牧、渔业 Farming、Forestry、Animal Husbandry and Fishery	4824	4815	4640
(二)采 掘 业 Mining and Quarrying	4716	4781	4000
(三)制 造 业 Manufacturing	7229	8288	3218
(四)电力、煤气及水的生产和供应业 Electric Power、Gas and Water Production and Supply	13593	13123	15462
(五)建 筑 业 Construction	7543	7800	6836
(六)地质勘查业、水利管理业 Geological Prospecting and Water Conservancy	12199	12199	—
(七)交通运输、仓储及邮电通信业 Transportation、Storage、Post and Telecommunication Services	9501	10401	3393
(八)批发和零售贸易、餐饮业 Wholesale & Retail Trade and Catering Services	6815	7015	3587
(九)金融、保险业 Banking and Insurance	15405	14829	9245
(十)房地产业 Real Estate	11500	9355	9455
(十一)社会服务业 Social Services	8698	7874	8801
(十二)卫生、体育和社会福利业 Health care、Sports and Social Welfare	13986	14432	6905
(十三)教育、文化艺术及广播电影电视业 Education、Culture and Arts、Radio、Film and Television	13870	13891	7189
(十四)科学研究和综合技术服务业 Scientific Research and Polytechnical Services	14583	14216	8826
(十五)国家机关、政党和社会团体 Government Agencies、Party Agencies and Social Organizations	15673	15682	12550
(十六)其他行业 Other Trades	12145	12641	9888

2－16 国有单位从业人员增减变动

CHANGES IN NUMBER OF STAFF AND WORKERS IN STATE－OWNED UNITS

单位:人 (person)

项目	Item	2000	2001
一、增加人数总计	Increase of Staff and Workers	40279	41400
1.从农村招收	Recruited From Rural Areas	4612	4127
2.从城镇招收	Recruited From urban Areas	4734	3358
3.录用的复员转业军人	Employment of Demobilized Soldiers & Ex－Soldiers	2546	2280
4.录用的大、中专、技工学校毕业生	Employed Graduates From Universities Specialized Secondary Schools and Technical Training Schools	10810	10851
5.调入人数	Job Changes	7419	9230
6.其　　他	Others	10158	11554
二、减少人数总计	Decrease of Staff and Workers	113233	107313
1.离休、退休、退职	Retired and Resigned	22702	17087
2.开除、除名、辞退	Discharged	3686	2361
3.终止、解除合同	Contract Relieved	21679	39220
4.调出人数	Job Changes	8884	12103
5.其　　他	Others	56282	9754

主 要 统 计 指 标 解 释

出生率(又称粗出生率) 指在一定时期内(通常为一年)一定地域范围内出生人数与同期人口平均数之比。一般用千分率表示,计算公式:

$$出生率=\frac{年出生人数}{年平均人数}\times 1000‰$$

出生人数 是指活产婴儿,即胎儿脱离母体时(不管怀孕月数),有过呼吸或其他生命现象。

年平均人数 是年初、年底人口数的平均数,也可用年中人口数代替。

死亡率(又称粗死亡率) 指在一定时期内(通常为一年)一定地区的死亡人数与同期平均人数(或期中人数)之比,一般用千分率表示。计算公式:

$$死亡率=\frac{年死亡人数}{年平均人数}\times 1000‰$$

人口自然增长率 指在一定时期内(通常为一年)人口自然增加数(出生人数减死亡人数)与该时期内平均人数(或期中人数)之比,一般用千分率表示。计算公式:

$$人口自然增长率=\frac{本年出生人数-本年死亡人数}{年平均人数}\times 1000‰$$

$$人口自然增长率=人口出生率-人口死亡率$$

从业人员 指从事一定社会劳动并取得劳动报酬或经营收入的人员。包括:(1)全部职工;(2)再就业的离退休人员;(3)私营业主;(4)个体户主;(5)私营和个体从业人员;(6)乡镇企业从业人员;(7)农村从业人员;(8)其他从业人员。这一指标反映了一定时期内全部劳动力资源的实际利用情况,是研究我国基本国情国力的重要指标。

职工 指在国有经济、城镇集体经济、联营经济、股份制经济、外商和港、澳、台投资经济,其他经济单位及其附属机构工作,并由其支付工资的各类人员。不包括:返聘的离退休人员、民办教师及在各单位工作的外籍人员和港、澳、台人员。

国有经济单位职工 指在国有经济单位及其附属机构工作,并由其支付工资的各类人员。

集体经济单位职工 指在城镇集体经济单位及其管理部门工作,并由其支付工资的各类人员。

其他经济单位职工 指在联营经济,股份制经济、外商投资经济、港、澳、台投资经济单位工作,并由其支付工资的各类人员。

职工工资总额 指各单位在一定时期内直接支付给本单位全部职工的劳动报酬总额。工资总额的计算原则应以直接支付给职工的全部劳动报酬为根据。各单位支付给职工的劳动报酬以及其他根据有关规定支付的工资,不论是计入成本的还是不计入成本的,不论是按国家规定列入计征奖金税项目的,还是未列入计征奖金税项目的,不论是以货币形式支付的还是以实物形式支付的,均包括在工资总额内。

职工平均工资 指企业、事业,机关单位的职工在一定时期内平均每人所得的货币工资额。它表明一定时期职工工资收入的高低程度,是反映职工工资水平的主要指标。计算公式为:

$$职工平均工资=\frac{报告期实际支付的全部职工工资总额}{报告期全部职工平均人数}$$

职工平均实际工资 指扣除物价变动因素后的职工平均工资。计算公式为:

$$职工实际平均工资=\frac{报告期职工平均工资}{报告期城镇居民消费价格指数}$$

Explanatory Notes on Main Statistical Indicators

Birth Rate (or Crude Birth Rate) refers to the ratio of the number of births to the average population during a certain period of time (usually a year), which is often expressed in ‰. The following formula is used:

$$\text{Number of Births Birth Rate} = \frac{\text{Number of births}}{\text{Average Number of Population}} \times 1000‰$$

Number of Births refers to live births, i. e. the births when babies had showed any vital phenomena regardless of the length of pregnancy Annual Average Number of Population is the average of the number of population at the beginning of the year and that at the end of the year. Sometimes it is substituted for with the mid – year population.

Death Rate (or Crude Death Rate) refers to the ratio of the number of deaths to the average population (or mid – year population) during a certain period of time (usually a year), which is often expressed in ‰. The following formula is used:

$$\text{Death Rate} = \frac{\text{Number of Deaths}}{\text{Average Number of Population}} \times 1000‰$$

Natural Growth Rate of Population refers to the ratio of natural increase in population number of births minus number of deaths) in a certain period of time (usually a year) to the average population (or mid – year population) of the same period. which is often expressed in ‰. The following formulas are applied:

$$\text{Natural Growth Rate Of Population} = \frac{\text{Number of Births} - \text{Number of Deaths}}{\text{Average Number of Population}} \times 1000‰$$

Natural Growth Rate of Population = Birth Rate – Death Rate

Employed Persons refers to the persons who are engaged in social labour and receive remuneration payment or earn business income, including: (1) total staff and workers; (2) re – employed retirees; (3) employers of private enterprises; (4) employers of individual economy; (5) employed persons in private enterprises and individual economy; (6) employed persons in the enterprises in the urban areas; (7) employed persons in the rural areas; (8) other employed persons (including teachers in the schools run by the local people, people engaged in religious profession and the servicemen, etc.).

This indicator reflects the actual utilization of total labour force during a certain period of time and is often used for the research on China's economic affairs and national power.

Persons employed in various units refer to all the persons working in government agencies of various levels, political and party organizations, social organizations, and enterprises and institutions and receiving payment, including staff and workers, reemployed retirees, teachers in schools run by the local people, foreigners, and Chinese compatriots from Hong Kong, Macao, and Taiwan working in various units. This indicator reflects the total number of labourers actually engaged in production or other operations in various units.

Staff and Workers refer to the persons who work in (and receive payment therefrom) enterprises and institutions of state ownership, collective ownership, Joint ownership, share holding, foreign ownership, and ownership by entrepreneurs from Hong Kong, Macao, and Taiwan, and other types of ownership and their affiliated units, excluding the retired persons invited to work in the units again, teachers in the schools run by the local people and foreigners and persons coming from Hong Kong, Macao and Taiwan and working in the state – owned economic units.

Staff and Workers in State owned Economic Units refer to the persons who work in the state owned economic units or their attached units and are listed in their payrolls.

Staff and Workers of Collective Owned Units in Urban Areas refer to the persons who work in collective owned units in urban areas and their administration departments and receive payment therefrom.

Staff and Workers in Units of Other types of Ownership refer to those who work in (and receive payment therefrom) enterprises and institutions of joint ownership, share holding, foreign ownership, and ownership by entrepreneurs from Hong Kong, Macao, and Taiwan.

Total Wages of Staff and Workers refer to the total remuneration payment to staff and workers in various units during a certain period of time. The calculation of total wages is based on the total remuneration payment to the staff and workers. Therefore, all the wages and salaries and other payments to staff and workers are included in the total wages regardless of their sources, category, and forms (in kind or cash).

Average Wage of Staff and Workers refers to the average wage in money terms per person during a certain period of time for staff and workers in enterprises, institutions, and government agencies, which reflects the general level of wage income during a certain period of time and is calculated as follows:

$$\text{Average Wage of Staff and Workers} = \frac{\text{Total Wages of Staff and Workers in Reference Period}}{\text{Average Number of Staff and Workers in Reference Period}}$$

Average Real Wage of Staff and Workers refers to average wage of staff and workers after removing the effects of price changes, which is calculated as follows:

$$\text{Average Real Wage of Staff and Workers} = \frac{\text{Average Wage of Staff and Workers in Reference Period}}{\text{Consumer Price Index of Urban Residents in Reference Period}}$$

三、工　　业

INDUSTRY

资料整理人员：夏国华　徐凤梅　李　晖　杨　丹　夏洪全　胡　红　张建华　陈　圆

STAFF FOR DATA PROCESSING:

Xia Guohua　Xu Fengmei　Li Hui　Yang Dan　Xia Hongquan　Hu Hong　Zhang Jianhua　Chen Yuan

3-1 工业企业单位数
NUMBER OF INDUSTRIAL ENTERPRISES

单位：个 (unit)

项目 Item		2000	2001
总计	Total	31945	37935
一、规模以上工业	All State - Owned Enterprieses and Non - State - Owned Ones With Annual Sales Income Over 5 Mil.yuan	1224	1309
按经济类型分	Grouped by Ownership		
国有企业	State - Owned	445	320
集体企业	Collective Owned	272	204
私营企业	Private Owned	122	247
联营企业	Joint Owned	18	14
股份有限公司	Share Holding	86	119
外商投资企业	Foreign Funded	70	82
港澳台投资企业	Enterprises funded by Entrepreneurs from Hongkong, Macao & Taiwan	67	60
有限责任公司	Companies of Limited Liabilities	101	206
股份合作企业	Co - operative Enterprises of Share Holding	41	53
其他企业	Others	2	4
按轻重工业分	Grouped by Light & Heavy Industry		
轻工业	Light Industry	545	552
重工业	Heavy Industry	679	757
按企业规模分	Grouped by Size of Enterprises		
大型企业	Large Enterprises	116	111
中型企业	Medium - Sized Enterprises	146	167
小型企业	Small - Sized Enterprises	962	1031
二、规模以下工业	Non - state - owned Enterprises With Annual Sales Income Below 5 Mil.yuan	30721	36626

注：规模以上工业指全部国有及年销售收入 500 万元以上非国有工业企业(下同)。

Note: Industrial enterprises above designatedsize refer to all state - owned industrial enterprises and non - state - owned industrial enterprises with an annual sales income of over 50 million yuan. Similarly in following tables.

3-2 工业企业单位构成

COMPOSITION OF INDUSTRIAL ENTERPRISES(BY TYPE OF ENTER-PRISES)

单位：%　　　　(%)

项目	Item	2000	2001
总计	Total	100	100
一、规模以上工业	All State-owned Enterprises & Non-state-owned Ones With Annual Sales Income Over 5 Mil.yuan	4	3.5
按经济类型分	Grouped by Ownership		
国有企业	State-Owned	36	24.4
集体企业	Collective Owned	22	15.6
私营企业	Private Owned	10	18.9
联营企业	Joint Owned	1	1.1
股份有限公司	Share Holding	7	9.1
外商投资企业	Foreign Funded	6	6.3
港、澳、台投资企业	Enterprises Funded by Entrepreneurs From Hongkong, Macao & Taiwan	6	4.6
有限责任公司	Companies of Limited Liabilities	8	15.7
股份合作企业	Cooperative Enterprises of Share Holding	3	4.0
其他企业	Others	1	0.3
按轻重工业分	Grouped by Light & Heavy Industry		
轻工业	Light Industry	45	42.2
重工业	Heavy Industry	55	57.8
按企业规模分	Grouped by Size of Enterprises		
大型企业	Large Enterprises	9	8.5
中型企业	Medium-Sized Enterprises	12	12.7
小型企业	Small-sized Enterprises	79	78.8
二、规模以下工业	Non-state-owned Enterprises With Annual Sales Income below 5 Mil.yuan	96	96.5

3－3 历年全部工业总产值及构成

TOTAL GROSS INDUSTRIAL OUTPUT VALUE & ITS COMPOSITION IN VARIOUS YEARS

本表按当年价格计算。 Data in this table are calculated at current prices.

单位：亿元 (100 mil. yuan)

项目 Item	工业总产值 Gross Industrial Output Value	按轻重工业分 Grouped by Light& Heavy Industry		比重(%) Composition	
		轻工业 Light Industry	重工业 Heavy Industry	轻工业 Light Industry	重工业 Heavy Industry
1949	2.53	2.37	0.16	93.7	6.3
1950	3.82	3.59	0.23	94.0	6.0
1951	4.54	4.14	0.40	91.2	8.8
1952	5.52	4.95	0.57	89.7	10.3
1953	7.46	6.65	0.81	89.1	10.9
1954	8.0	7.10	0.90	88.8	11.2
1955	9.11	7.88	1.23	86.5	13.5
1956	12.35	10.06	2.29	81.5	18.5
1957	14.57	11.70	2.87	80.3	19.7
1958	22.26	14.78	7.48	66.4	33.6
1959	33.89	20.58	13.31	60.7	39.3
1960	38.01	20.08	17.93	52.8	47.2
1961	19.65	12.00	7.65	61.1	38.9
1962	19.85	13.14	6.71	66.2	33.8
1963	22.64	14.62	8.02	64.6	35.4
1964	25.18	14.94	10.24	59.3	40.7
1965	31.23	17.21	14.02	55.1	44.9
1966	38.89	20.85	18.04	53.6	46.4
1967	32.73	19.81	12.92	60.5	39.5
1968	23.36	15.58	7.78	66.7	33.3
1969	32.23	19.74	12.99	60.3	39.7
1970	49.02	24.84	24.18	50.7	49.3
1971	50.52	22.90	27.62	45.3	54.7
1972	52.02	23.74	28.28	45.6	54.4
1973	57.79	23.89	33.90	41.3	58.7
1974	43.94	21.88	22.06	49.8	50.2
1975	60.11	28.30	31.81	47.1	52.9

续 表 Continued

单位：亿元 (100 mil. yuan)

项 目 Item	工业总产值 Gross Industrial Output Value	按轻重工业分 Grouped by Light& Heavy Industry 轻工业 Light Industry	重工业 Heavy Industry	比重(%) Composition 轻工业 Light Industry	重工业 Heavy Industry
1976	44.74	22.66	22.08	50.6	49.4
1977	56.68	28.28	28.40	49.9	50.1
1978	70.98	33.64	37.34	47.4	52.6
1979	88.05	41.04	47.01	46.6	53.4
1980	101.00	48.76	52.24	48.3	51.7
1981	105.71	54.81	50.90	51.8	48.2
1982	111.56	56.72	54.84	50.8	49.2
1983	124.52	59.51	65.01	47.8	52.2
1984	138.46	61.98	76.48	44.8	55.2
1985	167.01	74.11	92.90	44.4	55.6
1986	187.04	80.99	106.05	43.3	56.7
1987	218.81	96.15	122.66	43.9	56.1
1988	270.31	120.52	149.79	44.6	55.4
1989	305.79	130.29	175.50	42.6	57.4
1990	303.15	126.55	176.60	41.7	58.3
1991	335.44	137.53	197.91	41.0	59.0
1992	396.74	146.80	249.94	37.0	63.0
1993	577.21	170.30	406.91	29.5	70.5
1994	741.78	258.77	483.01	34.9	65.1
1995	883.58	330.61	552.97	37.4	62.6
1995※	777.41	295.40	482.01	38.0	62.0
1996	1012.66	409.06	603.60	40.4	59.6
1997	1154.19	465.32	688.87	40.3	59.7
1998	1228.82	539.81	689.01	43.9	56.1
1999	1277.66	577.45	700.21	45.2	54.8
2000	1422.37	612.56	809.81	43.1	56.9
2001	1611.76	660.38	951.38	41.0	59.0

※:指1995年按新规定计算的工业总产值,1996——2000年工业总产值均按新规定计算(下同)。

Note:GIOV of 1995 are calculated in accordance with new stipulation ,the same as the years 1996 to 2000 and the following relevant tables.

3-4 历年全部工业总产值及指数

COMPOSITION AND INDEX OF TOTAL GROSS INDUSTRIAL OUTPUT VALUE

本表按1990年不变价计算
单位：亿元

Data in this table are calculated at 1990 constant prices.
(100 mil. yuan)

项目 Item	工业总产值 Gross Industrial Output Value	按轻重工业分 Grouped by Light& Heavy Industry		指数(上年=100) Index (preceding year=100)		
		轻工业 Light Industry	重工业 Heavy Industry	总计 Total	轻工业 Light Industry	重工业 Heavy Industry
1949	2.94	2.59	0.35	—	—	—
1950	4.43	3.92	0.51	150.70	151.40	145.70
1951	5.26	4.51	0.75	118.70	115.10	147.10
1952	6.41	5.39	1.02	121.90	119.50	136.00
1953	8.79	7.35	1.44	137.10	136.40	141.20
1954	10.58	8.87	1.81	121.50	120.70	125.70
1955	11.97	9.69	2.28	112.10	109.20	126.00
1956	16.79	12.75	4.04	140.30	131.60	177.20
1957	18.82	14.22	4.60	112.10	111.50	113.90
1958	27.33	17.06	10.27	145.20	120.00	223.30
1959	42.25	24.12	18.13	154.60	141.40	176.50
1960	47.39	23.50	23.89	112.20	97.40	131.80
1961	22.48	12.90	9.58	47.40	54.90	40.10
1962	22.72	14.14	8.58	101.10	109.60	89.60
1963	26.20	15.91	10.29	115.30	112.50	119.90
1964	32.45	17.87	14.58	123.90	112.30	141.70
1965	40.29	20.58	19.71	124.20	115.20	135.20
1966	50.20	24.94	25.26	124.60	121.20	128.20
1967	42.16	23.71	18.45	84.00	95.10	73.00
1968	30.04	18.66	11.38	71.30	78.70	61.70
1969	42.17	23.63	18.54	140.40	126.60	162.90
1970	63.32	29.70	33.62	150.20	125.70	181.30
1971	73.70	33.33	40.37	116.40	112.20	120.10
1972	79.90	32.35	43.55	103.00	97.10	107.90
1973	84.27	32.51	51.76	111.00	100.50	118.90
1974	64.12	29.85	34.27	76.10	91.80	66.20
1975	87.70	38.57	49.13	136.80	129.20	143.40

续 表 Continued

单位：亿元 (100 mil. yuan)

项目 Item	工业总产值 Gross Industrial Output Value	按轻重工业分 Grouped by Light& Heavy Industry		指数(上年=100) Index (preceding year=100)		
		轻工业 Light Industry	重工业 Heavy Industry	总计 Total	轻工业 Light Industry	重工业 Heavy Industry
1976	68.60	31.66	36.94	78.20	82.10	75.20
1977	86.93	39.50	47.43	126.70	124.80	128.40
1978	107.97	45.89	62.08	124.20	116.20	130.90
1979	130.13	55.47	74.66	120.50	120.90	120.30
1980	150.81	68.54	82.27	115.90	123.60	110.20
1981	161.24	80.06	81.18	106.90	116.80	98.70
1982	171.69	83.21	88.48	106.50	103.90	109.00
1983	188.92	87.39	101.53	110.00	105.00	114.80
1984	211.46	94.06	117.40	111.90	107.60	115.60
1985	242.22	106.70	135.52	114.60	113.40	115.40
1986	259.85	113.50	146.35	107.30	106.40	108.00
1987	285.77	124.09	161.68	110.00	109.30	110.50
1988	325.77	142.68	183.09	114.00	115.00	113.20
1989	332.41	140.57	191.84	102.00	98.50	104.80
1990	324.31	134.59	189.72	97.60	95.80	98.90
1991	340.67	143.91	196.76	105.00	106.90	103.70
1992	377.85	151.50	226.35	110.90	105.30	115.00
1993	450.75	166.10	284.65	119.30	109.60	125.80
1994	551.12	223.69	327.43	122.30	134.70	115.00
1995	631.47	263.81	367.66	114.60	117.90	112.30
1995※	597.11	250.11	347.09			
1996	730.88	309.37	421.51	122.40	123.70	121.40
1997	869.30	366.09	503.21	118.90	118.30	119.40
1998	979.57	431.42	548.15	112.70	117.80	108.90
1999	1048.64	464.01	584.03	107.05	107.55	106.55
2000	1191.56	524.27	667.29	113.63	112.99	114.26
2001	1368.06	575.57	792.49	114.81	109.79	118.76

3-5 全部工业总产值
TOTAL GROSS INDUSTRIAL OUTPUT VALUE

单位：亿元 (100 mil.yuan)

项目 Item	按当年价格计算 at current prices		按1990年不变价格计算 at 1990 constant prices		
	2000	2001	2000	2001	2001年比2000年±% 2001 Increase Rate over 2000%
总计 Total	1422.37	1611.76	1191.56	1368.06	14.8
一、规模以上工业 All State-owned Industrial Enterprises and Non-state-owned Ones With Annual Sales Income Over 5 Mil.yuan	908.00	1020.84	780.06	895.32	14.8
按经济类型分 Grouped by Ownership					
国有经济 State-Owned Enterprises	411.99	423.47	291.75	300.86	3.1
集体经济 Collective Owned Enterprises	51.28	54.84	46.23	51.99	12.5
股份合作经济 Cooperative Enterprises of Share Holding	11.12	13.59	10.67	13.19	23.6
私营经济 Private Owned Enterprises	36.54	64.83	35.22	61.77	75.4
联营经济 Joint Owned Enterprises	3.43	3.43	3.01	3.17	5.3
有限责任公司 Companies of Limited Liabilities	86.06	123.53	73.92	111.82	51.3
股份制经济 Share Holding Enterprises	118.50	129.32	102.31	120.97	18.2
外商投资经济 Foreign Funded Enterprises	145.04	170.18	172.81	192.26	11.3
港澳台投资经济 Enterprises Funded by Hongkong, Macao & TaiWan	43.46	36.09	43.51	38.03	-12.6
其他经济 Enterprises of Other Ownership	0.58	1.56	0.63	1.26	100.0
按轻重工业分 Grouped by Light & Heavy Industry					
轻工业 Light Industry	289.97	288.57	266.20	278.12	4.5
重工业 Heavy Industry	618.03	732.27	513.86	617.20	20.1
按企业规模分 Grouped by Size of Enterprises					
大型企业 Large Enterprises	596.34	684.96	470.18	560.67	19.2
中型企业 Medium-Sized Enterprises	109.11	107.94	113.76	109.43	-3.8
小型企业 Small-Sized Enterprises	202.55	227.94	196.12	225.22	14.8
二、规模以下工业 Non-state-owned EnterprisesWith Annual Sales Income Below 5 Mil.yuan	514.37	590.92	411.50	472.74	14.9
集体企业 Collective Owned Enterprises	145.81	98.18	116.65	78.55	-32.7
股份合作企业 Cooperative Enterprises of Share Holding	4.69	3.25	3.75	2.60	-30.7
私营企业 Private Owned Enterprises	121.95	197.05	97.56	157.64	61.6
联营企业 Jiont Ventures	7.05	9.03	5.64	7.22	28.0
个体经营 Individuals	232.94	281.28	186.35	225.03	20.8
外商及港澳台商投资企业 Enterprises Funded by Entrepreneurs from Hongkong, Macao, Taiwan and Foreign Countries	0.12	0.13	0.10	0.10	平
其它企业 Others	1.81	2.00	1.45	1.60	10.3

3-6 分经济类型的工业总产值及构成
GROSS INDUSTRIAL OUTPUT VALUE AND ITS COMPOSITION BY TYPE OF OWNERSHIP

本表按当年价格计算 Data in this table are calculated at current prices.

项目 Item	工业总产值(亿元) Gross Industrial Output Value (100 million yuan)				
	总计 Total	国有经济 State-Owned Enterprises	集体经济 Colletive Owned Enterprises	个体经济 Private Owned Enterprises	其他经济 Enterprises of Other Ownership
1992	396.74	289.89	84.39	13.60	8.86
1994	741.78	453.17	189.68	54.49	44.44
1995※	777.41	427.66	199.91	61.45	88.39
1996	1012.66	428.36	338.57	128.88	116.85
1997	1154.19	419.81	346.65	170.92	216.81
1998	1197.19	385.87	252.23	220.55	338.54
1999	1277.66	378.46	236.20	240.17	422.83
2000	1422.37	411.99	197.09	232.94	580.35
2001	1611.76	423.47	153.02	281.28	753.99

项目 Item	比重(%) Composition (%)				
	总计 Total	国有经济 State-Owned Enterprises	集体经济 Colletive Owned Enterprises	个体经济 Private Owned Enterprises	其他经济 Enterprises of Other Ownership
1992	100	73.1	21.3	3.4	2.2
1994	100	61.1	25.6	7.3	6.0
1995※	100	55.0	25.7	7.9	11.4
1996	100	42.3	33.4	12.7	11.6
1997	100	36.4	30.0	14.8	18.8
1998	100	32.2	21.1	18.4	28.3
1999	100	29.6	18.5	18.8	33.1
2000	100	29.0	13.8	16.4	40.8
2001	100	26.3	9.5	17.5	46.7

3-7 分经济类型的工业总产值及指数
GROSS INDUSTRIAL OUTPUT VALUE AND INDICES BY TYPE OF OWNERSHIP

本表按 1990 年不变价格计算。　　Data in this table are calculated at 1990 constant prices.

项目 Item	工业总产值(亿元) Gross Industrial Output Value (100 million yuan)				
	总计 Total	国有经济 State-Owned Enterprises	集体经济 Colletive Owned Enterprises	个体经济 Private Owned Enterprises	其他经济 Enterprises of Other Ownership
1992	377.87	267.49	87.08	14.41	8.89
1994	551.13	291.06	173.42	48.50	38.15
1995※	597.11	285.69	182.05	54.69	74.68
1996	730.88	296.88	220.16	130.07	83.77
1997	869.30	284.61	272.83	119.64	192.22
1998	979.57	279.07	210.30	168.39	321.81
1999	1048.64	285.51	184.18	177.73	401.22
2000	1191.56	291.75	162.88	186.35	550.58
2001	1368.06	300.86	130.54	300.91	635.75

项目 Item	指数(上年=100) Indices(Precedig Year=100)				
	总计 Total	国有经济 State-Owned Enterprises	集体经济 Colletive Owned Enterprises	个体经济 Private Owned Enterprises	其他经济 Enterprises of Other Ownership
1992	110.9	107.7	116.4	120.7	161.9
1994	122.3	103.6	144.6	198.6	149.9
1995※	114.6	103.2	112.4	119.5	205.3
1996	122.4	103.9	120.9	237.8	112.2
1997	118.9	95.9	123.9	92.0	229.5
1998	112.7	98.1	77.1	140.7	167.4
1999	109.7	102.3	93.6	108.9	124.7
2000	113.6	102.2	88.4	104.9	137.2
2001	114.8	103.1	80.1	160.5	115.5

3-8 规模以上工业企业单位数及工业总产值、销售产值(2001年)

项 目 Item		企业单位数 (个) Number of Enterprises
总 计	Total	1309
非金属矿采选业	Nonmetal Minerals Mining and Dressing	6
食品制造业	Food Production	30
食品加工业	Food Processing	45
饮料制造业	Beverage Production	24
烟草加工业	Tobacco Processing	2
纺 织 业	Textile Industry	43
服装及其他纤维制品制造业	Garments and Other Fiber Products	68
皮革、毛皮、羽绒及其制品业	Leather, Furs, Down and Related Products	13
木材加工及竹、藤、棕、草制品业	Timber Processing, Bamboo, Cane, Palm Fiber and Straw Products	14
家具制造业	Furniture Manufacturing	19
造纸及纸制品业	Papermaking and Paper Products	48
印 刷 业	Printing Reproduction	37
文教体育用品制造业	Cultural, Educational and Sports Goods	7
石油加工及炼焦业	Petroleum Refining and Coking	7
化学原料及化学制品制造业	Raw Chemical Materials and Chemical Products	88
医药制造业	Medical and Pharmaceutical Products	64
化学纤维制造业	Chemcial Fiber	1
橡胶制品业	Rubber Products	14
塑料制品业	Plastic Products	37
非金属矿物制品业	Nonmetal Mineral Products	106
黑色金属冶炼及压延加工业	Smelting and Pressing of Ferrous Metals	20
有色金属冶炼及压延加工业	Smelting and Pressing of Nonferroys Metals	18
金属制品业	Metal Products	65
普通机械制造业	Ordinary Machinery	97
专用设备制造业	For Special Purposes Equipment Manufacturing	72
交通运输设备制造业	Transport Equipment	90
电气机械及器材制造业	Electric Equipment and Machinery	87
电子及通信设备制造业	Electric and Telecommunications	80
仪器仪表文化、办公用机械制造业	Instruments, Meters, Cultural and Office Machinery	62
其他制造业	Other Manufacturing	5
电力、蒸汽、热水的生产和供应业	Electricity ,Steam and Hot Water Production and Supply	20
煤气生产和供应业	Gas Production and Supply	3
自来水的生产和供应业	Tap Water Production and Supply	16

NUMBER, OUTPUT VALUE, VALUE OF SALES OF All STATE - OWNED INDUSTRIAL ENTERPRISES AND NON - STATE - OWNED ONES WITH SALES INCOME OVER 5 MIL. YUAN(2001)

工业总产值 Gross Industrial Output Value		工业销售产值(当年价,新规定)(千元) Sales Value (at Current Prices, 1000 yuan)
1990年不变价,新规定 (千元) (at 1990 costant prices, 1000 yuan)	当年价,新规定 (千元) (at current prices, 1000 yuan)	
89532273	102083524	98352379
41894	43776	38724
1993313	1674857	1687102
2880007	2872188	2831494
2459589	2998883	2958224
1551530	3409261	3294605
2026403	2249332	2110160
3691397	3999239	3781886
309049	356209	348297
242392	275674	259746
600625	640846	599625
1463864	1694916	1659857
1102020	1225732	1220610
293624	292417	314704
2032720	6330441	6285207
3168421	3111880	2981800
5306670	4976197	4678860
118457	117776	101866
218827	229944	198559
945257	848268	835202
2019416	2171315	2056443
11974465	18341467	18355401
790474	859370	821411
1347788	1484194	1396885
2323571	2437367	2287915
2083133	2086827	1975315
15654702	13460376	13134220
5803147	5278532	5022831
13256940	12514977	12011378
1514991	1466569	1399977
38119	36005	35045
1529083	3473300	2586656
278915	330357	316374
466455	788433	760068

3-9 主要工业产品产量

项目	Item	1995
食用植物油(万吨)	Edible Vegetable Oil(10 000 tons)	3.41
乳 制 品(吨)	Dairy Products(ton)	4759
罐 头(万吨)	Canned Food (10 000 tons)	0.11
饮 料 酒(万吨)	Alcoholic Beverages(10 000 tons)	25.49
卷 烟(万箱)	Cigarettes (10 000 boxes)	42.49
纱(吨)	Yarn (ton)	99020
布 总 计(万米)	Cloth In Total (10 000 M)	34400
#纯 棉 布	Pure Cotton Cloth	17323
棉混纺交织布	Blending Cotton Cloth	12619
纯化纤布	Pure Chemical Fiber	4458
印 染 布(万米)	Printing & dyeing Cloth (10 000 M)	13333
毛 线 (吨)	Knitting Wool (ton)	1326
呢 绒(万米)	Woolen Goods (10 000 M)	228
丝 织 品(万米)	Silk (10 000 M)	308
针棉织品折用纱线量(吨)	Knitgoods (converted into yarn - used, ton)	7776
服 装(万件)	Garments (10 000 units)	5520
人 造 板(万立方米)	Synthetic Board (10 000 cubic meter)	11.02
家 具(万件)	Furniture (10 000 units)	231.94
原油加工量(万吨)	Crude Oil (10 000 tons)	228.30
汽 油(万吨)	Gasoline (10 000 tons)	66.33
煤 油(万吨)	Kerosene (10 000 tons)	0.45
柴 油(万吨)	Diesel Oil (10 000 tons)	62.54
焦 炭(万吨)	Coke (10 000 tons)	336.61
硫 酸(折 100%)(吨)	Sulfuric Acid(100%, ton)	76593
烧 碱(吨)	Caustic Soda (ton)	67777
纯 碱(吨)	Soda Ash (ton)	8360
农用化肥(折纯)(万吨)	Chemical Fertilizers (10 000 tons)	7.66
合 成 氨(万吨)	Synthetic Ammonia (10 000 tons)	8.25
化学农药 (折有效成份 100%)(吨)	Chemical Pesticide(100%, ton)	1899
油 漆(吨)	Paint (ton)	29736
塑 料(吨)	Plastics (ton)	43278
肥 皂(万吨)	Soap (10 000 tons)	1.44

OUTPUT OF MAJOR INDUSTRIAL PRODUCTS

1996	1997	1998	1999	2000	2001
3.31	2.90	3.56	5.15	9.98	15.90
5585	5048	3902	10793	6887	7308
0.05	0.04	—	—	—	—
34.14	38.87	41.17	42.55	44.61	45.45
48.51	49.50	46.82	45.20	51.00	52.00
93393	101700	95629	86289	85339	80302
37672	34759	33112	22501	20347	18852
19619	15749	4073	5053	5606	5568
15450	15529	23052	10639	9230	7446
2602	3482	5986	6808	5511	5837
8403	7179	3798	1511	1727	1022
880	386	45	631	589	596
186.03	139.34	51.33	33.64	7.32	—
1028.02	884.63	871.48	1030.36	965.47	766
7038	5448	6851.37	5156	2744.35	3460
4465.86	2936.99	2846.04	3038.66	3334.68	3327.44
20.02	8.31	8.32	7.83	6.90	6.18
384.60	416.37	98.32	36.78	47.89	41.45
251.29	263.48	220.95	253.16	299.73	256.00
86.26	82.29	59.27	61.08	72.02	59.90
2.57	2.92	4.75	5.72	4.45	3.17
83.86	89.63	57.47	101.38	107.28	95.37
333.48	330.76	329.93	326.95	336.18	326.72
100693	116489	122757	121665	134953	159688
68023	67521	68457	70905	76984	77561
28948	38462	61409	69686	75082	113500
9.53	10.60	8.44	8.94	7.24	8.14
10.58	6.13	9.33	10.21	7.02	3.63
3336	2106	2187	2085	990	787
25126	27205	23048	13508	15730	16157
52756	65572	14382.05	92056	118185	129582
1.15	0.86	0.79	0.61	0.54	0.67

续 表1 Continued

项　目 Item		1995
合成洗涤剂(吨)	Synthetic Detergents (ton)	38357
化学原料药(吨)	Chemical Raw Medicine (ton)	3007
中 成 药(吨)	Traditional Chinese Patent Medicine (ton)	7468
化学纤维 (吨)	Chemical Fiber (ton)	1242
塑料制品 (吨)	Plastics Products (ton)	47824
水　　泥(万吨)	Cement (10 000 ton)	179.32
砖(亿块)	Bricks (100 million pcs)	46.38
瓦(亿片)	Tile (100 million pcs)	0.22
平板玻璃(万重量箱)	Plate Glass (10 000 Weight – Box)	201.47
日用玻璃制品(万吨)	Daily – use glassware (10 000 ton)	2.79
日用陶瓷 (万件)	Household Ceramics (10 000 unit)	31
生　　铁(万吨)	Pig Iron (10 000 ton)	556.89
钢 总 计(万吨)	Steel In Total (10 000 ton)	543.94
成品钢材总计(万吨)	Steel Products (10 000 ton)	476.56
铁 合 金(万吨)	Ferroalloy (10 000 ton)	0.97
十种有色金属总计(万吨)	Ten Kinds of Non – ferrous Metals(10 000 ton)	2.65
日用搪瓷制品(吨)	Enamel Products for Daily – Use (ton)	2137
日用精铝制品(吨)	Fine Aluminum Products for Daily – Use (ton)	3716
工业锅炉(台)	Industrial Boiler (unit)	839
工业锅炉(蒸发量吨)	Industrial Boiler (evaporative capacity, ton)	1321
内 燃 机(万千瓦)	Internal Combustion Engines Produced (10 000 kw)	77
金属切削机床总计(台)	Metal – Cutting Machine(unit)	948
#数控机床	Numerically Controlled Machine Tool	20
高精度机床	High – Precision Machine Tool	—
大型机床	Large Machine Tool	43
泵(万台)	Pump (10 000 units)	1.23
#工 业 泵	Industrial Pump	0.17
农用水泵	Agricultural Pump	1.03
制冷设备(套)	Refrigeration Equipment (set)	1050
轴　　承(万套)	Bearing (10 000 sets)	143

1996	1997	1998	1999	2000	2001
34634	26844	19941	21569	18686	15224
4166	3730	3685	3956	4142	3956
7207	8144	7070	8125	7096	7487
884	588	1098	1153	2006	104
41341	35762	37923	29131	27582	32908
165.94	177.42	181.55	208.73	220.74	289.06
24.58	41.21	45.73	5.23	4.89	4.54
0.12	0.20	0.18	0.24	0.27	0.60
191.14	125.97	39.18	149.21	161.80	94.98
1.39	5.02	5.38	5.64	8.95	6.35
141	23	38	—	—	—
535.98	601.45	614.12	615.41	641.60	675.06
540.96	609.68	614.30	625.80	671.65	713.11
469.73	505.87	501.53	509.29	539.39	593.97
0.90	0.92	1.02	1.32	1.06	1.24
2.56	1.85	2.12	2.07	2.12	2.20
2431	1798	87	—	—	—
2455	181	184	49.60	23	40
517	455	619	—	—	—
1377	2099	3915	607	1178	1120
63.44	29.55	7.11	3.56	0.46	0.17
1012	880	721	545	593	975
45	100	99	200	145	199
16	25	10	—	—	—
11	7	7	—	—	—
1.14	0.49	0.19	0.38	0.18	0.01
0.13	0.11	0.10	—	—	—
1.01	0.34	0.09	—	—	—
605	636	432	549	561	355
83	210.72	161.25	149.58	151.63	213.04

续　表2　Continued

项　目	Item	1995
激光盘(万片)	Compact Disc(10 000 piece)	—
小型拖拉机(台)	Mini Tractors (unit)	2081
汽　　车(辆)	Motor Vehicles (unit)	2289
#载货汽车	Trucks	1053
轿　　车	Cars	—
改装汽车(辆)	Refit Automobile (unit)	6350
自 行 车(万辆)	Biycles (10 000 units)	11.92
民用钢质船舶(艘)	Number of Commerical Steel Ships(units)	50
民用钢质船舶(综合吨)	Loading Capacity of Commerical Steel Ships (ton)	46795
发电设备(万千瓦)	Generating Equipment (10 000 Kw)	36.74
通讯电缆(公里)	Cable For Tececommunications Use (Km)	148294
钢芯铝绞线(吨)	Aluminium Twisting Wire With Steel Core (ton)	11324
蓄 电 池(万千伏安时)	Storage Battery (10 000 KVAH)	10.00
家用洗衣机(万台)	Washing Machines (10 000 units)	17.49
电 风 扇(万台)	Electric Fans (10 000 units)	7.57
房间空气调节器(万台)	House Air Conditioner (10 000 units)	5.24
手机(部)	Mobile telephone combined set(units)	—
电 视 机(万台)	Television Set (10 000 units)	5.70
#彩色电视机	Color TV Set	0.11
录 音 机(万台)	Recorder (10 000 units)	7.62
水　　表(万只)	Water Meter (10 000 units)	0.40
复印机械(台)	Duplicator (unit)	2504
手　　表(万只)	Wrist Watch (10 000 unit)	73.52
发电量总计(万千瓦时)	Electricity (10 000 Kwh)	687462
#火　　电	Firepower	686896
水　　电	Hydropower	566
煤气生产量(亿立方米)	Gas (100 mil. cubic meter)	120.16
自来水供应量(亿吨)	Tap Water Supply (100 mil.ton)	10.96
交流电动机(万千瓦)	Alternating Current Motor(10 000 Kw)	61.46
直流电动机(万千瓦)	Direct Current Motor (10 000 kw)	1.74
变 压 器(万千伏安)	Transformer (10 000 kva)	154.27
微型计算机(台)	Computer (10 000 kva)	—

1996	1997	1998	1999	2000	2001
—	—	—	1012	580.05	14.8
1587	5551	4862	2555	1708	—
11866	32859	37566	45136	59228	58884
1220	704	357	1123	1838	3382
—	—	36640	40720	54520	54230
4562	3637	4001	2982	3108	3512
5.55	2.24	0.65	0	0	0
49	36	—	—	—	—
40951	54410	40035	13641	15513	31564
45.71	74.22	41.41	46.74	37.09	60.77
524850	753675	778756	591737	1040294	3305185
6207	1853	4355	33680	44200	55205
6.10	12.14	5.93	1.09	3.56	33.98
28.80	34.28	43.38	45.58	39.25	26.39
19.33	4.39	4.94	—	—	—
4.77	2.89	2.56	11.64	37.76	96.99
—	—	—	328877	303466	172173
4.11	2.57	4.42	7.61	3.47	
0.01	0.01	1.08	—	3.47	
8.88	8.66	13.13	12.09	—	—
0.40	8.66	13.13	14.99	23.02	—
1971	3948	2767	12085	27575	37335
96.05	91.48	5024	6.53	3.77	1.86
796667	950481	1064316	1134965	960184	1145231
795643	921209.5	1064160	1134792	959944	1144863
1024	431.5	156	173	240	367
209.65	246.96	1.01	1.19	1.37	1.19
10.90	8.16	10.31	10.52	10.63	10.60
48.30	44.45	35.16	39.19	36.97	17.66
0.41	0.46	0.41	0.38	—	—
127.65	107.41	34.12	42.11	50.09	9.95
—	—	—	26000	25602	43480

3－10 规模以上独立核算工业企业主要经济指标(2001年)

单位：千元

指标	Item	企业单位数（个）Number of Enterprises（unit）	亏损企业数（个）Number of Loss－making Enterprises（unit）	全部从业人员人数（人）Average Staff and Workers（person）	工业总产值（当年价）Gross Industrial Output Value（at Current Prices）
总计	Total	1309	353	512103	102083524
在总计中：国有企业	in Total：State－owned	320	146	273084	42346959
集体企业	Collective Owned	204	47	46747	5484309
私营企业	Private Owned	247	46	33006	6483043
联营企业	Joint Owned Enterprises	14	4	4134	343081
股份有限公司	Share－holding Enterprises	119	21	54044	12931632
外商投资企业	Foreign Funded Enterprises	82	24	22086	17017937
港、澳、台投资企业	Enterprises Funded from HongKong，Macao & TaiWan	60	13	11438	3609123
有限责任公司	Companies of Limited Liabilities	206	39	58030	12352643
股份合作企业	Cooperative Enterprises of Share Holding	53	12	8988	1358752
其他企业	Others	4	1	546	156045
在总计中：轻工业	in Total：Light Industry	552	150	168830	28856766
重工业	Heavy Industry	757	203	343273	73226758
在总计中：大型企业	in Total：Large－sized Enterprises	111	39	269517	68496301
中型企业	Medium－sized Enterprises	167	44	63819	10793801
小型企业	Small－sized Enterprises	1031	270	178767	22793422
非金属矿采选业	Nonmetal Minerals Mining and Dressing	6	1	421	43776
食品加工业	Food Processing	45	15	8569	2872188
食品制造业	Food Manufacturing	30	14	7748	1674857
饮料制造业	Beverage Manufacturing	24	8	7147	2998883
烟草加工业	Tobacco Processing	2	a	1710	3409261
纺织业	Textile Industry	43	16	32508	2249332
服装及其他纤维制品制造业	Garments and Other Fiber Products	68	12	25181	3999239
皮革、毛皮、羽绒及其制品业	Leather，Furs，Down and Related Products	13	2	2847	356209
木材加工及竹、藤、棕、草制品业	Timber Processing，Bamboo，Cane，Palm Fiber and Straw Products	14	4	1865	275674
家具制造业	Furniture Manufacturing	19	5	2240	640846
造纸及纸制品业	Papermaking and Paper Products	48	14	9997	1694916
印刷业	Printing and Record Medium Reproduction	37	8	10124	1225732
文教体育用品制造业	Cultural，Educational and Sports Goods	7	1	1829	292417

MAIN ECONOMIC INDICATORS OF STATE - OWNED INDUSTRIAL ENTERPRISES AND NON - STATE - OWNED ONES WITH SALES INCOME OVER 5 MILLION YUAN WITH INDEPENDENT ACCOUNTING SYSTEM(2001)

(1000 yuan)

工业总产值（1990年不变价） Gross Industrial Output Value (at 1990 constant prices)	工业增加值 Value - added of Industry	工业销售产值 Sales Value	实收资本 Total Capital Holds	资产总计 Total Value of Assets	流动资产 Circulating Funds	流动资产年平均余额 Annual Average Balance of Circulating Funds	固定资产合计 Total Fixesd Assets	固定资产原价 Original Value of Fixed Assets	固定资产原价 生产经营用 For Production and Business Operation
89532273	**32980166**	**98352379**	**41521791**	**177176769**	**78450706**	**70919777**	**80339302**	**111751312**	**70779491**
30085741	13003055	40627723	16181773	90954402	38370200	36511159	45518118	67186726	40329235
5198535	1561637	5289947	1116494	3930135	2029625	1847663	1394816	1953973	958001
6177268	1790747	6213591	1423988	4482673	2380520	2099344	1401701	1915583	1357929
316945	100471	339332	169226	554083	315799	299179	211549	285811	180145
12097288	4437038	12462618	6422778	27333865	12638987	10239806	10328925	13951143	6971978
19226040	5800452	16703969	10621899	27902064	11033054	8572739	14124689	16155319	13748867
3802779	1107003	3538564	1467650	4198770	1989644	2307993	1417949	1916578	1364794
11181612	4756316	11716975	3764183	16657748	9028060	8419214	5579591	7776589	5499175
1319366	378448	1311385	337986	1112276	633811	594710	344760	586275	357614
126699	44999	148275	15814	50753	31006	27970	17204	23315	11753
27812597	8883145	27753269	11121989	36651019	17748661	15882537	13677393	18008592	12692759
61719676	24097021	70599110	30399802	140525750	60702045	55037240	66661909	93742720	58086732
56066503	23534507	66576017	28004685	131899881	55356298	51550753	65250415	91355433	57578828
10943325	3294897	10271302	6118877	17202454	8885208	7490083	5908922	8117401	5945709
22522445	6150762	21505060	7398229	28074434	14209200	11878941	9179965	12278478	7254954
41894	9531	38724	9757	10835	6102	4613	3955	12672	12425
2880007	826895	2831494	482178	1732226	687994	501514	800755	1157338	734752
1993313	466484	1687102	751918	1823102	734879	730330	873067	1276207	960351
2459589	1016865	2958224	2301246	4319151	1507469	1858664	2004032	2828366	1700107
1551530	2327057	3294605	376231	3331637	2205995	2229256	910049	1399500	908485
2026403	504866	2110160	404691	3062381	1397752	1346852	1336390	1987065	1543123
3691397	1164299	3781886	556356	2174981	1142866	1288371	874702	1065869	664405
309049	108398	348297	104950	699734	500537	489695	167123	257044	194621
242392	53641	259746	123249	386576	170565	115428	168499	240681	125767
600625	168120	599625	241393	416566	167576	122294	181714	242810	150757
1463864	575421	1659857	619207	3055333	1518219	1185561	1238961	815425	597129
1102020	341630	1220610	1802833	2880317	1503033	1497137	940594	1266712	852070
293624	81087	314704	77973	165893	54367	37470	59557	77850	71738

续 表1 Continued

单位：千元

指标 Item	企业单位数（个）Number of Enterprises (unit)	亏损企业数（个）Number of Loss-making Enterprises (unit)	全部从业人员人数（人）Number of Employees (person)	工业总产值（当年价）Gross Industrial Output Value (at Current Prices)
石油加工及炼焦业 Petroleum Refining and Coking	7	2	5510	6330441
化学原料及化学制品制造业 Raw Chemical Materials and Chemical Products	88	23	21102	3111880
医药制造业 Medical and Pharmaceutical Products	64	12	27301	4976197
化学纤维制造业 Chemical Fiber	1	1	0	117776
橡胶制品业 Rubber Products	14	3	2201	229944
塑料制品业 Plastic Products	37	11	6429	848268
非金属矿物制品业 Nonmetal Mineral Products	106	27	24313	2171315
黑色金属冶炼及压延加工业 Smelting and Pressing of Ferrous Metals	20	2	89407	18341467
有色金属冶炼及压延加工业 Smelting and Pressing of Nonferrous Metals	18	6	4157	859370
金属制品业 Metal Products	65	14	15656	1484194
普通机械制造业 Ordinary Machinery	97	40	43259	2437367
专用设备制造业 Special Purposes Equipment	72	19	29553	2086827
交通运输设备制造业 Transport Equipment	90	26	52516	13460376
电气机械及器材制造业 Electronic Equipment and Machinery	87	14	23261	5278532
电子及通信设备制造业 Electronic and Telecommunications	80	13	24412	12514977
仪器仪表及文化，办公用机械制造业 Instruments, Meters, Cultural and Clerical Machinery	62	28	9772	1466569
其他制造业 Other Manufacturing	5	1	886	36005
电力、蒸汽、热水的生产和供应业 Electricity Power, Steam and Hot Water Production and Supply	20	3	9174	3473300
煤气生产和供应业 Gas Production and Supply	3	2	3361	330357
自来水的生产和供应业 Tap Water Production and Supply	16	6	7462	788433

(1000 yuan)

工业总产值(1990年不变价) Gross Industrial Output Value (at 1990 constant prices)	工业增加值 Valueadded of Industry	工业销售产值 Sales Value	实收资本 Total Capital Hold	资产总计 Total Value of Assets	流动资产 Circulating Funds	流动资产年平均余额 Annual Average Balance of Circulating Funds	固定资产合计 Total Fixesd Assets	固定资产原价 Original Value of Fixed Assets	生产经营用 For Production and Business Operation
2032720	586422	6285207	1223561	4328400	1881036	2422537	1904560	3420675	3092334
3168421	754544	2981800	1067159	4794713	1834833	2049043	1962189	2468359	1783231
5306670	1987493	4678860	1082247	6861631	4666751	2750723	1385171	1739793	944046
118457	8649	101866	40562	394019	151228	169995	242651	312079	249663
218827	73934	198559	109306	264461	133304	81319	80330	150196	72293
945257	251546	835202	487373	1525678	692049	658178	677122	861261	766758
2019416	590182	2056443	938304	3479844	1506543	1540823	1391275	1896321	1410480
11974465	7027858	18355401	7864522	45750035	15233205	15388226	28346353	43332518	22602092
790474	152122	821411	277410	967097	479299	463899	327483	467369	349414
1347788	419562	1396885	414034	1685831	1028016	977782	451459	637485	434829
2323571	600809	2287915	2898424	8499714	4419741	3870905	2642978	4130685	2636626
2083133	613673	1975315	883549	3577660	1814195	1614770	1379980	1968875	1138916
15654702	3778530	13134220	9101025	30567818	13932568	11995682	13562517	14942077	13431148
5803147	1266580	5022831	1669018	6361575	4032055	4081681	1542304	2785881	1902268
13256940	4806026	12011378	1864614	13387279	10252299	6913052	1694960	2600537	1569283
1514991	402366	1399977	595100	2584291	1616996	1229688	607717	867286	390024
38119	11091	35045	32441	74441	32437	42615	19112	34363	—
1529083	1716849	2586656	1735704	13715632	2162340	2271798	10045322	13135212	6549414
278915	-1955	316374	344362	804676	136263	133011	627109	736770	539625
466455	286990	760068	1039931	3490419	846870	855942	1887837	2633179	2401317

续 表2　Continued

单位：千元

指标 Item		本年折旧 Depreciation in The Year	固定资产净值年平均余额 Average Balance of Net Value of Fixed Assets	负债合计 TAotal Liabilities	流动负债 Liquid Liabilities	长期负债 Long-Term Liabilities
总　　计	Total	5166926	71974286	100025543	70515316	28664614
在总计中：国有企业	in Total: State-owned	3012850	40422022	55043977	39507822	15466805
集体企业	Collective Owned	96419	1044024	2507647	2030058	431754
私营企业	Private Owned	142865	1299284	2325933	1971524	285756
联营企业	Joint Owned	20844	189539	414596	341082	73014
股份有限公司	Share Companies	850536	9467709	14065150	8265618	5380583
外商投资企业	Foreign Funded	500896	13200597	14761075	8947338	5772243
港、澳、台投资企业	Enterprises Funded from HongKong, Macao & TaiWan	88785	1437513	2084143	1691115	320602
有限责任公司	Companies of Limited Liabilities	405772	4617431	8139068	7173339	840950
股份合作企业	Cooperative Enterprises of Share Holding	46984	279331	658628	569010	89607
其他企业	Others	975	16836	25326	18410	3300
在总计中：轻工业	in Total: Light Industry	1075541	12201891	18703261	15824851	2761535
重工业	Heavy Industry	4091385	59772395	81322282	54690465	25903079
在总计中：大型企业	in Total: Large Enterprises	4045103	58348071	74945178	50535695	24212277
中型企业	Medium-sized Enterprises	385084	5040923	9290544	7448411	1740257
小型企业	Small-sized Enterprises	736739	8585292	15789821	12531210	2712080
非金属矿采企业	Nonmatal Minerals Mining and Dressing	492	3598	5702	5427	275
食品加工业	Food Processing	70927	665131	1015853	849103	166750
食品制造业	Food Manufacturing	55227	823666	854177	685151	169025
饮料制造业	Beverage Manufacturing	123713	1989487	1619598	1549225	67523
烟草加工业	Tobacco Processing	67150	623327	1578088	1578088	—
纺织业	Textile Industry	77300	1245116	2432756	1786793	645963
服装及其他纤维制品制造业	Garments and Other Fiber Products	43242	681429	1236568	1121633	114430
皮革、毛皮、羽绒及其制品业	Leather, Furs, Down and Related Products	6620	168010	595230	512330	82894
木材加工及竹、藤、棕、草制品业	Timber Processing, Bamboo, Cane, Palm Fiber and Straw Products	8473	164159	184537	169162	15375
家具制造业	Furniture Manufacturing	18057	169089	185707	155489	28402
造纸及纸制品业	Papermaking and Paper Products	34120	528361	1630041	1274626	346989
印刷业	Printing and Record Medium Rrproduction	53727	664432	1160178	933715	224802
文教体育用品制造业	Cultural, Educational and Sports Goods	4513	36733	45769	40133	3875

(1000 yuan)

产品销售收入 Sales Reveue	产品销售成本 Cost of Sales	产品销售税金及附加 Seles Tax and Extra Charges	产品销售费用 Expenses for Sales of Products	管理费用 Expenses for Management	利润总额 Total Profits	利税总额 Total Pre-tax Profits	本年应交增值税 Value Added Tax Payable	本年进项税额 Taxes Included in Purchasing Cost	本年销项税额 Taxes Included in Sales Cost
98041684	**75520371**	**2410164**	**4587977**	**8067393**	**6697085**	**14588792**	**5481543**	**12556521**	**17779727**
40850454	33831996	577896	676102	4054128	1714456	4651123	2358771	7766996	10002453
4805868	4069182	47014	155361	297977	130770	347083	169299	409755	562428
5642990	4556494	51953	365172	391233	391307	684586	241326	557060	841208
536089	448234	4188	25162	35977	23236	47337	19913	30768	51439
13262769	9432632	98482	1038414	923890	1602206	2468796	768108	938058	1679467
16655887	11648633	339358	1497405	1093652	1636525	2984994	1009111	1433853	233708
3069932	2273350	23223	249016	148502	285965	478770	169582	313168	482156
11951999	8181987	1255713	523971	1044884	862690	2804958	686555	974460	1640715
1160093	978973	11858	54338	74239	49708	119369	57803	125793	179660
105603	98890	479	3036	2911	222	1776	1075	6610	7493
26753460	20790324	308551	2380646	1791020	1643482	3218899	1266866	2405559	3644499
71288224	54730047	2101613	2207331	6276373	5053603	11369893	4214677	10150962	14135228
67012064	51010907	2160946	2734801	5328116	4493480	10753891	4099465	9586362	13447538
10655853	8025946	56215	694399	1204889	918848	1531342	556279	1054239	1617475
20373767	16483518	193003	1158777	1534388	1284757	2303559	825799	1915920	2714714
40785	31177	718	2843	3154	2917	5389	1754	5179	6933
2777054	2564930	13872	69261	97783	64876	140144	61396	286363	347817
1787284	1383406	53582	270696	60028	73367	229387	102438	197369	299508
2906403	1739624	103492	705385	161974	190772	501499	207235	327128	534403
3292809	1281002	1181324	115525	228663	467711	2015576	366541	201224	567766
1923361	1708592	5469	43801	158634	-94	60084	54709	253751	308741
3494219	2954070	14939	157806	167185	77928	186152	93285	249535	302202
268816	207126	2803	20171	21287	4475	19585	12307	25786	38078
244901	233133	512	8183	13570	148	13192	12532	26273	39010
521787	432371	5836	35908	21659	33930	58343	18577	47560	66129
1474202	1185558	15489	128285	83577	89487	199689	94713	154317	244942
1112961	768033	8101	61543	147394	160088	237098	68909	98925	157805
310572	267689	1016	11710	13525	18363	34686	15307	36965	52272

续 表3 Continued

单位：千元

指标 Item	本年折旧 Depreciation in The Year	固定资产净值年平均余额 Average Balance of Net Value of Fixed Assets	负债合计 Total Liabilities	流动负债 Liquid Liabilities	长期负债 Long-Term Liabilities
石油加工及炼焦业 Petroleum Refining and Coking	326203	1829153	2039217	1324358	714858
化学原料及化学制品制造业 Raw Chemical Materials and Chemical Products	147400	1653072	2673465	2266552	337665
医药制造业 Medical and Pharmaceutical Products	283044	1747462	3210535	3023554	182338
化学纤维制造业 Chemical Fiber	25664	239901	57260	48271	—
橡胶制品业 Rubber Products	12120	69886	159267	139540	6717
塑料制品业 Plastic Products	44508	652717	726578	589081	137491
非金属矿物制品业 Nonmetal Mineral Products	77212	1213201	2456393	1714606	734457
黑色金属冶炼及压延加工业 Smelting and Pressing of Ferrous Metals	1933320	23767308	22014241	14895083	7119157
有色金属冶炼及压延加工业 Smelting and Pressing of Nonferrous Metals	19733	334683	673671	527501	146169
金属制品业 Metal Products	26840	455487	1182525	1003848	142988
普通机械制造业 Ordinary Machinery	121493	2720897	5487087	4609034	724339
专用设备制造业 Special Purposes Equipment	46134	1256492	2251450	1824272	412258
交通运输设备制造业 Transport Equipment	492629	12539373	20117177	13594034	6385971
电气机械及器材制造业 Electronic Equipment and Machinery	88067	1879642	3721821	3350684	341709
电子及通信设备制造业 Electronic and Telecommunications	187509	2308413	6105823	5382400	371501
仪器仪表及文化,办公用机械制造业 Instruments,Meters,Cultural and Clerical Machinery	45075	555223	1684599	1454561	230035
其他制造业 Other Manufacturing	295	16288	58421	54759	3662
电力、蒸汽、热水的生产和供应业 Electricity, Steam and Hot Water Production and Supply	600330	8693900	11682377	3286060	8395341
煤气生产和供应业 Gas Production and Supply	12479	636100	305629	137455	168172
自来水的生产和供应业 Tap Water Production and Supply	113310	1641904	872538	627523	243483

(1000 yuan)

产品销售收入 Sales Reveue	产品销售成本 Cost of Sales	产品销售税金及附加 Seles Tax and Extra Charges	产品销售费用 Expenses for Sales of Products	管理费用 Expenses for Management	利润总额 Total Profits	利税总额 Total Pre - tax Profits	本年应交增值税 Value Added Tax Payable	本年进项税额 Taxes Included in Purchasing Cost	本年销项税额 Taxes Included in Sales Cost
6579838	6130344	337466	6109	241919	- 120327	495272	278133	806836	1084954
2565797	2120036	36525	109200	282794	- 2705	155711	121891	307165	416956
5205584	3542502	39687	642184	460561	643803	999521	316031	214923	522100
105149	86960	92	8804	6457	- 9566	- 10029	- 555	23964	23409
165147	120167	1173	30527	16099	3585	16637	11879	16411	28290
1177294	964909	5957	29220	71080	88489	128514	34068	82970	118454
1906166	1513168	21927	93719	226541	63928	175128	89273	190551	278325
18615924	14589621	166308	335860	2051340	1066286	2607678	1375084	5890655	7140326
772861	683232	7309	24348	36056	4816	25214	13089	100932	113508
1221484	949306	11917	53737	141473	48978	121013	60118	129134	247666
2410999	1935157	15574	116215	390206	- 33217	100278	117921	288044	389194
1940463	1555464	16760	85903	199262	54874	136010	64376	153397	211552
12804333	9923999	219492	522448	1387531	456211	1348135	672432	1225669	1826290
4738557	3762547	23174	186728	387995	338020	576067	214873	458724	657198
11579987	8439425	32145	514386	686378	1975096	2440440	433199	330748	753352
1531836	1060246	24816	142020	166142	162511	276858	89531	104488	194725
22089	19506	792	812	2799	- 2099	- 909	398	3286	3755
3504303	2455082	33044	19245	32869	678237	1155176	443895	189308	638014
320879	341617	1381	15676	31855	- 10431	- 3348	5702	38469	44416
709913	563429	7319	19719	68825	106594	143849	29936	90383	121560

3-11 国有控股工业企业主要经济指标(2001年)

单位：千元

指标 Item	企业单位数(个) Number of Enterprises (unit)	亏损企业数(个) Number of Loss-making Enterprises (unit)	全部从业人数(人) Number of Persons Egaged (person)	工业总产值(当年价) Gross Industrial Output Value (at Current Prices)
总计 Total	505	192	363073	72845176
在总计中：轻工业 in Total: Light Industry	187	69	94927	11940297
重工业 Heavy Industry	318	123	268146	60904879
在总计中：大型企业 in Total: Large Enterprises	88	34	251463	60757358
中型企业 Medium-sized Enterprises	100	32	43570	5936961
小型企业 Small-sized Enterprises	317	126	68040	6150857
非金属矿采选企业 Nonmetal Minerals Mining and Dressing	2	1	127	11972
食品加工业 Food Processing	24	11	5663	779903
食品制造业 Food Manufacturing	8	6	2423	210659
饮料制造业 Beverage Manufacturing	6	1	2887	668769
烟草加工业 Tobacco Processing	2	—	1710	3409261
纺织业 Textile Industry	15	7	22416	1532039
服装及其他纤维制品制造业 Garments and Other Fiber	9	5	14391	2073553
皮革、毛皮、羽绒及其制品业 Leather, Furs, Down and Related Products	4	1	1445	200782
木材加工及竹、藤、棕、草制品业 Timber Processing, Bamboo, Cane, Palm Fiber and Straw Products	5	1	1347	197071
家具制造业 Furniture Manufacturing	4	2	497	45924
造纸及纸制品业 Papermaking and Paper Products	10	1	6180	1036708
印刷业 Printing and Record Medium Reproduction	20	5	7274	816714
文教体育用品制造业 Cultural, Educational and Sports Goods	2	1	1453	70268

MAIN ECONOMIC INDICATORS OF STATE－OWNED INDUSTRIAL ENTERPRISES WITH INCLUDING ENTERPRISES WITH CONTROLLING SHARE HOLD BY THE STATE(2001)

(1000 yuan)

工业总产值(1990年不变价) Gross Industrial Output Value (at 1990 constant prices)	工业增加值 Value－added of Industry (1000 yuan)	工 业 销售产值 Sales Value (1000 yuan)	实收资本 Total Capital Hold (1000 yuan)	资产总计 Total Value of Assets	流动资产 Circulating Funds	流 动 资 产 年平均余额 Annual Average Balance of Circuiating Funds	固定资产 合 计 Total Fixed Assets	固定资产 原 价 Original Value of Fixed Assets	生产经营用 For Production and Business Operation
60574957	24328038	70177973	31607464	148014921	63732081	56997874	70340721	98293425	62376709
11524259	3485280	11418348	5839213	20350504	10075535	7954562	7588591	9906527	7300218
49050698	20842758	58759625	25768251	127664417	53656546	49043312	62752130	88386898	55076491
48175669	21090344	58874421	24930519	123805686	51231178	46759025	62624374	87673037	55527951
6170665	1648115	5661349	4184083	11535628	6246931	5011633	3920414	5468542	3784209
6228623	1589579	5642203	2492862	12673607	6253972	5227216	3795933	5151846	3064549
11728	2386	10329	1406	4321	3078	2952	1243	7457	7358
719227	198877	819578	240067	772987	295156	220362	353832	580155	257167
212873	1596	191189	98540	242543	119133	72578	71792	122985	55378
537015	258233	664412	788945	1643743	621841	615619	459313	661374	661216
1551530	2327057	3294605	376231	3331637	2205995	2229256	910049	1399500	908485
1382803	350414	1457469	283060	2263631	1124287	1068505	956522	1466206	1262868
2053922	588846	2003810	273488	760602	300504	329976	410584	565129	310754
163119	58031	206692	73191	589814	437384	433814	126162	207196	167700
166686	35534	187421	107565	354294	159175	102534	148209	212888	108860
47063	16121	45783	4120	54223	21860	21703	18234	25162	12543
825713	393360	1013288	244451	2027835	1039529	857494	798930	314930	274755
752694	218945	771188	1533084	1797231	975501	983121	679301	913268	536623
69921	15908	71311	15054	27778	12649	12914	12214	13466	12118

续　表 1　　Continued

单位：千元

指　　标 Item	企业单位数（个） Number of Enterprises（unit）	亏损企业数（个） Number of Loss－making Enterprises（unit）	全　部从业人数（人） Average Staff and Workers（person）	工业总产值（当年价） Gross Industrial Output Value（at Current Prices）
石油加工及炼焦业 Petroleum Refining and Coking	2	1	4798	6248247
化学原料及化学制品制造业 Raw Chemical Materials and Chemical Products	23	7	14476	1641505
医药制造业 Medical and Pharmaceutical Products	28	6	12597	2234195
化学纤维制造业 Chemical Fiber Products	1	1	—	117776
橡胶制品业 Rubber Products	3	1	908	26672
塑料制品业 Plastic Products	11	6	2295	227827
非金属矿物制品业 Nonmetal Mineral Products	39	18	11531	879803
黑色金属冶炼及压延加工业 Smelting and Pressing of Ferrous Metals	4	—	86183	17888354
有色金属冶炼及 压延加工业 Smelting and Pressing of Nonferrous Metals	6	4	2135	367820
金属制品业 Metal Products	15	5	4468	318514
普通机械制造业 Ordinary Machinery	48	27	34603	1701332
专用设备制造业 Special Purposes Equipment	33	13	19189	1388026
交通运输设备制造业 Transport Equipment	50	17	46443	11653136
电气机械及器材制造业 Electronic Equipment and machinery	22	4	9982	1992514
电子及通信设备制造业 Eledtronic and Telecommunications	41	8	19953	9901055
仪器仪表及文化、办公用机械制造业 Instruments, Meters, Cultural and Clerical Machinery	35	22	6433	722904
电力、蒸汽、热水的生产和供应业 Electricity, Steam and Hot Water Production and Supply	15	2	8611	3373023
煤气生产和供应业 Gas Production and Supply	2	2	3193	320417
自来水的生产和供应业 Tap Water Production and Supply	16	6	7462	788433

(1000 yuan)

工业总产值(1990年不变价) Gross Industrial Output Value (at 1990 constant prices)	工业增加值 Value-added of Industry (1000 yuan)	工业销售产值 Sales Value (1000 yuan)	实收资本 Total Capital Hold (1000 yuan)	资产总计 Total Value of Assets	流动资产 Circulating Funds	流动资产年平均余额 Annual Average Balance of Circulating Funds	固定资产合计 Total Fixesd Assets	固定资产原价 Original Value of Fixed Assets	生产经营用 For Production and Business Operation
1957406	562667	6205780	1211585	4267714	1862190	2400330	1888779	3396090	3071368
1721693	359866	1561551	604216	3275481	1194817	1221773	1529484	1890463	1297607
2666347	808717	2044175	576437	3960353	2896059	1091222	803665	1084881	433752
118457	8649	101866	40562	394019	151228	169995	242651	312079	249663
32734	9878	23399	24935	54602	34973	37324	19594	40048	6043
279550	73461	234304	202039	886571	397281	372935	387142	485561	473524
830511	228219	845516	403822	1598803	685985	678811	733978	1008383	755429
11581624	6917921	17909771	7765247	45434583	15060296	15225019	28231505	43176136	22533528
343271	47845	360211	114849	590652	280053	260245	204441	298056	205320
263807	81485	312667	173185	614743	317896	327264	218538	293212	218242
1627135	394736	1545616	2623254	7758285	4065956	3445902	2442703	3807248	2443625
1402713	377065	1272638	599637	2594023	1238268	1107927	1115104	1617448	963747
13770795	3304251	11367821	8494968	28992977	13145164	11463111	13034387	14087550	12877632
1967229	507167	1888584	672169	3285983	2198330	2355796	686728	1619115	1125907
10539820	4055114	9472452	952318	11504894	9053756	6034364	1193935	1866827	1413076
777966	166764	739641	239477	1495563	858354	675309	425052	660449	310703
1464255	1677769	2488404	1490269	13151161	1996059	2193940	9722666	2792956	6480776
268895	-5834	306434	339362	793456	132454	129837	626147	734028	539625
466455	286990	760068	1039931	3490419	846870	855942	1887837	2633179	2401317

续 表 2 Continued

单位：千元

指 标 Item	本年折旧 Depreiation in The Year	固定资产净值年平均余额 Average Balance of Net Value of Fixed Assets	负债总计 Total Liabilities	流动负债 Liquid Liabilities	长期负债 Long - Term Liabilities
总 计 Total	4361637	62359273	85453240	58362175	26615638
在总计中：轻 工 业 in Total: Light Industry	507469	6180950	10504314	8681065	1807573
重 工 业 Heavy Industry	3854168	56178323	74948926	49681110	24808065
在总计中：大型企业 in Total: Large - sized Enterprises	3825944	55468726	70880933	46944775	23839737
中型企业 Medium - sized Enterprises	190197	3287138	6452700	5060025	1360705
小型企业 Small - sized Enterprises	345496	3603409	8119607	6357375	1415196
非金属矿采选业 Nonmetal Minerals Mining and Dressing	200	1198	2820	2545	275
食品加工业 Food Processing	24564	276715	562006	475242	86764
食品制造业 Food Manufacturing	5439	33556	117688	109346	8341
饮料制造业 Beverage Manufacturing	46639	442583	456400	393047	63353
烟草加工业 Tobacco Processing	67150	623327	1578088	1578088	—
纺 织 业 Textile Industry	58644	858912	1794669	1314073	480596
服装及其他纤维制品制造业 Garments and Other Fiber	11154	276817	384141	361342	22295
皮革、毛皮、羽绒及其制品业 Leather, Furs, Down and Related Products	3107	129260	526591	454176	72409
木材加工及竹、藤、棕、草制品业 Timber Processing, Bamboo, Cane, Palm Fiber and Straw Products	6831	144946	156482	145654	10828
家具制造业 Furniture Manufacturing	740	19187	83346	72606	10740
造纸及纸制品业 Papermaking and Paper Products	15623	236015	1226871	910238	316633
印 刷 业 Printing and Record Medium Reproduction	41221	436488	562523	489915	72608
文教体育用品制造业 Cultural, Educational and Sports Goods	553	11215	12660	8960	3700

(1000 yuan)

产品销售收入 Sales Reveue	产品销售成本 Cost of Sales	产品销售税金及附加 Seles Tax ad Extra Charges	产品销售费用 Expenses for Sales of Products	管理费用 Expenses for Management	利润总额 Total Profits	利税总额 Total Pre - tax Profits	本年应交增值税 Value Added Tax Payable	本年进项税额 Taxes Included in Purchasing Cost	本年销项税额 Taxes Included in Sales Cost
71390065	**54784583**	**2124349**	**2427598**	**6347007**	**4946075**	**11337141**	**4266717**	**10032662**	**14062253**
11430966	8962067	120553	786976	969771	670592	1327951	536806	969313	1481632
59959099	45822516	2003796	1640622	5377236	4275483	10009190	3729911	9063349	12580621
59631639	45683635	2033645	1689039	4895797	4014195	9767235	3719395	9012937	12509412
6320249	4829989	32848	396330	868231	468303	805130	303979	576593	875205
5438177	4270959	57856	342229	582979	463577	764776	243343	443132	677636
10474	8149	140	911	881	151	393	102	1678	1780
768481	698841	3317	23760	60585	- 6323	11238	14244	80152	94484
230079	188618	4597	35240	13808	- 5980	4474	5857	20264	25844
613777	371856	60770	83628	52696	57765	178072	59537	113219	172757
3292809	1281002	1181324	115525	228663	467711	2015576	366541	201224	567766
1476647	1310286	2502	25327	128921	3176	40010	34332	189880	224666
1719857	1553689	4387	16201	61121	- 11341	15685	22639	43421	58201
145101	102724	783	14501	16274	- 470	8342	8029	9687	17716
179115	168851	351	7041	9042	- 811	9732	10192	17115	27513
36882	28421	216	5868	2959	164	2409	2029	4067	6095
865783	650873	7317	107383	48622	79932	158895	71646	83636	149886
723161	463312	5514	45766	107819	139263	195074	50297	55363	100598
61533	60024	203	537	3479	522	2884	2159	8302	10461

续 表3 Continued

单位：千元

指 标 Item	本年折旧 Depreiaticn in The Year	固定资产净值年平均余额 Average Balance of Net Value of Fixed Assets	负债总计 Total Liabilities	流动负债 Liquid Liabilities	长期负债 Long - Term Liabilities
石油加工及炼焦业 Petroleum Refining and Coking	325097	1812320	1998537	1288360	710176
化学原料及化学制品制造业 Raw Chemical Materials and Chemical Products	88542	1236403	1888705	1590707	297996
医药制造业 Medical and Pharmaceutical Products	114739	911647	1933852	1853919	75291
化学纤维制造业 Chemical Fiber Products	25664	239901	57260	48271	—
橡胶制品业 Rubber Products	537	18840	50718	49351	1367
塑料制品业 Plastic Products	19403	369239	442792	352761	90025
非金属矿物制品业 Nonmetal Mineral Products	37815	634596	1355060	933951	421109
黑色金属冶炼及压延加工业 Smelting and Pressing of Ferrous Metals	1921656	23679305	21828151	14720808	7107342
有色金属冶炼及压延加工业 Smelting and Pressing of Nonferrous Metals	13189	205907	472946	369193	103752
金属制品业 Metal Products	8150	202535	476847	418870	57977
普通机械制造业 Ordinary Machinery	103841	2490234	5069063	4322467	676996
专用设备制造业 Special Purposes Equipment	29120	1034648	1756542	1375885	380657
交通运输设备制造业 Transport Equipment	426480	12039661	19421175	13124977	6255230
电气机械及器材制造业 Electronic Equipment and machinery	15589	1065114	2108208	1914072	191325
电子及通信设备制造业 Eledtronic and Telecommunications	195266	1823176	5326719	4694547	286790
仪器仪表及文化、办公用机械制造业 Instruments, Meters, Cultural and Clerical Machinery	31420	438604	1225806	1041736	184067
电力、蒸汽、热水的生产和供应业 Electricity . Steam and Hot Water Production and Supply	597883	8389000	11401921	3185604	8215341
煤气生产和供应业 Gas Production and Supply	12071	636020	302115	133941	168172
自来水的生产和供应业 Tap Water Production and Supply	113310	1641904	872538	627523	243483

(1000 yuan)

产品销售收入 Sales Reveue	产品销售成本 Cost of Sales	产品销售税金及附加 Seles Tax ad Extra Charges	产品销售费用 Expenses for Sales of Products	管理费用 Expenses for Management	利润总额 Total Profits	利税总额 Total Pre - tax Profits	本年应交增值税 Value Added Tax Payable	本年进项税额 Taxes Included in Purchasing Cost	本年销项税额 Taxes Included in Sales Cost
6506548	6064839	336993	2043	235489	- 122437	490558	276002	798155	1074143
1486516	1260244	6826	64359	202903	- 51910	21019	66103	195004	252842
2790783	1908717	19830	311237	274683	335486	525930	1706164	109888	277982
105149	86960	92	8804	6457	- 9566	- 10029	- 555	23964	23409
16854	14686	28	2224	8206	733	1925	1164	1708	2872
595754	503794	1433	12636	33305	31035	44325	11857	24083	35941
726263	600336	6957	21676	79778	4536	41985	30492	71760	102925
18234527	14261037	164286	325850	2030611	1048439	2574670	1361945	5857022	7094556
355289	326169	3586	5454	18624	- 5400	4458	6272	65671	71941
302393	238572	1503	25641	39997	- 7846	5004	11347	40370	51959
1749332	1390087	9989	95687	344225	- 63700	42249	95960	194598	288647
1207296	1001806	6832	45778	142592	- 11898	31962	37028	107768	139247
11100267	8522503	210332	463920	1283212	323100	1132624	599192	1019133	1539919
1588556	1236262	8168	61176	172089	121948	215296	85180	122408	202325
9291629	6589590	22209	362903	528890	1874321	2251455	354925	192261	546462
805506	608581	13558	83232	87443	30231	91027	47238	69310	117119
3383659	2385887	31873	17895	25461	630452	1091309	428984	183321	617116
310132	334438	1114	15676	29347	- 11802	- 5259	5429	37847	43521
709913	563429	7319	19719	68825	106594	143849	29936	90383	121560

3－12 规模以上独立核算工业企业主要经济效益指标(2001年)

MAIN INDICATORS ON ECONOMIC BENEFICIAL RESULTS OF ALL STATE－OWNED INDUSTRIAL ENTERPRISES AND ALL NON－STATE－OWNED ONES WITH ANNUAL SALES INCOME OVER 5 MIL. YUAN WITH INDEPENDENT ACCOUNTING SYSTEM(2001)

项目	Item	工业经济效益综合指数(%) General Index on Industrial Economic Beneficial Results (%)	总资产贡献率(%) Rate of Pre－tax Profit and Interest Expenditure to Average Assets (%)	资本保值增值率(%) Rate of the Owner's Rights and Interests in the Year－end to that in the Year－Beginning(%)	资产负债率(%) Rate of Total Liabilities to Total Assets (%)
全市总计	Total of the City	132.95	9.37	109.29	56.46
国有经济	State－owmed Enterprises	97.58	6.00	101.70	60.52
集体经济	Collective Owned Enterprises	110.19	9.72	93.46	63.81
私营经济	Private Owned Enterprises	152.61	16.44	86.63	51.89
联营经济	Joint Owned Enterprises	94.79	9.73	55.58	74.83
股份制经济	Share Holding Enterprises	169.59	10.39	109.24	51.46
外商投资经济	Foreign Funded Enterprises	304.72	12.60	113.84	52.90
港澳台投资经济	Enterprises Funded by HongKong, Macao & TaiWan	177.43	12.42	107.07	49.64

项目	Item	流动资金周转率(次) Number of Times of Turuover of Circulating Funds (times/year)	成本费用利润率(%) Rate of Total Profit to Total Cost (%)	全员劳动生产率(元/人) Labor Productivity (yuan/person)	产品销售率(%) Rate of Output Value of Sales to Gross Output Value (%)
全市总计	Total of the City	1.38	7.41	56483	96.35
国有经济	State－owmed Enterprises	1.12	4.35	33829	95.94
集体经济	Collective Owned Enterprises	2.60	2.86	31665	96.46
私营经济	Private Owned Enterprises	2.69	7.28	51696	95.84
联营经济	Joint Owned Enterprises	1.79	4.50	22452	98.91
股份制经济	Share Holding Enterprises	1.30	13.58	76803	96.37
外商投资经济	Foreign Funded Enterprises	1.94	11.04	296707	98.16
港澳台投资经济	Enterprises Funded by HongKong, Macao & TaiWan	1.33	10.53	101976	98.04

3-13 分行业规模以上独立核算工业企业主要经济效益指标(2001)
MAIN INDICATORS ON ECONOMIC BENEFITS OF ALL STATE-OWNED INDUISTRIAL ENTERPRISES AND NON-STATE-OWNED ONES WITH SALES INCOME OVER 5 MILLION YUAN WITH INDEPENDENT ACCOUNTING SYSTEM(2001)

项目 Item	工业增加值率(%) Rate of Value Added of Industry to Gross Industrial Output Value(%)	资金利税率(%) Rate of Pre-tax Profits to Total Capital	产值利税率(%) Rete of Pre-tax Profits to Output Value(%)	工业产品销售率% Rate of Sales Value of Industrial Products to Output Value %	流动资金周转次数(次/年) Number of Times of Turnover of Circulating Funds(times/year)	全员劳动生产率(元/人年) Overall Labor Productivity (yuan/person.year)
总计 Tatal	27.51	10.21	14.29	96.35	1.38	56483
在总计中:国有经济 In Total: State-owned Enterprises	24.84	6.05	10.98	95.94	1.12	33829
集体经济 Collective Owned Enterprises	25.83	12.00	6.33	96.46	2.60	31665
私营经济 Privater Owned Enterprises	24.45	20.14	10.56	95.84	2.69	51696
联营经济 Joint Owned Enterprises	25.47	9.69	13.80	98.91	1.79	22452
股份制经济 Share Holding Enterprises	30.37	12.53	19.09	96.37	1.30	76803
外商投资经济 Foreign Funded Enterprises	29.98	13.71	17.54	98.16	1.94	296707
港、澳、台投资经济 Enterprises Funded by Enterpreneurs from Hongkong, Macao and Taiwan	27.06	12.78	13.27	98.04	1.33	101976
在总计中:国有控股 in Tatal:	27.99	9.50	15.56	96.34	1.25	55719
在总计中:轻工业 in Total: Light Industry	27.33	11.46	11.15	96.18	1.68	50712
重工业 Heavy Industry	27.58	9.90	15.53	96.41	1.30	59167
在总计中:大型企业 in Total: Large Enterprises	28.72	9.79	15.70	97.20	1.30	71475
中型企业 Medium-sized Enterprises	26.55	12.22	14.19	95.16	1.42	52344
小型企业 Small-sized Enterprises	24.11	11.26	10.11	94.35	1.72	33998
非金属矿采企业 Nonmetal Minerals Mining and Dressing	18.80	65.63	12.31	88.46	8.84	21666
食品加工业 Food Processing	25.68	12.01	4.88	98.58	5.54	96761
食品制造业 Food Production	23.63	14.76	13.70	100.73	2.45	71655
饮料制造业 Beverage Production	28.78	13.03	16.72	98.64	1.56	116692
烟草加工业 Tobacco Processing	58.51	70.66	59.12	96.64	1.48	619314
纺织业 Textile Industry	19.74	2.32	2.67	93.81	1.43	13991
服装及其他纤维制品制造业 Garments and Other Fiber Products	27.07	9.45	4.65	94.57	2.71	42678
皮革、毛皮、羽绒及其制品业 Leather, Furs, Down and Related Products	27.49	2.98	5.50	97.78	0.55	33034
木材加工及竹、藤、棕、草制品业 Timber Processing, Bamboo, Cane, Palm Fiber and Straw Products	17.05	4.72	4.79	94.22	2.12	25290
家具制造业 Furnture Manufacturing	23.78	20.02	9.10	93.57	4.27	70343

续 表 Continued

项 目 Item	工业增加值率(%) Rate of Value Added of Industry to Gross Industrial Output Value(%)	资金利税率(%) Rate of Pre-tax Profits to Total Capital	产值利税率(%) Rete of Pre-tax Profits to Output Value(%)	工业产品销售率 Rate of Sales Value of Industrial Products to Output Value	流动资金周转次数(次/年) Number of Times of Turnover of Circulating Funds(times/year)	全员劳动生产率(元/人年) Overall Labor Productivity (yuan/person.year)
造纸及纸制品业 Papermaking and Paper Products	29.66	11.65	11.78	97.93	1.24	49713
印刷业 Printing and Record Medim Reproduction	24.69	10.97	19.34	99.58	0.74	30339
文教体育用品制造业 Cultural, Educational & Sports Goods Production	23.52	46.74	11.86	107.62	8.29	44517
石油加工及炼焦业 Petroleum Refining and Coking	7.91	11.65	7.82	99.29	2.72	34175
化学原料及化学制品制造业 Raw Chemical Materials and Chemical Products	21.38	4.21	5.00	95.82	1.25	36407
医药制造业 Medical and Pharmaceutical Products	36.15	22.22	20.09	94.02	1.89	77634
化学纤维制造业 Chemical Fiber	6.13	-2.45	-8.52	86.49	0.62	
橡胶制品业 Rubber Products	28.63	11.00	7.24	86.35	2.03	31967
塑料制品业 Plastic Products	26.02	9.80	15.15	98.46	1.79	43600
非金属矿物制品业 Non-metal Mineral products	24.09	6.36	8.07	94.71	1.24	22576
黑色金属冶炼及压延加工业 Smelting and Pressing of Ferrous Metals	27.58	6.66	14.22	100.08	1.21	51318
有色金属冶炼及压延加工业 Smelting and Pressing of Non-Ferrous Metals	15.64	3.16	2.93	95.58	1.67	33660
金属制品业 Metal Products	24.23	8.44	8.15	94.12	1.25	24336
普遍机械制造业 Ordinary Machinery	21.26	1.52	4.11	93.87	0.62	13240
专用设备制造业 Special Purposes Equipment	26.70	4.74	6.52	94.66	1.20	20728
交通运输设备制造业 Transport Equipment	24.72	5.49	10.02	97.58	1.07	83679
电气机械及器材制造业 Electric Equipment and Machinery	21.34	9.66	10.91	95.16	1.16	59862
电子及通信设备制造业 Electronic amd Telecommunications	36.22	26.46	19.50	95.98	1.68	208543
仪器仪表文化办公用机械制造业 Instruments, Meters, Cultural and Office Machinery	24.22	15.51	18.88	95.46	1.25	42535
其他制造业 Other Manufacturing	27.89	-1.54	-2.52	97.33	0.52	13253
电力、蒸气、热水的生产和供应业 Electricity, Steam, Hot Water Production and Supply	41.76	10.53	33.26	74.47	1.54	82388
煤气生产和供应业 Gas Production and Supply	-0.52	-0.44	-1.01	95.77	2.41	-491
自来水的生产和供应业 Tap Water Production and Supply	31.54	5.76	18.24	96.40	0.83	22754

3-14 各主管系统工业企业主要经济指标(2001年)

MAJOR ECONOMIC INDICATORS OF INDUSTRIAL ENTERPRISES BY HOLDING COMPANY (COMPANY GROUP) OR SYSTEM (2001)

项目 Item	全部工业企业单位数(个) Number of Enterprises (unit)	工业总产值(千元,当年价) Gross Industrial Output Value (1000 yuan, at current prices)	工业总产值(千元 1990年不变价) Gross Industrial Output Value (1000 yuan at 1990 constant prices)	亏损企业数(个) Number of Loss-making Enterprises (unit)	工业增加值(千元,当年价) Valueadded of Industry (1000 yuan, at current prices)
武汉市机电控股公司	45	993439	1191541	23	440540
武汉市轻纺化控股公司	18	4189736	3376487	7	1171635
武汉市国有资产经营公司	14	2499780	3254488	6	629418
武汉汽车工业公司	11	150830	211426	6	60029
武汉仪表集团公司	14	377228	429894	10	51717
武汉有色金属(集团)公司	6	358583	333651	5	43956
武汉建材工业总公司	14	327200	331830	9	69580
武汉市包装工业公司	31	1252614	868226	9	925928
武汉市工业合作联社	14	486378	562108	4	86576
武汉钢铁集团公司	3	18013880	11668660	1	6962485
中国长江动力(集团)公司	4	1184020	1010760	3	306050
武汉葛化集团有限公司	3	1142929	1216374	3	232905

续 表 Continued

项目 Item	工业销售产值（千元，当年价） Sales Value (1000 yuan, at current prices)	流动资产年平均余额（千元） Average Annual Balance of Liquid Assets (1000 yuan)	固定资产原值（千元） Original Value of Fixed Asstes (1000 yuan)	固定资产净值年平均余额（千元） Average Annual Balance of Net Value of Fixed Assets (1000 yuan)	产品销售收入（千元） Sales Income of Products (1000 yaun)
武汉市机电控股公司	972594	1801721	1392066	1061626	711112
武汉市轻纺化控股公司	4158291	3305519	3729928	2429778	4238670
武汉市国有资产经营公司	2418039	1997287	1256262	757859	2365603
武汉汽车工业公司	144440	202138	226721	127526	147810
武汉仪表集团公司	393638	327625	164475	114425	455961
武汉有色金属（集团）公司	352297	263662	297591	202657	356168
武汉建材工业总公司	311890	413731	493274	292288	240028
武汉市包装工业公司	1268933	489209	549873	402991	391287
武汉市工业合作联社	479010	4444	547292	362365	583389
武汉钢铁集团公司	17998380	15360323	43482279	23868760	18298732
中国长江动力（集团）公司	1141080	1232718	595030	511436	650000
武汉葛化集团有限公司	1084625	722071	1397065	888258	1032825

主 要 统 计 指 标 解 释

工业 指从事自然资源的开采，对采掘品和农产品进行加工和再加工的物质生产部门。具体包括，(1)对自然资源的开采，如采矿、晒盐、森林采伐等(但不包括禽兽捕猎和水产捕捞)；(2)对农副产品的加工、再加工。如粮油加工、食品加工、轧花、缫丝、纺织、制革等；(3)对采掘品的加工、再加工，如炼铁、炼钢、化工生产、石油加工、机器制造、木材加工等，以及电力、自来水、煤气的生产和供应等；(4)对工业品的修理、翻新，如机器设备的修理、交通运输工具(包括小卧车)的修理等。1984 年以前农村的村及村以下办工业归属农业，1984 年以后划归工业。

工业统计调查单位 工业统计调查单位分为两类：独立核算法人工业企业和工业活动单位。

(1)独立核算法人工业企业 指从事工业生产经营活动的单位。独立核算法人工业企业应同时具备以下条件：①依法成立，有自己的名称、组织机构和场所，能够承担民事责任；②独立拥有和使用资产，承担负债，有权与其他单位签订合同；③独立核算盈亏，并能够编制资产负债表。

(2)工业活动单位 是指在一个场所从事一种或主要从事一种工业生产活动的经济单位。它包括独立核算工业企业按主营业务活动(即工业生产活动)划分的主营业务活动单位和非工业企业所属的工业生产活动单位(即原非独立核算工业生产单位)。工业活动单位，一般应同时具备以下三个条件：①具有一个场所，从事一种或主要从事一种工业活动；②单独组织工业生产经营或业务活动；③单独核算收入和支出。

国有经济工业 (即过去的全民所有制工业或国营工业)指生产资料归国家所有的一种经济类型。包括中央和地方各级国家机关、部队、科研机构、学校、人民团体和国有经济企事业单位等举办的国有经济工业。1957 年以前的公私合营和私营工业，后均改造为国营工业，1992 年改为国有工业，这部分工业的资料不单独分列时，均包括在国有工业内。

集体经济工业 指生产资料归公民集体所有的一种经济类型，是社会主义公有制经济的组成部分。包括城乡所有使用集体投资举办的企业，以及部分个人通过集资自愿放弃所有权并依法经工商行政管理机关认定为集体所有制的企业。

其他经济类型工业 指除国有经济、集体经济、城乡个体经济以外的其他经济类型工业企业(单位)。包括私营经济、联营经济、股份制经济(股份有限公司，有限责任公司)；外商投资经济(中外合资经营、中外合作经营、外资企业)；港、澳、台投资经济(与大陆合资经营、与大陆合作经营、港、澳、台独资企业)及其他经济类型的工业。

轻工业 指主要提供生活消费品和制作手工工具的工业。按其所使用的原料不同，可分为两大类：(1)以农产品为原料的轻工业，是指直接或间接以农产品为基本原料的轻工业。主要包括食品制造、饮料制造、烟草加工、纺织、缝纫、皮革和毛皮制作、造纸以及印刷等工业；(2)以非农产品为原料的轻工业，是指以工业品为原料的轻工业。主要包括文教体育用品、化学药品制造、合成纤维制造、日用化学制品、日用玻璃制品、日用金属制品、手工工具制造、医疗器械制造、文化和办公用机械制造等工业。

重工业 是指为国民经济各部门提供物质技术基础的主要生产资料的工业。按其生产性质和产品用途，可以分为下列三类：(1)采掘(伐)工业，是指对自然资源的开采，包括石油开采、煤炭开采、金属矿开采、非金属矿开采和木材采伐等工业；(2)原材料工业，指向国民经济各部门提供基本材料、动力和燃料的工业。包括金属冶炼及加工、炼焦及焦炭化学、化工原料、水泥、人造板以及电力、石油和煤炭加工等工业；(3)加工工业，是指对工业原材料进行再加工制造的工业。包括装备国民经济各部门的机械设备制造工业、金属结构、水泥制品等工业，以及为农业提供的生产资料如化肥、农药等工业。

根据上述划分原则，修理业中以重工业产品为修理作业对象的划为重工业，反之划为轻工业。工业总产值是以货币表现的工业企业在一定时期内生产的已出售或可供出售工业产品总量，它反映一定时间内工业生产的总规模和总水平。它包括：在本企业内不再进行加工，经检验、包装入库(规定不需包装的产品除外)的成品价值，工业性作业价值，自制半成品、在产品期末初差额价值。工业总产值采用“工厂法”计算，即以工业企业作为一个整体，按企业工业生产活动的最终成果来计算，企业内部不允许重复计算，不能把企业内部各个车间(分厂)生产的成果相加。但在企业之间、行业之间、地区之间存在着重复计算。

轻重工业总产值的划分也是按“工厂法”计算的，即一个工业企业在正常情况下生产的主要产品的性质属于轻工业，则该企业的全部总产值作为轻工业总产值；一个工业企业生产的主要产品的性质属于重工业，则该企业的全部总产值作为重工业总产值。

工业增加值 是指工业行业在报告期内以货币表现的工业生产活动的最终成果。

固定资产原价 固定资产原值指企业在建造、购置、安装、改建、扩建、技术改造某项固定资产时所支出的全部货币总额。它一般包括买价、包装费、运杂费和安装费等。

固定资产净值 是指固定资产原价减去历年已提折旧额后的净额。

流动资产 是指可以在一年或者超过一年的一个营业周期内变现或者耗用的资产，包括现金及各种存款、短期投资、应收及预付货款、存货等。

利税总额 指企业利润总额、产品销售税金及附加和应交增值税之和。

Explanatory Notes on Main Statistical Indicators

Industry refers to the material production sector which is engaged in extraction of natural resources and processing and reprocessing of minerals and agricultural products, including (1)extraction of natural resources, such as mining, salt production, logging (but not including hunting and fishing) ; (2) processing and reprocessing of farm and sideline produces such as rice husking, flour milling, wine making, oil pressing, cotton ginning, silk reeling, spinning and weaving, andleather making; (3) manufacture of industrial products, such as steel making, iron smelting, chemicals manufacturing, petroleum processing, machine building, timber processing water and gas production and electricity generation and supply; (4) repairing of industrial products such as the repairing of machinery and means of transport (including cars) .

Prior to 1984, the rural industry run by villages and cooperative organizations under village was classified into agriculture. Since 1984, it has been grouped into industry.

Units of industrial Statistics and inquiry: They are classified into two categories (1) corporate industrial enterprises with independent accounting system (2) industrial establishments.

(1) Corporate industrial enterprises with independent accounting system refer to enterprises engaging in industrial production activities, which meet the following requirements: 1. They are established legally, having their own names organizations, location, able to take civil liability 2. They possess and use their assets independently, assume liabilities, and are entitled to sign contracts with other units 3. They are financially independent and compile their own balance sheets.

(2) Industrial establishments refer to economic units which located in one single place and engaged entirely or primarily in one kind of industrial activity, including financially independent industrial enterprises and units engaged in industrial activities under the non – industrial enterprises (or financially dependent). Industrial establishments generally meet the following requirements: < a > They have each one location and are engaged in one kind of industrial activity each < b > They operate and manage their industrial production activities separately < c > They have accounts of income and expenditures separately .

State – owned Industry refers to industrial enterprises where the means of production or income are owned by the state. Joint state – private industries and private industries which existed before 1957 have been transformed into state industries. Statistics on these enterprises has been included in the state – owned industries since 1957 when separation of data was no longer necessary .

Collective Owned industry refers to industrial enterprises where the means of production are owned collectively, including urban and rural enterprises invested by collectives and some enterprises which were formerly owned privately but have been registered in industrial and commercial administration agency as collective units through raising fund from the public .

Industry of Other Type of Ownerships refers to industrial enterprises (units) of the ownerships other than the state – owned economy, collective economy, individual economy. They include the enterprises of private economy, joint owned economy, share – holding economy (companies limited by shares and companies limited with liabilities.), foreign – funded economy (Sino – foreign joint ventures, Sino – foreign cooperative enterprises and foreign ventures exclusively with their own investment) , economy funded by the entrepreneurs from Hong Kong, Macao and Taiwan (joint ventures and cooperative enterprises with the mainland as well as ventures exclusively with their own investment) and other types of ownership .

Light industry refers to the industry which produces consumer goods and hand tools. It consists of two categories, depending on the materials used:

(1) Industries using farm products as raw materials. These are branches of light industry which directly or indirectly use farm products as basic raw materials, including the manufacture of food and beverages, tobacco processing, textile, clothing, fur and leather manufacturing, paper making, printing, etc.

(2) Industries using non – farm products as raw materials. These are branches of light industry which use manufactured goods as raw materials, including the manufacture of cultural, educational articles and sports goods, chemicals, synthetic fiber, chemical products for daily use, glass products for daily use, metal products for daily use , hand tools, medical apparatus and instruments, and the manufacture of cultural and clerical machinery.

Heavy industry refers to the industry which produces capital goods, and provides various sectors of the national economy with necessary material and technical basis. It consists of the following three branches according to the purpose of production or the use of products :

(1) Mining, quarrying and logging industry refers to the industry that extracts natural resources, including extraction of petroleum, coal, metal and non – metal ores and logging.

(2) Raw materials industry refers to the industry that provides various sectors of the national economy with raw materials, fuels and power. It includes smelting and processing of metals, coking and coke chemistry, chemical materials and building materials such as cement, plywood, and power, petroleum refining and coal dressing.

(3) Manufacturing industry refers to the industry that processes raw materials. It includes machine – building industry which equips sectors of the national economy, industries of metal structure and cement products, industries producing means of agricultural production, such as chem-

ical fertilizers and pesticides.

According to the above principle of classification, the repairing trades which are engaged primarity in repairing products of heavy industry are classified into heavy industry while these engaged in repairing products of light industry are classified into light industry.

Gross industrial Output Value is the total volume of industrial products sold or available for sale in value terms which reflects the total achievements and overall scale of industrial production during a given period. It includes the value of the finished products, which are not to be further processed in the enterprises and have been inspected, packed and put in storage, the value of industrial services rendered to other units and the changes in the value of the semi finished products and products in process between the beginning and closing of the period (only the enterprises with long production cycle are required to calculate the changes) . The gross industrial output value is calculated with "factory method" . No double calculations are to be made within the same enterprise. However, double counting does occur among different enterprises.

Output value of light and heavy industries is also classified with the "factory" method. Under normal conditions, if the major products of an industrial enterprise belong to light industry products, the gross output value of that enterprise is classified wholly into light industry; the same principle applies to heavy industry.

Value Added of industry refers to the final results of industrial production of the industrial trade in money terms during the reference period.

Original Value of Fixed Assets refers to the original value of all fixed assets owned by industrial enterprises, calculated at the cost paid at the time of purchase, installation, reconstruction, expansion, and technical innovation and transformation of the said assets, which includes expenses on purchase, package, transportation, and installation, etc.

Net Value of Fixed Assets is obtained by deducting depreciation over years from the original value of fixed assets.

Working Capital (Circulating Assets) refers to assets which can be cashed in or spent or consumed in an operating cycle of one year or over one year, which includes cash, various deposits, short term investment, and receivable payments, and advance payments, stock, etc.

Total Value of Profit and Tax (Pre – tax Profits) refers to the sum of the total profits, products sales tax and surcharges and the value added tax payable of industrial enterprises. It is also called pretax profits.

四、农　　　业

AGRICULTURE

资料整理人员：余汉桥　宗秋菊　祝友胜　林　洪　易　翔　李昌勋　张晓勇　徐长雄
张　超　沈智红

STAFF FOR DATA PROCESSING:

Yu Hanqiao　Zong Qiuju　Zhu Yousheng　Lin Hong　Yi Xiang　Li Changxun　Zhang Xiaoyong
Xu Changxiong　Zhang Chao　Shen Zhihong

4-1 农村基层组织、户数、人口、劳动力
RURAL GRASSROOTS UNITS, HOUSEHOLDS, POPULATION, LABOR FORCES

项目	Item	1995	2000	2001
一、农村基层组织(个)	Rural Grassroots Units (unit)			
乡政府	Township Governments	35	33	16
镇政府	Town Governments	65	41	21
村委会	Villagers' Committees	2067	2087	2082
村民小组	Villagers' Subcommittees	18604	18664	18573
二、户数、人口	Rural Households, Population			
乡村户数(万户)	Households (10 000 units)	69.53	70.87	71.00
乡村人口(万人)	Population (10 000 persons)	273.70	275.81	275.31
三、乡村劳动力(万人)	Number of Rural Laborers By Sector (10 000 persons)	123.51	121.30	121.33
1.农林牧渔业	Farming, Forestry, Animal Husbandry & Fishery	84.22	79.66	78.06
2.工　业	Industry	14.70	11.07	10.60
3.建筑业	Construction	8.94	9.92	10.64
4.交通运输仓储和邮电通信业	Transportation, Warehouse, Postal & Tecommunications Services	3.37	4.16	4.46
5.批发零售贸易业、餐饮业	Wholesale, Retail Sale and Catering Trades	4.57	5.89	6.11
6.其他非农行业劳动力	Other Non-agricultural Trades	7.71	10.60	11.46
四、国营农林牧渔场劳动力(万人)	Number of Laborers in State-owned Farms (10 000 persons)	15.58	12.02	11.84
1.农业劳动力	Agriculture Laborers	6.74	6.75	7.16
2.非农业劳动力	Non-agriculture Laborers	8.84	5.27	4.68

4-2 耕 地 面 积
AREA UNDER CULTIVATION

单位：千公顷 (1 000 hectares)

项目	Item	1996	1997	1998	1999	2000	2001
年末实有耕地面积	Cultivated Area (year - end)	224.85	223.59	221.85	219.73	217.84	216.10
水 田	Paddy Fields	135.75	135.17	133.90	132.75	132.40	130.45
旱 地	Dry Fileds	89.10	88.42	87.95	86.98	85.44	85.65
年内减少的耕地面积	Decrease in Cultivated Area In the Year	1.13	1.43	2.06	2.71	2.87	2.50
#国家基建占地	Capital Construction of Gavernment	0.37	0.47	0.97	0.85	0.95	1.13
乡村集体占地	Village Collective Construction	0.25	0.41	0.26	0.32	0.10	0.19
农民个人建房占地	Farmers' Housing Construction	0.06	0.04	0.07	0.03	0.04	0.02

4-3 农 村 社 会 基 础 设 施
RURAL SOCIAL INFRASTRUCTURE

项目		Item	2000	2001
自来水受益村数	个	Number of Villages with Access to Tap Water (unit)	998	1040
占全部村民委员会比重	%	Proportion in all Villages (%)	47.8	50.0
通汽车村数	个	Number of Villages Open to Motor Vehicles (unit)	2087	2082
占全部村民委员会比重	%	Proportion in all Villages (%)	100.0	100.0
通电村数	个	Number of Villages With Access to Electricity (unit)	2087	2082
占全部村民委员会比重	%	Proportion in all Villages (%)	100.0	100.0
通电话村数	个	Number of Villages with Access to Telephone (unit)	2077	2076
占全部村民委员会比重	%	Proportion In All Villages(%)	99.5	99.7

4-4 乡 村 劳 动 力
STATISTICS ON RURAL LABOR FORCES BY SECTOR

单位：万人 (10 000 persons)

项目	Item	1995	2000	2001
1.农林牧渔	Farming, Forestry, Animal Husbandry, Fishery	84.22	79.66	78.06
2.工 业	Industry	14.70	11.07	10.60
3.建 筑 业	Construction	8.94	9.92	10.64
4.交通运输仓储邮电	Transportation, Postal & Communications Services and Warehouse	3.37	4.16	4.46
5.批发零售贸易业、餐饮	Wholesale and Retail Trades	4.57	5.89	6.11
6.其 他	Other Non - agricultural Trades	7.71	10.6	11.46

4-5 农业生产条件和农业投入

STATISTICS ON PRODUCTIVE CONDITIONS OF AGRICULTURE AND CONSUMPTION OF AGRICULTURAL PRODUCER GOODS

项目	Item	2000	2001
一、农田水利建设情况	Irrigation and Water Conservancy		
有效灌溉面积(千公顷)	Available Irrigated Area (1 000 hectares)	167.22	170.15
旱涝保收面积(千公顷)	Flood – free and Drought – free Area (1 000 hectares)	136.91	133.80
机电排灌面积(千公顷)	Motor – pumped Irrigation Area (1 000 hectares)	137.46	134.88
二、主要能源及物质消耗	Consumption of Main Energy and Materials		
农村用电量(万千瓦小时)	Consumption of Electricity in Rural Area (10 000 kwh)	110546	106616
农用化肥施用量(折纯量,吨)	Consumption of Chemical Fertilizers (100%, ton)	147744	156812
1.氮　肥	Nitrogenous Fertilizer	70486	72199
2.磷　肥	Phosphate Fertilizer	26240	28471
3.钾　肥	Potash Fertilizer	15042	16019
4.复合肥	Compound Fertilizer	35976	40123
农用塑料薄膜使用量(吨)	Consumption of Plastic Film for Farm Use(ton)	7342	6327
#地　膜(吨)	Plastic Sheeting Consumed (ton)	3690	3687
#地膜覆盖面积(千公顷)	Sown Areas Applied with Plastic Sheeting (1000 ha.)	35.38	37.66
农用柴油(吨)	Diesel Oil Consumed for Farm Use (ton)	41409	40967
农药使用量(吨)	Consumption of Pesticide (ton)	7297	7666

4-6 农业机械化情况
BASIC CONDITIONS OF FARM MECHANIZATION

项目	Item	2000	2001
农业机械总动力(万千瓦)	Total Power of Agricultural Machinery (10 000 kw)	148.54	160.67
1.柴油发动机动力	Diesel Engines	69.43	76.6
2.汽油发动机动力	Gasoline Engines	21.16	25.39
3.电动机动力	Electric Motors	57.95	58.69
一、耕作机械	Machines for Cultivation		
大中型拖拉机(台)	Large & Medium Tractors (unit)	6414	6182
动　　力(万千瓦)	Power (10 000 kw)	14.78	14.09
小型及手扶拖拉机(台)	Mini - tractors (unit)	8236	7977
动　　力(万千瓦)	Power (10 000 kw)	7.30	7.08
大中型拖拉机配套农具(部)	Number of Machinery Farm Tools Matching With Large & Medium Tractors (unit)	2381	2478
小型拖拉机配套农具(部)	Number of Machinery Farm Tools Matching With Mini - tractors (unit)	9799	9772
二、排灌机械	Irrgation Machinery		
柴 油 机(台)	Diesels (Unit)	13483	13749
动　　力(万千瓦)	Power (10 000 kw)	10.37	10.60
电 动 机(台)	Electric Motors (unit)	19460	20474
动　　力(万千瓦)	Power (10 000 kw)	38.7	39.69
农用水泵(台)	Pumps (10 000 kw)	34870	36222
喷灌机械(套)	Spray Irrigation Machine (unit)	588	1069
三、收割机械	Harvest Machinery		
机动收割机(台)	Motorized Harvester (unit)	218	229
动　　力(千瓦)	Power (kw)	852	906
联合收割机(台)	Combine (unit)	71	100

续 表 Continued

项 目	Item	2000	2001
动　　力(千瓦)	Power (kw)	921	1633
机动脱粒机(台)	Motorized Thresher (unit)	8593	8419
四、植保机械	Equipment for Plant Protection		
机动喷粉(雾)器(部)	Motorized Sprayer (unit)	7585	7590
动　　力(千瓦)	Power (kw)	11177	11255
五、渔用机械	Machinery for Fishery		
渔用机动船(艘)	Motorized Vessel (unit)	511	512
排 水 量(吨)	Displacement (ton)	828	859
动　　力(千瓦)	Power (kw)	3734	3788
六、农产品加工动力机械(万千瓦)	Machinery for Processing of Farm Products (1 0000 kw)	23.32	23.19
碾 米 机(部)	Rice Mill (unit)	5782	5785
磨 面 机(部)	Flour Miller (unit)	2708	2690
轧 花 机(部)	Cotton Rolling Mill (unit)	521	531
榨 油 机(部)	Oil Press (unit)	1483	1484
七、运输机械	Transport Machinery		
农用载重汽车(辆)	Trucks for Agricultural Use (unit)	3778	5429
动　　力(万千瓦)	Power (10 000 kw)	26.71	35.35
农用运输车(辆)	Transport Vehicles for Farm Use (unit)	5518	6302
动　　力(万千瓦)	Power (10 000 kw)	13.6	15.96
八、推 土 机(台)	Bulldozer (unit)	932	935
动　　力(万千瓦)	Power (10 000 kw)	4.92	4.93

4-7 历年农林牧渔业总产值
GROSS OUTPUT VALUE OF AGRICULTURE

（按当年价格计算） Data in this table are calculated at current prices.
单位：万元 (10 000 yuan)

年份 Year	产值 Output Value	年份 Year	产值 Output Value
1949	7347	1975	59702
1950	8135	1976	61725
1951	9930	1977	61436
1952	11134	1978	65218
1953	13934	1979	87748
1954	10565	1980	69502
1955	14089	1981	81558
1956	17254	1982	99678
1957	19424	1983	94353
1958	20250	1984	133116
1959	16722	1985	161919
1960	19239	1986	178272
1961	20144	1987	216576
1962	22901	1988	294433
1963	29824	1989	326277
1964	29568	1990	368637
1965	40569	1991	352689
1966	46023	1992	411035
1967	44789	1993	485043
1968	44403	1994	723819
1969	36686	1995	943381
1970	43815	1996	1098393
1971	50414	1997	1213162
1972	53667	1998	1176359
1973	56244	1999	1211291
1974	62128	2000	1269443
		2001	1337788

4-8 历年农林牧渔业总产值
GROSS OUTPUT VALUE OF AGRICULTURAL

(按1990年不变价格计算)　　Data in this table are calculated at 1990 of constant prices.
单位：万元　　(10 000 yuan)

年份 Year	农林牧渔业总计 Total(FFAF)	农业 Farming	林业 Forestry	牧业 Animal Husbandry	渔业 Fishery
1949	49367	40148	346	5595	3278
1950	54662	43810	364	6955	3533
1951	60902	49023	502	7626	3751
1952	66983	53559	583	8772	4069
1953	76291	61380	652	9951	4308
1954	58216	37458	819	12450	7489
1955	75224	59214	780	9873	5357
1956	87487	69838	1058	10626	5965
1957	96064	74570	1098	13733	6663
1958	96665	77153	1195	11712	6605
1959	75588	59357	1318	8900	6013
1960	84086	68614	1290	8396	5786
1961	75497	62862	1072	8006	3557
1962	85098	70103	828	9583	4584
1963	110513	89868	1397	13671	5577
1964	111154	90765	1717	12705	5967
1965	145100	121846	2028	15435	5791
1966	142297	113660	2833	18886	6918
1967	138467	112929	2452	17421	5665
1968	137488	113127	1636	16199	6526
1969	109752	85562	1661	15416	7113
1970	130922	106240	2401	15848	6433
1971	153888	126315	2710	20184	4679
1972	160486	132368	2492	21116	4510
1973	168063	139640	3023	20175	5225
1974	179698	152510	2995	19254	4939

续 表 Continued

单位：万元 (10 000 yuan)

年份 Year	农林牧渔业总计 Total(FFAF)	农业 Farming	林业 Forestry	牧业 Animal Husbandry	渔业 Fishery
1975	172687	145264	3241	19384	4798
1976	180491	150730	3450	21223	5088
1977	177206	148428	3250	19867	5661
1978	182967	152190	2895	22061	5821
1979	210071	171829	2680	29391	6171
1980	170903	137702	2352	23270	7579
1981	188254	150573	2886	27079	7716
1982	227717	184352	2921	30851	9593
1983	207250	162007	2728	32878	9637
1984	260761	205847	2812	39298	12804
1985	280377	209896	2935	51559	15987
1986	291891	214745	2930	54696	19520
1987	311056	221709	3100	62428	23819
1988	323893	221737	3327	71595	27234
1989	336191	226959	3218	76100	29914
1990	357449	218949	3203	88097	47200
1991	337372	194702	3342	91982	47346
1992	382124	225444	2608	101516	52556
1993	412359	238536	2988	108692	62143
1994	450936	249625	3045	121120	77146
1995	505079	272815	3734	133180	95350
1996	549145	291159	3861	150513	103612
1997	595171	316540	3827	160977	113827
1998	593387	309596	4220	150308	129263
1999	634266	329921	5016	160934	138395
2000	667800	344819	5418	172002	145561
2001	705308	360609	4806	182501	157392

4－9　历年农林牧渔业总产值指数(上年＝100)

INDEX OF GROSS OUTPUT VALUE OF FARMING, FORESTRY, ANIMAL HUSBANDRY AND FISHERY IN VARIOUS YEARS (preceding year = 100)

年份 year	指数 Index	年份 year	指数 Index
1950	110.7	1966	98.1
1951	111.4	1967	97.3
1952	110.0	1968	99.3
1953	113.9	1969	79.8
1954	76.3	1970	119.3
1955	129.2	1971	117.5
1956	116.3	1972	104.3
1957	109.8	1973	104.7
1958	100.6	1974	106.9
1959	78.2	1975	96.1
1960	111.2	1976	104.5
1961	89.8	1977	98.2
1962	112.7	1978	103.3
1963	129.9	1979	114.8
1964	100.6	1980	81.4
1965	130.5	1981	110.2

续 表 Continued

年 份 year	指 数 Index	年 份 year	指 数 Index
1982	121.0	1992	113.3
1983	91.0	1993	107.9
1984	125.8	1994	109.3
1985	107.5	1995	112.0
1986	104.1	1996	108.7
1987	106.6	1997	108.4
1988	104.1	1998	99.7
1989	103.8	1999	106.9
1990	106.3	2000	105.3
1991	94.4	2001	105.6

4-10 农林牧渔业产值及构成
GROSS OUTPUT VALUE OF FFAF AND ITS COMPOSITION

项 目 Item	农林牧渔业总计 Total(FFAF)	农 业 Farming	林 业 Forestry	牧 业 Animal Husbandry	渔 业 Fishery
产 值(万元) Gross Value(10 000 yuan)					
1992	411035	242637	2837	118907	46654
1998	1176359	749338	6376	257480	163165
1999	1211291	757552	7905	263655	182179
2000	1269443	782006	8473	291210	187754
2001	1337788	794920	7284	325084	210500
比 重(%) Composition (%)					
1992	100	59.0	0.7	28.9	11.4
1998	100	63.7	0.5	21.9	13.9
1999	100	62.5	0.7	21.8	15.0
2000	100	61.6	0.7	22.9	14.8
2001	100	59.4	0.5	24.3	15.8

4－11 农林牧渔业分类产值
GROSS OUTPUT VALUE OF FFAF BY CATEGORY OF FARM PRODUCTS

单位：万元 (10 000 yuan)

项目	Item	按1990年不年价格计算 at 1990 constant prices		按当年价格计算 at current prices	
		2000	2001	2000	2001
农林牧渔业产值	**TOTAL OF FFAF**	**667800**	**705308**	**1269443**	**1337788**
一、农业产值	Farming	344819	360609	782006	794920
1.谷　　物	Cereal	72850	66287	114311	111375
2.豆　　类	Beans	7437	7424	19463	19372
3.棉　　花	Cotton	12681	13780	20879	17018
4.油　　料	Oil－bearing Crops	27358	28502	38407	44243
5.麻　　类	Fiber Crops	801	1088	848	1237
6.糖　　料	Sugar Crops	1230	1441	4779	5310
7.烟　　叶	Tobacco	72	41	150	84
8.药　　材	Herb Crops	1428	1454	3652	3485
9.薯　　类	Tuber Crops	2518	2580	7516	7623
10.蔬菜、瓜类	Vegetables & Melons	151771	171209	463437	488174
11.茶、桑、果	Tea,Mulberry & Fruit	15198	34601	18781	42432
12.其他农作物	Other Crops	50342	31064	87173	51945
13.采集野生植物	Gathering of Wild Plants	1133	1138	2610	2622
二、林业产值	Forestry	5418	3172	8473	7284
三、牧业产值	Animal Husbandry	172002	182501	291210	325084
四、渔业产值	Fishery	145561	157392	187754	210500

4-12 农村非农行业总产值
GROSS OUTPUT VALUE OF NON-AGRICULTURAL INDUSTRIES IN RURAL AREA

单位：万元　　　　(10 000 yuan)

项目 Item	1995	1996	1997	1998	1999	2000	2001
一、农村工业总产值 Industry	2409816	3510460	4570425	4839182	5295716	5309645	5560204
二、农村建筑业产值 Construction	297636	421153	463603	492758	510238	508138	555547
三、农村运输业产值 Transportation	286832	432240	524309	419537	495403	457601	480899
四、农村批发零售贸易餐饮业产值 Wholesale, Retail Sale & Catering Trades	621661	1253067	1257067	1519459	1461384	1332327	1283188

4-13 主要农产品产量
OUTPUT OF MAJOR FARM PRODUCTS

项目 Item	1995	1996	1997	1998	1999	2000	2001
粮　食(吨) Grains (ton)	1730078	1693031	1696193	1547069	1544495	1305476	1201788
棉　花(吨) Cotton (ton)	45253	33374	37742	26101	21269	20152	21794
油　料(吨) Oil-bearing Crops (ton)	111611	112955	119264	127888	136965	174966	181081
蔬　菜(吨) Vegetables (ton)	2461412	3001531	3518126	3872145	4223178	4431238	4995388
水　果(吨) Fruit (ton)	45500	49143	62625	71749	84051	111412	527488
牲猪出栏(万头) Slaughtered Hogs (10 000 heads)	170.59	121.98	131.15	140.90	162.02	181.25	192.19
家禽出笼(万只) Slaughtered Poultry (10 000 heads)	2480.18	3015.10	3337.34	3578.90	3805.87	3834.92	4078.93
禽蛋产量(吨) Eggs (ton)	94284	105698	117668	129010	130448	136849	139265
牛　奶(吨) Milk (ton)	26838	30034	32676	26984	26206	45573	69602
水产品(吨) Aquatic Products (ton)	217421	236479	258837	273461	305845	320884	339508

4-14 农 作 物 播 种 面 积
SOWN AREAS OF FARM CROPS

单位：千公顷　　　　(1 000 hectares)

项目	Item	1995	1997	1998	1999	2000	2001
总计	Total Sown Areas	564.14	575.74	557.25	556.89	531.82	533.4
一、粮食作物	Sown Areas of Grain Crops	328.67	320.29	285.94	284.26	236.59	227.73
1.夏收粮食	Summer Grain Crops	67.44	68.05	64.41	57.73	43.25	38.43
#小麦	Wheat	52.79	49.25	45.44	39.63	24.69	20.08
蚕豌豆	Broad Bean & Pea	9.36	9.70	9.74	8.66	9.53	9.49
薯类	Tuber Crops (Potato, etc)	0.72	2.06	1.77	2.12	1.24	1.95
其他杂粮	Coarse Cereals	4.57	7.04	7.46	7.32	7.79	6.91
2.秋收粮食	Autumn Grain Crops	261.23	252.24	221.53	226.53	193.34	189.3
稻谷	Paddy Rice	226.03	216.26	184.28	184.59	155.37	154.32
#早稻	Early Season Rice	88.44	80.71	56.05	55.97	37.34	44.98
中稻(含一季晚)	Mid-season Rice (Including Single Rotation Late Season Rice)	33.09	38.13	50.76	52.68	59.26	56.7
双季晚稻	Double Rotation Late Rice	104.50	97.42	77.47	75.94	58.77	52.64
玉米	Corn	5.44	5.73	6.47	9.28	7.10	6.96
大豆	Soybean	17.05	18.52	18.71	19.35	18.61	16.1
薯类	Tuber Crops	6.16	6.13	6.88	8.00	7.70	6.78
其他杂粮	Other Coarse Cereals	6.55	5.60	5.19	5.31	4.56	5.14
二、棉花	Sown Areas of Cotton	36.87	33.01	27.67	19.41	19.77	19.77
三、油料	Sown Areas of Oil-bearing Crops	78.66	78.01	84.41	88.14	105.63	110.63
#油菜籽	Rape Seeds	56.35	53.71	57.53	59.42	73.93	76.84
花生	Peanuts	6.59	7.98	10.55	11.97	13.97	16.3
芝麻	Sesame	15.72	16.24	16.31	16.67	17.63	17.49
四、麻类	Fiber Crops (Incl. Jute and Ambary Hemp, etc)	0.97	0.85	1.04	0.87	1.00	1.27
五、糖料	Sugar Crops	0.95	1.04	1.40	1.53	1.72	1.68
六、烟叶	Tobacco	0.05	0.22	0.38	0.14	0.12	0.12
七、药材	Herb Crops	0.07	0.02	0.39	0.80	0.51	0.37
八、蔬菜、瓜类	Sown Areas of Vegetables & Melons	90.92	113.77	125.94	133.53	135.27	157.45
蔬菜	Vegetables	81.32	103.69	112.58	119.17	121.70	141.37
瓜类	Melons	9.60	10.08	13.36	14.36	13.57	16.08
九、青饲料	Green Fodder	3.38	3.55	3.91	4.03	4.73	4.22
十、绿肥	Green Fertilizer Crops	17.86	15.97	13.66	12.46	11.94	8.37
十一、其他作物	Other Crops	5.74	9.01	12.51	11.72	14.54	1.79

4-15 农作物总产量
YIELD OF FARM CROPS

单位：吨　　　　　　　　　　　　　　　　　　　　　　　　　　　　(ton)

项目	Item	1995	1997	1998	1999	2000	2001
总计	Total Sown Areas						
一、粮食作物	Sown Areas of Grain Crops	1730078	1696193	1547069	1544495	1305476	1201788
1.夏收粮食	Summer Grain Crops	186155	195307	187464	148492	106851	95726
#小麦	Wheat	158387	155661	145238	103634	64533	51239
蚕豌豆	Broad Bean & Pea	14037	14728	16864	15139	17235	18064
薯类	Tuber Crops (Potato, etc)	3694	8181	7528	11963	6237	9850
其他杂粮	Coarse Cereals	10037	16737	17834	17756	18846	16573
2.秋收粮食	Autumn Grain Crops	1543923	1500886	1359605	1396003	1198625	1106062
稻谷	Paddy Rice	1446823	1391112	1239046	1247545	1062514	972559
#早稻	Early Season Rice	552186	475512	335447	334261	215870	258002
中稻(含一季晚)	Mid-season Rice (Including Single Rotation Late Season Rice)	277624	317560	423367	439501	475674	415059
双季晚稻	Double Rotation Late Rice	617013	598040	480232	473783	370970	299498
玉米	Corn	32272	37968	40758	57289	45680	47084
大豆	Soybean	29661	34716	38082	39280	40440	40070
薯类	Tuber Crops	24705	27898	32857	42173	41187	37880
其他杂粮	Other Coarse Cereals	10462	9192	8862	9716	8804	8469
二、棉花	Sown Areas of Cotton	45253	37742	26101	21269	20152	21794
三、油料	Sown Areas of Oil-bearing Crops	111611	119264	127888	136965	174966	181081
#油菜籽	Rape Seeds	79933	81881	84744	86464	114824	121280
花生	Peanuts	16030	19630	25852	31546	37824	36798
芝麻	Sesame	15648	17671	17262	18926	20284	23001
四、麻类	Fiber Crops (Incl. Jute and Ambary Hemp, etc)	2299	1771	2157	2495	1603	2165
五、糖料	Sugar Crops	46460	58548	79901	83703	85472	100243
六、烟叶	Tobacco	65	281	220	205	245	173
七、药材	Herb Crops						
八、蔬菜、瓜类	Sown Areas of Vegetables & Melons						
蔬菜	Vegetables	2461412	3518126	3872145	4223178	4431238	4995388
瓜类	Melons	235561	251530	361815	371285	360091	424732
九、青饲料	Green Fodder						
十、绿肥	Green Fertilizer Crops						
十一、其他作物	Other Crops						

4-16 农作物单位面积产量
PER HECTARE YIELD OF FARM CROPS

单位：公斤/公顷 (kilogram/hectare)

项目 Item		1995	1997	1998	1999	2000	2001
总计	Total Sown Areas						
一、粮食作物	Sown Areas of Grain Crops	5264	5296	5411	5433	5518	5277
1.夏收粮食	Summer Grain Crops	2760	2870	2911	2572	2471	2491
#小麦	Wheat	3000	3161	3196	2615	2614	2552
蚕豌豆	Broad Bean & Pea	1500	1518	1731	1748	1808	1903
薯类	Tuber Crops (Potato,etc)	5131	3971	4246	5643	5030	5051
其他杂粮	Coarse Cereals	2196	2377	2392	2426	2419	2398
2.秋收粮食	Autumn Grain Crops	5910	5950	6137	6163	6200	5843
稻谷	Paddy Rice	6401	6433	6724	6758	6839	6302
#早稻	Early Season Rice	6244	5892	5985	5972	5781	5736
中稻(含一季晚)	Mid-season Rice (Including Single Rotation Late Season Rice)	8390	8328	8340	8343	8027	7320
双季晚稻	Double Rotation Late Rice	5904	6139	6199	6239	6312	5818
玉米	Corn	5932	6626	6297	6173	6434	6765
大豆	Soybean	1740	1785	2035	2030	2173	2489
薯类	Tuber Crops	4011	4551	4777	5272	5349	5587
其他杂粮	Other Coarse Cereals	1597	1641	1708	1830	1931	1648
二、棉花	Sown Areas of Cotton	1227	1143	943	1096	1019	1102
三、油料	Sown Areas of Oil-bearing Crops	1419	1529	1515	1554	1656	1637
#油菜籽	Rape Seeds	1419	1525	1473	1455	1553	1578
花生	Peanuts	2432	2640	2449	2635	2708	2258
芝麻	Sesame	995	1088	1059	1135	1151	1315
四、麻类	Fiber Crops (Incl. Jute and Ambary Hemp,etc)	2370	2084	2079	2868	1603	1705
五、糖料	Sugar Crops	48905	56296	57137	54708	49693	59668
六、烟叶	Tobacco	1300	1277	586	1464	2042	1442
七、药材	Herb Crops						
八、蔬菜、瓜类	Sown Areas of Vegetables & Melons						
蔬菜	Vegetables	30268	33134	34395	35438	36411	35336
瓜类	Melons	24538	25425	27102	25856	26536	26414
九、青饲料	Green Fodder						
十、绿肥	Green Fertilizer Crops						
十一、其他作物	Other Crops						

4－17 林业生产情况
STATISTICS ON FORESTRY PRODUCTION

项目	Item	2000	2001
当年造林面积(公顷)	Afforestation Areas in the Year (hectare)	7456	5793
1.按造林方式分	By Way of Afforestation		
飞机造林	Areial Afforestation		
人工造林	Artificial Afforestation	7456	5793
2.按林种用途分	By Function of Afforestation		
①用材林	Timber Forest	3582	2664
②经济林	Economic Forest	3053	2470
③防护林	Shelter－forest	537	469
④薪炭林	Fuel Forest	73	23
⑤特种用途林	Special Purpose Forest	211	167
当年零星植树(万株)	Fragmentary Tree－planting (10 000 units)	818.54	796.44
当年育苗面积(公顷)	Areas of Raising Seedlings (hectare)	689	685
幼林抚育作业面积(公顷)	Operation Areas on Seedlings (ha.)	9887	10190
成林抚育面积(公顷)	Nursery Areas of Grown－up Trees (ha.)	41659	42108
迹地更新面积(公顷)	Reforestation of Slash Areas (ha.)	1432	981
木材采伐量(立方米)	Quantity of Timber Cut (cubic meter)	16731	20661

4－18 主要林产品产量
OUTPUT OF MAIN FORESTRY PRODUCTS

单位:吨 (ton)

项目	Item	2000	2001
油桐籽	Seeds of Tung Oil Tree	309	93
油茶籽	Oil－tea Camellia Seed	272	276
乌柏籽	Chinese Tallow Tree Seed	259	240
五倍子	Gallnut seed	18	18
板栗	Chinese Chestnut	1493	1450
香菇	Mushroom	203	269
白木耳	Tremella	4	3
黑木耳	Edible Fungus	2	2

4-19 牧 业 生 产 情 况
STATISTICS ON ANIMAL HUSBANDRY PRODUCTION

项 目	Item	2000	2001
年末大牲畜存栏(头)	Large Animals In Stock(year-end, heads)	255710	252534
#能劳役的(头)	Draught Animals (heads)	161307	168920
(1)耕 牛	Farm Cattle	212508	160323
(2)良种及改良种乳牛	Cows of Fine Breed & Improved Variety	11714	17385
(3)菜 牛	Beef Cattle	30764	26592
(4)马	Horses	4	6
(5)驴	Donkeys	720	707
(6)骡	Mutes	—	—
年末羊只数(只)	Sheep And Goats in Stock (year-end, heads)	34823	36351
年末牲猪存栏(万头)	Hogs in stock (year-end, 10 000 heads)	125.49	120.04
#能繁母猪(万头)	Female Hogs of Reprductive Ability(10 000 heads)	6.55	6.47
全年肉猪出栏(万头/吨)	Slaughtered Fattened Hogs (10 000 heads/ton)	181.25/174743	192.19/184052
全年出售和自宰肉用牛(头/吨)	Slaughtered Cattle (10 000 heads/ton)	63385/8848	68623/9810
全年出售和自宰肉用羊(只/吨)	Slaughtered Sheep and Goats (heads/ton)	44083/571	45055/562
全年出售和自宰家禽(万只/吨)	Slaghtered Poultry (10 000 heads/ton)	3834.92/47044	4078.93/54222
牛奶产量(吨)	Milk (ton)	45580	69602
蜂蜜产量(吨)	Honey (ton)	679.17	663.50
禽蛋产量(吨)	Eggs(ton)	136849	139265

4-20 茶 叶 、水 果 生 产 情 况
STATISTICS ON PRODUCTION OF TEA & FRUIT

项 目	Item	2000	2001
茶叶产量(吨)	Output of Tea (ton)	1349	1620
#红 毛 茶	Coarse Red Tea	11	13
绿 毛 茶	Coarse Green Tea	1178	1093
年末茶园面积(公顷)	Tea Plantation Area (hectare)	2678	43040
#本年采摘面积	Picked Area This Year	1855	2169
水果产量(吨)	Output of Fruit (ton)	471503	527488
#桃 子	Peaches	16366	13295
苹 果	Apples	198	138
柑 桔	Citrus	11209	14395
梨 子	Pears	73351	64993
葡 萄	Grapes	8291	8068
柿 子	Presimmons	349	646
年末果园面积(公顷)	Orchard Area (year-end, hectare)	10260	12408
#苹果园面积	Apples	38	32
柑桔园面积	Citrus	1824	1942
梨园面积	Pears	4648	4691
葡萄园面积	Grapes	329	405
桃园面积	Peachs	1806	2176

4-21 渔业生产情况
STATISTICS ON FISHERY PRODUCTION

项目	Item	2000	2001
水产品总产量(吨)	Total Aquatic Products (ton)	320884	339508
淡水捕捞产量	Fish Caught in Fresh Water	28718	35099
淡水养殖产量	Fish Artificially Cultured	292166	304409
按水产品种分类(吨)	By Category of Aquatic Products (ton)		
鱼类	Fish (ton)	316432	331875
虾蟹类	Shrimps, Prawns & Crabs	3500	5931
贝类	Shellfish	271	383
其他类	Others	681	1319
养殖面积(公顷)	Artificially Cultured Area (hectares)	101613	98521
池塘养殖	Ponds	41655	41640
湖泊养殖	Lakes	40613	37579
河沟养殖	Rivers, Brooks	668	886
水库养殖	Reservoirs	4992	3932
其他养殖	Others	13685	14484
稻田养鱼面积(公顷)	Artificially Cultured in Paddy Fields (ha.)	158	2155

4-22 乡镇企业基本情况
BASIC CONDITIONS OF TOWNSHIP ENTERPRISES

项目	Item	2000	2001
企业单位数(个)	Number of Enterprises (unit)	108265	108806
企业职工人数(人)	Staff and Workers (person)	763399	770076
企业营业总收入(万元)	Total Business Income (10 000 yuan)	8764526	9830478
应交国家税金(万元)	Taxes Payable (10 000 yuan)	228540	209622

4-23 农民在城里办企业产值
GROSS OUTPUT VALUE OF CITY-BASED ENTERPRISES HELD BY FARMERS

单位：万元 (10 000 yuan)

项目	Item	1990	1995	2000	2001
总计	Total	44997		1112479	1285613
工业	Industry	2331		300621	497256
建筑业	Construction	34778		520350	547932
运输业	Transportation	3461		61519	78985
批发、零售业	Wholesale & Retail Sale Trades	2919		118447	73602
餐饮业	Catering Trade	1508		111542	87838

主 要 统 计 指 标 解 释

农林牧渔业总产值 是以货币表现的农、林、牧、渔业全部产品的总量,它反映一定时期内农业生产总规模和总成果。

农、林、牧、渔业的统计范围包括国有经济的各种专业农(农、林、牧、渔)场的农业生产活动;国家各级机关、团体、学校、部队进行的农业生产活动;集体所有制的乡、镇,村办农场的农业生产活动;工矿企业经营的农、林、牧、渔业生产活动;以及农村各种经济组织和农户经营的农林牧渔业生产活动和农民家庭兼营的商品性工业生产活动等。

(1)农业包括种植业和其他农业。

种植业包括谷物、豆类、薯类、棉、油料、糖料、麻类、烟叶、蔬菜、药材、瓜类和其他农作物的种植,以及茶园、桑园、果园的生产经营。

其他农业包括采集野生植物的果实、纤维、树胶、树脂、油料以及柴草、野生药材、菌类等及农民家庭兼营的商品性工业。

(2)林业包括林木的栽培(不包括茶园、桑园和果园的栽培,管理和收获等活动),林产品的采集和村及村以下合作经济组织和农户的竹木采伐。

(3)牧业包括牲畜饲养和放牧、家禽饲养以及野生动物的捕猎和饲养。

(4)渔业包括水生动物和海藻类植物的养殖和捕捞。

农业总产值的计算方法通常是按农林牧渔业产品及其副产品的产量分别乘以各自单位产品价格求得,少数生产周期较长,当年没有产品或产品产量不易统计的,则采用间接方法匡算其产值,然后将四业产品产值相加即为农业总产值。

粮食产量 指全社会的产量。包括国有经济经营的、集体统一经营的和农民家庭经营的粮食产量,还包括工矿企业办的农场和其他生产单位的产量。粮食除包括稻谷、小麦、玉米、高粱、谷子及其他杂粮外,还包括薯类和豆类,其产量计算方法,豆类按去豆荚后的干豆计算;薯类(包括甘薯和马铃薯,不包括芋头和木薯)1963 年以前按每 4 公斤鲜薯折 1 公斤粮食计算,从 1964 年开始及以后改为按 5 公斤鲜薯折 1 公斤粮食计算。

油料产量 指全部油料作物的生产量。包括花生、油菜籽、芝麻、向日葵籽、胡麻籽(亚麻籽)和其他油料。不包括大豆,也不包括木本油料和野生油料。花生以带壳干花生计算。

水产品产量 指人工养殖的水产品和天然生长的水产品的捕捞量。包括海水的鱼类、虾蟹类、贝类和藻类以及内陆水域的鱼类、虾蟹类和贝类,不包括淡水生植物。

猪、牛、羊肉产量 指当年出栏并已屠宰后除去头蹄下水后带骨肉(即胴体重)的重量。

耕地面积 指年初可以用来种植农作物、经常进行耕锄的田地,除包括熟地、当年新开荒地、连续撂荒未满三年的耕地和当年的休闲地(轮歇地)外,还包括以种植农作物为主并附带种植桑树、茶树、果树和其他林木的土地,以及沿海、沿湖地区已围垦利用的"海涂"、"湖田"等面积。但不包括属于专业性的桑园、茶园、果园、果木苗圃、林地、芦苇地、天然或人工草地面积。

农作物播种面积 指实际播种或移植有农作物的面积。凡是实际种植有农作物的面积,不论种植在耕地上还是种植在非耕地上,均包括在农作物播种面积中。在播种季节基本结束后,因遭灾而重新改种和补种的农作物面积,也包括在内。

有效灌溉面积 指具有一定的水源,地块比较平整,灌溉工程或设备已经配套,在一般年景下当年能够进行正常灌溉的耕地面积。

农用化肥施用量 指本年内实际用于农业生产的化肥数量,包括氮肥、磷肥、钾肥和复合肥。化肥施用量要求按折纯量计算数量,折纯法化肥施用量是把氮肥、磷肥和钾肥分别按含氮、含五氧化二磷、含氧化钾的百分之一百成份折算后的数量。复合肥按其所含主要成分折算。

农业机械总动力 指主要用于农、林,牧、渔业的各种动力机械的动力总和。包括耕作机械、排灌机械、收获机械、农用运输机械、植物保护机械、牧业机械、林业机械、渔业机械和其他农业机械(内燃机按引擎马力折成瓦(特)计算,电动机按功率折成瓦(特)计算〕。不包括专门用于乡、镇、村、组办工业、基本建设。非农业运输、科学试验和教学等非农业生产方面用的动力机械与作业机械。

农林牧渔业劳动力 指直接参加农林牧渔业生产劳动的劳动力。

谷物 指籽实主要供作粮食的作物。这类作物包括稻谷、小麦、玉米、谷子、高粱和其他谷物,不包括豆类和薯类作物。

Explanatory Notes on Main Statistical Indicators

Gross Output Value of Farming, Forestry, Animal Husbandry and Fishery refers to the total volume of products of farming, forestry, animal husbandry and fishery in value terms, which reflects the total scale and total result of agricultural production during a given period of time.

The statistical coverage of farming, forestry, animal husbandry and fishery are as follows:

In terms of ownership, China's agriculture includes specialized state farms (farming, forestry, animal husbandry, fishery), farms managed by various government agencies, organizations, schools, research institutions, and army; farms managed by rural collective organizations at levels of township, town, and village; farming, forestry, animal husbandry, fishery run by mining and industrial enterprises, various rural collective organizations and individual farmers, and some additional commodity industries of individual farmers.

(1) Farming includes cultivation of farm crops and other agricultural activities. Cultivation includes the cultivation of grain crops, beans, tubers, cotton, oil – bearing crops, sugar crops, fiber crops, tobacco, vegetables, medicinal herbs, melons and gourds, and cultivation and management of tea plantations, mulberry fields and orchards. Other agricultural activities includes gathering fruits, fiber, gum and resin of wild plants, oil – bearing plants, grass wild medicinal herbs, fungus plants, and commodity industries of the rural house holds.

(2) Forestry refers to planting trees of various kinds (excluding tea plantations, mulberry fields and orchards), gathering of forest products, and cutting and felling of bamboo and trees by villages and other cooperative organizations under villages.

(3) Animal husbandry refers to raising and grazing of livestock, raising poultries, and hunting and raising of wild animals .

(4) Fishery refers to cultivation and catching of fish and other aquatic animals and cultivation and collection of sea weed and other aquatic plants.

Gross output value of agriculture is obtained by first multiplying the output of each product or by – product by its price, resulting in the output value of each single item. For a small number of products, annual output of which is not available Or difficult to get due to the long production/growing process involved, the output value is estimated through an indirect approach. The sum of output value of all products of farming, forestry, animal husbandry, and fishery is then equal to the gross output value of agriculture.

Grain Yield refers to the yield in the whole country or region including grains produced by state farms, collective units, industrial enterprises and mines. Grain includes rice, wheat, corn, sorghum, millet and other miscellaneous grains as well as tubers and beans. Output of beans refers to dry beans without pods. The output of tubers (sweet potatoes and potatoes, not including taros and cassava) was converted into that of grain at the ratio 4 : 1 , i. e. four kilograms of fresh tubers was equivalent to one kilogram of grain up to 1963 . Since 1964 the ratio for conversion has been 5 : 1.

Yield of Oil – bearing Crops refers to the total yield of oil – bearing crops of various kinds, including peanuts, (dry, in shell) rape seeds, sesame, sunflower seeds, flax seeds, and other oil – bearing crops. Soybeans, oil – bearing woody plants, and wild oil – bearing crops are not included.

Output of Aquatic Products refers to catches of both artificially cultured and naturally grown aquatic products, including fish, shrimps, crabs and shellfish in sea and inland water as well as seaweed. Freshwater plants are not included.

Output of Pork, Beef, and Mutton refers to the meat of slaughtered hogs, cattle, sheep and goats with head, feet, and offal taken away.

Cultivated Area (Area under cultivation) refers to farmland which is plowed constantly for growing crops, including cultivated land, newly cultivated land in the current year, farmland left without cultivation for less than three years and fallow land in the current year, rotation land, rotation land of grass and crops, farmland with some fruit trees, mulberry trees and other trees and cultivated seashore land, lake land, and etc. The land of mulberry fields, tea plantations, orchards, nurseries of young plants, forest land, reed land, natural and man – made grassland and other land are not included in cultivated land.

Sown Area of Crops refers to area of land sown or transplanted with crops regardless of being in cultivated area or non – cultivated area. Area of land resown due to natural disasters is also included.

Irrigated Area refers to areas that are effectively irrigated, i. e. level land which has water source and complete sets of irrigation facilities to lift and move adequate water for irrigation purpose under normal conditions.

Consumption of Chemical Fertilizers in Agriculture refers to the quantity of chemical fertilizers applied in agriculture in the year, including nitrogenous fertilizer, phosphate fertilizer, potash fertilizer, and compound fertilizer. The consumption of chemical fertilizers is required in calculation to convert the gross weight into weight containing 100 % effective component (eg. 100% nitrogen content in nitrogenous fertilizer, 100% phosphorous pentoxide content in phosphate fertilizer, 100 % potasium oxide content in potash fertilizer) . Compound fertilizer is converted with its major component.

Total Power of Farm Machinery refers to total mechanical power of machinery used in farming, forestry, animal husbandry, and fishery, including ploughing, irrigation and drainage, harvesting, transport, plant protection, stock breeding, forestry and fishery. The power of internal combustion engines is required to convert horsepower into watts and the power of electric motors is required to be converted into watts. Machinery employed for non – agricultural purposes, such as the machines used in township – run and village – run industry, construction, non – agricultural transport, scientific experiments and teaching, is excluded.

Laborers Engaged in Farming, Forestry, Animal Husbandry and Fishery refers to the total laborers who are directly engaged in production of farming, forestry, animal husbandry and fishery.

Cereals refer to seeds of various kinds of crops that are used mainly for grain. Cereals include paddy, wheat, maize, millet, Chinese sorghum, etc., except beans and tubers.

五、固定资产投资与建筑业

INVESTMENT IN FIXED ASSETS, CONSTRUCTION

资料整理人员:王延岭　胡　增　胡冬梅　肖从新　凃孝斌　吴　麒　张　珀

STAFF FOR DATA PROCESSING:

Wang Yanling　Hu Zeng　Hu Dongmei　Xiao Congxin　Tu Xiaobin　Wu Qi　Zhang Bo

5-1 全社会固定资产投资
TOTAL INVESTMENT IN FIXED ASSETS

单位：万元 (10 000 yuan)

项目 Item	1995	1997	1998	1999	2000	2001
总计 Total Investment	3222274	4081797	4024250	4312456	4619265	5084427
一、按登记注册类型分 Grouped by Ownership						
国有 State－Owned Units	1901388	1869988	1919271	2234678	2247071	2544158
集体 Collective－Owned Units	144879	226777	226809	217855	223717	227258
私营、个体 Private Units	5880	7710	39708	274012	224696	622667
联营经济 Joint Owned Economic Units	26489	90710	39268	25271	32957	46858
股份有限公司 Share－Holding Corporations LTD.	134216	131546	233247	253171	481629	600649
有限责任公司 Limited Liability Companies	34611	80119	214079	278526	213845	366681
中外合资经营 Sino－Foreign Joint Economic Units	404923	403137	385033	130643	54420	114631
中外合作经营 Sino－Foreign Cooperative Economic Units	30991	40476	20901	10157	—	185
外商独资 Sole Foreign－Funded Economic Units	22573	67812	108006	58038	32865	54621
与大陆合资经营 Mainland－Hong Kong or Mainland－Macao or Mainland－Taiwan Joint Economic Units	130077	157232	230595	115181	159967	101151
与大陆合作经营 Mainland－Hong Kong or Mainland－Macao or Mainland－Taiwan Cooperative Economic Units	2149	52882	52165	42770	53404	74491
港澳台独资企业 Economic Units Funded by Entrepreneurs from Hong Kong, Macao and Taiwan	126868	220401	166537	96877	67349	50955
其它经济 Others	257280	733007	388631	575277	827345	280122
二、按构成分 Grouped by Use of Funds						
建筑安装 Construction and Installation	1641321	2079861	2080810	2465862	2620979	2865543
设备工器具购置 Purchase of Equipment and Instruments	1074315	1357550	1262049	1291968	1234244	1513203
其它费用 Others	506638	644386	681391	554626	764042	705681

5-2 历年全社会固定资产投资
TOTAL INVESTMENT IN FIXED ASSETS IN VARIOUS YEARS

单位：万元 (10 000 yuan)

项目 Item	总计 Total	基本建设 Capital Construction	更新改造 Innovation	其他投资 Others	房地产开发 Real Estate Development	城镇集体 Urban Collective Owned Units	农村集体 Rural Collective Owned Units	城镇私人建房 Building Construction by individuals in Urban Areas	农村私人建房 Building Construction by individuals in Rural Areas
1950	1170	1170							
1951	3180	3180							
1952	6741	6741							
1953	15656	15656							
1954	20901	20901							
1955	28200	28200							
1956	42740	42740							
1957	45184	45184							
1958	68222	68222							
1959	84323	84323							
1960	72920	72920							
1961	15651	15651							
1962	7034	7034							
1963	9576	9576							
1964	17283	17283							
1965	23474	23474							
1966	32646	32646							
1967	21013	21013							
1968	13381	13381							
1969	20035	20035							
1970	41436	41436							
1971	45621	45621							
1972	43245	43245							
1973	34687	34687							
1974	40909	40909							
1975	70842	70842							

续 表 Continued

单位：万元　　(10 000 yuan)

项　目 Item	总　计 Total	基本建设 Capital Construction	更新改造 Innovation	其他投资 Others	房地产开发 Real Estate Development	城镇集体 Urban Collective Owned Units	农村集体 Rural Collective Owned Units	城镇私人建房 Building Construction by individuals in Urban Areas	农村私人建房 Building Construction by individuals in Rural Areas
1976	146559	144151	1722			686			
1977	228047	221870	5362			815			
1978	117384	112083	4509			792			
1979	88384	74486	12772			1126			
1980	100751	76806	20598			3347			
1981	95404	64496	25065			5843			
1982	112112	66044	31415			7891	2556	2081	2125
1983	115984	67171	40209			5254		3350	
1984	179294	76250	59335	5235		7083	7421	8463	15507
1985	234020	113596	66818	3397		8526	15487	7158	19038
1986	271164	117180	87931	825		10950	11798	14298	28182
1987	327384	134482	118026	5552		10126	12802	23679	22681
1988	363111	141755	152699	4532		12056	16434	15259	20376
1989	320134	117340	139114	7478		7069	10221	15328	23584
1990	389728	142665	154501	6870	33452	6769	10285	7112	28074
1991	437967	177894	162357	6982	34190	8150	11314	7634	29446
1992	683566	324787	229014	4383	55821	10373	19750	13405	26033
1993	1189811	471368	371297	32323	246322		22535	17379	28587
1994	2060165	751348	595790	30915	570618		47974	20855	42665
1995	3222274	1114959	731631	116894	916194		94461	155871	92264
1996	3870259	1353224	901160	202433	972609	18955	116981	182344	122553
1997	4081797	1220022	952661	241702	1065729	25910	141097	267996	166680
1998	4204250	1297707	954967	237212	1067997	34935	152384	295845	163203
1999	4312456	1322586	965229	398752	967130	9786	167024	311077	170872
2000	4619265	1411232	1055147	817961	1013105	22114	164641	40895	104170
2001	5084427	1653604	1150440	815943	1153357	44084	117474	37610	111915

5－3 历年市属全社会固定资产投资
TOTAL INVESTMENT IN FIXED ASSETS OF MUNICIPAL UNITS IN VARIOUS YEARS

单位：万元　　　　(10 000 yuan)

项　目 Item	总　计 Total	基本建设 Capital Construction	更新改造 Innovation	其他投资 Others	房地产开发 Real Estate Development	城镇集体 Urban Collective Owned Units	农村集体 Rural Collective Owned Units	城镇私人建房 Building Construction by individuals in Urban Areas	农村私人建房 Building Construction by individuals in Rural Areas
1950	291	291							
1951	1338	1338							
1952	2299	2299							
1953	3175	3175							
1954	5901	5901							
1955	8325	8325							
1956	6730	6730							
1957	5754	5754							
1958	19962	19962							
1959	21623	21623							
1960	21823	21823							
1961	4879	4879							
1962	3349	3349							
1963	4595	4595							
1964	7150	7150							
1965	6281	6281							
1966	6459	6459							
1967	6708	6708							
1968	5222	5222							
1969	8409	8409							
1970	14833	14833							
1971	19335	19335							
1972	13328	13328							
1973	11474	11474							
1974	11013	11013							

续 表 Continued

单位：万元 (10 000 yuan)

项目 Item	总计 Total	基本建设 Capital Construction	更新改造 Innovation	其他投资 Others	房地产开发 Real Estate Development	城镇集体 Urban Collective Owned Units	农村集体 Rural Collective Owned Units	城镇私人建房 Building Constructed by individuals in Urban Areas	农村私人建房 Building Constructed by individuals in Rural Areas
1975	15252	15252	—	—	—	—	—	—	—
1976	14310	12734	890	—	—	686	—	—	—
1977	15746	12123	2808	—	—	815	—	—	—
1978	19092	15838	2462	—	—	792	—	—	—
1979	31833	24494	7213	—	—	1126	—	—	—
1980	38111	25292	9574	—	—	3245	—	—	—
1981	37866	19181	13036	—	—	5649	—	—	—
1982	51043	23685	13585	—	—	7011	2556	2081	2125
1983	48018	21314	18750	—	—	4604	—	3350	
1984	89129	19864	26262	5230	—	6382	7421	8463	15507
1985	160496	57466	50239	3397	—	7711	15487	7158	19038
1986	193770	59651	68143	825	—	10873	11798	14298	28182
1987	235270	66534	93937	5552	—	10085	12802	23679	22681
1988	275647	81246	125984	4532	—	11816	16434	15259	20376
1989	233637	58290	112330	6916	—	6968	10221	15328	23584
1990	262756	56978	124323	6531	22693	6760	10285	7112	28074
1991	289378	70954	123359	5873	32756	8042	11314	7634	29446
1992	466466	162540	176707	3809	54742	10331	19750	12554	26033
1993	792671	247827	224080	28810	223453	—	22535	17379	28587
1994	1114743	371826	301826	28590	301007	—	47974	20855	42665
1995	1935616	700354	393200	41494	457972	—	94461	155871	92264
1996	2728071	729257	496333	167149	897083	16371	116981	182344	122553
1997	2902211	558825	562554	187313	992219	25527	141097	267996	166680
1998	2811033	606509	563224	222902	952056	34910	152384	115845	163203
1999	3116653	713515	594998	309625	839756	9786	167024	311077	170872
2000	3240151	757014	664458	572275	914584	22114	164641	40895	104170
2001	3683700	1143565	703089	516271	1014684	39092	117474	37610	111915

5-4 零星固定资产投资情况

ODD INVESTMENT IN FIXED ASSETS OF STATE-OWNED UNITS

单位：万元　　　　(10 000 yuan)

项目	Item	全市 Total 2000	全市 Total 2001
总　　计	Total	432012	374562
按构成分	Grouped by Use of Funds		
建筑工程	Construction	115676	73105
安装工程	Installation	38233	26127
设备工器具购置	Purchase of equipment and Instruments	213894	233294
其他费用	Others	64209	42036
按建设性质分	Grouped by Type of Construction		
新　　建	New Construction	21974	24487
扩　　建	Expansion	86792	87886
改　　建	Reconstruction	144365	57161
按工程用途分	Grouped by Purpose of Projects		
农、林、牧、渔业	Farming, Forestry, Animal Husbandry and Fishery	10244	6742
工业、建筑业	Industry and Construction	81554	34827
商业、运输、邮电业	Commerce, Transport, Post & Telecommunications	84104	146453
其　　他	Others	254993	186540
竣工房屋建筑面积(平方米)	Floor Space of Buildings Completed (sq.m)	181341	513170
#住　　宅	Residential Buildings	14058	62364

5-5 国有单位固定资产投资
INVESTMENT IN FIXED ASSETS OF STATE - OWNED UNITS

单位：万元　　(10 000 yuan)

项　目 Item	合　计 Total	基本建设 Capital Construction	更新改造 Innovation	房地产开发 Real Estate Development	其它投资 Others
1978	116592	112083	4509	—	—
1992	614005	324787	229014	55821	4383
1993	944025	462874	336587	133190	11374
1994	1337333	535096	556055	234891	11291
1995	1901338	904104	673967	291372	31895
1996	2225728	1027922	811881	324675	61250
1997	1869988	865250	629224	276646	98868
1998	1919271	907162	631188	257053	123868
1999	2234678	1149288	627877	300793	156720
2000	2247071	1179867	673633	330730	62841
2001	2544158	1334149	715077	310467	184465

5-6 全社会住宅投资
TOTAL INVESTMENT IN RESIDENTIAL BUILDINGS

单位：万元　　(10 000 yuan)

项　目 Item	1995	1996	1997	1998	1999	2000	2001
总　计 Total	**630835**	**678365**	**693015**	**814564**	**814564**	**975576**	**1116763**
基本建设 Capital Construction	82028	89871	118141	142234	193886	176530	116834
更新改造 Innovation	10162	12771	8300	19721	16615	13115	5519
其他投资 Others	1629	676	912	8223	2632	10949	10749
房地产开发 Real Estate Development	448535	461601	424296	480664	592962	676933	861144
城镇集体 Urban Collective Owned Units	—	1141	257	1644	639	2300	5195
农村集体 Rural Collective Owned Units	5067	8350	9348	7777	1507	1506	17773
城镇私人建房 Building Constructed by Individuals in Urban Areas	27656	36607	44582	58863	62348	36039	37330
农村私人建房 Building Constructed by Individuals in Rural Areas	55758	67348	87179	95438	96315	58204	62219

5-7 全社会竣工房屋建筑面积
TOTAL FLOOR SPACE OF BUILDINGS COMPLETED

单位：万平方米 (10 000 sq.m)

项目 Item		1995	1996	1997	1998	1999	2000	2001
总计	Total	842.6	1006.2	1180.3	1260.5	1294.5	1274.3	1412.3
基本建设	Capital Construction	177.1	234.7	297.7	269.3	391.8	311.2	286.6
更新改造	Innovation	51.8	56.1	59.6	43.7	42.1	51.4	55.5
其他投资	Others	11.7	19.2	30.4	37.0	28.6	39.9	93.7
房地产开发	Real Estate Development	284.1	315.6	349.8	464.5	408.7	496.6	614.0
城镇集体	Urban Collective Owned Units	—	6.7	5.8	10.6	2.1	7.5	17.6
农村集体	Rural Collective Owned Units	36.4	68.6	99.3	88.2	45.0	44.8	24.3
城镇私人建房	Building Constructed by Individuals in Urban Areas	96.0	116.3	130.7	138.5	139.7	86.2	82.9
农村私人建房	Building Constructed by Individuals in Rural Areas	185.5	189.0	207.0	208.7	236.5	236.7	237.7

5-8 全社会住宅竣工面积
TOTAL FLOOR SPACE OF RESIDENTIAL BUILDINGS COMPLETED

单位：万平方米 (10 000 sq.m)

项目 Item		1995	1996	1997	1998	1999	2000	2001
总计	Total	605.5	680.0	716.7	836.1	926.8	906.7	948.3
基本建设	Capital Construction	96.2	107.1	102.2	110.7	206.2	141.4	98.6
更新改造	Innovation	5.9	9.0	7.2	12.3	7.5	8.0	7.6
其他投资	Others	2.7	0.4	1.3	15.9	3.1	10.5	10.5
房地产开发	Real Estate Development	232.3	265.9	277.8	334.5	336.9	425.7	499.6
城镇集体	Urban Collective Owned Units	—	0.5	0.5	2.3	1.3	1.4	9.6
农村集体	Rural Collective Owned Units	5.0	12.5	14.7	18.7	2.3	2.2	5.0
城镇私人建房	Building Constructed by Individuals in Urban Areas	82.4	101.3	112.1	136.2	138.2	85.4	82.4
农村私人建房	Building Constructed by Individuals in Rural Areas	181.0	183.3	200.9	205.5	231.3	232.1	235.0

5-9 基本建设投资
INVESTMENT IN CAPITAL CONSTRUCTION

单位：万元 (10 000 yuan)

项目	Item	2000	2001
投资总额	Total Investment	1411232	1653604
按登记注册类型分	Grouped by Type of Company		
一、内资企业	Domestic - Funded Enterprises	1375594	1604189
1.国有企业	State - owned	1179867	1334149
2.集体企业	Collective Owned	—	—
3.股份合作企业	Cooperative Enterprises of Share Holding	—	—
4.联营企业	Joint Owned Companies	4044	8380
5.有限责任公司	Companies of Limited Liabilities	80013	100926
6.股份有限公司	Companies of Share Holding With Limited Liabilities	107804	144709
7.私营企业	Private Owned Enterprises	—	—
8.其他内资企业	Other Type of Domestic - Funded Enterprises	3866	16025
二、港、澳、台商投资企业	Enterprises Funded by Enterpreneurs from Hongkong, Macao & Taiwan	31713	20094
三、外商投资企业	Foreign - funded Enterprises	3925	29321
按构成分	Grouped by Use of Funds		
建筑安装工程	Construction and Installation	1046149	1222018
设备工器具购置	Purchase of Equipment and Instruments	156051	236915
其它费用	Others	209032	194671
按建设性质分	Grouped by Type of Construction		
新　建	New Construction	657038	765069
扩　建	Expansion	521911	666106
改　建	Reconstruction	157638	173610
单纯建造生活设施	Living Installation	35402	22507
迁　建	Migration or Movement	26211	9731
恢　复	Recovery	2331	70
单纯购置	Mere Purchase of Equipment	10701	16511

5-10 基本建设投资经济效益
ECONOMIC BENEFIT OF INVESTMENT IN CAPITAL CONSTRUCTION

项目 Item	2000	2001
一、建设项目投产率(%) Rate of Projects Completed and Put into Use (%)	58.9	58.3
全部投产项目(个) Number of Projects Fully Completed and Put into Use (unit)	405	423
施工项目(个) Number of Projects under Construction (unit)	688	726
二、固定资产交付使用率(%) Rate of Fixed Assets Put into Use (%)	62.6	74.2
新增固定资产(万元) Newly Increased Fixed Assets (10 000 yuan)	883508	1227453
投 资 额(万元) Investment (10 000 yuan)	1411232	1653604
三、年末未完工程占用率(%) Rate of Investment in Projects Uncompleted by the End of This year (%)	99.7	74.6
年末未完工程累计完成投资(万元) Accumulative Investment in Projects Uncompleted by The End of This Year (10 000 yuan)	1407200	1233527
投 资 额(万元) Investment (10 000 yuan)	1411232	1653604
四、房屋建筑面积竣工率(%) Completion Rate of Floor Space of Buildings (%)	42.7	47.2
房屋竣工面积(平方米) Floor Space of Buildings Completed (sq.m)	3112004	2865685
房屋施工面积(平方米) Floor Space of Buildings Under Construction (sq.m)	7282386	6070507
#住宅建筑面积竣工率(%) Completion Rate of Floor Space of Residential Buildings (%)	45.3	52.1
住宅竣工面积(平方米) Floor Space of Residential Buildings Completed (sq.m)	1413792	985741
住宅施工面积(平方米) Floor Space of Residential Buildings Under Construction (sq.m)	3119014	1890914
五、建设周期(年) Cycle of Construction (Year)	4.9	3.7
计划总投资(万元) Total Planned Investment (10 000 yuan)	6926488	6179234
投 资 额(万元) Investment (10 000 yuan)	1411232	1653604

5-11 分行业基本建设投资(2001年)
INVESTMENT IN CAPITAL CONSTRUCTION BY SECTOR(2001)

项目 Item	施工项目个数(个) Number of Projects Under Construction (unit)	投资额(万元) Investment (10 000 yuan)	新增固定资产(万元) Newly Increased Fixed Assets (10 000 yuan)
总计 Total	726	1653604	1227453
农、林、牧、渔业 Farming, Forestry, Animal Husbandry and Fishery	20	22101	15132
采掘业 Mining and Quarrying	1	8008	—
制造业 Manufacturing	70	334789	144759
电力、煤气及水的生产和供应业 Electric Power, Gas and Water Production and Supply	13	68899	19401
建筑业 Construction	23	33613	25271
地质勘查业、水利管理业 Geological Prospecting and Water Conservancy	42	111229	115642
交通运输、仓储及邮电通信业 Transportation, Storage, Postal and Telecommunications Services	78	251600	270701
批发和零售贸易、餐饮业 Wholesale & Retail Trade and Catering Services	18	33409	30358
金融、保险业 Banking and Insurance	6	4476	2431
房地产业 Real Estate Development	9	17203	14736
社会服务业 Social Services	65	237529	186851
卫生、体育和社会福利业 Health Care, Sports and Social Welfare	33	53714	40729
教育、文化艺术及广播电影电视业 Education, Culture and Arts, Radio, Film and Television	135	194322	191468
科学研究和综合技术服务业 Scientific Research and Polytechnical Services	33	50701	53614
国家机关、政党机关和社会团体 Government Agencies, Party Agencies and Social Organizations	164	147466	85306
其他行业 Other Sectors	16	84545	31054

5-12 制造业基本建设投资(2001年)
MANUFACTURING INVESTMENT IN CAPITAL CONSTRUCTION(2001)

单位：万元 (10 000 yuan)

项目	Item	施工项目个数(个) Number of Projects under Construction(unit)	本年完成投资 Investment Made in This Year	本年新增固定资产 Newly Increased Fixed Assets in This Year
总计	Total	70	334789	144759
食品加工业	Food Processing	3	1956	456
食品制造业	Food Production	2	1854	1854
皮革、毛皮、羽绒及其制品业	Leather, Furs, Down and Related Products	1	150	150
印刷业	Printing	3	1219	1028
饮料制造业	Beverage Production	1	15100	29535
纺织业	Textile Industry	3	1703	2006
家具制造业	Furniture Products	1	3000	2200
非金属矿物制品业	Nonmetal Mineral Products	4	2945	2745
黑色金属冶炼及压延加工业	Smelting and Pressing of Ferrous Metals	2	168339	63080
有色金属冶炼及压延加工业	Smelting and Pressing of Ferrous Metals	1	120	—
普通机械制造业	Ordinary Machinery	5	2160	3449
专用设备制造业	Equipment for Special Purposes	3	2428	663
交通运输设备制造业	Transport Equipment	12	24895	10585
电子及通信设备制造业	Electronic and Telecommunication Equipment	5	19421	3270
仪器仪表及文化办公用机械制造业	Instruments, Meters, Cultural and Office Machinery	2	3346	300
电气机械及器材制造业	Electric Equipment and Machinery	6	12010	7820
木材加工及竹、藤、棕、草制品业	Timber Processing, Bamboo, Camboo, Cane, Palm Fiber and Straw Products	2	317	442
塑料制品业	Plastic Products	2	530	530
石油加工及炼焦业	Petroleum Processing and Coking	1	15003	—
化学原料及化学制品制造业	Raw Chemical Materials and Chemical Products	2	3300	450
医药制造业	Medical and Phamaceutical Products	3	7663	2300
金属制品业	Metal Products	2	600	300
服装及其他纤维制品制造业	Garments and Other Fiber Products	—	1846	1846
其他制造业	Other Manufacturing	4	44884	9750

5－13 基本建设大中型项目一览表(2001年)

LARGE AND MEDIUM－SIZED PROJECTS IN CAPITAL CONSTRUCTION(2001)

单位：万元 (10 000 yuan)

项目 Item	建设性质 Type of Construction	开工年月 Beginning Time	投产年月 Operationg Time	计划总投资 Total Planned Investment	开始建设至本年止 From Starting of Construction to the End of This Year 完成投资 Investment Completed	新增固定资产 Increased Fixed Assets	本年 This Year 完成投资 Investment Completed	新增固定资产 Increased Fixed Assets
轻轨一期工程	新	200012	—	219913	45842	—	42666	—
长江干堤白庙整险加固工程	改	199810	—	51000	18782	18782	8201	8201
武汉绕城公路	新	200010	200110	380969	65573	65573	45000	65573
中环线(西段)建设办	新	199803	200111	74600	66200	66200	25301	25301
武汉阳逻国际集装箱转运中心	新	199812	—	16120	8831	—	5008	—
长江乐园	新	—	—	124500	16120	—	3120	—
武汉市江堤整险加固工程	改	199810	—	379900	45499	45499	13325	13325
武汉污水综合治理工程	新	199802	—	140039	94219	19370	19370	19370
滠口国家粮库建设项目	新	199810	200106	14461	14049	14049	252	14049
武钢基建工程	扩	199212	—	695151	274573	63080	176347	63080
#武钢第二热轧带钢厂	扩	200012	—	580000	175676	—	135259	—
军山长江大桥	新	199812	200112	130054	105000	105000	25000	105000
武大绿洲生物公司病毒复合杀虫剂	新	—	—	5720	1150	—	1150	—
武汉电菱科技公司新型表面元件	新	200109	—	9993	2380	2380	2380	2380
武汉生物制品所高技术产业化工程	扩	200110	—	8019	3363	—	3363	—
武汉中油科技高新产业公司杂交油菜产业化工程	扩	200101	—	10262	255	—	232	—
城市电网改造工程	改	199807	—	162000	83204	77289	27289	27289
农村电网改造工程	改	199901	—	137729	70247	61762	21762	21762

5-14 基本建设新增生产能力或效益(2001年)

NEWLY INCREASED PRODUCTIVE CAPACITY OR BENEFIT(2001) THROUGH CAPITAL CONSTRUCTION

项目 Item	建设规模 Scale of Construction	本年施工规模 Scale under Construction This Year	#本年新开工 Starting This Year	累计新增生产能力 Accumulative Newly Increased Productive Capacity	#本年新增 Newly Increased This Year
新建公路(公里) Length of New Highways (km)	154.29	154.29	33.30	48.99	48.39
一级公路(公里) Length of the First Highways (km)	102.69	102.69		8.69	8.69
改建公路(公里) Length of Reconstructed Highways (km)	94.25	75.27	27.23	81.25	64.27
一级公路(公里) Length of the First Highways (km)	68.25	51.27	24.23	68.25	51.27
新建独立公路桥梁(延长米) Newly Built Independent Highway Bridges (Extention length, metre)	9882	9882	1736	9882	9882
新建独立公路桥梁(座) Number of Newly Built Independent Highways and Bridges(unit)	4	4	1	4	4
粮食仓库(万公斤) Grain Storehouse (10 000 kg)	15000.00	15000.00	—	15000.00	15000.00
粮食仓库 (平方米) Grain Storehouse(sq.m)	36288.00	36288.00	—	36288.00	36288.00

续 表 Continued

项 目 Item	建设规模 Scale of Construction	本 年 施工规模 Scale under Construction This Year	#本 年 新开工 Starting This Year	累计新增生产能力 Accumulative Newly Increased Productive Capacity	#本 年 新 增 Newly Increased This Year
高等院校：学生席位(个) Number of Student Seats in Institutions for Higher Education:(unit)	3170.00	3170.00	3170.00	3170.00	3170.00
建筑面积(平方米) Floor Space of Buildings (sq.m)	25907.00	25907.00	25907.00	25907.00	25907.00
中等学校：学生席位(个) Number of Student Seats of Secondary Schools(unit)	2126.00	2126.00	256.00	2126.00	2126.00
建筑面积(平方米) Floor Space of Buildings (sq.m)	17571.00	17571.00	1566.00	17571.00	17571.00
小 学 校：学生席位(个) Number of Student Seats of Primary Schools(unit)	240.00	240.00	240.00	240.00	240.00
建筑面积(平方米) Floor Space of Buildings (sq.m)	1475.00	1475.00	1475.00	1475.00	1475.00
医院病床(张) Number of Hospital Beds(unit)	1392.00	1392.00	358.00	734.00	734.00
城市自来水供水能力(万吨/日) Tap water Supply Capacity(10 000 tons/day)	10.00	10.00	—	10.00	10.00
城市永久性桥梁(座) Number of Permanent Bridges(seats)	10.00	10.00	—	10.00	10.00
城市防洪堤长度(公里) Length of Paved Dikes (km)	396.37	181.00	175.00	176.00	79.00

5-15 更新改造投资
INVESTMENT IN INNOVATION

单位：万元 (10 000 yuan)

项目	Item	2000	2001
投资总额	Total Investrment	1045147	1150440
按登记注册类型分	Grouped by Type of Company Registration		
一、内资企业	Domestic Funded Enterprises	962405	1062422
1.国有企业	State - owned	674379	715077
2.集体企业	Collective Owned		
3.股份合作企业	Cooperative Enterprises of Share Holding		
4.联营企业	Joint Owned Companies	12991	10570
5.有限责任公司	Companies of Limited Liabilities	56204	45769
6.股份有限公司	Companies of Share Holding With Limited Liabilities	179791	265495
7.私营企业	Private Owned Enterprises		
8.其他内资企业	Other Domestie - Funded Enterprises	30904	25511
二、港、澳、台商投资企业	Enterprises Funded by Enterpreneurs from Hongkong, Macao & Taiwan	109235	33438
三、外商投资企业	Foreign - funded Enterprises	33785	54580
四、私营个体	Privates and Individuals		
按构成分	Grouped by Use of Funds		
建筑安装工程	Construction and Installation	360083	314454
设备工器具购置	Purchase of Equipment and Instruments	542352	741477
其它费用	Others	142712	94509

续 表 Continued

单位：万元 (10 000 yuan)

项 目 Item		2000	2001
按建设性质分	Grouped by Type of Construction		
新 建	New Construction	41078	116645
扩 建	Expansion	304218	496645
改 建	Reconstruction	572165	386395
单纯建造生活设施	Construction of Living Installation	6431	3194
迁 建	Migration or Movement	10756	9059
恢 复	Renewing		155
单纯购置	Mere Purchase of Equipment	110499	138347
按用途分	Grouped by Purpose		
增 产	Increasing Production	247248	477714
节约能源	Energy Saving	29005	17112
其他节约	Other Savings Measures	758	5605
增加品种	Increasing Product Variety	64771	175715
提高产品质量	Improving Product Quality	48045	42467
三废治理	Treatment of Waste Water, Waste Gas and Solid Wastes	21552	25032
其 他	Others	633768	406795

5-16 更新改造投资经济效益
BENEFIT OF INVESTMENT IN INNOVATION

项目 Item	2000	2001
一、建设项目投产率（%） Rate of Projects Completed & Put into Use（%）	67.07	61.10
全部投产项目(个) Number of Projects Completed and Put into Use（unit）	493	435
施工项目(个) Number of Projects under Construction(unit)	735	712
二、固定资产交付使用率(%) Rate of Fixed Assets Put into Use（%）	88.99	84.71
新增固定资产(万元) Newly Increased Fixed Assets（10 000 yuan）	930058	974552
投 资 额(万元) Investment（10 000 yuan）	1045147	1150440
三、年末未完工程占用率(%) Rate of Investment in Projects Uncompleted by the End of This Year（%）	17.04	17.03
年末未完工程累计完成投资(万元) Accumulative Investment in Projects Uncompleted by the End of This Year（10 000 yuan）	178093	195942
投 资 额(万元) Investment（10 000 yuan）	1045147	1150440
四、房屋建筑面积竣工率(%) Completion Rate of Floor Space of Buildings（%）	50.16	58.76
房屋竣工面积(平方米) Floor Space of Buildings Completed（sq.m）	514121	555083
房屋施工面积(平方米) Floor Space of Buildings under Construction（sq.m）	1025052	944683
#住宅建筑面积竣工率(%) Completion Rate of Floor Space of Residential Buildings（%）	28.79	100.00
住宅竣工面积(平方米) Floor Space of Residential Buildings Completed（sq.m）	80191	75855
住宅施工面积(平方米) Floor Space of Residential Buildings under Construction(sq.m)	278574	75855
五、建设周期(年) Cycle of Construction（year）	1.6	1.5
计划总投资(万元) Total Planned Investment（10 000 yuan）	1716707	1744739
投 资 额(万元) Investment（10 000 yuan）	1045147	1150440

5-17 分行业更新改造投资(2001年)
INVESTMENT IN INNOVATION BY SECTOR(2001)

项目 Item	项目个数(个) Number of Projects (unit)	投资额(万元) Investment (10 000 yuan)	新增固定资产(万元) Newly Increased Fixed Assets (10 000 yuan)
总计 Total	712	1150440	974552
农、林、牧、渔业 Farming, Forestry, Animal Husbandry and Fishery		84	
制造业 Manufacturing	414	628807	510450
电力、煤气及水的生产和供应业 Electric Power, Gas and Water Production and Supply	85	25357	7729
建筑业 Construction	13	18694	17538
地质勘查业、水利管理业 Geological Prospecting and Water Conservancy		671	671
交通运输、仓储及邮电通信业 Transportation, Storage, Postal and Telecommunications Services	127	296443	263767
批发和零售贸易、餐饮业 Wholesale & Retail Trade and Catering Services	24	38286	42965
金融、保险业 Banking and Insurance	1	17416	17416
社会服务业 Social Services	10	51338	48360
卫生、体育和社会福利业 Health Care, Sports and Social Welfare	11	14057	12445
教育、文化艺术及广播电影电视业 Education Culture, Arts, Radio, Film and Television	6	39474	35123
科学研究和综合技术服务业 Scientific Research and Poly technical Services	8	4889	2801
国家机关、政党机关和社会团体 Government Agencies, Party Agencies and Social Organizations	6	4199	3499
其他行业 Others	7	10725	11788

5-18 制造业更新改造投资(2001年)

项目 Item		施工项目个数(个) Number of Projects under Construction (unit)	本年完成投资(万元) Investment Made in This Year (10 000 yuan)
总计	Total	414	628807
食品加工业	Food Processing	8	4065
食品制造业	Food Production	4	2591
饮料制造业	Beverage Production	5	5639
烟草加工业	Tabacco Processing	12	12013
纺织业	Textile Industry	8	10140
皮革、毛皮、羽绒及其制品业	Leather, Furs, Down and Related Products	3	1136
服装及其他纤维制品制造业	Garments and Other Fiber Products	5	2280
家具制造业	Furniture Products	3	1070
造纸及纸制品业	Papermaking and Paper Products	6	66319
印刷业、记录媒介的复制	Printing and Record Medium Reproduction	5	13532
文教体育用品制造业	Cultural, Educational and Sports Goods	2	424
石油加工及炼焦业	Petroleum Processing and Coking	24	9946
化学原料及化学制品制造业	Raw Chemical Materials and Chemical Products	25	17705
医药制造业	Medical and Pharmaceutical Products	29	34674
橡胶制品业	Rubber Products	2	1600
塑料制造业	Plastic Products	9	20663
非金属矿物制品业	Nonmetal Mineral Products	18	44728
黑色金属冶炼及压延加工业	Smelting and Pressing of Ferrous Metals	95	203096
金属制品业	Metal Products	10	19172
普通机械制造业	Ordinary Machinery	26	10641
专用设备制造业	Equipment for Special Purposes	14	18637
交通运输设备制造业	Transport Equipment	42	31258
电气机械及器材制造业	Electric Equipment and Machinery	29	26832
电子及通信设备制造业	Electronic and Telecommunications Equipment	26	55611
仪器仪表及文化办公用机械制造业	Instruments, Meters, Cultrual and Office Machinery	1	35
其他制造业	Other	3	15000

5－19　更新改造新增生产能力或效益(2001年)

NEWLY INCREASED PRODUCTION CAPACITY OR BENEFIT THROUGH INNOVATION(2001)

项　目 Item	建设规模 Scale of Construc－tion	本年施工规模 Scale under Construction in This Year	本年新开工 Starting This Year	新增生产能力 Newly Increase Production Capacity	本年新增 Newly Increased This Year
热轧钢材(万吨/年) Hot rolling Steels(10 000 tons/day)	10.00	0.10	—	10.00	0.10
其他发电(万千瓦) Other Power(10 000 kw)	2.90	2.90	2.90	—	—
平板玻璃(万重量箱/年) Tabulate glass(10 000 units/year)	200.00	200.00	200.00	200.00	200.00
纯　碱(吨/年) Soda Ash(ton/year)	10000.00	10000.00	5000.00	10000.00	5000.00
合成氨(吨/年) Synthetic Ammonia(ton/year)	10000.00	10000.00	5000.00	10000.00	5000.00
水轮电机制造(万千瓦/年) Electric Motors(10 000 kw/year)	25.00	5.00	5.00	25.00	5.00
机制纸浆(万吨/年) Machine－make Paper Pulp(10 000 tons/year)	4.00	4.00	—	4.00	4.00
塑料制品(万吨/年) Plactics(10 000 tons/year)	1.00	1.00	1.00	1.00	1.00
船舶购置(艘) Ships(unit)	1.00	1.00	1.00	1.00	1.00
船舶购置(载重量:吨位) Ships(ton)	168.00	168.00	168.00	168.00	168.00
船舶购置(载客量:客位) Ships(seat)	320.00	320.00	320.00	320.00	320.00
船舶购置(拖轮功率:千瓦) Ships(kw)	630.00	630.00	630.00	630.00	630.00
城市供热能力:蒸汽(吨/小时) Caloric Supply Capacity:Evaporative(ton/hour)	130.00	130.00	—	—	
热水(兆瓦/小时) Hot Water(megawatt/year)	89.88	89.88	89.88	—	—
城市公共交通车辆购置(辆) Public Traffic Vehicles(unit)	443.00	443.00	443.00	443.00	443.00
机制纸(万吨/年) Machine－made Paper(10 000 tons/year)	10.00	10.00	—	10.00	10.00
程控交换机(指安装能力)(万线) Program－controlled Telephone(faculty of installing)(10 000 lines)	20.56	20.56	20.56	20.56	20.56
电话单机(指生产能力)(万部/年) Telephones(thoughput)(10 000 units/year)	10.00	10.00	—	10.00	10.00

5-20 房地产开发投资
INVESTMENT IN REAL ESTATE DEVELOPMENT

单位：万元 (10 000 yuan)

项目	Item	2000	2001
开发投资总额	Total Investment	1013105	1153357
其中：商品房建设投资额	Investment in Commercial Buildings Construction	759952	770886
土地开发投资额	Investment in Land Development	99498	121851
按企业登记注册类型分	Grouped by Type of Company Registration		
内资企业	Domestic - Funded Enterprises	747353	924081
国有企业	State - owned	330730	310467
集体企业	Collective Owned	36962	50821
股份合作企业	Cooperative Enterprises of Share Holding	17860	5498
联营企业	Joint Owned Companies	7692	9908
有限责任公司	Companies of Limited Liabilities	127580	212352
股份有限公司	Companies of Share Holding With Limited Liabilities	156848	168470
私营企业	Private Owned Enterprises	52516	149134
其他内资企业	Other Type of Enterprises	17165	17431
港、澳、台商投资企业	Enterprises Funded by Enterpreneurs from Hongkong, Macao & Taiwan	213027	175945
外商投资企业	Foreign - funded Enterprises	52725	53331
个体经营	Individuals		
按构成分	Grouped by Use of Funds		
建筑工程	Construction	674272	763387
安装工程	Installation	44609	61244
设备工器具购置	Purchase of Equipment and Instruments	27195	28420
其他费用	Others	267029	300306
按工程用途分	Grouped by Function		
住　宅	Residential Buildings	676933	861144
其中：别墅、高档公寓	Villas, High - Grade Flats	38615	76789
经济适用房	Subsatntial Apartments of Economy class	138969	199287
办公楼	Offices Buildings	84500	81444
商业营业用房	Buildings for Commercial or Business Purposes	81466	54526
其　他	Others	170206	156243
本年完成开发土地面积(平方米)	Land Space Developed in This Year (sq.m)	3600879	3222071
本年购置土地面积(平方米)	Land Space Purchased in This Year (sq.m)	6088537	5236861

5-21 房地产开发投资经济效益
ECONOMIC BENEFIT OF INVESTMENT IN REAL ESTATE DEVELOPMENT

单位：万元 (10 000 yuan)

项目	Item	2000	2001
一、固定资产交付使用率(%)	Rate of Fixed Assets Put into Use(%)	70.37	78.55
新增固定资产	Newly Increased Fixed Assets	712879	905917
投资额	Investment	1013105	1153357
二、年末未完工程占用率(%)	Rate of Investment in Projects Uncompleted by the End of This Year (%)	157.60	84.93
年末未完工程累计完成投资	Accumulative Investment in Projects Uncompleted by the End of This Year	1596700	979564
投资额	Investment	1013105	1153357
三、房屋建筑面积竣工率(%)	Completion Rate of Floor Space of Buildings (%)	36.17	39.68
房屋竣工面积(平方米)	Floor Space of Buildings Completed (sq.m)	4966447	6140397
房屋施工面积(平方米)	Floor Space of Buildings under Construction(sq.m)	13732308	15473105
#住宅建筑面积竣工率(%)	Completion Rate of Floor Space of Residential Buildings (%)	41.27	41.35
住宅竣工面积(平方米)	Floor Space of Residential Buildings Completed(sq.m)	4257041	4996190
住宅施工面积(平方米)	Floor Space of Residential Buildings under Construction (sq.m)	10313872	12083383
四、建设周期(年)	Cycle of Construction (year)	5.71	5.02
计划总投资	Total Planned Investment	5789627	5796055
投资额	Investment	1013105	1153357

5-22 商品房屋销售与出租情况
SALES AND RENTALS OF COMMERICAL HOUSES

单位：平方米 (sq.m)

项目 Item		实际销售 Actually Sold		预售 Advance Booking		空置 Vacacy	
		2000	2001	2000	2001	2000	2001
本年房屋面积合计	Total Floor Space of House in This Year	3595183	4088534	1161568	893285	2318348	2881985
住　宅	Residential Buildings	3392788	3800953	1098735	839290	1571003	2065629
#别墅、高档公寓	Villas, High-Grade Flats	107330	264883	11010	22938	57598	135804
经济适用房	Comfortable Housing Project	957232	759966	333700	46502	187738	102014
#个　人	Individuals	3276012	3566031	912144	699131	—	—
办公楼	Offices Buildings	67856	99100	51505	4136	290854	330883
商业营业用房	Buildings for Commercial or Business Purposes	121923	142913	10561	49859	396341	450281
其　他	Others	12616	45568	767	—	60150	35192

项目 Item		出租 Rental		实际销售额(万元) Real Sales (10 000 yuan)	
		2000	2001	2000	2001
本年房屋面积合计	Total Floor Space of House in This Year	388202	531044	640893	741357
住　宅	Residential Buildings	35446	145594	555130	663357
#别墅、高档公寓	Villas, High-Grade Flats	18229	17897	30123	52107
经济适用房	Economical Houses	—	—	114807	104761
#个　人	Individuals	932	1328	535560	613990
办公楼	Offices Buildings	117738	165379	26037	27561
商业营业用房	Buildings for Commercial or Business Purposes	218471	208332	57992	39829
其　他	Others	16547	11739	1734	10610

5－23 城镇和工矿区私人建房情况(2001年)
BUILDING CONSTRUCTION BY INDIVIDUALS IN URBAN AREAS AND IN INDUSTRIAL AND MINING AREAS(2001)

项目 Item	建房户数(户) Number of Households with Buildings Construction	竣工房屋建筑面积(平方米) Floor Space of Buildings Completed (sq.m)	住宅 Residential Buildings	竣工房屋价值(万元) Value of Buildings Completed (10 000 yuan)	住宅 Residential Buildings
总计 Total	5819	828763	823512	37610	37330
#农业户 Residential Buildings	2070	313980	313980	13707	13707
1.市 The City	1084	114592	114592	4045	4045
#农业户 Rural Households	198	19800	19800	792	792
2.县城 County Towns	2000	318230	314908	15007	14817
#农业户 Residential Buildings	489	61524	61524	2961	2961
3.镇 Towns	2714	393841	391912	18453	18363
#农业户 Residential Buildings	1363	230656	230656	9854	9854
4.工矿区 Industrial and Mining Areas	21	2100	2100	105	105

5-24 农村私人投资
INDIVIDUAL INVESTMENT IN RURAL AREAS

项目 Item	1995	1997	1998	1999	2000	2001
一、私人建房 Building Construction by Individuals						
竣工房屋间数(间) Number of Buildings Completed (unit)	89379	147850	144384	131589	47866	135797
#住宅 Residential Buildings	86635	143415	143281	128338	47788	134013
竣工房屋面积(平方米) Floor Space of Buildings Completed(sq.m)	1874863	2069907	2086935	2364986	2366930	2376986
#住宅 Residential Buildings	1810039	2009148	2054649	2312956	2320779	2349886
竣工房屋价值(万元) Value of Buildings Completed (10 000yuan)	59806	89834	95438	98364	58455	62734
#住宅 Residential Buildings	55758	87179	94102	96315	58204	62219
二、购买生产性固定资产投资(万元) Investment in Purchase of Productive Fixed Assets	32458	76846	67765	72508	45715	49181

5－25 农村集体投资基本情况(2001年)

单位：万元

项目 Item		本年完成投资 Investment Made in This Year	住宅 Residential Buildings
总计	Total	117474	17773
按建设性质分	Grouped by Type of Construction		
新建	New Construction	91623	16705
扩建	Expansion	10001	494
改建	Reconstruction	4913	22
其它	Others	10937	552
按国民经济行业分	Grouped by Sectors		
农、林、牧、渔业	Farming, Forestry, Animal Husbandry and Fishery	8567	22
制造业	Manufacturing	16221	—
电力煤气及水的生产和供应业	Production and Supply of Electricity, Gas and Water	343	—
建筑业	Construction	7295	2100
地质勘查业、水利管理业	Geological Prospecting and Water Conservancy	5640	55
交通运输、仓储及邮电通信业	Transportation, Storage, Postaland Telecommunications Services	2956	350
批发和零售贸易、餐饮业	Wholesale & Retail Trade and Catering Services	19283	110
房地产业	Real Estate	28490	20
金融、保险业	Banking and Insurance	—	—
社会服务业	Social Services	2345	—
教育、文化艺术及广播电影、电视业	Education, Culture and Arts, Radio, Film and Television	520	260
卫生、体育和社会福利业	Health, Sports and Social Welfare	—	—
科学研究和综合技术服务业	Scientific Research and Polytechnical Services	500	—
国家机关、政党机关和社会团体	Government Agencies, Party Agencies and Social Organizations	2587	54
其它行业	Others	22727	14802

INVESTMENT IN RURAL COLLECTIVE UNITS(2001)

(10 000 yuan)

本年新增固定资产 Newly Increased Fixed Asstes in This Year	本年房屋施工面积 (平方米) Floor Sqace of Buildings under constructio in This Year (sq.m)	住　宅 Residential Buildings	本年房屋竣工面积 (平方米) Floor Sqace of Buildings Completed in This year (sq.m)	住　宅 Residential Buildings
59270	**372573**	**179330**	**243313**	**50470**
39705	332523	171230	204763	43870
6531	15250	3100	13750	1600
4784	1650	—	1650	—
8250	23150	5000	23150	5000
5315	13870	—	13870	—
8983	6350	—	6350	—
343	30	—	30	—
6100	61200	38000	61200	38000
82	870	870	870	870
2188	—	—	—	—
1150	11300	4000	9800	2500
23880	107993	500	107993	500
—	—	—	—	—
—	—	—	—	—
520	4300	1200	4300	1200
—	—	—	—	
500	—	—	—	—
2587	1100	700	700	700
7622	165560	134060	38200	6700

5－26 武汉市重点项目一览表(2001 年)

项　目 Item	建设性质 Type of Construction	建设规模 Scale of Construction
武钢第二热轧带钢厂	续建	年产 400 万吨热轧卷板
武钢程潮铁矿工程	续建	采选矿各 80 万吨
武昌造船厂技改工程	续建	达到纲领产品需要
湖北武汉出口加工区	新建	一期开发 433 亩:基础设施及封关设施、标准厂房等建设
晨鸣汉纸改扩建	续建	一期年产 12 万吨新闻纸;二期年产 20 万吨白板纸;三期年产 20 万吨书刊纸
邮科院光同步数字体系(SDH)及密集波(DWDM)系统设备产业化示范工程	续建	新建生产厂房及配套设备 1.9 万平方米,形成年产 SDH 系列设备 3530 端,WDH 设备 200 端,各种光发送模块 20400 只,掺饵光纤放大器(EDFA)3000 台生产能力
邮科院光纤产业项目一期工程	新建	拉丝车间建筑面积为 8104 平方米,光纤预制棒生产车间建筑面积 10149 平方米
三环集团公司智能卡终端机	新建	年产各类设备 90 万台(件)
武汉长联生化药业有限公司体外培育牛黄原料及制剂	续建	体外培育牛黄原料年产量 1000 公斤,维康牛黄片 1.5 亿片,维康牛黄胶 1 亿片。
华中数控系统有限公司高性能数控系统产业化示范工程	续建	年产 2010 台套各类数控系统数控机床
华工科技园	续建	占地 1100 亩,总建筑面积 25 万平方米
武汉经济技术开发区高科技产业园	新建	一期开发 583 亩及综合楼标准厂房等
武汉华软、曙光软件园	续建	总建筑面积 36 万平方米
武汉光谷电子市场	新建	规划占地面积 5.75 公顷,总建筑面积 6 万平方米的光电子市场
科技会展中心二期	扩建	建筑面积 4.5 万平方米
科技新城道路建设项目及园区内建设项目	扩建	开区发道路改扩建 5.65 公里
安凯电缆有限公司	续建	形成年产电缆 2000 万公里
伦新华信	新建	一期年产 10 万台便携式电脑
武汉市城市污水综合治理工程	续建	武昌沙湖、二郎庙、龙王嘴、汉口西部、汉阳南太子湖污水厂处理等共 94 万吨/日
武汉城市电网改造	续建	新建 220 千伏安变电站 2 座,变电容量 36 万千伏安,线路 18.5 公里,新建 110 千伏安变电站 6 座,扩建 4 座,变电容量 70 万千伏安,线路 123 公里等,中低压线网改造
武汉农网建设与改造	改建	改造新洲、黄陂、东西湖、蔡甸、汉南、江夏六区农村电网
轻轨一号线一期工程	新建	从汉口宗关至黄埔路,全长 11 公里
武汉市城市道路新建及扩建工程	续建	喻磨路等城市道路
金口固体废弃物处理工程	续建	日处理垃圾 2000 吨,收集沼气用于发电,建岱山有机肥场
二妃山垃圾处理场工程	新建	日处理垃圾 800 吨,日处理污水 250 吨,日收集沼气 23.5 万立方米,沼气发电装机容量 1800KW。

MAJOR PROJECTS IN WUHAN(2001)

建设起止年限 Beginning and ending Time of Construction	计划总投资 (万元) Total Planed Investment (10 000 yuan)	至本年底累计完成投资 (万元) Accumulative Investment Actnally Made From Beginning of Construction to the End of This Year (10 000 yuan)	本年计划投资 (万元) Planned Investment in This Year (10 000 yuan)	本年完成投资 (万元) Investment Made in This Year (10 000 yuan)
2000 - 2003	580400	46000	122320	135025.9
1999 - 2001	52071	31961	4000	8008
1999 - 2003	32534	7643	11200	11200
2000 -	18000	—	13000	15050
	100000	28005	36000	46727
	33950	20970	12980	7580
2001 -	14000	—	6980	4580
2000 - 2001	9800	2000	7800	5100
1999 - 2001	7500	3080	4420	1570
1999 - 2001	9976	5500	4476	7700
1999 - 2001	60000	—	1000	10047
2001 -	15000	—	10000	10784
1998 - 2001	40000	10000	6000	10314
2001 -	27000	—	20000	20142
1998 - 2001	30000	5000	25000	17157
2000 -	107600	17810	45000	73493
2000 - 2001	14110	7407	6584	5993
2001 -	12000	—	5000	5030
1997 - 2001	140039	79619	32500	19370
1998 - 2001	162000	130368	31632	27289
1999 - 2001	73096	48485	8000	21793
2000 - 2003	219913	4126	66779	42598
1998 - 2001	221300	125000	70000	36000
1998 - 2002	18000	11000	5000	—
2001 - 2002	13452	—	5000	1023

续 表

项　目 Item	建设性质 Type of Construction	建设规模 Scale of Construction
武汉市城区排水排渍工程	续建	汉口长丰南北垸、机场河、黄孝河地区、汉阳曹家湖、南岸咀地区、武昌晒湖、沙湖、罗家路、青山港西、白沙洲地区排水排渍工程
江汉三桥	续建	全长2148米,其中:主线桥980米,桥宽20米。引道及配配套道路1727米
中环线西北段及江汉五桥	续建	(1)江汉五桥长1013M,引桥720M(2)额头湾立交桥、汪家嘴立交桥、孟家铺立交桥三座(3)高等级六车道快速路9公里
东湖落雁景区工程	新建	磨山环山公路848米,磨山号路376米,景区道路1518米,清河桥一座
山水园林城市建设	新建	全年计划建设绿地总面积200万平方米,植树36万株,新、改、扩建堤角、和平等公园及湖锦、鹦鹉洲、长丰大道等游园
万松园路综合改造工程	新建	道路及管网及立面综合改造全长1515米
白沙洲水厂扩建	续建	新增供水10万吨/日
汤荪湖污水处理厂	新建	10万吨/日处理(占地200亩)
关山步行街(鲁巷－关山一路)	扩建	长13公里,宽33－110米
武汉绕城公路东北路	续建	全长94公里(不含阳逻长江大桥及接线),路基宽度28米,4车道高速公路标准
交通信息中心	续建	建筑面积26000平方米
周边公路改扩建	扩建	公路改建26.65公里,扩建23公里
通信网建设	扩建	市话交换设备及配套工程
第二长途枢纽楼	新建	建筑面积4万平方米
阳逻国际集装箱转运中心	续建	建设年吞吐量5万TEU的5000吨级泊位一座及配套的设施
武汉体育中心体育场	续建	6万座体育场
武汉国际会展中心	续建	总建设面积12万平方米
新江汉大学	续建	教学楼群10.5平方米,图书馆,实验中心,行政中心,田径运动场,学生宿舍,食堂等17.7万平方米
武汉新世界康居工程	续建	总建筑面积400万平方米
常青花园安居工程	续建	36万平方米住宅建设
新华家园	续建	27.27万平方米住宅建设
武汉江堤加固工程	续建	整险加固堤防总长374.52公里
武汉市汉南至白庙堤加固工程	续建	整险中固堤防总长50.25公里
涵闸整险加固及内部农田水利建设	续建	整险加固5座涵闸及水利设施配套建设
武汉市新洲举水流域35万庙灌区补源工程	新建	工程拦储举水径流1211立方米,补源灌溉举水流域35万亩,主体工程为举水河下游新洲城关橡胶坝工程

Continued

建设起止年限 Beginning and ending Time of Construction	计划总投资 (万元) Total Planed Investment (10 000 yuan)	至本年底累计完成投资 (万元) Accumulative Investment Actnally Made From Beginning of Construction to the End of This Year (10 000 yuan)	本年计划投资 (万元) Planned Investment in This Year (10 000 yuan)	本年完成投资 (万元) Investment Made in This Year (10 000 yuan)
1998 –	255458	40000	20000	6500
1997 – 2000	44058	27058	17000	12954
1998 – 2001	74600	40890	33710	33710
2001 –	2207	2207	—	2207
	20000	—	20000	20000
2001 – 2002	15000	—	10000	10219.6
2000 – 2001	9969	7086	2883	2883
2001 –	27000	—	1000	1000
2001 –	30000	—	1000	1400
2000 – 2004	370000	—	60000	65573
2000 – 2001	9000	5500	3500	6021
1999 –	20000	7100	9000	31152
2001 –	57300	—	57300	75633
2001 –	32000	4000	7000	7860
1998 – 2001	16862	3663	5000	5008
1998 – 2001	50000	17460	15000	16000
2001 – 2001	65736	30574	38431	45541
2000 – 2002	70812	23839	46973	48474
2000 – 2005	660000	205000	60984	64000
1993 – 2001	580000	180000	50984	40300
1999 – 2001	80000	25000	10000	23700
1999 –	395600	19500	22600	45369
1999 –	51526	12808	11200	8201
2000 –	3000	—	3000	5698
2001 – 2002	5316	—	2000	2900

5-27 建 筑 业 生 产 情 况(2001年)

项 目 Item	企业数(个) Number of Enterprises (unit)	建筑业总产值(万元) Gross Output Construction (10 000 yuan)	竣工产值(万元) Output Value of Projects Value of Completed (10 000 yuan)	单位工程施工个数(个) Number of Projects under Construction (unit)
按登记注册类型分 Grouped by Type of Registered Enterprises				
全 市 Total	441	2076506	1533914	9897
大中型 Large and Medium - Sized Enterprises	79	1532070	1130657	6336
国有经济 State - Owned Enterprises	112	1123238	844019	3981
私营经济 Urban Private Units	69	99178	73009	610
联营经济 Joint Owned	2	6920	6875	8
有限责任公司 Companies with Limited Liabilities	51	287884	214745	1891
集体经济 Collective Owned Enterprises	154	246351	174327	1757
股份制经济 Share Holding Enterprises	28	285468	200783	1524
外商投资经济 Foreign Funded Enterprises	5	11399	10895	101
港澳台投资经济 Enterprises Funded by Entrepreneurs from Hong Kong, Macao and Taiwan	18	14265	7939	25
其他企业 Other Type of Enterprises	2	1803	1322	—
按行业类别分 Grouped by Type of Sector				
土木工程 Civil Engineering Construction	343	1799800	1315713	7810
房 屋 Buildings	304	1509656	1118002	6233
矿 山 Mine	1	57	27	1
铁路、遂道、公路、桥梁 Railways, Tunnels, Highways and Bridges	11	94980	74512	958
堤坝、电站、码头 Dams, Power Stations and Docks	10	122797	81096	225
其他土木工程 Other Civil Engineering Construction	17	72310	42076	393
线路、管道和设备安装业 Circuit, Pipelines and Equipment Installation	48	189090	153309	2087
线路、管道安装业 Circuit and Pipelines Installation	16	100303	84544	1007
设备安装业 Equipment Installation	32	88787	68765	1080
装修装饰业 Fitting up and Decoration	50	87617	64892	—

PRODUCTIVE CONDITIONS OF CONSTRUCTION ENTERPRISES(2001)

本年新开工 Starting This Year	投标承包 Projects through the Signed Bidding Contracts	本年新开工 Starting This Year	房屋建筑施工面积(平方米) Floor Space of Buildings under Construction (sq.m)	本年新开工面积 Floor Space of Buildings Started in This Year	投标承包面积 Floor Space of Buildings Through Signed Bidding Contracts	本年新开工投标面积 Floor Space of Buildings Started through Bidding	房屋建筑竣工面积(平方米) Floor Space of Buildings Completed (sq.m)
6014	4801	2647	28368786	12623803	22727126	10595677	12557792
3646	3320	1630	18982403	7688861	16195060	6807743	7399239
2208	2117	1172	15232132	5998548	13411288	5389340	5438430
451	420	346	1409784	822879	1012853	606808	857122
5	4	2	1000	—	—	—	—
1362	432	242	3551143	1649401	2708060	1354561	1715049
1258	492	311	4156055	2125721	2134483	1401717	2300930
650	1319	557	3970327	2020884	3460442	1843251	2223021
63	1	1	9345	6160	—	—	8240
17	16	16	39000	210	—	—	15000
4486	4413	2350	28357236	12619345	22718340	10593683	12546242
3751	3192	1818	27739176	12093019	22187779	10149954	12014847
316	934	302	113648	26816	113648	26816	48664
127	154	118	3283	3283	3283	3283	—
292	133	112	501129	496227	413630	413630	482731
1528	388	297	11550	4458	8786	1994	11550
659	148	84	9158	2464	6394	—	9158
869	240	213	2392	1994	2392	1994	2392

5-28 建筑业财务状况(2001年)

单位：万元

项目 Item	资本金合计 Total Capital	流动资产合计 Total Circulating Funds	固定资产合计 Total Fixed Assets	固定资产原价合计 Original Value of Fixed Asstes
按登记注册类型分 Grouped by Type of Registered Enterprises				
全　市 Total	621288	1830729	477811	725056
#大中型 Large and Medium - Sized Units	390068	1435051	331000	531297
国有经济 State - Owned Enterprises	232354	1047234	242522	399586
有限责任公司 Companies with Limited Liabilities	109528	248267	58965	83714
集体经济 Collective Owned Enterprises	103497	110574	78609	101096
私营经济 Urban Privately Owned Enterprises	49722	56475	30917	35958
联营经济 Joint Owned Enterprises	711	3200	943	1036
股份制经济 Share Holding Enterprises	100988	311078	56912	89386
外商投资经济 Foreign Funded Enterprises	5710	5822	1633	2745
港澳台投资经济 Enterprises Funded by Entrepreneurs from Hong Kong, Macao and Taiwan	18078	47123	7244	11427
其他企业 Other Type of Enterprises	700	956	66	108
按行业分 Grouped by Type of Sector				
土木工程 Civil Engineering Construction	487883	1490327	392935	583349
房　屋 Building	407768	1259664	316188	459206
矿　山 Mine	500	430	10	13
铁路、隧道、公路、桥梁 Railways, Tunnels, Highways and Bridges	31623	69737	30932	41033
堤坝、电站、码头 Dams, Power Stations and Docks	26829	78952	31974	55050
其他土木工程 Other Civil Engineering Construction	21163	81544	13831	28047
线路、管道和设备安装业 Circuit, Pipelines and Equip ment Installation	101294	275933	74141	125785
线路、管道安装业 Circuit and Pipelines Installation	26414	53120	23032	36540
设备安装业 Equipment Installation	74880	222813	51109	89245
装修装饰业 Fitting up and Decoration	32111	64470	10735	15922

FINANCIAL CONDITIONS OF CONSTRUCTION ENTERPRISES(2001)

(10 000 yuan)

生产经营用 Use for Production and Management	无形资产及递延资产合计 Total Intangible and Deferred Assets	无形资产 Intangible Assets	资产总计 Total Asstes	流动负债合计 Liquid Liabilities	长期负债合计 Long – term Liabilities	负债合计 Total Liabilities	所有者权益 Creditiors' Equity
537514	52031	37601	2524262	1668224	106031	1774255	621288
402466	32034	21863	1935882	1366944	76061	1443005	492877
270426	24514	18784	1381038	1059949	55244	1115193	232354
76628	3311	2293	381724	216592	11299	227891	109528
79890	7192	6745	198003	82432	5428	87859	103496
28465	3509	2263	93721	34745	2368	37113	49722
1026	—	—	4177	3362	170	3532	712
70090	11505	6754	395701	234893	16049	250943	100988
2440	394	394	7919	2799	—	2799	5710
8446	1571	368	60922	32527	15473	48000	18078
103	35	—	1057	925	—	925	700
440772	45150	34095	2075664	1395899	852912	1481190	594474
338896	30573	21090	1746588	1173330	66057	1239386	507202
13	—	—	450	188	—	188	262
35971	2577	2559	105754	71289	3307	74596	31158
47112	3804	2250	117708	74033	12241	86273	31434
18780	8196	8196	105164	77059	3687	80747	24418
83503	6006	2944	371485	231107	17445	248552	122933
32589	83	—	81600	45620	1554	47174	34426
50914	5923	2944	289885	185487	15891	201378	88507
13238	875	562	77112	41218	3294	44512	32600

续　表

单位：万元

项　　目 Item	工程结算收入 Revenue of Project Settled Accounts	工程结算成本 Costs of Project Settled Accounts	工程结算税金 Taxes on Project Settled Accounts	工程结算利润 Profits of Project Settled Accounts
按登记注册类型分 Grouped by Type of Registered Enterprises				
全　市 Total	2018552	1764654	64733	189166
#大 中 型 Large and Medium – Sized Units	1508205	1325382	46914	135909
国有经济 State – Owned Enterprises	1102612	977204	33449	91959
有限责任公司 Companies with Limited Liabilities	270407	235468	7623	27317
集体经济 Collective Owned Enterprises	222985	189661	9131	24193
私营经济 Urban Privately Owned Enterprises	95218	81169	3745	10304
联营经济 Joint Owned Enterprises	2592	2498	51	44
股份制经济 Share Holding Enterprises	290549	248940	9964	31645
外商投资经济 Foreign Funded Enterprises	10969	9624	322	1022
港澳台投资经济 Enterprises Funded by Entrepreneurs from Hong Kong, Macao and Taiwan	21928	19018	406	2504
其他企业 Other Type of Enterprises	1292	1072	42	178
按行业分 Grouped by Type of Sector				
土木工程 Civil Engineering Construction	1772597	1563095	58155	151346
房　屋 Building	1501156	1327162	49819	124175
矿　山 Mine	57	24	2	31
铁路、隧道、公路、桥梁 Railways, Tunnels, Highways and Bridges	87762	73667	2816	11278
堤坝、电站、码头 Dams, Power Stations and Docks	116474	102843	3376	10255
其他土木工程 Other Civil Engineering Construction	67148	59399	2142	5607
线路、管道和设备安装业 Circuit, Pipelines and Equip ment Installation	171378	138711	4249	28418
线路、管道安装业 Circuit and Pipelines Installation	85067	67468	2146	15453
设备安装业 Equipment Installation	86311	71243	2103	12965
装修装饰业 Fitting up and Decoration	74578	62847	2330	9401

Continued

(10 000 yuan)

其他业务利润 Profits of Other Management Projects	管理费用 Management Expenses	税金 Taxes	营业利润 Operating Profits	利润总额 Total Profits	利税总额 Total Pre-Tax Profits	建筑业增加值 Total Value Added of Constrution	亏损企业个数（个）Number of Loss-making Enterprises (unit)
6041	134551	4203	44575	38109	107045	559049	91
4545	101921	3089	27512	21482	71485	408454	12
5062	79257	1539	10875	4262	39250	302717	22
443	17369	546	8452	9547	17716	63788	9
259	11043	700	10844	10601	20432	77078	24
16	6288	38	3418	3483	7266	29400	14
7	81	—	-30	-35	16	525	1
272	16898	1375	11382	10753	22092	76872	4
-22	1029	1	-34	-37	286	2944	3
4	2409	2	-333	-466	-58	5384	14
—	177	2	1	1	45	341	—
5613	104571	3952	38075	32032	94139	465978	56
5711	81491	3192	35310	29307	82318	390006	44
—	35	—	-4	-4	-2	43	1
53	9122	588	1730	1783	5187	27423	4
-687	8383	133	713	838	4347	32330	2
536	5540	39	326	108	2289	16176	5
434	23816	231	3898	3523	8003	76001	15
-707	10459	97	3972	4180	6423	35532	2
1141	13357	134	-74	-657	1580	40469	13
-6	6164	20	2602	2554	4904	17069	20

5-29 建筑业主要经济效益指标(2001年)

项目 Item	总计 Total	大中型企业 Large and Medium-Sized Enterprises	国有经济 State-Owned Enterprises	有限责任公司 Companies with Limited Liabilities
一、全员劳动生产率(按建筑业总产值计算)(元/人) Overall Labor Productivity in terms of Total Output Value (yuan/person)	846203	109119	98837	114154
二、工程质量 Quality of Projects				
单位工程竣工个数(个) Number of Projects Completed(unit)	6548	3945	2319	1503
#优良个数 Number of High Quality Projects	3521	2614	1337	921
优良品率(%) Percentage of High Quality Projects in the Completed Projects (%)	53.77	66.26	57.65	61.28
房屋建筑竣工面积(平方米) Floor Space of Buildings Completed (sq.m)	12557792	7399239	5438430	1715049
#优良工程面积(平方米) Floor Space of High Quality Buildings(sq.m)	5914194	4556585	2786174	1053715
优良品率(%) Percentage of High Quality Buildings in the Copleted Buildings (%)	47.10	61.58	51.23	61.44
三、技术装备 Equipments of Technology				
年末自有机械设备台数(台) Number of Mechanical Equipments Owned by Construction Enterprises (year-end, unit)	84713	41794	33036	9671
年末自有机械设备总功率(千瓦) Total Power of Mechanical Equipments Owned by Construction Enterprises (year-end, kw)	1075744	712394	584921	161730
#施工机械功率(千瓦) Power of Construct Machinery(year-end.kw)	804459	504498	426187	92724
自有机械设备净值(万元) Net Value of Mechanical Equipments Owned by Construction Enterprises (year-end, 10000 yuan)	181278	122033	78860	27582
四、资产负债率(%) Ratio of Liabilities to Assets (%)	70.29	74.54	80.75	59.70
五、产值利润率(%) Ratio of Profits to Gross Output Value (%)	1.84	1.40	0.38	3.32
六、竣工率(按竣工产值计算)(%) Percentage of Projects Completed in terms of Output Value Completeded (%)	73.87	73.80	75.14	74.59
竣工率(按竣工面积计算)(%) Percentage of Projects Completed in terms of Floor Space of Projects Completed (%)	44.27	38.98	35.70	48.30

MAIN ECONOMIC AND BENEFICIAL INDICATORS ON CONSTRUCTION ENTERPRISES(2001)

集体经济 Collective Owned Enterprise	私营经济 Urban Private Enterprises	联营经济 Joint Owned Enterprises	股份制经济 Share Holding Enterprises	外商投资经济 Foreign Funded Enterprises	港澳台投资经济 Enterprises Funded by Entrepreneurs from HK, Macao & Taiwan
39231	63098	135420	124101	70801	51627
1357	457	6	806	85	15
363	183	1	639	76	1
26.75	40.04	16.67	79.28	89.41	6.67
2300930	857122	—	2223021	8240	15000
453464	287996	—	1324605	8240	—
19.71	33.60	—	59.59	100	—
24208	9058	50	6524	628	1526
173912	69994	1825	72816	719	9793
149058	64667	1685	64226	707	5172
31568	16103	421	22704	401	3576
44.37	39.60	84.56	63.42	35.35	78.79
4.30	3.51	-0.5	3.77	-0.33	-3.27
70.76	73.61	99.35	70.33	95.58	55.66
55.36	60.81	—	55.99	88.18	38.46

5－30　大中型建筑施工企业基本情况(2001年)

项　　　　目 Item	建筑业总产值 (万元) Total output Value (10 000 yuan)	竣工产值 (万元) Output Value of Projects Completed (10 000 yuan)	房屋建筑施工面积 (平方米) Construction acreages of houses (sq.m)
湖北省建筑工程总公司第五工程公司	25607	15764	504953
湖北省建筑工程总公司机械施工公司	2154	572	—
湖北省建筑工程总公司第一工程公司	3829	2075	57012
湖北省乡镇企业建筑工程公司	10334	5644	154756
湖北省工业建筑总公司天华建筑工程公司	2841	2696	57550
湖北省路桥公司	69111	91059	10000
湖北工程建设总承包有限公司	11913	11314	298073
武钢实业公司建筑安装工程公司	3189	2740	13040
中国建筑第三工程局第四建筑安装工程公司	20329	13203	267572
中国建筑第三工程局第三建筑安装工程公司	94616	81340	2710900
武汉建工(集团)有限公司	12122	10850	281964
中国第一冶金建设公司	113324	111530	1175034
武汉港建筑安装工程公司	3026	2164	64884
中国建设第三工程局第二建筑安装工程公司	91217	50285	2702143
武汉市江岸建筑工程公司	6232	2656	166577
武汉市烽火建筑公司	8026	8020	120680
武汉市洪山区南湖建筑公司	10000	8000	165000
武汉市振业建筑工程有限公司	4600	4200	86000
湖北神龙基础工程有限公司	2157	2157	1000
东方建筑工程公司	6102	5128	61943
黄陂第十建筑公司	2265	1565	45020
黄陂第二建筑公司	5976	1034	30829
黄陂第十二建筑公司	3313	2618	29170
华兴建筑公司	2344	345	33402
黄陂建筑集团公司	6200	1207	98065
第六住宅建设公司	8127	3456	153339
黄陂建筑装饰公司	8360	272	125910
新洲区建总建筑工程(集团)有限公司	7203	6470	206081
武汉市新洲区水工建筑工程公司	2539	2362	4518
新洲区第六建筑工程公司	7428	7428	120633
武汉市新八建筑集团有限公司	18635	14499	417133
新洲区第十建筑工程公司	9598	5520	197555
武汉新科建筑安装工程有限公司	9128	9128	130404
新洲区祥和建筑工程有限公司	8547	3988	78462
武汉市新威建筑安装工程公司	4220	6120	102000
武汉东建集团有限责任公司	4716	2202	87362
武汉建工集团机械施工有限公司	4119	3423	28286
武汉中发建筑工程有限责任公司	2221	1830	58596
武汉市武弘鑫建筑工程有限责任公司	6134	3155	80680
江夏区建安集团有限公司	8040	6933	170000

LARGE AND MEDIUM – SIZED CONSTRUCTION ENTERPRISES(2001)

房屋建筑竣工面积（平方米）Completed acreages of houses (sq.m)	自有机械设备年末总功率（千瓦）Total Power of mechanical Equipments owned by construction enterprises (kw)	平均职工人数（人）Average Number of Staff and Workers (person)	固定资产小计（万元）Tota Assets (10 000 yuan)	固定资产原价（万元）Original Value of Fixed Assets (10 000 yuan)	利润总额（万元）Total Profits (10 000 yuan)
192238	2865	2504	1867	4314	-929
—	7486	306	2820	5100	-678
40529	1554	654	2738	3779	-82
101564	1380	800	2882	3379	83
33193	5008	265	8308	9483	-221
—	31731	3792	9988	15674	28
90739	2456	1563	3347	4068	-53
10685	2440	890	724	1835	65
98109	7077	899	1292	2700	70
926500	12622	6640	6906	11478	700
110042	5	1577	10016	10728	260
206553	87429	12103	45933	83733	-56
45096	1493	443	1245	1638	7
464568	25426	8448	8646	18482	170
66943	215	436	1443	1571	-444
59180	1823	1209	1344	1567	190
150000	2862	1200	839	1666	285
24000	3293	1089	1692	1899	437
—	510	193	699	1506	4
38700	2150	1505	2815	4367	54
36585	486	800	1103	1585	1
19111	2583	1727	2436	2979	187
20500	4895	1500	1490	1990	53
1320	2103	526	1216	1456	—
21493	6324	2800	1129	1500	1
65207	1860	501	1056	1436	110
37680	5218	1850	1860	2209	163
114497	3140	800	4892	5393	—
4518	1186	536	1319	1817	11
120633	2490	1720	1792	2021	150
338517	5614	1620	6218	6218	1019
164053	4283	180	1724	2340	550
130404	9900	920	3508	5422	402
46380	18337	1286	2423	2592	429
72300	60	798	1891	2684	38
34994	492	767	1994	2654	53
—	2640	326	1644	2771	-293
44737	13480	400	2271	2924	231
35880	9792	860	2614	1567	37
118000	1310	2320	989	1679	437

续　表1　Continued

项　　　　　目 Item	建筑业总产值 （万元） Total output Value （10 000 yuan）	竣工产值 （万元） Output Value of Projects Completed （10 000 yuan）	房屋建筑施工面积 （平方米） Construction acreages of houses （sq.m）
武汉市国营武湖农场建筑公司	4180	253	75000
武汉市武昌昌大住宅开发有限公司	3227	3275	55265
武汉建工股份有限公司	139824	86992	2520026
武汉建工第三建筑有限公司	23255	20808	549432
武汉顺达建筑安装工程有限公司	2591	2118	27182
中国建筑三局第一建筑安装工程公司	215014	137660	3643691
蔡甸区建筑开发集团有限公司	4203	256	108397
武汉钢铁集团建设有限责任公司	21504	11550	152025
江夏区龙泉建筑工程公司	5890	1645	101383
黄陂第六建筑公司	5004	4294	156569
黄陂第八建筑公司	8026	3010	136820
武钢集团民用建筑工程有限责任公司	12282	12787	223286
中港第二航务工程局第六工程公司	12836	5514	—
武汉公路桥梁建设集团有限公司	9997	10750	—
武汉铁路建设集团有限公司	47831	24864	113648
武汉市东交道路桥梁工程集团有限责任公司	19174	30258	—
湖北省水利水电建设总公司	34753	12831	—
中港第二航务工程局第五工程公司	30085	9844	—
中港二航局一公司	32125	41067	—
蔡甸区水利水电建筑工程公司	2100	—	3283
武汉市水利水电工程总公司	3080	2900	—
湖北省航道工程公司	10259	5854	—
武汉地质勘察基础工程有限公司	6542	6237	—
武汉市市政工程总公司市政工程处	6168	2264	—
武汉市第二市政工程公司	9895	9659	—
湖北省武汉市第一市政工程公司	10330	4296	—
湖北省武汉市第三市政工程公司	17669	5428	—
湖北省输变电工程公司	27598	14467	7478
中国通信建设第三工程局	27693	15773	—
武汉石油化工安装工程公司	11962	11962	—
武汉市自来水工程公司	16129	23896	—
湖北省建筑工程总公司工业设备安装公司	10654	6335	—
武汉建工集团装饰工程有限公司	5528	691	—
湖北省电力建设第二工程公司	12005	13357	2392
湖北省电力建设第一工程公司	13800	14037	—
武汉钢铁集团修建工程有限责任公司	10794	11788	—
烽火通信科技股份有限公司	8287	—	—
武汉供电局电力工程处	8457	8523	—
武汉凌云建筑装饰工程有限公司	51480	38464	—

房屋建筑竣工面积（平方米）Completed acreages of houses (sq. m)	自有机械设备年末总功率（千瓦）Total Power of mechanical Equipments owned by construction enterprises (kw)	平均职工人数（人）Average Number of Staff and Workers (person)	固定资产小计（万元）Tota Assets (10 000 yuan)	固定资产原价（万元）Original Value of Fixed Assets (10 000 yuan)	利润总额（万元）Total Profits (10 000 yuan)
63000	4900	1500	1181	1368	28
52265	183	392	1886	2083	591
1290173	8578	6592	6950	13088	5604
304224	1240	2133	2249	3282	1073
9410	98	1067	1740	2182	37
1070717	34660	9810	15806	29447	1624
39266	6569	528	3464	3516	196
63015	28984	1506	4263	10565	201
28860	4268	1400	1247	1479	387
101471	2731	798	1370	1525	145
43713	6287	2420	2027	2336	170
189143	11910	1252	1111	2125	448
—	18927	972	4049	5684	-174
—	6750	446	11410	13684	59
48664	21669	3044	10234	14029	1953
—	3852	1196	2574	3006	15
—	48155	3633	9322	16364	231
—	16001	1867	4926	12557	24
—	18813	1670	6241	12541	456
—	1200	360	2701	3212	-54
—	3790	275	1637	2101	24
—	8123	545	5375	6167	103
—	7156	681	2720	5285	170
—	6584	610	1035	1916	18
—	5519	1394	1024	3290	28
—	11051	1934	1465	3011	152
—	6995	876	1264	2634	123
7478	12867	1877	4100	6907	1464
—	13090	3340	3924	7819	465
—	5920	7687	4071	7548	265
—	5131	532	5498	6831	9
—	3000	1003	13230	13980	-1144
—	617	171	2459	2955	—
2392	24601	1183	3493	8707	36
—	31859	1479	5587	11854	146
—	19257	1721	2876	6603	-88
—	65	1347	12560	29543	919
—	1698	382	1033	1553	—
—	3278	2027	3794	6320	2309

续 表2 Continued

项目 Item	增加值(万元) Value Added (10 000 yuan)	企业总收入(万元) Total Income (10 000 yuan)	全员劳动生产率(元/人) Overall Productivity (yuan/person)	优良品率(%) Rate of High Quality Projects (%)	利税总额(万元) Total Profit (10 000 yuan)
湖北省建筑工程总公司第五工程公司	5297	21614	102.26	75.86	-133
湖北省建筑工程总公司机械施工公司	891	662	70.40	63.64	-672
湖北省建筑工程总公司第一工程公司	1235	4104	58.55	46.15	97
湖北省乡镇企业建筑工程公司	1414	6562	129.18	44.44	356
湖北省工业建筑总公司天华建筑工程公司	735	3571	107.20	50.00	-99
湖北省路桥公司	7392	69111	182.25	100.00	1868
湖北工程建设总承包有限公司	1923	11920	76.22	37.93	367
武钢实业公司建筑安装工程公司	999	2621	35.83	32.62	145
中国建筑第三工程局第四建筑安装工程公司	3176	20330	226.13	75.00	687
中国建筑第三工程局第三建筑安装工程公司	22592	100690	142.49	70.00	4023
武汉建工(集团)有限公司	852	3861	76.87	33.33	363
中国第一冶金建设公司	31231	133264	93.63	94.38	4029
武汉港建筑安装工程公司	675	2912	68.31	—	114
中国建设第三工程局第二建筑安装工程公司	33797	126685	107.97	52.63	4094
武汉市江岸建筑工程公司	867	7833	142.93	71.43	-147
武汉市烽火建筑公司	2180	8017	66.39	5.00	475
武汉市洪山区南湖建筑公司	2833	8000	83.33	72.22	645
武汉市振业建筑工程有限公司	1548	4600	42.24	—	604
湖北神龙基础工程有限公司	461	2157	111.75	20.59	85
东方建筑工程公司	1851	5267	40.54	—	231
黄陂第十建筑公司	338	504	28.31	50.00	17
黄陂第二建筑公司	1645	5812	34.60	100.00	389
黄陂第十二建筑公司	810	2618	22.08	57.14	134
华兴建筑公司	1040	2344	44.56	100.00	82
黄陂建筑集团公司	2289	4587	22.14	75.00	152
第六住宅建设公司	1350	8127	162.22	—	400
黄陂建筑装饰公司	2095	8360	45.19	57.14	432
新洲区建总建筑工程(集团)有限公司	981	6851	90.04	—	203
武汉市新洲区水工建筑工程公司	433	2362	47.36	30.77	89
新洲区第六建筑工程公司	1327	7428	43.19	30.77	325
武汉市新八建筑集团有限公司	3683	16871	115.03	95.74	1994
新洲区第十建筑工程公司	2505	9167	533.22	61.54	871
武汉新科建筑安装工程有限公司	3085	9128	99.22	82.35	721
新洲区祥和建筑工程有限公司	1895	8547	66.46	83.33	935
武汉市新威建筑安装工程公司	567	5560	52.88	40.00	286
武汉东建集团有限责任公司	1560	4716	61.49	—	217
武汉建工集团机械施工有限公司	1137	6562	126.35	—	-138
武汉中发建筑工程有限责任公司	709	1375	55.53	—	284
武汉市武弘鑫建筑工程有限责任公司	1565	6134	71.33	71.43	245
江夏区建安集团有限公司	2792	8040	34.66	10.00	723

续 表3 Continued

项目 Item	增加值(万元) Value Added (10 000 yuan)	企业总收入(万元) Total Income (10 000 yuan)	全员劳动生产率(元/人) Overall Productivity (yuan/person)	优良品率(%) Rate of High Quality Projects (%)	利税总额(万元) Total Profit (10 000 yuan)
武汉市国营武湖农场建筑公司	380	4180	27.87	27.59	66
武汉市武昌昌大住宅开发有限公司	2198	3947	82.32	41.67	1346
武汉建工股份有限公司	28690	152462	212.11	81.82	11120
武汉建工第三建筑有限公司	3712	22513	109.03	82.35	1574
武汉顺达建筑安装工程有限公司	1181	1683	24.28	100.00	103
中国建筑三局第一建筑安装工程公司	61401	223282	219.18	82.14	8218
蔡甸区建筑开发集团有限公司	1374	4203	79.60	66.67	345
武汉钢铁集团建设有限责任公司	7104	19393	142.79	47.72	563
江夏区龙泉建筑工程公司	1771	4227	42.07	66.67	533
黄陂第六建筑公司	1781	4801	62.70	86.36	447
黄陂第八建筑公司	1735	7100	33.17	50.00	306
武钢集团民用建筑工程有限责任公司	3361	12282	98.10	32.50	851
中港第二航务工程局第六工程公司	2841	13001	132.06	—	193
武汉公路桥梁建设集团有限公司	2178	7800	224.15	—	332
武汉铁路建设集团有限公司	18018	48519	157.13	98.28	4087
武汉市东交道路桥梁工程集团有限责任公司	2205	15795	160.32	—	547
湖北省水利水电建设总公司	11676	36409	95.66	14.81	1324
中港第二航务工程局第五工程公司	8739	30238	161.14	66.67	949
中港二航局一公司	7865	32464	192.37	100.00	1344
蔡甸区水利水电建筑工程公司	535	2000	58.33	—	-17
武汉市水利水电工程总公司	666	2830	112.00	—	108
湖北省航道工程公司	1613	10274	188.24	100.00	445
武汉地质勘察基础工程有限公司	1368	5337	96.06	—	275
武汉市市政工程总公司市政工程处	1790	6178	101.11	75.00	235
武汉市第二市政工程公司	2773	9895	70.98	50.00	357
湖北省武汉市第一市政工程公司	3607	10531	53.41	50.00	509
湖北省武汉市第三市政工程公司	2991	18025	201.70	50.00	696
湖北省输变电工程公司	11138	22015	147.03	100.00	2091
中国通信建设第三工程局	7720	17062	82.91	100.00	911
武汉石油化工安装工程公司	6926	7933	15.56	—	374
武汉市自来水工程公司	2654	16036	303.18	—	639
湖北省建筑工程总公司工业设备安装公司	1288	8034	106.22	73.33	-1023
武汉建工集团装饰工程有限公司	1621	4608	323.25	—	52
湖北省电力建设第二工程公司	6600	11953	101.48	100.00	441
湖北省电力建设第一工程公司	7370	13831	93.31	100.00	615
武汉钢铁集团修建工程有限责任公司	6834	15014	62.72	100.00	383
烽火通信科技股份有限公司	9614	8265	61.52	—	964
武汉供电局电力工程处	844	3045	221.38	94.67	113
武汉凌云建筑装饰工程有限公司	8540	40867	253.97	—	3580

主要统计指标解释

全社会固定资产投资 固定资产投资是社会固定资产再生产的主要手段。通过建造和购置固定资产的活动，国民经济不断采用先进技术装备，建立新兴部门，进一步调整经济结构和生产力的地区分布，增强经济实力，为改善人民物质文化生活创造物质条件。这对我国的社会主义现代化建设具有重要意义。

固定资产投资额是以货币表现的建造和购置固定资产活动的工作量，它是反映固定资产投资规模、速度、比例关系和使用方向的综合性指标。全社会固定资产投资包括国有经济投资、城乡集体经济投资、其他各种经济类型的投资和城乡居民个人投资。按照我国现行计划管理体制，全社会固定资产投资总额分为基本建设、更新改造、房地产开发投资和其他固定资产投资四个部分；城乡集体经济投资包括城镇集体所有制投资和农村集体所有制投资；其他各种经济类型投资包括联营经济、股份制经济、中外合资经营、中外合作经营、外资、与大陆合资经营、与大陆合作经营、港澳台独资及其他经济的投资。城乡居民个人投资包括城市、县城、镇、工矿区所辖范围内的个人建房和农村个人建房及购买生产性固定资产的投资。

基本建设投资 基本建设是企业、事业、行政单位以扩大生产能力或工程效益为主要目的的新建、扩建工程及有关工作。其综合范围为总投资50万元以上(含50万元)的基本建设项目。具体包括(1)列入中央和各级地方本年基本建设计划的建设项目，以及虽未列入本年基本建设计划，但使用以前年度基建计划内结转投资(包括利用基建设备材料)在本年继续施工的建设项目；(2)本年基本建设计划内投资与更新改造计划内投资结合安排的新建项目和新增生产能力(或工程效益)达到大中型项目标准的扩建项目，以及为改变生产力布局而进行的全厂性迁建项目；(3)国有企、事业单位既未列入基建计划，也未列入更新改造计划的总投资在50万元以上(含50万元)的新建、扩建、恢复项目和为改变生产力布局而进行的全厂性迁建项目，以及行政、事业单位增建业务用房和行政单位增建生活福利设施的项目。

更新改造投资 更新改造是指企业、事业单位对原有设施进行固定资产更新和技术改造，以及相应配套的工程和有关工作(不包括大修理和维护工程)。其综合范围为总投资50万元以上(含50万元)的更新改造项目。具体包括：(1)列入中央和各级地方本年更新改造计划的项目和虽未列入本年更新改造计划，但使用上年更新改造计划内结转的投资在本年继续施工的项目；(2)本年更新改造计划内投资与基本建设计划内投资结合安排的对企、事业单位原有设施进行技术改造或更新的项目，和增建主要生产车间、分厂等其新增生产能力(或工程效益)未达到大中型项目标准的项目，以及由于城市环境保护和安全生产的需要而进行的迁建工作；(3)国有企、事业单位既未列入基建计划也未列入更新改造计划，总投资在50万元以上(含50万元)的属于改建或更新改造性质的项目，以及由于城市环境保护和安全生产的需要而进行的迁建工程。

房地产开发投资 包括各种经济类型的房地产开发公司、商品房建设公司及其他房地产开发单位统一开发的包括统代建、拆迁还建的住宅、厂房、仓库、饭店、宾馆、度假村、写字楼、办公楼等房屋建筑物和配套的服务设施、土地开发工程，如道路、给水、排水、供电、供热、通讯、平整场地等基础设施工程的投资。包括非房地产企业实际从事房地产开发或经营活动，不包括单纯的土地交易活动。

其他固定资产投资 全社会固定资产投资中未列入基本建设、更新改造和房地产开发投资的建造和购置固定资产的活动。具体包括：

(1)国有经济按规定不纳入基本建设计划和更新改造计划管理，总投资在50万元以上(含50万元)的以下工程：①用油田维护费和石油开发基金进行的油田维护和开发工程；②煤炭、铁矿、森工等采掘采伐业用维简费进行的开拓延伸工程；③交通部门用公路养路费对原有公路、桥梁进行改建的工程；④商业部门用简易建筑费建造的仓库工程。

(2)城乡集体经济固定资产投资：包括城镇集体经济单位和农村集体经济单位建造和购置固定资产计划总投资在50万元以上的项目。

(3)联营经济、股份制经济、外商投资经济、港澳台投资经济及其他经济类型的企、事业单位建造和购置固定资产总投资在50万元以上的、未列入基本建设计划和更新改造计划的项目。

(4)城镇和工矿区私人建房投资和农村个人投资。城镇和工矿区私人建房包括市、县城、镇、工矿区所辖范围内的全部私人建房，不论其房主是否系本地的常住户口均应包括；农村个人投资包括农村个人建房及购置生产性固定资产的投资。

固定资产投资按国民经济行业分 建设项目归哪个行业，按其建成投产后的主要产品或主要用途及社会经济活动性质来确定。基本建设按建设项目划分国民经济行业，更新改造、国有经济单位其他固定资产投资及城镇集体投资根据整个企业、事业单位所属的行业来划分。一般情况下，一个建设项目或一个企业、事业单位只能属于一种国民经济行业。为了更准确地反映国民经济各行业之间的比例关系，联合企业(总厂)所属分厂属于不同行业的，原则上按分厂划分行业。

施工和竣工房屋建筑面积 房屋建筑面积是从房屋外墙线算起的各层平面面积的总和，包括房屋结构(如柱、墙)占用的面积和地下室面积。多层建筑按各自然层面积总和计算，包括房屋内的楼隔层，突出墙面的眺望间、门斗、有柱雨罩的面积。不包括突出墙面结构的构件、艺术装饰等所占的面积，如台阶等。凹阳台、挑阳台按其水平投影面积一半计算建筑面积。

住宅建筑面积 指施工和竣工房屋建筑面积中供居住用的施工和竣工房屋建筑面积。

竣工面积 指在报告期内房屋建筑按照设计要求已全部完工，达到住人和使用条件，经验收鉴定合格，正式移交使用单位的建筑面积。

建筑业总产值(即自行完成施工产值) 指建筑业企业或附营建筑施工单位自行完成的按工程进度计算的建筑安装生产总

值。建筑业产值包括：①建筑工程产值:指列入建筑工程预算内的各种工程价值。②设备安装工程产值:指设备安装工程价值。③房屋、构筑物修理产值:指房屋、构筑物修理所完成的价值,但不包括被修理房屋、构筑物本身的价值和生产设备的修理价偷 ④非标准设备制造产值:指加工制造没有定型的,非标准的生产设备的加工费和原材料价值,不论是现场还是附属加工厂为本单位承建工程制造的非标准设备的价值,都应计算产值。

房屋建筑施工面积 指在报告期内施工的全部房屋建筑面积,包括本期内新开工的,上期施工跨人本期继续施工、上期停建本期复工的房屋建筑面积;不包括工期开工后又停工,本期未施工的房屋建筑面积。

房屋建筑峻工面积 指在报告期内,按照设计所规定的内容全部完成,达到了设计规定的交工条件,经有关部门检查验收鉴定合格的房屋建筑面积。

工程结算收入 指企业(或单位)按工程的分部分项自行完成的建筑产品价值并已与甲方在报告期内办理结算手续的工程价款收入,以及向甲方收取的除工程价款以外的按规定列作营业收入的各种款项,如临时设施曹、劳动保险费、施工机械调迁费等以及向甲方收取的各种索赔款。

工程结算利润 指结算工程实现的利润。如为亏损以“一”号表示。其计算公式为:

工程结算利润 = 工程结算收入 - 工程结算成本 - 工程结算税金及附加

企业总收入 指与企业生产经营直接有关的各项收入,包括工程结算收入和其他业务收入,即:

企业总收入:工程结算收入 + 其他业务收入

Explanatory Notes on Main Statistical Indicators

Total investment in Fixed Assets : Investment in fixed assets is the essential means for social reproduction of fixed assets. By means of construction and purchase of fixed assets, more advanced technologies and equipment are adopted in the national economy, and new sectors are established, which promote the adjustment of economic structure and the regional distribution of productive forces and enhance the economic strengths so as to provide the material condition for improving the people's livelihood. This is significant for speeding up the drive of socialist modernization in City.

Amount of investment in fixed assets refers to the volume of activities in construction and purchases of fixed assets in monetary terms. It is a comprehensive indicator which shows the size, pace, proportional relations and use orientation of the investment in fixed assets. Total investment in fixed assets in the whole country includes the investment by the state owned units, the investment by the urban and rural collective units, the investment by the units of other types of ownership and the investment by the individuals in the urban and rural areas. According to China' s current planning management system, the investment in fixed assets in the whole country is classified into the following four parts: investment in capital construction, investment in innovation, investment in real estates development and other investment in fixed assets. The investment by the urban and rural collective units includes the investment by the urban collective units and the investment by the rural collective units. The investment by the units of other types of ownership includes the investment by the units of joint – owned economy, share – holding economy, Sino – foreign joint economy, Sino – foreign cooperative economy, economy exclusively with foreign investment, Mainland Hong Kong or Mainland Macao or Mainland – Taiwan joint economy, Mainland Hong Kong or Mainland – Macao or Mainland – Taiwan cooperative economy, and economy exclusively with investment of Hong Kong or Macao or Taiwan. The investment by the individuals in the urban and rural areas includes the investment in personal house building in the areas under the jurisdiction of city. county, town and special industrial and mining areas as well as the investment in personal house building and purchase of pr < xluciive fixed assets in the rural areas .

Investment in Capital Construction: Capital construction refers to the new construction projects or extension projects and the related work of the enterprises, institutions or administrative units mainly for the purpose of expanding productioncapacity or improving project efficiency covering only projects each with a total investment of 500, 000 yuan and over. It includes: (1) projects listed in the capital construction plan of the current year of the central government and the local governments at various levels as well as the projects, though not listed in the capital construction plan of the current year, but continued to be constructed in this year, using the investment listed in the plan of capital construction of previous years and, carried forward to this year (also using the equipment and materials kept in stock of the capital construction) ; (2) new construction projects arranged both in the plan of capital construction and the plan of innovation; extension projects with the newly increased production capacity (or project efficiency) up to the standard of a large and medium – sized project ;and the projects of moving the whole factory to a new site so as to improve the distribution of productive forces; (3) new construction projects, extension projects or restoration projects with the total investment of 500, 000 RMB yuan and over by the state – owned units, though listed neither in the plan of capital construction nor in the plan of innovation', the projects in the state – owned units of moving the whole factory to a new site so as to improve the distribution of productive forces'; and the projects of building additional business houses by the administrative units and institutions and building welfare facilities by the administrative units.

Investment in innovation: Innovation refers to the renewal of fixed assets and technological innovation of the original facilities by the enterprises and institutions as well as the corresponding supplementary projects and the related work(excluding major overhaul and maintenance projects) covering only projects each with a total investment of 500, 000 yuan and over. It includes: (1) projects listed in the innovation plan of the current year of the central government and the local governments at various levels as well as the projects, though not listed in the innovation plan of the current year, but continued to be constructed in this year, using the investment listed in the plan of innovation of previous years and carried forward to this year; (2) projects of technological innovation or renewal of the original facilities, arranged both in the plan of innovation and in the plan of capital construction ; extension projects (main workshops or a branch of the factory) with the newly increased production capacity (or project efficiency) not up to the standard of a large and medium – sized project ;and the projects of moving the whole factory to a new site so as to meet the requirements of urban environmental protection or safe production; (3) projects of reconstruction or technological innovation with the total investment of 500, 000 RMB yuan and over by the state – owned units, though listed neither in the plan of capital construction nor in the plan of innovation', the projects in the state owned units of moving the whole factory to a new site so as to meet the requirements of urban environmental protection or safe production.

Investment in Real Estate Development: It includes the investment by the real estate development companies, commercial buildings construction companies and other real estate development units of various types of ownership in the construction of house buildings, such as residential buildings, factory buildings, warehouses, hotels, guesthouses, holiday villages, office buildings, and the complementary service facilities and land development projects, such as roads, water supply, water drainage, power supply, heating, telecommunications, land leveling and other projects of infrastructure. It covers the activities of the non real estate companies in real estate developments or management, but excludes the activities in simple land transactions.

Other investment in Fixed Assets refers to the construction and purchases of fixed assets not listed in the investment in capital construction, investment in innovation and investment in real estate development. It includes:

I. The following projects of the state – owned units with the total investment of 500, 000 yuan and over, which are not included in the plan of capital construction and the plan of innovation: (1) projects of oil fields maintenance and exploitation with the oil fields maintenance funds and petroleum development funds; (2) opening and extending projects with the maintenance funds in coal, ore and other mining enterprises and logging enterprises, (3) project of reconstruction of the original highways and bridges with the highway maintenance funds in the department of communication', (4) projects of construction of warehouses with the funds of simple construction in the commercial department

Ⅱ. The investment in fixed assets by urban collective units: including the projects of construction and purchases of fixed assets by the urban and rural collective units with the planned total investment of 500, 000 yuan and over. The investment in fixed assets by the rural collective units are estimated by the Rural Socio – economic Survey Organization, SSB on the basis of the data collected by the sample survey.

Ⅲ. The projects of construction and purchases of fixed assets by the enterprises or institutions of joint – owned economy, share – holding economy, foreign funded economy, economy funded by the entrepreneurs from Hong Kong, Macao and Taiwan and other economy with the planned total investment of 500, 000 yuan and over. which are not included in the plan of capital construction and the plan of innovation.

Ⅳ. The private investment in house construction in the urban areas and industrial and mining areas as well as the individual investment in the rural areas: The private house construction in the urban areas and industrial and mining areas includes all the private house construction under the jurisdiction of cities, counties, towns and industrial and mining areas, no matter whether the owner of the house is registered as the permanent resident investment in the rural areas includes the investment in house construction and purchase of productive fixed assets by the individuals in the rural areas. The individual investment in fixed assets in the rural areas is estimated by the Rural Social – economic Survey Organization, SSB on the basis of the data collected by the sample survey.

Investment in Fixed Assets by Sector The classification of construction projects by sector is determined by the major products or the purpose of the projects when they are put into production or use, and by the nature of their social economic activities. The investment in capital construction is classified by construction projects, while investment in innovation, other investment by state owned units and urban collective units are classified according to the sector which the whole enterprise or institution belongs to. In general, one project or one enterprise or institution can only belong to one sector. In order to reflect more accurately the proportions among various sectors, the branch factories of integrated complex are classified into different sectors according to their economic activities.

Floor Space of Buildings Under Construction and Completed refers to total floor space in each story of buildings calculated from the outside line of building walls, including the space occupied by constructions like pillars or walls and basements. The floor space of multi – story building includes the total floor space of each story, including area occupied by separating walls, watching rooms, doorways, and pillars, but excluding protruding wall structures, artistic decoration, etc.

(for example, flight of steps). The space of recessed verand and tantilevered balcony is counted by half of the projection area.

Floor Space of Residential Buildings refers to the floor space of the residential buildings under construction and completed among the total space of buildings under construction and completed.

Floor Space of Building Completed refers to the floor space of buildings completed in the reference period, which have come up to the designed standards and have been put into use.

Gross Output Value of Construction (Output Value of Projects Under Construction) refers to the gross output value of construction and installation projects that are undertaken by construction enterprises or affiliated constructing units, calculated in line with the planned schedule. It includes: .

(1) Output value of construction projects, that is the value of projects covered by the project budgets;

(2) Output value of installation projects, that is the value of the installation of equipment;

(3) Output value of repair of buildings and structures, that is the value created through the repairs of buildings or structures being repaired and the value of the repair of production equipment;

(4) Output value of manufactured nonstandard equipment, that is the value of nonstandard production equipment (including raw materials and manufacturing cost) made for the construction project, irrespective of whether the equipment is manufactured on the construction site or by subsidiary workshops.

Floor Space of Buildings Under Construction refers to floor space of buildings under construction during the reference period, including newly started buildings, buildings started earlier and continued during the reference period, and buildings suspended earlier but restarted during the reference period. Excluded are buildings started and then suspended earlier that have not been restarted during the reference time.

Floor Space of Buildings Completed refers to the floor space of buildings that are completed in the reference period in accordance with the requirements of the design, up to the standard for putting them into use, and have been checked and accepted by concerned departments as qualified ones.

Income from Settlement of Projects refers to the income received by the construction enterprise/unit from the completed portion of the project through settlement procedures with the contractee during the reference period, and othercharges to the contractee as operational costs, such as facility fee, labor insurance premium, moving cost of construction unit, as well as various types of claims to the contractee.

Profit from Settlement of Projects refers to profit realized through settled projects. It is calculated with the following formula :

Profit from Settlement = income from Settlement − Settled Cost − Settled cost of Projects of Projects and Other Cost

Total Revenue of Enterprises refers to the sum of income from production and operation of enterprises, including income from settlement of projects and other operational income, namely:

Total Revenue = Income from Settlement + Other Operational income of Enterprises of Projects

六、运输和邮电

TRANSPORTATION, POSTAL AND TELECOMMUNICATIONS SERVICES

资料整理人员：杨　丹　秦永荣
STAFF FOR DATA PROCESSING:
Yang Dan　Qing Yongrong

6-1 机 动 车 保 有 量(2001 年)
NUMBER OF MOTOR VEHICLES(2001)

单位:辆 (unit)

项目 Item		机动车保有量 Number of Civil Motor Vehicles 合计 Total	出租 Rent	私人 Private	新注册 New Registering	国产 Made in China	进口 Import
总计	Total	447505	12441	246037	69574	432587	14918
大型汽车	Larg - sized Automobiles						
合计	total	40741	—	2708	3827	39946	795
客车	Passenger Cars	10303	—	334	999	10140	163
货车	Trucks	28660	—	2356	2676	28114	546
专用货车	Tied Trucks	1778	—	18	152	1692	86
小型汽车	Small - sized Automobiles						
合计	total	132403	12439	39514	20595	122598	9805
客车	Passenger Cars	95450	12439	34024	15024	86652	8798
货车	Trucks	36049	—	4620	4718	35057	992
专用货车	Tied Trucks	904	—	70	53	889	15
摩托车	Motorcycles	233403	2	182815	39199	229354	4049
电车	Trolleys	451	—	—	54	451	-
农用车	Agricultural Trucks	15134	—	14334	5244	15134	—
挂车	Trilers	1665	—	20	218	1607	58
专用机械	Tied	127	—	—	3	121	6
拖拉机	Tractors	16593	—	—	—	16593	-

6-2 交通部门年末车辆拥有量
NUMBER OF CIVIL MOTOR VEHICLES IN SPECIALIZED TRANSPORT DEPARTMENT(YEAR - END)

项目	Item	2000	2001
全市	Total of the Whole City		
载客汽车辆数(辆)	Buses & Cars (unit)	1464	1340
载客量(客位)	Number of Seats (seat)	35202	32038
载货汽车辆数	Trucks	2144	2019
载重量(吨位)	Loading Capacity (ton)	14147	11258
载货挂车辆数	Transport Trailer	74	7
载重量(吨位)	Loading Capacity (ton)	—	—
市属	Municipal Units		
载客汽车辆数	Buses & Cars	1464	1340
载客量(客位)	Number of Seats (seat)	35202	32038
载货汽车辆数(辆数)	Trucks	2144	2019
载重量(吨位)	Loading Capacity (ton)	14147	11258
载货挂车辆数	Transport Trailer	74	7
载重量(吨位)	Loading Capacity (ton)	—	—

6-3 交通部门年末船舶拥有量
NUMBER OF CIVIL VESSELS IN TRANSPORT DEPARTMENT(YEAR-END)

项目	Item	2000	2001
全市运输船舶数量(艘)	Number of Civil Transport Vessels of the City(unit)	2410	2554
客船数量(艘)	Passenger Ship	84	93
载客量(客位)	Passenger Capacity (seat)	9985	10366
客货船数量(艘)	Number of Passenger & Transport Ship(unit)	39	38
载客量(客位)	Passenger Capacity(seat)	38445	37459
载重量(吨位)	Loading Capacity (ton)	73220	71343
货船(艘)	Transport Ship (unit)	278	377
载重量(吨位)	Loading Capacity (ton)	143623	205488
拖船(艘)	Tugboat (unit)	322	339
总动力(千瓦)	Total Power (KW)	208197	216045
驳船(艘)	Barges (unit)	1687	1707
载重量(吨位)	Loading Capacity (ton)	708878	715537
市属运输船舶数量	Number of Transport Ship of Municipal Units(unit)	728	773
客船数量(艘)	Number of Passeger Ship(unit)	5	8
载客量(客位)	Passenger Capacity (seat)	605	274
客货船数量	Passenger & Transport Ship(unit)	—	—
载客量(客位)	Passenger Capacity (seat)	—	—
载重量(吨位)	Loading Capacity (ton)	—	—
货船数量(艘)	Transport Ship (unit)	148	160
拖船数量(艘)	Tugboat (unit)	117	128
动力(千瓦)	Power (KW)	27965	29509
驳船数量(艘)	Barges (unit)	458	477
载重量(吨位)	Loading Capacity (ton)	190019	196256

6-4 全社会运输量
TOTAL PASSENGER AND FREIGHT TRAFFIC

项目 Item	货物运输量(万吨) Freight Traffic (10 000 ton)	货物周转量(亿吨公里) Freight Ton-KM (100 mil. ton-KM)	旅客运输量(万人) Passenger Traffic (10 000 persons)	旅客周转量(亿人公里) Passenger-Km(100 mil. passenger-Km)
1995	13251.90	784.20	9471.00	193.10
1996	12449.10	790.14	9517.70	193.06
1997	12852.26	725.40	9268.49	202.26
1998	15003.00	696.31	11241.00	210.39
1999	15475.25	695.28	11793.14	231.29
2000	16270.70	739.94	11438.20	246.22
2001	16244.03	723.91	11702.92	259.13

6-5 交通部门运输量
FREIGHT TRAFFIC OF TRANSPORTATION DEPARTMENT

项　目 Item	合 计 Total	铁 路 Railway	公 路 Highway	水 运 Waterway	航 空 Civil Aviation
2 0 0 0					
全市客货换算周转量(亿吨公里) Passenger and Freight Traffic (converted into turnover volume) in the Whole City (100 million ton - Km)	811.73	579.86	6.59	222.83	2.45
货 运 量(万吨) Freight Traffic (10 000 tons)	9464.3	4921.1	874.0	3664.0	5.20
货物周转量(亿吨公里) Freight Ton - Km (100 million ton - Km)	638.61	421.28	4.00	212.77	0.56
客 运 量(万人) Passenger Traffic (10 000 persons)	8362.4	2498.6	5342.0	261.4	260.4
客运周转量(亿人公里) Passenger - Km(100 million person - Km)	220.02	158.58	25.89	10.06	25.49
市属客货换算周转量(亿吨公里) Passenger and Freight Traffic (converted into turnover volume) of Municipal Units (100 million ton - Km)	27.63	—	6.59	20.21	0.83
货 运 量(万吨) Freight Traffic (10 000 tons)	1090.3	—	874.0	214.5	1.8
货物周转量(亿吨公里) Freight Ton - Km (100 million Ton - Km)	24.38	—	4.00	20.21	0.17
客 运 量(万人) Passenger Traffic (10 000 persons)	5448.8	—	5342.0	6.2	100.6
客运周转量(亿人公里) Passenger - Km (100 million person - Km)	34.79	—	25.89	0.01	8.89
2 0 0 1					
全市客货换算周转量(亿吨公里) Passenger and Freight Traffic (converted into turnover volume) in the Whole City (100 million ton - Km)	845.4	604.2	5.0	233.4	2.8
货 运 量(万吨) Freight Traffic (10 000 tons)	9713.1	5253.2	898.2	3557.6	4.1
货物周转量(亿吨公里) Freight Ton - Km (100 million ton - Km)	655.0	432.6	2.6	219.4	0.4
客 运 量(万人) Passenger Traffic (10 000 persons)	8124.0	2654.2	4994.1	198.4	277.3
客运周转量(亿人公里) Passenger - Km(100 million person - Km)	231.6	171.6	25.8	7.3	26.9
市属客货换算周转量(亿吨公里) Passenger and Freight Traffic (converted into turnover volume) of Municipal Units (100 million ton - Km)	29.7	—	5.0	23.5	1.2
货 运 量(万吨) Freight Traffic (10 000 tons)	1145.2	—	898.2	245.3	1.7
货物周转量(亿吨公里) Freight Ton - Km (100 million Ton - Km)	26.3	—	2.6	23.5	0.2
客 运 量(万人) Passenger Traffic (10 000 persons)	5119.2	—	4994.1	2.6	122.5
客运周转量(亿人公里) Passenger - Km (100 million person - Km)	36.9	—	25.8	0.01	11.1

6-6 历年交通部门货物运输量

FREIGHT TRAFFIC IN TRANSPORT DEPARTMENT IN VARIOUS YEARS

单位：万吨　　　　　　　　　　　　　　　　　　　　　　　　(10 000 tons)

项目 Item	合计 Total	铁路 Railways	公路 Highways	水运 Waterways	航空 Civil Aviation
1949	254.8	13.1	157.9	83.8	—
1950	474.3	88.2	195.8	190.3	—
1951	602.6	157.8	227.7	217.1	—
1952	617.0	203.6	264.8	148.6	—
1953	878.9	249.3	367.8	261.8	—
1954	1204.6	364.6	450.7	389.3	—
1955	1067.9	296.8	416.3	345.8	—
1956	1728.8	438.3	654.2	636.3	—
1957	1923.3	538.5	712.6	672.2	—
1958	2344.7	665.4	918.3	761.0	—
1959	3382.3	1224.2	1023.3	1134.7	0.03
1960	3490.5	1768.7	742.7	959.1	—
1961	2148.5	1093.0	437.7	616.7	0.02
1962	1800.5	728.1	523.8	548.6	—
1963	1823.9	780.1	547.6	496.2	0.01
1964	2083.7	963.0	559.6	561.1	0.01
1965	3323.0	1128.5	801.0	1393.5	0.01
1966	3927.3	1413.3	917.1	1596.9	0.04
1967	3075.6	1000.5	862.4	1712.7	0.05
1968	2346.7	612.8	783.1	950.8	0.02
1969	2685.9	781.6	836.3	1068.0	0.04
1970	4279.5	1729.2	1005.6	1544.6	0.05
1971	7146.6	2098.3	1223.1	1825.1	0.06
1972	5338.8	2108.7	1240.9	1988.2	0.04
1973	5352.0	2129.1	1263.5	1959.4	0.04
1974	4207.8	1402.0	1069.3	1736.5	0.02

续 表 Continued

单位：万吨 (10 000 tons)

项目 Item	合计 Total	铁路 Railways	公路 Highways	水运 Waterways	航空 Civil Aviation
1975	5345.5	2060.0	1297.3	1988.4	0.02
1976	4870.7	1836.6	1323.2	1801.8	0.05
1977	5440.8	1965.3	1435.2	2040.2	0.05
1978	6620.1	2499.4	1791.6	2329.0	0.08
1979	6271.4	2417.8	1736.6	2116.7	0.16
1980	5926.6	2238.2	1672.9	2015.3	0.17
1981	5987.4	2036.6	1826.6	2124.0	0.17
1982	6638.8	2161.9	2096.2	2370.6	0.14
1983	6756.2	2193.3	1996.3	2566.5	0.11
1984	6808.8	2244.3	1938.5	2625.8	0.21
1985	6830.9	2312.9	1782.4	2735.3	0.29
1986	7001.8	2423.0	1719.3	2859.2	0.19
1987	9034.3	4631.4	1566.0	2836.6	0.30
1988	9078.1	4728.0	1435.2	2914.6	0.29
1989	8866.6	4831.3	1299.7	2735.4	0.17
1990	8378.5	4758.5	1134.3	2485.6	0.10
1991	8545.4	4809.0	1132.0	2604.0	0.38
1992	8700.0	4903.0	1054.0	2741.0	2.00
1993	8820.0	5046.0	1077.0	2695.0	2.00
1994	8227.1	5012.1	1020.0	2193.0	2.00
1995	8311.9	5055.0	934.6	2319.3	3.00
1996	8202.89	5030.8	935.8	2233.0	3.29
1997	7989.83	5004.0	789.71	2193.0	3.12
1998	9441.92	4854.6	1226.7	3357.0	3.62
1999	9612.14	4748.8	1202.6	3655.9	4.84
2000	9464.3	4921.1	874.0	3664.0	5.20
2001	9713.13	5253.20	898.20	3557.60	4.13

6-7 历年交通部门货物周转量
FREIGHT TON-KILOMETERS IN TRANSPORT DEPARTMENT IN VARIOUS YEARS

单位：百万吨公里 (million ton-km)

项目 Item	合计 Total	铁路 Railways	公路 Highways	水运 Waterways	航空 Civil Aviation
1949	—	—	4.8	11.2	—
1950	—	—	6.5	35.7	—
1951	—	—	8.6	79.1	—
1952	1084.5	969.0	11.1	104.4	—
1953	1644.3	1445.0	18.0	181.3	—
1954	9144.6	1659.0	23.0	262.6	—
1955	2082.7	1712.0	24.3	346.4	—
1956	2858.7	2215.0	44.2	599.5	—
1957	3469.4	2650.0	64.9	754.5	—
1958	5014.1	3975.0	136.6	902.5	—
1959	7022.1	5583.0	152.2	1286.8	—
1960	8396.1	6978.0	153.4	1264.7	—
1961	5906.8	4952.0	91.5	863.8	—
1962	4861.4	3962.0	85.7	813.7	—
1963	47506.0	3859.0	79.6	812.0	—
1964	6138.5	5105.0	52.8	980.0	—
1965	14683.8	6841.0	76.0	7766.8	—
1966	17165.6	8021.0	93.4	9051.0	—
1967	12314.2	5743.0	91.4	6480.0	0.21
1968	9748.2	4673.0	79.5	4995.0	0.10
1969	13173.9	7481.0	92.4	5600.0	0.19
1970	17427.8	9472.0	150.6	7804.0	0.25
1971	20341.5	10332.0	194.4	9814.8	0.27
1972	21531.3	10523.0	212.9	10795.2	0.19
1973	21785.3	10932.0	217.1	10636.0	0.16
1974	18496.8	9064.0	189.4	9243.3	0.10

续 表 Continued

单位：百万吨公里 (million ton - km)

项 目 Item	合 计 Total	铁 路 Railways	公 路 Highways	水 运 Waterways	航 空 Civil Aviation
1975	21093.4	10152.0	230.9	10710.4	0.11
1976	18314.4	9129.0	219.4	8965.7	0.25
1977	22114.6	11282.0	261.1	10571.2	0.27
1978	26192.4	13464.0	306.3	12421.7	0.39
1979	25378.8	14069.0	263.8	11450.1	0.92
1980	25800.6	14054.0	256.8	11488.8	1.00
1981	26059.0	13925.0	304.9	11828.1	1.03
1982	29438.0	14303.0	390.4	14743.7	0.86
1983	32531.3	5201.0	435.9	6893.8	0.64
1984	35337.3	16920.0	452.9	17962.9	1.49
1985	38680.8	18533.0	459.1	19686.2	2.54
1986	40840.1	19444.0	480.0	20914.6	1.50
1987	61645.4	39911.0	481.9	21250.1	2.42
1988	64309.4	41540.5	512.7	22254.0	2.24
1989	67129.3	44303.0	455.0	22370.0	1.37
1990	64574.6	45560.0	367.0	19647.0	0.61
1991	67982.0	47080.0	366.0	20553.0	3.00
1992	71336.0	50280.0	360.0	20710.0	16.00
1993	72490.0	51440.0	370.0	20660.0	20.00
1994	72340.0	54710.0	390.0	17220.0	20.00
1995	75160.0	56370.0	281.0	18480.0	27.00
1996	73981.0	56041.7	280.5	17623.0	35.76
1997	67369.78	48882.6	245.2	18206.6	35.38
1998	64338.0	44084.0	387.0	19828.0	39.0
1999	63611.0	42025.3	402.2	21129.1	54.4
2000	63861.0	42128.0	400.0	21277.0	56.0
2001	65502.0	43260.0	259.0	21939.0	44.0

6-8 历年交通部门旅客运输量
PASSENGER TRAFFIC IN TRANSPORT DEPARTMENT IN VARIOUS YEARS

单位：万人 (10 000 persons)

项目 Item	合计 Total	铁路 Railways	公路 Highways	水运 Waterways	航空 Civil Aviation
1949	—	77.3	5.1	—	—
1950	349.20	291.8	7.8	49.6	—
1951	499.00	372.2	26.8	100.0	—
1952	553.30	333.9	36.0	183.4	—
1953	771.80	417.3	51.5	303.0	—
1954	867.80	397.3	61.0	409.5	—
1955	864.80	413.1	79.8	371.9	—
1956	1177.10	476.9	172.2	528.0	—
1957	1399.00	539.1	297.7	562.2	—
1958	1764.30	765.4	414.7	584.2	—
1959	2618.60	1511.3	445.2	661.8	0.30
1960	3102.30	1971.4	232.2	898.7	—
1961	3588.60	2525.6	156.6	906.2	0.20
1962	3164.60	2312.0	159.9	872.7	—
1963	2377.80	1572.3	166.8	638.7	—
1964	2133.40	1235.7	172.9	724.7	0.70
1965	2390.50	1221.9	224.4	943.9	0.30
1966	2778.90	1301.8	341.2	1135.1	0.80
1967	3219.50	1495.9	383.8	1338.9	0.90
1968	3119.70	1546.8	236.0	1336.2	0.70
1969	3215.30	1578.9	262.6	1373.3	0.50
1970	3273.00	1603.4	351.0	1318.1	0.50
1971	3288.30	1680.7	411.1	1195.8	0.70
1972	3376.40	1859.7	417.7	1098.1	0.80
1973	3682.40	1874.8	593.0	1213.6	1.00
1974	3681.50	1818.5	607.7	1254.5	0.80

续 表 Continued

单位：万人 (10 000 persons)

项目 Item	合计 Total	铁路 Railways	公路 Highways	水运 Waterways	航空 Civil Aviation
1975	3827.00	1913.3	651.2	1261.4	1.10
1976	3994.70	1979.5	796.4	1216.9	1.90
1977	4288.40	2076.0	916.4	1293.8	2.20
1978	4337.60	2138.5	833.2	1361.7	4.20
1979	4832.80	2172.1	1275.5	1378.2	6.90
1980	5482.30	2337.4	1521.9	1615.7	7.30
1981	5930.70	2448.1	1741.6	1732.4	8.60
1982	6288.40	2545.7	1922.6	1811.7	8.40
1983	6770.70	2706.5	2099.8	1960.6	3.80
1984	6662.00	2310.9	2455.0	1839.2	6.90
1985	6518.90	2119.9	2636.3	1754.0	8.70
1986	6389.90	1841.9	2963.8	1573.8	10.40
1987	7480.20	2851.1	3096.4	1514.5	18.20
1988	7688.30	3177.5	2860.7	1634.6	16.00
1989	7263.10	2781.6	2951.0	1517.4	13.10
1990	6266.80	2088.0	2996.2	1166.4	16.30
1991	6700.20	1959.0	3466.2	1241.0	34.00
1992	7146.00	2035.0	3595.0	1396.0	120.00
1993	7294.00	2231.0	3695.0	1254.0	114.00
1994	7455.60	2311.6	4086.0	886.0	162.00
1995	7250.00	2242.0	4166.9	624.6	216.00
1996	7088.90	1994.1	4339.8	514.0	241.00
1997	7416.55	1974.1	4669.5	555.5	217.48
1998	8585.36	2105.6	5813.6	443.2	222.96
1999	9034.64	2256.7	6208.7	332.1	237.14
2000	8362.4	2498.6	5342.0	261.4	260.4
2001	8124.0	2654.2	4994.1	198.4	277.3

6-9 历年交通部门旅客周转量
PASSENGER - KILOMTERS IN TRANSPORT DEPARTMENT IN VARIOUS YEARS

单位：百万人公里 （million person - km）

项目 Item	合计 Total	铁路 Railways	公路 Highways	水运 Waterways	航空 Civil Aviation
1949	—	—	3.4	—	—
1950	498.6	449.0	5.2	44.4	—
1951	596.9	484.0	18.5	94.4	—
1952	541.2	387.0	24.9	129.3	—
1953	810.7	565.0	37.1	208.6	—
1954	760.2	475.0	37.9	247.3	—
1955	830.7	521.0	58.8	251.4	—
1956	1060.3	606.0	111.9	342.4	—
1957	1088.0	674.0	126.8	287.2	—
1958	1298.3	795.0	16.8	376.5	—
1959	1498.8	878.0	195.6	424.3	0.9
1960	1813.1	1085.0	749.2	578.9	—
1961	2017.3	1265.0	141.2	670.6	0.5
1962	2245.1	1445.0	102.6	697.5	—
1963	2041.8	1507.0	87.4	447.4	—
1964	1850.1	1330.0	93.9	425.9	0.3
1965	2700.8	1230.0	115.0	1425.0	0.8
1966	3510.3	1232.0	168.6	2106.8	3.0
1967	4135.1	1788.0	195.6	2148.2	3.3
1968	3912.4	1520.0	135.9	2253.9	2.6
1969	4058.0	1473.0	165.6	2416.2	2.2
1970	4047.1	1564.0	231.9	2249.0	2.2
1971	4133.3	1660.0	294.2	2176.5	2.6
1972	4309.4	1879.0	294.5	2132.4	3.5
1973	4488.5	1815.0	368.9	2300.4	4.2
1974	4502.9	1825.0	385.6	2289.2	3.1

续 表 Continued

单位：百万人公里 (million person - km)

项 目 Item	合 计 Total	铁 路 Railways	公 路 Highways	水 运 Waterways	航 空 Civil Aviation
1975	4687.3	1811.0	459.0	2344.1	3.2
1976	4820.4	2026.0	433.0	2353.9	7.5
1977	4993.8	2055.0	473.3	23550.0	10.5
1978	5199.8	2169.0	497.0	2516.2	17.4
1979	4838.4	1920.0	628.5	2254.4	35.5
1980	5584.0	2391.0	737.4	2418.5	37.1
1981	6123.4	2674.0	789.0	2616.1	44.3
1982	6657.8	2832.0	874.7	2905.9	45.2
1983	7357.1	3208.0	964.6	3163.2	21.3
1984	7771.9	3497.0	1087.3	3147.6	40.0
1985	8064.7	4396.0	1191.4	3325.5	51.8
1986	9106.5	4521.0	1279.3	3237.4	68.8
1987	14289.1	9458.0	1378.2	3328.5	124.4
1988	16141.6	10959.0	1426.4	3648.3	107.9
1989	14703.0	9794.0	1488.0	3331.0	90.9
1990	12725.0	8500.0	1481.0	26350.0	109.0
1991	14137.0	9410.0	1734.0	2723.0	270.0
1992	16710.0	10530.0	1860.0	3210.0	270.0
1993	16890.0	11160.0	1530.0	3106.0	1100.0
1994	17970.0	11700.0	2110.0	2590.0	1570.0
1995	18100.0	11960.0	2062.0	1960.0	2120.0
1996	17108.9	10749.5	2114.6	1812.5	2432.3
1997	18126.2	11556.3	2299.8	2079.6	2190.5
1998	18581.0	12239.0	2521.0	1640.0	2181.0
1999	20688.5	14100.6	2953.5	1222.6	2411.8
2000	22002.0	15858.0	2589.0	1006.0	2549.0
2001	23153.0	17160.0	2578.0	727.0	2688.0

6-10 邮电业务基本情况(2001年)
BASIC CONDITIONS OF POST AND TELECOMMUNICATIONS SERVICES(2001)

项目	Item	2001
一、邮政主要指标	Main Items of Post	
邮政业务总量(2000年价格)(万元)	Business Volume of Post(Price in 2000)(10 000 yuan)	62044.84
邮政业务收入(万元)	Income of Post Services (10 000 yuan)	58947.20
函　　件(万件)	Number of Letters (10 000 pcs)	14756.72
包　　件(万件)	Number of Parcels (10 000 pcs)	122.62
邮政快件(万件)	Pieces of Courier Services (10 000 pcs131.82)	
特快专递(万件)	Pieces of Express Mail Services (10 000 pcs)	16.74
报纸累计份数(万份)	Number of Newspaper and Magazines (10 000 copies)	14143.65
杂志累计份数(万份)	Number of Newspaper and Magazines (10 000 copies)	3754.31
邮电局、所(处)	Number of Post & Telecommuniucation Offices (station)	313
信筒信箱(个)	Number of Post Boxes (unit)	2689
邮路总长度(单程)　(公里)	Length of Postal Routes (Km)	60883
二、电信主要指标	Main Items of Telecommunication	
电信业务总量(2000年价格)(万元)	Business Volume of Telecommunication(Price in 2000)(10 000 yuan)	516260.70
电信业务收入(万元)	Income of Telecommunication Services(10 000 yuan)	410174.13
#国内长话收入(万元)	Income of Domestic Long Distance Telephone(10 000 yuan)	67319.52
国际长话收入(万元)	Income of International Long Distance Telephone(10 000 yuan)	3173.00
数据通信收入(万元)	Income of Digital Traffic(10 000 yuan)	13397.04
本地网通信收入(万元)	Income of local Telecommunication(10 000 yuan)	311742.63
固定电话用户数(户)	Number of Subscribers of Telephone(Subscribers)	1907901
#城市电话用户数(户)	Number of Urban Telephone(subscribers)	1672173
乡村电话用户数(户)	Number of Rural Telephone Subscribers(subscrbers)	235728
公用电话(户)	Number of Public Telephone Subscribers(subscribers)	59485
移动电话用户数(户)	Number of Mobile Telephone Subscribers (subscribers)	1607281
局用交换机容量(万门)	Capacity of office Telephone Exchanges(10 000 lines)	225.08
移动交换机容量(万户)	Capacity of Mobile Telephone Exchanges (10 000 subscribers)	296.00
接入邮电局交换机的话机(部)	Number of Telephones Access to Switchboards of Teleommunication Bureau (unit)	2068691
平均每百人占有话机数(部)	Number of Telephone Sets Owned per 100 Persons (unit)	37.30
市内电话交换机总容量(门)	Capacity of Local Telephone Exchanges (unit)	2250822

主 要 统 计 指 标 解 释

铁路营业里程 又称营业长度，指办理客货运输业务的铁路正线总长度。凡是全线或部分建成双线及以上的线路，以第一线的实际长度计算；复线、站线、段管线、岔线和特殊用途线以及不计算运费的联络线都不计算营业里程。铁路营业里程是反映铁路运输业基础设施发展水平的重要指标，也是计算客货周转量、运输密度和机车车辆运用效率等指标的基础资料。

铁路正线延展里程 是正线第一线、第二线、第三线和其他正线建筑里程之和，不包括站线、段管线、岔线及特殊用途线的延展里程。它是作为计算铁路线上钢轨、枕木及路基砂石需要量的主要依据。

公路里程 指在一定时期内实际达到《公路工程技术标准 - JTJ01 — 88》规定的等级公路，并经公路主管部门正式验收交付使用的公路里程数。其计算单位为：公里。它包括大中城市的郊区公路以及通过小城镇街道部分的公路里程，也包括桥梁、渡口的长度，但不包括大中城市的街道、厂矿、林区生产用道和农业生产用道的里程。两条或多条公路共同经由同一路段，只计算一次，不得重复计算里程长度。公路里程是反映公路建设发展规模的重要指标，也是计算运输网密度等指标的基础资料。

江河航道里程 也称"内河通航里程"，是反映内河水运网规模、水平和发展情况的主要指标；是指在一定时期内，能通航运输船舶及排筏的天然河流、湖泊水库、运河及通航渠道的长度。包括全年季节性通航累计三个月以上的航道，但不包括仅供零散流放竹、木排的河道。

民用航空航线里程 指民航运输定期班机飞行的航线长度的总和。航线长度按机场之间的距离计算，通常有两种计算方法：将每条航线长度相加称为重复计算航线里程；如将两线或两条以上航线经过同一区段里程，只计算一次航线长度称为不重复计算航线里程。一般常用的是后者，它能确切反映民航运输网的规模，表明民航事业为国民经济服务和方便人民生活程度的主要指标。

货(客)运量 且指在一定时期内，各种运输工具实际运送的货物(旅客)数量。是反映运输业为国民经济和人民生活服务的数量指标，也是制定和检查运输生产计划，研究运输发展规模和速度的重要指标。货运按吨计算，客运按人计算。货物不论运输距离长短，货物类别，均按实际重量统计；旅客不论行程远近或票价多少，均按一人次作为客运量统计，半价票，小孩票也按一人统计。

货物(旅客)周转量 指在一定时期内，由各种运输工具运送的货物(旅客)数量与其相应运输距离的乘积之总和，是反映运输业生产总成果的重要指标，也是编制和检查运输生产计划，计算运输效率、劳动生产率以及核算运输单位成本的主要基础资料。通常以吨公里和人公里为计算单位，计算货物周转量通常按发出站与到达站之间的最短距离，也就是计费距离计算。

邮电业务总量 指以货币表现的邮电部门用于传递信息和提供其他邮电服务的总数量。它综合反映了一定时期邮电工作的总成果，是研究邮电业务量构成和发展趋势的重要指标。根据邮电管理体制不同，分为中央国有业务总量和地方国有业务总量。它用各种邮电分类业务量，如函件件数、电报份数、长话张数、市内电话和农村电话的年均户数、订销报刊累计份数等，分别乘以相应的平均单价(不变价)，加总后再加上出租电路和设备的收入、代用户维护电话交换机和线路等设备的收入、其他业务收入求得。

无线寻呼用户 指携带小型寻呼机，接收市话用户通过无线寻呼中心，在规定范围内向其发出声音、数字或文字显示信息的用户。目前在邮电部门办理登记手续的无线寻呼用户，每一部寻呼机按户计算。

移动电话用户 指在邮电部门登记，通过移动电话交换机进入移动电话网、占有移动电话号码的电话用户。用户数以实际办理登记手续进入邮电部门移动电话网的户数进行计算，一部或一台移动电话统计为一户。

Explanatory Notes on Main Statistical Indicators

Length of Railways in Operation refers to the total length of the trunk line under passenger and freight transportation. The calculation is based on the actual length of the first line even if this line has a full or partial double track or more tracks, excluding double tracks, station sidings, tracks under the charge of stations, branch lines, special purpose lines and the non - payable connecting lines. The length of railways in operation is an important indicator to show the development of the intra - structure for the railway transport, and also the essential data to calculate volume of passenger freight transport, traffic density and utilization efficiency of the locomotives and carriages.

Extension Length of Trunk Lines refers to the sum of the first, the second, the third lines and other constructed length of the trunk railways, excluding the extension length of the station lines, lines under the jurisdiction of depots, sidings and lines for special purpose. It provides important information for the calculation of the needs for rails, sleepers, sand and stone for the construction of railways.

Length of Highways refers to the length of highways which are built in conformity with the grades specified by the highway engineering standard formulated by the Ministry of Communications, and have been formally checked and accepted by the departments of highways and put into use. The length of highways includes that of the suburb highways at large and medium sized cities, highways passing through streets at small cities and towns, and also the length of bridges and ferries. It does not include the length of streets in big and medium sized cities and highways built for the production purpose at factories, mines, forest areas and agricultural areas. If two or more highways go the same section of the way, the length of the section is only calculated for once and no duplication is allowed. The length of highways is an important indicator to show the development of the highway construction and to provide essential information to calculate the transport network density .

Length of Navigable Inland Waterways refers to the length of the natural rivers, lakes , reservoirs, canals, and ditches open to navigation during a given period, which enables the transport by ships and rafts. It includes the channels open to navigation for over 3 months accumulatively in a year, yet this does not include the river courses which are only used to float odd logs and bamboo rafts.

Length of Civil Aviation Routes refers to the length of all routes for regular civil aviation flights. There are usually two ways to calculate the distance between airports connected by the route length routes together, called duplicated calculation of the length of the routes ; the other is not to allow the duplication in calculation when two or more routes passing the same section. The latter is usually used, as it can precisely show the size of the civil aviation network and indicate the extent of civil aviation serving the national economy and the people.

Freight (Passenger) Traffic refers to the volume of freight (passenger) transported with various means. Freight transport is calculated in tons and passenger traffic is calculated in the number of persons. Despite the type of freight and travelling distance, the freight transport is calculated in the actual weight of the goods: and despite the travelling distance and ticket price, the passenger traffic is calculated by the principle that one person can be counted only once in one travel. The passenger who travel with a half - price ticket or a child ticket is also calculated as one person. The freight (passenger) traffic provides a quantitative measure to show how the transport industry serves the national economy and people, and is also an important indicator for planning the transport industry and for studying the development scale and speed of the transport industry .

Freight Ton - kilometers (Passenger kilometers) refer to the sum of the products of the volume of transported cargo (passengers) multiplying by the transport distance, usually using ton - kilometers and passenger - kilometers as units for measurement. Normally, the shortest distance between the departure station and the destination station (i.e., the payable distance) is the basis to calculate the freight ton kilometers. This is an important indicator to show the total results of the transport industry, to prepare and examine the transport plan and to measure the efficiency, the labor productivity and the unit cost of transport.

Business Volume of Pest and Telecommunications refers to the total amount of the information delivered and other post and telecommunications services provided by the post and telecommunications departments for the customers. It is derived by first multiplying the business volume of different types, such as number of letters, telegrams, long distance calls, city and rural telephone subscribers and accumulated number of newspapers and journals subscribed and sold, etc., by their respective average unit price (fixed price) and then adding these products together: plus the income from maintenance of telephone exchanges and lines, and the income from other business operations. The business volume of post and telecommunications indicates the total achievements made by the post and telecommunications department during a given period of time in a comprehensive way, and is an important indicator to study the composition and development of the post and telecommunications business.

Subscribers of Paging Services refer to subscribers who carry small size pagers and receive audio signals, digital signals or literal signals sent out by city telephone through wireless paging center within assigned area. Each pager is countedas a subscriber.

Mobile Telephone Subscribers refer to the persons who own mobile telephone number connected with the mobile telephone communication network and registered by post and telecommunications organization. The number of subscribers is calculated only when the subscribers who have gone through all the register formalities and entered into the mobile telephone network. One mobile telephone is treated as a subscriber.

七、公用事业

URBAN PUBLIC UTILITIES

资料整理人员:涂孝斌
STAFF FOR DATA PROCESSING: Tu Xiaobin

7-1 城市公共设施水平
STATISTICS OF URBAN PUBLIC FACILITIES

项目 Item	1995	1996	1997	1998	1999	2000	2001
自来水 Tap Water							
人均日生活供水量(升) Per Capita Daily Consumption of Tap Water for Residential Use (liter)	340.0	335.1	309.4	316.0	305.8	253.2	281.3
自来水普及率(%) Percentage of Population with Access to Tap Water (%)	100.0	100.0	100.0	100.0	100.0	100.0	100.0
公共交通 Public Transportation							
每万人拥有公共交通车辆(标台) Number of Public Transportation Vehicles Per 10 000 Population(unit)	11.8	12.0	12.9	14.0	17.2	16.7	15.6
气化率(%) Percentage of the Population in the City Proper With Access to Gas to Corresponding Total Population(%)	65.0	69.6	73.0	76.6	80.4	83.3	86.53
市政工程 Municipal Projects							
人均拥有道路面积(平方米) Per Capita Area of Roads (sq.m)	4.1	4.0	4.0	4.1	4.1	4.2	4.1
排水管道密度(公里/平方公里) Density of Drainpipes (km/sq.km)	6.5	6.5	6.6	6.7	6.9	7.1	7.2
粪便垃圾无害化处理率(%) Rate of Excrement Garbage and Urine Harmlessly Treated (%)	87	85.39	87.69	94.04	85.35	85.92	84.41
园林绿化 Afforestation in Parks and Gardens							
人均公共绿地面积(平方米) Per Capita Public Green Areas (sq.m)	6.7	6.6	6.6	7.0	7.4	7.7	8.04
建成区绿地率(%) Rate of Green Areas in Developed Areas(%)		26.85	26.03	26.77	27.18	27.97	28.68
建成区绿化覆盖率(%) Coverage of Green Areas in Developed Areas(%)	31.1	30.9	31.2	31.8	32.2	32.9	33.57

注:公用事业资料不含江夏、蔡甸、黄陂、新洲四个区的数据。(园林绿化 2001 年含江夏、蔡甸、黄陂、新洲四区的数据)
Note: Data in Urban Public Utilities do not cover that of the following districts, Jiangxia, Caidian, Huangpi and Xinzhou.
(Data of gardens and planted areas in 2001 in clude that of the following districts, JiangXia, Caidian, HuangPi and XinZhou.)

7-2 道路、下水道、堤防情况
ROADS, DRAINPIPES AND DIKES

项目 Item	1995	1996	1997	1998	1999	2000	2001
道路长度(公里) Length of Roads (km)	1307	1299	1304	1309	1319	1332	1613
道路面积(万平方米) Area of Roads (10 000 sq.m)	1421	1408	1431	1452	1500	1535	1783
# 人行道面积(万平方米) Area of Pavenment(10 000 sq.m)			283	293	292	306	442
桥梁数(座) Number of Bridges (unit)	82	83	84	90	91	89	91
污水年排放量(万吨) Annual Discharge Volume of Sewage (10 000 tons)	62439	69400	63035	69387	70209	71515	73730
污水处理厂(座) Daily Plant of Sewage(seat)							2
# 二、三级处理(座) The Second, Third Disposal Plants of Sewage(seat)							1
污水处理能力(万立方米/日) Daily Disposal Capacity of Sewage (10 000 tons/day)							15
# 二、三级处理(万立方米/日) The Second, Third Disposal Plants of Sewage(10 000 cu.m/day)							5
排水管道长度(公里) Length of Drain Pipes (km)	1298	1319	1337	1374	1435	1482	1527
防洪堤长度(公里) Length of Anti-flood Dikes (km)	295	286	286	286	286	286	396
路灯(盏) Number of Street Lights (unit)	48598	48845	49567	51026	56031	61098	80286

7-3 自来水情况
BASIC STATISTICS ON TAP WATER SUPPLY

项目 Item	1995	1996	1997	1998	1999	2000	2001
水厂综合生产能力(万吨/日) General Productive Capacity (10 000 tons/day)	361.0	381.0	381.0	381.0	381.0	370.6	376.8
供水管道长度(公里) Length of Water Supply Pipelines (km)		3606.0	3700.0	3792	4733	4704	5241.91
供水总量(万吨) Total Volume of Water Supply (10 000 tons)	107909.0	95389.0	103048.0	101582	100508	99230	90654
#生产用量(万吨) Consumption for Productive Use (10 000 tons)	38766.0	49444.0	44197.0	48102	39883	60043	41426
#生活用量(万吨) Consumption for Residential Use (10 000 tons)	43019.0	45879.0	42697.0	47586	46625	39187	45068
售水总量(万吨) Sales Volume of Tap Water (10 000 tons)							71655
用水人数(万人) Number of Residents with Access to Tap Water (10 000 persons)	367.8	375.1	378.1	412.5	417.7	424.0	439
#非农业人口(万人) Non-agricultural Population (10 000 persons)	346.4	351.4	356.4	358.7	363.3	369.3	379.9
免费供水量(万立方米) Supply of Water for Free(10 000 cu.m)							984

7-4 公 共 交 通 情 况
PUBLIC TRAFFIC

项　　　　目 Item	1995	1996	1997	1998	1999	2000	2001
营运公共车辆(辆) Operating Public Vehicles (unit)	3305.0	3501.0	4355.0	4664	6033	6018	5680

#公共汽车(辆)
Buses(unit)
	—	3259.0	4113.0	4410	5782	5734	5399

电　　车(辆) Trolley Buses (unit)	—	242.0	242.0	254	251	284	281
标准营运车数(标台) Number of Operating Public Vehicles (converted into standard unit, unit)	4089.0	4206	4598	5034	6247	6176	5926
营运线路网长度(公里) Length of Operating Routes (km)	—	675	675	745	788	867	874
营运出租汽车(辆) Operating Taxes (unit)	10719	12236.0	12600.0	12290	12300	12137	12137
公共车辆平均每日客运量(万人次) Average Daily Passengers Carried in Public Transportation (10 000 persons - times)	284.7	270.4	258.5	235.9	449.0	254.8	248.3
营运渡江客轮(艘) Operating Ferries (unit)	40.0	40.0	28.0	34	32	27	18
渡江客轮客运总数(万人次) Number of Passengers Garried by Ferries (10 000 persons - times)	9463.0	7543.0	5322.0	3685	2902	1980	1669.5

7-5 城 市 燃 气 情 况
BASIC STATISTICS ON SUPPLY OF GAS

项 目 Item	1995	1996	1997	1998	1999	2000	2001
液化石油气情况 Liquefied Petroleum Gas							
储气能力(吨) Storage Capabilty (ton)	4455	7574	7714	4800	4800	5300	29500
外购气量(吨) Volume Purchased Outside the City (ton)	42249	52605	59574	5800	77385		117520
供气总量(吨) Gas Supply (ton)	53009	72827	68667	78500	98385	97958	117423
#家 庭 用 For Residential Use	52434	72454	68667	78500	98385	97958	97423
用气户数(户) Number of Consumer (household)		565316	502152	532143	587300	600300	650900
#家庭用户 Household Consumers		563370	497657	528043	587050	599050	650565
用气人口(万人) Population with Access to Gas (10 000 persons)	143.7	162.4	169.1	170.8	181.4	189.1	261.3
煤气生产及供气 Gas Production and Supply							
生产能力(万立方米/日) Productive Capacity(10 000 Cu.m)	55.0	60.0	64.0	87.0	87.0	94.0	160
生产总量(万立方米) Gross Productive quantity(10 000 Cu.m)	8700.0	10869.0	9644.0	11775	11775	10240	19806
供气总量(万立方米) Gas Supply (10 000 cu.m)	134952.0	125880.0	16130.0	17635	15700	8910	13900
#家庭用量 Consumption for Residential Use	17252.0	17695.0	15264.0	17130	15400	8490	13900
用气户数(户) Number of Consumers (household)		257441.0	277713.0	298168	318000	337500	492200
#家庭用户 Household Consumers		257173.0	277437.0	298058	317850	336350	491806
用气人口(万人) Population with Access to Gas (10 000 persons)	81.5	82.3	91.1	103.9	110.5	118.5	127.12
管道长度(公里) Legth of Pipelime(km)		1128.0	1509.0	1233.0	1870	2076	1404.8

7-6 市区园林绿化情况
GARDENS AND PLANTED AREAS IN CITY PROPER

项目 Item	1995	1996	1997	1998	1999	2000	2001
园林绿化覆盖面积(公顷) Total Coverage Area of Parks, Gardens and Green Space (hectare)	6233	6233	6308	6508	6684	6910	8018
#建成区(公顷) In Developed Areas(hectare)	6228	6374	6308	6508	6684	6910	7114
园林绿地面积(公顷) Area of Parks, Gardens and Green Areas(hectare)	5237	5196	5270	5472	5648	5873	6801
#公共绿地(公顷) Public Green Areas (hectare)	2380	2332	2354	2526	2689	2850	3121
公园个数(个) Number of Parks (unit)	36	37	26	27	28	27	34
公园面积(公顷) Area of Parks (hectare)	2135	2147	531	797	657	545	629
游人量(万人次) Number of Visitors to Parks and Zoos (10 000 person-times)	2015	1724	1390	2191	1656	1465	3290

7-7 市区清洁卫生情况
ENVIRONMENT AND SANITATION IN THE CITY PROPER

项目	Item	1995	1996	1997	1998	1999	2000	2001
实际清扫面积(万平方米)	Actual Area Cleaned (10 000 sq.m)	1998	1997	2307	2350	2663	2675	3677
清运生活垃圾量(万吨)	Volume of Garbage Disposal (10 000 tons)	166	187	219	223	159	156	173
粪便清运量(万吨)	Volume of Excrement and Urine Disposal (10 000 tons)	38	47	52	44	2	3	21
垃圾无害化处理厂(场)(座)	Treatment Farms for Making Garbage Harmless(unit)	5	5	7	7	5	5	6
垃圾无害化处理能力(吨/日)	Treatment Capacity (ton/day)	5738	6000	6000	6000	5800	5800	4025
垃圾粪便无害化年处理量(万吨)	Annual Volume Treated of Garbage, Excrement and Urine (10 000 tons)	209	205	238	251	137	136	163
公共厕所(座)	Number of Public Lavatories (unit)	1297	1471	999	999	964	999	944

7-8 城市房产交易和租赁情况
TRANSACTION OF HOUSE PROPERTY AND TENANCY IN THE CITY PROPER

项目 Item	1995	1996	1997	1998	1999	2000	2001
一、房产买卖 Transactoion of House Property							
成交面积(万平方米) Floor Space Transacted of Buildings (10 000 sq.m)	285	336	286	876	735	774	651
#住宅 Residential Buildings	180	218	194	569	645	658	517
成交金额(万元) Amount of Money Transacted (10 000 yuan)	158145	691315	255678	675331	537350	622500	689969
#住宅 Residential Buildings	103332	233923	154889	423991	414347	372000	489170
二、房产租赁 Tenancy of Houses							
出租面积(万平方米) Floor Space Rented (10 000 sq.m)	40	63	53	70	47	74	117
#住宅 Residential Buildings	9	1	—	32	20	26	29
租金收入(万元) Income from Rent(10 000 yuan)	14500	21091	18476	11427	14970	31743	40441
#住宅 Residential Buildings	1748	10	7	613	950	1011	3075
三、向个人出售住宅 Sales of Residential Buildings to Individuals							
新建住宅出售面积(平方米) Sales of Floor Space in Newly Built Residential Buildings (sq.m)	193500	804700	760000	770000	1530000	2440000	3759100
新建住宅出售收回资金(万元) Amount of Money Recalled From Selling Newly Built Residential Buildings (10 000 yuan)	46300	107681	118685	137830	253978	520000	666800
旧住宅出售面积(平方米) Sales of Floor Space in Old Residential Buildings (sq.m)	120000	230000	610000	5360000	4800000	1658500	1050000
旧住宅出售收回资金(万元) Amount of Money Recalled From Selling Old Residential Buildings (10 000 yuan)	3602	4715	18273	107000	105000	38334	31500

7-9 城市房屋面积及住房情况
FLOOR SPACE OF BUILDINGS AND HOUSING CONDITION IN THE CITY

项 目 Item	1995	1996	1997	1998	1999	2000	2001
实有房屋建筑面积(万平方米) Total Floor Space of Buildings(10 000 sq.m)	9872	10292	10565	10851	11066	11594	12143
#房管部门直管 Managed by Department of Houses Management	989	970	868	889	833	733	645
#私人自管 Managed by Individual	1234	1239	1319	1324	1800	1965	2145
新建房屋竣工建筑面积(万平方米) Floor Space of Newly-Built Houses Completed(10 000 sq.m)	517	843	354	337	381	549	614
#住 宅 Residential Buildings	317	534	271	282	149	318	500
房屋减少建筑面积(万平方米) Decrease in Floor Space of Buildings(10 000sq.m)	136	138	80	50	31	21	65
#住 宅 Residential Buildings	61	59	32	19	10	8	13
实有住宅建筑面积(万平方米) Floor Space of Residential Buildings(10 000 sq.m)	5085	5328	5568	5850	5900	6210	6697
#房管部门直管 Managed by Department of Houses Management	760	759	690	707	651	570	499
私人自管 Managed by Individual	1227	1232	1312	1317	1780	1935	2103
危险住宅建筑面积(万平方米) Floor Space of Dangerous Buildings(10 000 sq.m)	85	68	76	74	122	134	610
实有住宅使用面积(万平方米) Usable Space of Residential Buildings(10 000 sq.m)	3725	3930	4142	4364	4647	4657	4662
实有住宅居住面积(万平方米) Living Space of Residential Buildings(10 000 sq.m)	2484	2620	2762	2907	3098	3230	3330

主 要 统 计 指 标 解 释

自来水生产能力 指城建部门管理的自来水厂和自备水源的社会单位取水、净化、送水、出厂输水干管等环节的实际生产能力。

供水管道长度 指从送水泵到用户水表之间所有管道的长度。

供水总量 指公用自来水厂和自备水源的社会单位全年的供水总量,包括有效供水量及损失水量。

生活用水 指居民日常生活与公共福利设施的用水量。包括居民、饮食店、旅馆、医院、理发店、浴池、洗衣店、游泳池、商店、学校、机关、部队等单位的用水量。

自来水普及率 指城市用自来水的非农业人口数(不包括临时人口和流动人口)与城市非农业人口总数之比。计算公式:

$$自来水普及率 = \frac{城市用自来水的非农业人口数}{城市非农业人口数} \times 100\%$$

煤气综合生产能力 指城市煤气厂制气、净化、输送等环节的综合生产能力,不包括备用设备能力。

气化率 指使用燃气(包括人工煤气、液化石油气、天然气)的城市非农业人口数(不包括临时人口和流动人口)与城市非农业人口总数之比。计算公式:

$$气化率 = \frac{城市非农业用气人口数}{城市非农业人口总数} \times 100\%$$

城市供热能力 指热电厂、热力公司和达到标准的集中采暖锅炉房向城市输送的供热源的设计能力。每小时向城市输送的蒸汽、热水能力。

铺装道路长度 指除土路外,路面经过铺装宽度在3.5米以上的道路,包括高级、次高级道路和普通道路。

城市下水管道总长度 指所有排水总管、干管、支管及暗渠、检查井、连接井进出水口等长度之和。

营运线路长度 指设置的固定营运线路长度,包括郊区营运线路长度。不包括临时行驶的线路长度。

市区园林绿地面积 指城市公共绿地、专用绿地、生产绿地、防护绿地、郊区风景名胜区的全部面积。

公共绿地面积 指供游览休息的各种公园、动物园、植物园、陵园以及花园、游园和供游览休息用的林荫道绿地、广场绿地。不包括一般栽植的行道树及林荫道的面积。

Explanatory Notes on Main Statistical Indicators

Production Capacity of Tap Water refers to the actual comprehensive production capacity of the waterworks administered by the urban construction department and those owned by enterprises or institutions, taking the capacity of the main links, such as water inflow, purification, conveyance and outflow of the trunk pipelines into account.

Length of Water Supply Pipelines at the Year – end refers to the total length of all the pipelines between the water pumps and the users' water meters.

Annual Volume of Water Supply refers to the total volume d water supplied by the public water – works and those owned by individual enterprises and institutions during the whole year, including both the effective water supply and loss during the water supply.

Consumption of Water for Residential Use refers to the water consumption of households for daily life and the water consumption of public welfare facilities, including the consumption of restaurants, hotels, hospitals, barber shops, public bathhouses, laundries, swimming pools, shops, schools, institutions, army units and other units.

Percentage of Urban Population with Access to Tap Water refers to the ratio of the urban non – agricultural population (excluding temporary and mobile population) with access to tap water to the total urban non – agricultural population. The formula is:

Percentage of Population with Access to Tap Water

$$= \frac{\text{Urban Non – agricultural Population With Access to}}{\text{Urban Non – agricultural Population}} \times 100\%$$

Production Capacity of Gaswork Gas refers to the actual comprehensive production capacity of the urban gasworks in gas generation, purification and delivery.

Percentage of Urban Population with Access to Gas refers to the ratio of the urban non – agricultural population with access to gas (including gas, liquefied petroleum gas and natural gas) to the urban non – agricultural population (excludingtemporary and mobile population). The formula is:

Percentage of Population with Access to Gas

$$= \frac{\text{Urban Non – agricultural Population with Access to Gas}}{\text{Urban Non – agricultural Population}} \times 100\%$$

Length of Paved Roads at the Year – end refers to the length of roads with a paved surface, and with a width of more than 3 . 5 meters, including high – quality, medium – quality and ordinary roads.

Length of Urban Sewage Pipe refers to the total length of general drainage, trunks. branch and blind drainage, inspection wells, connection wells, inlets and outlets, etc.

Length of Routes in Operation refers to the length of designated regular routes in operation, including the length of suburban routes in operation. The length of temporary operational lines is not included.

Area of Urban Gardens and Green Areas refers to the total area of urban public green land, special green land, production green land, protection green land and suburban scenic spots.

Public Green Area refers to green areas of various parks, zoos, botanical gardens, cemeterise, amusement parks, tree – flanked boulevards green – land squares for tourism and relaxing. Areas with trees planted along – side the streets and boulevards are excluded.

八、能源、物资

CONSUMPTION OF ENERGY AND MATERIALS

资料整理人员:夏洪全

STAFF FOR DATA PROCESSING: Xia Hongquan

8-1 工业企业主要物资消费与库存量
CONSUMPTION AND INVENTORY OF MAJOR MATERIALS IN INDUSTRIAL ENTERPRISES

项目	Item	物资消费 Consumption		物资库存 Inventory	
		2000	2001	2000	2001
煤　　炭(万吨)	Coal(10000 tons)	1177.69	1209.11	53.65	38.21
焦　　炭(万吨)	Coke (10000 tons)	343.40	330.03	1.47	4.59
原　　油(万吨)	Crude Oil (10000 tons)	301.19	255.90	20.89	10.76
汽　　油(万吨)	Gasoline (10000 tons)	3.66	1.51	0.65	1.09
煤　　油(万吨)	Kerosene (10000 tons)	0.17	0.22	0.01	0.02
柴　　油(万吨)	Diesel Oil (10000 tons)	4.40	4.46	1.04	0.95
燃 料 油(万吨)	Fuel Oil (10000 tons)	17.61	17.93	3.80	4.67
液化石油气(万吨)	Liquefied Petroleum Gas (10000 tons)	0.28	0.34	0.33	0.26
电　　力(万千瓦时)	Electricity (10000 Kwh)	999894	1094769	—	—
生　　铁(万吨)	Pig Iron (10000 tons)	647.81	682.05	0.18	0.19
钢　　材(万吨)	Steel Products (10000 tons)	54.45	53.34	10.66	9.74
铜(万吨)	Copper (10000 tons)	0.67	0.68	0.04	0.08
铝(万吨)	Aluminium (10000 tons)	2.10	2.69	0.07	0.15
铅(万吨)	Lead (10000 tons)	0.09	0.60	0.02	0.02
锌(万吨)	Zinc (10000 tons)	1.77	1.44	0.08	0.08
锡(万吨)	Tin (10000 tons)	0.04	0.03	0.03	0.02
铜　　材(万吨)	Copper Products (10000 tons)	0.60	0.70	0.12	0.12
铝　　材(万吨)	Aluminium Products (10000 tons)	1.50	1.26	0.14	0.07
硫酸(折100%)(万吨)	Sulphuric Acid (100%, 10000 tons)	5.63	7.27	0.47	0.52
烧碱(折100%)(万吨)	Caustic Soda(100%, 10000 tons)	6.34	7.71	0.11	0.13
纯碱(折100%)(万吨)	Soda Ash (100%, 10000 tons)	5.66	5.19	0.15	0.14
橡　　胶(万吨)	Rubber (10000 tons)	4.52	5.26	0.71	0.02
水　　泥(万吨)	Cement (10000 tons)	23.29	29.69	1.34	2.62
原木(万立方米)	Timber (10000 cu.m)	5.19	8.36	0.33	1.00
#直接消费	Direct Consumption (10000 cu.m)	3.80	0.85	—	—
锯　　材(万立方米)	Sawn Wood (10000 cu.m)	38.86	5.64	2.83	8.80

8－2 能 源 消 费 量(折标煤)

CONSUMPTION OF ENERGY(coverted into SCE)

单位：万吨 (10 000 tons)

项 目 Item	总 计 Total	用于转换 for Coverting into Other Type of Energy	用于原料 for Raw Material	煤 炭 Coal	洗精煤 Pure Coal	焦 炭 Coke	原 油 Crude Oil	燃料油 Fuel Oil
1992	1880.32	800.89	21.91	729.09	360.72	284.03	314.44	92.81
1994	1753.48	934.65	21.00	769.48	415.35	299.40	332.13	53.76
1995	2123.35	1055.17	18.48	892.57	409.51	301.46	326.17	63.27
1996	2259.98	1050.03	16.03	917.71	409.07	298.23	359.09	64.53
1997	2335.92	1233.83	—	960.82	417.66	305.74	412.40	48.49
1998	2285.71	1175.40	—	962.44	415.60	307.78	333.81	35.39
1999	2189.45	1133.91	—	917.01	415.39	309.28	390.49	24.58
2000	2485.33	1191.40	—	926.39	413.95	333.58	430.29	25.16
2001	2265.24	1087.32	8.63	863.67	414.91	320.59	365.58	25.62

1999年为工业企业能源消费量。

Data in 1999 is Energy consumption of industry Enterprises.

项 目 Item	汽 油 Gasoline	柴 油 Kerosene	煤 油 Diesel Oil	炼厂干气 Refinery Net Gas	液化石油气 Liquefied Gas	焦炉煤气 Coke Gas	外购热力 Heat Bought Beyond the City	电 力 Electricity
1992	17.69	49.65	3.24	7.62	0.35	70.03	28.78	103.93
1994	12.70	40.70	4.68	7.52	0.09	81.07	42.78	109.17
1995	14.42	32.81	7.29	5.88	0.20	73.62	39.03	366.63
1996	16.14	40.19	13.81	7.44	0.32	72.67	36.35	377.90
1997	16.54	33.46	15.07	8.32	0.68	79.33	35.97	385.59
1998	17.12	31.27	15.67	8.64	1.52	84.18	45.33	431.03
1999	2.73	6.39	0.12	14.96	0.61	88.27	45.68	375.89
2000	5.38	6.40	0.24	11.66	0.48	90.59	49.68	403.96
2001	2.22	6.49	0.32	11.65	0.58	74.82	42.55	442.30

8－3 平均每万元工业总产值主要物资消费量
PER 10000 INDUSTRIAL OUTPUT VALUE CONSUMPTION OF MAJOR MATERIALS

项目 Item	钢材（吨）Steel Products（ton）	生铁（吨）Pig Iron（ton）	原木直接消费（立方米）Timber Directly Consumed（cu. m）	锯材（立方米）Sawn Wood（cu.m）
1992	0.19	1.61	0.02	0.02
1994	0.20	1.42	0.01	0.02
1995	0.19	1.42	0.01	0.03
1996	0.13	1.25	0.01	0.02
1997	0.09	1.14	0.01	0.02
1998	0.08	1.02	0.01	0.02
1999	0.06	0.83	0.01	0.01
2000	0.06	0.83	0.01	0.05
2001	0.05	0.67	0.01	0.01

8－4 平均每万元工业总产值能源消费量
PER 10000 YUAN GROSS INDUSTRIAL OUTPUT VALUE CONSUMPTION OF ENERGY

项目 Item	能源总量（折标煤）Total Energy（SCE）	煤炭（吨）Coal（ton）	焦炭（吨）Coke（ton）	原油（吨）Crude Oil（ton）	燃料油（吨）Fuel Oil（ton）	电力（千瓦时）Electricity（KWH）
1992	3.12	2.87	0.92	0.70	0.21	2086.00
1994	4.68	2.56	0.83	0.62	0.10	1915.00
1995	2.78	2.94	0.81	0.60	0.12	1829.00
1996	2.42	2.63	0.69	0.57	0.10	1631.00
1997	2.43	2.28	0.60	0.55	0.06	1806.00
1998	2.09	1.98	0.52	0.38	0.04	1486.00
1999	2.10	1.55	0.42	0.36	0.02	1131.00
2000	3.14	1.50	0.44	0.39	0.02	1204.87
2001	2.22	1.18	0.32	0.25	0.02	1016.49

8-5 电　力　消　费　量
CONSUMPTION OF ELECTRICITY

单位：万千瓦时 (10 000 Kwh)

项目	Item	2000	2001
全社会用电总计	Total Electricty Consumption	1186642	1524125
一、农、林、牧、渔、水利业	Farming, Forestry, Animal Husbandry, Fishery and Water Conservancy	53995	59325
二、工　业	Industry	694474	952901
食品、饮料和烟草制造业	Food Processing	23819	24155
纺 织 业	Textile Industry	40880	37895
石油加工业	Petroleum Processing	21617	21435
化学工业	Chemical Industry	36585	53844
建筑材料及其它非金属矿制品业	Building Materials & Other Nonmetal Mineral Products	30581	31069
黑色金属冶炼及压延加工业	Smelting and Pressing of Ferrous Metals	210438	363552
有色金属冶炼及压延加工业	Smelting and Pressing of Nonferrous Metals	43961	50424
金属制品业	Metal Products	13920	15302
三、地质普查和勘探业	Geological Census and Prospecting	324	303
四、建 筑 业	Construction	12706	14999
五、交通运输、邮电通讯业	Transportation, Post & Telecommunication Services	35621	37946
六、商业、公共饮食、物资供销和仓储业	Commerce, Catering Services, Materials Supply, Marketing and Storage	63615	74665
七、其 它 业	Others	123826	147340
八、城乡居民生活用电	Residential Electricity Consumption	202081	236646
#乡　村	In Urban Areas	14778	16427
城　市	In Rural Areas	187303	220219

主 要 统 计 指 标 解 释

能源消费总量 且指一定时期内全国(地区)物质生产部门、非物质生产部门和生活消费的各种能源的总和,是观察能源消费水平、构成和增长速度的总量指标,能源消费总量包括原煤和原油及其制品、天然气、电力。不包括低热值燃料、生物质能和太阳能等的利用。能源消费总量分为三部分,即终端能源消费量、能源加工转换损失量和损失量。

(1)终端能源消费量 指一定时期内全国(地区)物质生产部门,非物质生产部门和生活消费的各种能源在扣除了用于加工转换二次能源消费量和损失量以后的数量。

(2)能源加工转换损失量 指一定时期内全国(地区)投入加工转换的各种能源数量之和与产出各种能源产品之和的差额。它是观察能源在加工转换过程中损失量变化的指标。

(3)能源损失量 指一定时期内能源在输送、分配、储存过程中发生的损失和由客观原因造成的各种损失量。不包括各种气体能源放空、放散量。

Explanatory Notes on Main Statistical Indicators

Total Domestic Energy Consumption refers to the total consumption of energy of various kinds by material production sectors, non – material production sectors and households in the country (region) in a given period of time. It is a comprehensive indicator to show the scale, composition and development of energy consumption. The total energy consumption includes that of coal, crude oil and their products, natural gas and electricity, However, it excludes the consumption of fuel of low calorific value, bioenergy and solar energy. Total domestic energy consumption can be divided into three parts:

(1) Final Energy Consumption: It refers to the total energy consumption by material production sectors, non – material production sectors and households in the country (region) in a given period of time, but excludes the consumption in conversion of the primary energy into the secondary energy and the loss in the process of energy conversion.

(2) Loss During the Process of Energy Conversion: It refers to the total input of various kinds of energy for conversion, minus the total output of various kinds of energy in the country in a given period of time. It is an indicator to show the loss that occurs during the process of energy conversion.

(3) Loss: It refers to the total of the loss of energy during the course of energy transport, distribution and storage and the loss caused by any objective reason in a given period of time. The loss of various kinds of gas due to gas discharges and stocktaking is excluded.

九、贸易、外经、旅游业

DOMESTIC TRADE, FOREIGN TRADE, ECONOMIC COOPERATION AND TOURISM

资料整理人员：钱国双　黄　萍　曾德辉　严春华　胡　海　陈弥灵　王有财　张　瑾

STAFF FOR DATA PROCESSING:

Qian Guoshuang　Huang Ping　Zeng Dehui　Yan Chunhua　Hu Hai　Chen Milin　Wang Youcai　Zhang Jin

9-1 历年社会消费品零售总额及指数
TOTAL RETAIL SALES OF CONSUMER GOODS AND INDICES IN VARIOUS YEARS

年份 Year	消费品零售总额（万元） Total Retail Sales of Consumer Goods (10 000 yuan)	指数（上年=100） Index (preceding year=100)	年份 Year	消费品零售总额（万元） Total Retail Sales of Consumer Goods (10 000 yuan)	指数（上年=100） Index (preceding year=100)
1952	41082	—	1977	139750	105.2
1953	54166	131.8	1978	157086	112.4
1954	51675	95.4	1979	179840	114.5
1955	52224	101.1	1980	219490	122.0
1956	72538	138.9	1981	244985	111.6
1957	77584	107.0	1982	266412	108.7
1958	83757	108.0	1983	296380	111.2
1959	92593	110.5	1984	362100	122.2
1960	98845	106.8	1985	486210	134.3
1961	88515	89.5	1986	534462	109.9
1962	87404	98.7	1987	636886	119.2
1963	80004	91.5	1988	833627	130.9
1964	80766	101.0	1989	932510	111.9
1965	80921	100.2	1990	957229	102.7
1966	86446	106.8	1991	1091230	114.0
1967	94690	109.5	1992	1235498	113.2
1968	96140	101.5	1993	1705498	138.0
1969	95908	99.8	1994	2345541	137.5
1970	95631	99.7	1995	2989002	127.4
1971	96836	101.3	1996	3741103	125.2
1972	104620	108.0	1997	4380226	117.1
1973	114218	109.2	1998	4918926	112.3
1974	117409	102.8	1999	5395504	109.7
1975	127036	108.2	2000	6060997	112.3
1976	132784	104.5	2001	6858217	113.2

9-2 社会消费品零售总额
TOTAL RETAIL SALES OF CONSUMER GOODS

单位：万元　　　　(10 000 yuan)

项目 Item	1996	1997	1998	1999	2000	2001
社会消费品零售总额 Total Retail Sales of Consumer Goods	3800808	4380226	4918926	5395504	6060997	6858217
(一)按经济类型分 Grouped by Ownership						
国有经济 State - owned Units	683386	705884	757449	805808	823089	788120
集体经济 Collective Owned Units	622896	672013	723717	736537	733155	704771
私营经济 Private Enterprises	273335	354258	372659	526022	763498	1051179
个体经济 Individuals	809155	886917	1004935	1050564	1194880	1371243
联营经济 Joint Owned Economic Units	38018	878	4674	13016	26903	31553
股份制经济 Share Holding Economic Units	588302	696180	835692	943942	1052550	1241002
#国有绝对控股 State - owned Units of Absolutely Holding	—	679321	348313	321571	224498	210497
国有相对控股 State - owned Units of Relatively Holding	—	13785	458136	611992	772731	813069
外商投资经济 Foreign Funded Economic Units	35919	31091	33800	49546	79627	114632
港澳台投资经济 Economic Units Funded by Entrepreneurs from HK, Macao & Taiwan	32207	41768	51426	65992	42907	53675
其他经济 Units of Other Types of Ownership	717590	991237	1134574	1204077	1344388	1502042
(二)按行业分： Grouped by Sector						
批发零售贸易业 Wholesale and Retail Trade	2422976	2693592	2934797	3084733	3397200	3824698
餐饮业 Catering Services	326353	354875	421740	513422	619317	758943
制造业 Manufacturing	191989	229716	316599	342437	389172	431009
其它 Others	859490	1102043	1245790	1454912	1655308	1843567
#农业生产者直接零售 Direct Retail Sales of Agricultural Producers	670181	949707	1059686	1158973	1381800	1525483
补充资料：居民购买商品房 Supplement: Resident Purchase of Commercial Houses	59705	185219	354242	484171	497854	688722

9-3 社会消费品零售总额构成
COMPOSITION OF TOTAL RETAIL SALES OF CONSUMER GOODS

单位:%　　(%)

项目 Item		1996	1997	1998	1999	2000	2001
总计	Total	100.0	100.0	100.0	100.0	100.0	100.0
(一)按经济类型分	Grouped by Ownership						
国有经济	State - owned Units	18.0	16.1	15.4	14.9	13.6	11.5
集体经济	Collective Owned Units	16.4	15.3	14.7	13.7	12.1	10.3
私营经济	Private Enterprises	7.2	8.1	7.6	9.7	12.6	15.3
个体经济	Economic Individuals	21.3	20.2	20.4	19.5	19.7	20.0
联营经济	Joint Owned Economic Units	1.0	—	0.1	0.2	0.4	0.5
股份制经济	Share Holding Economic Units	15.5	15.9	17.0	17.5	17.4	18.1
外商投资经济	Foreign Funded Economic Units	0.9	0.7	0.7	0.9	1.3	1.6
港澳台投资经济	Economic Units Funded by Entrepreneurs from HK, Macao & Taiwan	0.8	1.0	1.0	1.2	0.7	0.8
其他经济	Units of Other Types of Ownership	18.9	22.7	23.1	22.4	22.2	21.9
(二)按行业分	Grouped by Sector						
批发零售贸易业	Wholesale and Retail Trade	63.7	61.5	59.7	57.2	56.1	55.8
餐饮业	Catering Services	8.6	8.1	8.6	9.5	10.2	11.0
制造业	Manufacturing	5.1	5.2	6.4	6.3	6.4	6.3
其它	Others	22.6	25.2	25.3	27.0	27.3	26.9

9-4 限额以上批发零售贸易企业商品购、销、存总额(2001年)
TOTAL PURCHASES、SALES AND INVENTORY OF ENTERPRISES ABOVE DESIGNATED SIZE IN WHOLESALE AND RETAIL TRADES (2001)

单位：万元 (10 000 yuan)

项目 Item	商品购进总额 Total Purchases	商品销售总额 Total Sales	批发 Value in Wholesale Trade	零售 Value in Retail Trade	年末库存 Year-end Inventory
总计 Total	6772152.7	7450542.7	6108018.5	1342524.2	552313.2
#国有及国有控股 State-owned and State Holding Companies	6408999.6	6970399.8	5827745.0	1142654.8	451805.6
(一)按登记注册类型分组 Grouped by Type of Registration					
内资企业 Domestic Funded Enterprises	6599759.3	7248323.6	6047110.8	1201212.8	505760.7
国有企业 State-owned	5191541.3	5293074.2	5137282.8	155791.4	346027.0
集体企业 Collective Owned	129889.5	171100.9	146998.9	24102.0	36918.9
股份合作企业 Cooperative Enterprises of Share Holding	53435.9	54971.0	51762.6	3208.4	9927.0
联营企业 Joint Owned Companies	8341.0	8889.6	8829.6	60.0	335.5
#国有联营企业 State-owned Joint Owned Companies	8341.0	8793.0	8793.0	—	152.0
有限责任公司 Limited Liability Corporations	251706.8	314840.7	258394.0	56446.7	34960.7
股份有限公司 Companies of Share Holding With Limited Liabilities	945202.9	1383060.4	431708.8	951351.6	74199.4
私营企业 Private Owned Enterprises	19641.9	22386.8	12134.1	10252.7	3392.2
#私营有限责任公司 Companies of Limited Liabilities	13768.2	15649.0	11998.5	3650.5	2113.8
港、澳、台商投资企业 Enterprises Funded by Enterpreneurs from Hongkong, Macao & Taiwan	51482.4	75022.8	6612.9	68409.9	4244.5
#合资经营企业(港或澳、台资) Joint Ventures Owned By Enterpreneurs from Hongkong, Macao & Taiwan	51482.4	75022.8	6612.9	68409.9	4244.5
外商投资企业 Foreign-funded Enterprises	120911.0	127196.3	54294.8	72901.5	42308.0
#中外合资经营企业 Sino-foreign Joint Ventures	33474.3	37486.9	35684.0	1802.9	2750.2
(二)按国民经济行业分组: Grouped by Sector(Medium Kind)					
食品、饮料、烟草批发业 Wholesale Trade of Food、Beverage and Tobacco	289380.4	370755.9	365690.3	5065.6	36628.2
#粮食、食用油批发业 Grain Edible Oil in Wholesale Trade	88915.0	117065.2	115885.2	1180.0	7534.9
烟草及其制品批发业 Tobacco and Its Products in Wholesale Trade	168897.0	212930.2	212749.3	180.9	25006.3
棉、麻、土畜产品批发业 Wholesale Trade of Cotton、Fiber and Native Products	72851.9	83602.1	82427.9	1174.2	11332.6
纺织品、服装和鞋帽批发业 Wholesale Trade of Textile、Garments、Shoes and Hat	130298.2	174394.4	174147.3	247.1	21426.7
日用百货批发业 Wholesale Trade of Articles For Daily Use	31736.8	32285.0	31965.3	319.7	4062.1
五金、交电、化工批发业 Wholesale Trade of Hardwares、Electrical Appliances and Chemicals	118898.5	138710.6	77244.3	61466.3	15023.6

续 表1 Continued

单位：万元 (10 000 yuan)

项 目 Item	商品购进总额 Total Purchases	商品销售总额 Total Sales	批发 Value in Wholesale Trade	零售 Value in Retail Trade	年末库存 Year－end Inventory
药品及医疗器械批发业 Wholesale Trade of Medicine and Medical Appliances	248393.5	259232.1	163503.2	95728.9	34104.7
能源批发业 Wholesale Trade of Energy	3738254.4	3770317.7	3747644.7	22673.0	152139.7
#石油及制品批发业 Petroleum and Its Products	3715812.0	3742110.8	3719437.8	22673.0	150054.7
煤炭及制品批发业 Coal and Its Products	18927.6	25850.2	25850.2	—	721.7
化工材料批发业 Wholesale Trade of Chemical Materials	106617.2	106418.1	106418.1	—	7860.5
木材批发业 Wholesale Trade of Wood	—	7.6	7.6	—	255.1
建筑材料批发业 Wholesale Trade of Building Materials	153.8	235.2	235.2	—	192.0
矿产品批发业 Wholesale Trade of Ore Products	8465.5	4960.2	4960.2	—	3505.3
金属材料批发业 Wholesale Trade of Metal Materials	524982.3	514928.1	514928.1	—	31132.6
机械、电子设备批发业 Wholesale Trade of Mechanical and Electrical Products	343951.5	360728.1	360726.9	1.2	61784.7
汽车、摩托车及零配件批发业 Wholesale Trade of Automobile and Motorcycle Products	46814.8	68532.3	67061.7	1470.6	8835.9
再生物资回收批发业 Wholesale Trade of Collection of Materials for Regexeration	1568.0	2094.8	2094.8	—	96.7
工艺美术品批发业 Wholesale Trade of Handicraft Articles	9715.1	13107.2	13107.2	—	817.5
图书报刊批发业 Wholesale Trade of Books and Newspapers	104319.5	97849.8	95918.8	1931.0	17990.0
农业生产资料批发业 Wholesale Trade of Agricultural Producer Goods	25131.0	27462.0	27462.0	—	8957.5
其他类未包括的批发业 Wholesale Trade of Others	63710.9	69289.1	69289.1	—	3027.1
食品、饮料和烟草零售业 Retail Trade of Food、Beverage and Tabacco	15509.2	17110.5	532.7	16577.8	1030.9
日用百货零售业 Retail Trade of Articles of Daily Use	802716.6	1238053.1	149145.5	1088907.6	105656.7
纺织品、服装和鞋帽零售业 Retail Trade of Textile Products、Garments、Shoes and Hats	1518.0	206.5	44.9	161.6	903.2
日用杂品零售业 Retail Trade of Sundry Goods for Daily Use	1396.2	1400.7	1330.1	70.6	580.2
五金、交电、化工零售业 Retail Trade of Hardwares、Electric Appliances and Chemicals	1681.3	2271.2	1581.4	689.8	159.0
药品及医疗器械零售业 Retail Trade of Medicines and Medical Appliances	49046.1	61776.9	43404.1	18372.8	12402.1
图书报刊零售业 Retail Trade of Books and Newspapers	28882.0	27863.3	7147.1	20716.2	9031.4
其他零售业 Retail Trade of Others	6160.0	6950.2	—	6950.2	3377.2

9-5 限额以上批发零售贸易企业商品销售类值(2001 年)

TOTAL SALES OF ENTERPRISES ABOVE DESIGNATED SIZE IN WHOLE SALE AND RETAIL TRADE BY CATEGORY OF COMMODITIES(2001)

单位:万元 (10 000 yuan)

项目	Item	合计 Total	批发 Whole sale	零售 Retail
总计	**Total**	**7450542.7**	**6108018.5**	**1342524.2**
食品、饮料、烟酒类	Food、Beverage and Tabacco	525386.1	293437.5	231948.6
针、纺织品类	Textile Products	166686.3	111468.8	55217.5
服装、鞋帽类	Garments、Shoes and Hats	350768.3	78007.2	272761.1
化妆品类	Cosmetics	56733.8	12179.3	44554.5
日用品类	Articles for Daily Use	121948.9	41076.4	80872.5
五金电料类	Hardware and Electrical Tools	23461.6	19163.9	4297.7
家用电器和音像器材类	Household Appliances and Audio and Video Apparatus	453900.9	187214.9	266686.0
体育、娱乐用品类	Sports and Recreation Articles	13322.0	2264.4	11057.6
文化、办公用品类	Culture and Office Articles	27636.4	9850.2	17786.2
金银珠宝类	Jewelry	32690.6	353.0	32337.6
家俱类	Furniture	11285.8	438.3	10847.5
通讯器材类	Telecommunication Equipments	166873.2	150024.3	16848.9
中西药品类	Medicines	332575.4	203682.7	128892.7
书报、杂志类	Books and Newspapers	124398.6	101401.7	22996.9
电子出版物及音像制品类	Electronic Publications and Audio Video Products	4013.4	1664.2	2349.2
建筑及装潢材料类	Building Materials	11274.0	9727.9	1546.1
木材类	Timber	1188.7	1188.7	—
化工材料及制品类	Chemical Materials and Products	172833.9	172207.5	626.4
金属材料类	Metal Materials	397566.3	397566.3	—
机电设备类	Mechanical and Electric Products	252325.5	252206.8	118.7
煤炭及制品类	Coal Products	32447.0	32447.0	—
石油及制品类	Petroleum Products	3850554.0	3827880.8	22673.2
种子、饲料类	Seed and Forage	8218.7	8218.7	—
棉、麻类	Cotton and Fiber	69971.5	68797.3	1174.2
其他类	Others	242481.8	125550.7	116931.1

9－6 限额以上批发零售贸易企业商品销售(2001 年)

TOTAL SALES OF ENTERPRISES ABOVE DESIGNATED SIZE IN WHOLESALE AND RETAIL TRADES BY COMMODITY(2001)

项目	Item	合计 Total	批发 Whole sale	零售 Retail
粮食(吨)	Grain(ton)	225376	221395	3981
食用植物油(吨)	Edible Vegetable Oil(ton)	15609	1001	14608
食糖(吨)	Sugar(ton)	1857	184	1673
棉花(吨)	Cotton(ton)	59971	58699	1272
鞋(百双)	Shoes and Boots(100 pairs)	51112	13253	37859
布(百米)	Cloth (100 meters)	441826	413713	28113
电视机(台)	Television Set(unit)	1369250	1076426	292824
组合音响(台)	Hi－Fi Stereo Component System(unit)	23919	—	23919
摄像机(台)	Pickup Camera(unit)	1038	—	1038
录像机(台)	Videorecorder(unit)	1242	—	1242
影碟机(台)	Video Disc Player(unit)	109289	46	109243
家用电冰箱(台)	Refrigerator(unit)	178908	32808	146100
家用洗衣机(台)	Washing Machine(unit)	147805	51064	96741
房间空调器(台)	Air Conditioner(unit)	307982	66770	241212
微波炉(台)	Microwave Oven(unit)	188342	68503	119839
微型计算机(台)	Computer(unit)	1099	49	1050
普通电话机(部)	Telephone Sets(unit)	84200	9796	74404
移动电话机(部)	Mobile Telephones(unit)	775779	756346	19433
寻呼机(部)	Paging Receiver(unit)	24030	225	23805
煤炭(吨)	Coal(ton)	888286	888286	—
木材(立方米)	Timber(cu.m)	38	38	—
汽油(吨)	Gasoline(ton)	4580946	4550498	30448
柴油(吨)	Kerosene(ton)	8356020	8316979	39041
煤油(吨)	Kerosene(ton)	497358	497290	68
化学肥料(吨)	Fertilizer(ton)	181579	181579	—
农用薄膜(吨)	Plastic Film For Agriculture(ton)	7896	7896	—
化学农药(吨)	Pesticide(ton)	39	39	—
钢材(吨)	Rolled－Steel(ton)	1474803	1218381	256422
铜(吨)	Copper(ton)	64	64	—
铝(吨)	Alluminium(ton)	6368	6368	—
水泥(吨)	Cement(ton)	34033	34033	—
汽车(辆)	Motor Vehicles(unit)	7084	7084	—
#轿　车	Automobile	3529	3529	—
摩托车(辆)	Motorcycles(unit)	223	171	52
拖拉机(台)	Tractors(unit)	202	202	—

9-7 限额以上零售贸易企业主要财务指标(2001年)

单位：万元

项 目 Item	资产合计 Total Assets	流动资产 Circulating Funds	固定资产 Fixed Asset	负债合计 Total Liabilities
总 计 Total	1095523.0	409083.4	503511.9	758606.5
#国有及国有控股 State-owned and State Holding Companies	966517.0	348891.7	459899.9	653119.7
(一)按登记注册类型分组 Grouped by Type of Company				
内资企业 Domestic Funded Enterprises	1042483.2	386201.1	486711.0	719978.4
国有企业 State-owned	46022.7	18775.7	20690.1	50149.6
集体企业 Collective Owned	18290.6	11181.1	5694.0	16100.1
股份合作企业 Cooperative Enterprises of Share Holding	20292.3	15890.6	2109.1	15934.1
联营企业 Joint Ventures	3553.6	2512.3	712.1	3794.2
#国有与集体联营企业 Joint Ventures by State-owned and Collective Owned Units	3553.6	2512.3	712.1	3794.2
有限责任公司 Companies of Limited Liabilities	41911.4	25183.4	9148.4	34058.9
#其他有限责任公司 Other Type of Corporation Limited	41911.4	25183.4	9148.4	34058.9
股份有限公司 Companies of Share Holding With Limited Liabilities	902307.7	310239.4	441693.4	593284.1
私营企业 Private Enterprises	10104.9	2418.6	6663.9	6657.4
#私营有限责任公司 Private Limited Liability Corporations	507.5	393.1	108.6	257.7
港、澳、台商投资企业 Enterprises Funded by Enterpreneurs from Hongkong, Macao & Taiwan	22984.8	11062.3	6837.5	23071.0
合资经营企业(港或澳、台资) Joint Ventures Owned By Entrepreneurs from Hongkong, Macao & Taiwan	22984.8	11062.3	6837.5	23071.0
外商投资企业 Foreign-funded Enterprises	30055.0	11820.0	9963.4	15557.1
中外合作经营企业 Sino-foreign Joint Ventures	30055.0	11820.0	9963.4	15557.1
(二)按国民经济行业分组： Grouped by Sector				
食品、饮料、烟草零售业 Wholesale Trade of Food、Beverage and Tobacco	10942.9	2233.0	5625.0	14811.5
#副食品零售业 Non-staple Food in Retail Trade	5628.1	938.7	3784.9	5864.6
日用百货零售业 Wholesale Trade of Articles for Daily Use	1007084.1	358814.2	474795.3	687273.6
#百货零售业 Articles for Daily Use	992358.1	353683.7	468970.3	671608.4
文化体育品零售业 Cultural and Sports Goods	5995.2	1396.2	3451.5	6356.2
纺织品、服装和鞋帽零售业 Retail Trade of Textile Products、Garments、Shoes and Hats	4999.2	2648.0	1943.8	4525.7
日用杂品零售业 Retail Trade of Sundry Goods for Daily Use	2400.4	1222.8	1110.1	1877.9
五金、交电、化工零售业 Retail Trade of Hardwares、Electric Appliances and Chemicals	2226.7	1315.3	757.1	3335.1
药品及医疗器械零售业 Retail Trade of Medicine and Medical Appliances	38190.7	27559.6	6582.4	27985.6
图书报刊零售业 Retail Trade of Books and Newspapers	15914.8	8274.4	6797.3	10249.9
其他零售业 Retail Trade of Others	13764.2	7016.1	5900.9	8547.2
#家具零售业 Retail Trade of Furniture	838.8	684.5	40.5	838.8

MAIN FINANCIAL INDICATORS OF ENTERPRISES ABOVE DESIGNATED SIZE IN RETAIL TRADE(2001)

(10 000 yuan)

流动负债 Circulating Funds	长期负债 Long - term Liabilities	所有者权益 Creditors' Equity	实收资本 Total Capital Hold	商品销售收入 Sales Revenue	商品销售成本 Cost of Sales	经营费用 Expenses for Business Operation	管理费用 Managerial Expenditures	财务费用 Financial Expenditures	利润总额 Total Profits
640201.9	84637.8	336916.5	173704.5	1009857.9	874775.8	44700.5	91100.7	16537.0	-3688.7
549066.9	71395.4	313397.3	134648.7	825986.2	713232.8	27914.0	78110.6	15358.5	-1596.7
605538.3	80673.3	322504.8	152719.0	886955.7	770455.7	31093.5	81055.0	16147.8	-3036.7
46070.7	4078.7	-4126.9	5203.3	44217.9	32345.5	4189.5	6488.6	409.6	-1312.7
14986.1	992.4	2190.5	8473.7	22102.2	19398.4	2944.0	2846.9	157.7	-3603.7
—	1482.5	4358.2	3475.0	21506.6	18641.1	1122.7	1258.2	290.7	108.7
3177.6	616.6	-240.6	594.6	82.5	74.0	34.6	96.3	0.4	-107.3
3177.6	616.6	-240.6	594.6	82.5	74.0	34.6	96.3	0.4	-107.3
32295.0	1763.8	7852.5	10379.2	53129.0	48517.4	5307.1	2734.7	424.5	-1517.7
32295.0	1763.8	7852.5	10379.2	53129.0	48517.4	5307.1	2734.7	424.5	-1517.7
505339.0	68751.8	309023.6	121925.9	736437.3	643106.5	17057.0	66686.4	14721.9	3636.2
3669.9	2987.5	3447.5	2667.3	9480.2	8372.8	438.6	943.9	143.0	-240.2
257.7	—	257.7	249.8	3656.8	3303.0	131.4	208.4	0.1	14.0
19106.5	3964.5	-86.2	7759.2	60688.5	49808.1	5495.5	7292.0	289.1	-2122.9
19106.5	3964.5	-86.2	7759.2	60688.5	49808.1	5495.5	7292.0	289.1	-2122.9
15571.1	—	14497.9	13226.3	62213.7	54512.0	8111.5	2753.7	100.1	1470.9
15571.1	—	14497.9	13226.3	62213.7	54512.0	8111.5	2753.7	100.1	1470.9
13083.5	1728.0	-3868.6	1420.0	11690.3	10502.6	1053.0	1815.0	195.1	-1460.3
4136.6	1728.0	-236.5	954.9	3715.8	3258.2	227.3	670.6	196.4	-518.4
590841.4	77117.1	319810.5	154492.0	911344.8	795470.0	36873.5	80373.1	15569.4	-2284.9
575392.4	77022.4	320749.7	151185.3	891265.6	778594.5	34709.3	78163.2	15248.7	-941.8
6140.0	94.7	-361.0	2926.3	4153.9	3836.7	214.0	834.3	246.8	-967.4
4065.8	459.9	473.5	611.4	192.5	118.2	77.1	368.9	98.2	-9.0
1858.1	19.8	522.5	724.2	1400.7	1362.0	61.2	116.5	49.8	-88.1
3095.5	239.6	-1108.4	176.2	1224.3	893.4	368.6	210.9	47.7	-187.8
11520.6	2013.3	10205.1	10698.4	50947.8	44038.6	3339.1	3392.8	328.4	-9.4
10149.8	100.1	5664.9	2522.3	27040.0	17322.0	2130.2	3635.1	-51.8	263.8
5587.2	2960.0	5217.0	3060.0	6017.5	5069.0	797.8	1188.4	300.2	87.0
—	—	838.8	200.0	1221.3	1031.5	134.5	396.7	8.1	8.3

9-8 限额以上批发贸易企业主要财务指标(2001年)

单位：万元

项目 Item	资产合计 Total Assets	流动资产 Circulating Funds	固定资产 Fixed Asset	负债合计 Total Liabilities
总计 Total	3061339.6	2245685.7	359688.6	2773566.0
#国有及国有控股 State - owned and State Holding Companies	2604874.0	1979762.2	312144.5	2379173.4
(一)按登记注册类型分组 Grouped by Type of Registration				
内资企业 Domestic Funded Enterprises	2975460.4	2198520.2	352747.5	2698696.1
国有企业 State - owned	2320312.9	1778809.2	257703.6	2164437.3
集体企业 Collective Owned	328450.4	190837.5	26926.2	305092.7
股份合作企业 Cooperative Enterprises of Share Holding	34406.5	26932.9	5098.7	37549.0
联营企业 Joint Ventures	3589.3	1431.3	1541.7	3361.0
#国有联营企业 State - owned Joint Ventures	3589.3	1431.3	1541.7	3361.0
有限责任公司 Companies of Limited Liabilities	85088.2	65579.9	16139.2	44647.4
#其他有限责任公司 Other Type of Corporation Limited	60311.9	45750.1	11560.3	31799.2
股份有限公司 Companies of Share Holding With Limited Liabilities	199278.8	130889.5	45126.7	140417.7
私营企业 Private Owned Enterprises	4334.3	4039.9	211.4	3191.0
#私营有限责任公司 Private Companies of Limited Liabilities	4334.3	4039.9	211.4	3191.0
港、澳、台商投资企业 Enterprises with Funds from Hongkong, Macao & Taiwan	3839.5	1039.8	350.3	3343.5
#合资经营企业(港或澳、台资) Joint Ventures Owned By Enterpreneurs from Hongkong, Macao & Taiwan	3839.5	1039.8	350.3	3343.5
外商投资企业 Foreign - funded Enterprises	82039.7	46125.7	6590.8	71526.4
#中外合资经营企业 Sino - foreign Joint Ventures	74769.3	39311.6	6384.8	65104.8

MAIN FINANCIAL INDICATORS OF ENTERPRISES ABOVE DESIGNATED SIZE IN WHOLESALE TRADE(2001)

(10 000 yuan)

流动负债 Circulating Funds	长期负债 Long－term Liabilities	所有者权益 Creditors' Equity	实收资本 Total Capital Hold	商品销售收入 Sales Revenue	商品销售成本 Cost of Sales	经营费用 Expenses for Business Operation	管理费用 Managerial Expenditures	财务费用 Financial Expenditures	利润总额 Total Profits
2118244.1	636821.6	287773.6	432327.5	5381303.1	5075557.9	134096.3	95615.9	44599.3	24803.3
1862174.9	500492.9	225700.6	340887.9	5032244.3	4741346.0	125032.0	83123.8	43056.8	24606.4
2056111.9	624083.9	276764.3	419800.1	5324419.7	5023889.7	132285.5	92220.3	44062.5	25486.0
1675840.6	472101.2	155875.6	289178.7	4548882.5	4303732.0	104923.1	69368.9	40935.8	13252.1
178724.1	126368.6	23357.7	58973.9	235026.7	227152.6	6095.6	7820.2	872.4	1196.3
15158.7	22390.3	-3142.5	6878.8	35666.5	30946.8	3121.7	2162.3	189.5	-364.3
3361.0	—	228.3	1922.3	8011.8	7608.9	143.4	201.7	69.1	-14.6
3361.0	—	228.3	1922.3	8011.8	7608.9	143.4	201.7	69.1	-14.6
42194.1	448.5	40440.8	23517.3	249566.0	232026.6	5232.4	5815.6	268.2	8319.3
29345.9	448.5	28512.7	16076.6	126371.0	118517.0	2946.6	1949.7	370.0	3063.4
137642.4	2775.3	58861.1	38124.5	236613.5	212557.1	12319.2	6480.4	1707.3	3186.3
3191.0	—	1143.3	1204.6	10652.7	9865.7	450.1	371.2	20.2	-89.1
3191.0	—	1143.3	1204.6	10652.7	9865.7	450.1	371.2	20.2	-89.1
1039.8	2303.7	496.0	450.0	5412.8	4606.0	334.7	147.9	-5.2	1.1
1039.8	2303.7	496.0	450.0	5412.8	4606.0	334.7	147.9	-5.2	1.1
61092.4	10434.0	10513.3	12077.4	51470.6	47062.2	1476.1	3247.7	542.0	-683.8
55720.8	9384.0	9664.5	11380.5	32205.5	28822.9	1040.1	2812.3	375.3	-812.5

续 表 Continued

单位：万元

项 目 Item	资产合计 Total Assets	流动资产 Circulating Funds	固定资产 Fixed Asset	负债合计 Total Liabilities
(二)按国民经济行业分组： Grouped by Sector				
食品、饮料、烟草批发业 Wholesale Trade of Food、Beverage and Tobacco	290867.9	198281.5	64207.0	197701.7
# 粮食、食用油批发业 Grains, Edible Oil in Wholesale Trade	160664.7	120131.8	27486.7	111748.4
烟草及其制品批发业 Non – staple Food in Retail Trade	79548.1	59790.6	11954.1	36948.0
棉、麻、土畜产品批发业 Wholesal Trade of Cotton、、Fiber nad Native Products	236700.5	118462.0	14560.8	267431.3
纺织品、服装和鞋帽批发业 Wholesale Trade of Textile Products、Garments、Shoes and Hats	250453.5	199856.7	30191.6	299043.5
日用百货批发业 Wholesale Trade of Articles for Daily Use	42395.5	30341.0	6820.0	60813.0
五金、交电、化工批发业 Wholesale Trade of Hardwares、Electric Appliances and Chemicals	60071.4	31970.3	21199.6	54968.3
药品及医疗器械批发业 Wholesale Trade of Medicine and Medical Appliances	147515.9	117687.2	16283.6	157855.0
能源批发业 Wholesale Trade of Energy	942624.1	688226.1	62912.6	788798.6
# 石油及其制品批发业 Petroleum and Its Products	887252.2	650828.3	49358.2	749955.8
煤炭及其制品批发业 Coal and Its Products	46724.7	28760.7	13544.3	35831.3
化工材料批发业 Wholesale Trade of Chemical Materials	59053.5	41351.8	14380.6	53087.9
木材批发业 Wholesale Trade of Timber	11352.5	5737.2	1208.0	8093.9
建筑材料批发业 Wholesale Trade of Building Materials	6540.3	3898.0	828.2	5789.1
矿产品批发业 Wholesale Trade of Ore Products	7474.5	7434.7	39.8	6317.4
金属材料批发业 Wholesale Trade of Metal Materials	422246.1	338894.6	57352.7	286303.6
机械、电子设备批发业 Wholesale Trade of Mechanical and electrical Products	306240.2	252246.3	22358.2	327210.5
汽车、摩托车及零配件批发业 Wholesale Trade of Automobile, Motorcycle and Related Products	66482.7	42114.0	20504.1	53055.4
# 汽车批发业 Automobile	66482.7	42114.0	20504.1	53055.4
再生物资回收批发业 Wholesale Trade of Collection of Materials for Regexeration	7642.6	2855.3	2782.9	5724.7
工艺美术品批发业 Wholesale Trade of Handicraft Articles	15986.8	14088.0	1020.5	30242.0
图书报刊批发业 Wholesale Trade of Books and Newspapers	31868.8	2126.0	10438.6	22198.4
农业生产资料批发业 Wholesale Trade of Agricultural Producer Goods	74092.2	61429.2	6199.5	51701.8
其他类未包括的批发业 Wholesale Trade of Others	81730.6	69785.8	6400.3	97229.9

续 表 Continued

(10,000 yuan)

		所有者权益 Creditors' Equity		商品销售收入 Sales Revenue	商品销售成本 Cost of Sales	经营费用 Expenses for Business Operation	管理费用 Managerial Expenditures	财务费用 Financial Expenditures	利润总额 Total Profits
流动负债 Circulating Funds	长期负债 Long-term Liabilities		实收资本 Total Capital Hold						
173202.6	23813.1	93166.2	35755.9	333013.0	286126.7	18085.0	14014.5	2458.4	16308.8
977335.0	14014.9	48916.3	24283.1	115901.8	105893.1	8871.4	3717.4	1941.8	-1587.8
34153.0	2109.0	42600.1	5586.3	186348.5	154939.4	7203.9	5267.0	418.4	17817.7
135885.6	131545.7	-30730.8	16880.0	172776.9	167756.6	4305.7	6271.6	1629.4	-1384.9
273272.7	25770.8	-48590.0	62139.4	165919.4	150594.4	8788.6	7623.2	3492.4	-3463.7
60813.0	—	-18417.5	5248.1	31999.5	30169.0	1461.6	2988.8	1187.4	-3634.9
53559.1	1409.1	5103.1	5321.8	118794.1	113985.1	3307.4	2426.1	179.4	-756.1
134168.8	23585.3	-10339.1	10956.8	222176.6	206704.9	6890.3	8033.9	3221.3	-3464.8
446880.3	341918.3	153825.5	79785.9	3118056.6	2988395.4	61487.9	18860.7	21574.7	28347.3
405236.3	344719.5	137296.4	64997.5	3096146.2	2971563.2	57262.6	16734.1	20940.6	28984.6
38632.5	-2801.2	10893.4	9788.4	19666.7	15032.2	3873.8	2000.2	668.7	-1072.0
52826.6	261.1	5965.6	19188.9	95908.2	93362.6	2262.4	2122.8	1196.2	127.6
7850.8	243.1	3258.6	3045.3	7.6	19.2	11.5	432.1	351.1	-643.0
5789.1	—	751.2	307.8	410.9	334.6	26.8	198.1	-4.1	-46.3
6317.4	—	1157.1	44.8	4960.2	4863.1	5.0	151.9	0.2	248.8
281261.9	5041.7	135942.5	113315.9	488967.8	466899.7	11907.2	11631.3	2861.8	523.5
273781.1	53199.4	-20970.3	32342.4	334220.8	320921.8	7305.4	9056.6	2914.1	-1370.9
42090.4	8970.4	13427.3	15584.6	65543.9	63445.7	1386.0	1837.6	750.1	-1186.2
42090.4	8970.4	13427.3	15584.6	65543.9	63445.7	1386.0	1837.6	750.1	-1186.2
3286.5	338.2	1917.9	858.3	2843.9	2200.1	406.7	632.3	37.9	-21.3
30107.0	135.0	-14255.2	978.0	13107.2	12154.5	502.1	533.2	953.5	-1201.6
4879.1	3930.8	9670.4	3880.0	97326.7	59058.4	2115.0	4443.2	-102.1	-165.3
51217.7	484.1	22390.4	16843.8	36755.0	35344.8	679.2	1462.7	660.1	174.8
81054.4	16175.5	-15499.3	9849.8	78514.8	73221.3	3162.5	2895.3	1237.5	-3588.5

9-9 限额以上餐饮企业主要财务指标(2001年)

单位:万元

项目 Item	资产合计 Total Assets	流动资产 Circulating Funds	固定资产 Fixed Asset	负债合计 Total Liabilities
总计 Total	**206994.8**	**30869.4**	**122767.7**	**146078.7**
# 国有及国有控股 State - owned and State Holding Companies	25936.9	4221.1	9150.8	17512.2
(一)按登记注册类型分组 Grouped by Type of Registration				
内资企业 Domestic Funded Enterprises	65364.0	17193.2	20231.0	37110.0
国有企业 State - owned	7646.0	1793.2	4533.2	5256.2
集体企业 Collective Owned	558.7	63.5	485.8	249.2
股份合作企业 Cooperative Enterprises	31.5	8.3	8.2	29.3
联营企业 Joint Ventures	2615.8	167.7	1898.1	2188.6
国有联营企业 State - owned Joint Ventures	2615.8	167.7	1898.1	2188.6
有限责任公司 Companies Ltd.	2949.3	798.5	1090.4	2006.6
股份有限公司 Companies of Share Holding With Limited Liabilities	12853.2	1537.1	1365.5	8440.3
私营企业 Private Owned Enterprises	38709.5	12824.9	10849.8	18939.8
私营独资企业 Enterprises by Exclusive Investment	4691.0	3043.4	1137.1	2567.7
私营有限责任公司 Private Companies of Limited Liabilities	31098.3	8744.7	8542.0	14532.2
港、澳、台商投资企业 Enterprises Funded by Enterpreneurs from Hongkong, Macao & Taiwan	51204.6	3215.3	35755.7	46106.6
合资经营企业(港或澳、台资) Joint Ventures Owned By Enterpreneurs from Hongkong, Macao & Taiwan	48460.0	2450.5	35008.6	43920.1
港、澳、台商独资经营企业 Enterprises Exclusively Funded by Entrepreneurs from Hongkong, Macao and Taiwan	2744.6	764.8	747.1	2186.5
外商投资企业 Foreign - funded Enterprises	90426.2	10460.9	66781.0	62862.1
中外合资经营企业 Sino - foreign Joint Ventures	63534.1	5789.8	57313.4	42406.8
外资企业 Foreign Funded Enterprises	26892.1	4671.1	9467.6	20455.3
(二)按国民经济行业分组 Grouped by Sector				
正　餐 Dinner	180102.7	26198.3	113300.1	125623.4
快　餐 Fast Food	26892.1	4671.1	9467.6	20455.3

MAIN FINANCIAL INDICATORS OF ENTERPRISES ABOVE DESIGNATED SIZE IN CATERING TRADE(2001)

(10 000 yuan)

		所有者权益		营业收入	营业成本	营业费用	管理费用	财务费用	利润总额
流动负债 Circulating Funds	长期负债 Long - term Liabilities	Creditors' Equity	实收资本 Total Capital Hold	Sales Revenue	Cost of Sales	Expenses for Business Operation	Managerial Expenditures	Financial Expenditures	Total Profits
69237.2	**76475.9**	**60916.1**	**76006.2**	**125875.6**	**67307.6**	**36541.3**	**16800.9**	**3300.7**	**-5214.9**
11023.7	6488.5	8424.7	4081.1	10530.0	5644.7	3620.6	1108.1	71.1	-316.5
29902.2	6844.4	28254.0	19566.3	78337.2	44993.8	20464.7	8648.1	327.9	-261.7
4562.3	693.9	2389.8	2094.8	3651.0	1893.5	1162.5	562.1	7.9	-112.3
249.2	—	309.5	501.5	331.5	303.6	129.5	—	0.2	-127.2
9.3	20.0	2.2	—	474.9	251.4	151.6	2.7	4.1	-1.1
1638.6	550.0	427.2	50.0	596.0	121.3	382.8	90.2	53.8	-72.8
1638.6	550.0	427.2	50.0	596.0	121.3	382.8	90.2	53.8	-72.8
1272.2	734.4	942.7	960.0	5605.2	3170.9	1736.4	448.9	7.2	-8.9
3663.1	4777.2	4412.9	509.1	1707.6	1061.9	617.9	176.9	5.5	-200.3
18507.5	68.9	19769.7	15450.9	65971.0	38191.2	16284.0	7367.3	249.2	260.9
2516.9	—	2123.3	2265.1	11785.1	6509.6	1988.7	1766.3	36.5	762.3
14275.1	68.9	16566.1	12441.7	49784.0	29017.8	13058.3	5347.9	207.8	-513.2
13344.0	32760.4	5098.0	21135.3	5516.2	985.8	4445.2	2941.4	819.6	-3972.8
11712.5	32205.5	4539.9	18923.0	5105.8	953.7	4134.7	2733.5	743.0	-3730.7
1631.5	554.9	558.1	2212.3	410.4	32.1	310.5	207.9	76.6	-242.1
25991.0	36871.1	27564.1	35304.6	42022.2	21328.0	11631.4	5211.4	2153.2	-980.4
13535.7	28871.1	21127.3	20000.0	4994.0	1181.5	1240.3	1255.2	1207.9	-147.4
12455.3	8000.0	6436.8	15304.6	37028.2	20146.5	10391.1	3956.2	945.3	-833.0
56781.9	68475.9	54479.3	60701.6	88847.4	47161.1	26150.2	12844.7	2355.4	-4381.9
12455.3	8000.0	6436.8	15304.6	37028.2	20146.5	10391.1	3956.2	945.3	-833.0

9-10 进出口贸易总额
TOTAL IMPORTS AND EXPORTS OF FOREIGN TRADE COMPANIES

单位:万美元 (10 000 USD)

项目 Item	进出口总额 Total Imports and Exports	进口 Imports	出口 Exports
1988	38828	16656	22171
1989	40405	14712	25692
1990	35607	9124	26483
1991	51570	16130	35440
1992	57929	23041	34889
1993	79277	42680	36597
1994	198840	71109	127731
1995	254641	104325	150317
1996	183968	82593	101375
1997	212345	89522	122824
1998	183634	77812	105822
1999	173972	82549	91423
2000	203085	85678	117407
2001	215648	120969	94679

注:以上数据为武汉地区海关口径。
Note: Date in this tables refer to Customs Statistics in Wuhan.

9-11 实际利用外资
AMOUNT OF FOREIGN CAPITAL ACTUALLY USED

单位：万美元 (10 000 USD)

项目 Item	合计 Total	借用国外资金 Foreign Loans	境外客商直接投资 Foreign Direct Investments	实际利用外资与上年比±% Increase Rate of Foreign Capital Actually Used Over Last Year (%)
1990	8044	6909	1135	2.7
1991	10187	8680	1507	26.6
1992	21261	14123	7138	108.7
1993	46427	16942	29485	118.4
1994	91343	46245	44961	96.7
1995	111514	49921	59150	22.1
1996	92024	45294	46730	-17.5
1997	93083	47750	45333	1.2
1998	105618	46218	45397	13.5
1999	116585	68651	47550	10.4
2000	130279	35110	75415	11.7
2001	143201	27021	72223	10.0

9－12 外国和港澳台地区在汉直接投资
DIRECT INVESTMENT FROM FOREIGN COUNTRIES、HONGKONG、MACAO AND TAIWAN

项 目 Item	新签协议合同(个) Number of Contracts Signed in the Year (unit)		协议客商投资额(万美元) Foreign Investment Through the Signed Contracts(10 000 USD)		客商实际投资额(万美元) Foreign Investment Actually Made (10 000 USD)	
	2000	2001	2000	2001	2000	2001
总 计 Total	144	147	42849	80040	75415	72223
一、按投资方式分 Grouped by Type of Investment						
1.中外合资经营企业 Sino－foreign Joint Ventures	57	60	20850	20066	50032	30004
2.中外合作经营企业 Sino－foreign Cooperative Enterprises	6	12	4873	32666	5174	14356
3.外资企业 Foreign－Funded Enterprises	81	75	17126	27308	20209	27863
二、按国民经济行业分 Grouped by Sector						
农、林、牧、渔业 Farming、Forestry、Animal Husbandry and Fishery	6	4	1582	2634	65	515
采 掘 业 Mining and Quarrying	1	—	150	—	1974	976
制 造 业 Manufacturing	63	70	24320	20812	52379	29702
电力、煤气及水的生产和供应业 Production & Supply of Power, Gas & Water	—	1	—	25000	—	3000
建 筑 业 Construction	3	1	2372	295	1733	747
交通运输、仓储及邮电通信业 Transport、Storage、Post and Telecommunications	3	2	1630	7927	640	1570
批发和零售贸易业 Wholesale and Retial Trade & Catering Services	4	4	700	3825	1166	2367
金融、保险业 Finance and Insurance	1	—	1000	—	—	240
房地产业 Real Estate Trade	11	13	5870	10659	9014	21322
社会服务业 Social Services	16	19	3735	2016	6789	6024
卫生、体育和社会福利业 Health Care, Sports and Social Welfare	3	1	167	93	—	372
教育、文化艺术及广播电影电视业 Education、Culture and Arts、Radio、Film and television	—	—	—	—	34	—
科学研究和综合技术服务业 Scientific Research and Polytechnical Services	32	31	1315	3799	521	1250
其他行业 Others	1	1	8	2980	1100	4138
三、按国别、地区分 Grouped by Country (Region)						
1.亚 洲 Asia	84	89	17040	65628	22214	42577
香 港 Hong Kong	49	48	14185	51070	13440	29570
澳 门 Macao	1	1	108	204	350	1131

续 表 Continued

项 目 Item	新签协议合同(个) Number of Contracts Signed in the Year (unit)		协议客商投资额(万美元) Foreign Investment Through the Signed Contracts(10 000 USD)		客商实际投资额(万美元) Foreign Investment Actually Made (10 000 USD)	
	2000	2001	2000	2001	2000	2001
台 湾 Taiwan	18	30	1331	8367	2222	4404
印度尼西亚 Indonesia	—	—	—	—	—	—
日 本 Japan	6	4	348	4141	797	2059
马来西亚 Malaysia	1	1	15	9	—	—
新 加 坡 Singapore	4	4	996	927	4674	4534
韩 国 Republic of Korea	3	—	45	—	27	12
泰 国 Thailand	2	1	12	910	704	867
2.非 洲 Africa	1	—	510	—	—	510
3.欧 洲 Europe	33	28	23580	10610	50541	21585
英 国 United Kingdom	18	18	3302	5690	8073	10940
德 国 Federal Repubic of Germany	8	3	1468	849	1486	2077
法 国 France	1	2	11635	1399	39274	1109
荷 兰 Netherlands	2	—	7030	2469	1691	7395
瑞 士 Switzerland	—	—	—	—	—	—
4.北 美 州 North America	22	25	1686	3375	2633	5848
加 拿 大 Canada	5	6	70	197	389	1776
美 国 United States	17	19	1616	3178	2244	4072
5.大 洋 州 Oceania	4	5	33	427	27	1703
澳大利亚 Australia	3	3	26	390	27	26
新 西 兰 New Zealand	1	1	7	3	—	7

9-13 旅 游 情 况
TOURISM

项目 Item		1995	2000	2001
海外旅游者人数合计(人)	Total of Tourists Abroad(person)	157432	221587	285929
海外旅游者人天数合计(人天)	Accumulative Number of Tourists Abroad by Day(person - day)	358592	564517	728268
外国旅游者人数合计(人)	Number of Foreigners(person)	94448	175641	225913
外国旅游者人天数合计(人天)	Accumulative Number of Foreign Tourists by Day(person - day)	217622	453301	508395
旅游总收入(亿元)	Total income(100 mil. yuan)	10.08	132	161
#旅游外汇收入(亿美元)	Foreign Exchange Income(100 mil. dollars)	0.56	0.98	1.21
按国别(地区)统计的旅游者人数(人)	Number of Tourists by Country (Region) (person)			
日本	Japan	24655	23876	31170
菲律宾	the Philippines	1249	186	247
新加坡	Singapore	4617	2017	1716
泰国	Thailand	1615	864	1052
印度尼西亚	Indonesia	1189	333	842
美国	United States	11151	29301	86196
加拿大	Canada	2269	3964	4605
英国	United Kingdom	2537	6697	22725
法国	France	4545	7886	7326
德国	Federal Republic of Germany	3988	23251	40150
意大利	Italy	4646	906	894
俄罗斯	Russia	195	185	377
澳大利亚	Australia	1853	2234	3036
新西兰	New Zealand	243	409	492
华侨	Number of Overseas Chinese as Tourists	3486	—	—
华侨(人天)	Number of Overseas Chinese as Tourists Accumulated by Day(person - day)	5128	—	—
港、澳、台同胞(人)	Chinese from Hongkong、Macao and Taiwan	59498	45946	60016
港、澳、台同胞(人天)	Number of Chinese from Hongkong Macao and Taiwan Accumulated by Day(person - day)	135842	111216	219873
#台胞(人)	Taiwan Chinese	29549	23741	35600
台胞(人天)	Number of Taiwan Chinese Accumulated by Day(person - day)	65428	51402	167178
接待过夜旅游者人数(人)	Number of Tourists Put Up in Hotels For The Night(person)	157432	182846	209848
接待过夜旅游者人天数(人天)	Number of Tourists Put Up in Hotels For The Night Accumulated by Day(person - day)	358592	525776	619082

主 要 统 计 指 标 解 释

社会消费品零售额 指各种经济类型的批发零售贸易业、餐饮业、制造业和其他行业对城乡居民和社会集团的消费品零售额。这个指标反映通过各种商品流通渠道向居民和社会集团供应的生活消费品来满足他们生活需要，是研究人民生活，社会消费品购买力，货币流通等问题的重要指标。社会消费品零售额包括：(1)售给城乡居民作为生活用的商品和修建房屋用的建筑材料；(2)售给机关、团体、学校、部队、企业、事业单位的职工食堂和旅店(招待所)附设专门供本店旅客食用，不对外营业的食堂的各种食品、燃料；企业、单位和国营农场直接售给本单位职工和职工食堂的自己生产的产品；(3)售给部队干部、战士生活用的粮食、副食品、衣着品、日用品、燃料；(4)售给来华的外国人、华侨、港、澳、台同胞的消费品；(5)居民自费购买的中、西药品、中药材及医疗用品；(6)报社、出版社直接售给居民和社会集团的报纸、图书、杂志，集邮公司出售的新、旧纪念邮票、特种邮票、首日封、集邮册、集邮工具等；(7)旧货寄售商店自购、自销部分的商品；(8)煤气公司、液化石油气站售给居民和社会集团的煤气灶具和罐装液化石油气；(9)农业生产者售给非农业居民和社会集团的商品。不包括售给国民经济各部门企业、事业单位(包括国有经济的农场)生产经营用的各种原材料、燃料、设备、工具等和售给批发零售贸易业、餐饮业作为转卖用的商品、旧货寄售商店受托寄售卖出的商品、服务业的营业收入、邮局出售邮票的收入、自来水、电力、煤气生产(供应)单位的产品供应收入，也不包括农民之间的商品销售。

批发零售贸易业商品购、销、存总额 指以各种经济类型的批发、零售贸易业企业为总体的商品购、销、存。

商品购进总额 指从本企业(单位)以外的单位和个人购进(包括从国外直接进口)作为转卖或加工后转卖的商品。这个指标反映批发零售贸易业从国内、国外市场上购进商品的总量。商品购进总额包括：(1)从工农业生产者购进的商品；(2)从出版社、报社的出版发行部门购进的图书、杂志和报纸；(3)从各种经济类型的批发零售贸易企业(单位)购进的商品；(4)从其他单位购进的商品，如从机关、团体、企业、单位购进的剩余物资，从餐饮业、服务业购进的商品，从海关、市场管理部门购进的缉私和没收的商品，从居民收购的废旧商品等；(5)从国(境)外直接进口的商品。不包括企业(单位)为自身经营用和未通过买卖行为而收入的商品以及销售退回，商品升溢等。

商品销售总额 指对本企业(单位)以外的单位和个人出售(包括对国(境)外直接出口)的商品。该指标反映批发零售贸易业在国内市场上销售商品以及出口商品总量。商品销售总额包括：(1)售给城乡居民和社会集团消费用的商品；(2)售给工业、农业、建筑业、运输邮电业、批发零售贸易业、餐饮业、服务业等作为生产、经营使用的商品；(3)售给批发零售贸易业作为转卖或加工后转卖的商品；(4)对国(境)外直接出口的商品。商品销售总额不包括：出售本企业(单位)自用的废旧包装用品；未通过买卖行为付出的商品；经本单位介绍，由买卖双方直接结算，本单位只收取手续费的业务；购货退出的商品以及商品损耗和损失等。

年末库存 指年末各种经济类型的批发零售贸易企业(单位)已取得所有权的商品。它反映各地区、各批发零售贸易企业(单位)的商品库存情况，和对市场商品供应的保证程度。期末库存包括：(1)存放在批发零售贸易业经营单位(如门市部、批发站、经营处)仓库、货场、货柜和货架中的商品；(2)挑选、整理、包装中的商品；(3)已记入购进而尚未运到本单位的商品，即发货单或银行承兑凭证已到而货未到部分；寄放他处的商品，如因购货方拒绝承付而暂时存放在购货方的商品和已办完加工成品收回手续而未提回的商品；(5)委托其他单位代销(未作销售或调出)尚未售出的商品；(6)代其他单位购进尚未交付的商品。不包括所有权不属于本单位的商品；拨付除批发零售贸易业以外的其他行业所属独立核算加工厂等加工生产尚未收回成品的商品、代国家物资储备部门保管的商品等。期末库存总额计算方法是：农副产品采购单位按购进价计算；批发单位按进货价计算；零售单位按什么价格核算就按什么价格计算。

城乡集市贸易成交额 指在农村集市和城市集市上买卖双方(包括农民、非农业居民、机关、团体、工商企业、个体商贩)成交的全部商品金额。它是反映集市贸易规模的综合性指标。

利用外资 指我国各级政府、部门、企业和其它经济组织通过对外借款、吸收外商直接投资以及用其它方式筹措的境外现汇、设备、技术等。

对外借款 是我国利用外资的主要部分。包括我国通过外国政府贷款，国际金融组织贷款，外国银行商业贷款，出口信贷以及对外发行债券，股票等方式，从境外筹措的资金。

外商直接投资 是指外国企业和经济组织或个人(包括华侨、港澳台胞以及我国在境外注册的企业)按我国有关政策、法规，用现汇、实物、技术等在我国境内开办外商独资企业、与我国境内的企业或经济组织共同举办中外合资经营企业、合作经营企业或合作开发资源的投资(包括外商投资收益的再投资)以及经政府有关部门批准的项目投资总额内，企业从境外借入的资金。

对外承包工程 包括各对外承包公司以招标议标承包方式承揽的下列业务(1)承包国外工程建设项目；(2)承包我国对外经援项目；(3)承包我国驻外机构的工程建设项目；(4)承包我国境内利用外资进行建设的工程项目；(5)与外国承包公司合营或联营承包工程项目时我国公司分包部分；(6)以服务成果向业主收费的技术服务项目(包括承担地形地貌测绘；地质资源勘探与普查；建设区域规划；提供设计文件、图纸、生产工艺技术资料和工程技术经济咨询；工程项目的可行性考察、研究和评估；进行技术指导和培训人员等)；(7)对外承包兼营的房屋开发业务。对外承包工程的营业额是以货币表现的本期内完成的对外承包工程的工作量，包括以前年度签订的合同和本年度新签订的合同在报告期内完成的工作量。

对外劳务合作 指以收取工资的形式向业主或承包商提供技术和劳务服务的活动。我国对外承包公司在境外开办的合营企业,中国企业同时又提供劳务的,其劳务部分也纳入劳务合作统计。劳务合作营业额按报告期内向雇主提交的结算数(包括工资、加班费和奖金等)统计。

海外旅游者 指来我国参观、访问、旅行、探亲、访友、休养、考察、参加会议和从事经济、科技、文化、教育、宗教等活动的外国人、华侨、港澳和台湾同胞的人数。不包括外国在我国的常住机构,如使领馆、通讯社、企业办事处的工作人员;来我国常住的外国专家、留学生以及在岸逗留不过夜人员。

国内旅游者 指我国大陆居民离开常住地在境内其他地方的旅游设施内至少停留一夜,最长不超过6个月的国内游客。包括在我国常住1年以上的外国人、华侨、港澳和台湾同胞。

旅游外汇收入 指入境旅游的外国人、华侨、港澳和台湾同胞在中国大陆旅游过程中发生的一切旅游支出,对于国家来说就是国际旅游(外汇)收入。

Explanatory Notes on Main Statistical Indicators

Total Retail Sales of consumer Goods refer to the sum of retail sales of consumer goods by the establishments in wholesale trade, retail sale trade, catering trade, manufacturing industry and other industries of different types of owner ship, to urban and rural residents and social groups. This indicator is used to show the supply of consumers' goods through various channels to households and institutions to meet their demands, and is therefore very important for the study of the issues on people's livelihood, on the purchasing power of consumer goods and on the circulation of money. The retail sales of consumer goods include: (1) commodities sold to urban and rural residents for residential use and building materials sold to them for the construction or repair of houses; (2) food and fuels sold to canteens of institutions, enterprises, schools, military units and to canteens of hotels and hostels that only serve their guests, and commodities produced by enterprises, institutions or state farms and sold directly to their employees or their canteens; (3) grain and non-staple food, clothing, daily articles and fuels sold to military personnel; (4) consumer goods sold to foreigners, overseas Chinese, and Chinese compatriots from Taiwan, Hong Kong and Macao during their stay in the mainland of China; (5) Chinese and western medicines, herbs and medical facilities purchased by residents; (6) newspapers, books and magazines directly sold to residents and social groups by publishers, new and old commemorative stamps, special stamps, first-day covers, stamp albums and other stamp-collection articles sold by stamp companies; (7) consumer goods purchased and then sold by second-hand shops; (8) stoves and other heating facilities and liquefied gas sold by gas companies to households and institutions; and (9) commodities sold by farmers to non-agricultural residents and social groups. Excluded under this heading are: raw materials, fuels, equipment, tools sold to enterprises, institutions and state farms for production purpose; commodities sold to trade establishments for re-selling; commissioned sales at second-hand shops; operational income of urban public utilities, stamps sold at post offices: income of water, power, gas production and supply establishments from the supply of their products; and sales of commodities among farmers.

Purchase, Sales and Stock of Commodities by Wholesale and Retail Trade refer to the purchase, sales and stock of commodities by wholesale and retail establishments of different ownership (excluding individual sellers).

Total Purchases of Commodities refer to the purchases of commodities by the establishments from other establishments or individuals (including direct import from abroad) for the purpose of reselling, either with or without further processing of the commodities purchased. This indicator is used to show the total value of purchases of commodities by wholesale and retail establishments from domestic and overseas markets. The total purchases include: (1) agricultural and industrial products purchased from producers; (2) books, magazines and newspapers purchased from distribution departments of the publishers; (3) commodities purchased from wholesale and retail establishments; (4) commodities purchased from other units, such as surplus materials purchased from government agencies, enterprises or institutions, commodities purchased from catering and service establishments, confiscated goods purchased from customs authorities or market management agencies, second-hand goods and wastes purchased from residents; and (5) commodities directly imported from abroad. Excluded are commodities purchased by establishments (units) for use in there own business operation, commodities obtained without buying or selling procedures, rejected commodities, etc.

Total Sales of Commodities refer to selling of commodities by the establishments to other establishments and individuals (including direct export). This indicator is used to show the total value of sales of commodities at domestic markets and expert. The total sales include: (1) commodities sold to urban and rural residents and social groups for their consumption; (2) commodities sold to establishments in industry, agriculture, construction, transportation, post and telecommunications, wholesale and retail trades, catering trade and public utility for their production and operation; (3) commodities sold to wholesale and retail establishments for re-selling, with or without further processing; and (4) commodities for direct expert to other countries. Excluded are selling of waste packaging materials used by the establishments (units) themselves, commodities transferred without buying or selling procedures, commission income from brokerage in transactions whose settlement is directly handled by buyers and sellers, rejected commodities in the purchase, loss in commodities, etc.

Commodity Stock of Wholesale and Retail Enterprises at Year-end refers to total commodities possessed by wholesale and retail enterprises (units) of various types of ownership, which reflects the commodity stock level of various wholesale and retail enterprises and the potential for market supply. It includes: (1) commodities located in storage, garages, counters, and shelves of operating units (such as sale stores, wholesale centers, and operating offices) of wholesale and retail enterprises; (2) commodities in the process of selecting, sorting, and packing; (3) commodities not arrived but recorded as purchase in the account, i. e. commodities not arrived but payment receipts for the commodities from the sellers or the banks arrived; (4) commodities deposited in other places rather than places mentioned above, for instance: commodities in the hold of purchasers temporarily due to the refusal of payment and commodities not taken back after going through the formalities; (5) commodities entrusted to other units to sell but not sold yet; (6) commodities purchased for other units but not delivered yet. Commodities not included as stock are those not owned by the enterprises (units), those allocated to financially independent factories rather than wholesale and retail enterprises for processing but not taken back yet, and finally those put in stock by wholesale and retail enterprises on behalf of the state material reserves units. In the calculation of the value of commodities stock at the end of period, the value is calculated at purchasing prices in agricultural goods purchasing units and wholesale units, and at the accounting prices in retail units.

Volume of Business (Transaction Value) at Urban and Rural Free Market refers to the value of all goods changed hands between sellers and buyers, including farmers, non-agricultural residents, institutions, organizations, enterprises and private peddlers, at urban and rural free markets. It is a comprehensive indicator used to show the size of the transaction at the free trade markets.

Utilization of Foreign Capital refers to remittance, equipment and technology financed from abroad, by loans, foreign direct investment and other forms undertaken by the Chines Governments at all levels, by various departments, enterprises and other economic units.

Foreign Loans a major part of China's utilization of foreign capital, refer to funds borrowed from abroad, including loans of foreign governments, loans of international financial institutions, commercial loads of foreign banks, exports credit, and funds raised by Chinese bonds and shares issued abroad.

Direct Investment by Foreign Entrepreneurs refers to the investments inside China by foreign enterpriese and economic organizations or individuals (including overseas Chinese, compatriots from Hong Kong and Macao, and Chinese enterpriese registered abroad), following the relevant policies and laws of China, for the establishment of ventures exclusively with foreign own investment, Sino – foreign joint ventures and cooperative enterpriese or for co – operative exploration of resources with enterpries or economic organizations in China. It includes the re – investment of the foreign entrpreneurs with the profits gained from the investment and the funds that enterpriese borrow from abroad in the total investment of projects which are approved by the relevant department of the government.

Contracted Projects with Foreign Countries refer to projects undertaken by Chinese contractors (project contracting companies) through bidding process. They include (1) overseas civil engineering construction projects financed by foreign investors; (2) overseas projects financed by the Chinese government through its foreign – aid programs; (3) construction projects of Chinese diplomatic missions, trade offices and other institutions stationed abroad; (4) construction projects in China financed by foreign investment; (5) sub – contracted projects to be taken by Chinese contractors through a joint umbrella project with foreign contractor(s); (6) technical assistance projects in the form of service results and chargeable to the owners (such as topographic surveying, geological prospecting, development zone programming, provision of designing documents, blueprint, materials on production processs, technical conslation, project feasibility studies and evaluation, personnel training. ect.); and (7) housing development projects. The business income from interational contracted projects is the work volume of contracted projects comleted during the reference period, expressed in monetary terms, including completed work on projects signed in previous years.

Service Co – operating with Foreign Countrles refers to the activities of providng technology and labour services to enployers or contractors in the forms of receiving salares and wages. Labour services providing by contratual joint ventures of Chinese international contracting corporations should be included in the statistic of servicce co – operation with foreign countries. The business income of labour service co – operation is the incoem in the form of wages and salareis, overtime pay, bonuses and other remuneration received from the employers during the reference period.

Number of Tourists: International tourists refer to foreigners, overseas Chinese, Chinese compatriots from Hong Kong, Macao and Taiwan coming to China for sightseeing, visits, tours, family reunions, vacations, study tours, conferences and other activities of a business, scientific and technological, cultural, educational and religious nature. It does not include representatives and employees of resident institutions of foreign countries in China such as embassies, consulates, news agencies and offices of foreign companies and organisations, nor does it include long – term foreign experts or students residing in China, or persons in transition without spending a night in China. Number of Domestic tourists refer to residents of the mainland of China who stay for one night at least and 6 months at most at tourist facilities in other places than their permanent residence within the territory of the mainland China, including foreigners, overseas Chinese and Chinese compatriots from Hong Kong, Macao and Taiwan who have resided in China for over one year.

Foreign Exchange Earnings from International Tourism refer to the total expenditures of foreigners, overseas Chinese, Chinese compatriots from Hong Kong, Macao and Taiwan during their stay in the mainland of China, which are earnings of foreign exchange from international tourism from the point of view from China.

十、财政、金融和保险

FINANCE, BANKING AND INSURANCE

资料整理人员:刘　秒　桂　静

STAFF FOR DATA PROCESSING: Liu Miao　Gui Jing

10-1 财 政 收 入 与 支 出
BUDGETARY GOVERNMENT REVENUES AND EXPENDITURES OF THE WHOLE CITY

单位：万元　　　　(10 000 yuan)

项目 Item	1995	1997	1998	1999	2000	2001
财政收入 Government Revenue	596014	854198	1000598	1122312	1261481	1501818
其中：地方财政收入 Local	288353	416670	507743	604658	697711	861586
工商税收 Industrial and Commercial Taxe	236987	325827	377161	398407	447677	520246
# 增 值 税 Value add Tax	79717	105716	118416	116000	141831	160330
营 业 税 Business Tax	88604	118359	128980	143971	165287	182499
城市维护建设税 Tax on City Maintence and Construction	30304	41431	40183	40372	45202	48930
企业收入 Revenue from Enterprises	6312	-14106	6466	64384	80084	110125
# 企业所得税 Enterprises' Income Tax	72373	36512	52114	86896	101209	130807
国营企业亏损补贴 Subsidies for the Losses of the State-owned Enterprises	-66042	-50618	-44947	-24154	-21770	-22352
按行业分 Tax By Sector						
# 工　业 Industry	53914	12852	4568	-1135	-5542	-2842
商　业 Commerce	-10451	-3949	-3292	-3343	-3668	-2047
粮　食 Grain	-24873	-16164	-13865	-13863	-11280	-11824
农 业 税 Agricultural Tax	5830	7990	7380	7585	7990	6100
财政支出 Goverment Expenditures	313718	486493	575251	736416	890360	1196000
# 基本建设支出 Capital Construction	10705	25306	27706	25862	24588	25200
企业挖潜改造基金 Innovation Funds	10789	10442	10407	9450	14175	38200
科技三项费用 Science and Technology Promotio Funds	3169	5512	7415	8553	12297	14700
城市维护建设费 City Maintenance and Construction	10183	36730	37912	35854	45131	52000
支援农业生产支出	7680	5115	24066	15983	8044	9400
文教卫科事业费	95787	126367	143054	166662	192845	239900
行政管理费 Government Administration	29934	38652	41701	49001	62795	82200
公检法支出 Public Scurity Agency, Procuratorial Agency and Court of Justice	31389	40215	45896	57277	73214	92000

注：1994年及以后，增值税统计口径为25%。
Note: Since 1994, data concerning value added tax only cover 25 percent of the total value added tax.

10-2 税收完成情况
GOVERNMENT TAXES REVENUES

单位：万元　　(10 000 yuan)

项目	Item	2000	2001
市国家税务局总计	**Subtotal of State Taxation Bureau of Wuhan**	**936465**	**1151187**
工商税收	Industrial and Commercial Tax	820488	984906
按税种分	by Type of Tax		
增 值 税(国内)	Value added Tax(Domestic)	585487	654755
消 费 税	Consumption Tax	138276	159241
营 业 税	Business Tax	20533	17206
国有股份制企业所得税	Incomes Tax Levied on State - owned Share Holding Enterprises	59240	106324
市地方税务局总计	**Subtotal of Local Taxation Bureau**	**540307**	**615778**
工商税收	Industrial and Commercial Tax	305643	359473
营 业 税	Business Tax	165285	182500
个人所得税	Personal Income Tax	45568	76714
城 建 税	Tax on City Maintenance and Constrution	45263	48930
车船使用税	Tax on use of Vehicles and ships	1573	1527
房 产 税	Tax on Real Estates	23067	27753
屠 宰 税	Slaughter Tax	1103	793
资 源 税	Tax on Resources	444	445
土地使用税	Tax on Use of Land	10327	9831
印 花 税	Stamp Tax	7513	8701
固定资产投资方向调节税	Tax on Adjustment of the Orientation of Investment in Fixed Assetes	5470	2125
国有企业所得税	Income Tax of State - owned Enterprises	57143	54271
教育费附加	Extra - charges for Education	17828	17918

10－3 金融机构资金来源与运用
CREDIT FUNDS BALANCE SHEET OF BANKS－SOURCES AND BANKS－USES OF FINANCIAL INSTITUTIONG

单位：万元　　　　(10 000 yuan)

项目 Item	1995	1997	1998	1999	2000	2001
资金来源本外币合计 All Sources from Local and Foreign Currency						17794593
其中:本币 Local Currency	8433334	11833786	12643799	13464343	14456078	16989684
金融机构本外币存款 Deposits in Financial Institutions						21437856
其中:本币 Local Currency	6313474	11138538	12852741	14631945	16943230	20148567
#银行存款 Deposits in Banks	4776233	8171930	9551949	12562177	14924270	18025470
#企业存款 Deposits of Enterprises	2710635	4292151	4778650	6301666	7439119	8851804
财政存款 Treasury Deposits	86304	－7544	91484	98140	91435	114079
城镇储蓄存款 Urban Savings Deposits	1919946	3529073	4254776	5340443	6168837	7039932
#定期储蓄存款 Fixed Savings Deposits	1411611	2527613	3010871	3705916	4017068	4499239
农业存款 Agricultural Savings Deposits	18544	25224	29248	24723	20973	26896
其他存款 Other Deposits	30596	330568	395445	618370	975119	1232828
资金运用本外币合计 All Uses for Local and Foreing Currency						17794593
其中:本币 Local Currency	8433334	11833786	12643799	13464343	14456078	16989684
金融机构本外币贷款 Loans from Financial Institutions Containing Local and Foreign CURrency						16663233
其中:本币 Local Currency	6345332	11061790	12337431	12564489	13429440	15187268
#银行贷款 Loans from Banks	5352139	7997562	8785948	11114731	11969247	13809373
#工业贷款 Loans to Industrial Enterprises	1684727	2210904	2403545	2541773	2412305	2526204
商业贷款 Loans to Commercial Enterprises	1231585	2015544	2021612	2532834	2148954	2251900
建筑业贷款 Loans to Construction Enterprises	121966	256207	287321	194158	185313	233638
农业贷款 Agricultural Loans	78948	91280	101351	118982	76410	78635
技术改造贷款 Loans for Technology Innovation	821399	925682	980373	1020774	862991	894478
基本建设贷款 Loans for Capital Construction	394629	701553	762568	1970240	2466824	2782394

10-4 金融机构现金收支
CASH INCOME AND EXPENDITURES OF FINANCIAL INSTITUTIONS

单位：万元　　(10 000 yuan)

项目 Item	1995	1997	1998	1999	2000	2001
现金收入 Cash Income	9336833	19419039	23885688	27295362	33102707	40625226
#商品销售 Commodity Sales	2085538	3647410	4237121	4439800	4806315	5228558
服务业 Service Trade	687442	1208163	1669274	1778595	1857535	2064925
储蓄存款 Savings Deposits	4333725	9875320	13439129	16296685	20917058	27464028
现金支出 Cash Expenditures	8605721	16706537	21666966	25157842	30941847	38546376
#国家工资及奖金支出 Wages and Bonus from Government and State-owned Enterprises	978041	1092279	1209338	1337830	1428519	1463096
国家对个人其他支出 Other Payments to Individuals from Government and State-owned Enterprises	495420	552701	675221	649979	672277	599913
集体单位工资奖金支出 Wages and Bonus from Urban Collective Units	128789	129272	—	—	—	—
城镇集体单位对个人其他支出 Other Payments to Individuals from Urban Collective Units	85089	94783	—	—	—	—
农副产品采购支出 Purchases of Agricultural and Sideline Products	255625	221991	215825	316008	457269	420143
行政企事业管理费支出 Government and Non-Profit Institutions Overhead	788767	1328301	1897609	2018171	2321920	2575635
储蓄存款支出 Expenditures for Savings Deposits	4180923	9446050	12895342	15974032	20410866	26840512
货币投放(+)回笼(-) Currency Issuance(+) Withdrawn(-)	-731112	-2258772	-2218722	-2137520	-2160860	-2078850
本年末市场货币流通量 Currency in Circulation	596308	793229	—	—	—	—

10－5 银行资金来源与运用(2001年)

CREDIT FUNDS BALANCE SHEET OF BANKS－SOURCES AND BANKS USES IN BANKING SYSTEM(2001)

单位：万元 (10 000 yuan)

项目 Item	合计 Total	#市工商银行 Wuhan Branch of Industrial and Commercial Bank of China	#市农业银行 Wuhan Branch of Agricultural Bank of China	#市建设银行 Wuhan Branch of Construction Bank of China	#市中国银行 Wuhan Branch of Bank of China
资金来源合计 All Sources	**15478956**	**4031049**	**1785283**	**2259214**	**1425353**
#各项存款 Deposits	18025470	4217186	2237171	3699187	1579183
#企业存款 Deposits of Enterprises	8851804	1565056	1128607	1751019	704353
城镇储蓄存款 Urban Savings Deposits	7039932	2394379	1006939	1643791	785804
#定期储蓄存款 Fixed Savings Deposits	4499239	1671679	607826	1032525	577186
农业存款 Agricultural Savings Deposits	26896	—	25257	1455	—
其他存款 Other Deposits	1232828	75662	50691	294399	89026
资金运用合计 All uses	**15478956**	**4031049**	**1785283**	**2259214**	**1425353**
#各项贷款 Loans	13809373	3668632	1609952	1917639	1274874
1.短期贷款 Short－term Loans	7449628	1919630	824057	649676	792337
#工业贷款 Loans to Industrial Enterprises	2526204	1283008	101671	325068	157253
商业贷款 Loans to Commercial Enterprises	2251900	423147	374534	89653	393814
建筑业贷款 Loans to Construction Enterprises	233638	—	—	142125	—
农业贷款 Agricultural Loans	78635	—	77180	231	—
私营及个体工商贷款 Loans to Private Enterprises and Individuals Engage in Industrial and Commercial Business	82792	7208	1865	—	—
乡镇企业贷款 Loans to Township Enterprises	44499	—	43146	—	—
2.中长期贷款 Medium－term and Long－term Loans	5096164	1546908	742639	955044	399386
#基本建设贷款 Loans for Capital Construction	2782394	564079	143657	800841	182437
技术改造贷款 Loans for Technology Innovation	894478	721222	20125	20154	112058

10－6 金融机构年末储蓄存款余额

OUTSTANDING AMOUNT OF SAVINGS DEPOSITS IN FINANCIAL INSTITUTIONS(year－end)

年份 Year	年末储蓄存款余额（万元）Outsanding Amount of Savings Deposits (year－end) (10 000 yuan)	城镇居民储蓄存款 Urban Savings Deposits	定期 Fixed Deposits	农村储蓄存款 Rural Savings Deposits	全市人均储蓄存款（元）Per Capita Savings Deposits of the Whole City (yuan)	城镇居民 Urban Residents	农民 Rural Residents
1978	26403	22725		3678	49	88	13
1992	1077539	947606	777769	129933	1574	2457	435
1994	1696763	1485037	1073982	211726	2438	3796	695
1995	2277695	2001885	1411611	275810	3231	4992	907
1996	3395860	3060793	2301233	335067	4763	7446	1110
1997	4033628	3662798	2711181	370830	5603	8741	1232
1998	4954751	4553491	3224911	401260	6807	10701	1327
1999	5748055	5340443	3705916	407612	7810	12378	1338
2000	6594360	6168837	4017068	425523	8855	14091	1387
2001	8818770	8328742	5591934	490028	11700	18715	1587

注：本表2001年数据为本外币合并数。

Notes: The datas in 2001 contain local currency and foreign currency.

10-7 证券市场交易情况(2001)
STATISTICS ON TRANSCACTIONS OF SECURITIES

单位:万元 (10 000 yuan)

项目	Item	1995	2000	2001
一、证券交易金额	Total Transcation Volume of Securities	28642129	38557695	28832495
(一)股票交易金额	Subtotal of Volume of Stock Transcation	2627971	26650502	12673364
#上海市场	Shanghai Stock Exchange	1889355	12650031	7233760
深圳市场	Shenzhen Stock Exchange	659974	14000471	5439604
(二)基金交易金额	Volume of Transcaction of Funds	32452	2130258	925612
(三)国债交易金额	Volume of Goverment Bonds Transcations	25978461	8636650	8320594
(四)金融债交易金额	Volume of Finacial Bonds Transcactiont	—	75	—
(五)企业债交易金额	Volume of Enterprises Bonds Transcaction	3245	35344	10451
(六)其　他	Others	—	1104866	6902474
二、营业收入	Business Income	54770	176096	113801
三、营业支出	Business Expenditures	68649	139477	125309
四、营业税金及附加	Business Tax&Extra - charges	1960	13972	7531
五、营业利润	Profits from Business Operation	-13879	36619	-11508
六、期末固定资产原值	Year - end Original Value of Fixed Assets	46637	106748	109717
七、期末从业人数(人)	Employment(person)	2658	3072	2609
八、网 点 数(个)	Number of Network(unit)	77	84	76
九、机 构 数(个)	Number of Institutions(unit)	42	52	50

10-8 历年保险业务经营情况
ECONOMIC INDICATORS OF INSURANCE BUSINESS IN VARIOUS YEARS

单位：万元 (10 000 yuan)

年份 Year	保费收入 Premium	储金收入 Savings Revenue	赔款或给付支出 Claim or Benefits	满期给付 Benefits at Expiration	退保 Withdrawal Insurance	赔付率(%) Rate of Claim to Premium (%)
1990	26909	3942	6757	11938	—	25.1
1991	32119	5498	12300	16100	—	38.3
1992	48460	8565	10181	23058	—	21.0
1993	63081	13513	26240	25085	1152	41.6
1994	67398	13234	45657	16193	1989	67.7
1995	86419	10884	53277	19909	29496	61.6
1996	119571	10946	36245	30629	3510	30.3
1997	161036	9376	36314	35966	5294	22.6
1998	187055	6227	65972	44345	8516	35.3
1999	228178	3496	48509	16665	10911	21.3
2000	224530	2100	43602	25170	11885	19.4
2001	264023	39	67625	10665	22818	25.6

10－9 保险业务经营情况(2001年)
ECONOMIC INDICATORS OF INSURANCE BUSINESS(2001)

单位：万元 (10 000 yuan)

项目 Item	承保人数 Number of People Insured (person)	保险金额 Amount Insured	保费收入 Premium	储金收入 Savings Revenue	赔款或给付支出 Claim or Benefits	满期给付 Benefits at Expiration	退保 Withdrawal Insurance	赔付率(%) Rate of Claim to Premium (%)
国内外业务合计 Total	2213161	42408518	264023	39	67625	10665	22818	25.6
其中：外币业务(万美元) Foreign Currency Business (10 000 USD)			22		2			9.1
(美元折人民币) (Converting Dollars into RMB) (10 000 yuan)			258		20			7.8
(一)产险 Property Insurance	—	25477604	85991	39	47498	222	6025	55.2
企财险 Enterprises Property Insurance	—	10830398	18803	—	7389	—	721	39.3
运输工具及责任险 Insurance of Motor Vehicles & Responsibility	—	4005329	50646	—	30292	—	4049	59.8
货运险 Freight Transport Insurance	—	3575648	5473	—	1987	—	242	36.3
家财险 Family Property Insurance	—	981155	2224	39	191	222	248	8.6
责任险 Responsibility Insurance	—	716896	2636	—	4591	—	269	174.2
信用险 Credit Insurance	—	3521	42	—	707	—	—	1683.3
农业险 Agriculture Insurance	—	515	31	—	18	—	—	58.1
其它险 Other Insurance	—	5364142	6136	—	2323	—	496	37.9
(二)寿险 Life Insurance	2213161	16930914	178032	—	20127	10443	16793	11.3
人寿险 Common Life Insurance	140664	793542	104989	—	11399	10122	9235	10.9
意外险 Savings Life Insurance	1802573	12214528	8248	—	2311	—	3	28.0
年金险 Retirement Pension Insurance	44082	30815	55182	—	2362	321	7459	4.3
健康险 Health Insurance	225842	3892029	9613	—	4055	—	96	42.2

主 要 统 计 指 标 解 释

财政收入 国家财政参与社会产品分配所取得的收入，是实现国家职能的财力保证。财政收入所包括的内容几经变化，目前主要包括：(1)各项税收；(2)专项收入；(3)其他收入等。财政支出国家财政将筹集起来的资金进行分配使用，以满足经济建设和各项事业的需要，主要包括：(1)基本建设支出；(2)企业挖潜改造资金；(3)地质勘探费用；(4)科技三项费用；(5)支援农村生产支出；(6)农林水利气象等部门的事业费用；(7)工业交通商业等部门的事业费；(8)文教科学卫生事业费；(9)抚恤和社会福利救济费；(10)国防支出；(11)行政管理费；(12)价格补贴支出等。

中央财政收入和地方财政收入按财政体制划分的中央本级收入和地方本级收入。1994 年分税制财政体制以后，属于中央财政的收入包括关税。海关代征消费税和增值税，消费税，中央企业所得税，地方银行和外资银行及非银行金融企业所得税、铁道、银行总行、保险总公司等集中缴纳的营业税、所得税，利润和城市维护建设税，增值税的 75% 部分，海洋石油资源税和证券(印花)税 50% 部分。属于地方财政的收入包括营业税，地方企业所得税，个人所得税，城镇土地使用税，固定资产投资方向调节税，城镇维护建设税，房产税，车船使用税，印花税，屠宰税，农牧业税，农业特产税，耕地占用税，契税，增值税 25% 部分，证券交易税(印花税)的 50% 部分和除海洋石油资源税以外的其他资源税。

中央财政支出和地方财政支出 根据政府在经济和社会活动中的不同职责，划分中央和地方政府的责权，按照政府的责权划分确定的支出。中央财政支出包括国防支出，武装警察部队支出，中央级行政管理费和各项事业费，重点建设支出以及中央政府调整国民经济结构。协调地区发展，实施宏观调控的支出。地方财政支出主要包括地方行政管理和各项事业费，地方统筹的基本建设、技术改造支出，支援农村生产支出，城市维护和建设经费，价格补贴支出等。

信贷资金 国家银行用于发放贷款的资金叫信贷资金。中国人民银行信贷资金的来源有各项存款、对国际金融机构负债、流通中货币、银行自有资金及当年结益等。信贷资金的运用有各项贷款、黄金占款、外汇占款、财政借款及在国际金融机构中的资产等。

存款 企业、机关、团体或居民根据资金必须收回的原则，把货币资金存入银行或其他信用机构保管并取得一定利息的一种信用活动形式。根据存款对象的不同可划分为企业存款、财政存款、机关团体存款、基本建设存款、城镇储蓄存款。农村存款等科目。它是银行信贷资金的主要来源。

贷款 银行或其他信用机构根据资金必须归还的原则，按一定利率，为企业、个人等提供资金的一种信用活动形式。我国银行贷款分为流动资金贷款、固定资产贷款、城乡个体工商户贷款以及农业贷款等科目。

保费 又叫保险费。是保险人根据保险合同的有关规定，为被保险人取得因约定危险事故发生所造成的经济损失补偿(或给付)权利，付给保险人的代价。包括财产险和人身险储金收入。

赔款 保险事故发生后，经查证确属保险责任范围以内的保险标的损失，保险人根据保险合同的规定履行赔偿义务，给予被保险人的款项叫做赔款。赔款可分为已决赔款和未决赔款两种。

Explanatory Notes on Main Statistical Indicators

Government Revenue refers to the revenue of the government finance by means of participating in the distribution of the social products, which is the financial resources for ensuring the government to function. The contents of government revenue have been changed several times. Now it includes the following main items:

(1) Various tax revenues, including value added tax, business tax, consumption tax, land value added tax, tax on city maintenance and construction, resources tax, tax on use of urban land, stamp tax, tax on adjustment of the orientation of investment in fixed assets, personal income tax, enterprise income tax, tariff, tax on agriculture and animal husbandry and tax on occupancy of cultivated land, etc.

(2) Special revenues, including revenue collected from imposing fee on sewage treatment, revenue collected from imposing fee on urban water resources, and extra – charges for education, etc.

(3) Other revenues, including revenue from the repayment of capital construction loan, the funds for the state key construction projects in energy industry and transportation, and the funds for state budget adjustment, etc.

(4) Planned subsidies for the losses of the state – owned enterprises. This is an item of negative revenue, used to eat up part of the government revenue.

Government Expenditure refers to the distribution and use of the funds the government finance has raised, so as to meet the needs of economic construction and various causes. It includes the following main items:

(1) Expenditure for capital construction: It refers to the non – gratuitous use and appropriation of funds for capital construction in the range of capital construction, outlay of capital as well as the loans on capital construction approved by the government for special purpose or policy purpose and the expenditure with discount paid in an overall way within the amount of the funds appropriated to the departments for capital construction.

(2) Innovation funds of the enterprises: They refer to the funds appropriated from the government budget for the enterprises to tap the latent power, upgrade the technology and carry out innovation, including the innovation fund of the departments, loan of the enterprises for innovation, subsidies on the innovation of the small fertilizer plant, small cement plant, small coal mines, small machinery plant and small steel plant, the expenditure of interest for the loan for innovation.

(3) Geological prospecting expenses: They refer to the expenses appropriated from the government budget to the geological prospecting units for the expenditure of the prospecting work, including the expenditures of the administrative agencies for geological prospecting and their institutional units as well as the geological prospecting expenditure.

(4) Expenditures for science and technology promotion: They refer to the expenses appropriated from the government budget for the scientific and technological expenditure, including new products development expenditure, expenditure for intermediate trial and subsidies on important scientific researches.

(5) Expenditure for supporting rural production: It refers to the expenditures appropriated from the government for supporting the various expenditures of the rural collective units or households for production, including the subsidies to the small water conservancy projects and well drilling, sprinkling irrigation projects run by the villages; subsidies on the rural water and soil conserving measures; subsidies to the small power stations run by the villages; subsidies to the expenditure for fighting against particularly severe draughts, subsidies on the rural waste land exclamation, fund for supporting the township enterprises; subsidies to the expenditure for popularization of the agricultural technologies and plant protection in the rural areas; subsidies to the expenditure for the protection of grasslands and cattle and fowls, subsidies on afforestation and forest protection in rural areas; subsidies on the rural aquatic products industry; special fund for developing grain production.

(6) Operating expenses of the departments of farming, forestry, water conservancy and meteorology etc.: They refer to the expenses appropriated from the government budget for the expenditures of agricultural exclamation, farms, agriculture, animal husbandry, agricultural machinery, forestry, timber industry, water conservancy, aquatic products industry, meteorology, technology popularization in township enterprises, popularization (demonstration) of improved varieties, plant (cattle and fowls, forest) protection, water quality monitoring, prospecting and designing, resources investigation, cadres training, subsidies to horticulture gardens, expenditure of specialized secondary schools, subsidies on the experiments of sowing herbage seeds by flights, expenditures of afforestation agencies and meteorology agencies, expenses for fishery administration and operating expenses for agricultural administration, etc.

(7) Operating expenses of the departments of industry, transport and commerce: They refer to the expenses appropriated from the government budget to the departments of industry, transport and commerce for the expenditure of business development, including expenses for prospecting and designing, expenditures of specialized secondary schools, expenditures of the technical training schools and expenditures for cadres training, etc.

(8) Operating expenses of the departments of culture, education, science and public health: They refer to the expenses appropriated from the government budget for the expenditures of the causes of culture, publication, cultural relics, education, public health, traditional Chinese medical science, free medical services, sports, archives, earthquake, ocean, communications, broadcasting, film and television, family planning, expenditure for training of cadres of government, party and mass organization, expenditures for natural sciences, social sciences, associations for science and technology and the special expenditure for the high tech researches. They include mainly wages, extra wages, welfare funds, pension for the retirees, stipend, expenses for official business, expenses for equipment purchases, expenses for repairs, business expenses and subsidies to the units which are unable to support their expenditures by their own earnings.

(9) Pension for the disabled or for the families of the bereaved and relief funds for social welfare: They refer to the funds appropriated from the government budget for the expenditures of pension for the disabled or for the families of the bereaved and relief funds for social welfare, in-

cluding the lump – sum or regular pension paid by the departments of civil affairs to the members of martyrs' families and families of those who died for the public interest, pension to the revolutionary disabled, subsidies for permanent disability of various kinds, subsidies to the military martyrs' dependents and the demobilized armymen, expenditure for settling down the demobilized armymen, operating expenses of the consoling institutions, expenses for management and repair of the commemorative buildings for the martyrs, the expenses managed by the departments of civil affairs for the retirees and those who have quitted their work, expenses for social relief in rural and urban areas, operating expenses for providing relief to the areas of natural calamity and subsidies on the reconstruction after the particularly severe natural calamities, etc.

(10) Expenditures for national defence: They refer to the funds appropriated from the government budget for the expenditures for building up national defence and safeguarding national security, including expenses of national defence, expenses of scientific researches on national defence, expenses for building up people's militia and expenditure for special projects, etc.

(11) Administrative expenses: They include expenditure for administration, subsidies to the parties and mass organizations, diplomatic expenditure, expenditure for public security, judicial expenditure, law court expenditure, procuratorial expenditure and subsidies to the expenses for treating the cases by the public security departments, procuratorial organs and law courts.

(12) Expenditure for price subsidies: It refers to the expenditure appropriated, with the approval of the government, from the government budget for the policy subsidies to price adjustment, including the fund for the increase of grain prices, the subsidies to the difference between the selling prices and purchasing prices of grains, cotton and edible oil, awards in addition to the purchasing prices of cotton, risk fund for non – staple food, subsidies on the prices of meat and meat products, subsidies on the price difference for curbing the high market prices of meat, meat products and vegetables and the subsidies approved by the government on the prices of textbooks and news print of newspapers and periodicals.

Revenue of the central government and revenue of the local governments: In accordance with the classification of the structure of the government finance in 1994 on the basis of the classification of channels for collection of tax revenues, the revenue of the central government and the revenue of the local governments have different coverage. The revenue of the central government includes tariff, consumption tax and value added tax levied by the customs, consumption tax, income tax of the enterprises subordinate to the central government, income taxes of the local banks, foreign – funded banks and non – bank financial institutions, business tax, income tax and profits of railways, head offices of banks, head office of insurance company, which are handed over to the government in a centralized way, tax on city maintenance and construction, 75% of the value added tax, tax on ocean petroleum resources, 50% of the tax on stock dealing (stamp tax) . The revenue of the local governments includes business tax, income tax of the enterprises subordinate to the local government, personal income tax, tax on the use of urban land, tax on the adjustment of the investment in fixed assets, tax on town maintenance and construction, tax on real estates, tax on the use of vehicles and ships, stamp tax, slaughter tax, tax on agriculture and animal husbandry, tax on special agricultural products, tax on the occupancy of cultivated land, contract tax, 25 % of the value added tax, 50 % of the tax on stock dealing (stamp tax) and tax on resources other than the ocean petroleum resources.

Expenditure of the central government and expenditure of the local governments: According to the different functions of the central government and local governments in the economic and social activities, the rights of affairs administration are classified between the central government and local governments, and the classification of the expenditure between the central government and local governments are made on the basis of the classification of the rights of affairs administration between them. The expenditure of the central government includes the expenditure for national defence, expenditure for armed police forces, the administrative expenses and various operating expenses at the level of central government, expenditure for key projects and the expenditure of the central government for adjusting the national economic structure, coordinating the development among different regions and exercising the macro – economic regulation and control. The expenditure of the local governments includes mainly the administrative expenses and various operating expenses at the level of local governments, the expenditure for capital construction and technological innovation with the funds raised by the Local government, expenditure for supporting rural production, expenditure for city maintenance and construction and expenditure for price subsidies, etc.

Credit Funds refer to the funds issued as loans by state banks. The sources of credit funds of the People's Bank of China included deposits, liabilities to international financial institutions, currency in circulation, self – owned fund and current retained profits, etc. The credit funds can be used in forms of loans, gold, foreign exchange, government debt and assets in the international financial institutions.

Deposits is a form of credit by which enterprises, institutions, organizations or households can put money into banks and other credit institutions for safekeeping and interest earning under the principle of free withdrawal. According to different depositors, deposits are divided into enterprise deposits, treasury deposits, deposits of government agencies and organizations, capital construction deposits, urban savings deposits, rural deposits and other deposits. Deposits are major sources of the credit funds of banks.

Loan is a form of credit by which banks and other credit institutions provide funds at certain interest rate to enterprises and individuals in the light of the principle of unconditional repayment. Loans from Chinese banks include circulating capital loans, fixed assets loans, loans to urban and rural individuals engaged in industrial and commercial business and agricultural loans.

Premium is the fee paid by the insurance based on a proportion of the benefit he or she may get from the insurance plus the insurance value. It includes the income from the deposit of property insurance and personal insurance.

Settled Claim is the compensation paid by the insurer to the insurance in accordance with the insurance contract for the loss which has been checked and found to be in the range of liability of the insurance after an accident has happened to the insured property or to a person who has insured his life. It is further divided into settled and unsettled claim.

十一、物价指数和人民生活

PRICE INDICES AND PEOPLE'S LIVELIHOOD

资料整理人员：薛鄂鸣　费　虹　李小兰　胡红久　吴卫东　江　红　胡　刚
林　洪　张晓勇　张　超

STAFF FOR DATA PROCESSING:

Xue Eming　Fei Hong　Li Xiaolan　Hu Hongjiu　WuWeidong　Jiang Hong　Hu Gang
Lin Hong　Zhang Xiaoyong　Zhang Chao

11-1 历年居民消费价格指数
CONSUMER PRICE INDEX IN VARIOUS YEARS

项目 Item	上年=100 preceding year= 100		1952年=100 1952's = 100		1978年=100 1978's =100	
	居民消费价格指数 General Consumer Price Index	商品零售价格指数 General Retail Price Index	居民消费价格指数 General Consumer Price Index	商品零售价格指数 General Retail Price Index	居民消费价格指数 General Consumer Price Index	商品零售价格指数 General Retail Price Index
1950	198.3	198.3				
1951	112.6	116.0				
1952	105.7	106.7	100.0	100.0		
1953	101.9	101.6	101.9	101.6		
1954	100.7	100.9	102.6	102.5		
1955	100.2	100.4	102.8	102.9		
1956	100.2	100.2	103.0	103.1		
1957	104.1	103.9	107.2	107.1		
1958	99.2	99.1	106.3	106.1		
1959	101.2	101.4	107.6	107.6		
1960	103.1	103.0	110.9	110.8		
1961	123.5	126.0	137.0	139.6		
1962	99.0	98.8	135.6	137.9		
1963	98.7	98.6	133.8	136.0		
1964	97.3	97.2	130.2	132.2		
1965	94.3	93.9	122.8	124.1		
1966	98.9	99.8	121.4	123.9		
1967	100.2	100.6	121.6	124.6		
1968	100.2	100.3	121.8	125.0		
1969	100.6	100.0	122.5	125.0		
1970	99.6	99.5	122.0	124.4		
1971	99.7	99.6	121.6	123.9		
1972	100.1	100.1	121.7	124.0		
1973	100.3	100.3	122.1	124.4		
1974	99.9	100.3	122.0	124.8		

续 表 Continued

项 目 Item	上年=100 preceding year = 100		1952年=100 1952's = 100		1978年=100 1978's = 100	
	居民消费价格指数 General Consumer Price Index	商品零售价格指数 General Retail Price Index	居民消费价格指数 General Consumer Price Index	商品零售价格指数 General Retail Price Index	居民消费价格指数 General Consumer Price Index	商品零售价格指数 General Retail Price Index
1975	99.9	99.9	121.9	124.7		
1976	100.1	100.1	122.0	124.8		
1977	100.1	100.1	122.1	124.9		
1978	100.8	100.7	123.1	125.8	100.0	100.0
1979	102.5	102.8	126.2	129.3	102.5	102.8
1980	106.6	107.2	134.5	138.6	109.3	110.2
1981	101.2	101.3	136.1	140.4	110.6	111.6
1982	101.2	101.1	137.7	141.9	111.9	112.8
1983	101.1	101.1	139.2	143.5	113.1	114.0
1984	104.1	104.0	144.9	149.2	117.7	118.6
1985	111.1	111.6	161.0	166.5	130.8	132.4
1986	106.2	105.8	171.0	176.2	138.9	140.1
1987	108.2	108.2	185.0	190.6	150.3	151.6
1988	120.5	121.8	222.9	232.2	181.1	184.6
1989	113.4	113.9	252.8	264.5	205.4	210.3
1990	103.0	102.5	260.4	271.1	211.6	215.6
1991	107.3	106.7	279.4	289.3	227.0	230.0
1992	111.4	110.0	311.3	318.2	252.9	253.0
1993	119.8	118.8	372.9	378.0	303.0	300.6
1994	126.3	124.1	471.0	469.1	382.7	373.0
1995	118.4	114.0	557.7	534.8	453.1	425.2
1996	112.2	106.0	625.7	566.9	508.4	450.7
1997	103.1	100.7	645.1	570.9	524.2	453.9
1998	97.4	96.2	628.3	549.2	510.6	436.7
1999	96.1	93.7	603.8	514.6	490.7	409.2
2000	100.6	97.4	607.4	501.2	493.6	398.6
2001	99.5	96.0	604.4	481.2	491.1	382.7

11－2 居民消费价格分类指数
CONSUMER PRICE INDICES BY CATEGORY

（上年＝100）　　　　（preceding year＝100）

项目	Item	2001
居民消费价格总指数	General Consumer Price Index	99.5
非食品价格指数	Non－Food Consumer Price Index	99.4
服务项目价格指数	Serving Item Price Index	107.6
扣除鲜菜鲜果总指数	Not－Including Fresh Vegetables and Fruits Price Index	99.2
消费品价格指数	Consumer Goods Price Index	97.2
一、食　　品	Food	99.7
1.粮　　食	Grain	92.0
2.淀粉及薯类	Starches and Tubers	102.7
3.干豆类及豆制品	Bean and Its Products	100.7
4.油　脂	Oil or Fat	84.0
5.肉禽及其制品	Meat, Poultry and Their Products	103.2
6.蛋	Eggs	108.9
7.水产品类	Aquatic Products	97.3
8.菜	Vegetables	98.0
9.调 味 品	Flavouring	100.4
10.糖	Carbohydrate	103.1
11.茶及饮料	Tee and Beverage	97.5
12.干鲜瓜果	Dried and Fresh Melons & Fruits	115.0
13.糕点饼干面包	Cake	92.9
14.奶及奶制品	Milk and Its Products	100.1
15.在外用膳食品	Food eating outdoor	99.3
16.其它食品及食品加工服务	Others and Food Processing	101.5
二、烟酒及用品	Tobacco, Beverages and others	100.4
1.烟　　草	Tobacco	99.8
2.酒	Beverages	102.1
3.吸烟饮酒用品	Smoking and drinking and their Articles	98.0
三、衣　　着	Clothing	92.9
1.服　　装	Garments	90.7
2.衣着材料	Clothing Materials	102.4
3.鞋袜帽	Footwear, Hats and Other Clothing	97.4
4.衣着加工服务	Clothing Processing Services	102.3
四、家庭设备用品及维修服务	Household Facilities and Articles	91.1
1.耐用消费品	Durable Consumer Goods	88.0
2.室内装饰品	Interior Decorations	92.4
3.床上用品	Bed Articles	91.6
4.家庭日用杂品	Daily Use Sundry Goods	95.3
5.家庭服务及加工维修服务	Family Services and Processing and Amending	99.7
五、医疗保健和个人用品	Medicine and Medical Articles and Personal Articles	95.8
1.医疗保健	Medicine and Medical Articles	95.1
2.个人用品及服务	Personal Articles and services	97.2
六、交通和通讯	Means of Transport and Communication	100.1
1.交　　通	Means of Transportation	108.0
2.通　　信	Means of Communication	94.6
七、娱乐教育文化用品及服务	Recreation, Education, Culture Articles	110.7
1.文娱用耐用消费品及服务	Durable Consumer Goods for Recreational Use	91.8
2.教　　育	Education	123.8
3.文化娱乐用品	Articles for Cultural, Recreational Use	102.7
4.旅游及外出	Travelling and going out	98.2
八、居　　住	Residence	100.1
1.建房及装修材料	Building and Decorating Materials	93.4
2.租　　房	Rent	103.4
3.自有住房	Housing Individual－Owned	100.0
4.水、电、燃料	Water, Electricity and Fuel	101.5

11-3 商品零售价格分类指数
RETAIL PRICE INDICES BY CATEGORY OF COMMODITIES

（上年=100） (preceding year=100)

项目	Item	2001	项目	Item	2001
商品零售价格总指数	General Retail Price Index	96.0	3.化纤布	Chemical Fiber Cloth	101.5
一、食品类	Food	99.2	4.呢绒	Woolen Fabric	101.1
1.粮食	Grain	94.5	5.绸缎	Silk	104.3
2.油脂类	Oil or Fat	90.8	6.其它纺织品	Other Textiles	100.0
3.肉禽蛋	Meat, Poultry eggs and Their Products	101.7	五、中、西药品类	Western and Traditional Chinese Medicine	94.5
4.水产品	Aquatic Products	97.7	1.中药	Traditional Chinese Medicine	99.1
5.鲜菜	Fresh Vegetables	101.2	2.西药	Western Medicine	93.3
6.干菜	Dried Vegetables	100.7	3.医疗用品	Medical Appliances and Articles	95.5
7.鲜果	Fresh Fruits	106.7	六、化妆品类	Cosmetic	96.1
8.干果	Dried Fruit	94.8	七、书报杂志类	Newspaper, Books and Magazines	108.9
9.其它食品	Other Food	96.6	八、文化体育用品类	Cultural and Sports Goods	99.9
10.饮食业	Catering	100.3	1.文化用品	Cultural Goods	98.7
二、饮料、烟酒类	Beverage, Tobacco & Liquor	99.4	2.体育用品	Sports Goods	104.1
1.饮料	Beverage	99.7	九、日用品类	Articles for Daily Use	92.8
2.烟酒	Tobacco & Liquor	99.3	1.一般日用品	Ordinary Articles for Daily Use	92.2
三、服装、鞋帽类	Garments, Shoes and Hats	89.0	2.家具类	Furniture	91.7
1.服装	Garments	86.0	3.日用杂品	Sundries for Daily Use	96.8
2.鞋	Shoes	96.8	十、家用电器类	Household Appliances	90.1
3.其它衣着	Other Clothing	96.5	十一、首饰类	Jewelry	84.4
四、纺织品类	Textiles	101.5	十二、燃料类	Fuel	96.5
1.棉布	Cotton Cloth	103.6	十三、建筑装潢材料类	Building Decoration Materials	100.4
2.棉花化纤混纺布	Blend Cloth	100.5	十四、机电产品类	Mechanical and Electric Products	92.1

11－4 原材料、燃料、动力购进价格指数
PRICE INDICES OF PURCHASING OF RAW MATERIALS AND FUELS

(上年＝100)　　(preceding year＝100)

年份 Year	总指数 General Index	燃料、动力 Fuels, Motive Power	黑色金属材料 Ferrous Metals	有色金属材料 Non－Ferrous Metals	化工原料 Raw Chemical Materials	木材及纸浆 Timber and Pulp	建筑材料 Building Materials	非金属矿 Non－metal Minerals	农副产品 Farm and Sideline Products	纺织原料 Raw Textile Materials	其他工业原料及半成品 Other Raw Industrial Products and Semifinished Products
1991	117.83	127.08	116.63	107.04	109.85	126.72	100.27	100.27	110.10	110.71	—
1992	112.20	112.69	120.34	104.32	104.55	105.04	111.22	97.73	97.56	112.41	—
1993	147.53	143.69	183.89	126.20	118.70	—	154.08	114.06	101.58	102.14	—
1994	122.30	131.04	105.36	120.36	114.40	—	112.33	116.24	127.69	121.51	—
1995	118.56	114.67	97.94	131.95	124.41	—	104.82	113.01	167.01	96.04	—
1996	109.20	111.02	97.78	91.10	101.63	—	104.51	117.94	134.51	—	—
1997	101.83	109.95	98.04	100.43	95.48	—	106.86	—	90.95	97.96	95.86
1998	97.29	98.48	98.13	90.87	92.27	—	97.35	—	98.46	97.94	90.28
1999	95.25	94.63	94.16	101.59	96.20	101.55	99.76	—	91.13	100.43	92.21
2000	103.61	115.02	102.69	104.30	105.19	107.29	98.04	—	90.41	100.45	101.15
2001	100.84	101.79	100.89	96.30	100.52	95.91	99.26	—	100.52	100.59	102.01

11－5 工业品出厂价格指数
EX－FACTORY PRICE INDICES OF INDUSTRIAL PRODUCTS

(上年＝100)　　(preceding year＝100)

年份 Year	总指数 General Index	按轻重工业分 Grouped By Light And Heavy Industry		按两大部类分 Grouped By Type Of Products	
		轻工业 Light Industry	重工业 Heavy Industry	生产资料 Producer Goods	消费资料 Consumer Goods
1991	115.53	104.18	126.73	125.24	104.23
1992	112.56	107.79	115.59	114.18	108.90
1993	134.28	107.66	148.98	146.83	108.67
1994	119.57	120.64	118.46	118.06	121.74
1995	107.90	117.92	101.36	103.86	113.98
1996	104.64	104.86	104.45	105.12	103.26
1997	98.64	98.12	98.90	98.75	98.24
1998	93.52	95.58	92.48	92.48	96.11
1999	96.12	96.80	95.81	95.65	97.44
2000	103.86	99.41	105.76	105.45	99.07
2001	98.40	97.53	98.80	98.71	97.58

11－6 城市居民家庭基本情况
BASIC CONDITIONS OF URBAN HOUSEHOLDS

项　　目 Item	1995	1997	1998	1999	2000	2001
调查户数(户) Number of Households Surveyed (household)	400	600	600	500	500	500
调查户人口合计(人) Total Number (person)	1260.75	1902.49	1905.59	1555.59	1558.65	1537.48
平均每户(人) Average Number per Household(person)	3.15	3.17	3.18	3.11	3.12	3.08
调查户就业人数合计(人) Number of Employees (person)	705.07	957.61	1039.31	825.00	789.41	778.73
平均每户(人) Average Household Size (person)	1.76	1.60	1.73	1.65	1.58	1.56
调查户离退休人数合计(人) Number of Retirees(person)	187.67	411.90	354.18	320.00	344.17	348.01
平均每户(人) Average Number of Retirees Per Household (person)	0.47	0.69	0.59	0.64	0.69	0.70
平均每一就业者负担人数(人) Number of Persons Supported by Each Employee Including the Employee Himself or Herself(person)	1.79	1.98	1.84	1.88	1.97	1.97
可支配收入合计(元) Disposable Income (yuan)	5257705.08	10602716.14	11266857.87	9741933.12	10537461.29	11231367.96
平均每人每月(元) Per Capita Monthly Dispoable Income (yuan)	347.52	464.42	492.71	521.84	563.39	608.75
消费性支出合计(元) Living Expenditure (yuan)	5117050.62	8978119.94	10031887.96	8482931.11	9468453.27	9751138.72
平均每人每月(元) Per Capita Monthly Living Expenditures (yuan)	338.23	393.26	438.70	454.40	506.23	528.52

11－7 城市居民家庭平均每人每月现金收支
PER CAPITA MONTHLY CASH INCOME AND EXPENDITURES IN URBAN HOUSEHOLDS

单位：元 (yuan)

项 目 Item	1995	1997	1998	1999	2000	2001
一、初期手存现金 Cash in Hand at Year Beginning	90.68	119.42	167.74	227.88	163.63	252.79
二、可支配收入 Disposable Income	372.22	464.42	492.71	521.84	563.39	608.75
三、现金收入 Income in Cash	428.59	530.92	579.65	624.72	707.98	713.53
(一)实际收入 Real Income	372.22	465.35	493.61	523.04	565.00	610.43
1.国有经济单位职工收入 Income From Wages of Staff and Workers in State－Owned Units	243.04	279.21	299.79	292.16	300.08	327.04
工资性收入 Income From Wages	227.03	258.92	287.65	280.55	288.69	315.03
其中：奖 金 Bonus	33.93	23.35	26.59	34.56	46.07	40.33
非工资性收入 Non－wage Income	16.01	20.29	12.14	11.61	11.39	12.01
2.集体所有制职工工资 Income From Wages of Staff and Workers in Collective Owned Units	19.37	18.95	11.99	17.50	19.10	22.69
工资性收入 Income From Wages	18.34	18.30	11.62	16.65	17.92	21.64
其中：奖 金 Bonus	2.21	0.98	0.54	1.55	1.16	1.60
非工资性收入 Non－wage Income	1.03	0.64	0.37	0.85	1.18	1.05
3.其它类型单位职工收入 Income From Wages of Staff and Workers in Units of Other Type of Ownership	0.53	3.42	1.44	5.66	6.32	7.33
4.个体经营者净收入 Income of Individual Laborers	0.52	8.92	7.52	4.57	6.53	5.50
5.个体被雇者收入 Income of Individual Employees	0.47	0.19	0.30	2.63	3.89	4.30
6.离退休再就业人员收入 Income of Reemployed Retirees	0.40	6.75	8.35	10.72	7.17	6.00
7.其他就业者收入 Income of Other Employees	—	0.03	0.05	0.16	—	0.08
8.其他劳动收入 Part－time Income	0.50	14.75	21.56	28.25	29.85	30.90
9.财产性收入 Property Income	2.51	5.83	10.14	12.72	20.57	19.68
10.转移性收入 Transfer Income	88.92	127.20	132.47	148.68	171.48	186.95
其中：离退休金 Pensions	72.73	108.18	119.69	128.81	149.40	166.94
(二)借贷收入 Credit Income	56.35	65.57	86.04	101.68	142.98	103.10
1.提取储蓄存款 Drawing Money from Bank	43.92	49.49	68.57	81.40	123.47	90.89
2.提取储金存款 Income from Foundations	1.18	0.61	1.46	2.79	1.35	1.17

续 表 Continued

单位：元 (yuan)

项 目 Item	1995	1997	1998	1999	2000	2001
3.借 入 款 Amount of Money Borrowed	7.45	3.87	6.19	10.94	9.94	3.54
4.收回借出款 Loan Recalled	1.27	3.36	2.89	0.61	4.48	0.32
5.收回储蓄性保险本金 Income from Taking Back Principal of Savings Premium	0.42	0.09	0.20	0.06	0.12	0.02
6.兑售有价证券 Income From Honoring and Selling Securities	1.10	3.43	3.41	1.96	2.54	1.28
7.其 它 Others	1.01	4.72	3.33	0.49	0.38	5.89
四、现金支出 Cash Expenditures	419.80	521.73	572.05	619.55	696.74	706.43
(一)实际支出 Real Expenditures	363.56	429.22	485.61	519.47	582.51	584.46
1.消费性支出 Living Expenditures	338.23	393.26	438.70	454.40	506.23	528.52
2.非消费性支出 Other Non－living Expenditures	25.33	35.96	46.91	65.06	76.28	55.94
非储蓄性保险支出 Expenditures for Non－saving Premiom Expenditures	0.13	0.19	0.41	0.19	0.34	0.62
赡养支出 Expenditures for Maintenance	3.79	5.70	4.64	5.67	5.67	4.37
赠送支出 Gift Expenditures	14.09	21.96	24.85	27.27	32.69	30.36
购房与建房支出 Expenditures for Purchasing and Constructing Buildings	5.01	5.60	13.43	28.65	34.77	16.74
其它非消费支出 Other Non－living Expenditures	2.29	2.45	3.48	3.14	2.41	3.43
(二)借贷支出 Credit Expenditures	56.24	92.51	86.44	100.08	114.23	121.97
1.存入储蓄款 Depositting to Bank	44.77	67.24	65.90	82.04	92.15	104.53
2.存入储金会款 Depositting Money to Foundation	0.94	0.28	2.23	0.73	0.87	0.92
3.归还借款 Paying Off Debts	3.17	11.13	3.98	4.13	4.29	3.65
4.借 出 款 Amount of Money Lended	2.19	1.50	1.17	2.00	0.49	1.01
5.储蓄性保险支出 Expenditures for Savings Premium	1.35	2.25	2.68	5.79	6.31	6.14
6.购买有价证券 Purchasing Valuable Securities	1.36	1.81	4.18	1.55	3.07	0.54
7.其 它 Others	2.46	8.29	6.30	3.17	3.69	5.18
五、期末手存现金 Cash in Hand at Year－end	196.16	229.73	258.93	289.92	298.48	337.90

11－8 城市居民家庭平均每人每月消费支出
PER CAPITA MONTHLY EXPENDITURES FOR CONSUMPTION BY CATEGORY IN URBAN HOUSEHOLDS

单位:元 (yuan)

项目	Item	2000	2001
合计	Total		
一、食品	Food	195.10	201.12
(一)粮食	Grain	15.68	15.15
(二)淀粉及薯类	Starches and Tubers	1.62	0.69
(三)干豆类及制品	Bean and Its Products	3.19	3.21
(四)油脂类	Oil or Fat	7.00	6.41
(五)肉禽类	Meat, Poultry and Its Products	35.59	35.96
(六)蛋类	Eggs	4.78	4.81
(七)水产品类	Aquatic Products	10.70	11.96
(八)菜类	Vegetables	22.19	23.15
(九)调味品	Flavouring	3.57	3.67
(十)糖类	Carbohydrate	2.20	2.50
(十一)烟草类	Tobacco	11.63	12.48
(十二)酒和饮料	Beverage	10.21	10.90
(十三)干鲜瓜果类	Fresh and Dried Melons and Fruits	9.86	10.10
(十四)坚果与果仁	Nuts and Kernel	1.59	1.93
(十五)糕点	Cake	3.97	3.82
(十六)奶及奶制品	Milk & Its Products	7.21	8.74
(十七)其它食品	Other Food	4.64	4.90
(十八)在外用餐	Dinning Out	39.43	39.87
(十九)食品加工费	Food Processing Services	0.05	0.05

续 表 Continued

单位:元 (yuan)

项 目	Item	2000	2001
二、衣着支出	Clothing	43.71	47.57
(一)服 装	Garments	32.14	35.06
(二)衣着材料	Cloth Materials	1.32	1.40
(三)鞋袜帽及其它	Shoes, Socks, Hats and Others	9.90	10.70
(四)衣着加工费	Tailoring and Laundering	0.36	0.41
三、设备用品及服务	Household Facilities, Articles and Services	43.27	38.90
(一)耐用消费品	Durable Consumer Goods	25.61	22.97
(二)室内装饰品	Interior Decorations	1.38	0.85
(三)床上用品	Bed Articles	1.54	1.60
(四)家庭日用杂品	Daily Use Household Articles	10.21	10.67
(五)家具材料	Furniture Materials	0.69	0.56
(六)家庭服务	Household Services	3.85	2.27
四、医疗保健	Medicine and Medical Services	22.83	30.86
(一)医疗器具	Medical Appliances and Articles	0.12	0.24
(二)保健用品	Health Care Articles	0.29	0.40
(三)医 药 费	Medical Care Fee	19.20	25.65
(四)补 药 品	Tonic	1.40	1.45
(五)医疗保健服务	Medical Care Services	1.67	2.67
(六)其 它	Others	0.16	0.46

续 表 Continued

单位:元 (yuan)

项目 Item		2000	2001
五、交通和通讯	Means of Transportation and Telecommumication	29.95	33.20
(一)交　通	Means of Transportation	11.69	12.44
(二)通　讯	Means of Telecommunication	18.26	20.76
六、娱乐、文教服务	Recreation ,Education and Culture Services	57.99	63.79
(一)耐用消费品	Durable Consumer Goods	10.40	14.36
(二)教　育	Education	34.73	36.91
(三)文化娱乐	Culture and Recreation	12.86	12.52
七、居　住	Residence	86.90	87.23
(一)住房	Housing	52.80	48.88
(二)水电、燃料及其它	Water, Electricity, Fuel and Others	34.10	38.51
八、杂项商品和服务	Miscellaneous Commodities and Services	26.48	25.86
(一)个人消费	Individual Consumption	21.67	21.19
(二)其它商品	Other Commodities	3.16	3.13
(三)其它服务	Other Services	1.65	1.54

11－9 不同生活费收入水平的城市居民家庭基本情况(2001年)

指 标	Item	合计 Total	最低收入户 Lowest Income Households (first decile)
调查户数(户)	Number of Households Researched (household)	500	50
比　重(%)	Proportion (%)	100	10
家庭人口合计(人)	Number of Persons in Households (person)	1537.48	174
平均每户家庭人口(人)	Average Household Size (person)	3.08	3.48
家庭离退休人数合计(人)	Number of Retirees (person)	348.01	28.75
家庭人口中就业人口(人)	Number of Employees (person)	778.73	84.25
平均每户就业人口(人)	Number of Employees Per Household (person)	1.56	1.69
国有经济单位职工(人)	Number of Persons in State－Owned Units (person)	593.24	55.5
集体经济单位职工(人)	Number of Persons in Collective Owned Unit(person)	88.41	17.75
聘留退休人员就业者(人)	Number of Reemployed Retirees (person)	41.91	1.00
平均每一就业者负担人数(人)	Number of Persons Supported by Each Employee Including Employee Himself or Herself (person)	1.97	2.07
平均每人每月可支配收入(元)	Per Capita Monthly Disposable Income (yuan)	608.75	216.13
平均每人每月消费性支出(元)	Living Expenditures Per Capita Per Month (yuan)	528.52	208.11

BASIC CONDITIONS OF URBAN HOUSEHOLDS IN DIFFERENT INCOME LEVEL(2001)

低收入户 Low Income Households (Second Decile)	中等偏下户 Lower Middle Income Households (Second quintile)	中等收入户 Middle Income Households (third quintile)	中等偏上户 Upper Income Households (fourth quintile)	高收入户 High Income Households (ninth decile)	最高收入户 Highest Income Households (tenth decile)
50	100	100	100	50	50
10	20	20	20	10	10
166.99	316.67	320.08	288.33	136.90	134.49
3.34	3.17	3.20	2.88	2.74	2.70
30	50.83	77.67	95.33	34.34	31.09
81.66	166.08	160.67	132.09	78.58	75.40
1.63	1.66	1.60	1.32	1.57	1.51
61.33	117.09	118.92	104.34	66.58	69.48
11.00	24.33	18.50	6.83	7.00	3.00
—	8.66	12.33	16.92	1.00	2.00
2.05	1.91	1.99	2.18	1.74	1.78
302.55	397.37	528.17	720.86	986.53	1561.48
276.37	396.49	464.36	625.81	842.86	1191.16

11－10　不同生活费收入水平的城市居民家庭收支情况(2001 年)

单位:元

指　　标	Item	合　　计 Total	最低收入户 Lowest Income Households (first decile)
一、初期手存现金	Cash in Hand(Year Beginning)	252.79	248.71
二、可支配收入	Disposable Income	608.75	216.13
三、实际收入	Real Income	610.43	216.95
国有集体职工工资性收入	Income from Wage of Staff and Workers in Collective Owned Units	336.67	94.69
其中:奖　金	Bonus	41.93	1.27
国有集体职工非工资性收入	Non－wage Income of Staff and Workers in State－Owned and Collective Owned Units	13.06	1.98
四、储蓄借贷收入	Credit Income	103.10	27.43
五、实际支出	Real Expenditures	584.46	216.26
消费支出	Living Expenditures	528.52	208.11
1.食　品	Food	201.12	115.58
2.衣　着	Clothing	47.57	12.22
3.家庭设备用品及服务	Household Facilities, Articles and Services	38.90	6.23
4.医疗保健	Medicine and Medical Care Services	30.86	8.70
5.交通与通讯	Transportation and Telecommunication	33.20	9.76
6.娱乐教育文化服务	Recreation, Culture and Education Services	63.79	12.77
7.居　住	Residence	87.23	36.45
8.杂项商品与服务	Miscellaneous Commodoties and Services	25.86	6.40
六、储蓄借贷支出	Credit Expenditures	121.97	20.80
七、期末手存现金	Cash in Hand in the Year End	337.90	336.60

INCOME AND EXPENDITURES OF URBAN HOUSEHOLDS BY INCOME LEVEL(2001)

(yuan)

低收入户 Low Income Households (Second Decile)	中等偏下户 Lower Middle Income Households (Second quintile)	中等收入户 Middle Income Households (third quintile)	中等偏上户 Upper Income Households (fourth quintile)	高收入户 High Income Households (ninth decile)	最高收入户 Highest Income Households (tenth decile)
246.95	196.70	282.17	224.37	348.93	290.50
302.55	397.37	528.17	720.86	786.53	1561.48
303.51	398.45	529.44	723.14	988.47	1565.93
143.17	213.36	268.65	344.57	610.48	1046.54
6.23	15.82	25.67	43.02	91.16	186.61
—	2.72	2.11	7.91	34.68	83.07
15.97	67.42	52.18	111.65	301.56	294.02
286.51	424.73	502.83	683.18	1048.19	1317.43
276.37	396.49	464.36	625.81	842.86	1191.16
141.32	181.95	201.56	244.23	264.15	273.56
22.64	35.61	48.85	54.16	75.99	106.37
9.38	17.55	23.24	42.66	89.66	145.64
12.95	13.50	30.82	48.84	56.16	58.43
13.50	22.09	29.42	43.21	67.64	66.63
26.30	52.37	44.10	72.28	116.88	177.80
44.27	61.50	67.24	84.62	130.73	275.75
6.01	11.94	19.15	35.82	41.65	86.99
31.35	35.14	72.19	138.67	245.98	526.26
266.50	268.54	361.30	379.72	299.17	485.62

11－11 城市居民家庭每百户耐用消费品拥有量(2001 年)

指标	Item	合计 Total	最低收入户 Lowest Income Households (first decile)
地　毯(平方米)	Carpet (sq.m)	68.60	22
组合家具(套)	Composite Furniture (set)	61.80	50
沙发床(个)	Sofa Bed (unit)	28.40	26
摩托车(辆)	Motorcyle (unit)	8.40	4
自行车(辆)	Bicycle (unit)	156.00	106
缝纫机(架)	Sewing Machine (unit)	65.40	62
洗衣机(台)	Washing machine (unit)	102.40	96
电风扇(台)	Electric Fan (unit)	252.40	232
电冰箱(台)	Refrigerator (unit)	105.00	96
冰　柜(台)	Freezer (unit)	4.60	—
彩色电视机(台)	Color TV Set (unit)	133.40	112
影　碟(台)	Video Disc Player (unit)	48.20	24
录放像机(台)	Video Tape Recordor (unit)	29.60	30
家用电脑(台)	Computer (unit)	20.00	4
组合音响(套)	Hi－Fi Stereo Component System (unit)	30.20	18
立体声收录机(台)	Stereo Recorder (unit)	40.60	26
摄像机(台)	Pickup Camera (unit)	2.20	—
照相机(架)	Camera (unit)	52.20	36
钢　琴(架)	Piano (unit)	2.60	2
其它中高档乐器(件)	Other Medium and High Grade Musical Instruments(unit)	7.00	4
空调器(台)	Air－conditioner (unit)	94.80	46
电炊具(个)	Electric Cooker (unit)	93.80	40
淋浴热水器(台)	Shower (unit)	71.60	34
抽排油烟机(台)	Smoke Absorber (unit)	51.20	30
吸尘器(台)	Dust Catcher (unit)	9.80	2

NUMBER OF DURABLE CONSUMER GOODS OWNED PER 100 URBAN HOUSEHOLDS AT YEAR END BY LEVEL OF INCOME(2001)

低收入户 Low Income Households (Second Decile)	中等偏下户 Lower Middle Income Households (Second quintile)	中等收入户 Middle Income Households (third quintile)	中等偏上户 Upper Income Households (fourth quintile)	高收入户 High Income Households (ninth decile)	最高收入户 Highest Income Households (tenth decile)
2	45	49	53	166	202
42	56	63	69	70	80
22	28	30	24	24	48
—	9	7	12	12	12
144	138	206	148	148	178
60	65	64	68	70	68
90	94	103	106	116	116
244	227	259	248	274	306
94	102	109	108	108	114
8	2	4	7	8	4
122	122	135	138	146	164
30	51	56	46	64	58
28	28	34	25	38	26
12	22	16	19	28	42
24	30	30	31	36	42
22	40	33	48	50	66
—	1	4	3	2	4
34	42	48	54	60	104
2	1	3	2	—	10
8	2	8	5	12	16
60	80	98	109	122	146
76	63	93	117	114	162
44	66	71	87	82	108
42	52	52	57	70	48
6	6	7	8	16	32

11－12 城市居民家庭居住情况(2001年)
CONDITIONS OF DWELLINGS OF URBAN HOUSEHOLDS(2001)

项　目 Item	调查户数(户) Households Surveyed (Household)	家庭常住人口(人) Number of Permanent Resident (person)
总　计 Total	500	1542
一、按居住面积分 Grouped by Per capita Living Floor Space		
1.无房户 Households Which Has No House		
2.4平方米以下 Below 4 sq.m	3	11
3.4－6平方米 4 － 6 sq.m	29	96
4.6－8平方米 6 － 8 sq.m	64	220
5.8－10平方米 8－10 sq.m	63	207
6.10－12平方米 10－12 sq.m	66	223
7.12－14平方米 12－14 sq.m	49	160
8.14平方米以上 Above 14 sq.m	226	625
二、按房屋产权分 Grouped by Property Right of Houses		
1.公　房 Public Owned	160	495
2.租赁私房 Pivate House Rented	3	8
3.自有房 Individual Owned	34	102
4.部分产权自有房 Individual Owned Partial Property Right Houses	303	937
三、按自来水使用情况分 Grouped by Way of Using Tap Water		
1.无自来水 Without Access to Tap Water	2	6
2.独用自来水 Moloply Use of Tap Water	459	1417
3.公用自来水 Public Tap Water	39	119
四、按卫生设备拥有情况分 Grouped by Possession of Sanitary Facilities		
1.无卫生设备 Without Sanitary Facilities	26	79
2.有浴室厕所 With Bathroom and Lavatory	13	40
3.有厕所无浴室 With Lavatory but without Bathroom	416	1284
4.公用卫生设备 Public Sanitary Facilities	45	139
五、按取暖设备拥有情况分 Grouped by Possession of Heating Facilities		
1.无取暖设备 Without Heating Facilities	481	1484

续 表 Continued

项 目 Item	调查户数（户） Household Surveyed (Household)	家庭常住人口（人） Number of Permanent Resident (person)
2.空调设备 Air – conditioner	7	24
3.暖 气 Central Heating	12	34
4.火炕、火炉、火盆等 Heatable Brick Bed, Stove, Fire Pot and Etc	—	—
六、按厨房使用情况分 Grouped by Possession of Kitchen		
1.无 厨 房 Without Kitchen	2	6
2.独用厨房 Moloply Kitchen	453	1400
3.公用厨房 Public Kitchen	45	136
七、按燃料使用情况分 Grouped by Type of Fuel		
1.管道煤气 Pipeline Gas	203	647
2.液化石油气 Liquefied Gas	289	869
3.煤 Coal	8	26
4.其 它 Others	—	—
八、按电话拥有情况 Grouped by Possession of Telephone		
1.无 电 话 Without Telephone	52	161
2.公费电话 Public Funded Telephone	7	20
3.自费电话 Self – funded Telephone	439	1355
4.公用电话 Public Telephone	2	6
九、按住宅建筑式样分 Grouped by Mode of Residential Buildings		
1.家庭单栋配套楼房 Residential Buildings With Complete Facilities for One Family Exclusive Use	3	9
2.单元式配套住宅 Flats With Complete Facilities	396	1217
(1)一 居 室 1 Room	64	187
(2)二 居 室 2 Rooms	227	689
(3)三 居 室 3 Rooms	96	305
(4)四居室及以上 More Than 4 Rooms	9	36
3.普通楼房 Ordinary Storeyed Building	82	252
4.其它住宅 Otehr Mode of Residential Buildings	19	64

11－13 农村居民家庭基本情况
BASIC CONDITIONS OF RURAL HOUSEHOLDS FOR SAMPLING SURVEY

项目	Item	1995	1997	1998	1999	2000	2001
调查户数(户)	Number of Households Surveyed (unit)	500	550	550	560	540	560
家庭常住人口(人)	Permanent Residents (person)	2193	2302	2264	2245	2172	2228
#整半劳动力(人)	Full－time & Part－time Laborers (person)	1377	1446	1434	1451	1472	1512
职工人数(人)	Staff and Workers (person)	133	194	165	265	—	—
本地企业从业人数(人)	Employment in Local Enterprises (person)	96	51	54	48	54	37
外出从业劳动人数(人)	Employment in Other Trades Outside(person)	52	96	150	213	243	261

11－14 农村居民家庭总收入
SAMPLING STATISTICS ON GROSS INCOME OF RURAL HOUSEHOLDS

单位：元 (yuan)

项目 Item	1995	1997	1998	1999	2000	2001
总收入 Gross Income	6005963	7862825	7954772	8422180	8391819	9526656
一、基本收入 Basic Income	5806240	7604099	7693642	8054196	7938970	9054855
劳动者的报酬收入 Laborers' Remuneration	792603	1064325	1380735	1641231	1738818	1975327
1.在集体组织中劳动的报酬收入 From Collective Organization	136678	186969	478445	404041	382943	335427
2.在企业劳动得到的报酬收入 From Enterprises	639369	827512	726378	862049	486894	647825
3.在其他单位劳动得到的报酬收入 From Other Units	16556	49844	175912	375141	1213630	992075
家庭经营收入 Income From Household Business Operation	5013637	6539774	6312907	6412965	6200152	7079528
1.农林牧渔收入 Farming, Forestry, Animal Husbandry & Fishery	4275912	5700295	5508185	5577758	5210761	5880928
2.手工业收入 Handicraft	22420	27826	22242	16860	—	—
3.采集捕猎收入 Gathering & Hunting	30660	105400	58541	38193	—	—
4.工业收入 Industry	31534	17734	23492	35174	155284	263607
5.建筑业收入 Construction	155224	234198	232260	225769	91889	74308
6.运输业收入 Transportation	95899	197341	192103	302343	293972	306896
7.商业、饮食业、服务业收入 Commerce, Catering & other Services	303151	151670	162929	151954	306980	377623
8.其他家庭经营收入 Others	98837	105310	113155	64914	141266	113922
二、其他非生产性收入 Nonproductive Income	199723	258726	261130	367984	452849	471801
1.在外人口寄回和带回 Transfer Income From Family Members	23001	68244	72480	111997	76148	87216
2.农村以外亲友赠送收入 Gifts From Relatives and Friends	31953	38943	61761	110097	97197	91552
3.财产性收入 Property	73952	23718	42557	58216	38561	82116
4.其他收入 Others	70817	127821	84332	87674	240943	210917

注：本表资料来源于农村住户抽样调查，表 11－14 到 11－21 属同种情形。
Note: Data in this table are obtained from sampling survey on rural households. The same as Table 11－14 to 11－21.

11－15 按年人平纯收入分组的农村居民家庭户数(2001)
NUMBER OF HOUSEHOLDS GROUPED BY PER CAPITA ANNUAL NET INCOME(2001)

项目 Item	户数 (户) Number of Households (unit)	构成 (%) Composition (%)
合计	560	100.0
800元以下 Under 800 yuan	17	3.04
800－1000元 Yuan	7	1.25
1000－1200元 Yuan	16	2.86
1200－1500元 Yuan	36	6.42
1500－2000元 Yuan	64	11.43
2000－3000元 Yuan	175	31.25
3000－4000元 Yuan	92	16.43
4000－5000元 Yuan	64	11.43
5000元以上 Over 5 000 Yuan	89	15.89

11－16 农村居民家庭出售产品情况
STATISTICS ON SALES OF FARM PRODUCTS OF HOUSEHOLDS

项目 Item	数量 Quantity	
	2000	2001
粮食（公斤） Grain (kg)	638516	603217
棉花（公斤） Cotton (kg)	29470	31492
油料（公斤） Oil－bearing Crops (kg)	54063	51816
糖料（公斤） Sugar Crops (kg)	58169	67992
蔬菜（公斤） Vegetables (kg)	829470	1266705
水果（公斤） Fruit (kg)	67184	70208
木材（立方米） Timber (cubic meter)	2.53	27
肉猪（头） Fattened Hogs (head)	533	765
菜羊（头） Mutton Sheep & Goats (head)	6	
家禽（只） Poultry (unit)	3947	7909
蛋类（公斤） Eggs (kg)	20958	28001
蜂蜜（公斤） Honey (kg)	—	—
水产品（公斤） Aquatic Products (kg)	95331	134773

11－17 农村居民家庭现金收支情况
CASH INCOME AND CASH EXPENDITURES OF RURAL HOUSEHOLDS

单位：元　　(yuan)

项目 Item	2000	2001
一、期内现金收入合计 Total Cash Income in the Year	6175383	7106687
基本收入 Basic Income	5789246	6664292
1.劳动者报酬收入 Laborers' Remuneration	1733937	1963597
1)在集体组织中劳动的报酬 From Collective Organizations	378623	333227
2)在企业得到的报酬 From Enterprises	486508	641855
3)在单位劳动得到的报酬 From Other Units	868806	988515
2.家庭经营现金收入 Income from Households Business Operations	4055309	4700695
1)出售产品的现金 Cash Income from Selling Products	3144409	3666436
出售农业产品的现金 From Selling Farm Products	1946387	2221992
出售林业产品的现金 Forestry Products	12385	35618
出售牧业产品的现金 Animal Husbandry Products	611119	723428
出售渔业产品的现金 Fishery Products	471377	543370
出售工业产品的现金 Industry	27028	54501
出售其他产品的现金 Other	76113	87527
2)建筑业的现金收入 Cash Income From Construction	91889	74308
3)运输业的现金收入 Cash Income From Transport	293972	306896
4)商、饮、服务业的现金收入 Cash Income From Commerce, Catering & Other Services	306980	377623
5)其他经营的现金收入 Cash Income From Other Business Operation	218059	275432
转移性现金收入 Transfer Cash Income	349948	360965
财产性现金收入 Property Income	36189	81430
二、非收入所得 Income From Credit	1091583	986478
三、期内现金支出合计 Total Cash Expenditure in the Year	5156211	5858129
生产性费用支出现金 Cash Expenditure for Productive Cost	1441883	1869856

注：本表数据为农村住户抽样调查数据。
Note: Data in this table are obtained from sampling survey on rural households.

续 表 Continued

单位：元 (yuan)

项目 Item	2000	2001
1.家庭经营费用支出现金 Cash Expenditure for House hold Business Operation Cost	1364064	1784719
1)农业生产支出 Expenditure for Agriculture	720953	880899
2)林业生产支出 Forestry	6926	5172
3)牧业生产支出 Animal Husbandry	223331	289823
4)渔业生产支出 Fishery	158757	304557
5)工业生产支出 Industry	43788	68176
6)建筑业生产支出 Construction	6155	3914
7)运输业生产支出 Transportation	83431	84031
8)商业、饮食业、服务业生产支出 Commerce, Catering & Other Services	93306	138415
9)其他生产支出 Others	27417	9732
2.购买生产性固定资产的现金 Cash Expenditure for Productive Fixed Assets	77820	85137
税费支出	271143	258840
生活消费支出 Living Expenditure	3058088	3401471
1.食品 Food	1178525	1335362
2.衣着 Clothing	233546	297479
3.居住 Residence	334684	350148
#住房 Housing	186270	164025
燃料 Fuel	65272	77938
4.家庭设备用品及服务 Household Facilities ,Articles services	153463	191270
5.医疗保健 Medicines & Medical Services	182403	191318
6.交通和通讯 Transport & Commuications	194818	188624
7.文教娱乐用品及服务 Culture, Education & Recreation Articles, and Services	576203	537571
8.其他商品和服务 Other Commodities & Services	204446	309699
其他非借贷性支出 Other Non－credit Expenditure	385097	327962
四、非消费性现金支出	875176	1993679
五、期末手存现金 Cash In Hand (End Day of Survey)	2041375	1190966
六、期末存款余额 Balance of Savings Deposit (End Day of Survey)	2333184	2613024

11－18 农村居民家庭总支出

TOTAL EXPENDITURES OF 550 RURAL HOUSEHOLDS OF SAMPLING SURVEY

单位：元 (yuan)

项目 Item	1995	1997	1998	1999	2000	2001
全年总支出 Total Expenditures	5124502	6414539	6492726	6436389	6337905	7147944
一、家庭经营费用支出 Expenditures for House holds Business Operation	1505043	1373950	1262636	1487858	1451858	1975602
1.农林牧渔支出 FFAF	1372132	1278969	1209625	1440587	1197762	1671334
2.工业支出 Industry	12481	6171	5448	4462	43788	68176
3.建筑业支出 Construction	11996	19709	5235	2615	6155	3914
4.运输业支出 Transportation	34617	53206	32366	34542	83431	84031
5.商业、饮食业、服务业支出 Commerce, Catering, Services	67540	13737	5051	3010	73306	138415
6.其他经营支出 Other Business Operation	6277	2158	4911	2642	27416	9732
二、购置生产性固定资产支出 Expenditure for Purchasing Productive Fixed Assets	34911	50572	29899	23655	77820	85137
三、税费支出 Expenditure for Tax and Public Expense	315375	369864	342862	453444	324978	311751
四、生活消费支出 Consumption Expenditures	3164652	4494096	4735494	4313763	4086884	4386775
1.食品 Food	1820472	2425394	2505809	2257409	2090063	2227856
#主食 Staple Food	585983	663116	679127	581669	454140	507522
付食 Non－staple Food	915225	1228083	1221668	1131352	1130916	1080265
2.衣着 Clothing	195061	323324	277804	210234	256886	301169
3.居住 Residence	401845	494864	513489	493450	410032	432720
4.家庭设备、用品及服务 Household Facilities, Articles & Services	171039	238432	274965	237605	172033	197818
5.医疗保健 Medicines & Medical Services	102480	145806	164648	219158	182403	191318
6.交通和通讯 Transportation & Communications	48270	103667	147435	146532	194818	188624
7.文教娱乐用品及服务 Culturl, Education, Recreation Articles & Services	335881	588436	705590	626298	576203	537571
8.其他商品和服务 Other Commodities & Services	89604	174173	145754	123077	204446	309699
五、其他非生产性支出 Other Non－productive Expenditure	104521	126057	121835	157669	396365	388679
附：生产性固定资产折旧 Supplement: Depreciation of Productive Fixed Assets	52103	86565	85681	85561	100394	127906

11－19 农村居民家庭平均每人全年主要实物消费量
PER CAPITA ANNUAL MAIN GOODS CONSUMPTION OF RURAL HOUSEHOLDS

单位：公斤 (kilogram)

项目 Item	1995	1997	1998	1999	2000	2001
蔬菜 Vegetable	204.49	195.85	193.89	243.28	229.82	193.43
植物油 Vegetable Oil	8.11	10.78	11.02	13.17	15.23	10.71
动物油 Animal Oil	0.81	0.89	0.64	0.62	0.58	0.71
猪肉 Pork	8.57	8.62	11.07	11.56	12.38	11.84
牛羊肉 Beef & Mutton	0.41	0.58	1.46	0.67	0.53	0.62
家禽 Poultry	1.22	1.18	1.31	2.01	3.20	2.31
蛋类 Eggs	3.49	4.64	4.84	5.32	5.67	4.55
鱼虾 Fish, Shrimp	6.56	6.92	8.28	9.15	9.24	9.73
食糖 Sugar	1.46	1.30	1.32	1.26	1.02	0.87
酒 Liquor	5.59	7.04	7.18	7.77	6.22	8.04
茶叶 Tea	0.08	0.08	0.09	0.07	0.07	0.06
糖果糕点 Candy & Cake	1.86	1.59	2.03	1.88	0.75	0.79
水果 Fruit	2.90	3.80	7.99	6.99	23.01	23.43

11－20 农村居民家庭平均每人全年购买商品情况
PER CAPITA ANNUAL CONSUMPTION OF COMMODITIES IN RURAL HOUSEHOLDS

单位：元 (yuan)

项目 Item	1995	1997	1998	1999	2000	2001
蔬菜 Vegetable	23.88	35.33	36.90	38.72	40.66	40.44
豆制品 Beans & Related Products	5.49	5.85	5.60	5.94	4.99	4.66
猪肉 Pork	83.51	112.40	109.74	96.22	92.56	100.23
食糖 Sugar	5.82	5.34	5.06	4.21	3.11	2.98
糕点 Cake	5.30	6.34	6.32	4.64	2.52	3.75
糖果 Candy	1.43	2.87	2.60	0.94		1.91
卷烟 Cigrettes	45.45	76.27	69.44	69.14	65.44	63.09
酒 Liquor	22.78	38.43	34.68	35.89	27.12	32.97
茶叶 Tea	2.16	1.68	1.98	1.50	1.20	1.35
水果 Fruit	11.02	15.41	20.10	16.49	7.66	8.20
棉布 Cotton Cloth	1.65	1.98	1.15	0.79	2.53	2.03
化纤布 Chemical Fiber Cloth	34.78	37.29	30.71	21.99	14.95	20.07
呢绒 Woolen Fabric	2.45	7.47	4.99	1.50	3.42	
绸缎 Silk & Satin	0.01	0.06	0.05	0.21		
毛线及毛线制品 Knitting Wool & Woolen Knitwear	4.14	5.11	4.26	4.47		
肥皂 Soap	0.56	0.70	0.71	0.65		
洗衣粉 Washing Powder	3.97	6.39	6.89	6.99		

11－21 农村居民家庭平均每百人全年购买耐用物品情况
NUMBER OF DURABLE CONSUMBER GOODS PURCHASED ANNUALLY PER 100 PERSONS OF RURAL HOUSEHOLDS

项目 Item		1995	1997	1998	1999	2000	2001
自行车(辆)	Bike (unit)	1.14	0.95	1.10	0.94	1.10	1.12
缝纫机(架)	Sewing Machine (unit)	—	0.04	0.04	—		0.04
钟(台)	Clock (unit)	0.78	0.70	0.93	0.80		—
手表(只)	Wristwatch (unit)	1.37	1.00	1.28	1.34		—
洗衣机(台)	Washing Machine (unit)	0.14	0.52	0.22	0.40	2.35	0.13
电冰箱(台)	Refrigerator (unit)	0.23	0.13	0.13	0.40	0.09	0.31
沙发(套)	Sofa (set)	0.23	0.22	0.18	—		—
大衣柜(个)	Wardrobe (unit)	—	—	—	—		—
写字台(张)	Desk (unit)	—	0.04	0.04	0.13		—
收音机(台)	Radio (unit)	0.36	0.17	0.40	0.58		—
黑白电视机(台)	Black & White Tv Set (unit)	0.27	0.09	0.04	—		—
彩色电视机(台)	Color Tv Set (unit) (set)	0.32	0.61	0.71	0.94	0.55	0.81
收录机(台)	Radio (unit)	0.23	0.17	0.13	0.22	0.14	0.13
电风扇(台)	Electric Fan (unit)	2.10	1.74	2.47	1.69	1.70	2.42
照像机(架)	Camera (unit)	—	—	—	0.04		—

11－22 农村居民家庭平均每百户主要耐用消费品年末拥有量
NUMBER OF MAIN DURABLE CONSUMBER GOODS OWNED PER 100 RURAL HOUSEHOLDS AT THE YEAR－END

项目 Item		1995	1997	1998	1999	2000	2001
自行车(辆)	Bike (unit)	166.60	159.82	175.36	176.07	176	181.07
缝纫机(架)	Sewing Machine (unit)	79.80	67.32	77.50	78.00	—	—
钟表(台)	Clock (unit)	271.20	237.68	277.14	270.89	—	
#手表(只)	Wristwatch (unit)	172.60	144.46	167.14	162.32	—	—
电风扇(台)	Electric Fan (unit)	221.20	223.04	283.93	284.01	238	258.57
洗衣机(台)	Washing Machine (unit)	42.20	38.04	54.46	54.80	37	46.07
电冰箱(台)	Refrigerator (unit)	12.80	20.54	26.96	27.10	25.2	30.36
大型家俱(件)	Large Furniture (unit)	993.80	805.36	927.32	838.39	357.4	326.79
#沙发(套)	Sofa (set)	69.60	81.25	99.82	87.50	—	—
#大衣柜(个)	Wardrobe (unit)	137.60	109.82	144.46	129.11	—	—
写字台(张)	Desk (unit)	97.40	90.00	118.39	106.43	—	—
收音机(台)	Radio (unit)	48.60	31.79	40.71	37.68	—	—
电视机(台)	Television Set (unit)	101.00	111.79	125.54	126.50	115.9	118.04
#彩电(台)	Color Tv Set (unit)	19.20	30.18	39.11	40.89	50.7	57.50
收录机(台)	Recorder (unit)	36.00	33.39	41.07	41.60	20	18.57
照像机(架)	Camera (unit)	0.40	2.86	3.04	3.04	3	3.21

主 要 统 计 指 标 解 释

商品零售价格指数 是反映城乡商品零售价格变动趋势的一种经济指数。零售物价的调整变动直接影响到城乡居民的生活费支出和国家的财政收入，影响居民购买力和市场供需平衡，影响消费与积累的比例。因此，计算零售价格指数，可以从一个侧面对上述经济活动进行观察和分析。

居民消费价格指数 是反映一定时期内城乡居民所购买的生活消费品价格和服务项目价格变动趋势和程度的相对数。是综合了城市居民消费价格指数和农民消费价格指数计算取得。利用居民消费价格指数，可以观察和分析消费品的零售价格和服务价格变动对城乡居民实际生活费支出的影响程度。

城市居民消费价格指数 是反映城市居民家庭所购买的生活消费品和服务项目价格变动趋势及其程度的相对数。编制城市居民消费价格指数，可以观察和分析消费品的零售价格和服务项目价格变动对职工货币工资的影响，作为研究职工生活和确定工资政策的依据。

工业品出厂价格指数 是反映全部工业产品出厂价格总水平的变动趋势和程度的相对数。其中包括工业企业售给商业，外贸、物资部门的产品外，还包括售给工业和其他部门的生产资料以及直接售给居民的生活消费品。通过工业品生产价格指数能观察出厂价格变动对工业总产值的影响。

城镇居民家庭就业人口 指城镇居民从事社会劳动并取得劳动报酬或经营收入的人口，就业人口包括通过国家统筹规划和指导由劳动部门介绍就业，自愿组织起来就业和自谋职业等方式，就业人口数包括在国有制、集体所有制；中外合资；中外合作；外资在华独资的企事业单位和私营企业单位工作或从事个体劳动的有固定性职业或临时性职业的人员，被聘用和留用的离退休人员也计人就业人口。本指标可以反映城镇居民的就业情况、是计算就业面，负担系数的重要资料。

城镇居民家庭实际收入 指被调查城镇居民家庭全部的实际现金收入，包括经常或固定得到的收入和一次性收入。不包括借贷性收入，如提取银行存款，向亲友借入款。收回借出款以及其他各种暂收款。

城镇居民家庭可支配收入 指被调查城镇居民家庭在支付个人所得税后，所余下的实际收入。

城镇居民家庭消费性支出 指被调查的城镇居民家庭购买商品和用于服务的全部支出，包括食品；衣着；家庭设备、用品及服务；医疗保健；交通和通讯；娱乐、教育、文化服务；居住；杂项商品和服务共八大类支出。

城镇居民家庭购买商品支出 指被调查的城镇居民家庭购买商品的全部支出，包括从商店、工厂、饮食业、工作单位食堂、集市以及直接从农民购买各种商品的开支。

农村居民家庭纯收入 指农村常住居民家庭总收入中，扣除从事生产性经营费用支出、缴纳税款、上交集体摊派提留、专项调查补贴，上交集体承包任务金额和折旧等以后剩余的，可直接用于进行生产性、非生产性建设投资、生活消费和积蓄的那一部分收入，它是反映农民家庭实际收入水平的综合性的主要指标。农民家庭纯收入，既包括从事生产性经营收入和非生产性的收入，又包括来自在外人口寄回带回和国家财政救济、各种补贴等非经营性收入；既包括货币收入，又包括自产自用的实物收入。但不包括向银行、信用社和向亲友借款等属于借贷性的收入。

农村居民家庭整半劳动力 指农村常住居民家庭成员中有劳动能力并经常参加实际劳动的人员，农村男 18 周岁至 50 周岁、女 18 周岁至 45 周岁为整劳动力；男 16 周岁到 17 周岁、51 周岁到 60 周岁，女 16 周岁到 17 周岁、46 周岁至 55 周岁为半劳动力，农民家庭整半劳动力，既包括在上述规定劳动年龄内和在劳动年龄以外有劳动能力并经常参加实际劳动的男女整半劳动力；也包括农民家庭常住人员中属于职工的劳动力。但不包括在劳动年龄内已丧失劳动能力的人员。

农村居民家庭生活消费支出 指农村常住居民家庭年内用于日常生活的全部开支。它是用来反映和研究农民家庭实际生活消费水平高低的重要指标。农民家庭生活消费支出，包括用于吃、穿、住、烧、用等生活消费品开支和文化、生活服务费用开支两大部分。

Explanatory Notes on Main Statistical Indicators

Retail Price Index reflects the general change in retail prices of commodities. The change and adjustment in retail prices directly affect the living expenditure of urban and rural residents, government revenue, purchasing power of residents and the equilibrium of market supply and demand, and the ratio of consumption to accumulation. Therefore, the calculation of retail price index is useful to analyze the changes of the above economic activities.

Consumer Price Index reflects the relative change in prices of consumer goods and services purchased by urban and rural residents, and is a composite index derived from the urban consumer price index and the rural consumer price index.

Consumer price index can be used to analyze the impact of consumer price changeon actual expenditure for living cost of urban and rural residents.

Urban Consumer Price index reflects the relative change in prices of consumer goods and services purchased by urban and staff and workers and their families and can be used to observe and analyze the impact of price changers in consumer goods and services on money wages of staff and workers, and provide basis for policy making concerning the living cost and wages of staff and workers.

Ex – factory Price Index of industrial Products reflects the change in general ex – factory prices of all industrial products, including sales of industrial pr < xlucts to commercial enterprises, foreign trade sectors, materials supplying and distributing sectors as well as sales of production means to industry and other sectors and sales of consumer goods to residents. It can be used to analyze the impact of ex – factory prices on gross industrial output value.

Employed Population in Urban Households refers to urban residents engaged in certain work and receiving payment for their labor or income from their business operation, including those who work in state – owned or collective units, joint ventures, foreign – owned units and private units with permanent or temporary jobs. The self – employed individuals and reemployed retirees are also included. This indicator reflects the situation of urban employment and is the basic data for calculating employment rate and dependency ratio.

Total income of Urban Households refers to the total actual cash income of the sample households, including regular or fixed income and occasional income. The income of a circulating nature such as withdrawal from bank deposits, loans borrowed from relatives or friends, repayment of loans received and various temporary collection of money is excluded .

Disposable income refers to the income of the sample households which can be used for daily expenses, i. e. Total income minus income tax, property tax and other current transfers.

Expenditure for Consumption refers to total expenditure of the sample households for consumption in daily life, including expenditure for various commodities and expenses for non – commodity items such as culture and service, etc. but excluding fines and confiscation, loss, tax payments (such as income tax, license tax, real estates tax, etc.) and various expenses by individual laborers for business purposes.

Expenditure for Purchases of Commodities refers to total expenses of the sample households for the purchases of commodities from shops, factories, catering trade, canteens, markets and the peasants. This expenditure is classified into eight categories: food, clothing, household appliances and services, health care and medical services, transport and communications, recreation, education and cultural services, housing, miscellaneous goods and services. No matter whether the commodities are purchased for their own consumption or for gifts to relatives and friends, they are all included.

Net income of Rural Households refers to the total income of the permanent residents of the rural households during a year after the deduction of the expenses for productive and non – productive business operation, the payment for taxes, the payment for collective units for their contracted tasks and the subsidy from sample survey. The net income can be spent for investments in productive and non – productive construction, for consumption in daily life and for savings deposit. It is a comprehensive indicator to show the actual level of the income of the peasants' household. The net income of the rural households includes not only the income from the productive and non – productive business operation, but also the income from the non – business operation, such as the money remitted or brought back by the members of the household who are in other places, the government relief payment and various subsidies. Ii includes not only the money income, but also the income in kind. But the income from borrowing from banks, friends and relatives is excluded.

Able – bodied and Semi – ablebodied Laborers of Rural Households refer to permanent residents of rural households who are able to work and actually engaged in social labor. According to the relevant regulations, male aged 18 – 50, female aged 18 – 45 are considered as able – bodied laborers; male aged 16 – 17 and 51 – 60, female aged 16 – 17 and 46 – 55 are considered as semi – ablebodied laborers. Those who are not in the above age range but able to work and actually engaged in social labor are also considered as able – bodied or semi ablebodied laborers, while those who are within the above age range but unable to work are not counted as able – bodied or semi ablebodied laborers.

Expenditure of Rural Households for Consumption refers to total expenses of rural households on daily life, including expenses on food, clothing, housing, fuel, articles for daily use, and expenses on cultural life and services. This indicator is used to show the actual consumption level of peasants.

十二、科技、教育、文化、卫生及其他

SCIENCE、TECHNOLOGY、EDUCATION、CULTURE、HEALTH AND OTHERS

资料整理人员:陈至勇　王　珊　谷润芳　刘　江　金　英　肖诗军

STAFF FOR DATA PROCESSING:

Chen Zhiyong　Wuang Shan　Gu Runfang　Liu Jiang　Jian Yin　Xiao Shijun

12－1　县级以上政府部门研究与开发机构
STATE－OWNED RESEARCH AND DEVELOPMENT INSTITUTIONS ABOVE COUNTY LEVEL

单位：个，人　　(unit，person)

项目	Item	1995	1997	1998	1999	2000	2001
自然科学	Natural Sciences						
机　　构	Institutions	113	112	108	107	103	95
职工人数	Staff and workers	21814	21249	19890	17610	16241	14505
#从事科技活动人员	Number of Persons Engaged in Scientific and Technical Activities	12372	12707	11974	10769	10239	8945
社会科学	Social Sciences						
机　　构	Institutions	9	9	9	8	8	8
职工人数	Staff and workers	535	509	509	254	275	269
#从事科技活动人员	Number of Persons Engaged in Scientific and Technical Activities	402	402	421	186	240	240
科技情报机构	Scientific & Technical Information Institutions	4	4	4	4	4	4
职工人数	Staff and workers	400	382	358	343	342	371
#从事科技活动人员	Number of Persons Engaged in Scientific and Technical Activities	291	275	278	263	300	330

12－2　县级以上政府部门研究与开发机构从事科技活动人员
NUMBER OF SCIENTIFIC AND TECHNICAL PERSONNEL IN RESEARCH AND DEVELOPMENT INSTITUTIONS ABOVE COUNTY LEVEL

单位：人　　(person)

项目	Item	2000	2001
按技术职称等级分组	Grouped By Grade of Professional Title		
自然科学	Natural Sciences	10239	8945
高　　级	Senior Title	2805	2671
中　　级	Middle Title	3415	3116
初　　级	Junior Title	2254	1975
社会科学	Social Sciences	240	240
高　　级	Senior Title	94	93
中　　级	Middle Title	68	70
初　　级	Junior Title	49	57
科技情报	Scientific & Technical Information	300	330
高　　级	Senior Title	61	69
中　　级	Middle Title	134	145
初　　级	Junior Title	70	65

12－3 科技成果登记情况
STATISTICS ON SCIENTIFIC AND TECHNOLOGICAL ACHIEVEMENTS

单位：项 (unit)

项目 Item	1996	1997	1998	1999	2000	2001
鉴定项目数 Number of Verified Projects	164	102	109	106	130	140
# 省、部登记项目数 Number of Registered Projects in Province and Ministry	59	55	58	58	47	55
成果水平 Achievements Standard						
国际首创(领先) International Originator(Precedent)	1	1	2	3	5	3
国际先进 In the lead of Internation	17	17	8	19	17	11
国内首创 National Originator	67	57	54	54	88	75
国内先进 In the lead of Nationwide	53	18	45	29	20	51
在省、部登记项目中应用领域 Number of Applied Ones Among Projects Registered in Province and Ministry						
工业(交通、邮电、建筑、地质) Industry(Transport、Post and Telecommunications、Construction、Geological Prospecting)	25	32	19	19	15	18
农业(林、牧、渔、水利) Farming, Animal Husbandry, Fishery and Water Conservancy	8	8	4	7	5	7
医药卫生(含计划生育) Medical and Pharmaceutical Products and Health Care (Including Products for Family Planning)	14	7	23	21	21	24
军工(国际、公安、安全) Military Industry (International, Police, Security)	1	2	2	3	1	5
其他(含商业、金融、文教等) Others (Including Commerce, Banking, Education, Culture, etc.)	11	6	10	8	5	1

注：自 2001 年起成果水平口径调整为按鉴定项目数划分，以前年份指标作相应调整。
Note: Caliber of standard of achievements is adjusted by appraisal items compartmentlizing from 2001 indexes before 2001 are accordingly adjusted too.

12－4 专利申请与授权情况
EXAMINED AND GRANTED PATENT APPLICATIONS

单位：件 (unit)

项目 Item	专利申请量 Amount of Applications Examined				专利授权量 Amount of Applications Granted			
	合计 Total	发明 Creations and Inventions	实用新型 Utility Models	外观设计 Designs	合计 Total	发明 Creations and Inventions	实用新型 Utility Models	外观设计 Designs
1986	329	117	182	30	35	2	31	2
1988	575	112	439	24	54	3	51	
1989	515	97	385	33	86	2	84	
1990	463	82	363	18	299	9	274	16
1991	548	114	408	26	281	13	252	16
1992	652	148	473	31	270	17	241	12
1993	758	163	565	30	640	54	556	30
1994	635	153	432	50	432	43	372	17
1995	481	102	338	41	324	30	256	38
1996	896	170	614	112	260	23	215	22
1997	1145	264	726	155	403	28	298	77
1998	1238	278	775	185	598	37	429	132
1999	1470	296	939	235	1019	50	784	185
2000	1763	497	1028	239	1038	87	758	193
2001	2198	746	1105	347	1057	94	752	211

12-5 高等院校基本情况
BASIC STATISTICS ON INSTITUTIONS OF HIGHER EDUCATION

单位：人 (person)

项目	Item	1995	1997	1998	1999	2000	2001
学 校 数(所)	Number of Institutions(unit)	33	33	34	34	30	35
毕业生数	Number of Graduates	35469	42485	42524	41064	42895	45191
招 生 数	New Student! Enrollment	46006	48678	52590	72998	92365	104221
在校学生数	Student Enrollment	150019	165810	173334	203888	251935	308332
教职员工数	Number of Teaciers and Staff	53104	53316	53444	55041	54342	56842
#专任教师	Full-time! Teachers	19462	20240	19924	20604	21512	23432
教　　授	Professors	1935	2200	2184	2509	2908	2994
副 教 授	Associate Professors	5614	6102	5986	6640	7114	7805
讲　　师	Lecturers	7268	6934	6564	6477	6551	7224
教员、助教及其他	Instructors, Assistants and Others	4645	5004	5190	4978	4939	5409

12－6 高等院校分专业基本情况(2001年)
BASIC STATISTICS ON INSTITUTIONS OF HIGHER EDUCATION BY TYPE (2001)

单位：人 (person)

项目 Item		学校数(所) Number of Institutions (unit)	毕业生人数 Number of Graduates	招生人数 Number of New Student Enrollment	在校学生数 Number of Student Enrollment	教职员工数 Number of Teachers and Staff
总计	**Total**	**35**	**45191**	**104221**	**308332**	**56842**
综合院校	Comprehensive Universities	3	13612	20511	68748	14149
理工院校	Science and Engineering	8	17817	45406	137451	25253
农业院校	Agriculture	1	1204	3259	9607	2234
医药院校	Medicine	2	878	1604	5313	1003
师范院校	Teacher Training	1	2032	4640	14707	3169
财经院校	Economics and Finance	4	5717	9838	30767	3266
政法院校	Politics and Law	1	523	1161	3280	477
体育院校	Physical Culture	1	598	1200	3389	839
艺术院校	Art Institute	2	415	794	2640	709
民族院校	Ethnic Institute	1	1371	3333	8997	1395
短期职业大学	Short－term Vocational Universities	11	1024	12475	23433	4348

项目 Item		专任教师小计 Full－time Teachers	教授、副教授 Professors and Asso. Prof.	讲师 Lecturers	教员、助教及其他 Instructors, Assistants and Others
总计	**Total**	**23432**	**10799**	**7224**	**5409**
综合院校	Comprehensive Universities	5225	2625	1578	1022
理工院校	Science and Engineering	10514	4861	2996	2657
农业院校	Agriculture	966	418	312	236
医药院校	Medicine	376	172	106	98
师范院校	Teacher Training	1112	601	288	223
财经院校	Economics and Finance	1467	632	566	269
政法院校	Politics and Law	271	92	124	55
体育院校	Physical Culture	414	127	173	114
艺术院校	Art Institute	390	157	128	105
民族院校	Ethnic Institute	709	386	216	107
短期职业大学	Short－term Vocational Universities	1988	728	737	523

12－7 中等专业学校基本情况
BASIC STATISTICS ON SPECIALIZED SECONDARY SCHOOLS

单位：人 (person)

项目	Item	1995	1997	1998	1999	2000	2001
学校数(所)	Number of Schools(unit)	107	145	142	89	86	74
毕业生数	Number of Graduates	17255	29272	36820	33766	35993	36779
招生数	New Student Enrollment	38060	51718	50958	33221	24625	22613
在校学生数	Student Enrollment	105062	153463	167743	126072	108809	90457
教职工数	Number of Teachers and Staff	14199	15922	11875	11665	11561	9922
#专任教师	Full－time Teachers	7109	7904	5899	5729	5736	4951

注:1998年教师数中未含职业中专教师数,自1999年起中专学校不含职业中专。
Note: Number of teachers in 1998 didn't include number of teachers of vocational technical secondary schools and specialized secondary schools haven't included voctional technical secondary schools from 1999.

12－8 技工学校教职员工及学生数
NUMBER OF TEACHERS, STAFF AND STUDENTS IN TECHNICAL SCHOOLS

单位：人 (person)

项目	Item	1995	1997	1998	1999	2000	2001
学校数(所)	Number of Schools(unit)	67	64	66	62	33	65
毕业生数	Number of Graduates	9231	9426	9519	8658	5552	8614
招生数	New Student Enrollment	9979	8488	8411	4506	3647	9269
在校学生数	Student Enrollment	29014	26540	25610	18611	10360	20097
教职员工数	Number of Teachers and Staff	5588	4945	4386	4185	1849	4942
#专任教师	Full－time Teachers	2948	2501	2177	2038	1084	3050

注:2000年技工学校中缺省部属在汉数据,下同。
Note: Datum of technical schools in 2000 didn't include datum of technical schools of province and ministry in Wuhan. The same as in the following table.

12－9 普通中学基本情况
BASIC STATISTICS ON REGULAR SECONDARY SCHOOLS

单位：人 (person)

项目	Item	1995	1997	1998	1999	2000	2001
学校数(所)	Number of Schools (unit)	523	493	491	499	495	521
毕业生数	Number of Graduates	100542	115729	128934	121492	119755	130714
招生数	New Student Enrollment	140596	136486	149373	164652	175300	184377
在校学生数	Student Enrollment	366400	405544	407029	429780	470155	512858
教职工数	Number of Teachers and Staff	34187	36801	37436	38747	39138	40201
#专任教师	Full－time Teachers	25332	27707	28407	29724	30656	31313

12－10 职业中学基本情况
BASIC STATISTICS ON VOCATIONAL SECONDARY SCHOOLS

单位：人 (person)

项目 Item		1995	1997	1998	1999	2000	2001
学校数(所)	Number of Schools (unit)	64	67	59	109	97	89
毕业生数	Number of Graduates	6778	5899	5398	14953	14392	14477
招生数	New Student Enrollment	7198	5126	2826	12770	9800	7856
在校学生数	Student Enrollment	21159	15945	12080	46327	39746	30852
教职工数	Number of Teachers and Staff	2697	1999	5740	5411	5102	4125
#专任教师	Full－time Teachers	1789	1296	3772	3679	3408	2689

注:1998年职业中学包含职业中专教师数,1999年起职业中学中包含了职业中专。
Note: Students of vocational secondary schools from 1999 has in cluded students of vocational specialized secondary schools.

12－11 小学基本情况
BASIC STATISTICS ON PRIMARY SCHOOLS

单位：人 (person)

项目 Item		1995	1997	1998	1999	2000	2001
学校数(所)	Number of Schools (unit)	2023	1764	1765	1759	1735	1676
毕业生数	Number of Graduates	119609	111327	120803	128787	138837	141704
招生数	New Student Enrollment	148295	122495	114645	111734	107857	96204
在校学生数	Student Enrollment	769927	797397	788923	773174	743877	708815
教职工数	Number of Teachers and Staff	40099	41624	40536	41037	40240	39766
#专任教师	Full－time Teachers	33339	34501	34275	35141	34808	34369

12－12 普通中学、小学专任教师学历情况(2001)
BASIC STATISTICS ON ACADEMIC CREDENCIALS OF FULL－TIME TEACHERS IN REGULAR SECONDARY SCHOOLS AND PRIMARY SCHOOLS(2001)

单位：人 (person)

项目 Item		普通中学 Regular Secondary Schools			小学 Primary Schools
		合计 Subtotal	高中 Senior	初中 Junior	
专任教师总计	Total Number of Full－time Teachers	31313	8818	22495	34369
高等学校本科毕业及以上	Graduated from Regular College Course and above	14759	7250	7509	1263
高等学校专科毕业	Graduated from Specialized Subject (three Years)	14404	1513	12891	13087
中专毕业	Graduated from Specialized Secondary Schools	2024	54	1970	18954
高中毕业及以下	Graduated from Senior Secondary Schools and below	126	1	125	1065
比重(%)	Proportion (%)				
高等学校本科毕业及以上	Graduated from Regular College Course and above	47.1	82.2	33.4	3.7
高等学校专科毕业	Graduated from Specialized Subject (Three Years)	46.0	17.2	57.3	38.1
中专毕业	Graduated from Specialized Secondary Schools	6.5	0.6	8.8	55.1
高中毕业及以下	Graduated from Senior Secondary Schools and below	0.4	…	0.5	3.1

12－13 平均每一专任教师负担的学生数
THE RATIO OF STUDENTS AND FULL－TIME TEACHERS

单位：人 (person)

项目	Item	1995	1997	1998	1999	2000	2001
高等学校	Institutions of Higher Education	7.71	8.19	8.7	9.89	11.71	13.16
中等专业学校	Specialized Secondary Schools	14.78	19.42	18.59	22.01	18.97	19.00
技工学校	Technical Schools	9.84	10.61	11.76	9.13	9.56	6.59
普通中学	Regular Secondary Schools	14.46	14.63	14.33	14.46	15.34	16.38
#高中	Senior	12.42	12.85	13.12	13.56	14.15	15.08
#初中	Junior	15.01	15.14	14.69	14.76	15.77	16.89
小学	Primary Schools	23.09	23.11	23.02	22.00	21.37	20.62

12－14 平均每万人口在校学生数
STUDENT ENROLLMENT PER 10 000 POPULATION

单位：人 (person)

项目	Item	1995	1997	1998	1999	2000	2001
大学学生	University and College Students	212.79	230.31	238.13	276.10	337.5	406.7
中专学生	Specialized Secondary School Students	149.02	213.17	230.45	170.72	145.8	119.3
技校学生	Technical School Students	41.15	36.86	35.18	25.20	13.9	26.5
中学学生	Secondary School Students	519.71	563.32	559.43	581.99	629.8	676.4
#高中生	Senior Secondary School Students	95.87	109.89	119.23	137.51	156.3	175.3
初中生	Junior Secondary School Students	425.84	453.43	440.34	444.48	473.6	501.1
小学生	Primary School Students	1092.08	1107.62	1083.83	1046.99	996.5	934.9

12－15 幼儿园基本情况
BASIC STATISTICS ON KINDERGARTENS

单位：人 (person)

项目	Item	1995	1997	1998	1999	2000	2001
幼儿园数(所)	Number of Kindergartens (unit)	813	814	795	772	723	624
在园幼儿数	Student Enrollment	169291	155634	140514	131678	120724	113614
教职工数	Number of Staff and Teachers	13867	13573	12816	12496	12770	10662
#园长	Chiefs of Kindergartens	1001	1044	989	1000	1027	923
教师	Teachers	8274	8069	7885	7905	8041	5933
保健员	Health Workers	575	588	539	626	586	546
平均每一教养员负担幼儿	Ratio of Students and Kindergarten Teachers	20.5	19.3	17.8	16.7	15.0	19.1

12－16 盲、聋、哑学校基本情况
BASIC STATISTICS ON SCHOOLS FOR THE BLIND AND THE DEAF－MUTE

单位：人 (person)

项目	Item	1995	1997	1998	1999	2000	2001
学校数(所)	Number of Schools (unit)	6	6	7	7	7	8
毕业生数	Number of Graduates	144	257	261	297	282	363
招生数	New Student Enrollment	292	314	236	223	194	239
在校学生数	Student Enrollment	2303	1849	1604	1563	1455	1751
教职工数	Number of Staff and Teachers	463	294	271	293	323	309
#专任教师	Full－time Teachers	357	212	218	215	214	200

12－17 普通中小学、职业中学校舍情况
BASIC STATISTICS ON SCHOOLHOUSE OF REGULAR SECONDARY SCHOOLS, PRIMARY SCHOOLS AND VOCATIONAL SCHOOLS

单位：万平方米 (10 000 sq.m)

项目	Item	1995	1997	1998	1999	2000	2001
学校数(所)	Number of Schools (unit)						
普通中学(所)	Regular Secondary Schools (unit)	523	493	491	499	495	521
职业中学(所)	Vocational Schools (unit)	64	67	107	109	97	89
小学(所)	Primary Schools (unit)	2023	1764	1765	1756	1735	1676
学校占地面积	Area of Schools						
普通中学	Regular Secondary Schools	932.71	1068.72	1126.19	1167.99	1282.06	1324.58
职业中学	Vocational Schools	80.94	75.40	142.27	144.67	151.34	148.41
小学	Primary Schools	1053.59	1388.40	1390.33	1388.07	1328.40	1349.21
校舍建筑面积	Floor Space of School Building						
普通中学	Regular Secondary Schools	301.42	362.42	381.28	417.22	456.34	442.71
职业中学	Vocational Schools	30.11	27.35	62.10	61.97	63.71	58.76
小学	Primary Schools	311.58	359.87	363.60	362.18	359.54	363.04
本年新增面积	Newly Increased Floor Space of Building						
普通中学	Regular Secondary Schools	10.66	22.02	11.77	12.97	19.36	14.89
职业中学	Vocational Schools	2.79	1.86	4.51	1.91	0.13	1.18
小学	Primary Schools	10.44	2.96	5.75	11.62	5.51	2.95
危险房屋面积	Floor Space of Buildings With Danger of Collapse						
普通中学	Regular Secondary Schools	7.37	7.57	3.93	4.79	3.50	4.97
职业中学	Vocational Schools	0.30	0.51	1.11	0.95	0.54	0.37
小学	Primary Schools	3.44	0.94	1.99	1.13	0.97	3.35

12-18 职工教育基本情况
BASIC STATISTICS ON REEDUCATION FOR STAFF AND WORKERS

单位：人 (person)

项目 Item	1995	1997	1998	1999	2000	2001
全年参加职工教育学习人数 Number of Participants with Reeducation for Staff and Worker	522220	509845	398970	428236	342880	336250
毕结业 Graduates and Partcipants Completing Courses	467275	447678	359923	382611	312374	320623
高等教育学习人数 Number of Participants with Higher Education	31887	33211	36474	36157	32608	26871
毕结业 Graduates and Completing Courses	12018	13094	15581	18263	17622	19236
中等专业教育学习人数 Number of Participants with Specialized Secondary Education	221100	20581	10904	20652	7868	13869
毕结业 Graduates and Participants Completing Courses	13742	13202	5730	13885	6020	13067
中小学教育学习人数 Number of Participants with Regular Secondary and Primary Education	3520	3585	2652	3223	1395	328
毕结业 Graduates and Participants Completing Courses	2206	2701	1929	2517	1228	323
岗位资格培训学习人数 Number of Persons Trained for Professional Qualification	92607	94068	80681	85618	67001	75039
毕结业 Graduates and Participants Completing Courses	79049	77485	75240	77885	61795	71851
技术等级培训学习人数 Number of Persons Trained for Technical Grade	72545	89421	56204	65225	55482	58667
毕结业 Graduates and Participants Completing Courses	63370	76337	52034	56765	49233	56628
岗位适应性培训 Number of Persons Trained for Professional Adaptability	276089	243756	174193	163316	129648	125949
继续教育学习人数 Number of Participants with Further Education	23462	25223	37862	54045	48878	35527
结业 Participants Completing Courses	20801	21103	35216	49980	46828	33569

12-19 文化产业机构、人员情况
NUMBER OF INSTITUTIONS AND PERSONNEL IN CULTURE, ARTS AND CULTURAL RELICS

项目 Item	机构数(个) Number of Institutions(unit)		从业人员数(人) Number of Persons Engaged (person)	
	2000	2001	2000	2001
总计 Total	328	312	6181	6226
艺术业 Art Institutions	34	34	2819	2787
图书馆业 Libraries	17	17	612	595
群众文化业 Mass Culture	223	217	865	901
艺术教育业 Art Education	4	4	376	381
其他文化产业 Other Cultural Units	50	40	1509	1562

12－20 艺术表演机构、人员情况
STATISTICS ON INSTITUTIONS AND PERSONNEL IN ART PERFORMANCE

项目 Item	机构数(个) Number of Institutions(unit) 2000	2001	从业人员数(人) Number of Persons Engaged(person) 2000	2001
总计 Total	32	30	2692	2653
一、艺术表演团体 Art Performance Troupes	18	17	2156	2179
1.话剧、儿童剧、滑稽剧团 Drama, Children, Plays and Comedy Troupes	3	3	267	261
2.歌剧、舞剧、歌舞剧团 Opera, Ballet and Dance Troupes	2	2	491	498
3.乐团 Philharmonic Troupes	1	1	123	116
4.文工团、文宣队、乌兰牧骑 Cultural and PerformanceTroupes and Ulanmuchi(equestrain art troupes)	1	1	19	19
5.戏曲剧团 Local Opera Troupes	9	8	1055	1072
其中：京剧 Local Beijing Opera Troupes	2	2	357	358
6.曲、杂、木、皮剧团 Recitation and Ballad Troupes, Acrobatics and Circus Troupes, Puppet Show Troupes and Shadow Play Troupes	2	2	201	213
二、艺术表演场所 Art Centers	14	13	536	474

12－21 文化部门艺术表演团体基本情况(2001年)
STATISTICS ON INSTITUTIONS AND PERSONNEL OF ART PERFORMANCE IN CULTURAL DEPARTMENT (2001)

项目 Item	剧团数(个) Number of Troupes (unit)	本年新排上演剧目(个) Newly Rehearsal and Performance Plays in the Year (play)	国内演出场次(千场) Number of Domestic Performances (1000 shows)	国内观众(千人次) Number of Domestic Spectators (1000 person-times)	本年收入合计(千元) Total Income (1000 yuan)	本年支出合计(千元) Total Expenditures (1000 yuan)
总计 Total	17	41	3	4496	62152	66106
话剧、儿童剧、滑稽剧团 Drama, Children, Plays and Comedy Troupes	3	19	1	540	9351	9471
歌剧、舞剧、歌舞剧团 Opera, Ballet and Dance Troupes	2	2	…	448	17391	18728
乐团 Philharmonic Troupes	1	2	…	40	3039	2779
文工团、文宣队、乌兰牧骑 Cultural and Performance Troupes and Ulanmuchi(equestrain art troupes)	1	—	…	65	185	185
戏曲剧团 Local Opera Troupes	8	15	1	3214	24599	27420
#京剧 Local Beijing Opera Troupes	2	3	—	1067	9432	12683
曲、杂、木、皮剧团 Recitation and Ballad Troupes, Acrobatics and Circus Troupes, Puppet Show Troupes and Shadow Play Troupes	2	3	1	189	7587	7523

12-22 文化部门演出情况
BASIC STATISTICS ON PERFORMANCE OF CULTURAL DEPARTMENT

项目 Item	1995	1997	1998	1999	2000	2001
剧场(个) Theaters (unit)	20	18	18	14	14	13
剧场座席(万个) Seating - room of Theaters(10 000 seats)	1.4	0.9	1.0	1.6	0.5	0.8
演出场次(万场) Number of Performances (10 000 shows)	2.3	2.9	2.4	1.7	1.6	0.2
#艺术场次 Number of Art Performances	0.1	0.1	0.7	0.03	…	…
电影场次(万场) Number of Film shows (10 000 shows)	0.9	0.9	0.6	0.3	0.1	0.1
观众人次(万人次) Number of Spectators (10 000 person - times)	294.6	144.3	474.8	67.5	36.2	43.9
#艺术观众(万人次) Number of Spectators For Art Performances (10 000 person - times)	29.8	54.0	144.4	34.3	37	33
电影观众(万人次) Number of Spectators For Film shows (10 000 person - times)	88.1	58.7	100.8	17.9	5.4	10.9
总收入(万元) Total Income (10 000 yuan)	2001.8	2853.6	1810.4	1168.0	748.4	1121.7
#艺术演出收入 Income from Art Performances	144.7	90.3	186.7	141.8	107.5	208.2
电影放映收入 Income from Film shows	182.5	219.7	176.5	29.6	63.0	45.5
总支出(万元) Total Expenditures(10 000 yuan)	1779.3	2713.1	1896.4	1207.4	751.5	1133.1

12-23 群众艺术馆、文化馆
STATISTICS ON MASS ART CENTERS AND CULTURAL CENTERS

项目 Item	1995	1997	1998	1999	2000	2001
机构数(个) Number of Institutions (unit)	21	20	20	20	20	18
举办展览个数(个) Number of Exhibitions(unit)	78	74	85	125	139	116
组织文艺活动次数(次) Art Performances and Story - telling Sessions (times)	1242	337	392	517	686	807
举办培训班(个) Training Courses (times)	239	171	221	160	255	185
结业人次数(千人次) Number of Persons Completing Courses (1000 person - times)	5.2	6.0	5.0	4.1	7	7

12-24 公共图书馆基本情况
BASIC STATISTICS ON PUBLIC LIBRARIES

项目 Item	1995	1997	1998	1999	2000	2001
机构数(个) Number of Institutions(unit)	17	17	17	17	17	17
藏书(万册) Collections (10 000 volumes)	649.8	687.9	704.6	720.2	735.4	745.8
发放借书证数(万个) Number of Library Cards Distributed (10 000 units)	13.9	11.9	12.4	12.2	12.6	16.6
图书流通人次(万人次) Total Number of Circulation (10 000 person-times)	106.4	178.7	186.2	191.8	203.8	316.1
为读者举办各种活动(次) Service Activities Provided for Readers (times)	360	558	386	459	385	445
参加人次(万人次) Number of Readers Involved (10 000 person-times)	26.1	23.9	40.6	25.3	22.4	45
本年新购图书(万册) Number of Books Purchased During the Year(10 000 Volumes)	9.5	14.6	12	13	12.3	14.1
公用房屋建筑面积(万平方米) Floor Space of Public Building (10 000 sq.m)	5.3	4.7	5.9	6	6.3	8.5
阅览室座席数(万个) Seats of Reading Rooms (10 000 seats)	0.4	0.4	0.4	0.7	0.4	0.6

12-25 广播电视基本情况
BASIC STATISTICS ON BROADCASTING AND TELEVISION

项目 Item	1995	1997	1998	1999	2000	2001
广播电台 Broadcasting Stations						
电台数(座) Number of Broadcasting Stations (seat)	5	5	4	4	4	2
发射台及转播台(座) Number of Broadcast Transmission Stations and Relaying Stations (seat)	2	10	13	12	12	10
节目套数(套) Number of Programs (set)	12	12	13	13	13	12
平均每日播出时间(时、分) Broadcasting Hours per Day (hour、minute)	172:20	204:45	215:20	235:43	262:05	220:55
电视台 Television Stations						
电视台数(座) Number of Television Stations (seat)	5	5	5	3	3	2
电视发射及转播台(座) Number of Television Transmission Stations and Relaying Stations (set)	4	11	20	14	14	6
节目套数(套) Number of Programs (seat)	7	7	7	7	12	12
平均每周播出时间(时、分) Broadcasting Hours per Week (hour、minute)	543:40	606:56	655:40	535:58	730:52	1192:07

注:2001年广播电视统计统计口径有所改变电视台座数等有所减少。

12－26 博物馆基本情况
BASIC STATISTICS ON MUSEUMS

项目 Item		1995	1997	1998	1999	2000	2001
机构数(个)	Number of Institutions (unit)	11	11	11	11	12	13
全部职工人数(人)	Number of Personnel (person)	319	286	304	316	316	379
文物藏品(件)	Number of Collections (piece)	147873	148260	149212	149212	150308	147656
参观人次(万人次)	Number of Visitors (10 000 person－times)	81.7	43.2	44.0	49.1	40.4	44.3
总收入(万元)	Total Income (10 000 yuan)	152.9	476.4	763.1	1119.4	1153.3	2167.9
总支出(万元)	Total Expenditures (10 000 yuan)	409.3	653.0	867.3	1122.8	1127.9	1783.0

12－27 报纸出版情况
STATISTICS ON NEWSPAPERS PUBLISHED

项目 Item		1995	1997	1998	1999	2000	2001
种　　数(种)	Number of Newspapers Published (kind)	61	56	46	47	84	71
平均期印数(万份)	Average Printed Copies Per Issue(10 000 copies)	367.1	347.8	315.5	434.4	420.6	444.2
总印数(万份)	Total Printed Copies (10 000 copies)	45767	52235	63632	91013	100622	98012
总印张(千印张)	Total Printed Sheets (1000 Sheets)	789023	815520	1509072	2338809	3048015	2871568

12－28 图书出版情况
STATISTICS ON BOOKS PUBLISHED

项目 Item		1995	1997	1998	1999	2000	2001
出版图书种数合计(种)	Number of Publications (kind)	3028	3729	4031	4369	4529	4841
出版新图书(种)	New Publications (kind)	1379	1855	2000	2163	2443	2624
总印数(万册)	Total Printed Copies (10 000 copies)	35206.72	36305.52	35840.00	33869.66	28841.63	30383.2
总印张(千印张)	Printed Sheets (1000 Sheets)	1582825.48	1607701.6	1624729	1631768	1552128	1752639

12-29 课 本 出 版 情 况
STATISTICS ON TEXTBOOKS PUBLISHED

项 目 Item		1995	1997	1998	1999	2000	2001
出版课本种数合计(种)	Number of Textbooks Published (kind)	462	604	660	673	896	976
出版新课本(种)	New Publications (kind)	129	225	320	202	266	400
总印数(万册)	Total Printed Copies (10 000 copies)	16958.17	19078.30	18882.79	18624.31	16995.3	17868.6
总印张(千印张)	Printed Sheets (1000 Sheets)	772389.33	864148.27	912589.87	921997	926553	1040580

12-30 少 年 读 物 出 版 情 况
STATISTICS ON BOOKS PUBLISHED FOR CHILDREN

项 目 Item		1995	1997	1998	1999	2000	2001
出版少儿读物种数(种)	Number of Books Published for Children (kind)	71	99	72	69	121	177
新出版(种)	New Publications (kind)	39	47	32	35	105	143
总印数(万册)	Total Printed Copies (10 000 copies)	97.20	98.51	60.19	134.76	91.92	99.66
总印张(千印张)	Printed Sheets (1000 Sheets)	5542.27	7101.89	3783.25	3443.19	2860.05	3291.84

12－31 杂　志　出　版　情　况
STATISTICS ON MAGAZINES PUBLISHED

项　目 Item	1995	1997	1998	1999	2000	2001
种　数(种) Number of Publications(Kind)	305	306	308	305	325	354
平均期印数(万册) Average Printed Copies per Issue(10 000 copies)	816.29	1119.25	1054.05	994.55	1272.08	1055.72
总 印 数(万册) Total Printed Copies(10 000 copies)	11267.57	16565.52	14357.61	16817.38	22643.81	17259.31
总 印 张(千印张) Printed Sheets(1000 Sheets)	285086.90	403709.35	428600.26	532064.97	739348.62	547855.89
一、综　合 General Magazine						
种　数 Number of Publications(ditto)	20	18	19	15	5	20
平均期印数 Average Printed Copies per Issue(ditto)	178.44	322.32	387.88	326.63	115.8	164.08
总 印 数 Total Printed Copies(ditto)	2143.40	3892.88	4652.34	6632	2531.3	2900.60
总 印 张 Printed Sheets(ditto)	82701.60	155149.30	186602.33	266053.00	40279.5	62133.07
二、哲学、社会科学 Philosophy and Social Sciences						
种　数 Number of Publications(ditto)	79	74	76	78	96	102
平均期印数 Average Printed Copies per Issue(ditto)	207.56	239.31	232.62	243.98	747.97	497.80
总 印 数 Total Printed Copies(ditto)	2445.93	2750.44	2769.47	3088.80	14668.2	9151.51
总 印 张 Printed Sheets(ditto)	80776.00	92451.82	96526.02	108869.29	561531.3	340444.9
三、自然科学技术 Natural Sciences and Technology						
种　数 Number of Publications(ditto)	155	164	165	166	166	172
平均期印数 Average Printed Copies per Issue(ditto)	75.86	80.26	72.22	91.58	99	93.86
总 印 数 Total Printed Copies(ditto)	550.64	634.04	555.23	822.16	957.84	972.06
总 印 张 Printed Sheets(ditto)	17523.10	21214.64	19023.48	27414.99	33382.41	33133.44
四、文化教育 Culture and Education						

续 表 Continued

项 目 Item	1995	1997	1998	1999	2000	2001
种 数 Number of Publications(ditto)	35	33	32	31	37	38
平均期印数 Average Printed Copies per Issue(ditto)	153.20	127.29	144.28	117.61	111.12	112.34
总印数 Total Printed Copies(ditto)	1982.28	1648.60	1977.13	1652.26	1250.88	1406.10
总印张 Printed Sheets(ditto)	44907.80	37949.73	42528.38	38687.10	35047.5	47661.58
五、文学艺术 Literature and Arts						
种 数 Number of Publications(ditto)	11	12	11	10	15	16
平均期印数 Average Printed Copies per Issue(ditto)	34.13	33.70	33.65	22.95	60.46	61.78
总印数 Total Printed Copies(ditto)	225.52	232.46	224.44	266.36	442.90	482.21
总印张 Printed Sheets(ditto)	19737.40	21816.78	21256.05	25584.01	25944.28	29219.70
六、少年儿童读物 Magazine Published for Children						
种 数 Number of Publications(ditto)	4	4	4	4	5	5
平均期印数 Average Printed Copies per Issue(ditto)	166.80	316.07	183.10	191.5	137.13	124.86
总印数 Total Printed Copies(ditto)	3918.00	7405.30	4177.20	4354.00	2789.09	2340.83
总印张 Printed Sheets(ditto)	39396.00	75085.50	62628.00	65415.00	43091.63	35113.20
七、画 刊 Pitorials						
种 数 Number of Publications(ditto)	1	1	1	1	1	1
平均期印数 Average Printed Copies per Issue(ditto)	0.3	0.3	0.3	0.3	0.6	1
总印数 Total Printed Copies(ditto)	1.8	1.8	1.8	1.8	3.6	6
总印张 Printed Sheets(ditto)	45.00	41.58	36.00	41.58	72	150

12-32 报纸出版情况(2001年)
STATISTICS ON NEWSPAPERS PUBLISHED BY TYPE(2001)

项目 Item	种数(种) Number of Newspapers Published (kind)	平均期印数(万份) Average Printed Copies Per Issue (10 000 copies)	总印数(万份) Total Printed Copies (10 000 Copies)	总印张(千印张) Printed Sheets (1000 Sheets)
合计 Total	71	444.21	98012.44	2871568.15
综合报 General Newspaper	35	308.44	86577.94	2727656.85
专业报 Special Newspaper	36	135.77	11434.50	143911.30
一、中央、省级报纸 Newspaper Published at Central Government and Provincial Level	49	287.18	63928.19	1702119.15
综合报 General Newspaper	26	216.38	58096.10	1621842.55
专业报 Special Newspaper	23	70.8	5832.09	80276.60
二、地、市级报纸 Newspaper Published at Prefectural Level	22	157.03	34084.25	1169449.00
综合报 General Newspaper	9	92.06	28481.84	1105814.30
专业报 Special Newspaper	13	64.97	5602.41	63634.70

12-33 图书出版数量(2001年)
NUMBER OF VARIOUS BOOKS PUBLISHED (2001)

项目 Item	出版图书种数合计(种) Number of Pubilications (kind)	出版新图书(种) New Publications (kind)	总印数(万册、万张) Total Printed Copies (10 000 Copies)	总印张(千印张) Printed Sheets (1000 Sheets)
总计 Total	4841	2624	30383.22	1752638.57
一、书籍类 Type of Books	4750	2534	30350.07	1752363.69
马列主义、毛泽东思想 Marxism - Leninism, Mao Zedong Thought	16	10	34.69	3871.48
哲学 Philosophy	42	31	28.53	3342.89
社会科学总论 General Social Sciences	57	35	28.92	3978.17
政治、法律 Politics and Law	136	107	108.29	13408.07
军事 Military Affairs	9	9	4.4	324.96
经济 Economics	240	165	136.9	18536.10
文化、教育、科学、体育 Culture, Education Science and Sports	2535	966	28954.95	1575107.17
语言、文字 Languages	228	137	145.05	19834.90
文学 Literature	381	296	277.74	35278.36
艺术 Arts	199	171	143.38	7788.94
历史地理 History and Geography	89	78	49.87	5384.95
自然科学总论 General Natural Sciences	38	22	23.00	1972.54
数学科学、化学 Mathematics and Chemistry	128	73	87.26	13232.34
天文学、地球科学 Astronomy and Geology	44	38	14.67	988.63
生物科学 Biology	15	10	5.21	840.29
医药、卫生 Medicine and Health Care	90	76	35.18	6607.74
农业科学 Agricultural Science	28	25	10.01	935.39
工业技术 Industrial Technology	382	222	212.03	35096.80
交通运输 Transportation	6	5	1.51	283.66
航空航天 Aeronautics and Aerospace				
环境科学 Environmental Science	16	5	4.86	750.83
综合性图书 General Books	71	53	43.62	4799.48
二、图片类 Pictures	91	90	33.15	274.88

12－34 卫生事业机构数
NUMBER OF HEALTH INSTITUTIONS

单位：个 (unit)

项目	Item	1995	1997	1998	1999	2000	2001
合计	Total	1443	1173	1165	1124	1069	1053
医院	Hospitals	224	224	220	220	220	219
#县以上医院	At County Level and above	64	64	64	64	64	64
疗养院、所	Sanatoriums	5	5	5	6	6	6
门诊部、所	Clinics	1088	815	808	768	714	730
专科防治所、站	Special Prevention and Treatment Centers or Stations	28	29	30	28	28	20
卫生防疫站	Sanitation and Antiepidemic Stations	45	45	46	46	45	24
妇幼保健所、站	Maternity and Child Care Centers	14	14	14	14	14	14
药品检验所、室	Medicines and Chemical Reagent Test Labs	6	6	6	6	5	5
医学科研机构	Research Institutes of Medical Sciences	6	6	6	6	6	6
高等医药院校	Medicine Institutions of Higher Education	6	6	6	6	6	7
中等医药学校	Specialized Secondary Medicine Schools	11	11	12	12	12	10
其他卫生机构	Other Health Care Institutions	10	12	12	12	13	12

12－35 卫生事业人员数
NUMBER OF PERSONS ENGAGED IN HEALTH INSTITUTIONS

单位：人 (person)

项目	Item	1995	1997	1998	1999	2000	2001
合计	Total	79298	79097	75839	74222	75867	73334
医院	Hospitals	51679	51978	50292	50408	50090	50925
#县以上医院	At County Level and above	41525	41694	40278	39897	39637	39306
疗养院、所	Sanatoriums	793	742	765	1038	917	877
门诊部、所	Clinics	11885	11095	10896	9128	11285	10466
专科防治所、站	Special Prevention and Treatment Centers or Stations	1641	1604	1656	1662	1617	1513
卫生防疫站	Sanitation and Antiepidemic Stations	2095	2119	2203	2266	2485	1589
妇幼保健所、站	Maternity and Child Care Centers	636	665	683	730	744	765
药品检验所、室	Medicines and Chemical Reagent Test Labs	289	285	299	291	195	191
医学科研机构	Research Institutes of Medical Sciences	765	717	701	710	736	245
高等医药院校	Medicine Institutions of Higher Education	5434	5428	5394	5037	4931	4397
中等医药学校	Specialized Secondary Medicine Schools	792	806	820	844	792	418
其他卫生机构	Other Health Care Institutions	2119	2158	2130	2108	2075	1948
总计中：个体开业人员数	Number of Individual Practitioners	1170	1500	1439	1623	1957	2319

注：医学科研机构人员数减少是因机构改革人员变动所致。

12-36 卫生技术人员数
COMPOSITION OF MEDICAL TECHNICAL PERSONNEL

单位：人 (person)

项目	Item	1995	1997	1998	1999	2000	2001
卫生技术人员合计	Total Number of Medical Technical Personnel	58860	58417	56556	56417	56444	54816
中医师	Doctors of Traditional Chinese Medicine	3409	3335	3089	3083	3170	2901
西医师	Doctors of Western Medicine	18096	17857	17660	18140	18221	17934
中西医结合医师	Doctors who Integrate Traditional Chinese Therapeutics with Western Therapeutics in Practice	342	419	334	386	329	273
护师	Senior Nurses	12309	13413	13440	14377	15056	15434
中药师	Pharmacists of Chinese Medicine	1525	1604	1506	1455	1474	1382
西药师	Pharmacists of Western Medicine	2188	2318	2245	2424	2397	2428
检验师	Laboratory Technicians	2273	2292	2676	2380	2488	2334
其他技师	Other Technicians	2090	2420	2159	2246	2306	2187
中医士	Paramedics of Chinese Medicine	439	370	322	298	311	322
西医士	Paramedics of Western Medicine	2534	2700	2493	2304	2253	2110
护士	Junior Nurses	6851	5847	5271	4669	4617	4008
助产师	Midwives	612	529	567	473	401	357
中药剂师	Junior Pharmacists of Chinese Medicine	487	427	377	292	265	247
西药剂士	Junior Pharmacists of Western Medicine	847	666	540	481	422	383
检验士	Junior Laboratory Technicians	674	559	469	471	402	386
其他技士	Other Junior Technicians	694	637	586	474	390	366

12-37 卫生事业床位数
NUMBER OF BEDS IN HEALTH INSTITUTIONS

单位：张 (unit)

项目	Item	1995	1997	1998	1999	2000	2001
合计	Total	36430	34230	32961	32532	33073	32605
医院	Hospitals	29602	28782	27933	27705	28321	28725
#县以上医院	At County Level and above	24225	23612	23365	23349	23326	23468
疗养院、所	Sanatoriums	1006	746	846	746	666	796
门诊部、所	Clinics	4298	2950	2386	2234	2029	1512
专科防治所、站	Special Prevention and Treatment Centers or Stations	1124	992	1036	1077	1182	1115
卫生防疫站	Sanitation and Antiepidemic Stations	—	50	50	50	50	50
妇幼保健所、站	Maternity and Child Care Centers	100	110	110	120	125	125
其他卫生机构	Other Health Care Institutions	300	600	600	600	700	282

12－38 医疗卫生事业对居民的保证程度

NUMBER OF BEDS AND PERSONS ENGAGED IN MEDICAL AND HEALTH INSTITUTIONS PER 1000 POPULATION

单位：张、人 (unit, person)

项目	Item	1995	1997	1998	1999	2000	2001
每千人口卫生床位数	Number of Beds per 1000 population	5.17	4.75	4.53	4.42	4.44	4.30
#每千人口医院床位数	Number of Hospital Beds per 1000 population	4.20	4.00	3.84	3.76	3.81	3.79
每千人口县以上医院床位数	Number of Hospital Beds at County Level and above per 1000 population	3.44	3.28	3.21	3.17	3.17	3.10
每千人口卫生工作人员数	Number of Medical Personnel per 1000 population	11.25	10.99	10.42	10.31	10.19	9.67
#每千人口卫生技术人员数	Number of Medical Technical Personnel per 1000 population	8.35	8.11	7.77	7.67	7.58	7.23
每千人口医生数	Number of Doctors per 1000 population	3.53	3.44	3.29	3.30	3.27	3.11
每千人口护师、士数	Number of Senior and Junior Nurses per 1000 population	2.72	2.68	2.57	2.94	2.64	2.58

12－39 医院基本情况(2001年)

STATISTICS ON HOSPITAL AFFAIRS(2001)

项目	Item	诊疗人次(千次) Total Number of Patients Treated (1000 person－times)	住院人数(千人) Hospital Admissions (1000 patients)	病床周转次数(次) Turnover of Beds (times)	病床使用率(%) Utilization Rate of Beds (%)
合计	Total	22840	475	16.51	59.86
一、县及县以上医院合计	Hospitals At County Level and above	19482	438	18.80	68.65
卫生部门	Health Departments	13938	339	20.35	68.51
综合医院	General Hospitals	6137	118	19.11	64.50
中医医院	Hospitals of Chinese Medicine	771	12	11.19	47.53
医学院校附属医院	Hospitals Attached to Medical College	4618	138	22.28	69.42
传染病院	Hospitals for Infectious Diseases	33	3	10.59	60.29
精神病院	Mental Hospitals	50	3	6.36	70.09
结核病院	Tuberculosis Hospitals	11	2	5.11	44.35
妇幼保健院	Hospitals for Maternity and Child Care	374	10	41.63	80.97
儿童医院	Children's Hospitals	857	29	53.41	100.51
肿瘤医院	Tumor Hospitals	44	5	9.39	77.06
其他专科医院	Other Specialized Hospitals	1043	19		68.98
工业及其它部门	Industrial and Other Departments	5544	99	15	69
二、乡卫生院合计	Rural Township Hospitals	2372	31	9	26
三、城市街道医院合计	Other Small Hospitals	986	6	3	16

12-40 农村村级卫生组织情况(2001年)
STATISTICS ON HEALTH INSTITUTIONS AT VILLAGE LEVEL IN RURAL AREAS(2001)

区 District		村数(个) Number of Villages (unit)	村设置的医疗点(个) Medical Units in Villages (unit)	农村医生和卫生员数(人) Number of Rural Doctors and Medical Personnel (person)	农村接生人员(人) Rural Midwives (person)
合计	Total	2029	1892	3624	298
江岸区	Jiang'an	28	18	29	–
江汉区	Jianghan	4	4	6	–
硚口区	Qiaokou	13	12	6	–
汉阳区	Hanyang	36	36	57	4
洪山区	Hongshan	142	135	211	12
东西湖区	Dongxihu	114	84	54	–
汉南区	Hannan	46	47	68	1
蔡甸区	Caidian	306	298	452	41
江夏区	Jiangxia	324	388	730	86
黄陂区	Huangpi	486	464	1135	48
新洲区	Xinzhou	500	379	830	106
武汉经济开发区	Wuhan Economic and Technical development zone	30	27	46	–

12-41 体育事业基本情况
BASIC STATISTICS ON SPORTS AFFAIRS

项目	Item	1995	1997	1998	1999	2000	2001
体委系统职工人数(人)	Number of Staff and Workers in Sports Commissions (person)	2672	1489	1972	1898	2208	2253
#市属(人)	Municipal Units (person)	633	685	679	653	680	650
优秀运动队人数(人)	Number of Personnel of Excellent Sports Teams (person)	1240	819	819	745	700	745
等级裁判员人数(人)	Number of Referees in Grades (person)	14	1181	1296	1489	1380	1479
等级运动员发展人数(人)	Number of Newly Increased Athletes in Grades (person)	27	673	663	28	19	42
少年儿童业余体校(所)	Sparetime Sports Schools for Children (unit)	17	19	19	19	24	24
在校学生人数(人)	Students Enrollment (person)	3088	2219	1960	2010	1660	1938
全市举办运动会次数(次)	Number of Games Held in the City (times)	489	124	119	118	152	169
参加运动会运动员人数(人)	Number of Athletes Involved in the Games (person)	112864	69189	95047	130000	362462	413900

注:从1997年起运动会次数及参加人数均为县级以上体委系统情况。

12-42 年末城镇优抚对象情况
STATISTICS ON PERSONS ENJOYING FAVOURED TREATMENT AND RECEIVING SPECIAL PENSIONS IN URBAN AREA

单位：人 (person)

项目 Item	1995	1997	1998	1999	2000	2001
优抚对象人数 Number of Family Members of Martyrs and Disabled Veterans	226183	231357	232281	230149	248548	225984
革命伤残人员 Number of Disabled Veterans	5734	5804	5799	5827	5835	5647
烈军属人数 Number of Family Members of Martyrs and Soldiers	132579	136113	136035	133309	132250	107284
在乡退伍红军老战士 Demobilized Old Red Army Men in Hometown	3	3	3	3	3	3
在乡复员军人 Demobilized Soldiers in Hometown	6065	5842	5803	5734	5619	5326
在乡退伍军人 Veterans in Hometown	81802	83595	84641	85222	104788	107672
优抚对象中：孤老人数 Number of Orphans, Widowers and Widows Receiving Special Pensions and Enjoying Favoured Treatment	1018	900	889	876	864	940

12-43 优抚类收养性单位情况
BASIC STATISTICS ON INSTITUTIONS ADOPTING PERESONS OF THE ENJOYING FAVOURED TREATMENT

项目	Item	1997	1998	1999	2000	2001
单位数(个)	Number of Units(unit)	2	2	2	2	3
床位数(张)	Number of Beds(unit)	408	457	457	423	499
年末收养人员(人)	Number of Persons adopted year-end	395	444	401	414	483

12-44 农村自然灾害情况
STATISTICS ON RURAL NATURAL DISASTER

项目 Item	1995	1997	1998	1999	2000	2001
农作物受灾面积(百亩) Covered Areas of Farm Crops (100 mu)	69180	25820	22342	13590	35000	26900
农作物成灾面积(百亩) Affected Areas of Farm Crops (100 mu)	24790	7880	15083	7720	19000	18400
#粮食经济作物减产面积(百亩) Areas of Reduction of Output in Sown Areas of Grains and Economical Crops	24790	7880	15083	3500	19000	8700
成灾人口(人) Population Affected (person)	1348680	569000	1140000	385000	1200000	1677000
因灾缺粮(吨) Insufficient Amount of Grains Because of Disaster (ton)	52757	31000	268985	20498	10200	8000
缺粮人口(人) Number of Persons Suffering From Shortage of Grains(person)	953813	611000	322700	296000	170000	177000
得到国家救济人次数(人次) Number of Persons Receiving Government Relief (person-times)	174436	56030	633000	360000	280000	540000

12－45 社会福利院情况
STATISTICS ON SOCIAL WELFARE HOMES

项目 Item	1995	1997	1998	1999	2000	2001
单位数(个) Number of Homes (unit)	12	12	12	12	12	12
床位数(张) Number of Beds (unit)	1943	2566	2737	2734	3261	3171
在院总人数、天数(人、天) Number of Persons Housed Accumulated by Day (person－day)	570832	741523	729119	808965	840656	694240

12－46 社会儿童福利院情况
STATISTICS ON SOCIAL CHILDREN'S WELFARE HOMES

项目	Item	1995	1997	1998	1999	2000	2001
单位数(个)	Number of Homes (unit)	1	1	1	1	1	1
#市儿童福利院(个)	Wuhan Children's Welfare Home (unit)	1	1	1	1	1	1
年末收养人员	Number of Persons Housed (person)	314	481	494	505	520	554
#少年儿童(人)	Juvenile (person)	60	150	165	170	165	164
婴幼儿童(人)	Babies and Children (person)	254	331	329	335	355	390

12－47 殡葬事业情况
BASIC STATISTICS ON FUNERAL AND INTERMENT AFFAIRS

项目	Item	1995	1997	1998	1999	2000	2001
火葬场(个)	Cremateria (unit)	7	7	7	7	7	7
火化炉(台)	Cremators (unit)	33	37	39	41	42	46
火化尸体数(具)	Corpses Cremated (bodies)	38205	37304	43207	44869	46158	45012

12－48 婚姻登记情况（2001年）
STATISTICS ON MARRIAGES(2001)

项目 Item		准予登记结婚数（对） Registered Marriages (couples)	初婚人数（人） First Marriages (Persons)	再婚人数（人） Remarriage (Persons)	申请离婚（对） Applicants for Divorces (couples)	准予离婚（对） Ratifications for Divorces (couples)
合计	Total	47187	86230	8144	5195	5195
市直	Units Directly Under the Municipal Government	362	718	6	13	13
江岸区	Jiang'an	3930	6724	1136	944	944
江汉区	Jianghan	2457	3976	938	500	500
硚口区	Qiaokou	3550	6117	983	429	429
汉阳区	Hanyang	2685	4780	589	388	388
武昌区	Wuchang	4869	8238	1500	986	986
青山区	Qingshan	3328	5804	852	702	702
洪山区	Hongshan	3965	7237	692	430	430
东西湖区	Dongxihu	1591	2964	218	90	90
汉南区	Hannan	635	1174	96	36	36
蔡甸区	Caidian	2804	5469	139	192	192
江夏区	Jiangxia	4203	8118	288	198	198
黄陂区	Huangpi	7370	14277	463	92	92
新洲区	Xinzhou	4875	9562	188	169	169
武汉经济开发区	Wuhan Economic & Technical Development Zone	563	1072	56	26	26

12－49 市属公证机构及人员
NUMBER OF NOTARIAL INSTITUTIONS AND PERSONNEL ENGAGED AT MUNICIPALITY LEVEL AND BELOW

项目 Item		1995	1997	1998	1999	2000	2001
公证机构数(个)	Number of Notarial Institutions (unit)	15	15	15	15	15	15
#市级(个)	Municipality Level (unit)	2	2	2	2	2	2
区级(个)	District Level (unit)	11	11	11	13	13	13
县级(个)	County Level (unit)	2	2	2	—	—	—
公证人员数(人)	Number of Notarial Personnel(person)	160	169	166	168	168	143
办理各类公证(件)	Number of Notarial Documents Issued (pieces)	58523	70717	73656	78796	96392	111923

12-50 市属律师机构及人员
NUMBER OF LAWYER INSTITUTIONS AND PERSONNEL ENGAGED AT MUNICIPALITY LEVEL AND BELOW

项目	Item	1995	1997	1998	1999	2000	2001
一、律师事务所(个)	Number of Law Offices (unit)	50	59	61	62	66	74
市　　级(个)	Municipality Level (unit)	23	28	31	32	35	41
区　　级(个)	District Level (unit)	17	20	20	30	31	32
二、律师事务所实有人数(人)	Number of Staff and Workers in Law Offices (person)	744	823	803	797	800	631
#专业律师工作者(人)	Full-time Lawyers (person)	490	505	485	537	568	536
兼职律师工作者(人)	Part-time Lawyers (person)	75	153	157	141	143	95

12-51 市属民事纠纷调解情况
STATISTICS ON CIVIL DISPUTES MEDIATED AT MUNICIPALITY LEVEL AND BELOW

项目	Item	1995	1997	1998	1999	2000	2001
一、调解纠纷合计(件)	Number of Civil Disputes Mediated (case)	24063	23797	28424	29551	26657	28138
二、调解成功纠纷(件)	Number of Cases Successfully Mediated (case)	23725	23567	27982	29209	26320	27663
三、本年突出纠纷	Highlight Disputes in the Year						
#家庭纠纷(件)	Family Disputes (case)	9482	5637	5462	6203	5106	5232
婚姻纠纷(件)	Marriage Disputes (case)	4060	3328	4093	4322	3535	3551
邻里纠纷(件)	Neighbor Disputes (case)	4781	4817	6098	6423	5570	6251
房屋纠纷(件)	Housing Disputes (case)	1478	1598	1894	2037	1565	1720
四、非正常死亡(人)	Abnormal Deaths (person)	8	8	—	—	—	
五、避免非正常死亡(人)	Abnormal Deaths Avoided (person)	173	465	724	535	215	293

12－52 刑事治安案件情况
BASIC STATISTICS ON CRIMINAL AND OFFENSE CASES

项目	Item	1995	1997	1998	1999	2000	2001
刑事发案总数(起)	Number of Criminal Cases Registered (case)	15802	12890	13380	32552	52295	52075
刑事破案总数(起)	Number of Criminal Cases Cracked (case)	12194	11472	11741	19452	21345	26090
治安案件受理(起)	Number of Offense Cases Registered(case)	35428	26990	26462	32176	43479	44908
治安案件查处(起)	Number of Offense Cases Disposed(case)	33985	26374	26000	31432	42133	43169

12－53 交通事故、火灾情况
STATISTICS ON TRAFFIC ACCIDENTS AND FIRES

项目	Item	1995	1997	1998	1999	2000	2001
交通事故	Traffic Accidents						
次　数(次)	Number of Traffic Accidents (case)	2637	2815	3007	4106	5392	6347
死　亡(人)	Deaths (person)	409	401	388	640	678	631
伤　人(人)	Injuries (person)	1156	1437	1738	2874	3248	3657
损失折款(万元)	Losses Converted into Cash (10 000 yuan)	1403.7	1621.8	1567	1612.9	1944.9	2369.1
火灾情况	Fires						
次　数(次)	Number of Fires (case)	1130	310	747	691	655	1063
死　人(人)	Deaths (person)	18	9	8	13	3	16
伤　人(人)	Injuries (person)	23	15	5	11	2	15
损失折款(万元)	Losses Converted into Cash (10 000 yuan)	1550.0	754.8	681.6	297.5	290.0	319.8

12－54 检查机关办理控告和申诉案件
CASES CHARGED AND APPEALED BY PROCURATORIAL AGENCY

单位：件 (case)

项目 Item		1995	1997	1998	1999	2000	2001
控告检举违法犯罪案件	Criminal Cases Charged and Prosecuted						
受理数	Cases Accepted	3548	3261	2816	3121	3622	3307
处理数	Cases Settled	3537	2699	2791	3120	3623	3304
申诉案件	Cases Appealed						
受理数	Cases Accepted	831	605	592	398	538	974
处理数	Cases Settled	829	603	592	395	535	966

12－55 检查机关办理经济案件与侵权渎职案件
CASES OF ECONOMY TORT AND DERELICTION OF DUTY HANDLED BY PROCURATORIAL AGENCY

单位：件 (case)

项目 Item		1995	1997	1998	1999	2000	2001
受理经济案件线索总数	Accepted Threads of Economic case	1727	1650	1162	1022	1442	1362
立案侦察数	Number of Cases Registered	492	360	229	234	225	215
受理侵权渎职案件线索总数	Accepted Threads of Tort and Dereliction of Duty	437	239	133	113	156	152
立案侦察数	Number of Cases Registered	98	61	17	15	16	22

12－56 刑事案件批捕与起诉
ARRESTS AND LAWSUITS IN CRIMINAL CASES

项 目 Item	1995	1997	1998	1999	2000	2001
受理刑事案件批捕总数(件) Number of Arrests Appealed in Criminal Cases (case)	4524	4202	4815	4811	4703	5348
受理刑事案件批捕总数(人) Number of Persons Appealed Arresting in Criminal Cases(person)	7328	6350	7346	6953	7181	7872
其中：批捕数(件) Authorizing Arrests (case)	3795	3698	4285	4181	4014	4803
其中：批捕数(人) Authorizing Arrests (person)	5957	5402	6366	5878	6069	6956
受理刑事案件起诉免诉总数(件) Number of Cases Appealed Prosecutions and Exempting from Prosecutions (case)	4812	4695	5745	6049	5852	6210
受理刑事案件起诉免诉总数(人) Number of Persons Appealed Prosecutions and Exempting from Prosecutions (person)	8053	7598	9307	9464	9458	9905
#起 诉(件) Prosecutions (case)	3552	3518	4031	4074	4014	4391
#起 诉(人) Prosecutions (person)	5689	5430	6222	6008	6165	6611
不 诉(件) Exempting from Prosecutions (case)	184	62	32	57	55	51
不 诉(人) Exempting from Prosecutions (person)	285	104	61	93	104	82

12－57 检察机关办理民事、行政案件
CIVIL AND ADMINISTRATIVE CASES HANDLED BY PROCURATOR'S OFFICES

单位：件 (case)

项 目		1998	1999	2000	2001
民事、行政检察受案	Civil and Administrative Cases Accepted	443	913	1097	715
审查处理	Censored and Disposed Cases	331	609	887	502
结 案	Cases Settled	43	221	879	143

12－58 环境保护基本情况
BASIC STATISTICS ON ENVIRONMENTAL PROTECTION

项　目 Item	1995	1997	1998	1999	2000	2001
一、"三废"排放情况 Discharge and Treatment of Waste Water, Waste gas and Solid Wastes						
(一)废水排放及处理情况 Discharge and Treatment of Waste Water						
1.废水排放总量(万吨) Total Volume of Waste Water Discharged (10 000 tons)	123500.00	85600.14	88205	78706.36	74971.03	68456.38
工业废水排放量(万吨) Volume of Industrial Waste Water Discharged (10 000 tons)	72091.00	48792.14	50070	44963.36	40661.03	33066.38
工业废水排放达标量(万吨) Volume of Industrial Waste Water up to the Standards for Discharge (10 000 tons)	43430.00	36314.85	37381	35454.81	36904.94	29821.84
工业废水排放达标率(%) Percentage of Industrial Waste Water up to the Standards for Discharge (%)	60.24	74.43	74.66	78.85	90.76	90.21
(二)废气排放总量(亿标立方米) Total Volume of Waste Gas Emission (100 million cu.m)	1372.00	1687.19	1886.37	2215.32	2226.14	1950.13
#燃料燃烧过程中废气排放量(亿标立方米) Volume of Waste Gas in the Process of Fuel Burning (100 million cu.m)	715.00	916.34	871.39	970.93	923.45	854.98
#生产工艺过程中废气排放量(亿标立方米) Volume of Waste Gas from Process of Production (100 million cu.m)	657.00	770.85	1014.98	1244.40	1302.69	1095.15
废气中：二氧化硫排放量(万吨) Volume of Sulphur Dioxide Emission (10 000 tons)	12.30	13.14	13.41	12.39	12.57	12.49
工业二氧化硫排放量(万吨) Volume of Industrial Sulphur Dioxide Emission (10 000 tons)	11.00	10.95	11.64	11.62	11.80	11.72
工业二氧化硫去除量(万吨) Volume of Industrial Sulphur Dioxide Removed (10 000 tons)	1.17	1.23	1.48	6.7	1.08	0.86
工业二氧化硫去除率(%) Percentage of Industrial Sulphur Dioxide Removed (%)	9.64	10.10	11.20	36.57	8.39	7.34
烟尘排放量(万吨) Volume of Soot Emission (10 000 tons)	6.60	6.27	4.65	4.78	5.83	6.22

续 表 Continued

项 目 Item	1995	1997	1998	1999	2000	2001
工业烟尘排放量(万吨) Volume of Industrial Soot Emission (10 000 tons)	3.80	5.94	4.39	4.64	5.69	6.09
工业烟尘去除量(万吨) Volume of Industrial Soot Removed (10 000 tons)	92.50	103.53	93.82	63.17	48.46	58.59
工业烟尘去除率(%) Percentage of Industrial Soot Removed (%)	96.00	94.57	95.5	93.16	89.49	90.58
工业粉尘排放量(万吨) Volume of Industrial Dust Emission (10 000 tons)	4.50	4.52	4.71	5.36	2.80	2.57
工业粉尘去除量(万吨) Volume of Industrial Dust Removed (10 000 tons)	43.30	39.97	44.72	55.50	60.46	62.18
工业粉尘去除率(%) Percentage of Industrial Dust Removed (%)	90.50	89.84	90.4	91.19	95.57	96.03
(三)工业固体废弃物产生量(万吨) Volume of Industrial Solid Wastes Produced (10 000 tons)	571.00	515.78	517.3	529.47	595.95	530.34
工业固体废弃物综合利用量(万吨) Volume of Industrial Solid Wastes Utilized (10 000 tons)	532.00	459.14	512.0	472.70	528.80	482.84
工业固体废弃物综合利用率(%) Percentage of Industrial Solid Wastes Utilized (%)	93.00	89.02	99.0	89.28	88.73	91.04
二、"三废"综合利用产品产值(万元) Output Value of Products Made from Waste Water, Waste gas and Solid Wastes (10 000 yuan)	22641.00	23421.50	19003.1	24434.2	35817.80	35296.7
三、污染源治理情况 Pollution Treatment						
1.污染源治理资金总额(万元) Funds for Pollution Treatment (10 000 yuan)	9183.00	5270.50	11308.2	10088.0	26159.10	4784.8
基本建设国家预算内资金(万元) Government Budgetary Funds for Capital Construction (10 000 yuan)	34.70	—	1624.5	2.5	2.5	1523.9
环境保护补助资金(万元) Subsidy Funds for Environmental Protection (10 000 yuan)	2174.00	1107.60	1660.7	2185.5	1720.20	687.0
#贷 款(万元) Loans (10 000 yuan)	769.40	377.70	492.8	774.9	1177.40	422.1
其他资金(万元) Other Funds (10 000 yuan)	1223.30	2510.90	6940.4	6928.4	23995.80	2151.8
2.当年安排治理项目(个) Number of Projects for Pollution Treatment in the Year (unit)	173.00	52.00	132	127	204	74
3.当年竣工项目(个) Number of Projects Implemented in the Year (unit)	175.00	51.00	111	86	176	57
4.当年竣工项目累计完成投资额(万元) Accumulated Investment in Projects Completed in the Year (10 000 yuan)	9065.10	—	11962	12275.9	27642.20	6209.59

主 要 统 计 指 标 解 释

普通高等学校 指按照国家规定的设置标准和审批程序批准举办,通过国家统一招生考试,招收高中毕业生为主要培养对象,实施高等教育的全日制大学、独立设置的学院和高等专科学校、短期职业大学。

成人高等学校 指按照国家有关规定审批,招收通过全国成人高教统一招生考试的具有高中毕业或同等学历的在职从业人员利用脱产、半脱产、业余或函授等多种形式对其实施高等学历教育,培养高等教育专科或本科毕业水平的专门人才,修业年限、课程设置和总学时数均按高等学历教育要求付诸实施的学校。包括广播电视大学,职工高等学校、农民高等学校、管理干部学院。教育学院。独立设置的函授学院等。

独立研究与开发机构 指有明确的任务和研究方向,有一定学术水平的业务骨干和一定数量的研究人员,具有研究,开发、开展学术工作的基本条件,主要进行科学研究与技术开发活动,并且在行政上有独立的组织形式,财务上独立核算盈亏,有权与其他单位签订合同,在银行有单独户头的单位。包括国务院各部门、中国科学院、中国社会科学院和各省、自治区、直辖市以及地(市)以上〔含地(市)〕各部门所属的国有独立的科学研究与技术开发机构。

独立研究与开发机构职工 指在科学研究与技术开发机构工作,并由其支付工资的人员。包括长期职工和临时职工,不包括编制以外的离休、退休人员和停薪留职人员,但包括招聘人员。

发明 指专利法及其实施细则所称的发明,指对有关产品、方法或其改进所提出的新的技术方案。

实用新型 指专利法及其实施细则所称的实用新型,指对产品的形状、构造或者其结合所提出的适于实用的新的技术方案。

外观设计 专利法及其实施细则所称的外观设计是指对产品的形状、图案、色彩或者其结合所作出的富有美感并适于工业上应用的新设计。

文化事业机构 指从事专业文化工作和为专业文化工作服务的独立建制的单位。不包括这些单位另外举办独立核算的其他机构和各部门的业余文化组织。

艺术表演团体 指从事戏曲、音乐、舞蹈、杂技等专业艺术表演,有独立帐户的单位。不包括半工半艺、半农半艺和民间职业剧团。

等级运动员人数 指经考核正式批准授予等级运动员称号的人数。运动员等级分为国际级运动健将、运动健将、一级运动员、二级运动员、三级运动员、少年级运动员。

等级裁判员人数 指经考核正式批准授予等级裁判员称号的人数。裁判员等级分为国际裁判、国家级裁判、一级裁判、二级裁判、三级裁判。

医院 指名称为医院,设有固定床位能收容病人住院并能为病人提供医疗、护理服务的医疗机构。包括县及县以上医院、农村乡卫生院、其他医院三部分。按所属性质分为卫生部门、工业及其他部门,集体经济单位三类。其中县及县以上医院按业务性质分为综合医院和专科医院。

卫生技术人员 指卫生事业机构支付工资的全部固定职工和合同制职工中现任职务为卫生技术工作的专业人员。包括中医师,西医师、中西医结合高级医师、护师、中药师、西药师、检验师,其他技师、中医士、西医士、护士、助产士、中药剂士、西药剂士、检验士、其他技士、其他中医、护理员、中药剂员、西药剂员、检验员,其他初级卫生技术人员。

医生 指经卫生部门审查合格,从事医疗工作的专业人员。分为中医医生和西医医生。包括卫生技术人员中的中医师、西医师、中西医结合高级医师、中医士、西医士和其他中医。

社会福利事业单位 指集中收养社会孤老、残、幼的机构。包括由民政部门管理的社会福利院、儿童福利院、精神病人福利院和城镇集体办的福利院,以及农村集体举办的敬老院。

社会福利事业单位收养人数 包括民政部门管理的和城镇及农村集体举办的社会福利事业单位中收养的老人、少年儿童、缺乏生活自理能力的残疾人员和精神病人。

律师 指受聘参加法律顾问处工作,担任法律顾问、刑(民)事代理人、刑事辩护人,办理非诉讼事件、解答法律询问,代写法律事务文书等主要从事律师业务的专职法律工作者和兼职律师。

公证人员 指在国家公证机关依法办理公证事务的司法人员。包括公证员、助理公证员和在公证处工作的其他人员。

办理公证文书 指公证处在一定时期内办结的公证文书件数。公证文书系按司法部规定或批准的格式制作。包括国内公证和涉外公证两部分。其中国内公证分为经济合同公证和民事法律关系公证两大类。

工业废水排放达标量 指各项指标都达到国家或地方排放标准的外排工业废水量,包括未经处理外排达标的和经过处理后外排达标的两部分。国家排放标准见 GB8978 一 88。

工业废气排放量 指企业厂区内燃料燃烧和生产工艺过程中产生的各种排粉空气的含有污染物的气体的总量,以标准状态〔273K, 101325Pa〕计。

工业粉尘排放量 指企业在生产工艺过程中排放的颗粒物重量。如钢铁企业的耐火材料粉尘、焦化企业的筛焦系统粉尘,烧结机的粉尘、石灰窑的粉尘、建材企业的水泥粉尘等。不包括电厂排入大气的烟尘。

工业固体废物产生量 指企业在生产过程中产生的固体状、半固体状和高浓度液体状废弃物的总量,包括危险废物、冶炼废渣、粉煤灰、炉渣、煤矸石、尾矿、放射性废物和其他废物等;不包括矿山开采的剥离废石和掘进废石(煤矸石和呈酸性或碱性的废石除外)。酸性或碱性废石是指采掘的废石其流经水、雨淋水的 pH 值小于 4 或 pH 值大于 10.5 者。

“三废”综合利用产品产值 指利用“三废”(废液、废气、废渣)作为主要原料生产的产品产值(现行价),已经销售或准备销售的,应计算产品产值;但留作生产上自用的,不应计算产品产值。

Explanatory Notes on Main Statistical Indicators

Regular Institutions of Higher Learning refer to educational establishments set up according to the government evaluation and approval procedures, enrolling graduates from senior secondary schools and providing higher education courses and training for senior professionals. They include full - time universities, colleges, high professional schools and short - term professional universities.

Institutions of Higher Learning for Adults refer to educational establishments, set up in line with relevant rules approved by the government, enrolling staff and workers with senior secondary school or equivalent education, and providing higher education courses in many forms of full - time, part - time, spare - time, or correspondence for adults. Professionals thus trained receive a qualification equivalent to graduates studying regular courses at regular universities, colleges and professional colleges. Institutions of higher learning for adults include Radio and TV universities, schools of high education for staff and workers and peasants, colleges for management cadres, pedagogical colleges, and independent correspondence colleges.

Independent Research and Development Institutions refer to the state - owned institutions that have direct mission and research purpose, a certain number of core members with higher research level and a certain number of research personnel, favorable conditions for R & D and engaging in scientific research and technological development. The institutions also have their own independent organization and finance, authority to sign contracts with other units, with their own accounts in banks. Independent research and development institutions include the institutions attached to central government agencies, Chinese Academy of Sciences. Chinese Academy of Social Sciences and the institutions attached to local governments.

Personnel of independent Research and Development institutions refers to the persons who work and receive payment in research and development institutions. It includes regular full - time and temporary staff and workers, but excludes retirees and persons who leave their work temporarily without payment but still retain their posts.

Inventions refer to the inventions as specified by the patent law and its detailed rules and regulations for implementation. They refer to the new technical proposals to the products or methods or their modifications.

Utility Models refer to the utility models as specified by hie patent law and its detailed rules and regulations for implementation. They refer to the practical and new technical proposals on the shape and structure of the product or the combination of both.

Designs refer to the designs as specified by the patent law and its detailed rules and regulation for implementation. They refer to the aesthetics and industry applicable new designs for the shape, pattern and color of the product, or their combinations.

Cultural institutions refer to units that have their own organizational system and independent accounting system and specialize in or serve cultural development. They exclude other establishments run by these cultural institutions and amateur cultural groups established by various departments.

Art Troupe refers to the troupe which is engaged in drama, opera, music, dance, acrobatics or other art performance, opens independent accounts with banks and has self supporting accounting system, excluding the troupes which are engaged partly in industrial or agricultural activities, partly in art performance and the professional troupes organized by the people.

Number of Athletes in Grades refers to the number of athletes who have been given titles through examination. The titles of athletes include international masters of sports, masters of sports, first - grade, second - grade and third - grade sportsmen and young athletes.

Number of Referees in Grades refers to he number of referees who have been given titles after examination. They are classified as international referees, national referees and referees of the first, second and third grades.

Hospitals refer to medical institutions named as "hospital" with permanent hospital beds, which are able to take in - patients and provide them with medical and nursing services. Hospitals are classified into three categories: hospitals at or above the county level, hospitals of rural townships, and other hospitals. According to their ownership, hospitals can be classified into three categories: hospitals under the public health departments, hospitals under industrial and other departments and collective - owned hospitals. Hospitals at or above county level are divided into comprehensive and specialized hospitals.

Medical Technical Personnel refers to all permanent medical staff and workers employed by medical institutions, including doctors of Chinese and Western medicine, senior doctors who integrate traditional Chinese therapeutics with Western therapeutics in practice, senior nurses, pharmacists of Chinese and Western medicine, laboratory specialists, other specialists, paramedics of Chinese and Western medicine, nurses, midwives, druggists in Chinese and Western medicine, laboratory technicians, other technicians, other practitioners of Chinese medicine, nursing attendants, pharmacological workers of Chinese and Western medicine, laboratory workers, and other primary medical personnel.

Doctors refer to qualified professional medical workers approved to practice by public health departments. They are classified into doctors of Chinese medicine, doctors of Western medicine, senior doctors who integrate traditional Chinese therapeutics with Western therapeutics in practice, paramedics of Chinese medicine and Western medicine, and other specialists of Chinese medicine.

Social Welfare Institutions refer to institutions taking care of old people without children, handicapped people and orphans. They include social welfare institutions run by civil affairs departments, children' s welfare institutions, social welfare institutions for mental patients, and collective - owned old people' s homes in rural areas.

Number of People Taken in by Social Welfare institutions refers to the number of old people, children, totally dependent handicapped people and mental patients taken in by social welfare institutions run by civil affairs departments and those run by collective units in urban and rural areas.

Lawyers are legal workers who are employed full – time by legal counseling firms to act as legal advisers, agents in criminal or civil lawsuits, or defenders in criminal lawsuits, or to handle non litigious legal affairs, to advise on matters of law or to write legal papers for others. Both full – time and part – time lawyers are included.

Notary Personnel refer to judicial workers of the state notary offices handling notarization work according to law.

They include notaries, assistant notaries, and other people working for notary offices.

Notarized Documents refer to the documents settled by notary offices in a year. The notarized documents are drawn up in accordance with the regulations of the Ministry of Justice, including domestic documents and foreign related documents. Domestic documents are divided into two major categories, documents on economic contracts and documents on civil legal relations.

Volume of Waste Water up to the Standard for Discharge refers to the volume of discharged industrial waste water that, with or without treatment, has come up to the national or local standards for discharge.

Volume of Waste Gas Emission refers to waste gas emitted from burning of fuels and from production process in the area of the factory, and is measured by 10000 standard cubic metres each year under normal condition.

Volume of Industrial Soot Discharged refers to the volume of solid soot, in the smoke discharged in the process of fuel burning in the area of the factory.

Industrial Dust Discharged refers to the total weight of solid dust discharged by industrial enterprises in the production process, such as dust of refractory materials from iron plants, dust from coke screening system or from sintering machines of coking plants, dust from lime kilns, cement dust from building material enterprises, etc., but excluding smoke and dust discharged by power plants.

Volume of industrial Solid Wastes Produced refers to the total volume of solid, semi – solid or highconcentration liquid residue produced by industrial enterprises in their production process, including dangerous wastes, residues from melting, slag, powdered coal ash, gangue, chemical residues, tailings, radioactivc residues; and other residues, but excluding stripped or dug stones in mining (except gangue and acid or alkali stones which arc stones washed or soaked by water with a PH value smaller than 4 or larger than 10.5.)

Output Value or Products Made from Utilization of Waste Gas, Waste Water and industrial Solid Wastes refers to the value of products (calculated at current prices) made by industrial enterprises using recovered waste water, waste gas or solid wastes as main raw materials. Only the value of the products that have been sold or are ready to be sold should be included. The value of the products that will be used in the production of the enterprises should not be included.

十三、企业调查

ENTERPRISE SURVEY

资料整理人员：王荣华　戚美珍　杨晓东　彭洪涛　郭淑华　曾　卫

STAFF FOR DATA PROCESSING:

Wang Ronghua　Qi Meizhen　Yang Xiaodong　Peng Hongtao　Guo Shuhua　Zeng Wei

13-1 2001年企业家信心指数
ENTREPRENEUR EXPECTATION INDICATOR IN 2001

		一季度 1st Quarter	二季度 2st Quarter	三季度 3st Quarter	四季度 4st Quarter
总体状况	Total	119.13	117.59	119.70	120.97
按行业分	Grouped by Sector				
1.工业	Industry	125.38	122.40	129.37	110.38
2.建筑业	Construction	122.71	125.47	113.05	135.63
3.交通运输邮电业	Transport, Post and Telecommunication Services	100.67	109.88	102.47	135.98
4.批发零售贸易业	Wholesale, Retail trade	110.60	103.51	103.86	123.84
5.房地产业	Real Estate	145.53	160.93	168.13	152.34
6.社会服务业	Social Services	110.76	107.81	114.12	121.26
按经济类型分	Grouped by Ownership				
1.国有企业	Stated - Owned Enterprises	108.60	105.10	113.65	120.60
2.集体企业	Collective - Owned Enterprises	87.50	100.00	115.38	125.00
3.股份合作企业	Cooperative Enterprises	100.00	100.00	100.00	100.00
4.联营企业	Joint Ownership Economic Enterprises	100.00	100.00	100.00	100.00
5.有限责任公司	Limited Liability Corporations	137.19	132.19	126.20	123.84
6.股份有限公司	Share - Holding Corporations LTD.	140.96	141.61	140.63	126.02
7.私营企业	private Enterprises	150.00	160.00	166.67	150.00
8.其它内资企业	other Domestic Funded Enterprises				
9.外商及港澳台企业	Enterprises with Funds from Foreign, HongKong, Macao and Taiwan	159.72	159.24	155.55	147.09
按企业规模分	Grouped by Size of Enterprises				
1.特大型	Supers - Scale Enterprises	117.12	115.41	125.79	102.77
2.大型	Large - Scale Enterprises	124.92	127.36	119.22	151.00
3.中型	Medium - Scale Enterprises	122.35	122.86	124.57	120.35
4.小型	Small - Scale Enterprises	126.76	115.94	132.39	128.17

13-2 2001年企业景气指数
BUSINESS CLIMATE INDEX IN 2001

		一季度 1st Quarter	二季度 2st Quarter	三季度 3st Quarter	四季度 4st Quarter
总体状况	Total	110.60	123.83	122.66	119.79
按行业分	Grouped by Sector				
1.工　业	Industry	109.44	128.78	128.01	123.23
2.建筑业	Construction	104.86	126.25	128.12	111.06
3.交通运输邮电业	Transport, Post and Telecommunication Services	98.85	105.05	100.41	108.83
4.批发零售贸易业	Wholesale, Retail trade	117.11	124.48	111.93	118.95
5.房地产业	Real Estate	129.90	134.78	146.62	141.86
6.社会服务业	Social Services	108.54	105.59	129.05	114.77
按经济类型分	Group by Ownership				
1.国有企业	Stated - Owned Enterprises	102.92	122.34	120.96	123.80
2.集体企业	Collective - Owned Enterprises	62.50	92.31	115.38	116.67
3.股份合作企业	Cooperative Enterprises	—	—	200.00	-100.00
4.联营企业	Joint Ownership Economic Enterprises	100.00	100.00	100.00	100.00
5.有限责任公司	Limited Liability Corporations	120.35	122.21	130.53	121.41
6.股份有限公司	Share - Holding Corporations LTD.	142.77	149.25	137.19	117.34
7.私营企业	private Enterprises	125.00	160.00	150.00	150.00
8.其它内资企业	other Domestic Funded Enterprises				
9.外商及港澳台企业	Enterprises with Funds from Foreign, HongKong, Macao and Taiwan	142.80	136.02	142.61	137.56
按企业规模分	Grouped by Size of Enterprises				
1.特大型	Supers - Scale Enterprises	137.09	163.51	143.86	142.92
2.大　型	Large - Scale Enterprises	147.26	154.16	152.51	140.44
3.中　型	Medium - Scale Enterprises	96.63	105.78	112.57	112.79
4.小　型	Small - Scale Enterprises	97.18	108.70	119.72	112.68

13-3 2001年企业生产景气指数
INDICES OF ENTERPRISE PRODUCTION PROSPERITY IN 2001

		一季度 1st Quarter	二季度 2st Quarter	三季度 3st Quarter	四季度 4st Quarter
总体状况	Total	92.16	123.71	122.48	119.43
按行业分	Grouped by Sector				
1.工　　业	Industry	89.67	135.65	132.42	117.74
2.建筑业	Construction	66.26	130.50	150.92	125.16
3.交通运输邮电业	Transport, Post and Telecommunication Services	93.89	111.92	129.22	122.24
4.批发零售贸易业	Wholesale, Retail trade	107.42	111.22	88.43	109.89
5.房地产业	Real Estate	105.78	137.36	133.33	134.06
6.社会服务业	Social Services	86.13	89.52	116.29	139.31
按经济类型分	Grouped by Ownership				
1.国有企业	Stated - Owned Enterprises	91.68	136.43	118.13	130.72
2.集体企业	Collective - Owned Enterprises	75.00	123.08	123.08	100.00
3.股份合作企业	Cooperative Enterprises	—	—	200.00	100.00
4.联营企业	Joint Ownership Economic Enterprises	68.99	35.65	66.67	62.03
5.有限责任公司	Limited Liability Corporations	100.85	111.25	123.11	107.56
6.股份有限公司	Share - Holding Corporations LTD.	107.63	133.68	136.12	127.05
7.私营企业	private Enterprises	75.00	140.00	150.00	133.33
8.其它内资企业	other Domestic Funded Enterprises				
9.外商及港澳台企业	Enterprises with Funds from Foreign, HongKong, Macao and Taiwan	144.94	127.96	138.63	112.01
按企业规模分	Grouped by Size of Enterprises				
1.特大型	Supers - Scale Enterprises	71.84	140.42	161.89	130.43
2.大　　型	Large - Scale Enterprises	136.45	152.87	121.34	136.71
3.中　　型	Medium - Scale Enterprises	91.57	121.71	117.82	114.62
4.小　　型	Small - Scale Enterprises	95.77	108.70	105.63	118.31

13-4 2001年企业税后利润景气指数

INDICES OF ENTERPRISE PROFIT AFTER TAXES PROSPERITY IN 2001

		一季度 1st Quarter	二季度 2st Quarter	三季度 3st Quarter	四季度 4st Quarter
总体状况	Total	85.92	99.43	104.91	109.94
按行业分	Grouped by Sector				
1.工　业	Industry	72.46	109.84	124.71	96.95
2.建筑业	Construction	87.16	132.78	106.59	139.64
3.交通运输邮电业	Transport, Post and Telecommunication Services	103.32	101.82	113.12	123.53
4.批发零售贸易业	Wholesale, Retail trade	105.69	64.95	58.78	111.41
5.房地产业	Real Estate	97.70	108.22	114.76	125.17
6.社会服务业	Social Services	77.59	91.36	111.82	118.44
按经济类型分	Grouped by Ownership				
1.国有企业	Stated - Owned Enterprises	91.39	89.00	103.60	114.24
2.集体企业	Collective - Owned Enterprises	68.75	100.00	91.67	100.00
3.股份合作企业	Cooperative Enterprises	—	—	200.00	200.00
4.联营企业	Joint Ownership Economic Enterprises	68.99	68.99	104.64	68.99
5.有限责任公司	Limited Liability Corporations	99.51	98.41	114.70	112.76
6.股份有限公司	Share - Holding Corporations LTD.	74.70	119.64	98.56	99.67
7.私营企业	private Enterprises	100.00	180.0	133.33	133.33
8.其它内资企业	other Domestic Funded Enterprises				
9.外商及港澳台企业	Enterprises with Funds from Foreign, HongKong, Macao and Taiwan	103.47	131.39	112.54	116.04
按企业规模分	Grouped by Size of Enterprises				
1.特大型	Supers - Scale Enterprises	73.86	103.75	160.91	73.99
2.大　型	Large - Scale Enterprises	122.17	88.86	81.30	136.58
3.中　型	Medium - Scale Enterprises	82.02	102.29	95.40	115.20
4.小　型	Small - Scale Enterprises	84.29	95.55	105.63	108.45

13－5　2001年企业流动资金景气指数
INDICES OF ENTERPRISE CIRCULATING CAPITAL PROSPERITY IN 2001

		一季度 1st Quarter	二季度 2st Quarter	三季度 3st Quarter	四季度 4st Quarter
总体状况	Total	63.11	62.55	61.66	65.62
按行业分	Grouped by Sector				
1.工　业	Industry	74.23	79.88	79.66	73.66
2.建筑业	Construction	45.41	25.93	36.86	29.71
3.交通运输邮电业	Transport, Post and Telecommunication Services	26.12	23.59	23.59	27.09
4.批发零售贸易业	Wholesale, Retail trade	57.78	45.20	37.14	69.73
5.房地产业	Real Estate	78.05	73.17	79.45	73.81
6.社会服务业	Social Services	71.46	100.00	96.43	92.59
按经济类型分	Grouped by Ownership				
1.国有企业	Stated－Owned Enterprises	46.78	49.78	53.68	60.43
2.集体企业	Collective－Owned Enterprises	37.50	69.23	61.54	66.67
3.股份合作企业	Cooperative Enterprises	100.00	100.00	100.00	100.00
4.联营企业	Joint Ownership Economic Enterprises	64.35	31.01	66.67	66.67
5.有限责任公司	Limited Liability Corporations	70.45	68.57	75.52	72.52
6.股份有限公司	Share－Holding Corporations LTD.	90.50	81.53	62.84	74.64
7.私营企业	private Enterprises	50.00	80.00	66.67	66.67
8.其它内资企业	other Domestic Funded Enterprises				
9.外商及港澳台企业	Enterprises with Funds from Foreign, HongKong, Macao and Taiwan	117.41	113.57	111.11	97.52
按企业规模分	Grouped by Size of Enterprises				
1.特大型	Supers－Scale Enterprises	99.43	103.75	89.92	94.12
2.大　型	Large－Scale Enterprises	55.19	44.06	44.41	73.26
3.中　型	Medium－Scale Enterprises	56.98	60.00	62.29	57.31
4.小　型	Small－Scale Enterprises	52.11	57.97	66.20	64.79

13－6　2001年企业贷款拖欠景气指数

INDICES OF ENTERPRISE DEFAULT PAYMENT FOR GOODS PROSPERITY IN 2001

		一季度 1st Quarter	二季度 2st Quarter	三季度 3st Quarter	四季度 4st Quarter
总体状况	Total	103.99	93.65	100.55	97.85
按行业分	Grouped by Sector				
1.工　业	Industry	127.43	113.06	107.67	90.09
2.建筑业	Construction	71.46	68.88	40.16	45.65
3.交通运输邮电业	Transport, Post and Telecommunication Services	61.54	75.49	73.28	97.76
4.批发零售贸易业	Wholesale, Retail trade	84.04	77.61	122.79	134.62
5.房地产业	Real Estate	114.08	99.27	115.79	125.19
6.社会服务业	Social Services	113.02	79.46	95.82	87.49
按经济类型分	Grouped by Ownership				
1.国有企业	Stated－Owned Enterprises	109.19	88.20	113.26	114.99
2.集体企业	Collective－Owned Enterprises	113.33	115.38	92.31	100.00
3.股份合作企业	Cooperative Enterprises	—	—	100.00	100.00
4.联营企业	Joint Ownership Economic Enterprises	100.00	100.00	100.00	100.00
5.有限责任公司	Limited Liability Corporations	109.95	109.84	97.90	87.43
6.股份有限公司	Share－Holding Corporations LTD.	99.64	103.48	97.51	80.21
7.私营企业	private Enterprises	75.00	80.00	133.33	133.33
8.其它内资企业	other Domestic Funded Enterprises				
9.外商及港澳台企业	Enterprises with Funds from Foreign, HongKong, Macao and Taiwan	107.64	99.40	101.12	99.41
按企业规模分	Grouped by Size of Enterprises				
1.特大型	Supers－Scale Enterprises	145.11	112.35	92.29	79.37
2.大　型	Large－Scale Enterprises	79.29	69.55	130.32	122.42
3.中　型	Medium－Scale Enterprises	110.17	97.70	101.18	103.59
4.小　型	Small－Scale Enterprises	92.75	105.80	104.29	98.57

13-7 2001年企业用工景气指数

INDICES OF ENTERPRISE EMPLOYING PROSPERITY IN 2001

		一季度 1st Quarter	二季度 2st Quarter	三季度 3st Quarter	四季度 4st Quarter
总体状况	Total	85.86	93.82	95.70	83.22
按行业分	Grouped by Sector				
1.工　业	Industry	82.91	91.62	92.85	73.83
2.建筑业	Construction	82.54	130.00	118.38	116.17
3.交通运输邮电业	Transport, Post and Telecommunication Services	61.97	56.40	81.99	55.97
4.批发零售贸易业	Wholesale, Retail trade	98.16	97.83	96.13	91.14
5.房地产业	Real Estate	97.65	95.25	89.60	78.69
6.社会服务业	Social Services	90.95	88.00	99.52	103.09
按经济类型分	Grouped by Ownership				
1.国有企业	Stated - Owned Enterprises	82.97	91.04	97.47	73.10
2.集体企业	Collective - Owned Enterprises	50.00	115.38	84.62	100.00
3.股份合作企业	Cooperative Enterprises	100.00	—	100.00	-
4.联营企业	Joint Ownership Economic Enterprises	100.00	66.67	35.65	31.01
5.有限责任公司	Limited Liability Corporations	98.36	95.51	98.31	92.26
6.股份有限公司	Share - Holding Corporations LTD.	98.92	97.62	91.72	87.39
7.私营企业	private Enterprises	125.00	140.00	116.67	116.67
8.其它内资企业	other Domestic Funded Enterprises				
9.外商及港澳台企业	Enterprises with Funds from Foreign, HongKong, Macao and Taiwan	104.20	117.56	102.48	113.53
按企业规模分	Grouped by Size of Enterprises				
1.特大型	Supers - Scale Enterprises	77.27	67.76	91.48	39.58
2.大　型	Large - Scale Enterprises	122.73	137.99	124.61	101.87
3.中　型	Medium - Scale Enterprises	80.45	97.36	85.71	84.30
4.小　型	Small - Scale Enterprises	85.92	91.30	94.37	94.37

13－8　2001年企业固定资产投资景气指数

INDICES OF ENTERPRISE FIXED ASSETS INVESTMENT PROSPERITY IN 2001

		一季度 1st Quarter	二季度 2st Quarter	三季度 3st Quarter	四季度 4st Quarter
总体状况	Total	92.56	107.64	111.51	110.27
按行业分	Grouped by Sector				
1.工　业	Industry	88.12	116.62	119.21	126.67
2.建筑业	Construction	87.23	87.15	106.72	105.79
3.交通运输邮电业	Transport, Post and Telecommunication Services	93.14	125.47	99.51	101.96
4.批发零售贸易业	Wholesale, Retail trade	82.71	82.02	101.72	84.18
5.房地产业	Real Estate	124.23	132.32	121.55	119.05
6.社会服务业	Social Services	137.24	126.32	110.71	104.20
按经济类型分	Grouped by Ownership				
1.国有企业	Stated－Owned Enterprises	84.02	111.16	119.02	110.68
2.集体企业	Collective－Owned Enterprises	75.00	123.08	115.38	116.67
3.股份合作企业	Cooperative Enterprises	100.00	100.00	100.00	－

续　表　Continue

		一季度 1st Quarter	二季度 2st Quarter	三季度 3st Quarter	四季度 4st Quarter
4.联营企业	Joint Ownership Economic Enterprises	100.00	66.67	66.67	66.67
5.有限责任公司	Limited Liability Corporations	101.52	94.18	99.20	106.72
6.股份有限公司	Share – Holding Corporations LTD.	101.69	114.02	120.33	123.48
7.私营企业	private Enterprises	150.00	140.00	140.00	133.33
8.其它内资企业	other Domestic Funded Enterprises				
9.外商及港澳台企业	Enterprises with Funds from Foreign, HongKong, Macao and Taiwan	122.34	123.27	129.54	121.72
按企业规模分	**Grouped by Size of Enterprises**				
1.特 大 型	Supers – Scale Enterprises	74.50	142.34	138.01	157.64
2.大　　型	Large – Scale Enterprises	103.87	115.00	145.16	117.28
3.中　　型	Medium – Scale Enterprises	90.45	96.55	98.25	97.65
4.小　　型	Small – Scale Enterprises	104.23	104.35	102.82	100.00

13－9　全市企业集团主要经济指标

单位:万元

项　　　　目 Item	企业集团户数 Number of Enterprise groups	年末资产总计 Total Assets 2001	2000
总　计 Total	121	13020122	12586123
按母公司控股情况分 Grouped by Parent Enterprise Shareholding			
国有及国有控股 Stated－Owner and Stated－holding Enterprise	67	11240635	10932700
国有绝对控股 Stated－Owner Absolute Shareholding	55	10090260	9949097
国有相对控股 Stated－Owner Relative Shareholding	12	1150375	983603
集体绝对控股 Collective－Owner Absolute Shareholding	7	141420	108034
集体相对控股 Collective－Owner Relative Shareholding	5	364689	344078
其　他 Others	42	1273378	1201311
按母公司企业规模分 Grouped by Size of Parent Enterprise			
特大型 Super－Scale Enterprise	3	6235883	6177305
大　型 Large－Scale Enterprise	51	5040358	4864589
中　型 Medium－Scale Enterprise	42	1268422	1123718
小　型 Small－Scale Enterprise	14	241626	219319
其　他 Others	11	233833	201192
按企业集团主营行业分 Grouped by Sector			
农、林、牧、渔业 Agriculture, Forestry Animal, Husbandry, Fishery	3	56628	55664
工　业 Industry	58	8650758	8356626
建筑业 Construction	8	533975	560074
运输邮电业 Transport, Post and Telecommunication Servicesp	7	1633728	1572696
批发零售贸易餐饮业 Wholesale, Retail Trade and Catering Services	23	1516493	1446148
房地产业 Real Estate	16	516216	494504
其　他 Others	6	112324	100411
按母公司登记注册类型分 Grouped by Regional Ownership of Parent Enterprise			
国有企业 Stated－Owned Enterprise	15	6951333	6865680
公司制企业 Reorganized Corporations	101	5873538	5531539
国有独资企业 Sole State－funded Corporations	20	2406321	2411768
其他有限责任公司 Other Limited Liability Corporations	39	876555	819625
股份有限公司 Share Holding Corporations LTD.	42	2590662	2300146
其　他 Others	5	195251	188904

MAIN ECONOMIC INDICATORS OF ALL ENTERPRISE GROUPS

(10 000 yuan)

固定资产原值 Original Value of Fixed Assets		累计折旧 Accumulative Total Depreciation		累计对外投资 Acumulative Investment		流动资金平均余额 Annual Average Balance of Circulation Funds	
2001	2000	2001	2000	2001	2000	2001	2000
8239268	**7887484**	**3345262**	**2980292**	**512272**	**460077**	**5631944**	**5577623**
7776571	7448561	3235222	2887427	394684	348861	4778053	4719262
7247728	7011345	3131766	2800249	329977	299806	4418010	4344907
528843	437216	103456	87178	64707	49055	360043	374355
67948	60585	19916	16562	2254	1941	56062	54163
73834	68995	11737	9362	15574	26631	217825	188039
320915	309343	78387	66941	99760	82644	580004	616159
5686138	5420996	2573352	2272614	176518	142713	2341128	2421877
2075386	1985899	636917	584255	216005	219362	2505151	2411622
316275	324507	92006	85591	95515	77402	623489	603421
109934	106421	31527	28913	6104	6255	68558	64655
51535	49661	11460	8919	18130	14345	93618	76048
26050	24860	3715	2559	90	28	20088	23804
5867181	5731518	2547886	2299989	323161	278696	3634069	3671286
100364	107202	39248	41073	40475	21449	428412	391672
1474006	1297556	616968	503620	57883	62032	641789	661816
629935	586572	105360	104504	46972	54838	611705	552639
86629	86097	12766	9880	39338	38978	274012	256377
55103	53679	19319	18667	4353	4056	21869	20029
6050211	5842651	2712904	2408209	153913	137410	2585203	2657996
2089113	1948842	600065	540781	355811	320119	2991284	2859416
910531	904873	347382	329044	113438	98785	1432448	1287043
199829	192977	47605	42633	50919	48763	494911	455653
978753	850992	205078	169104	191454	172571	1063925	1116720
99944	95991	32293	31302	2548	2548	55457	60211

续 表 1

单位:万元

项目 Item		年末负债合计 Total Liabilities		流动负债 Liquid Liabilities	
		2001	2000	2001	2000
总　　计	Total	7503398	7493742	5613171	5409903
按母公司控股情况分	Grouped by Parent Enterprise Shareholding				
国有及国有控股	Stated – Owner and Stated – holding Enterprise	6610586	6669079	4911829	4714816
国有绝对控股	Stated – Owner Absolute Shareholding	5936692	6136600	4335132	4270306
国有相对控股	Stated – Owner Relative Shareholding	673894	532479	576697	444510
集体绝对控股	Collective – Owner Absolute Shareholding	61897	55503	53799	46450
集体相对控股	Collective – Owner Relative Shareholding	133086	127231	129132	111391
其　　他	Others	697829	641929	518411	537246
按母公司企业规模分	Grouped by Size of Parent Enterprise				
特 大 型	Super – Scale Enterprise	3530231	3651235	2243212	2157751
大　　型	Large – Scale Enterprise	3008451	2964922	2568036	2482564
中　　型	Medium – Scale Enterprise	694371	629071	614813	596281
小　　型	Small – Scale Enterprise	143215	135008	93927	84790
其　　他	Others	127130	113506	93183	88517
按企业集团主营行业分	Grouped by Sector				
农、林、牧、渔业	Agriculture, Forestry Animal, Husbandry, Fishery	18274	14711	9327	8834
工　　业	Industry	4470123	4459680	3433603	3201486
建 筑 业	Construction	359712	396498	321057	369786
运输邮电业	Transport, Post and Telecommunication Servicesp	1269842	1218088	661325	608130
批发零售贸易餐饮业	Wholesale, Retail Trade and Catering Services	1005969	1042054	892371	888396
房地产业	Real Estate	310850	296336	281578	316360
其　　他	Others	68628	66375	13910	16911
按母公司登记注册类型分	Grouped by Regional Ownership of Parent Enterprise				
国有企业	Stated – Owned Enterprise	3916399	4079544	2546557	2459719
公司制企业	Reorganized Corporations	3434535	3260177	2971307	2856871
国有独资企业	Sole State – funded Corporations	1582685	1658256	1378242	1455710
其他有限责任公司	Other Limited Liability Corporations	472847	448516	405894	429127
股份有限公司	Share Holding Corporations LTD.	1379003	1153405	1187171	972034
其　　他	Others	152464	154021	95307	93313

Continued

(10 000 yuan)

年末少数股东权益 Few shareholder Rights and Interests		年末股东权益合计 shareholder Rights and Interests		主营业务收入 Mainly Operating Income	
2001	2000	2001	2000	2001	2000
719389	**458494**	**4796999**	**4618476**	**6559187**	**6388775**
664936	410335	3965113	3853286	5541835	5388224
589681	331619	3563887	3480878	4941070	4852193
75255	78716	401226	372408	600765	536031
1403	1276	78120	51255	146639	153953
4172	1873	227431	214974	189966	223928
48878	45010	526335	498961	680747	622670
458164	211422	2247488	2314648	2688286	2589005
223536	213063	1808371	1671181	3123849	3080805
23333	19066	550718	475581	559769	50371
1266	1079	97145	83244	150134	147687
13090	13864	93277	73822	37149	40907
—	—	38354	40953	42946	39125
522220	279532	3658415	3602003	4045745	3836371
56509	53789	117754	109787	334819	325254
74957	69169	288929	285439	724841	669910
53128	45448	457396	358646	1137289	1218698
12575	10556	192791	187612	185764	220205
—	—	43360	34036	87783	79211
448253	204171	2586681	2581965	2813854	2781065
270925	254036	2167742	2001915	3602901	3468588
128158	119421	695478	634091	1568252	1518527
16516	16429	387192	354680	546990	525213
126251	118186	1085072	1013144	1487659	1424848
211	287	42576	34596	142432	139122

续 表2

单位:万元

项　目 Item		出口额 Export 2001	出口额 Export 2000	主营业务成本 Mainly Operating Cost 2001	主营业务成本 Mainly Operating Cost 2000
总　计	Total	238454	343201	5158390	5036748
按母公司控股情况分	Grouped by Parent Enterprise Shareholding				
国有及国有控股	Stated – Owner and Stated – holding Enterprise	235404	334305	4399948	4306264
国有绝对控股	Stated – Owner Absolute Shareholding	214952	311934	3904544	3868750
国有相对控股	Stated – Owner Relative Shareholding	20452	22371	495404	437514
集体绝对控股	Collective – Owner Absolute Shareholding	—	—	120243	127394
集体相对控股	Collective – Owner Relative Shareholding	2738	3935	148063	183406
其　他	Others	312	4961	490136	419684
按母公司企业规模分	Grouped by Size of Parent Enterprise				
特大型	Super – Scale Enterprise	112703	211971	2164072	2060690
大　型	Large – Scale Enterprise	57464	62043	2397977	2427781
中　型	Medium – Scale Enterprise	68287	69187	456692	420482
小　型	Small – Scale Enterprise	—	—	121290	106167
其　他	Others	—	—	18359	21628
按企业集团主营行业分	Grouped by Sector				
农、林、牧、渔业	Agriculture, Forestry Animal, Husbandry, Fishery	—	—	29323	26147
工　业	Industry	114501	220351	3027293	2849003
建筑业	Construction	—	—	283717	274709
运输邮电业	Transport, Post and Telecommunication Servicesp	54314	62580	610285	590763
批发零售贸易餐饮业	Wholesale, Retail Trade and Catering Services	69439	60120	993896	1074324
房地产业	Real Estate	—	—	152131	186450
其　他	Others	200	150	61745	35352
按母公司登记注册类型分	Grouped by Regional Ownership of Parent Enterprise				
国有企业	Stated – Owned Enterprise	114937	215901	2266146	2220295
公司制企业	Reorganized Corporations	123517	127300	2773913	2715680
国有独资企业	Sole State – funded Corporations	99761	95836	1168310	1180164
其他有限责任公司	Other Limited Liability Corporations	485	266	441728	417348
股份有限公司	Share Holding Corporations LTD.	23271	31198	1163875	1118168
其　他	Others	—	—	118331	100773

Continued

(10 000 yuan)

主营业务税金及附加 Mainly Operating Turnover Tax and Additional Tax		利润总额 Total Profits		应交所得税 Income Tax Returnable	
2001	2000	2001	2000	2001	2000
192710	151359	277241	237755	99610	99809
174323	134981	183580	146050	85505	86077
166958	129478	171455	125098	82097	83394
7365	5503	12125	20952	3408	2683
1557	996	12298	10386	3336	2894
6351	4514	19915	19049	2001	1880
10479	10868	61448	62270	8768	8958
34917	34962	86355	47901	42231	39282
141629	102468	139938	153304	49585	54448
13344	11470	35570	24433	4272	3149
1776	1370	9777	5312	2131	1745
1044	1089	5601	6805	1391	1185
2534	2486	496	460	45	28
153435	114487	264600	243534	85762	84846
9501	8598	5419	10006	1364	1847
13880	13496	-17043	-46787	3931	5680
7705	6819	3182	11041	5819	5222
3971	4229	11781	10956	1751	1575
1684	1244	8806	8545	938	611
30348	30642	85034	43629	44222	42079
161157	119563	183735	186649	53755	56340
133554	96413	70215	59750	33305	36328
12370	11027	28825	30325	5118	6462
15233	12123	84695	96574	15332	13550
1205	1154	8472	7477	1633	1390

续 表3

单位:万元

项目 Item		固定投资完成额 Investment in Fixed Assets 2001	2000
总计	Total	687539	369988
按母公司控股情况分	Grouped by Parent Enterprise Shareholding		
国有及国有控股	Stated – Owner and Stated – holding Enterprise	615910	312599
国有绝对控股	Stated – Owner Absolute Shareholding	566955	298517
国有相对控股	Stated – Owner Relative Shareholding	48955	14082
集体绝对控股	Collective – Owner Absolute Shareholding	8850	3510
集体相对控股	Collective – Owner Relative Shareholding	42767	27291
其他	Others	20012	26588
按母公司企业规模分	Grouped by Size of Parent Enterprise		
特大型	Super – Scale Enterprise	494537	252775
大型	Large – Scale Enterprise	166694	93686
中型	Medium – Scale Enterprise	13134	18394
小型	Small – Scale Enterprise	9904	3365
其他	Others	3270	1768
按企业集团主营行业分	Grouped by Sector		
农、林、牧、渔业	Agriculture, Forestry Animal, Husbandry, Fishery	127	1790
工业	Industry	534923	282479
建筑业	Construction	12609	4844
运输邮电业	Transport, Post and Telecommunication Servicesp	87370	53700
批发零售贸易餐饮业	Wholesale, Retail Trade and Catering Services	30927	3711
房地产业	Real Estate	16846	19764
其他	Others	4737	3700
按母公司登记注册类型分	Grouped by Regional Ownership of Parent Enterprise		
国有企业	Stated – Owned Enterprise	510374	262378
公司制企业	Reorganized Corporations	175365	107510
国有独资企业	Sole State – funded Corporations	51581	34352
其他有限责任公司	Other Limited Liability Corporations	11563	18596
股份有限公司	Share Holding Corporations LTD.	112221	54562
其他	Others	1800	100

Continued

(10 000 yuan)

研究开发费用 Researching and Development Expenditure		从业人员年末人数(人) Numbers of Employment(person)		从业人员劳动报酬 Remuneration for Labor	
2001	2000	2001	2000	2001	2000
101899	91162	355912	385788	426918	409642
94704	84282	306178	335033	372006	360110
91990	81824	273514	304990	345604	336361
2714	2458	32664	30043	26402	23749
628	237	5036	5945	8009	7900
1291	1820	8996	8873	8260	6782
5276	4823	35702	35937	38643	34850
77372	66974	152392	165615	250283	238165
22043	22116	154132	169197	132751	132591
1936	1694	38342	39856	29725	26977
273	167	5687	6378	11187	9504
275	211	5359	4742	2972	2405
73	73	4224	4068	1745	1364
95392	85945	219216	229411	274917	257024
2433	2212	19530	21786	18714	16961
2328	1672	71034	77772	89952	92412
765	505	34542	45142	28798	30880
548	350	5826	5800	5101	4963
360	400	1540	1809	7691	6038
79098	70284	179868	193163	263340	253040
22433	20781	171806	187619	153696	147650
11189	9085	70074	85749	61424	63089
3040	2990	32268	32688	26578	25326
8204	8706	69464	69182	65694	59235
368	97	4238	5006	9882	8952

十四、城(郊)区资料

STATISTICS FOR DISTRICTS

14－1 分区人口情况(2001年)
STATISTICS ON POPULATION BY DISTRICT (2001)

单位：人 (person)

全市 District		总人口 Total Population 总计 Subtotal	男 Male	女 Female	总人口中非农业人口 Non－farmer	出生人口 Number of Births
合计	Total	7582259	3902378	3679881	4488892	59164
江岸区	Jiangan	629226	317480	311746	604634	3862
江汉区	Jianghan	459998	241159	218839	451176	2729
硚口区	Qiaokou	537377	270697	266680	524299	2942
汉阳区	Hanyang	455694	235903	219791	386426	3344
武昌区	Wuchang	884065	455711	428354	866122	5704
青山区	Qingshan	438277	228158	210119	438004	2861
洪山区	Hongshan	647384	355087	292297	453538	7389
东西湖区	Dongxihu	229486	115746	113740	56355	3225
汉南区	Hannan	108677	55493	53184	18228	882
蔡甸区	Caidian	478442	240144	238298	113163	4015
江夏区	Jiangxia	658841	338130	320711	181475	5248
黄陂区	Huangpi	1106287	561933	544354	185301	7318
新洲区	Xinzhou	948505	486737	461768	210171	9645

注：江汉区人口中含水上人口。

14-2 分区职工工资总额及平均工资
TOTAL WAGES AND AVERAGE WAGE OF STAFF AND WORKERS BY DISTRICT

城(郊)区 District		职工工资总额(万元) Total Wages(10 000 yuan)		职工平均工资(元) Average Wage(yuan)	
		2000	2001	2000	2001
江岸区	Jiangan	37208.6	31843.6	6140	7121
江汉区	Jianghan	32835.1	33596.8	5683	6870
硚口区	Qiaokou	24519.9	25886.3	5294	6957
汉阳区	Hanyang	19127.9	20295.4	5501	6833
武昌区	Wuchang	30291.3	32363.4	5562	6984
青山区	Qingshan	17327.5	16001.7	7194	9384
洪山区	Hongshan	16936.9	16582.5	7374	8182
东西湖区	Dongxihu	39415.5	38948.6	5231	6279
汉南区	Hannan	13617.2	14740.1	4637	5310
蔡甸区	Caidian	22051.9	21046.3	5379	5769
江夏区	Jiangxia	24685.4	25391.2	4600	5917
黄陂区	Huangpi	36312.2	37216.0	4940	5544
新洲区	Xinzhou	33789.4	34033.7	4598	5142

14－3 分区国内生产总值(2001年)
GROSS DOMESTIC PRUDUCT BY DISTRICT(2001)

单位：万元 (10 000 yuan)

城区	District	2001年 2001 year	2001年比上年增长(%) Increase Rate in 2001 over 2000(%)
江岸区	Jiangan	292515	15.0
江汉区	Jianghan	265411	15.0
硚口区	Qiaokou	290074	15.4
汉阳区	Hanyang	203011	14.2
武昌区	Wuchang	275774	14.3
青山区	Qingshan	123703	21.9
洪山区	Hongshan	461604	15.9
东西湖区	Dongxihu	370492	15.6
汉南区	Hannan	128872	15.3
蔡甸区	Caidian	677875	12.7
江夏区	Jiangxia	919868	14.8
黄陂区	Huangpi	998478	12.2
新洲区	Xinzhou	912101	12.9

14－4 分区财政收入(2001年)
GOVERNMENT REVENUE BY DISTRICT(2001)

单位：万元 (10 000 yuan)

		全口径财政收入 Government Revenue	比2000年增长(%) 2001 Increase over 2000(%)	地方财政收入 Revenues of Local Government	比2000年增长(%) 2001 Increase over 2000(%)
江岸区	Jiangan	54365	33.0	39017	36.3
江汉区	Jianghan	54672	31.1	40684	33.7
硚口区	Qiaokou	53008	28.6	38261	30.5
汉阳区	Hanyang	34139	36.5	23579	41.3
武昌区	Wuchang	50146	34.1	39870	35.0
青山区	Qingshan	35352	31.7	27530	29.1
洪山区	Hongshan	41386	26.5	25399	27.0
东西湖区	Dongxihu	57945	33.6	33432	59.0
汉南区	Hannan	7062	39.6	4924	44.4
蔡甸区	Caidian	27212	29.6	17163	26.7
江夏区	Jiangxia	30692	34.1	22651	31.1
黄陂区	Huangpi	21675	15.9	17681	19.6
新洲区	Xinzhou	28655	19.8	24349	20.8

14－5 区属规模以上独立核算工业主要经济指标(2001 年)

单位：千元

城 (郊) 区 District		企业单位数(个) Number of Enterprises (unit)	工业总产值 Gross Idustrial Output Value		工业增加值(当年价) Value－added of Idustry (at current prices)	流动资产年平均余额 Average, Annual Circulating Funds
			当年价 at Current Prices	1990 年不变价 at 1990 constant Prices		
江岸区	Jiangan	49	976775	955941	246091	476590
江汉区	Jianghan	36	1533533	1138698	482933	819641
硚口区	Qiaokou	49	1335623	1232976	390866	341257
汉阳区	Hanyang	37	591999	571484	153683	275531
武昌区	Wuchang	20	698574	694193	109462	132036
青山区	Qiangshan	37	630146	535243	185154	629781
洪山区	Hongshan	84	2941940	2689076	716367	460036
东西湖区	Dongxihu	84	3409384	3289295	998940	1948880
汉南区	Hannan	46	823260	707611	207370	289475
蔡甸区	Caidian	50	2039877	2064761	564336	797204
江夏区	Jiangxia	114	2605096	2555722	664300	1039219
黄陂区	Huangpi	67	1782915	1691060	509543	706108
新洲区	Xinzhou	71	1472952	1335013	412199	361777

MAIN ECONOMIC INDICATORS OF STATE – OWNED INDUSTRIAL ENTERPRISES AND NON – STATE – OWNED ONES WITH ANNUAL SALES INCOME OVER 5 MILLION YUAN WITH INDEPENDENT ACCOUNTING SYSTEM BY DISTRICT(2001)

(1 000 yuan)

固定资产净值年平均余额 Average Annual Net Fixed Assets	产品销售收入 Sales Income of Products	利税总额 Total Pre – tax Profit	全部职工年平均人数(人) Average Annual Staff & Workers (person)	本年应交增值税 Value – added Tax Payable	本年进项税额 Tax Included in Purchasing Cost	本年销售税额 Tax Included In Sales Cost
260969	850299	63712	4771	19795	32556	41603
351965	1422727	111461	6630	28848	134320	129632
191971	1088709	74786	7091	22249	63965	78446
183279	504015	42999	3210	15477	72174	131226
77053	666441	60266	2507	9788	87451	102133
175185	608290	78166	8240	27083	45719	69782
428420	2468863	193883	10214	39721	112868	134466
2135399	3218749	373596	14569	165415	377636	541367
199806	651455	26109	6186	18637	57288	76103
556399	1101862	111581	8245	44666	64848	109408
663998	2324050	362546	17234	115874	228558	340059
738599	1442265	97407	13273	35746	121279	127584
596759	961692	60128	19308	32629	46258	58434

14－6 分区乡村户数、人口、劳动力(2001 年)

单位：万人

项目	Item	黄陂区 Huangpi	新洲区 Xinzhou
一、乡村户数(万户)	Rural House holds (10 000 House holds)	22.9	17.9
乡村人口	Rural Population	91.81	74.36
二、乡村劳动力合计	Total Rural Laborers	40.61	34.37
＃女劳动力	Female Laborers	19.42	16.39
乡村劳力按部门分组	Rural Laborers Grouped By Sector		
1.农林牧渔业劳动力	FFAF	24.54	25.33
2.工业劳动力	Industry	2.92	2.14
3.建筑业劳动力	Construction	5.76	2.38
4.交通运输仓储业和邮电通信劳动力	Transportation, Storage, Postal & Communications Services	1.28	0.99
5.批发零售贸易业、餐饮业劳动力	Wholesale, Retail Sale & Catering	2.21	0.9
6.其他非农行业劳动力	Other Non－agriculture Trades	3.9	2.63
三、国营农林牧渔场劳动力	Laborers of State－owned Farms	1.6	0.62
1.农业劳动力	Agriculturial Laborers	1.04	0.45
2.非农业劳动力	Non－agriculturial Laborers	0.56	0.17

RURAL HOUSEHOLDS, POPULATION & LABOR FORCES BY DISTRICT (2001)

(10 000 person)

东西湖区 Dongxihu	汉南区 Hannan	蔡甸区 Caidian	江夏区 Jiangxia	洪山区 Hongshan	江岸区 Jiangan	江汉区 Jianghan	硚口区 Qiaokou	汉阳区 Hanyang	其他 Other Units
—	0.92	8.69	10.52	5.62	0.87	0.34	0.41	1.25	1.58
—	3.03	31.18	42.43	18.23	2.76	0.82	1.04	3.76	5.89
—	1.24	12.45	14.89	10.59	1.71	0.44	0.53	2.34	2.16
—	0.6	6.06	7.19	5.26	0.84	0.23	0.26	1.23	0.91
—	0.87	7.42	10.76	6.26	0.61	0.04	0.21	1.24	0.78
—	0.07	1.75	0.73	1.32	0.57	0.13	0.14	0.41	0.42
—	0.04	0.83	0.74	0.52	0.03	0.02	0.03	0.04	0.25
—	0.05	0.53	0.51	0.64	0.07	0.01	0.05	0.13	0.20
—	0.05	0.71	0.47	0.87	0.23	0.16	0.05	0.25	0.21
—	0.16	1.21	1.68	0.98	0.20	0.08	0.05	0.27	0.30
6.24	1.16	0.20	0.96	0.10	—	—	—	—	0.96
3.57	0.60	0.16	0.55	0.09	—	—	—	—	0.70
2.67	0.56	0.04	0.41	0.01	—	—	—	—	0.26

14-7 分区耕地面积(2001年)
AREA UNDER CULTIVATION BY DISTRICT(2001)

单位：千公顷 (1000 hectares)

城（郊）区 District		年末实有耕地面积 Cultivated Area (year-end)	水田 Paddy Fields	旱地 Dry Fields	年内减少 Decrease in Cultivated Area in the Year	国家基建占地 State Capital Construction	乡村集体基建占地 Village Collective Construction	农民个人建房占地 Farmer Housing Construction
合计	Total	216.1	130.45	85.65	2.50	1.13	0.19	0.02
江岸区	Jiangan	0.43	0.11	0.32	—	—	—	—
江汉区	Jianghan	0.01	—	0.01	—	—	—	—
硚口区	Qiaokou	0.19	0.05	0.14	—	—	—	—
汉阳区	Hanyang	1.15	0.12	1.03	0.01	—	—	—
洪山区	Hongshan	8.76	3.42	5.34	0.13	0.03	0.01	—
东西湖区	Dongxihu	15.64	7.35	8.29	1.00	0.23	—	—
汉南区	Hannan	1.74	2.72	8.02	0.01	0.01	—	—
蔡甸区	Caidian	27.45	15.26	12.19	0.11	0.06	0.03	0.01
江夏区	Jiangxia	46.17	28.69	17.48	0.62	0.31	0.11	—
黄陂区	Huangpi	56.38	44.01	12.37	0.18	0.13	0.01	—
新洲区	Xinzhou	47.81	27.90	19.91	0.38	0.30	0.03	0.01
其他	Other Units	1.36	0.81	0.55	0.06	0.06	—	—

14－8 分区农业投入(2001年)
CONSUMPTION OF AGRICULTURAL PRODUCER GOODS BY DISTRICT(2001)

城（郊）区 District		农村用电量（万千瓦时） Consumption of Electricity in Rural Area (10 000 kwh)	化肥施用量（折纯） Consumption of Chemical Fertilizers (100%, ton)	塑料薄膜使用量（吨） Consumption of Plastic Film (ton)	农用柴油（吨） Consumption of Diesel Oil for Agri. Production (ton)	农药使用量（吨） Consumption of Pesticides (ton)
合计	Total	106616	156812	6327	40967	7666
江岸区	Jiangan	5497	294	73	1012	55
江汉区	Jianghan	21	2	11	—	—
硚口区	Qiaokou	692	274	43	79	189
汉阳区	Hanyang	3340	3424	641	327	182
洪山区	Hongshan	14320	7802	834	7056	671
东西湖区	Dongxihu	4831	11297	1091	2927	623
汉南区	Hannan	2209	7209	266	1468	559
蔡甸区	Caidian	16968	16463	634	3798	712
江夏区	Jiangxia	13107	24742	716	8350	1720
黄陂区	Huangpi	30014	38704	888	7518	1012
新洲区	Xinzhou	11962	44915	1040	7996	1882
其他	Other Units	3655	1686	90	436	61

14－9 分区按当年价格计算的农林牧渔业产值(2001年)
GROSS AGRICULTURAL OUTPUT VALUE BY DISTRICT(2001)

Data in this table are calculated at current prices.

单位：万元　　　　(10 000 yuan)

城（郊）区 District		农林牧渔业产值 Total (FFAF)	农业 Farmig	林业 Forestry	牧业 Animal Husbandry	渔业 Fishery
合计	Total	1337788	794920	7284	325084	210500
江岸区	Jiangan	16072	5276	—	5885	4911
江汉区	Jianghan	134	56	—	52	26
硚口区	Qiaokou	2649	1222	—	545	882
汉阳区	Hanyang	16997	6994	1	4800	5202
洪山区	Hongshan	116805	66547	329	24751	25178
东西湖区	Dongxihu	113821	76003	204	16713	20901
汉南区	Hnanan	56394	27056	265	16982	12091
蔡甸区	Caidian	138174	85270	757	27185	24962
江夏区	Jiangxia	274438	161301	1407	63398	48332
黄陂区	Huangpi	323373	186859	2128	103653	30733
新洲区	Xinzhou	264028	174832	2180	54454	32562

14－10 分区按1990年不变价格计算的农林牧渔业产值(2001年)

GROSS AGRICULTURAL OUTPUT VALUE BY DISTRICT(2001)

Data in this table are calculated at 1990 constant prices.

单位：万元 (10 000 yuan)

城（郊）区 District		农林牧渔业产值 Total（FFAF）	农业 Farmig	林业 Forestry	牧业 Aimal Husbandry	渔业 Fishery
合计	Total	705308	360609	4806	182501	157792
江岸区	Jiangan	7853	1708	—	2666	3479
江汉区	Jianghan	67	26	—	23	18
硚口区	Qiaokou	1453	565	—	263	625
汉阳区	Hanyang	9596	3234	—	2552	3810
洪山区	Hongshan	62096	26944	236	13678	21238
东西湖区	Dongxihu	61224	37823	131	8123	15147
汉南区	Hnanan	33128	14260	170	8649	10049
蔡甸区	Caidian	74212	40079	520	14649	18964
江夏区	Jiangxia	145486	72896	947	36030	35613
黄陂区	Huangpi	167428	83729	1295	60777	21627
新洲区	Xinzhou	136176	79776	1500	32165	22735

14－11 分区农作物总产量(2001年)

单位：吨

城(郊)区	District	粮食作物 Grains	夏收粮食 Summer Grains	秋收粮食 Autumn Grains
合计	Total	1201788	95726	1106062
江岸区	Jiangan	—	—	—
江汉区	Jianghan	—	—	—
硚口区	Qiaokou	—	—	—
汉阳区	Hanyang	—	—	—
洪山区	Hongshan	19477	1147	18330
东西湖区	Dongxihu	46168	4955	41213
汉南区	Hannan	52076	3591	48485
蔡甸区	Caidian	145253	9810	135443
江夏区	Jiangxia	265416	16164	249252
黄陂区	Huangpi	346856	32227	314629
新洲区	Xinzhou	318255	26737	291518
其他	Other Units	8287	1095	7192

YIELD OF FARM CROPS BY DISTRICT(2001)

(ton)

棉花 Cotton	油料 Oil – bearing Crops	麻类 Fiber Crops	糖料 Sugar Crops	烟叶 Tobacco	蔬菜 Vegetables	瓜类 Melons
21794	181081	2165	100243	173	4995388	424732
—	—	—	—	—	52048	4
—	—	—	—	—	764	—
—	—	—	—	—	16616	—
—	—	—	—	—	95127	—
3	3618	—	67	—	472076	19757
2733	3036	—	2842	—	506520	62506
3190	6394	—	100	—	127661	45253
5021	20713	—	15	—	420452	74853
444	39524	2115	22942	—	1021107	91616
2765	54875	—	35738	—	1204587	80671
10595	52633	50	38404	173	1020526	49055
13	288	—	—	—	59704	1017

14－12 分区乡镇企业基本情况(2001 年)
BASIC CONDITIONS OF TOWNSHIP ENTERPRISES BY DISTRICT(2001)

城(郊)区 District		企业数(个) Number of Enterprises (unit)	职工人数(人) Staff & Workers (person)	营业收入(万元) Income of Business Operation (10 000 yuan)	应交税金(万元) Tax Payable (10 000 yuan)
合计	Total	108806	770076	9830478	209622
江岸区	Jiangan	2357	17560	863196	8745
江汉区	Jianghan	521	7517	233820	7675
硚口区	Qiaokou	279	8507	275611	10360
汉阳区	Hanyang	3082	24429	40225	15430
洪山区	Hongshan	11152	90635	1925193	38242
东西湖区	Dongxihu	1279	7612	36149	1473
汉南区	Hannan	3983	9461	92462	3086
蔡甸区	Caidian	18980	138339	1160022	27445
江夏区	Jiangxia	16306	84253	1682195	16349
黄陂区	Huangpi	29437	195038	1438930	28343
新洲区	Xinzhou	19289	165642	1432390	43052
其他	Other Units	2141	21083	270285	9422

14－13 分区农村住户人均纯收入
PER CAPITA ANNUAL NET INCOME OF RURAL HOUSEHOLDS BY DISTRICT

单位：元 (yuan)

城（郊）区	District	1995	1997	1998	1999	2000	2001
全　市	Average of the Whole City	1842	2555	2730	2845	2953	3100
洪山区	Hongshan	2440	3377	3764	3988	4228	4445
东西湖区	Dongxihu	2180	2700	2907	2931	3110	3298
汉南区	Hannan	2130	2703	2900	2900	3086	3241
蔡甸区	Caidian	1850	2564	2704	2833	2922	3098
江夏区	Jiangxia	1920	2509	2657	2786	2874	3051
黄陂区	Huangpi	1687	2404	2550	2668	2749	2845
新洲区	Xinzhou	1705	2357	2520	2600	2681	2779

注：本表数据来自农村住户抽样调查资料。
Note: Data in this table are obtained from rural households sampling survey.

14－14　分区固定资产投资额(2001年)
TOTAL INVESTMENT IN FIXED ASSETS BY DISTRICT(2001)

单位：万元　(10 000 yuan)

城区 District		固定资产投资 Investment in Fixed Assets	基本建设 Capital Construction	更新改造 Innovation	其他 Other
江岸区	Jiangan	35855	14250	1468	20137
江汉区	Jianghan	52933	22240	5716	24977
硚口区	Qiaokou	54448	36492	700	17256
汉阳区	Hanyang	51257	19871	1780	29606
武昌区	Wuchang	55947	24368	1076	30503
青山区	Qingshan	21561	15893	3200	2468
洪山区	Hongshan	168054	60182	20765	87107
东西湖区	Dongxihu	161031	80894	56869	23268
汉南区	Hannan	15658	9249	2167	4242
蔡甸区	Caidian	63184	40264	8699	14221
江夏区	Jiangxia	111064	43521	25080	42463
黄陂区	Huangpi	115675	40691	5130	69854
新洲区	Xinzhou	117439	40893	6520	70026

注:投资额为各区区属全社会固定资产投资,但不包括房地产开发投资。
Data in this table refer to that at district level, not including investment in real estate.

14－15 分区社会消费品零售额(2001 年)
TOTAL RETAIL SALES OF CONSUMER GOODS BY DISTRICT(2001)

单位：万元 (10 000 yuan)

项目 Item		社会消费品零售额 Total Retail sales of Consumer Goods	国有经济 State－owned Economy	集体经济 Collective Owned Economy	个私经济 Individuals and Private Economy	其他经济 Economy of Other Type of Ownership
江岸区	Jiangan	419152	58984	51469	270668	30885
江汉区	Jianghan	468107	84240	80328	263256	40283
硚口区	Qiaokou	480000	1225	48731	401772	28272
汉阳区	Hanyang	227319	13906	62797	65000	85616
武昌区	Wuchang	664121	28055	11389	514160	110517
青山区	Qingshan	217624	65464	24976	78550	48628
洪山区	Hongshan	320133	28198	99699	135604	56632
东西湖区	Dongxihu	226297	33609	4575	148648	39465
汉南区	Hannan	36649	10009	3349	13436	9855
蔡甸区	Caidian	194258	11618	12955	88604	81081
江夏区	Jiangxia	249899	74022	26739	126162	22976
黄陂区	Huangpi	279993	30052	29854	157386	62701
新洲区	Xinzhou	255241	79104	44121	93620	38396

注:统计口径为各区属上报口径加个体、私营零售额,个体、私营数据来源市工商局。

Statistical coverage of this table refers to units at district level, individuls and private enterprises. Data on individuls and private enterprises are obtained from Industrial and Commercial Administrative Bureau of Whuan.

附　　录

APPENDIX

资料整理人员：陈　燕　钱　露　余　晖

STAFF FOR DATA PROCESSING:

Cheng Yan　Qian Lu　Yu Hui

附录1-1 全国主要经济指标
MAJOR INDICATORS ON NATIONAL ECONOMY OF THE NATIONWIDE

项目 Item	1980	1985	1990	1995	2000	2001
国内生产总值(亿元) Gross Domestic Product (100 mil. yuan)	4517.80	8964.40	18547.90	58478.10	89404	95933.30
第一产业 Primary Industry	1359.40	2541.60	5017.00	11993.00	14212	14609.90
第二产业 Secondary Industry	2192.00	3866.60	7717.40	28537.90	45488	49069.10
第三产业 Tertiary Industry	966.40	2556.20	5813.50	17947.00	29704	32254.30
工业增加值(当年价格,亿元) Value-added of Industry(at current prices,100 mil. yuan)	1996.50	3448.70	6858.00	24718.30	39750	42607.10
全社会固定资产投资额(亿元) Total Investment in Fixed Assets(100 mil. yuan)	910.90	2543.20	4517.00	20019.30	32617.73	36898.40
#基本建设 Capital Construction	—	1074.37	1703.81	7403.62	13427	14567.01
更新改造 Innovation	—	449.14	830.19	3299.35	5108	5889.20
房地产开发 Real Estate Development	—	—	253.30	3149.02	4984	6245.50
社会消费品零售总额(亿元) Total Retail Sales of Consumer Goods(100 mil. yuan)	1794.00	3801.00	7250.00	20620.00	34153	37595.20
外贸进出口总额(亿美元) Total Imports & Exports(10 000 USD)	381.40	696.00	1154.40	2808.60	4743	5097.70
#出　口 Exports	181.20	273.50	620.90	1487.80	2492	2661.60
实际利用外商直接投资(亿美元) Amount of Direct Foreign Investment Actually Used(10 000 USD)	—	16.61	33.92	375.21	407	468.80
财政收入(亿元) Government Revenue (100 mil. yuan)	1159.93	2004.82	2937.10	6242.20	13395	16371.00
城市居民人均可支配收入(元) Per Capita Disposable Income of Urban Residents(yuan)	439.40	685.30	1387.30	3892.90	6280	6859.58
农民人均纯收入(元) Per Capita Annual Net Income of Farmers(yuan)	191.33	397.60	686.31	1577.74	2253	2366.40
城乡居民年末储蓄余额(亿元) Savings Deposits of Urban and Rural Residents(100 mil. yuan)	399.50	1622.60	7034.20	29662.30	64332	73762.00
居民消费价格指数(%) Consumer Price Indices(%)	—	109.3	103.1	117.1	100.4	100.7
商品零售价格指数(%) Retail Price Indices of Commodities(%)	106.0	108.8	102.1	114.8	98.5	99.2

附录1-2 全省主要经济指标
MAJOR ECONOMIC INDICATORS OF THE NATIONWIDE

项目 Item	1980	1985	1990	1995	2000	2001
国内生产总值(亿元) Gross Domestic Product (100 mil. yuan)	199.38	396.26	824.38	2391.42	4276.32	4662.28
第一产业 Primary Industry	71.22	144.44	289.45	619.77	662.30	692.17
第二产业 Secondary Industry	91.67	174.35	313.39	1029.85	2123.70	2313.66
第三产业 Tertiary Industry	36.49	77.47	221.54	741.80	1490.32	1656.45
工业增加值(当年价格,亿元) Value - added of Industry(at current prices, 100 mil. yuan)	75.63	182.88	284.15	925.75	1903.28	2066.47
全社会固定资产投资额(亿元) Total Investment in Fixed Assets(100 mil. yuan)	35.50	102.91	144.44	826.50	1421.55	1551.75
#基本建设 Capital Construction	29.44	40.73	56.78	366.33	620.87	683.40
更新改造 Innovation	4.75	18.36	33.30	150.93	245.15	282.74
房地产开发 Real Estate Development	—	—	5.94	121.13	134.62	151.24
社会消费品零售总额(亿元) Total Retail Sales of Consumer Goods(100 mil. yuan)	100.55	205.82	375.11	931.80	1789.35	1975.16
外贸进出口总额(亿美元) Total Imports & Exports(10 000 USD)	2.67	6.89	12.13	36.99	32.10	35.78
#出口 Exports	2.51	5.30	9.45	23.30	19.31	17.98
实际利用外商直接投资(亿美元) Amount of Direct Foreign Investment Actuall Used(10 000 USD)	—	—	1.70	10.09	13.04	20.17
财政收入(亿元) Government Revenue (100 mil. yuan)	34.01	50.26	77.85	99.69	354.6	386.10
城市居民人均可支配收入(元) Per Capita Disposable Income of Urban Residents(yuan)	413.68	713.32	1437.05	4031.90	5524.56	5856.00
农民人均纯收入(元) Per Capita Annual Net Income of Farmers(yuan)	169.96	421.24	602.08	1511.22	2268.50	2352.16
城乡居民年末储蓄余额(亿元) Savings Deposits of Urban and Rural Residents(100 mil. yuan)	13.36	59.37	244.38	952.43	1908.80	2287.40
居民消费价格指数(%) Consumer Price Indices(%)	106.8	110.3	103.1	115.1	99.0	100.3
商品零售价格指数(%) Retail Price Indices of Commodities(%)	103.8	107.5	102.9	116.6	97.8	97.4

附录1－3 主要经济指标占全省和全国的比重
PERCENTAGE OF WUHAN'S ECONOMIC AGGREGATE IN NATIONWIDE AND IN HUBEI PROVINCE

项目 Item	2000			2001		
	武汉市 Wuhan	占全省比重(%) Wuhan's Portion in Hubei(%)	占全国比重(%) Wuhan's Portion in China(%)	武汉市 Wuhan	占全省比重(%) Wuhan's Portion in Hubei(%)	占全国比重(%) Wuhan's Portion in China(%)
年末总人口(万人) Population(Year－end, 10 000 persons)	749.19	12.57	0.59	758.23	12.7	0.6
国内生产总值(当年价格,亿元) Gross Domestic Product (at current prices, 100 mil. yuan)	1206.84	28.2	1.35	1347.80	28.9	1.4
工业增加值(当年价格,亿元) Value－added of Industry(at current prices, 100 mil. yuan)	434.33	22.8	1.1	485.01	23.5	1.1
农业增加值(当年价格,亿元) Value－added of Agriculture(at current prices, 100 mil. yuan)	81.36	12.3	0.57	85.03	12.3	0.6
主要工业产品产量 Output Of Major Industrial Products						
成品钢材(万吨) Steel Products(10 000 tons)	539.39	66.5	4.10	593.97	65.1	3.8
发电量(亿千瓦小时) Electricity(100 million KWh)	113.50	17.84	0.71	114.49	19.9	0.8
汽车(万辆) Motor Vehcles(10 000 Units)	5.92	30.26	2.86	5.89	26.5	2.5
布(万米) Cloth(10,000 meters)	20347	11.86	0.73	18852.00	11.0	0.6
水泥(万吨) Cement(10 000 tons)	220.74	8.97	0.37	247.17	9.5	0.4
客运周转量(亿人公里) Passenger－Kilometers(100 mil. person－km)	246.22	59.80	2.02	259.13	63.7	2.0
财政收入(亿元) Government Revenue	126.15	35.6	0.94	150.18	38.9	0.9
财政支出(亿元) Government Expenditures	89.04	29.3	0.56	119.60	25.1	0.6
全社会固定资产投资额(亿元) Total Investment in Fixed Assets(100 mil. yuan)	461.9	32.5	1.42	508.44	32.8	1.4
社会消费品零售总额(亿元) Total Retail Sales of Consumer Goods(100 mil. yuan)	606.10	33.87	1.77	685.82	34.7	1.8
外贸进出口总额(亿美元) Total Imports & Exports(10 000 USD)	13.30	41.43	0.28	21.56	60.3	0.4

附录1-4 全国十九个副省级及以上城市国民经济主要指标(2001)

本表价值量指标均用现价计算,
增长率采用可比价格计算。

项目 Item	武汉 Wuhan	北京 Beijing	天津 Tianjing	上海 Shanghai	重庆 Chongqing	哈尔滨 Harbin
市辖区(个) Number of Districts Administered by the Municipality (unit)	13	14	15	16	14	7
市辖县(个) Number of Counties Administered by the Municipality (unit)	—	4	3	3	26	12
土地面积(平方公里) Total Land Area (sq.km)	8494.41	16808	11919.70	6341	82403	53068
#市区(平方公里) City Proper (sq.km)	8494	1370	7417.86	3924	14876	1660
年末总人口(万人) Population (year-end, 10 000 persons)	758.23	1122.3	913.98	1327.14	3097.00	941.1
#非农业人口(万人) Non-farmer (10 000 persons)	448.89	780.1	535.22	999.07	393.42	440.89
#市区人口(万人) Population in Urban Districts (10 000 persons)	758.23	239.4	747.99	—	903.09	307.4
人口密度(人/平方公里) Population Density (person/sq.km)	893	668	765	2093	376	177.34
#市区(人/平方公里) Population dencity in Urban Districts (person/sq.km)	893	27490	1388	2897	605	1851.47
年末从业人员数(万人) Employment (10 000 persons)	406.12	628.9	488.34	752.26	1697.00	492.71
国内生产总值(亿元) Gross Domestic Product(100 mil. yuan)	1347.8	2845.7	1840.10	4950.8	1749.75	1120.1
比上年增长(%) Increase Rate Over 2000 (%)	12.0	11.2	12.0	10.2	9.0	11.2
第一产业增加值(亿元) Value-added of Primary Industry (100 mil. yuan)	85.03	93.1	78.55	85.5	293.00	186.1
比上年增长(%) Increase Rate Over 2000 (%)	5.3	4.5	6.3	3.0	2.2	4.6
第二产业增加值(亿元) Value-added of Secondary Industry (100 mil.yuan)	594.84	1030.6	904.64	2355.53	726.64	393.1
比上年增长(%) Increase Rate over 2000 (%)	12.9	9.4	12.8	12.0	11.8	13.4
第三产业增加值(亿元) Value added of Tertiary Industry (100 mil.yuan)	667.93	1772.0	856.91	2509.81	730.11	540.90
比上年增长(%) Increase Rate Over 2000 (%)	12.1	12.8	11.7	8.7	9.0	12.0
全部工业总产值(亿元) Total Gross Industrial Output Value(100 mil.yuan)	1611.76	—	3366.53	7656.96	—	1100.96
比上年增长(%) Increase Rate Over 2000 (%)	14.8	—	14.0	16.4	—	13.4
规模以上工业企业主要财务指标 Main Financial Indicators of Industrial Enterprises with Independent Accounting System						
固定资产原值(亿元) Original Value of Fixed Assets (100 mil.yuan)	1117.51	2503.7	2763.94	5918.95	1205.64	584.21
固定资产净值平均余额(亿元) Average Balance of Net Value of Fixed assets (year-end 100 mil.yuan)	719.74	1571.8	1657.85	3481.48	777.32	390.72
流动资产年末余额(亿元) Year-end Balance of Circulating Funds (100 mil.yuan)	784.51	2011.7	—	—	910.08	515.94
流动资产年平均余额(亿元) Average Balance of Circulating Funds (100 mil.yuan)	709.20	2025	1772.75	4627.04	887.49	526.89
利润总额(亿元) Total Profit (100 mil yuan)	66.97	137	326.55	450.01	15.39	42.15

注:2001年数据为年报实际数。
Note: Data in 2001 is annals data.

MAJOR INDICATORS ON NATIONAL ECONOMY OF 19 CITIES AT VICE PROVINCIAL LEVEL AND ABOVE IN 2000

Data in terms of value are calculated at current prices, whereas growth rates at comparable prices.

长 春 Changchun	沈 阳 Shenyang	大 连 Dalian	西 安 Xian	青 岛 Qingdao	成 都 Chengdu	南 京 Nanjing	宁 波 Ningbo	厦 门 Xiamen	广 州 Guangzhou	深 圳 Shenzhen	杭 州 Hangzhou	济 南 Jinan
6	9	6	8	7	8	11	5	7	10	6	8	6
4	4	4	5	5	11	4	6	7	2	—	5	4
20571	12980	12574	9983	10654	12390	6597	9365	1565	7434.4	1949	16596	8177
3583	3495	2415	1964	1102	1418	2599	1033	1565	3718.5	392	3086	3257
705.7	689.3	554.61	694.84	710.49	1019.9	553.04	543.35	134.36	712.6	468.76	629.14	569.00
293.7	435.7	280.2	292.62	237.6	354.78	323.86	150.86	69.73	451.08	106.12	237.77	222.23
298	487.7	270.68	400.08	237.6	341.52	371.88	126.13	134.36	576.97	221.68	379.49	322.45
342	531	441	696	667	823	838	580	859	959	2405	379	696
825	1395	1121	2037	2156	2408	1431	1221	859	1552	5659	1237	990
327.4	374.8	—	389.3	400.5	554.79	266.66	377.8	106.44	510.07	332.80	413.18	336.14
1003	1238.0	1235.64	733.85	1316.08	1490.86	1150.3	1313	558.23	2685.76	1954.17	1568.01	1066.20
13.4	10.1	11.8	13.1	13.7	13.1	11.1	11.7	12.2	12.7	13.2	12.2	12.1
135.9	76.6	111.39	45.87	143.22	132.54	58.99	100.34	22.03	97.28	18.11	111.46	97.2
9.7	4.5	5.2	2.5	2.3	4.2	8.0	—	8.1	2.2	7.2	7.4	4.0
443.6	542.0	574.24	326.42	648.74	676.13	546.86	718.9	296.68	1125.06	1056.46	793.58	443.15
14.1	9.5	12.5	15.4	16.2	15.0	9.0	—	13.2	10.9	13.3	12.7	9.8
423.5	619.4	550.01	361.56	524.12	682.19	544.45	493.4	239.62	1463.42	879.60	662.98	525.84
14.0	11.3	12.6	16.3	14.0	13.0	13.8	—	11.3	9.4	13.2	12.5	15.9
1284.45	1847.1	—	930.1	2239.85	1570.57	2040.51	2819.45	884.32	3393.19	3204.47	—	1090.7
22.4	2.4	—	8.0	15.4	9.1	10.7	—	15.6	14.9	17.7	—	9.7
593.5	963.2	1014.26	501.26	831.58	629.04	1121.8	926.49	519.76	1889.59	1550.35	1048.19	515.5
389.6	—	665.45	318.82	555.50	407.96	668.38	649.50	352.12	1242.57	906.01	686.34	311.1
568.6	—	687.27	527.06	872.85	624.52	958.34	808.97	428.48	1538.45	1663.85	1122.07	450.8
552.1	804.3	672.80	504.68	834.3	609.25	943.32	791.62	409.6	1564.17	1622.24	1072.67	440.8
58.6	20.4	36.72	17.97	58.92	90.59	51.82	115.95	30.73	302.13	231.32	107.56	28.45

续 表 (Continued)

项 目 Item	武 汉 Wuhan	北 京 Beijing	天 津 Tianjing	上 海 Shanghai	重 庆 Chongqing	哈尔滨 Harbin
农业总产值(亿元) Gross Agri. Output value (100 mil. yuan)	133.78	214.1	169.51	227.61	431.17	295.4
比上年增长(%) Increase rate Over 2000 (%)	5.6	9.7	8.0	7.1	2.1	5.2
农民人均纯收入(元) Per Capita Net Income of Farmers(yuan)	3100	5098.8	4825	5850	1971.18	2618
电话交换机总容量(万门) Capacity of Telephone Exchanges (10 000 gates)	225.08	903.8	364.6	738.50	469.00	233
全社会固定资产投资额(亿元) Total Investment In Fixed Assets (100 mil. yuan)	508.44	1530.5	705.10	1994.73	801.82	311.8
比上年增长(%) Increase Rate Over 2000 (%)	10.0	18.0	15.8	6.7	22.3	22.9
社会消费品零售总额(亿元) Total Retailsales of Consumer Goods (100 mil. yuan)	685.82	1128.3	832.70	1861.30	699.33	503.0
比上年增长(%) Increase Rate Over 2000 (%)	13.0	10.0	14.6	8.1	8.7	10.6
对外贸易出口额(亿美元) Total Import & Export (100 mil. yuan)	9.46	117.9	181.86	276.28	11.02	6.23
比上年增长 (%) Increase Rate Over 2000(%)	-19.3	-1.5	6.0	9.0	10.8	-11.4
利用外资新签合同数(个) Number of Contracts for Utilization of Foreign Capital (unit)	194	1149	613	3236	191	126
实际利用外资(亿美元) Foreign Capital Actually Used	14.32	17.7	32.97	74.1	4.24	2.24
比上年增长(%) Increase Rate Over 2000 (%)	10.0	-28.1	16.7	37.5	22.9	10.3
地方财政收入(亿元) Local Government Revenue (100 mil. yuan)	86.16	507.7	304.52	620.24	126.41	65.39
地方财政支出 (亿元) Local Government Expenditure (100 mil. yuan)	119.60	614.9	234.67	726.38	255.55	93.63
城乡居民储蓄余额(亿元) Balance of Savings Deposit of Urban and Rural Residents (100 mil. yuan)	802.00	3536.3	1284.95	3001.89	1317.17	831.4
城乡居民人均储蓄(元) Per Capita Savings Deposit of Urban and Rural Residents (100 mil. yuan)	10640	—	14059	22619	—	8865
职工平均人数(万人) Average Staff and Workers(10 000 persons)	180.4	—	—	382.76	245.52	210.58
职工工资总额(亿元) Total Wages for Staff and Workers(100 mil. yuan)	166.26	—	—	678.29	204.85	168.23
个体从业人员(万人) Individual Laborers (10 000 persons)	59.67	—	26.49	—	—	45.2
城区居民人均可支配收入(元) Per Capita Disposable Income of Urban Residents (yuan)	7305.05	11577.8	8959	12883	6721.09	6407.3
居民消费价格指数(%) Consumer Price Indicies (%)	99.5	103.1	101.2	100.0	101.7	101.0
零售物价指数(%) Ratail Price Indices (%)	96.0	98.8	98.6	98.6	—	101.0
人均居住面积(平方米) Per Capita Living Space (sq.m)	—	11.64	7.9	12.5	10.93	9.6

长 春 Changchun	沈 阳 Shenyang	大 连 Dalian	西 安 Xian	青 岛 Qingdao	成 都 Chengdu	南 京 Nanjing	宁 波 Ningbo	厦 门 Xiamen	广 州 Guangzhou	深 圳 Shenzhen	杭 州 Hangzhou	济 南 Jinan
122.10	141.40	202.50	76.75	261.52	212.41	113.29	156.40	35.57	167.05	32.71	165.00	162.27
14.3	5.8	5.0	3.2	5.3	5.5	6.5	6.1	10.4	1.6	—	8.1	5.2
2785	3230	3900	2490	3901	—	4311	5362	4424	6446	9869	4896	3216
179.80	—	225.87	245.00	246.86	310.3	197.43	215.54	94.02	484.81	350.89	289.49	176.8
285.00	302.80	305.1	287.72	384.41	582.21	464.91	470.28	191.89	978.21	673.37	629.27	344.15
21.2	15.5	13.6	23.8	19.7	22.3	12.8	30.4	9.6	5.9	8.7	22.1	12.5
358.3	623.5	534.19	365.93	352.88	627.52	465.83	414.18	186.55	1248.28	609.26	458.82	397.50
15.1	10.2	9.3	11.4	14.7	13.2	11.0	6.4	8.3	11.3	13.2	13.6	12.1
23.0	12.51	60.3	8.79	163.69	8.94	57.51	62.45	65.05	116.23	374.80	72.84	5.94
34.5	-3.6	10.3	82.85	15.0	9.2	7.1	20.8	10.6	-1.4	8.4	4.6	4.0
125	569	732	129	1255	213	410	806	343	1087	1860	483	81
5.1	12.08	14.8	1.77	15.98	3.10	9.52	8.74	11.53	33.27	36.03	5.03	4.25
41.7	15.7	10.9	13.5	24.6	17.0	-3.5	39.4	11.7	6.8	21.4	16.7	33.0
36.30	80.82	99.60	55.97	98.71	77.65	112.64	99.11	65.31	271.91	265.65	104.28	59.61
58.97	103.48	119.80	57.40	109.78	105.66	117.40	116.28	74.31	314.98	260.08	104.93	70.37
608.1	1058.11	838.98	800.86	618.74	995.45	716.13	699.46	262.23	2600.43	1373.39	941.84	534.60
8654	15350	15172	11583	8732	9760	12948	12873	19744	36800	29298	15061	9448
120.20	—	94.88	114.87	118.8	123.97	122.46	58.26	50.23	175.16	94.88	85.65	93.68
109.70	139.20	116.81	123.12	—	154.71	172.71	108.00	85.27	387.81	244.17	—	—
19.3	69.2	32.16	—	40.30	40.42	25.36	30.85	8.1	42.79	37.10	29.91	24.38
6339	6386	7418	6705	8731	8128	8848	11547	11365	14694	23544	10896	9565
102.3	100.0	99.5	98.7	101.0	100.8	99.9	99.3	98.5	98.9	97.8	99.5	100.3
—	98.4	—	—	98.9	—	—	—	—	97.4	—	98.3	—
9.9	—	—	10.9	10.1	12.0	11.0	32.43	—	—	13.73	11.2	10.84

2001年度武汉地区百强企业

武汉市统计局根据2001年各行业统计年报资料，经过认真评选，排出了2001年度武汉地区百强企业。本次评选范围为武汉地区登记注册的一级法人和企业集团，其中企业集团的业绩包含其所属企业。评选参照国际通行的做法，以营业收入(包括主营业务收入和其他业务收入)作为入围和排名指标，利税、资产作为参考指标，利税总额为负数的企业不参加排名。

位次	企业名称	营业收入（亿元）	利税总额（亿元）	资产总额（亿元）
1	武汉钢铁（集团）公司	181.59	25.71	451.72
2	中国长江航运集团	68.81	2.61	147.43
3	中国石化集团武汉石油化工厂	64.63	4.83	41.15
4	神龙汽车有限公司	58.58	9.12	157.07
5	武汉烟草集团	54.03	22.84	39.14
6	武汉武商集团股份有限公司	42.02	0.52	32.79
7	长飞光纤光缆有限公司	30.80	11.08	26.45
8	武汉邮电科学研究院	28.58	3.90	23.21
9	武汉中商集团股份有限公司	28.01	0.98	15.98
10	三环集团公司	23.53	1.52	30.62
11	中国建筑第三工程局第一建筑安装工程公司	22.33	0.82	22.58
12	中国建筑第三工程局第二建筑安装工程公司	18.19	0.58	15.65
13	武汉中百集团股份有限公司	17.84	0.80	14.47
14	中国铁路物资武汉公司	16.69	0.15	4.33
15	武汉建工股份有限公司	15.25	1.11	13.80
16	武昌造船厂	14.62	0.42	53.40
17	中国第一冶金建设公司	12.86	0.38	20.54
18	百威(武汉)国际啤酒有限公司	12.40	2.28	13.83
19	武汉华中华能发电股份有限公司	11.54	1.50	40.30
20	武汉海尔电器股份有限公司	10.60	0.71	3.16
21	武汉葛化集团有限公司	10.17	0.09	19.89
22	中国建筑第三工程局第三建筑安装工程公司	10.07	0.41	11.98
23	武汉工贸有限公司	10.02	0.06	3.08
24	红桃K集团股份有限公司	9.95	2.81	14.04
25	湖北省新华书店	9.26	0.12	2.68
26	武汉供电局	8.89	7.43	48.65
27	武汉市竹叶山集团	8.42	0.15	2.36
28	武汉市商业银行	7.72	0.13	141.62
29	中国邮电器材中南公司	7.70	0.02	1.89
30	武汉晨鸣汉阳纸业股份有限公司	7.56	1.53	18.36
31	武汉医药（集团）股份有限公司	7.35	0.02	5.49
32	湖北徐东集团	7.29	0.76	8.60
33	武汉红桥集团	7.04	0.70	4.70
34	湖北省路桥公司	6.91	0.19	5.41
35	武汉汉福超市有限公司	6.88	0.34	2.10
36	中国化工供销中南公司	6.73	0.02	1.76
37	武汉汽轮发电机厂	6.35	0.53	13.49
38	湖北省移动通信器材公司	6.27	0.30	0.95
39	武汉市汉商集团股份有限公司	6.20	0.18	8.16
40	武汉统一企业食品有限公司	6.13	0.83	3.57
41	武汉蓝星电脑集团	5.95	0.10	1.35
42	武汉团结集团股份有限公司	5.83	0.30	3.27
42	武汉一棉集团	5.83	0.19	6.06
44	武汉东湖高新集团股份有限公司	5.72	0.68	4.47
45	湖北余家头集团	5.67	0.54	0.97
46	武汉锅炉集团有限公司	5.44	0.18	25.15
47	武汉铁路建设集团有限公司	5.11	0.41	4.35

位次	企 业 名 称	营业收入（亿元）	利税总额（亿元）	资产总额（亿元）
48	武汉中原电子集团有限公司	5.07	0.37	7.87
49	湖北柴林集团有限公司	5.04	1.03	8.44
50	武汉塑料工业集团股份有限公司	5.00	0.51	6.87
51	凌云科技集团有限责任公司	4.87	0.16	6.65
52	武汉长江轮船公司	4.82	0.01	22.41
53	厦门金龙汽车工业有限公司武汉分公司	4.63	0.38	0.86
54	武汉春天生物工程股份有限公司	4.43	1.48	3.09
54	武汉船用机械厂	4.43	0.14	9.62
56	武汉凯迪电力股份有限公司	4.41	1.10	10.03
57	武汉顶益食品有限公司	4.40	1.07	4.38
58	湖北省棉花总公司	4.32	0.17	13.15
59	中国人民解放军第3303工厂	4.30	0.36	5.59
60	武汉市自来水公司	4.24	0.17	16.47
61	武汉滨湖双鹤药业有限责任公司	4.16	0.40	2.48
62	武汉市市政工程总公司	4.06	0.11	10.49
63	长征火箭技术股份有限公司	4.04	1.21	6.92
64	武汉华润啤酒有限公司	4.02	1.28	6.88
65	湖北省长源第一发电有限责任公司	3.99	1.49	10.87
66	武汉长江通信产业集团	3.90	2.58	13.34
67	武汉城市综合开发集团有限公司	3.87	0.55	10.87
68	武汉新世界康居发展有限公司	3.84	0.17	18.02
69	武汉市汉桥集团	3.82	0.43	1.56
70	武汉美能达办公机器有限公司	3.80	0.35	1.72
71	武昌车辆厂	3.78	0.13	5.65
72	武汉伦新华信电脑有限公司	3.76	0.33	0.58
73	武汉江南实业集团有限公司	3.75	0.13	5.69
74	中国物资储运总公司湖北地区事业部	3.70	0.06	2.98
74	武汉日电光通信工业有限公司	3.70	0.26	4.47
76	武汉建工第二建筑有限公司	3.63	0.21	1.68
77	华泰植物油（武汉）有限公司	3.61	0.03	2.90
78	武汉新鹏发展有限公司武汉新世界百货商场	3.60	0.01	0.63
78	武汉洲际通信电源集团有限责任公司	3.60	0.57	6.30
78	湖北中昌植物油有限公司	3.60	0.05	1.15
81	湖北多人多集团公司	3.52	0.44	0.96
81	武汉恒信国际经贸集团股份有限公司	3.52	0.11	1.70
83	武汉江岸车辆厂	3.51	0.02	4.20
84	武汉市住宅统建办公室	3.49	0.20	11.43
85	湖北省水利水电建设总公司	3.47	0.13	3.39
86	中国轻工业原材料武汉公司	3.35	0.05	1.65
87	武汉康顺集团	3.27	0.09	2.28
88	中港第二航务工程局第一工程公司	3.25	0.13	3.35
88	武汉长征肉类有限公司	3.25	0.16	0.39
90	武汉爱帝集团有限公司	3.24	0.23	2.33
91	武汉龙威实业(集团)公司	3.16	0.13	2.60
92	武汉神龙轿车零部件股份有限公司	3.14	0.15	3.24
93	中港二航局第五工程公司	3.02	0.09	2.57
94	湖北青山热电厂	2.98	0.17	7.21
95	武汉市精伦电子股份有限公司	2.93	1.34	3.56
96	武汉可口可乐饮料有限公司	2.76	0.28	2.89
97	武汉健民药业集团股份有限公司	2.72	0.71	3.84
98	华工科技产业股份有限公司	2.71	0.90	8.39
99	武汉重工铸锻有限责任公司	2.68	0.13	6.54
100	武汉安居工程发展有限公司	2.56	0.06	3.74

中国统计出版社最新资料书简目

中国统计年鉴-2002
中国统计摘要-2002
2002中国发展报告
中国城市统计年鉴-2001
中国农村统计年鉴-2002
中国劳动统计年鉴-2002
中国人口统计年鉴-2002
中国社会统计资料-2001
中国工业经济统计年鉴-2001
中国市场统计年鉴-2002
2001中国城市发展报告
中国建筑业统计年鉴-2001
中国固定资产投资统计年鉴-2002
中国价格及城镇居民家庭收支调查统计年鉴-2002
国际统计年鉴-2002
中国西部统计年鉴-2001
中国对外经济贸易统计年鉴-2001
中国商品交易市场统计年鉴-2001
中国基本单位统计年鉴-2001
中国食品工业年鉴-2001
中国民政统计年鉴-2002
如何使用统计年鉴
中国市民的经济观
北京统计年鉴-2002
天津统计年鉴-2002
河北经济年鉴-2002
山西统计年鉴-2002
内蒙古统计年鉴-2002
辽宁统计年鉴-2002
吉林统计年鉴-2002
黑龙江统计年鉴-2002
上海统计年鉴-2002
江苏统计年鉴-2002
浙江统计年鉴-2002
安徽统计年鉴-2002
福建统计年鉴-2002
江西统计年鉴-2002
山东统计年鉴-2002
河南统计年鉴-2002
湖北统计年鉴-2002
湖南统计年鉴-2002
广东统计年鉴-2002
广西统计年鉴-2002
贵州统计年鉴-2002

云南统计年鉴-2002
海南统计年鉴-2002
四川统计年鉴-2002
重庆统计年鉴-2002
西藏统计年鉴-2002
陕西统计年鉴-2002
甘肃年鉴-2002
青海统计年鉴-2002
宁夏统计年鉴-2002
新疆统计年鉴-2002
新疆生产建设兵团统计年鉴-2002
石家庄统计年鉴-2002
唐山统计年鉴-2002
保定统计年鉴-2002
邯郸统计年鉴-2002
张家口统计年鉴-2002
伊克昭盟统计年鉴-2002
太原统计年鉴-2002
临汾年鉴-2002
呼和浩特经济统计年鉴-2002
沈阳年鉴-2002
大连统计年鉴-2002
吉林市社会经济统计年鉴-2002
四平统计年鉴-2002
延吉统计年鉴-2002
哈尔滨统计年鉴-2002
齐齐哈尔经济统计年鉴-2002
黑龙江垦区统计年鉴-2002
牡丹江统计年鉴-2002
上海浦东新区统计年鉴-2002
连云港统计年鉴-2002
南京统计年鉴-2002
苏州统计年鉴-2002
无锡统计年鉴-2002
常州统计年鉴-2002
徐州统计年鉴-2002
南通统计年鉴-2002
盐城统计年鉴-2002
杭州统计年鉴-2002
宁波统计年鉴-2002
绍兴统计年鉴-2002
台州统计年鉴-2002
舟山统计年鉴-2002
温州统计年鉴-2002

福州年鉴-2002
厦门经济特区年鉴-2002
福州经济技术开发区年鉴-2002
南昌统计年鉴-2002
九江统计年鉴-2002
河池地区年鉴-2002
青岛统计年鉴-2002
天水统计年鉴-2002
泰安统计年鉴-2002
昆明统计年鉴-2002
济南统计年鉴-2002
郑州统计年鉴-2002
洛阳统计年鉴-2002
十堰统计年鉴-2002
三门峡统计年鉴-2002
平顶山统计年鉴-2002
南阳经济统计年鉴-2002
武汉统计年鉴-2002
宜昌统计年鉴-2002
广州统计年鉴-2002
深圳统计信息年鉴-2002
惠州统计年鉴-2002
珠海统计年鉴-2002
东莞统计年鉴-2002
南宁统计年鉴-2002
南宁地区统计年鉴-2002
桂林经济社会统计年鉴-2002
柳州经济统计年鉴-2002
柳州地区统计年鉴-2002
贵阳统计年鉴-2002
海口统计年鉴-2002
成都统计年鉴-2002
广安统计年鉴-2002
攀枝花统计年鉴-2002
西安统计年鉴-2002
兰州年鉴-2002
西宁统计年鉴-2002
乌鲁木齐统计年鉴-2002
巴音郭楞统计年鉴-2002
吐鲁番统计年鉴-2002
石河子统计年鉴-2002
庆阳年鉴-2002
银川统计年鉴-2002

QI SHI YE FENG CAI PIAN

2002 企事业风采篇

武汉市统计信息咨询中心

成立与隶属

武汉市统计信息咨询中心以下简称“咨询中心”，英文名称：WUHAN STATISTICAL INFORMATION CONSULTING CENTRE，英文简称：“SICC (WH)”是武汉市统计局的直属机构，是政府统计部门面向社会的窗口，于一九八七年七月经国家统计局和武汉市人民政府编制委员会批准成立的事业单位。

发展与宗旨

咨询中心自成立以来，本着“开发信息咨询，服务四化建设”的精神，以权威的统计资料为主体，向国内外提供武汉地区城市、农村、社会、经济、科技各行各业的信息，竭诚为客户提供高效、优质服务，获得社会各界的认定和关注。

咨询中心依托武汉市统计局和全国统计系统，拥有完备的各类数据库和先进的计算机手段，并与国内外，知名的信息机构有着密切的联系和合作，具备权威的、专业的、信息咨询和市场调研的优势。咨询中心的服务宗旨是：客观、科学、优质、高效、最佳满足您的信息需要。

职责与机构

咨询中心的主要职责：积极利用和开发统计信息与市场信息资源，为市内外、国内外客户提供统计信息、市场信息。为企业开展市场调查和企业资信调查，提供市场研究报告。开展企业评价宣传工作。为外资、外商进入武汉市场和武汉企业界、商业界进入市外市场和国际市场提供信息咨询。

咨询中心下设：信息开发部、调查咨询部、发行部、财务部及《武汉统计年鉴》编辑部、《武汉市情》编辑部、《武汉工商指南》编辑部、武汉方圆市场调查公司、武汉市华赢管理咨询有限公司、武汉市兰德科技公司。

信息与服务

一、信息资源

咨询中心使用国家统计系统的数据源，其资料和数据由国家统计系统现行报表、抽样调查、重点和专项普查等方式取得，建立一套完备的行业资料数据库，可随时对外提供武汉地区及各兄弟城市的主要经济指标。

二、市场研究

咨询中心与众多客户建立了良好的合作关系，至今已接受国内外数十家企业（公司）、信息机构等委托的市场研究项目。曾与世界著名人口学家、美国密西根大学梁浙体裁衣西教授合作，进行了武汉地区老年人卫生与健康跟踪调查。

服务方式：专门调查、访问、座谈并提供专项商用报告；根据客户的需要进行广度定性的经济分析、市场研究、产品定位、质量评估、品牌宣传等。

三、统计资料

武汉市统计局在拥有权威的统计数据基础上，注重宏观与微观兼顾，全年内定期编印了一套完整的资料，由咨询中心对外发行，可迅速从武汉直达国内外客户。目前主要包括以下各项：全年发行的《武汉统计资料》、《武汉统计研究》、《武汉统计信息》、《武汉市国民经济主要统计指标》、《武汉统计年鉴》、《武汉市情》、《武汉统计》。

通讯联络

武汉市统计信息咨询中心

主　　任：王　卫

办公地址：武汉市江岸区沿江大道190号（武汉市统计局内）

联系电话：(027) 82795948　82818495　82830996

图文传真：(027) 82806896　　　**邮政编码**：430017

开户银行：商行天津路支行

武汉市交通委员会

武汉三镇鼎立，依水而兴，武汉得中独厚，交通便利。居中独厚、得水独优的区位优势，“三镇一体”的独特江城格局，使武汉不仅成为我国内陆最大的“水陆空”综合交通枢纽和最大的通海港口城市，而且成为我国综合区位优势最明显的城市。在中国经济自东向西推进的总趋势中，武汉具有“承东启西、接南转北”的重要地位，武汉“水陆空”在我国西部大开发战略中肩负着历史的重任。

2001年，是跨入新世纪的第一年，也是全面实施“十五”计划的起始年。过去的一年，武汉交通各单位，迎难而上，奋力拼搏，开拓创新，与时俱进。交通改革调整稳步推进，综合运输能力持续提高，法制建设、行业文明建设和党风廉政建设成绩斐然。铁水公空、城市公交全面和超额完成客货运输年度工作目标，胜利实现“十五”开门红。

过去的一年是不平凡的一年。武汉交通基础设施建设捷报频传：京珠高速公路武汉段和军山长江大桥胜利建成通车；铁路成功地实施了第四次提速调度，京广铁路武衡段实现了电气化；武汉绕城公路全面开工建设，“十路、一港、一桥、三中心”重点工程进展顺利；我市告别了“一市两机场”的历史，航空客运量再创新高，被定位为区域性航空枢纽；堤角、古田等公交停保场的建成，使公交停保容量扩大，能力进一步增强。到去年底，武汉已建成12条高速、高等级出口公路，全市公路通车总里程已达5800多公里。武汉作为我国中部交通枢纽地位进一步凸显。

目前，武汉在建项目有全国最长的城市外环线－－武汉绕城公路、武汉阳逻长江大桥、武汉阳逻新港、武汉交通信息管理中心、武汉公路主枢纽－－舵落口货运中心、汉阳客运中心、郭徐岭物流中心、关山物流中心等重大工程和关凤等11条快速出口通道，“十五”期间投资总数达100亿元。通过建设主骨架、打通出口路、连通周边道，通过公路“延伸、加密、升等、配套”，全市将形成“六桥三环”，环环相扣、路路相通、密如蛛网、通达全国的“世纪快车”大通道。

武汉市交通委员会是主管全市公路和水陆交通的市政府职能部门，去年通过机构改革，其新的职能是：加强宏观调控和行业管理，重点加强交通基础设施建设、养护和管理；加强公路运输、水路运输、港口运输、集装箱运输、综合运输和城市公共交通等管理。目前,武汉已实现“一城一交”行政管理格局和城乡交通一体化的运行机制。

今日武汉，水路：干支相连，通江达海；公路：四通八达，城乡联网；铁路：纵横交错贯穿东西南北；航空：展翅腾飞，辐射国内国外。武汉铁水公空、城市公交已初步形成立体型、多功能、一体化的综合体系。武汉立体交通正从武汉走向全国，从陆路开进港澳，从空中跨出国门，从江河驶向海洋。

“立足华中、贯通长江、联网全国、面向世界”。武汉20万交通人在市委、市政府领导下，正励精图治、开拓奋进。大武汉正全力构筑现代立体交通网，向“全国通衢”、“国际通衢”挺进。我们坚信，到2010年，一个空达五洲、水连四海、陆通欧亚、与世界交往频繁的现代化国际性开放性城市将展现在世人面前。

武汉市科学技术协会

2001年，市科协各级组织及所属团体，认真履行党和政府联系科技工作者的桥梁纽带职责，以经济建设为中心，大力实施“科学素质工程”,广泛开展学会活动，努力建设“科技工作者之家”，为武汉市的两个文明建设做出了应有的贡献。

一、深入实施“科学素质工程”，不断提高市民科学文化素质

2001年，市科协承办了以“科技在我身边”为主题的全国性科技周活动，开展了以“提高科学素质－－跨世纪的呼唤”为主题的科技周和其它系列科普活动。据不完全统计，有1100多个单位、4000多名科技人员、45万群众和青少年参加了科普报告会、观看文艺演出、科普影视、科技下乡、义诊、青少年科技夏令营、各类知识竞赛等活动。此外，组织出版了《保您健康》科普小册子，开展了反对邪教、保障人权科技界大签名活动。江夏区顺利通过验收，成为全国首批科普示范区。武汉科技报年发行量114万份，在宣传党和政府的科技政策、宣传科学思想、科学精神、科学知识、科技人员先进事迹及奉献精神方面发挥了重要的阵地作用。武汉科技馆举办了机器人、反对法轮功大型科普展及声、光、电、磁有形实物常设科普展，吸引青少年、市民观众30多万人次，成为市民学习科学知识的园地和休闲娱乐的场所。

二、加强学会建设，活跃学术思想

2001年，市科协所属学会举办了300多项学术活动，有 2万多名科技人员参加出版学术刊物20多种、30多万册。市科协组织了市第九届自然科学优秀论文评审工作，收到论文2000多篇；选送了22名中青年科技人员到北京参加了全国的统考，准备赴德、英进修；建立完善了“专家信息库”；组织各学会围绕武汉经济发展中的重要课题开展研究，如武汉交通学会组织的“新时期武汉市绿色交通发展规划研究”受到市有关领导好评。市科协还配合有关部门对所属学会进行了年度审查。

三、坚持为经济建设服务，促进科技与经济结合

2001年，市科协深入开展“讲理想、比贡献”等一系列活动。据初步统计，全市大中型企业11474名科技人员参加了“讲理想、比贡献”竞赛等活动，共完成 120项，收到良好效果。其中武钢科协完成的“程潮矿块Ⅱ期生产管理技术攻关”项目，预计产生3120万元的效益。在“金桥工程”活动中，武重科协“搭桥”并组织厂内科技人员设计出国内首创的、为中国航天工业总公司服务的产品XTZ800铣镗专用机床；江车科协“牵线”的2.4米铁路双线箱梁静载试验台，也属国内首创，经中国铁道工程总公司在秦----沈铁路建设中使用，节省资金100万元。在“千厂千会协作”活动中，共签订了12项学会与厂矿企业长期技术合作的协议。其中，武汉纺织工程学会为武汉裕大华集团公司改造多臂剑杆织机项目，年创利润120万元。此外，武汉市科技咨询服务中心下属108个咨询分支机构，年完成科技咨询合同项目92个，合同金额3500万元。

四、认真履行桥梁纽带职责，努力建设科技工作者之家

一是开展了企业科技人员生活问卷调查。通过调查，了解了他们的生活工作情况，以及他们对单位科技工作和科协工作的意见和要求。二是继续办好《科技工作者建议》和《科协动态》，其中《关于“十五”期间发展武汉花卉产业的建议》和《关于实施林区生物防大林带工程的建议》得到了市政府和有关部门的重视。三是制定了企业科协“建家”标准及考核办法，并进行了试点。其中武钢、武船科协科技工作者之家被中国科协评为先进单位。四是开展表彰活动，表彰在两个文明建设中做出突出贡献的科技人员。其中市科协表彰科技咨询工作先进个人67名。评定表彰市第九届自然科学优秀论文699篇。在市科协五届五次全委会上表彰“金桥工程’项目奖13项，单位奖72项、个人奖8人。

（刘红　陈文涛）

武汉市工商行政管理局

武汉市工商行政管理局认真贯彻落实党的十五届五中、六中全会和上级有关工作会议精神，围绕中心工作，认真履行职责，取得了显著成效。

一、认真开展“三讲”教育和反腐倡廉教育，提高了领导干部和党员的政治思想素质。市局、分局针对群众提出的意见和建议进行认真整改，使群众真切感受到了“三讲”教育的实效。反腐倡廉工作中全系统开展了警示教育；全面实施了“收支两条线”管理，切实做到了“收缴分离，罚缴分离”，全系统汽车、办公设备等大件购置纳入市政府采购之列，收到了良好的效果。同时还着重抓了精神文明创建活动。全系统共有122个单位获得文明单位称号，其中国家文明单位3个，市级文明单位11个。

二、积极支持地方经济发展服务企业，积极支持“再就业工程”实施。

近两年，全市工商行政管理机关围绕市委、市政府的中心工作，按照国家赋予工商行政管理的职能，结合武汉经济发展的实际，重点在制定相关政策，服务企业上下功夫。

一是支持国有企业改革。我局制定了《关于支持我市企业深化改革，改进企业登记管理工作的若干意见》，提出了28条改革性意见，放宽了企业登记的 10条限制。制定了《关于外资企业登记中有关问题的通知》等5件有关企业改革、改制、重组、搞活的文件下发分局执行。为企业改制创造了宽松环境。

二是促进科技型企业发展。为支持“武汉·中国光谷”建设，制定出台了《东湖高新技术开发区高新技术企业注册登记改革的试点意见》和《武汉市工商局关于支持武汉经济技术开发区实现超常规发展的若干意见》。最近，又制定了《武汉市工商局关于支持“两区一园”高新技术企业注册登记工作的通知》，提出了7项支持意见，为促进新科技企业新的经济增长点服务。

三是积极支持“再就业工程”实施。为服务企业改革、改制、重组排忧解难和稳定社会作贡献，首先提出了“一免两减”优惠政策（即下岗职工从事个体私营经济，第一年免收工商管理费，第二年减半收取），鼓励、引导下岗职工从事个体私营经济，号召个体私营业主优先雇请下岗职工，其次是通过个协组织“一帮一”活动。1998年以来全市工商系统帮扶4.1万名下岗职工再就业。

三、积极维护良好的市场经济秩序，促进了全市经济建设与发展。

2001年，全市工商行政管理机关根据中央、省、市整顿和规范市场经济秩序工作的统一部署，按照市委、市政府的具体要求，结合武汉经济发展实际，确定7个重点整治的范围和12项具体整治措施，要通过这些整顿和具体措施，使武汉地区的市场经济秩序和市场管理年内达到：“一遏制、两提高、三减少”，即：使严重破坏市场经济秩序违法活动蔓延的势头得到明显遏制；大案要案查处力度明显提高，人民群众消费信心明显提高；市场欺诈行为明显减少；门点无照经营明显减少；行业垄断行为明显减少，使整顿和规范市场经济秩序的工作取得阶段性的成果。

四、强化自身素质的提高，抓好了“三大建设”

工商行政管理机关在市场监管，把好市场准入关的工作中，重要的是强化自身素质的提高，认真抓好基层基础建设，建立一支具有良好素质的干部队伍。近两年，我们着重抓好“三大建设”：

1、加快工商行政管理信息化建设，提升工商行政管理的科技含量。建设跨省份、跨地区的信息交换和远程查询信息共享系统，建立工商网站和信息平台，提高办公自动化水平，逐步实现网上登记注册。在网上发布各类工商信息，实现对网络贸易的监管并指导消费。

2. 加强基层建设，努力创造优良的“工商所文化”。进一步扩大工商所监管权限，将对市场交易行为的监管，商标、广告和合同管理，无证经营监管及查处，企业年检的督促、检查和处罚，受理消费者投诉，授权的经济案件查处和各类专项整治都下放到辖区工商所，实行市场巡查监管。加强工商所硬件建设，使各工商所逐步拥有自有产权的办公场所和与履行市场监管职责相匹配的交通工具、通讯工具和网络设施。建设好工商所的文化室、健身房和食堂，开展适合工商所特点的文体娱乐活动，促进干部文化素质，道德修养和身体素质的提高。

3、加强干部队伍和机关作风建设。深入开展“五好”班子创建活动，完善“末位制”评比，规范“月度考核”制度，营造良好的竞争激励机制。建立一整套执法责任追究和目标管理考评体系，年终市局采取一个班子，一套体系，一次考核，进行总体考评。狠抓思想作风和工作作风建设，在全系统党员领导干部中广泛开展学习实践“三个代表”重要思想的活动,努力提高干部的政治素质；在整顿机关作风上，实行了上班打卡，规范着装，挂牌服务，今年市局机关开展“七个一”活动的决定，即组织一次群众性大讨论，设置一组公示牌，一个处级干部咨询服务台，一个举报箱，开展一月一法培训，一口清服务和一套目标管理责任制考核。

五、市场办管脱钩工作顺利完成。

根据国务院、省、市政府有关精神，按照市政府的统一部署，领导重视,成立专班；深入动员，吃透精神；执行原则，坚定不移；明确责任，分片包干；上下联动，加大督办；各方支持，密切配合；实事求是，倾力扶持；认真排查，抓好稳定，从11月 25日至12月 7日，我市工商行政管理系统与所办市场彻底脱钩，13个区市场开发服务中心全部一次性整体移交给当地政府。

（上接第6页）城区逐步覆盖至郊区乡镇，目前全市近70%的网点实现通兑，为了提高系统的安全，维护客户利益，市联社还成立了综合信息系统领导小组，负责及时协调解决系统出现的故障和问题，极大地提高了系统的运行效率；加大了对中间业务软件的开发力度，按照“以客户为中心”的设计指导思想，全年共整合开发中间业务新程序8项，较好地满足了不同层面客户的需要；大力发展了以信通卡为载体的零售业务，完善了“卡”功能，扩大巩固了以“卡”为载体的消费群体，目前，信通卡发行量已达15.6万张；积极开发了具有信合特色的中间业务品种，一批如话费代收、工资代收、税款代收、电视费代收等业务已初步形成规模，截止12月末，全市代收代付业务量累计已达3.5亿元，同比增加122%。

内控建设　2001年该社继续完善内控制约机制，充分发挥审计监督、纪检监察部门职能，开展了“以人为本。的岗位培训活动，内控体系得到进一步增强。一是加大了审计检查力度，对内部管理制度执行情况、信贷管理情况和新增大额贷款管理情况重点进行了审计，对风险防范起到了预警作用；二是加大了安防设施的投入力度，全年共投入1000余万元对系统内营业网点进行安防设施的改造，提高了网点防暴、防抢能力；三是加大了对各类案件的查处力度，对违规违纪的有关责任人进行了处理，增强了干部职工廉洁守法的自觉性；四是加强了对全社干部职工的职业道德、法律法规、安全保卫意识等教育培训工作。蔡甸区信用联社女职工黄红英、肖俊姣面对持枪歹徒，能挺身而出，与歹徒展开了殊死搏斗，保护了国家及信用社的财产安全，被武汉市总工会授予“五一劳动奖章”，被市联社授予“武汉信合金融卫士”，各级政府也给予了嘉奖。

中国信合　武汉市农村信用合作联社

2001年武汉市农村信用联社全面深化改革，创新内部经营机制，激发经营活力，在系统内全面推行了以人事制度、劳动工资分配制度为核心的“责、权、利”改革。经过一年的实践，较好地实现了改革的既定目标，为“十五”期间我市信合事业的发展奠定了较好的基础。全市信用社各项存款余额75.17亿元，各项贷款余额53.28亿元，当年新增贷款6.64亿元，其中，新增农业贷款2.25亿元，全市信通卡客户总量逾15.6万户，初步形成了一个以“信通卡”为载体的消费群体。

创新内部机制情况　2001年武汉市农村信用联社在系统内全面推行了“责、权、利”挂钩改革办法（以下简称办法）。“办法”的推进，不仅使干部职工的忧患意识、责任意识、竞争意识得到增强，同时也促进了业务的全面发展。

一是打破了“铁饭碗”。据统计，全市有97%的员工签订了劳动合同。二是废除了“铁工资”。年初，市联社制定下发了《武汉市农村信用社岗位设置及“责、权、利”挂钩考核实施（暂行）办法》，使收入分配档次进一步拉大，从而激发了员工的工作热情，提高了员工完成各项目标任务的自觉性，同时也增加了工作压力。三是搬掉了“铁交椅”，实行干部岗位竞聘制。一批优秀员工通过竞聘走上各级领导岗位，系统内干部队伍结构更趋合理。

支持地方经济情况　2001年该社紧紧围绕市委、市政府提出的“推进农业、农村经济结构调整，加速传统农业向现代化农业转变，大力提高整体效益”的农业经济发展目标，充分运用信贷杠杆作用，以支持农业产业结构调整为重点，通过增强服务举措，有力地促进了农村经济的全面发展。到年末，全市农业贷款累放金额达到7.41亿元，当年新增2.25亿元，是近几年来投量最大，投放面最多的一年，体现了农村信用社支农主力军的地位和作用。

在确保农户传统种养业生产所需资金的前提下，优先支持了科技含量高、市场潜力大，已形成适度规模经营的农产品生产基地建设等方面的合理需求，以信贷杠杆作用引导企业发展带动农户经济发展的模式，引导我市郊区农业结构调整进入一个良性循环的发展轨道。如蔡甸区的10万亩莲藕生产基地、万亩西甜瓜，新洲双柳的蔬菜基地，徐古的蘑菇，汪集的鸡汤，黄陂的奶牛基地，江夏的精养渔池等都得到了农村信用社的有力支持。在实施信贷支持过程中，注重发现和培养那些具有良好发展前景和市场需求的产品和产业，积极主动了解当地政府的农业产业结构调整意图，参与政府制定的农业发展规划。农业项目的选定和评估工作，为政府、为企业、为农户当好参谋，得到了各级政府的肯定和支持、得到了广大农民的信任和赞誉。

还针对农户生产资金需求，全面推行了“农户小额生产费用信用贷款”。通过对有贷款需求的农户评定信用等级，核发“贷款证”，做到随用随贷，并把对农户最高信用贷款额度由过去的2000元提升到5000元，较好地解决了农民“贷款难”问题。

在加大支农力度的同时，城区信用社从各自实际出发，实行了以所在地为轴心，向周边辐射的服务举措，对区域经济、民营企业、市政重点工程、专业市场建设等都给予了重点信贷支持。为武汉市地方经济发展，为“两个文明”建设作出了贡献。

电子化建设　2001年该社充分发挥近两年建成的并日臻成熟的综合信息系统的优势，进一步发展了以代收付为主的中间业务，带动了相关业务的发展，形成了一批有规模、有特色的中间业务品种，为信用社的可持续发展拓展了空间。扩大了系统计算机的网点联网面，网络面从（下接第5页）

武汉市地方税务局

进入新世纪，迎来了武汉市地方税务局的第二次创业。武汉市地方税务局结合中央、省、市“十五”规划的要求，及时制定武汉市地方税务局“十五”地税工作规划，提出了围绕一个主题（即发展进步的主题）、推进两大战略（即科技兴税战略和人文发展战略）、实现五大创新（即实现税收和税源控管创新、实现征管和稽查方式创新、实现法制和监督机制创新、实现队伍素质和干部教育创新、实现行政管理和后勤保障创新）的奋斗目标，有效地促进2001武汉市地税工作再次取得新的成绩。

2001年,武汉市地税收入在全面超额完成武汉市政府下达的年度收入目标及超收目标的基础上，地税收入实现三大突破，即全市地税总体收入突破60亿元、纳入湖北省地税局和武汉市政府考核的收入均突破40亿元、企业所得税和个人所得税均突破7亿元，实现了新世纪和“十五”首年的“开门红”，充分显示出武汉市地税收入随着国民经济持续快速健康发展而不断壮大，地税局的职能得到明显增强。

第一，增强了财政职能。市地税局深入贯彻新《税收征管法》，建立健全各类税收征管制度，强化各项税收管理，大力推行依法治税工作；进一步加强税源管理，不断探索重点企业税源、重点行业税源和属地税源的控管措施，确保了2001年地税收入的大幅增长。同时，在全国首创了餐饮业“刮奖”发票控管办法，该项税收在连年大幅增长的基础上，2001年比上年又增长36.6%。促进了地税收入在财政收入中的比重稳步提高。

第二，增强了服务职能。地税部门对国有企业改革转制、高新技术产业、大市场建设等进行深入调研，认真及时将各项税收优惠政策落实到位。立足“武汉·中国光谷”，大力支持高科技企业的迅速发展。同时，针对全市改善软环境和对纳税人服务的实际需要，逐一推出首问负责制、限时承诺、设立税务网站、免费培训和上门宣传辅导纳税等具体举措，使内外的投资软环境得到进一步优化。

第三，增强了稳定职能。地税干部以事关社会稳定大局的责任感认真抓好包括养老、医疗、失业保险费等在内的社会保险费和残疾人就业保障金的征收工作，目标明确，制度完备，全年征收社会保险费13.74亿元，为我市经济发展和社会稳定作出了新的贡献。

第四，增强了分配职能。为了调节社会分配关系，突出抓好再分配环节中的个人所得税征收这个关键，切实强化个人所得税征管工作，使个人所得税突破7亿元。全年开展个人所得税专项检查，查补个人所得税0.55亿元。同时，配合全市整顿和规范市场秩序工作的开展，先后组织了对“家教”、私房出租、网吧、行政事业单位的突击追缴行动，全年检查1.414户，查补税款1.47亿元。

与此同时，武汉市地方税务局进一步加强作风建设。党的十五届六中全会召开后，市局党组结合实际，及时提出抓好“三个贴近式服务（为经济发展、纳税人和基层做好贴近式服务）”的工作思路，制定了包括六个方面二十六个具体问题的加强班子和机关作风建设的整改意见。深入开展民主评议行风工作，认真落实政务公开制度，持之以恒抓好党风廉政建设和干部教育培训，圆满完成了机构改革工作，特别是将“半军事化”管理引入地税作风建设工作之中，并以此为抓手，在全系统掀起加强作风建设的热潮。通过以上工作的开展，进一步提高了地税队伍的整体战斗力和促进了全系统精神文明创建工作。该局在2001年被省委、省政府授予文明单位称号，该局江岸、洪山区分局被省委、省政府授予最佳文明单位称号。

在今后的工作中，武汉市地方税务局决心继续大力落实省地税局和武汉市委、市政府的工作要求，坚持依法治税和文明服务，强化组织收入和地税征管，创造性地开展地税工作，力争地税工作再创辉煌。

武汉市体育局

2001年武汉市体育工作，紧紧围绕“武汉市第六届运动会”这个主线，以结构调整为重点，以深化改革为动力，以青少年为重点，以骨干为抓手，有力地推动了全民健身运动的开展。

【群众体育】 武汉市以社区为基础，各城区有95条街道和25个乡镇建立了基层体育工作组织，形成了全民健身五级管理体系；就近、就便新创建一批全民健身基地，开发恒温游泳馆、健身房等体育场所；满足了群众的健身需求。各基层认真贯彻落实《学校体育工作条例》，确定了60所新体育传统项目学校，共举办了国家各级社会体育指导员培训班，培训人员800多名；组织多种项目的体育技能培训活动。举办了体育庙会、舞蹈、健球、武术“单刀会”、棋类、航空模型比赛等各类群体活动，评出一批全国、省、市全民健身周活动先进单位。

【竞技体育】 第九届全国运动会，武汉籍运动员为湖北省代表团获得10枚金牌，2001年在河南南阳举行的全国赛艇锦标赛和西安的全国青年赛艇锦标赛上夺得7枚金牌；射击项目在中南协作区比赛中获1枚金牌，15项湖北省青少年年度比赛，获得金牌134枚、奖牌275枚，总分2906分的好成绩。

【体育产业】 2001年武汉市新开办体育经营单位62家，涉及的体育经营项目20多项，培训从业人员459人。电脑体育彩票销售尝试新的游戏规则和服务方案，按照“取之于民，用之于民”的思想，为各项体育事业的发展，体育产业的发展开拓了新的空间。

【体育设施】 武汉体育中心体育场主体框架已峻工，将承办州际以上的大型国际比赛。汉口体育中心体育场于9月份完工，并承担了市运会开幕式大型文体表演和田径项目的比赛；江汉二桥体育训练基地一期工程完工，市体校、体工队迁入基地，运转良好。

【武汉市第六届运动会】 武汉市第六届运动会9月28日晚7时在新落成的江汉区汉口体育中心隆重开幕。夜间举行的大型文体表演“腾飞在新世纪”共有4800人参演，参赛运动员达7000余人。共有17人次打破市少年纪录；14人次达国家一级运动标准，为增强市民体质，振奋市民精神，促进了武汉市两个文明建设发挥了积极作用。

【长江挑战赛暨第31届横渡长江活动】 5月1日上午10时，在水温18.6度，江水流速每秒1.63米时，135名运动员参与长江挑战赛，33人抢渡登岸成功，占参赛人数的24%，一改过去大规模的群众性横渡长江模式，突出了竞技性。武汉横渡长江活动的成功举办受到了国家体育总局和中国游泳运动管理中心的高度重视，为武汉打好长江牌，提高武汉市的国际知名度创造了新的条件。

（上接27页）昌区科协领导班子一班人，决心在区委的领导下，继往开来，与时俱进、巩固提高全国科普工作示范区的成果。在思想上，进一步增强活力，解放思想、开拓创新，树立“干、闯、创”的思想；壮大实力，注意装备自己、建设自己、发展自己，做名副其实的科普工作主力军；形成合力，用好政府资源、团体资源、社会资源；借助外力，牢固树立借助外力、发展自我的观念；提高能力，尽快掌握先进的科协工作方式和方法。在工作上，进一步落实抓基础，着力科协组织建设和阵地建设；抓重点，在科普内容、对象和特色上都要突出重点；抓兴奋点，关注社会热点、焦点和敏感点；抓典型，力求以点带面，全面发展；抓推进，按照五年规划争取一年一个脚印，一年一个台阶地全面推进“科学素质工程”，开创我区科普工作新辉煌。 （周　训）

武汉市质量技术监督局

2001年，市质量技术监督部门围绕全市经济工作重点，从源头抓质量，充分履行综合管理和行政执法两大职能；各项工作取得较好成效。市质监局下达各单位各部门工作目标共334项（纳入市政府一级目标管理8项）；比上年增加87项，均完成或超额完成。其中，全年产（商）品质量监督抽查总量10196批次；向社会公布产（商）品质量红黑榜和质量信息17期；受理用户、消费者投诉、举报案件立案812件，办结805件，办结率99.14%；创建“购物放心一条街（市场）”5条；出租车计价器燃油加油机周检率98%；在用锅炉、压力容器、电梯周检率96%；制定发布10项农业地方标准。

一、在整顿和规范市场经济秩序中，执法力度进一步加大

2001年，市质监局根据中央和省、市整顿和规范市场经济秩序会议精神，把整顿和规范市场经济秩序工作作为全年的首要任务，认真贯彻“集中打击与日常监督相结合，重点打击与综合治理相结合，加强市场监管与引导企业自律相结合，打假治劣与扶优扶强相结合”的方针，加大行政执法工作力度，有力地打击了各种违反质量技术监督法律法规的行为。

---*以打击假冒伪劣为重点，加大了监督抽查和执法力度。*2001年，组织了“查市场，保两节”、“查农资，保春耕”、“查建材、保建设”、“查食品，保安全健康”的“四查四保”活动，重点组织了食品、棉花、农资和拼装汽车及其零配件的专项打假斗争，并针对群众反映问题较集中的调味品、榨菜、米粉等商品开展了多次打假联合行动。在工作中，突出重点商品、重点市场、重点地区，狠抓大案要案，取得了明显成效。据统计，全年共查获假冒伪劣商品标值近4000万元，立案查处制假售假案件2563起，其中大要案205起，移送司法机关6起，捣毁制假售假窝点的5个。突击监督抽查产（商）4678批次，定期抽查产品（合委托检验500批次）5518批次。

---*加大了对利用计量手段作弊的不法行为的打击力度。*全年共对出租车计价器、肉类批发市场超市、定量包装商品、眼镜、电线电缆等组织了73次市场计量检查、共出动人员4000多人（次） 检查定量包装商品6436件、计量器具7000余台件，合格率90%；查生产企业400多家；经销企业1000余家，集贸市场2000多个，查处计量违法案件1000多起。

---*加大了安全监察执法工作力度。*全年共对1506#锅炉、压力容器、电梯、游艺设施进行了检查，督促整改2000%题；查处无证电梯62台；集中力量开展“土锅炉”专项整治活动；共查处“土锅炉”330台；结合金市开展“放心豆腐坊”工作，对在用的300多台锅炉进行了全面检查和合理整顿；对5起电梯、建筑起重机械和小锅炉的人员伤亡事故进行了严肃查处。对全市液化石油气充装站和气瓶经销单位开展了注册审查验收登记工作全面的普查，整治了一批存在安全隐患的设备，并在此基础上启用了“锅容管特”监察检验管理软件；对上述特种设备进行登记造册,实行了动态管理。

二、围绕全市经济工作重点，综合管理工作进一步加强

---*认真落实质量和打假工作责任制。*为认真贯彻国务院《关于进一步加强产品质量工作若干问题的决定》，年初召开了2001年全市落实质量打假工作目标责任制大会，李涛副市长与13个区分管区长签订了年度工作目标责任状；各区政府与所辖街（镇）乡等基层组织签定了责任状。形成了上了联动、各方联合、齐抓共管的工作局面，较好地完成了年度工作目标。年底，省政府对我市政府落实“两制”情况进行了检查，分别给予了96.7和97.7的高分。

---*突出扶优扶强，着力提升质量管理水平。*根据国家有关要求，市质监局提出了《关于建立武汉市质量奖励制度的意见》，市人民政府已批转各区、各有关部门执行，我市质量评审工作正式起动；加强了对重点企业、民营、台资、高新科技企业的质量指标考核,建立了首批武汉市名牌、精

品、优秀汉货127家企业的档案；组织197户企业申报市名牌、优秀产品的评审；确定16户重点企业作为质量管理联系点。积极鼓励帮助企业提高内部管理水平，引导多家企业开展IS09000质量体系认证工作。

---以消灭无标生产复查为重点。推进农业标准化和采用国际标准工作．全年共受理1811个企业产品标准备案；新增采用国际和国外先进标准60项；完成14个消灭无标生产责任单位的复查工作，其中武昌区，东湖开发区和江岸区通过了国家局和省局的验收；为规范和整顿我市米粉加工行业，及时组织制订《米粉》地方标准；高背鲫鱼养殖规范示范项目和无公害莲藕标准化栽培示范区，在相卜关部门的积极配合下，通过国家局验收。

---强化了计量器具监督管理。组织对计量器具制造、修理许可证考核（复查）33家，组织执法人员对制造（修理）计量器具企业进行监督检查，严肃查处无证生产（修理）计量器具的企业；帮助28家企业建立了计量管理体系。对15个法定计量检定机构进行了考核，对18个计量授权站进行了监督检查；加强对已获“双信”称号的加油站监管；督促其履行社会公开承诺，确保油品质量、计量合格：加强与供电、供水、供气部门联系，积极推进落实“三表”的首检工作。

---加大宣传力度，扩大了质量技术监督工作的社会影响。全年在《中国质量报》和省、市新闻媒体上播发各类有关报道100余篇；向国家局、省局、市委、市政府报送各类信息上百篇次，刊用60余篇次。3月以“质量关系生命安全，关系百姓生活”为主题组织了“3.15保护消费者权益日”活动；9月以“新世纪、新质量、新生活”为主题组织了质量月大型宣传咨询服务活动，受到了广大群众的好评。

三、坚持两个文明一起抓，自身建设进一步加强

一年来，市质监系统坚持“两手抓，两手都要硬”的方针，以“科学、公正、廉洁、高效”为目标，努力加强自身建设，取得较明显的成效。

---坚持一手抓精神文明建设，一手抓业务建设。认真学习贯彻“三个代表”重要思想和江总书记“七一”重要讲话精神，着力提高全系统广大干部职工的思想水平。根据中共武汉市委、武汉市人民政府的要求和部署，按照“精简、统一、效能”的原则，市局机关集中进行了机构改革工作。经过改革，机关干部平均年龄下降了1岁，大专以上文化程度比上升了2.5个百分点。全局系统党的思想、组织和作风建设得到进一步加强。以行风评议为重点，抓好党风廉政建设。局系统行风情况得到了社会各界的充分肯定，成为行评合格单位，认真推进政务公开。确定市标准化所、检定所、局稽查大队为示范点；制定了局政务公示栏，并在局机关大楼明显处设置“触摸”式政务公示屏；根据全市统一要求，开展了行政审批制度改革的有关工作，在自查上报的51项中，取消24项，占47.6%；坚持领导干部离任审计；全系统已实现银行“代收代缴”和“罚缴分离”，并逐步推进会计管理电算化。全年办理人大政协提案11件，代表委员均表示满意或基本满意。

---技术改造投入不断增大。一年来，围绕全市经济工作重点，局属各技术机构共投人技改资金350余万元；大力推进技术改造，积极拓展业务，着力为全市经济发展服务。通过完善检测检验体系，规范检测检验行为，提高了自身素质，增强了服务社会和自身发展后劲。

---加强执法监督，执法行为进一步规范。有质监局行政案件审议委员会共召开审议会10次，审理3万元以上案件共75起，变更22起，维持53起；受理行政复议10起，撤销2起，维持2起,撤回6起。组织“行政执法法律知识讲座”，专门聘请市中级法院的同志就行政执法中应遵循的执法程序、行政行为的法定证据等进行讲解；举办了全系统执法资格培训班和4期已取证执法人员轮训班，大大提高了执法人员素质。根据《中华人民共和国立法法》和新《产品质量法》的要求，对《武汉市禁止生产和销售假冒伪劣商品条例》进行了多次修改和反复征求意见，已经省、市人大常委会审议通过。

武汉市司法局

武汉市司法行政机关担负着全市劳动教养、法制宣传教育、人民调解、法律服务、法学教育、释解人员安置帮教、司法鉴定管理等重要职能。截止2001年底，全市系统共有在册干警2148名；武汉市司法局下属5个劳教所和市司法学校；全市有律师事务所71家、公证处15个、基层司法所（法律服务所）208个，共有专职法律服务工作人员1738名。

2001年，武汉市司法行政机关认真实践江泽民总书记“三个代表”的重要思想，以依法治国基本方略为总揽，认真履行工作职能，全面完成各项工作任务，为全市改革开放、经济发展和社会稳定作出了贡献。

“四五”普法规划，市人大常委会审议后作出了决议。各区人大也都相应作出决议。市、区各战线分别培训了一批普法骨干，并选择了一批不同层次、不同类型的单位开展普祛试点工作。全市和大部分区分别召开了“三五”普法总结表彰暨“四五”普法动员大会。在全市的大会上，市长周济作了重要讲话，强调要紧紧围绕党的中心任务，大力推进普法和依法治理工作，认真抓好各级领导干部的学法用祛，切实加强依法行政和公正司法。法制宣传活动声势大、效果好。围绕社会稳定和环境创新工作，以抓好公务员、企业经营管理人员、青少年、流动人口、进城务工人员的法制宣传教育为重点，强化了普法的针对性和实效性。全年市、区、各战线共举办了法制培训班100期，举办各级领导干部法制讲座461期。结合“四五”普法启动和中国人世，制作了“四五”普法宣传版画，组织编写了《WTO与法制建设》等普法宣传教材，组织全市12万机关干部、企事业单位负责人参加了WTO法律知识统一考试。

全市劳教单位收容改造劳教人员，同比增长38.35%，是近10年来新收增幅最大的一年。各劳教单位克服基础设施差、警力不足、管教难度增大等困难，团结拼搏，连续作战，管教工作取得历年来最好成绩。

各劳教单位切实贯彻“稳定压倒一切”的方针，坚持实行一级抓一级、一级对一级负责的安全稳定责任制，不断巩固和加强人、物、技防相结合的安全防范体系，强化日常管理和干警直接管理。全市劳教单位实现了无劳教人员脱逃。“法轮功”劳教人员教育转化工作取得阶段性成果。全市劳教单位摸索出以法破祛、亲情感召、典型引路等方法，做好“法轮功”劳教人员的收容和分管分教工作，转化巩固工作取得良好成效。中央领导罗干、中央610办公室领导和省、市领导都给予了充分肯定。

全市公证、律师、基层法律服务部门紧紧围绕党委政府中心工作，面对人世机遇和挑战，不断强化自身建设，拓展业务领域，为全市改革开放、经济建设和社会稳定提供了优质高效的法律服务。全年全市71家律师事务所共担任法律顾问2430家，办理各类法律事务18972件。全市公证机关共办理各类公证115640件。律师承办法律援助案件701件，公证机关承办法律援助公证5820件。基层法律服务所共担任常年法律顾问2247家，办理各类法律事务8100件。各项业务与上年相比都有较大幅度增长，法律服务工作在开局年取得了新的发展。

全市司法行政机关坚持在强化基层司法行政工作职能上下功夫，巩固和发展了基层基础建设取得的成果。全年受理各类民间纠纷28138件，调解成功27663件，成功率达98%，防止民转刑案件213件338人，避免非正常死亡245件293人，制止群众性械斗178件，防止群众性上访148件，5279人，促进了基层社会稳定。

"148"法律服务专线较好地发挥了职能作用。共接答各类求助咨询电话20622个，接待群众来信来访3875人次，还先后与市妇联、市法学会联合开展了"妇女维权月"和"3·19"义务咨询活动，并到劳教场所开展了法律咨询，化解了大量的矛盾纠纷，维护了基层社会稳定，在社会上引起良好反响。市"148"法律服务指挥中心被团中央、司法部授予全国优秀维权示范岗。

认真做好释解人员安置帮教工作，巩固教育改造成果。市局以武昌区、青山区为试点，对全1998年以来释解人员安置帮教工作进行了深入调查，基本摸清了全市释解人员的底数；提出了新形势下做好安置帮教工作的主要对策，其作法得到省厅充分肯定。部分区局探索在社区开展帮教工的新途径，取得一定成效。全年全市回归释解人员1480余人，刑释解救回归人员接待登记率为97.5%，有效预防和减少了重新违法犯罪。根据市综治委部署，市局和各区局还认真开展了对百名有不良行为青少年的教育转化工作，取得初步成效。

首次国家司法考试报名工作组织严密，报考严格。市司法局借助媒体广泛宣传国家司法考试的意义及有关规定，严格报名手续，把住"人口"夫，全市3000多报考者中，没有不符合规定报考的，成功组织了首次国家司法考试。

司法鉴定管理工作开始走上正轨。我市司法鉴定"多头管理、管理无序"的局面"寿终正寝"2001年底，根据中央有关规定，经认真准备，我市成立了司法鉴定委员会，司法鉴定委员会办公室设在市司法局。今后，各部门、各行业一律不准擅自成立面向社会服务的司法鉴定机构，只有经过司法行政部门审核登记，有司法鉴定许可证的机构，才能对社会提供司法鉴定服务。

（上接第14页）96%；认真贯彻实施《中华人民共和国机动车登记办法》，全市机动车检测站实行微机管理。实行委托销售商代办新车注册登记领证便民措施，缩短新车领牌领证时间；制发《严格依法处理非法营运摩托车的通知》等8个文件，规范执法程序；在全市推行"公安办案一司法咨询一法院调市一检察监督"的事故处理模式，交通事故案件终结回流率为零，民警执法准确率达99.9%；建立完善142个治安交通报警点、22个交通安全村、14所交通安全学校、115个机动车自管站和1622个社区交通安全小组，加强车辆、驾驶员催检、催审工作，城区汽车、驾驶员年检年市率分别达到95.7%和95.59%。

狠抓思想作风建设，提高队伍整体素质。通过开展"三项教育、"警示教育"反腐倡廉教育，组织民警认真学习江总书记"三个代表"重要思想，提高了广大民警的服务意识、法制意识、科技意识和创新意识，队伍建设取得显著成绩。全年为民办好事11488件，收到群众感谢信、表扬信、锦旗567封（面），全年有1298人次和109个集体受到嘉奖，有2个集体和12名民警荣立二、三等功，1名民警被评为"全国优秀人民警察"，1名民警被授予市"五一劳动奖章"，1名民警被授予全国"五一劳动奖章"。

武汉市教育局

2001年，武汉教育工作成绩显著，主要体现以下几个方面。

一、积极组织实施《武汉教育事业“十五”计划》，各类教育健康发展，全年目标任务完成。

二、突出“重中之重”，狠抓农村中小学“防流控辍”工作和城乡薄弱学校建设“普九”成果得到巩固提高。

三、大力开展现代信息技术教育，武汉教育现代化迈出了可喜步伐。

四、深入进行课程改革、教材改革、考试制度和评份制度改革，素质教育进入全面推进的新阶段。

五、加快市属高等教育的建设和职业教育的调整步伐，新江大完成“交钥匙”工程。

六、狠抓教育执法工作，继续坚决治理中小学乱收费等行业不正之风，不断规范办学行为，促进武汉教育逐步走上依法治教的轨道。

七、教育战线党的工作进一步加强，有力地保障了教育改革与发展。

全市“普九”义务教育管理工作向科学化、规范化、法制化迈进，普及成果继续得到巩固。小学、初中人学率分别达99.77%、98.7%，初中升入高中比例为75.16%，我市学生参加全国高考，录取率74.5%，为历史最好水平。城镇幼儿入园率达95%，农村学前一年入班率达到92%，使我市教育事业和质量迈上了一个新台阶。

进一步加快薄弱学校建设，加强德育、体育、艺术教育和工读教育，全面贯彻教育方针，促了学生综合素质的提高。积极探索职业教育的新途径和成人教育继续得到发展，为适应社会与经济发展的需要，市委高等教育事业规模进一步扩大。

教育改革全面深化，中小学办学体制改革和教育教学改革全面展开成果显著。企业办学的剥离工作其本完成。招生考试和评价制度改革不断深化，以及社会力量办学管理规范，形成了政府为主办学和社会力量办学共同发展的新格式。教育技术装备和中小学信息技术教育，新增计算机室装备合格学校对839所，教学仪器优化升类学校94所。信息技术装备达标学校庆在54所,全市教学装备值达到5.91亿元。新建校园网校11所，新建闭路电视系统学校14所。教育电视台累计正常播出5000多小时。为使教育科研工作创局面，为素质教育的整体推进奠定了良好基础。

依法治教，认真贯彻《武汉市执法责任制工作条例》，努力规范教育行为. 适应加入WTO新形式，抓住贯彻执行《教育法》、《义务教育法》、《教师祛》中的突出问题，制止中小学乱收费、“防流控辍”、兑现教师工资、增加教育投入，为教育改革与发展提供了有力的法制保障。

（上接第15页）想实际，对新时期工人阶级的地位、作用、以及“三个代表”重要思想，加强党的作风建设的重要意义，进一步增强了走社会主义道路的信念和主人翁责任感。通过宣传职工身边的“闪光点”、评模争先弘扬劳模精神。设置了《劳动群英谱》宣传牌，开展“党在我心中”演讲比赛、文艺汇演、职工运动会，用健康向上的文体活动凝聚职工，推动企业文化建设。通过在全市职工开展的以“专一门、会两门、学三门“为目标的职工培训、读书自学、岗位成才和技术比武活动，提高了职工的思想道德和科学文化素质。

武汉市公安局交通管理局

2001年，市公安局交管局以深化实施“畅通工程”和创建“平安大道”为载体，以交通秩序综合整治为主线，加强交通管理科技化、规范化、法制化工作，交通秩序明显改观，交通事故的防控能力不断增强。全年万台车发生交通事故141次，死亡 14人，较上年分别下降9·68％和26·3％，较市政府下达的一级管理目标（240次、死亡45人）分别下降58.75%和31.11人3条“严管街”继续保持一等管理水平，全市“畅通工程”达到二等管理水平。

发挥卫士作用，全力维护社会政治稳定。年内，交通民警配合有关部门，及时处置堵路、堵门、爆炸等突发事件和群体事件79起，重点信访案件56起，人大、政协议提案、建议140件，接待群众来信来访497次；全力做好元旦、春节、五一、“两会一节”、“外滩”开街等大型游园、庆典活动的交通安全畅通，完成各类交通警卫工作1700场次，确保警卫对象安全。加强对长途客车安全防范和公路武装巡逻，发动群众严厉打击车匪路霸，共抓获各类犯罪嫌疑人393人，处置治安案件1010起；配合全市“严打”斗争，在开展“清积案、追逃犯”专项行动中，清理办结交通事故案件240起，交通肇事案229起，刑拘交通肇事责任人180名，处罚“黑巴”、“黑的”、“假军车”1900余台次，维护了正常的营运秩序。

开展交通综合整治，改善城市交通环境。年内，该局将创建优良道路交通环境作为落实“三个代表”重要思想的一项重要举措来抓，狠抓交通综合整治。全年开展了对机动车行停秩序、行人和自行车秩序、城市进出口和远城区道路秩序、窗口地区、景观工程、违规“三车”、违章占道等七个方面的专项整顿整治工作，纠正处罚机动车违章180万起，教育处罚行人、自行车违章26万起（次），处罚违章三轮车2.1万起（次），收缴销毁无证“三车”3.2万辆，清理各类占道5.7万处。通过整治，机动车、非机动车、行人遵章率大幅上升，路口、路段秩序明显好转，主干道畅通，基本消除周期性交通堵塞。

加大科技投人，提高管理水平、年内，完成全市交通指挥中心建设的前期准备工作；启动汉口地区交通区域控制系统；建成沌口开发区交通区域控制系统和东西湖107国道卡口管理系统；新增江汉大队辖区循礼门、新华路立交桥、中山公园、武展4个电子监控点；新增11个港湾公交站点，调整阅马场、钟家村等8个公交站点43条线路；将汉口中心城区部分道路调整为单向交通，形成区域循环；组织外地货车向中环西半环分流，减轻中心城区交通压力，加强市内24个易堵路口、路段清障车辆管理，确保全市交通“主动脉”畅通无阻，为全市经济发展和人民群众出行提供良好交通环境。

强化路面控管，大力预防交通事故。加大突出问题治理，对雄楚大街等50处事故多发地段逐一分析原因，整修路面、增设黄闪烁灯20余处；全市施划交通标线1.3万公里、更新维修各类标牌1140块；压高速、纠违章，排除路面重大险情870余起；查扣“摩的”5000余台次；在城市进出口地段设立9个转乘服务站，转乘超员超载车辆2.4万起；全市22个固定“电子警察”，和12组流动"电子警察”抓拍各类违章2.4万起；全年共处理各类违章218万起，撤消了2367名驾驶员驾驶资格；先后两次对全市客运车辆进行“拉网”式检查，督促1.6万辆车况不良的车辆修复；集中销毁非法拼装和报废车辆357台，强制报废汽车3100辆；查获假驾驶证2100本,取消不合格客运车驾驶员资格874名。

大力开展交通宣传、强化法制建设。全年在《武汉晚报》等新闻媒体发稿5419篇，发行50万份。联合武汉晚报、武汉电视台开展以“双争一倡”为主要内容的首届安全文明行车竞赛活动是1000余个有车单位、22万名驾驶员参加，市民交通法规和交通安全常识普及率达(下接第12页)

武汉市总工会

2001年，市总工会坚持“党委领导、人大监督、政府支持、各方配合、工会运作、齐抓共建”的格局。为加强市新建企业工会组建工作，分别就工会组建、劳动用工、集体合同签订等内容制发了有关文件。各区把建会工作列入党的重要议事日程，加强领导，层层落实目标责任制。为新建企业工会干部的教育培训工作，编印了《新建企业工会工作》、《私营企业工会工作知识问答》、《外企工会维权事例》及法律法规等培训教材和业务书籍。举办新建企业工会干部培训班37期，培训工会干部1327人。对一批建会和“双爱双评”工作开展好的单位和个人进行了表彰。

【实施送温暖工程】

2001年市总工会积极为民政部门提供档案资料和《困难职工证明》，为切实保障困难职工的基本生活，在全市开展了“温暖送进千万家”活动。元旦、春节期间，共慰问困难企业983户，慰问职工22.43万人次，慰问金达3561.16万元。在助学帮扶活动中，全市工会共对800多名上大学和1000多名上高中、初中的困难子女进行了资助。在扶贫工作中，全市2.36万名干部对口帮扶的8893户特困职工，已有2168户实现脱贫。市直机关工会结对帮扶的600户职工已有460户脱贫。全市工会还建立了武汉市送温暖工程信息系统，实行了困难职工档案电脑管理网络，共协助安置下岗职工16151人，直接推介6383人次，帮助下岗劳模再就业99人。“江城职工再就业基地”发展到51个，“江城职工再就业示范”岗34个，安置下岗、失业人员8547人，全国政协和全总领导对我市维护困难职工群体利益的工作给予了充分肯定。

【加强职工民主管理工作】

2001年，全市有2453家企业事业实行了职代会制度，建制率达80%以上；有2348家企业建立了民主评议领导干部制度，对3万多名企业领导班干部进行了民主评议，其中，有企业领导班子成员8779人。各级工会积极参与国有企业产权制度改革，有1818家企事业工会主席进入本单位改制领导小组，1981家企事业单位的改革方案经过职代会审议通过。改制后的企事业单位有1239家重建了工会，有805家坚持了职代会制度。目前，全市实行厂务公开制度的企事业单位已达4132家，推广面达93.6%。目前，在全市转制的519户企业中，已有90%实行职工董事、职工监事制度，使工会成为职工产权的代表者，不断丰富发展了职工民主管理的形式和内容。

【平等协商和集体合同制度有新发展】

2001年，全市实行平等协商和集体合同制度的企事业已达16083家，其中，国有、集体企业（含国有、集体控股企业）2506家，私营企业11689家，外商投资企业258家，乡镇企业867家，事业单位763家，覆盖职工110余万人。全市新建企业今年签订集体合同9328家，完成省总下达目标406%。

【群众性经济技术创新工程取得丰硕成果】

2001年，全市开展的“创新业绩、创高效益”的“双创”劳动竞赛，已列入我市“十五”计划发展目标一项举措，成为推进全市经济工作的一项“名优品牌工程”。今年，全市命名表彰授牌100个创新工程示范岗和100名创新能手；职工提合理化建议25.64万条，采纳5.585万条，创经济价值2.96万元；实现创新成果961项，技术攻关、技术革新2108项，创经济价值4.97亿元。这些都极大地调动和发挥了群众的积极性，推进了企业发展。

【职工队伍整体素质有了提高】

2001年，各级工会通过举办座谈会、辅导报告、培训班等形式，结合职工的思（下接第13页）

武汉市劳动和社会保障局

2001年，我市劳动保障工作遵循以改革促发展、以发展保稳定的原则，各项工作取得新进展。

“两个确保”进一步巩固。去年，全市共支付养老金29.83亿元，确保了51.5万名离退休人员养老金按时足额发放，养老金社会化发放率达到了100%；发放国有企业下岗职工基本生活费1.51亿元，保障了企业再就业服务中心下岗职工的基本生活。

养老、失业保险扩面稽核工作取得明显成效。去年全市1518户企业完成改制，改制面达到83%，其中有6万多名与企业解除劳动关系的人员及时接续了养老保险关系。目前在“流动窗口”参保的人数已达14.17万人，占全市参保在职人员的10.4%。去年，全市参加养老保险的单位达11201户，其中新增参保870户；参保的在职职工为134万人，离退休人员为51.5万人；征收养老保险费19.87亿元（含追欠2.06亿元）；全年新增参保7.5万人，全市参加失业保险的单位达7313户，其中新增参保889户；征收失业保险费1.5亿元，支出失业保险金2.52亿元。

下岗职工出中心工作取得新进展。去年是我市下岗职工出中心的高峰年，为促进下岗职工平稳出中心，按照“保生活、接保险、促就业”的工作要求，大力开展再就业援助行动，制定了《武汉市再就业援助行动实施方案》。市、区两级政府分别划拨专款购买“三员”岗位，用于安置年龄偏大、技能单一、文化程度偏低的弱势就业群体就业。去年，全市出中心下岗职工3.6万人，中心内下岗职工人数由年初的4.76万人减少到了1.16万人。

就业和再就业工作稳步推进。劳动力市场全年推荐就业12.6万人次，全市下岗职工、失业人员实现再就业6.8万人次，转岗转业培训6.7万人次。

城镇职工基本医疗保险制度改革平稳启动。按照“统筹规划、平稳起步、分布实施”的原则，于去年12月16日启动实施，年底已有50万人参保登记，8万人持卡就医。6个新城区医疗保险工作也在积极着手开展。

劳动关系协调工作得到加强。全年发放《劳动手册》30万册，共立案受理劳动争议案件1147起，结案1003起，法定期限内结案率95.9%。全年办理《外来人员就业证》12.6万人，《婚育证》审验率达到88%。对1.37万户企业进行了劳动用工年检，劳动违法案件立案987起，结案966起，结案率达97.9%。

职业技能开发工作有新的发展。督促指导企业加快建立现代企业培训制度，全年完成职工技能培训27.37万人，完成特种作业人员培训2200人，组织开展职业技能鉴定3.3万余人。

中冶集团武汉勘察研究总院

2001年，是中冶集团武汉勘察研究总院“两个文明”建设取得显著成绩的一年。在院党政领导班子的带领下，全院职工坚定信心，深化改革，奋力开拓，全年签订合同500余项，实现合同总额1.8亿，实际收费1.2亿元的好成绩，创全院历史最好水平。

为了有效地拓展市场，扩大经营规模，武勘院坚持以市场需求为导向，以经营为主体，调整经营结构与方向，及时扑捉市场信息，坚守老市场和开辟新用户相结合，守住冶金市场的同时兼顾市政、水利、交通等其他行业，以技术创新和服务创新来挤占市场，将全院经营全面放开，资质共享，取得了较好效果。去年，该院新开辟了冶金行业基础施工项目，如广东韶关钢厂桩基工程，产值达2600余万元，还首次承揽了武钢的岩土施工任务；挤进了新余钢厂、天津无缝钢公司和三安钢厂；在集团的帮助下，开拓了海外市场；完成了海上嵌岩锚固桩施工项目。一年来，该院的经营部、驻外分院和专业公司在经营工作中都取得了新的突破，尤其是专业公司，经过努力奋斗，自主经营，全年共创合同额8000余万元的纪录。

在生产中，各单位领导和职工顾全大局，艰苦奋斗，抵御和克服了生产中遇到的各种困难。广大职工从年头到年尾，坚守生产第一线，不畏艰难险阻，顶着风霜雨雪，冒着严寒酷暑，不怕苦、不怕累、不怕脏、不畏难，任劳任怨，埋头苦干，默默奉献，辛勤耕耘，确保了每项工程的质量和工期，创造性地完成了各项生产任务，给业主提供了大量、可靠、详实的各种优质服务，赢得了业主、监理等各方面的赞誉和信赖。

该院还在管理中加大了力度，加强了成本控制，努力通过科学管理，优化施工工艺加强购买和领取材料控制等举措，减少成本开支取得了一定效果。该院还以在建工程为重点，开展各具特色的“群众性经济技术创新工程”竞赛活动，解决了施工中许多难题，提高了生产率。完善了《党风廉政建设责任制》抓了领导干部廉洁自律工作，荣获青山区“双文明单位”称号。各辅助生产和三产业部门，在服务于经营生产的同时，积极转变观念，大力增收节支，广开门路，努力走出去开拓院外市场，提高经济效益，为全院经济发展作出了贡献。该院往重引进人才，充分发挥工程技术人员的智慧和创新能力，调动了他们的积极性，开展了创经典品牌技术竞赛和优秀工程标书，百篇优秀论文评选活动，有力地推动了科技进步，促进了生产经营开展。广大科技人员，在生产经营过程中，努力研究、开发有市场潜力的新项目，学习和引进新技术、新工艺和新方法，不断为全院生存和发展注入新鲜血液。2001年，全年共完成13项科技进步项目，取得了一系列重要技术成果。该院自主开发的《青山智能测绘与管理系统》通过了湖北省科技厅组织的专家鉴定，被认定达到国内先进水平；湖北仙桃江汉大桥静力触探工程，在以厚层密实沙层为主，50米以下为含砾卵砂等复杂地质条件下，完成深层静力触探，尚属国内罕见，不仅大大地缩短了建桥工期，而且为甲方在桩基施工方面节约了800万元。突破了规范中对含卵石砂层中不能进行静力触探的禁区，拓展了运用范围和应用领域，同时也为类似工程的应用提供了宝贵经验。完成了“5.0版WGMS总图管理系统”和“尾矿坝地震稳定性分析”两个软件的开发，其中5.0版总图管理软件在大冶有色金属公司和湖南涟钢得到成功应用。完成了《供水水文地质规范》的修订及强制性条文的制订工作。目前，该规范已由国家质量监督、检验、检疫总局和建设部正式发布实施。制定了《院质量管理强制性规定》，顺利地通过了第二次年度质量保证体系年审，确保了向客户提供100%的合格产品。该院还有8项工程荣获省部级优秀工程奖，其中一等奖1项、二等奖5项、三等奖2项。荣获省优秀QC小组成果奖1项。上述这些成果和荣誉的获取，不仅提高了该院的技术水平，也赢得了较好的经济效益，增强了市场竞争力，促进了全院生产经营工作的顺利开展。

目前，该院已做好了勘察综合类和施工一级资质的申报工作，荣获市建筑施工先进单位荣誉和“AAA级”信誉企业。

江汉区

江汉区位于武汉三镇汉口一方最繁华地域，史称夏口，是中国古代四大名镇之一的汉口镇的发源地。江汉区东与江岸区毗邻，西与硚口区接壤，南濒长江汉水与武昌、汉阳两区隔江相望，北依张公堤与东西湖区相连。全区总面积33.43平方公里，辖13条行政街道，112个社区居委会，5个村民委员会，总户数14.8万户，总人口46万人（常住人口，含水上人口），有汉、回、蒙、满、土等24个民族。江汉区是华中大都市武汉的商贸、金融中心，久负“寸土寸金”之盛名，内联三镇。外通四海，商机叠起，投资潮涌，具有超常发展的区位地理优势、交通信息优势、市场流通优势、投资融资优势和社区服务优势。2001年，全区人民在市委、市政府的领导下，解放思想，克难奋进，取得了经济建设和社会发展的新成绩，实现了“十五”计划的良好开局，被市委、市政府授予2001年度“目标立功城区”。

一、结构调整取得成效，综合经济实力有新的增强

1、经济运行质量明显提高。2001年实现国内生产总值26.54亿元，比上年增长15%，三次产业占国内生产总值的比重分别为0.03:25.04:74.93；全口径财政收入达到5.47亿元，其中区级财政收入4.07亿元，同比分别增长31.11%和33.67%；财政收入占国内生产总值的比重达20.61%，同比提高2.6个百分点；区级财政收入占全口径财政收入的比重达74.41%，同比提高1.4个百分点。

2、经济发展特色更加鲜明。民营经济和都市服务业在国民经济中发挥了主导作用，全区个体工商户和私营企业达9565家，销售营业额达80.9亿元，其中私营企业1860户，实现销售营业额32.4亿元，同比分别增长21.5%和65.81%。金融集聚和辐射功能不断增强，辖区银行及非银行金融机构达240多家。商贸服务日趋活跃，全年实现社会消费品零售总额60.6亿元，同比增长28.03%。市场建设不断发展，全区现有市场123个，面积100余万平方米，年成交额突破百亿大关，达101.56亿元，同比增长13.02%. 江汉经济发展区被科技部批准为国家级江北民营科技园，全年实现科工贸总收入18亿元，同比增长25.97%。以体制、科技、环境创新为核心的“二次创业”全面启动。

3、经济增长后劲不断增强。全年区级重点工程建设项目40项，总投资25.98亿元。截止年底，汉口创业中心等14项已竣工或进入招商阶段，大润发超市、日本荒井密封件生产线等10项正在按计划组织实施，常青运输市场等7项正抓紧前期准备。全年纳入市一级目标考核的固定资产投资完成4.68亿元，同比增长44.2%。

二、企业改制不断深化，各项改革取得新的进展

全区纳入改制目标的339户国有、集体企业，按照“两改一转”（企业改变性质、职工改变身份、企业转换经营机制）的要求整体推进，其中115户国有企业和178户集体企业完成公有资本退出，分别占国有、集体企业户数的94.3%和82%。医疗保险制度改革开始起步，登记参保职3.8万人。住房制度改革深入进行，全年共出售公有住宅1.32万平方米。新一轮机构改革取得成效，区政府工作部门由33个精减到26个，人员编制精减25.7%。行政审批制度改革全面展开，区级行政审批事项由338项精减到186项，精简45%。会计委派深入进行，全区70%行政事业单位纳入区会计核算中心规范管理。街道初步形成了以税源培育、城市管理和社区建设为主体的工作格局，经济实力不断增强，全年实现财政收入1.11亿元，同比增长29.86%。

三、对外开放继续扩大，经济外向度有了新的提高

坚持对内对外开放并举，成功举办了2001年江汉对外经贸洽谈和招商引资系列活动。积极组织和参与了香港品牌推广周、全国服装品牌交易会、首届武汉商品交易会、第二届武汉国际机电博览会和第三届武汉经贸洽谈会等。全年签订内外资合作项目76项，签约资金54.57亿元，其中亿元以上项目6项。全年完成出口创汇903万美元，同比增长62.4%，实际利用外资1280万美元，同比增长8.29%；引进500万元以上内资项目38项，同比增长18.75%；实际引进内资20.11亿元，同比增长34%。

四、环境创新得到巩固，中心城区面貌有了新的改观

城市建设取得实效。万松园国际品牌商业街已具雏型；新华西路道路扩宽、友谊南路打通等一批重点路段建设工程已竣工通车；菱角湖公园一期工程顺利完工；龙王庙景点建设二期工程按期完工。市民环保意识进一步增强，全年绿化植树8.85万株，垂直绿化1510米，新增绿地面积16.68万平方米，治理污染源4个。完成了大梨路江汉段、武汉国际会展中心等一批重点路段和地区的综合整治工程，34条道路实行了“路长制”管理，10条路段“三禁止”取得一定成效。

五、社会事业全面发展，人民生活有了新的改善

大力实施“科教兴区”战略，顺利通过国家科技部“全国科技进步先进区”检查验收，1.6万平方米的汉口创业中心如期落成并已接纳28家科技企业入驻“孵化”，为高新技术企业的发展提供了重要的技术创新平台。以培养创新能力为重点的素质教育进一步加强，武汉一中等7所学校分别通过省、市级示范学校验收。全年开展大型群众文化活动20项次，参加群众达60万人次，在市级及市以上群众文化比赛中获金奖27个，银奖30个，优秀奖30个。建成汉口体育中心和体育会馆，成功承办市六运会，并获得团体总分全市第二的好成绩。精神文明建设不断加强，全年创建文明单位414个、文明街道13条、文明社区90个、文明村镇4个。建立健全社会保障体系，人民生活有了新的改善。职工社会养老统筹和失业保险金征缴面由国有企业逐步扩大到集体、个体私营和“三资’企业，离退休人员养老金社会化发放率达100%；城镇居民最低生活保障线制度进一步完善，享受低保的居民由3000多人增加到16000多人；以市场为导向的就业渠道不断拓宽，全年安置下岗职工和失业人员再就业4984人次，安置待业人员3396人次，对8109人进行了转岗培训；全区在岗职工年人均工资收入11651元，同比增长20.71%。

六、2002年的奋斗目标

2002是我们党和国家历史上具有重大意义的一年，做好今年的各项工作，对于健康推进江汉现代商贸金融区的建设至关重要。今年全区经济工作的主要预期目标是：国内生产总值比上年增长15%以上，全口径财政收入和区级财政收入分别比上年增长 16%以上，固定资产投资比上年增长18%，社会消费品零售总额比上年增长15%以上。居民人均可支配收入增长10%，实际利用外资增长15%以上，出口创汇增长18%。

继承“九五”辉煌，开创“十五”伟业，勤劳智慧的江汉人民正高举“富民强区大发展，建设现代商贸金融区”的旗帜，抢抓机遇，锐意进取，意气风发地向着宏伟的奋斗目标迈进。

硚　口　区

硚口区位于武汉市汉口西部，素有汉口“西大门”之称，东与江汉区毗邻；西抵舵落口，与东西湖区接壤；南滨汉水，与汉阳区隔水相望；北至张公堤。全区总面积41.92平方公里，总人口68.63万人。区辖10个行政街道、1个乡；128个社区居委会、13个村民委员会。

2001年全区认真贯彻落实江总书记“七一”重要讲话和党的十五届五中、六中全会精神，团结和依靠全区人民，艰苦奋斗，开拓进取，实现了“十五”计划的良好开局。

一、国民经济和社会事业发展情况

1、结构调整初见成效，经济持续稳定增长

2001年主要经济指标完成情况良好。三次产业增加值完成29.01亿元，同比增长14.10%；全口径财政收入完成5.30亿元，同比增长24.67%；区财政收入完成3.834乙元，同比增长25.03%。

第三产业持续发展。以市场为主体的传统商贸业继续保持良好发展势头。汉正街市场、西汉正街市场、顺道街市场三大市场税收完成1.9亿元，同比增长18.75%。武汉壮大食街全年实现税收1200万元，同比增长20%。房地产业有新发展，小区建设新开工项目7个，10万平方米的丰竹园小区在我区建成。实现我区规模住宅小区零突破，住房二、三级市场成交额达6.6亿元。交通运输业发展较快，营运收入达20亿元。全区第三产业增加值完成9.68亿元，同比增长11.08%。

工业经济增长明显。全区规模以上工业增加值完成3.78亿元，同比增长14.41%。产值1000万元的工业企业达31户，其中3000万元以上的企业14户。全区新发展民营科技企业11户，全区民营科技企业技工贸总收入完成2.19亿元，同比增长10.65%。全区高磨擦技术产业值达到3. 28亿元，同比增长11.32%。

非公有制经济发展较快。新发展“三资”企业8户，“三资”企业入库税收完成1728万元，同比增长8%。民营企业达到1929户。非公有制经济提供的税收达到3.1亿元，占全口径财政收入61%。

街乡经济增势良好。各街乡坚持以税源经济为中心，大力推进区域经济一体化发展战略，发展加工业基地54个，其中销售收入1000万元以上的5个。因地制宜发展都市型工业园6个，入驻企业达26户，盘活闲置厂房6.88万平方米。继续完善街道财政管理体制，进一步调动了街乡发展税源经济的积极性。街乡财政收入完成2.33亿元，同比增长37%。

2、投资环境不断改善，开放引进成效明显。

全区实际利用外资1355万美元，同比增长36.94%；出口创汇326万美元，同比增长3.14%；实际引进内资13.42亿元，同比增长114.71%。

3、城市建设管理加强，城区面貌明显改观。

完成长丰大道续建道路排水工程，基本完成西部地区排水主体改造工程，西部地区渍水问题有所缓解。翻修改造街巷2.9万平方米。投资4000万元，启动人民广场（暂定名）建设工程。旧城改造和新区建设开工面积53.41万平方米,竣工面积35.25万平方米。安置拆迁户2130户，为13户住房特困户解决了住房。全区新增绿地29万平方米，新增人防工程1.6万平方米。投资1200元扩建宗关泵站，有效提高了排渍能力。守成张公堤1800米防浪台及护坡工程，确保了堤防安全。

4. 各项改革深入开展，体制创新步伐加快

企业改革进一步深化。区级财力累计投入1256.8万元，注入经营性公房价值1.15亿元，104户国有企业95户完成改制，改制面达91.35%，搞活的改制企业达66.32%。集体企业完成改制80户，改制面达62.99%。乡村集体企业改制160家，改制面积达99%。

再就业和社会保障工作取得新成绩。培训下岗职工、失业人员5524次，安置下岗职工再就业6000人。全区征收失业保险2000余万元，享受失业保险的人员达1.7万人。投入840万元，落实最低生活保障制度，两次扩大享受面及提高标准，全区享受“低保”人数净增1.67万人。

政府机构改革和干部人事制度改革进展顺利。启动区级行政机构改革，完成长丰乡机构改革，乡政府内设机构精简28.6%，行政编制精简20%。行政审批制度改革取得阶段性成果，清理行政审批项目352项，取消155项，占清理项目的44%，跨部门、跨单位交流科级公务员28人。全面推行事业单位全员合同聘用制，增强了干部队伍活力。

财政收支管理和住房颓废的深化。组织政府采购429批次，采购资金1540万元，节约资金162万元；80%的区直行政事业单位的财务纳入会计核算中心管理，街、乡财务全部实行零户统管。继续推进住房分配货币化，全区50%的单位建立了职工住房档案并完成方案审批。

5、社区建设稳步推进，基层管理得到加强

社区关系进一步理顺。明确界定了政府职能部门与社区居委会“指导与协调、服务与监督”的关系，政府职能部门重心下移，服务社区，硚口公安分局、区卫生局等8个部门率先制定转变职能、服务社区的实施方案，推选服务承诺制。街道指导社区居委会依法管理社区事务，接受居民监督事务公开逐步走向制度化、规范化。

6、社会事业健康发展，民主法制建设全面进步

在全区范围内开展了“十万市民进课堂”和第二届“四百、四十”创评活动，积极倡导文明新风尚，进一步塑造了“四有”公民形象。以巩固省级文明城区创建成果为重点。大力开展文明单位文明市场、文明行业、文明家庭、文明社区等群众性精神文明创建活动，市民素质和城市文明程度进一步提高。

安排科技超大型项目经费330万元，加大对科技项目的扶持力度，创业服务中心功能进一步完善，我区顺利通过了全国科技进步先进城区考核验收。各类学校办学水平有了显著提高，井冈山小学、东方红小学被评为市级示范学校，市装潢学校社区教育再上新台阶，我区被国家教育部确定为湖北省唯一的“全国社区教育实验区”。

文化体育事业进一步发展。群众性文化蓬勃开展，我区选送的作品分别获湖北省首届社区文化节三等奖、“楚天群星”优秀奖。崇仁街、汉正街2个街道的图书馆被评为市“先进万册图书馆”。在武汉市第六届体育运动会上，我区代表团取得金牌、奖牌和团体总分三项第一的好成绩。

卫生、计划等事业取得新进步。加大对中心医院的投入，十医院改造进展顺利。长丰医院改制达标，被省卫生厅确定为全省社区卫生服务中心示范点。加强疾病预防控制，法定传染病发病控制在十万分之二十七以下，全面完成市计划生育责任目标，我区被评为全国“婚育新风进万家”活动先进城区。

二、2002年奋斗目标

2002年政府工作的总体要求是：以江泽民同志“三个代表”重要思想为指导。认真贯彻落实中央经济工作会议和区第九次党代会精神，抓住我国加入WTO的机遇，进一步解放思想，开拓进取，全面实施“开放先导、体制创新、强东兴西和区域经济一体化”发展战略，加快经济结构调整，着力推进东部商贸区、中部商务区、西部新兴产业园区和沿河商住区建设，提高经济运行质量，提升中心城区功能，加强社会主义民主法制建设，发展各项社会事业确保经济、社会和环境可持续发展。

2002年主要预期目标是：三次产业增加值增长15%，达33.36亿元；全口径财政收入增长15%，达到6.10亿元；区级财政收入增长15%，达到4.4亿元。

武汉市城市管理局　城市管理执法局

2001年，武汉市城市管理局（城市管理执法局）在实施环境创新，政府职能部门面临机构改革，接受新的考验的转折年。面对新的任务、机遇和挑战，为实现环境创新三年争创国内一流目标，抓好环境创新和环境整治工作作出了不懈的努力。

一、大力开展背街小巷环境整治工作。在全面推进创造“无暴露垃圾街道”活动中，共组织2400余人（次），清除垃圾70余吨；疏浚管渠1174公里，疏捞明沟62公里，井孔28万座次，更换、添补井盖1676套，新增窨井180个，完成138条泥巴路硬覆盖工作，填补破损路面4. 7万余平方米。

二、开展富有成效的占道整治行动。2001年，我们狠抓城区占道秩序整治工作，全市共清理违章占道6.5万余处，收扣占道物资3万余件，解决了一大批历年来群众反映强烈的重难点占道问题。为防止反弹，实行占道整治“路长制”，确保无占道经营、无出店经营、无流动地摊，规范道路停车秩序。聘请居民群众代表对路长的业绩进行监督，实行“一路一策”的长效管理措施，巩固了整治成果。

三、认真完成有关专项整治任务。今年以来，我们以一些市民关注的重点、难点问题为突破口，扎实有效地进行综合整治，大力推进拆违整治工作，重拳整治城市“牛皮癣”，整顿规范户外广告招牌，搞好全市重点工程的亮化建设，加大人行天桥的管理力度，广泛开展“环境创新百日竞赛”活动，深入开展街头饮食摊群环境卫生整治活动，修订法规、规章，推行综合执法，提高了城市管理水平。

四、加大投入，加快进度，进一步推进市政、环卫基础设施建设。2001年，原市政部门承担了6项政府一级目标，如武昌沙湖、二郎庙、龙王嘴3座污水处理厂土建工程设备安装，中环线西环段江汉五桥和额头湾立交桥及配套的道路基础施工，3座泵站的出江管道、消力池和泵房土建工程机电设备安装，二七路、古田二路、石碑岭、中山北路等道路排水工程正在完成已竣工。除此之外，日常维修实现了“路平水通、设施完好”。

环卫部门加强了对现有垃圾场各项管理工作和完善各项配套设施建设，组织实施二妃山无害化垃圾处理场和沼气发电厂建设项目，新建和改建部分公厕，全市有一类公厕37座，3000个破损果皮箱进行了维修和更换。

五、领导有力，组织严密，积极稳妥完成了机构改革任务。在这次全市党政机构改革中，变多头管理为集中管理，由市政局、环卫局、公用局、市容办合并组建城市管理局、城市管理执法局。通过改革，使城管工作上手快，整治行动快，管理见效快。

（上接第30页）经营型企业的转变，促使隐型的管理转化为有型的效益，企业的综合能力越来越强盛。以“九五”期为例，企业总人数由“八五”期末的5188人精简为4135人，降幅达20.3%；固定资产原值由“八五”期末的12.9亿元上升为14.4亿元，增幅达11.6%；吨钢能耗. 能源消耗等管理效益指标连续13年保持递减，铁路运输生产经营已基本构成了以较少支出获取较大运输收益的生产经营格局。

交通银行武汉分行

2001年，交通银行武汉分行坚持深化改革，努力开拓创新的发展方向，各项业务快速健康发展，经营效益稳步提高，实现了新世纪第一年改革与发展的良好开局。截止2001年末，交通银行武汉分行（含省内黄石分行、宜昌支行）本外币总资产达240.3亿元；人民币存款余额192.7亿元，较年初增加34.2亿元；外币存款余额22685万美元，比年初增加3019万美元；人民币贷款余额159.1亿元，较年初增加38.3亿元；年末有问题贷款占比较年初下降3个百分点；当年利息回收率达到101.79%，实现利润1.63亿元。

在业务发展上，交通银行武汉分行贯彻国家积极的财政政策和稳健的货币政策，深入分析经济发展形势，结合国家经济发展计划目标和工作实际，把信贷资金投向的重点放在交通、水利、城市基础建设等公共设施项目上，既实现了自身持续发展的目标，又有效的支持了地方经济建设，成为支持和服务地方经济建设发展的一支重要的金融力量。如对三峡工程、葛洲坝建设、武汉展览馆和机场建设指挥部等项目分别给予了有效的贷款支持；在新江大、武汉体育中心项目建设中，分别注入了2亿元和1亿元的贷款资金．同时，交通银行武汉分行还按照国家产业政策的要求，对市场前景好的高新技术产业给予了积极的扶植，2001年对东湖开发区、东西湖台商开发区的高新技术企业新增信贷资金2.3亿元。

2001年，交通银行武汉分行结合市场环境的变化，不断丰富、开发金融产品，有效地提高了金融服务水平，带动了自身业务的良性发展。一是适应企业用活用好资金、降低财务费用的需求，加大了银行承兑汇票、贴现等票据业务的拓展力度。二是适应企业拓展国际市场的需要，先后推出了国际保理、福费廷、代理外汇交易、综合授信打包贷款等业务。三是适应资本市场快速发展的需要，加强与保险公司、证券公司的合作，完善了太平洋卡“银证通”、“银保通”业务功能。四是适应个人理财的需要，加快个人金融产品的开发。2001年，交通银行太平洋卡在拓展业务领域上不断创新，相继推出了代收固定电话费、手机费、光明牛奶费、统一食品费、自考费、管道煤气费等新的业务，使太平洋卡更能贴近市民的生活；“外汇宝”业务在为汇民提供便捷服务的基础上，配合国家开放B股市场的要求，为券商和股民提供了开立保证金账户服务。五是成功代理发行了我国第一只开放式基金----华安创新基金，在社会上赢得了高度的评价。六是率先在武汉市银行系统推行综合柜员制（一柜通），为客户办理银行业务提供了更为便捷、舒适的服务环境。七是加大了电子化发展的步伐。自1998年在武汉市首家开设具有现代意义的自助银行后，至2001年底，已有12个自助服务网点对外提供24小时自助服务，并在各营业网点均设置了自助服务区，拥有各类自助设备近200 台。同时，相继推出了客户服务中心、电话银行系统和多媒体查询系统、本外币电子汇兑系统等优势技术项目，显示出较强大的技术实力。

2001年，交通银行武汉分行坚持将“严格管理、规范管理和科学管理”作为总揽全行各项工作的主旋律，进一步增强了防范风险的能力。一是强化员工的思想教育和职业道德教育，通过开展“依法经营、以德治行”大讨论活动，丰富了“三个一流”企业文化的内涵，有效的调动了全行干部、员工的工作积极性。二是先后下发了《关于重申加强内部管理、落实规章制度有关要求的通知》、《关于自觉接受监管配合监管部门监督检查的通知》等文件，完善了各项管理规章制度，制定并落实了关于授信合同、企业结算账户、银行卡支付、票据承兑、贴现等方面的管理规定，全行上下进一步端正了经营指导思想，保证了各项业务健康有序的发展。三是加大了对年轻干部的培养、选拔、交流力度，强化了稽核监察和后续督促整改工作，为下一步可持续发展打下了坚实的基础。

中国第一冶金建设公司

中国第一冶金建设公司是中央直属大型综合性工程施工总承包一级企业，成立于1954年，现有从业人员12935人，其中各类专业技术人员4947人（高级职称402人、中级职称1959人）拥有各类机械设备3628台套，总功率8.7万千瓦；现有总资产20.54亿元，流动资产14.41亿元。公司下设有建筑安装公司、二个劳务公司、地基基础公司、路桥公司、钢结构、管道及球罐制作安装公司、机械制造及安装公司和电气自动化安装公司、炉窑和高耸构筑物公司、机械动力公司、建筑企业公司等十三个专业工程公司，还设有深圳、福建、厦门、上海、天津、北京等十六个分公司。还有年产28万吨水泥厂、3万立方米钢筋混凝土预制构件厂、4万吨钢结构和非标设备生产能力结构厂。集施工、生产科研、勘探设计为一体。承包工程范围包括冶金大型系统工程及机械、电子、电力、化工、石油、轻纺、交通、通讯、建材和高层建筑、市政建设等各行业领域。国内年施工生产能力达24亿元以上。

1995年5月，经国家外经贸部批准，公司取得经营国外经济技术合作业务的资质，有直接承包国外工程的经营权。一冶海外公司近几年承接了津巴布韦、纳米比亚、越南、孟加拉等国一批工程。

四十多年来，该公司先后承建了武钢“双四百”及“双七百”钢铁联合企业系统工程。其中：70年代从德国引进年产100万吨规模的一米七冷轧薄板工程，是我国最早引进国外大型先进工艺技术与装备的项目。80年代建成集八个国家先进技术装备为一体的3200M^3大型高炉（国家鲁班奖）。90年代同时建成装备两座250吨转炉的炼钢厂(含2×30000M^2/h制氧)、增加12条生产线的硅钢片厂扩建(日本引进设备)和具有双线精轧的70万吨高速线材厂(美国引进设备99年国家鲁班奖)等三大工程。

在高层建筑和市政建设领域中，近年来建成和在建的有深圳（第一楼）国商大厦（22层）、友谊大厦（24层）、西丽大厦（25层）、医药大厦（26层）、莲花北商住楼（33层）、海关等大厦、黄石市联检大厦（22层）、厦门中闽大厦（46层）、广州出入境大厦（26层）以及湖北宜昌邮电大楼（26层）、河南安阳邮电大楼、湖北荆沙金融楼（省优）等。建成了我国第一座塔高220米多用途钢筋砼的湖北龟山电视塔、电力系统最高的248米钢筋混凝土塔身的南京跨江塔、平武（汉阳至武昌）500kv超高压输变电线路、深圳市第一座建设路立交桥以及布吉、北环、春风路等和湖北省内多座立交桥和沿海、内地的京——福高速公路界张段、同江——三亚、商丘——开封高速公路六段等多条高等级公路。

在已竣工工程项目质量评定中，该公司先后在武钢3200M^3高炉工程、天津无缝钢管厂炼钢连铸以及武钢高速线材工程均荣获国家建筑业最高质量奖“鲁班奖”、天津无缝管加工工程被评为建设部优良样板工程，冶钢170无缝钢管厂工程、武钢硅钢扩建工程、邯钢三炼钢工程、福建三明炼铁厂高线工程被评为冶金部优质样板工程。平武500kv超高压输变电线路工程获国家优质工程证书，湖北荆州金融营业大楼被评为一九九八年湖北省优良样板工程。武汉长飞光纤光缆厂一期工程和武昌焦化厂焦炉砌筑工程被评为武汉市优良样板工程，深圳国商大厦、建设路立交桥、武汉市汉阳琴断口水厂等共计86项工程被评为冶金部、湖北省、武汉市、深圳市优质工程。几十年来。该公司积累了大量丰富的科技档案和科技情报资料，曾获全国科技大会奖16项、获国家科技进步奖9项，国家发明奖2项以及获省、部级科技大会奖和成果奖35项、技术进步奖29项。

该公司曾多次被授予省级、市级质量工作先进单位、建筑工程质量先进单位、安(下接第33页)

武汉警备区

2001年，武汉警备区以军事斗争准备为牵引，以“打得赢、不变质”为目标，突出城市民兵工作改革重点，狠抓各项工作落实，兵预备役建设取得了新的成绩。

一是思想政治建设进一步加强。理论学习和政治教育扎实。全区部队高度稳定和纯洁统一。军营文化建设有明显进步，江岸区人武部抓文化建设的经验被省军区推广，汉阳区“青年民兵之家”活动经常，蔡甸区民兵文艺宣传队工作活跃，汉阳干休所文化活动丰富多彩，双拥共建工作成绩突出。

二是党委班子和干部队伍建设取得新进步。江汉、黄陂区人武部党委被省军区评为先进党委、汉阳区人武部党委书记被省军区评为优秀党务工作者，干部队伍素质明显提高。全区新闻宣传和军事、政治、后勤工作研究质量进一步提高。党风廉政建设责任制得到了落实，警备区推广了硚口区人武部党风廉政建设和黄陂区人武部艰苦创业抓建设的经验，宣扬了东西湖区人武部部长勤政廉洁的事迹。

三是城市民兵工作改革试点成果丰硕。按照总部的意图，在省军区和市委、市政府的统一领导，城区各级人武部门从年初开始至12月进行了城市民兵工作改革试点，12月中旬全国城市民兵工作会议在武汉召开，中共湖北省委副书记、市委书记罗清泉同志介绍了我市民兵工作改革的做法和经验，武汉钢铁（集团）公司、红桃K集团股份有限公司、武昌区黄鹤楼街、江岸区百步亭社区四个基层单位进行了书面交流，受到总部首长、与会代表的充分肯定和一致好评。

四是战备训练水平不断提高。修订完善了各种战备方（预）案；编修了武汉市兵要地志和江河地志；装备管理水平和保障能力有提高，黄陂区民兵装备仓库被全军评为先进单位；8个民兵高炮连参加全省民兵高炮实弹射击考核，取得了命中（击落）15个拖靶的优秀成绩；部队管理和城市警备工作到了加强。

五是国防动员工作不断发展。逐步完善了市、区国防动员机构，开展了经济、科技动员潜力调查，加强了人防法规宣传，加大了依法建设人防工程（工事）的力度，完成了年度民兵、人防、交战三支队伍的组织整顿，拟制和完善了各种动员预案，各项工作开展顺利。

六是后勤管理和改革在探索中前进。重点抓了后勤保障社会化改革，办理了养老保险，开发建房工作进展顺利，财务管理和审计监督工作明显加强，审计压减不合理报价45万元，计划生育工作被广州军区评为先进单位。

（上接第28页）彰大会；洪山区文化教育局被评为“武汉市文明单位”；洪山区电影院被评为全省“十佳放映单位”；洪山区文化馆被评为省级先进单位，被省文化厅荐为全国一级文化馆；洪山区图书馆被文化部授予“二级图书馆”标牌；“扫黄打非”工作被武汉市评为先进单位；体育工作被为市级先进单位；老年体协被推荐为全国先进体协。2001年获全国先进体育工作者1名；省级“扫黄打非”先进个人1名。

回顾过去，瞻望未来，洪山区文化体育局将昂首阔步，面向新世纪，群情振奋，迎接新挑战。为洪山区群众文化体育事业作出新贡献。

武汉锅炉集团阀门有限责任公司

武汉锅炉集团阀门有限责任公司（以下简称阀门公司）是武汉钢炉集团有限公司（以下简称：武锅集团）的子公司。武锅集团1992年被国家经贸委评为“中国工业技术开发实力百强企业”名列第15名，并于1993年确定为国家首批40家“企业中心”之一。公司设计力量雄厚、设备精良、工艺控制严格、质量保证全面，与中外先进企业进行了广泛的技术和经济合作，取得了美国机械工程师协会的动力锅炉及压力容器ASME授权证书和“S”“U”钢印，是国家一级计量单位。阀门公司依托武锅集团的雄厚实力和资源优势，已获得美国贝尔国际验证机构颁发的互ISO9000：2000国际标准质量体系认证证书，以其近50年的阀门生产历史为集团公司和广大用户的电站锅炉、工业锅炉、特种锅炉等提供了高、中、低压的配套阀门，能成套提供300MW及以下各类型火力发电锅炉的主机配套阀门及减温减压装置，还可为各类型大中小电建项目、工业锅炉工程、石油化工、核电和城市管网等提供阀门及管道的成套服务。阀门公司目前年生产阀门能力达1000吨。

阀门公司是国家电力公司审定的电力工程（200MW、300MW）火电机组主要辅助设备推荐厂家，是中石化公司认定的设备供应主渠道——设备资源市场成员厂，是电力部配件中心的进口机组国产化协作中心成员单位。是我国电站阀门行业技术标准JB／T3595的主要起草单位，2001年，被湖北省和武汉市统计学会分别授予“湖北市场行业十佳”、“武汉市场行业十大品牌”和“武汉市场AAA信誉企业”。2001年与香港坚威资源有限公司合资组建了中外合资的“武汉先进流体控制工程有限公司”，可提供具有国外先进技术水平的产品。2002年被中国人民银行武汉分行认定的信贷登记资信评估机构武汉长江资信评估有限公司评审为AAA资信等级企业。

阀门公司占地面积1.1万平方米，厂区房屋建筑面积8500平方米。技术力量雄厚，积聚了一批优秀的从事阀门技术开发和研制的专业人才，高级与中级技术职称的工程师和技师共35人，具有高级和中级等级资格的技术工人131人。依托集团公司设备先进、实力雄厚的优势，具有先进的检测技术和雄厚的加工制造能力，建立了以设计、工艺、生产、检验、安装、调试、销售、运输、售后服务等完整的生产经营机制和全面质量保证体系。

阀门公司采用CAD和技术先进的计算机优化辅助设计，主要执行JB／T3595－93《电站阀门制造技术条件》，可按国家标准（GB）、机械部标准（JB）、阀门国际标准（ISO）、美国阀门国家标准（ANSI）、美国石油学会阀门标准（API）等相关技术标准进行阀门的设计和制造。并按国家标准（GB）、电力部典管设计标准（GD87）和电力部标准（DL）提供管件的供货。阀门公司的产品包括截止阀、闸阀、安全阀、调节阀、止回阀、蝶阀等1000多个品种和规格，公称通径DN4－3500mm，公称压力PN2.5～42Mp。其中安全阀技术为引进国外先进技术，独立开发研制和制造的弹簧安全阀，在国内几十家电厂使用取得了良好的使用效果和经济效益。由阀门公司设计制造的FZM－1阀门密封面高效超精研磨机获国家专利和中国第二届科技之光成果博览会金奖，为阀门维修和生产提供了高效实用的多功能设备。安全阀整定装置为电厂使用的弹簧安全阀的调试、维修和整定提供了优良的工具。

武昌区科协

武昌区是一座历史悠久的文化古城，素有江南重镇之称。武昌具有光荣的革命传统，在这里，打响了辛亥革命第一枪，谱写了中国近、现代史灿烂辉煌的篇章。武昌是白云黄鹤的故乡，历来为荆楚大地的政治、科教和文化的中心。现设14个街道办事处，辖区内有科研单位74家，各类科技人员8.4万人，其中：中科院、工程院院士20余人，享受政府津贴的科技人员近700人。多年来，武昌区科学技术协会在中国科协和省、市科协的关怀和指导下，在区委、区政府的重视和支持下，注重发挥区位优势，充分利用地区科技资源，大力实施“科教兴区”的区策和“科学素质工程”，经过区科协几届委员会的努力，1995年，区首义路街被中国科协确定为全国城区街道科普工作的试点单位，1997年武昌区被评为全国科技先进城区；1991年以来区科协一直被武汉市科协评为“先进单位”1998年荣获武汉市首次命名的武汉市“科普工作先进集体”称号；1994年和2000年先后被省科协评为“科普工作先进集体”和“科学素质工程”先进单位；1999年被中国科协确定为首批全国科普工作示范城区。回顾区科协22年工作历程，其基本经验和成效是：

——科普规划目标明确。区科协历来将制定科普工作规划摆在首位。2000年3月，区委、区政府主持召开了全区第一次科普工作大会，在这次大会上，区科协提出了今后五年的科普工作目标——“四四三二”工程，即建立四个科普工作宣传教育网络、完善四个大型科普工作阵地、加大三个方面科普创建工作、抓好两个大型科普活动。

——网络建设作用明显。区科协按照规划要求，求真务实、扎实工作，几年来，狠抓了干部、职工、市民和青少年科普宣传教育的工作网络，基本形成了干部科普教育网络由区委组织部牵头，职工科普教育网络由区总工会牵头，市民科普教育网络由区委宣传部牵头；青少年科普教育网络由区教育局牵头，区科协着重搞好各方面统筹协调的工作格局。

——阵地建设发展稳步。区科协在阵地建设上根据区财力有限等实际，注意发掘地区单位现有科普资源潜力，不求所有，但求所用。一方面与地区大专院校、科研机构等单位联手建立科普教育基地，先后建立了武汉大学动物植物标本馆、中科院水生物鱼类标本馆、3303军工厂、“鸟语林”、红霞青少年活动基地、701所舰船陈列室等八个科普教育基地。另一方面，利用现有的财力，调动各方积极性，先后建成设计规范、与时代发展水平合拍的大型科普橱窗5座，总长110米，社区居委会共建成比较规范的科普橱窗30余座。

——社区科普独具特色。区科协根据中国科协“讲科学生活、建文明社区”活动和省、市科协推进“科学素质工程”要求，结合本区实际，1998年在全区街道提出了广泛开展“三进三创一消除”活动，即科学知识进社区、进里巷、进家庭，争创科普工作先进街、科普工作特色居委会、科普示范家庭，消除迷信愚昧活动。近年来这一活动初见成效。2000年区委、区政府命名的科普工作先进街道4个，科普特色居委会28个。

——青少年科普成绩突出。1996年以来，区科协与教委在全区中、学开展了“科技教育特色学校”的活动。这一活动有力促进了我区中小学由应试教育向素质教育的转变。近年来，全区青少年通过竞技竞赛，获国际性大奖10项，国家级奖388项，省级奖397项，市级奖813项，小发明、小创造成果180余项，其中5项获得国家专利。1997年，武昌区被国家确定为科技素质教育的试点区。1999年，区命名了11所中、小学为“科技教育特色学校”。

目前城区科协工作处于历史上最好发展时期，也是压力最大的时期。调整后的武（下接第8页）

洪山区文化体育局

武汉市洪山区是个城带郊的大区，现有版图面积501.7平方公里，人口80余万，所辖6街、6乡、两镇。可谓城乡交融、厂矿栉比、军营遍布、高校林立、科技密集，给洪山区带来了得天独厚的优势。形成别具特色的校园文化、科技文化、企业文化、军营文化、社区文化、乡村文化等亮丽的文化风景线。

改革开放后，洪山区文化事业飞跃向前发展。全区有公共藏书4118万册，人均70.2册；阅览室面积71220M²，文化设施总面积177700M²，体育设施总面积5534900M²，为繁荣全区的文体事业奠定了坚实的基础。全区14个街、镇、都建立了文体站，总面积7480M²。珞南街等7个单位被命名为“万册图书馆”

洪山区文化体育局实施特色战略，促进文体繁荣，使全区文体事业蓬勃发展，广大群众的文化生活不断提高。每年举办文体活动百余场，参加活动的群众达40余万次。“新春文化节”、“红五月”“武汉之夏”、“金秋赞歌”“棋类赛”等已成为洪山区的传统活动，影响深、闻名遐迩。一年一度的“新春文化节游园晚会”、“迎春花灯展”、“迎春民表演赛”等年年出新，享誉武汉三镇。

体育工作，在建设有中国特色的社会主义理论和党的基本路线方针的指导下，认真贯彻实施《体育法》和《全民健身计划纲要》，牢牢把服务社会发展，服务精神文明建设，服务群众身心健康的基本方向，在“全民”上下功夫，在“健身”上做文章，努力满足人民群众日益增长的体育需求，形成了具有洪山特色的体育事业发展格局。

1、群众体育常年活动不断线，每周有活动、月月有竞赛。十年来，举办区级各类体育竞赛活动达27项次，组队参加市级以上各类各项比赛达25项次。涌现出一批全国、省、市先进单位。

90年、98年，和平乡、洪山乡分别被授予全国亿万农民健身活动先进乡镇；珞南街、地质大学、邮科院等单位被评为省级群众体育先进单位；区体委98年被评为湖北省体育先进单位；区老体协多年来年年被评为市级先进，二次被评为省级先进，今年有望被评为全国先进；区门球协会2000年度被评为全国先进协会。

2、竞技体育长足进步，稳步发展。以游泳为重点项目的业余训练、每年向大专院校输送2-3名体育人才。以乒乓球、武术为自身发展的特色项目，常年开展业余训练，训练人数达100余人，向社会培养了大批体育骨干，为参加市运会作出了较大成绩，为洪山区争得了荣誉。

3、体育产业和体育场馆建设逐步完善，填补了空白。87年以来、兴建了大批的体育场馆，不断为广大市民提供了休闲健身、娱乐场所、培养体育后备人才基地，而巴解决了400人的就业，同时也收到了一定的经济效率。

洪山区首创的“百千万工程”取得了很好的成效。文艺、美术、摄影创作、理论研究成果显著。多次获得全国、省市级奖项，同时各级媒体也相继报道了洪山区文化工作成绩。

洪山区文化体育局领导班子精诚团结。开拓进取、思想解放、战斗力强。文化体育工作在洪山区委、区政府的领导下，以创建全国文化先进区为契机，真抓实干，开拓创新，使文体工作上了个大台阶。2001年12月18日，洪山区被湖北省委、省政府命名为“湖北省文化先进区”，并被省文化厅推荐为“2001年度全国文化先进区”，预计在北京“两会”结束后，进京参加全国表(下接第25页)

武钢铁路工程器材厂

武钢铁路工程器材厂主要经营铁路机车车辆零部件制造、铁路专用器材、灰口铸铁、可锻铸铁铸造、金属结构加工、铁路线路新建改造和铁路信号工程及铁路车辆维修制造、各汽车修理等业务。近年来。面对原有支柱产业大幅下滑的严峻形势，坚持以效益为中心，以市场为导向，以质量为本，在守好原有产业的同时，把工作重心放在产品、工程的服务、质量上，两大拳头产品----稀土丝、C型弹条垫板外面市场不断扩大。

今年面临经营形势更为严峻，逐步将经营活动的重点放在市场开拓上，多接活，多创效，遏制经济下滑，努力完成或超额完成全年的方针目标。

抓质量、抓服务、创品牌。质量是企业的生命，是我们开拓市场的法宝，因此无论是产品单位，还是工程单位都要把质量放在首位。在质量管理方面一要实行贯标，尽管工厂工程类贯标一次性通过武钢质量体系审核中心的内部论证，产品类一次性通过中质协的论证复审。但仍要严格按工艺纪律、操作，严格抓好过程控制，严格把好各道工序的检验关，绝不让不合格的半成品流入下道工序、做到产品和工程质量合格率达100%，用可靠的产品赢得用户的信赖。二是抓好现场管理，要创物流有序、整洁干净的工作环境，继续开展好现场管理竞赛活动，按照“十有”要求促进现场管理上台阶。三要抓好设备管理，要按星级管理的要求，实实在在地抓好设备竞赛活动，保证设备发挥应有的效率，保证产品的质量。在服务方面重点抓好售后服务，要定期走访用户；经常了解产品和工程使用中的问题，抓好整改，不断提高产品、工程质量，创造更多的产品、工程品牌。

抓好市场信息，实施营销对策，确保效益增长。加入WTO后，国内外市场全面接轨，钢铁行业将面临更多的挑战，为适应国际市场的需要，武钢将加快技改的力度，因此我们要抓住这一机遇，发展自己，抓好市场信息，开展多种营销活动。同时要抓好招投标的竞标工作，培养一支精明能干的营销队伍，开拓更多更大的市场，力争稀土丝开辟马钢市场，C型无螺栓弹条垫板，开辟莱芜钢厂市场或其他市场，把雪球滚大，增强企业市场竞争力。

抓好保产服务，保证工作顺行。运输生产经营是运输部的主业，也是我厂经济收入的重要组成部分，我们要集中精力抓好保产服务，要教育职工牢固树立安全保产的思想意识，开展“创文明示范岗，建文明小家，做文明职工”的活动，让用户放心。

加大市场调研，开发新的产品、项目，为企业增效。开发新的品种和项目是我们全年的重点工作之一，也是增强企业后劲，发展企业的需要。我们已同北京科技大联合开发了高镧富混合金属稀土丝产品，该产品已申报了国家专利，该产品对于提高钢的纯净度有较好的效果，我们要抓紧产品的试验和推广工作，使该产品占有一定的市场份额，发挥效益。同时其它几个项目也要抓紧市场调研和进行可行性调查分析，如“包芯线、车辆铆钉制作、橡胶道口”。铺设、铁路线路橡胶绝缘材料的生产、彩色路面砖等，要力争今年完成1－2个项目，为创效打好基础。

加强企业管理，不断提高管理水平。我们要强化财务和资金的管理，把降成本与创效益有机结合起来，提高资金的使用率，严格控制管理费用，严禁大手大脚，铺张浪费的行为，继续实行限额卡，还要加强基础工作和成本核算工作；同时要加大劳动工资制度管理，将减员分流与劳动、人事、分配制度的改革紧密结合起来，营造“平等竞争、择优上岗、尾者待岗”的竞争机制，逐步向公司分配制度靠拢，建立起以岗薪工资为主要形式的基本工资制度，实行以岗定薪，岗变薪变，进一步完善管理机制，严格管理制度，进一步提高经济效益。

武汉钢铁（集团）公司运输部

武钢运输部为武汉钢铁（集团）公司直属单位，主要承担（集团）公司各厂及青山热电厂、一冶水泥厂等企业的原、燃、材料，半成品、产成品的铁路运输，起着衔接钢铁生产主工序的作用。企业现有职工4151人，净资产高达83543.7万元，企业规模居武汉钢铁（集团）公司直属单位前列。企业连续6年被（集团）公司授予红旗单位荣誉称号，连续6年被（集团）公司党委授予先进党委荣誉称号，连续2年被省冶金工业总公司授予冶金系统安全生产先进单位。2001年，武钢运输部铁路运输量 完成5023.36万吨，达到年目标的112.9%。2001年11月，企业被武汉市企业联合会、企业家协会评为1999至2000年度优秀企业。

认真贯彻执行党和国家的各项方针、政策。武钢运输部两级领导班子始终高举邓小平理论伟大旗帜，按照“三个代表”要求，坚持围绕企业生产经营中心，积极引导职工解放思想、开拓进取、勇于创新、扎实工作、廉洁奉公、奋力拼搏，为武钢改革与发展和运输部生产经营目标的实现作出了出色的贡献，促进了两个文明建设的健康发展。武钢运输部积极构建党政工团齐抓共管的大格局，针对铁路运输的特点，开展了“立足岗位创效创新”大讨论等，坚持部风教育与规范职工行为、正面舆论引导与解决思想实际问题、总结推广先进典型与薄弱环节整改的三个结合，将思想政治工作融于改革与生产经营全过程中，较好地增强了职工的责任意识和积极性，增强了企业的凝聚力和向心力， 使“决不让公司生产经营在运输环节受阻”的承诺有效地落实到每个岗位和职工，企业连续7年多次获得市、（集团）公司的思想政治工作先进单位等荣誉称号；连续10年获得市委宣传部授予的长江日报发行先进单位及连续9年的电视宣传优秀组织单位的荣誉称号。

企业经济效益显著。武钢运输部积极瞄准同行业最先进和自身历史最佳经济指标，以“对内挖潜”为动力，带动了各项专业管理工作。主要经济技术指标保持了在全国十大钢厂中处于领先水平。 以“九五”时期为例，“九五”期间机车合日产量29233吨，比“八五”提高7.8%，继续保持了冶金运输同行业的领先位置；机车完好率达94.5%、线路完好率80.2%，运输全员劳动生产率12043.6吨/人、分别比“八五”期提高6.5%、12%、1.0%。部分铁路运输装备堪称全国金运输系统先进，促进了企业效益增长。到2000年，运输部已全面实现铁路运输现代化的“六化”目标：机车内燃化、车辆大型化、线路重载化、信号自动化、通信程控化、调车无线化。在全国运输行业中武钢运输部多个技术项目处于前列及领先水平。2000年4月率先在全国冶金系统淘汰了蒸汽机车，全面实现了牵引动力内燃化；调车作业人员全部使用了无线信令调车；初步实现了驼峰自动化、率先引用了运输综合业务宽带接入网技术，无线电管理获得省先进单位的荣誉称号。技术进步工作带动企业降成本约 9166.2万元。同时，武钢运输部技术创新形成了独有的技术经济优势。在资阳生产的内燃机车上安装微机监控，改善了机车电路及柴油机的控制条件；研制的预应力混凝土拼装式轨道枕板试铺三年仍无需维修，属国内首例；研制的C型无螺栓扣件，已被太钢、包钢等四大钢厂采用。先进技术及相关产品、产项的输出产生了较好的经济效益和社会效益，确保了国有企业资产的保值增值。

企业管理不断加强。武钢运输部认真按照现代企业制度建设科学管理的要求，循序渐进地在生产组织、车间核算、深化分配、减员增效、责任经营等方面进行了管理机制改革，生产经营的运作目标也由追求运输实物质量转换为注重追求价值效益，基础管理立足规范化的现代企业建设，坚持“质量、安全、效益”方针，不断实现管理创新，正努力实现由生产管理型向资产（下接第22页）

长江绿色工程科技研究开发中心

长江绿色工程科技研究开发中心是水利部长江水利委员会与中国林业科学研究院共同组建，具有独立法人资格，主要从事园林绿化、生态保护、园林建筑、边坡防护、水土保持、音乐喷泉、喷灌系统、城市雕塑等工程的设计与施工，集科、工、贸为一体的绿色生物工程专业单位。

长江水利委员会为水利部在长江流域的派出机构，行使长江流域行政管理职责，现有包括中国工程院院士，中国工程设计大师，中国勘察大师等各类工程技术人员一万多人。专业种类齐全，包括水土保持，水环境保护，绿化规划、设计及施工等多种专业。长江水利委员会1992年进入中国勘察设计综合实力百强单位，1995年底资产额超过20亿元，1998年通过国际标准化组织ISO9001认证。

中国林科院是国家林业局直属的综合性、多学科林业科研单位。主要任务是：以林业应用研究为主，同时开展应用基础理论与高新技术研究、开发研究和软科学研究，着重解决林业建设中带有全局性、综合性、关键性和基础性的科学技术问题，为建设现代化林业服务。主要研究领域有：林业经济与科技信息等。建院40年来，科技水平显著提高，综合实力日益增强，现已发展成为一个学科齐全、专业配套、实力雄厚、具有国内一流水平的国家级林业科研机构。

该中心技术力量雄厚，拥有园林绿化、草坪培育、边坡防护、林业工程等专业技术人员200多人，包括高级工程师、高级经济师、高级统计师、高级园艺师、绿化工、花卉工、草坪工、苗圃工、养护工、电焊工、瓦工、木工、假山工、石雕工、水景工、木雕工、钳工等，并依托长江水利委员会和中国林科院，形成了技术密集专业齐全的国内一流的园林绿化企业，并具有在全国范围内承接任何规模的园林绿化工程的资质。

本中心具有大型专用开发基地，引进100余种国内外冷暖型名优系列草种，采用新技术快速繁育苗木，建有大型温室生产四季名优花卉。

该中心设备齐全，大规模开发应用CAD辅助设计技术，开通了国内外联机检索终端，拥有剪草机、旋耕机、起草机、喷灌机、喷植车、洒水车、喷浆机、打孔机、割灌机等现代化的各类园林护坡施工机具及设备。

该中心在草坪培育和边坡防护上具有独到的研究，设有防杂草防治部和高边坡垂直绿化部，其草坪以经过严格消毒灭菌的天然有机物为基质，选用优质草种培育而成。具有无土草坪，成坪速度快，绿期长，抗多种病害；耐旱、耐践踏、易于管理维护、不污染环境、重量轻、易于运输、施工建坪迅捷等特点。高边坡垂直绿化是在无土草毯基础上，引用优质三维植被网开发生产，具有强度大、寿命长、化学性质稳定、无腐蚀、无与伦比的覆盖效果，广泛应用于道路、河道、铁路、边坡等固土护坡、水土保持工程。

该中心具有技术先进，专业齐全、经济技术雄厚等多种优势，先后承接了三峡工程施工区绿化工程、三峡移民安置区绿化工程、深圳南山环保绿化工程、河南南阳广场绿化工程、合肥市大房郢水库环保绿化工程、南水北调中线工程渠道边坡防护大型试验、北京钓鱼台宾馆绿化工程、北京和平里绿化工程、国际广播电台绿化工程、中关村科技院绿化工程、北京中山公园绿化工程、海南省沙坡岛河堤防护工程、襄石线路堤边坡防护工程、深圳东环爱国路高架桥边坡防护工程、武汉梅苑小区园林绿化工程、武汉硚口公园大型音乐喷泉广场、武汉竹叶山小区园林绿化工程、武汉市木兰湖旅游区园林绿化工程、湖南韶山毛泽东烈士陵园大型音乐喷泉、湖北仙桃刘坛公园园林建筑工程、武汉嵩山森林公园、武汉市水果湖儿童公园、湖北省人民医院音乐喷泉、长江流域防护林工程、长江中上游水土保持、小流域生态治理工程等。

武钢矿业建设有限责任公司

2001年，矿建公司认真贯彻落实党的十五届五中、六中全会和武钢、矿业两级公司“两会”精神，在施工任务严重不足、减亏目标增高和建筑市场降点压价的严峻形势下，在两级公司领导的关心支持下，依靠广大职工，充分发挥党员模范作用，坚定信心，想方设法增产，深入挖潜增效，施工经营和改革取得突破性进展，实现销售收入9411.26万元，为矿业公司年考核计划（7000万元）的134%；实现了矿业公司下达的769万元减亏考核指标；赢得了黄石市“安全生产红旗单位”、武汉市“AAA信誉企业”、湖北省“百强企业”、湖北省“文明单位”等荣誉称号。

今年，是矿建公司与矿业公司签订承包经营责任书，规定施工经营实现二年盈亏平衡的最后一年，同时也是我国加入WTO新形势下起步年，面对新形势下新的挑战，矿建公司党委一班人清醒地认识到今年所面临的困难是前所未有的：一是施工任务不足，严重制约了企业收入和效益的增长；二是社会市场的开拓和新产品、新项目开发尚未取得实质性进展，有待进一步加大开创新的经济增长点的力量；三是建设单位投资缺口大，加重了成本负担，武钢实行资金统一结算后，工程所需资金不能及时到位，影响工程进度和信誉；四是负担沉重，仅非统筹、退休人员、后勤、机关管理费和折旧大修五项费用就高达2800万元以上。然而，矿建公司领导班子在困难面前审时度势，既分析了不利因素，又看到了积极的一面。特别是在武钢应对中国加入WTO采取系列措施的大气候下，矿山旧的体制、经营格局将有重大突破。2002年又是矿业公司的基建高峰年，矿建公司可以乘势而上，把握机遇，拓展市场，赢得宝贵的发展空间。而且，矿建公司在改制为“自主经营、自负盈亏、自我约束、自我发展”的独立法人后，可以完成建筑业企业资质就位，为直接参与市场竞争提供了前提条件。

今年，矿建公司在职工只有800余人的情况下，要完成销售收入1.5亿元，实现盈亏平衡这个新目标，任务是十分艰巨的。为开创改革发展新局面，我们决心抓好六项工作：一是全员经营，多元发展，加强管理，突出效益；首先，要使工程“接得回来”，鼓励全体职工找工程，寻工程，开发部门予以单独核算，对工程开发人实行“生活费用+效益收入”的工资制度，以此激发“全员找市场”的积极性。其次，是要使工程“干得成功”，强化职工保市场的责任感；再次是要使工程“交得出去”，真正实现“干一项工程，树一座丰碑，建一片基地，形成一个窗口，交一批朋友”。二是加大财务管理力度，降低成本，不断提高施工经营效益，坚决贯彻资金收支“一支笔管理”的原则，严格控制外委、外包、外修、外购费用，多渠道筹集资金，使资金回笼率达到92%以上。三是加强安全工作，确保工程质量；坚持“安全第一，预防为主”方针，始终把安全生产放在首位。坚持质量的过程管理，确保今年上半年通过中建材国家质量体系认证中心的“贯标”换版复审。四是科技先导，人才为本，为矿建可持续发展提供技术支持。为此，矿建公司今年将对科技人才的引进、吸收、保护、使用、激励出台一整套办法，在适应对象上不以“学历”和“资历”一刀切，唯以“业绩”和“贡献”论英雄。还将建立奖励基金，每年拨10万元奖励年度工作中有突出贡献的各类管理、技术人才。五是深化改革，促进发展，确保稳定；随着国家和矿山形势发展以及矿建公司自身发展的需要，我公司将按“产权清晰、权责明确、政企分开、管理科学”的现代企业制度要求，建立董事会、监事会和经理层等各司其职、相互制衡的体制模式，真正达到精干主体、分离辅助、公司控股、工会参股，努力提高建筑主体劳动生产率的目的。六是依靠职工，改善环境，增强企业凝聚力。首先是深入贯彻《工会法》不断完善职工民主管理机制、参与机制、监督机制和制约机制。其次是进一步深化厂务公开制度，凡是涉及公司改革发展和职工切身利益的重大问题都要采取不同形式进行公开。第三是抓好社会治安综合治理工作，稳定职工队伍，不断增强企业的凝聚力和向心力。只有这样，矿建公司在新的挑战面前，才能实现历史性的跨越，完成销售收入1.5亿元，成本盈亏平衡这个新目标！

武汉东鑫物业发展有限公司

武汉东鑫物业发展有限公司成立于一九九六年，一九九八年由国营企业改制为民营企业。在公司董事长兼总经理胡双桥先生的领导下，东鑫公司由过去一个资产仅10万元的单一商贸企业，发展成为以房地产开发为主，工程建筑、商贸、商务为一体的综合型企业。经过数年的发展，公司现拥有资产三千多万元，并且连续多年被省、市、区工商行政部门评为“重合同守信用企业”、“明星企业”等荣誉称号，2002年，公司还被湖北省建设厅评为了“湖北省房地产开发万户满意企业”。

近年来，公司先后开发了“双龙苑”、“革新小区”、东鑫商住楼等项目，共计建筑面积10余万平方米，销售量达100%，居东西湖区同行业之首。二00一年伊始，公司在吴家山台商投资区总投资4000多万元兴建了全市唯一以枫林树为主情调的现代生活园区——“新城·枫林苑”，其总建筑面积达5万多平方米。

“新城·枫林苑”着力打造人文的居住环境，提出了“天天回家度假”的全新现代生活概念，在园区规划了大型会所，广集多项目娱乐与康体设施，实现了居家向度假休闲和自然过度。在户型设计方面，枫林苑将主力户型定位在目前广泛为消费者所接受的欧式户型和140平方米的平式户型，接合“板式”楼体的特征，将户型进行了优化，让每一套住宅的每一个房间都最大限度的实现了良好的通风采光，同时也更便于欣赏园区独有的灿烂枫海。

目前，公司又在规划兴建占地330亩，总建筑面积达35万平方米的“鑫海花城”品牌小区。“鑫海花城”将以独特的建筑设计，优雅的居住环境给市民最满意的回报。

公司董事长兼总经理胡双桥先生在带领公司飞速发展的同时，还致力于社会福利事业。为了中学达标，造福子孙后代，公司于一九九八年投资152万元兴建中学教学楼、实验室，并无偿赠送给吴家山桥头中学。二00一年，胡双桥先生在得知为救落水儿童而光荣牺牲的英雄刘汉桥家庭生活困难后，毅然决定每月资助壹仟元解决英雄的儿子刘志刚的学习问题，直到其完成在华中艺术学校的学业为止，并特聘英雄的妻子李建萍为公司正式员工，可在公司工作到法定退休年龄。

如今，公司全体员工在董事长兼总经理胡双桥先生的带领卜二次创业，共同期待公司再次腾飞，业绩再创新高。

（上接第24页）全生产红旗单位、冶金部技术进步先进单位。1991年被评为全国先进施工企业，1989年被评为国家二级计量单位，1989年被评为国家二级企业。从1990年开始连续12年被湖北省工商局评为“重合同、守信用”企业。在1995年9月武汉市第六届优秀企业评比中被评为优秀企业。该公司按ISO9002标准建立了质量管理体系，并于1996年6月1日获得国家中建材质量体系认证证书。1996年6月又被国家建设部授予全国工程质量管理先进企业的光荣称号。

1997年8月1日，在建设部发出（1997）189号文《建设部关于推进大型建筑业企业加快发展的意见》中，选定建设部重点抓好的大型企业名单共33家，中国第一冶金建设公司是其中八家中央所属企业之一

2000年中国第一冶金建设公司被评为武汉地区建筑业企业信誉等级AAA经营企业。

四川省泸州市第十建筑公司武汉分公司

泸州市四川省第十建筑公司成立于1980年（96年因区划调整，由泸县第八建筑公司更名为泸州十建司）系集体贰级施工企业，拥有雄厚的施工技术力量和机械设备，固定资产4300万元，流动资金650万元。有固定职工2020人，其中各类专业管理人员325人，大中专学历152人，中、高级职称47人，专业持证人员138人，公司拥有大型机具：塔吊、挖掘机、装载机、大、中型施工机具648台（套），年产值完成在1.5亿元以上。

公司下属六个分公司，八个工程处，长年分布湖北省的武汉市、宜昌、恩施、贵阳、云南狄马、墨江、四川的甘孜以及泸州。

泸州第十建筑公司武汉分公司历年工程合格率为100%，优良率为61－63%，九四年以来，先后被评为“四川省先进集体企业”、“四川省对外开拓先进企业”、“四川省乡镇明星企业”、“四川省乡镇建筑先进企业”，四川省工商局授予“重合同、守信用”企业。

武汉分公司于80年进入湖北省鄂西州，在恩施地区承建了大量的工程，其中规模大、困难多、质量高的优良项目就有三十余个项目，深受恩施地区人民的好评，由此推荐，92年进入武汉市。

进入武汉多年来，在各级主管部门的指导下，经全体员工的努力奋斗，取得了很好的成绩，在市内完成交工80余个项目，并且一次性合格率100%，特别是近三年，在国家建筑法的贯彻实施之后，公司交工优良率达96%，企业99年至2002年连续被武汉市建协评为AAA企业。分公司经理谭顺民以前是四川省建设委员会驻湖北办事处的负责同志，94年因工作需要放弃了仕途生涯，担任泸州十建副总经理兼武汉分公司总经理。谭顺民同志，98、99、2001年度均被武汉市建协评为企业优秀经营者，连续荣获98、99年优秀项目经理6人，武汉工业学院图书大楼行政大楼被市建委评为“文明施工样板工地”，99年、2001年度被市评为“安全优良先进施工企业”。由企业施工武汉市招行“招银苑”1#楼被推荐参加四川省“天府杯”评选项目。四川省建设厅（2000）0119号文发布该项目被评为四川省2000年天府杯银奖。武汉工业学院图书大楼被评为武汉地区九九年优良样板工程获黄鹤杯奖。二00一年华师大研究生楼获黄鹤杯银奖。二00一年度华师研究主楼和武汉工业学院行政大楼被评为“文明样板”工程。

在二十一世纪，企业将在原工程质量的基础上更上一层楼，武汉分公司九九年已实现由原来的合格率100%，2000年度提高到实现优良率96%（九九年交工七个项目，六个优良，一个优良样板。二000年交工6个项目，均获市优良项目，二00一年交工十二个项目，获市优良工程十一个，合格工程一个）。项目经理的任用考核标准是：无优良工程者没资格再任项目经理资格的原则。公司的经营方针是：执行政策及规范，加强企业管理，珍惜业主重托，确保质量工期。（张荣华）

武汉市总工会

省市领导与工会干部共同学习贯彻“三个代表”重要思想

武汉市总工会胡开国书记和部分劳模在一起

2001年是实施“十五”计划，迈向新世纪的第一年也是令人振奋鼓舞的一年。一年来，全市各级工会认真学习贯彻江泽民总书记“七一”重要讲话和党的十五届六中全会精神，始终坚持以“三个代表”重要思想为指导，突出工会维护职能，围绕中心，服务全局，创造性地开展工会工作，较好地完成了市总工会十届八次全委会提出的今年的各项目标任务。为促进我市两个文明建设作出了新的贡献。今年，修改后的《工会法》颁布施行，为工会工作带来了新的契 机。市总工会及时召开了十届十次全委会，对学习、宣传和贯彻《工会法》进行了全面布署，并通过了《武汉市总工会关于认真宣传学习贯彻修改后的（工会法）的决定》。举办了全市工会干部学习《工会法》宣讲报告会、培训班；编印了《工会法学习资料》开展了《工会法》宣传活动，增强了工会干部的法律意识，提高了工会组织的社会影响。

把党支部的关怀和温暖送到困难职工家中

举办文体活动、活跃文化生活

司令员：吴大祥

政治委员：徐化贵

中国人民解放军武汉警备区

2001年，武汉警备区以军事斗争准备为牵引，以“打得赢、不变质”为目标，突出城市民兵工作改革重点，狠抓各项工作落实，民兵预备役建设取得了新的成绩。

一是思想政治建设进一步加强。理论学习和政治教育扎实，全区部队高度稳定和纯洁统一。军营文化建设有明显进步，江岸区人武部抓文化建设的经验被省军区推广，汉阳区“青年民兵之家”活动经常，蔡甸区民兵文艺宣传队工作活跃，汉阳干休所文化活动丰富多彩。双拥共建工作成绩突出。

二是党委班子和干部队伍建设取得新进步。江汉、黄陂区人武部党委被省军区评为先进党委、汉阳区人武部党委书记被省军区评为优秀党务工作者，干部队伍素质明显提高。全区新闻宣传和军事、政治、后勤工作研究质量进一步提高。党风廉政建设责任制得到了落实，警备区推广了　口区人武部党风廉政建设和黄陂区人武部艰苦创业抓建设的经验，宣扬了东西湖区人武部部长勤政廉洁的事迹。

三是城市民兵工作改革试点成果丰硕。按照总部的意图，在省军区和市委、市政府的统一领导下，城区各级人武部门从年初开始至12月进行了城市民兵工作改革试点，12月中旬全国城市民兵工作会议在武汉召开，湖北省委副书记、市委书记罗清泉同志介绍了我市民兵工作改革的做法和经验，武汉钢铁（集团）公司、红桃K集团股份有限公司、武昌区黄鹤楼街、江岸区百步亭社区四个基层单位进行了书面交流，受到总部首长、与会代表的充分肯定和一致好评。

四是战备训练水平不断提高。修订完善了各种战备方（预）案；编修了武汉市兵要地志和江河地志；装备管理水平和保障能力有提高，黄陂区民兵装备仓库被全军评为先进单位；8个民兵高炮连参加全省民兵高炮实弹射击考核，取得了命中（击落）15个拖靶的优秀成绩；部队管理和城市警备工作得到了加强。

五是国防动员工作不断发展。逐步完善了市、区国防动员机构，开展了经济、科技动员潜力调查，加强了人防法规宣传，加大了依法建设人防工程（工事）的力度，完成了年度民兵、人防、交战三支队伍的组织整顿，拟制和完善了各种动员预案，各项工作开展顺利。

六是后勤管理和改革在探索中前进。重点抓了后勤保障社会化改革，办理了养老保险，开发建房工作进展顺利，财务管理和审计监督工作明显加强，审计压减不合理报价45万元，计划生育工作被广州军区评为先进单位。

钱树根副总参谋长视察江岸区百步亭社区民兵工作改革情况。

12月中旬“全国城市民兵工作会议”在武汉召开。

总部首长亲临洪山区民管企业红桃K集团公司指导民兵工作调整改革。

江岸区人民武装部现役干部参加警备区组织的“会操”演练。

警备区组织各区人武部，机关现役干部和警备纠察连全体干部、战士“会操”。

江岸区人武部率先改革民兵高射武器集中管理的新炮库图。

武昌区人民武装部在粮道街召开民兵工作改革现场观摩会。

武汉市建设委员会

武汉市建设委员会是主管全市建设行政管理工作的市人民政府组成部门。其前身为武汉市都市计划委员会，1950年5月成立，之后又进行了多次机构调整、改革。2001年9月改为现名，内设11个职能处（室），现在汉口云林街38号办公。

武汉市建设委员会的主要职责是：贯彻执行国家有关城市建设、工程建设、市政基础设施建设、村镇建设、建筑业、工程勘察设计咨询业、房屋建设的法律、法规、规章及方针政策，研究拟定地方性政策并指导实施，进行行业管理；负责编制城市建设、工程建设、市政基础设施建设、村镇建设、建筑业、工程勘察设计咨询业发展战略、中长期规划和年度计划，并组织实施，会同有关部门制定全市房屋建设计划，并指导实施工作，参与城市总体规划、土地利用规划及有关专业规划的制定；负责城市道路、桥梁、轨道交通、隧道等市政基础设施建设项目的可行性研究、立项、初步设计的审查、审批或报批，并组织实施，负责制定城市路灯建设计划，会同有关部门做好城市地下管网建设工作；负责城市环境创新工程建设，负责城市主要干道、重要景区、街景、重要路段、路区环境整治的修复建设和滨江滨湖景观建设项目的可行性研究、立项、初步设计的审查、审批或报批，并组织实施，负责建设工程余土余渣的清运，参与旧城改造和历史文化名城建筑的保护工作；指导武汉市城市建设基金管理办公室（市城市建设投资开发总公司）筹措城市建设资金，并对资金使用实施监督管理，负责工程建设资金的审计工作；负责建筑业的行业管理，培育、规范建筑市场，负责对建筑施工企业和建筑安装企业、建筑制品企业、建设监理单位、招标代理单位、工程造价咨询单位的资质管理和从业人员的资格管理，负责市场准入、招标投标、建设监理、工程合同、施工许可、质量监督、安全生产、文明施工和工程竣工验收管理，负责新型墙体材料、建筑节能产品、商品混凝土的推广使用；负责工程勘察设计咨询业的行业管理，培育、规范勘察设计市场，负责工程勘察设计、咨询单位和以设计为主体的各类企业资质和从业人员执业资格管理，负责市场准入、设计方案招标投标、设计合同备案、初步设计审查、施工图设计审查、工程勘察设计质量的管理，组织实施工程建设强制性技术标准，会同有关部门制定本市地方性工程建设技术规定，负责工业与民用建筑的抗震设防；负责制定全市村镇建设标准，指导全市村镇建设，负责村镇建设试点工作，参与编制村镇建设规划；研究制定本市城市建设、工程建设、市政基础设施建设、建筑业、工程勘察设计咨询业、房屋建筑的科技进步政策、发展规划和年度计划，组织实施建设行业重大技术引进、重大科技项目攻关，负责相关行业科技成果的管理，组织推广新产品、新材料、新工艺、新设备；负责制定相关行业的人才培养规划并指导实施，负责建设行业关键岗位执业资格培训、继续教育工作；负责本市城市建设档案、信息、情报资料的收集、整理、归档和管理；组织编制和实施城市建设利用外资计划，指导协调对外经济技术合作和劳务合作，负责城市建设有关外事工作；指导区建设行政管理工作及管理直属单位等。

汉口沿江大道

武汉国际会展中心落成，成为华中地区最大的博览中心。

光谷广场以“飞”命名的主雕塑

江汉路步行街，建成后人流如织

建成田田广场，为武汉又添一景。

晴川桥建成通车，使汉阳南岸嘴地区与汉口连成一片。

长丰桥建成通车，全长20.8公里的中环线西环段全线贯通。

武汉市交通委员会

WUHANSHI JIAOTONG WEIYUANHUI

省、市领导为全国最长的城市外环线——武汉绕城公路挥锹奠基

省交通厅、市交委领导视察武汉快速出口通道建设

武汉市交通委员会是主管全市公路和水陆交通的市政府职能部门，去年通过机构改革，其新的职能是：加强宏观调控和行业管理，重点加强交通基础设施建设、养护和管理；加强公路运输、水路运输、港口运输、集装箱运输、综合运输和城市公共交通等管理。目前，武汉已实现“一城一交”行政管理格局和城乡交通一体化的运行机制。

今日武汉，水路：干支相连，通江达海；公路：四通八达，城乡联网；铁路：纵横交错，贯穿东西南北；航空：展翅腾飞，辐射国内国外。武汉铁水公空、城市公交已初步形成立体型、多功能、一体化的综合体系。武汉立体交通正从武汉走向全国，从陆路开进港澳，从空中跨出国门，从江河驶向海洋。

“立足华中、贯通长江、联网全国、面向世界”。武汉20万交通人在市委、市政府领导下，正励精图治、开拓奋进。大武汉正全力构筑现代立体交通网，向“全国通衢”、“国际通衢”挺进。我们坚信，到2010 年，一个空达五洲、水连四海、陆通欧亚、与世界交往频繁的现代化国际性开放城市将展现在世人面前。

铁路成功实施了第四次提速
图为子弹头新型列车开进武汉

告别“一市两机场”，客运量超历史，武汉被定位为区域性航空枢纽

撰稿、摄影：武汉市交委张国祥
电话：（027）68820041
BP：9975636336

新建成的京珠国道武汉全力互通

武汉市工商行政管理局

2001年5月23日，张国光省长在省委副书记、市委书记罗清泉，省工商局局长李宗柏，市工商局局长鲍红志陪同下，视察我市工商部门开展整顿和规范市场经济秩序工作以来收缴的“战利品”。

2001年6月28日，市委书记罗清泉等领导到市工商局考察整顿和规范市场经济秩序工作。

市委副书记殷增涛到我局调研软环境建设和内资内联工作。

近几年，武汉市工商行政管理局认真贯彻落实党的十五届五中、六中全会和上级有关工作会议精神，围绕中心工作，认真履行职责，取得了显著成效。

一、认真开展“三讲”教育和反腐倡廉教育，提高了领导干部和党员的政治思想素质。通过开展“三讲”、“收支两条线”管理的实施，收到了良好的效果。

二、积极支持地方经济发展服务企业，积级支持“再就业工程”实施。近几年，全市工商行政管理机关围绕市委、市政府的中心工作，按照国家赋予工商行政管理的职能，结合武汉经济发展的实际，重点在制定相关政策，服务企业上狠下功夫。通过支持国有企业改革，促进科技型企业发展，积持支持“再就业工程”等措施，为企业创造了宽松的环境。

三、积极维护良好的市场经济秩序，促进了全市经济建设与发展。2001年，全市工商行政管理机关根据中央、省、市整顿和规范市场经济秩序工作的统一部署，按照市委、市政府的具体要求，结合武汉经济发展实际、确定7个重点整治的范围和几项具体整治措施，要通过这些整顿和具体措施，使武汉地区的市场经济秩序和市场管理年内达到；“一遏制、两提高、三减少”、使整顿和规范市场经济秩序的工作取得阶段成果。

四、强化自身素质的提高，抓好“三大建设”。近两年，我们着重抓好了信息化建设，基层管理部门的建设、干部队伍和机关作风建设，取得了良好的效果。

五、市场办管脱钩工作顺利完成。从11月25日至12月7日，我市工商行政管理系统与所办市场彻底脱钩。

3月28日，市工商局召开人人都是软环境再动员大会，鲍红志局长宣布，凡乱收费者一经查实就地免职。

4月15日，东湖工商分局仅用2个工作日就为武汉蒂森克虏伯中人激光拼焊技术有限公司办理全套企业登记手续，图为德方负责人在该局领取营业执照。

摄影：张镝

武汉市卫生局

WUHANSHIWEISHENGJU

武汉市卫生局是武汉市医疗卫生行业的行政管理部门，有直属单位25个，指导、管理各级各类卫生机构2241个，其中医院219个，门诊部（所）1918个，卫生防疫、防治机构44个，妇幼保健院（所）14个，医学科研及其他卫生机构18个，高中等医学院校17所。医疗机构床位数32605张，卫生工作人员73334人，全市每千人口拥有卫生技术人员7.23人，医院病床4.3张。全市医院年总诊疗人数19918千人次，其中门诊19480千人次，住院438千人次，治疗有效率94.8%。全市人口期望寿命男性73.99岁，女性78.22岁，高于全国平均水平。

武汉市卫生局主要行政职责是：贯彻党和国家的卫生工作方针、政策、法律、法规，协助制订有关法规的实施细则和规范性文件，制订全市卫生事业发展规划并组织实施；研究指导全市医疗卫生改革；依法行政，实施对全市医疗卫生的全行业管理。

2001年，我市城镇医药卫生体制改革的政策框架基本形成，社保医疗正式启动，药品集中招标采购工作全面开展，《武汉市区域卫生规划》出台，医疗机构分类管理任务基本完成；卫生事业单位内部运行机制改革初见成效，卫生局机关机构改革任务完成；市卫生局卫生监督所组建运行，卫生综合执法力度加大；严格医师、护士准入管理，完成全市医师审定和资格认定工作；重点建设了一批社区卫生服务示范点；强化了除四害及创建卫生城市工作；乡村卫生一体化覆盖率达到43.75%。全市卫生事业得到进一步发展。

图为市卫生局领导陪同省市领导视察江岸区百步亭花园

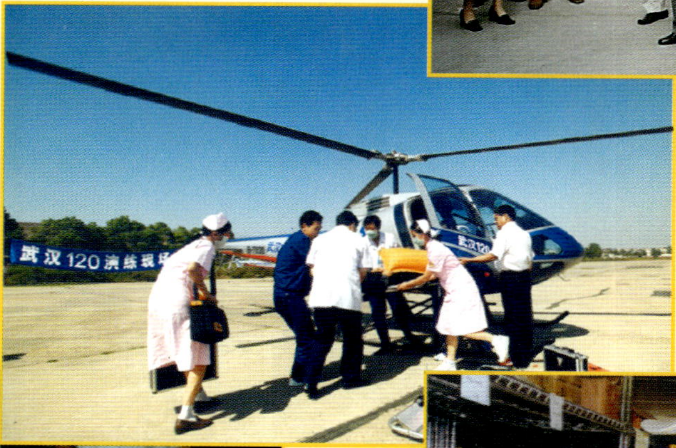

图为武汉120急救中心空中抢救运输演练

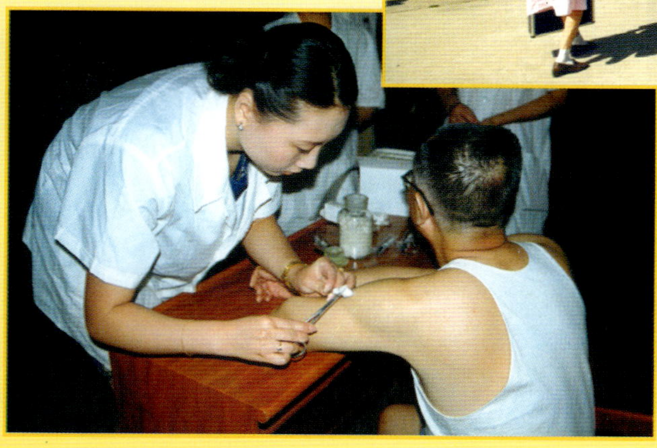

图为卫生防疫人员在作预防接种工作

图为卫生监督执法人员在超市执法检查

武汉市司法局

武汉司法局担负着全市劳动教养，法制宣传教育、人民调解、法律服务、法学教育、释解人员安置帮教，司法鉴定管理等重要职能。

2001年，武汉市司法局认真实践江泽民总书记“三个代表”的重要思想，以依法治国基本方略为总揽，认真履行工作职能，全面完成各项工作任务，为全市改革开放，经济发展和社会稳定作出了贡献。“四五”普法全面启动；管教工作取得了历年来最好成绩；全市司法行政机关坚持在强化基层司法行政工作职能上下功夫，巩固和发展了基层基础建设取得的成果；“148”法律服务专线较好地发挥了职能作用；首次国家司法考试报名工作组织严密；司法鉴定管理工作开始走上正轨。

周济市长听取市司法局负责人关于“四五”普法启动工作的汇报

总结表彰暨“四五”普法动员大会

动员社会力量共同感化挽救劳教人员。武昌区副区长吴天祥经常到汉阳劳教所看望武昌籍劳教人员，并送去党和政府的关怀。

今年首次国家司法考试报名“火爆”场面

丰富多彩的街头法制宣传

摄影：王继明

武汉市城市管理局

WUHANSHI

武汉市的城市管理和城市管理执法工作，过去一直是通过各个专业行政管理部门及其执法队伍分别行使行政处罚权，这种专业执法的管理模式对加强城市建设和管理曾起到一定的积极作用。但由于执法机构的重复设置、职能的相互交叉和人员素质的参差不齐，一方面造成了“一条马路几家管，一起违章几家罚”；另一方面专业执法队伍过细，行不成拳头，管理成本大，与城市管理的综合性要求不相适应。市委、市政府审时度势，创新管理体制，作出了组建城市管理局、城市管理执法局的重大决策。同时，经国务院法制办公室国法函[2001]137号文批复同意、省人民政府决定，将市容环卫、规划、绿化、市政、环保、工商、公安交通等七个方面的全部或部分行政处罚权相对集中，由城市管理执法局统一行使。

根据《中共武汉市委武汉市人民政府关于印发〈武汉市机构改革方案〉和〈武汉市机构改革方案实施意见〉的通知》（武发[2001]20号）精神，新组建的市城市管理局、城市管理执法局是主管全市城市管理和城市管理综合执法工作的市人民政府的组成部门。

城市管理执法局

CHENG SHI GUAN LI JU

安全保供为人民

综合整治见成效

成绩斐然环卫业

综合整治见成效

武汉市旅游局

省博（4A景区）
---编钟

黄鹤楼（4A景区）

东湖（4A景区）---磨山

归元禅寺（4A景区）

武汉，乃华中地区最大的都市。汉水、长江在此交汇，形成武昌、汉口、汉阳三镇鼎立之势。

武汉，有着3500年的悠久历史，是中国历史文化名城和中国优秀旅游城市。

辛亥首义之城、水上动感之都、中国武汉抢渡长江挑战赛、中国武汉国际旅游节将武汉展现于世界五大洲。

相约长江汉水，相约白云黄鹤！热情的武汉人向您发出最诚挚的邀请：“楚天山河壮，请君武汉游”！

辛亥革命武昌起义纪念馆

中 山 舰

龙 舟 赛

长 江 夜 景

武汉市体

WUHA

2001年武汉市体育工作，根据武汉市“十五”计划和2001年政府奋斗工作目标要求，紧紧围绕“武汉市第六届运动会”这个主线，以结构调整为重点，以深化改革为动力，力避短期行为，着眼持续发展，抓基层促活动，打基础强根基。群众体育以社区为基础，以青少年为重点，以骨干为抓手，以向导性活动为示范，以争创为带动，有利地推动了全民健身运动的开展；竞技体育成绩显著，在全国比赛中获9枚金牌，并积极倡导多形式、多渠道办业余训练模式；体育产业发展态势良好，新开办体育经营单位62家；赛事改革有实质性突破，武汉市第六届运动会和抢渡长江挑战赛为主的大型赛事，在竞赛规程、运作方式、资金筹措等方面进行了有益的改革和尝试；体育法制环境明显改善；保障性、基础性工作稳步推进。上述成绩的取得为分步实施武汉市体育“三强”战略和全面实现武汉市体育事业“十五”发展规划营造了良好的开局。

国家体育总局局长袁伟民视察武汉体育中心

市领导迎春长跑活动

育局

YTIYUJU

六运会上刘沛局长接受记者采访

武汉国际抢滩长江挑战赛

武汉市第六届运动会

江汉二桥体育训练基地教学楼

开拓奋进中的武汉地税

武汉市地方税务局

武汉市地方税务局于1994年9月分设成立，经2001年机构改革之后，现设有13个机关处室(办公室，税政管理一处、二处、三处、社保规费管理处、征收管理处、计划统计处、财务装备处、政策法规处、人事处、机关党委办公室、监察室、离退休干部管理处）、2个直属局（涉外税收管理局、稽查局）、15个区分局（江岸区分局、江汉区分局、硚口区分局、汉阳区分局、武昌区分局、青山区分局、洪山区分局、东湖开发区分局、武汉经济开发区分局、东西湖区分局、汉南区分局、江夏区分局、蔡甸区分局、黄陂区分局、新洲区分局）、2个直属事业单位（计算机中心、机关服务中心）。全局共设有161个管查所。其工作职责是按照国家税收法规的规定，依法对武汉市行政区域内各类纳税人进行地方各项税费、基金的征收和管理，对纳税人的纳税情况和财务情况实施监督检查。同时发挥税收的经济杠杆作用，积极为推进改革、发展经济和社会稳定服务。

按照税收管理有关规定，武汉市地方税务局对下列税费、基金进行征收管理：1、营业税；2、资源税；3、企业所得税；4、个人所得税；5、城市维护建设税；6、车船使用税；7、房产税；8、城镇土地使用税；9、土地增值税；10、印花税；11、屠宰税；12、教育费附加；13、堤防维护费；14、平抑副食品价格基金；15、城镇企业职工养老保险费；16、文化事业建设费；17、地方教育发展费；18、残疾人保障基金；19、其他新开的地方税费。

武汉市物价局

WUHAN WU JIA JU

市委副书记、常务副市长张代重同志视察市物价局

省物价局副局长张洁民同志来局调研工作

市物价局是主管全市价格工作的市人民政府工作部门。其主要职责是：宣传贯彻执行国家价格法律、法规以及地方性价格法规和规章，研究拟定全市价格改革和价格结构调整计划、政策建议和实施方案；研究起草本市价格管理法规、行政规章和制度，并负责组织实施。贯彻执行国家价格方针、政策、依法履行价格干预措施和紧急措施，研究提出全市价格总水平调控目标及价格调控措施，制定实施方案并负责监督执行。按照权限和分工，负责制定、调整实行政府指导价、政府定价的商品和服务价格、作价原则、作价办法以及受委托管理的商品和服务价格，负责国家行政机关收费的管理；负责无形资产（商品）价格的管理；负责组织主持价格听证。依法组织市价格监督检查。负责全市价格举报投诉工作；制止价格垄断、价格欺诈、价格歧视等不正当价格行为，处理价格违法案件和乱收费行为；推行明标价制度；指导全市价格行政复议并按规定受理价格行政复议案件；指导行业组织贯彻执行价格的法律、法规；指导社会价格监督工作。负责组织全市工农业产品、服务业、公用事业价格的成本调查，负责市场价格走势和监测分析、预警、预报，发布价格信息；负责价格调节基金制度的实施。指导全市价格认证、价格评估价格咨询工作。组织价格理论研究价格业务培训。

市物价局领导班子研究工作

物价局新办公楼大厅

武汉市教育局

谭仁杰局长在接听群众电话

武汉教育界首届十大名师合影留念

2001年市级机构改革、市教委更名为市教育局，主要职责是：

研究制定本市教育发展战略、政策和规章制度并监督执行，编制武汉市教育事业发展规划、计划并指导、协调、监督实施；规划、调整市属各级各类学校的布局，审批中等以上学校的设立、撤销、变更，管理本市涉外办学工作；综合管理全市基础教育和市属职业技术教育、普通高等教育、成人教 育，按权限管理社会力量办学；制定筹措教育经费、教育基建投资、教育预算标准的政策和办法，拟定市级教育费附加和地方教育发展费的年度使用计划；制定我市教育系统劳动工资及人事管理工作的政策和规定，协助管理我市教育系统教职工编制，负责教师职业资格的考核考试、认定等工作，指导教职工队伍建设工作；指导各级各类学校德育、体育、卫生、艺术工作以及劳动教育、国防教育、科技教育工作；管理全市学历教育及其考试、招生工作、自学考试，统筹协调、宏观管理继续教育和扫除青壮年文盲等工作；规划、协调、指导全市教育科研、电化教育、教学仪器装备、勤工俭学和校办产业等工作；归口管理教育系统外事工作，管理非教育系统出国留学人员派出工作。

素质教育呈现奇光异彩

局长：[signature]

武汉享“九省通衢”之誉，区位优势独特，腹地市场广阔，形成了悠久的商业历史和重商氛围。改革开放以来，市委、市政府高度重视商业工作，我市从“两通起飞”（交通、流通）战略，到“开放先导”战略，商业始终是支柱产业之一，得到较快发展。

2001年，我市共有商业网点10.5万个，人均拥有商业营业面积约为0.8平方米；商业从业人员53万人，占全市从业人员的13%，占非农业从业人员的19.30%；实现商业增加值占全市GDP的18.32%，占第三产业增加值的30%，仅次于制造业，居三产业之首；实现社会消费品零售总额685亿元，流通总量居全国15个副省级城市的第2位，20年来保持了15%以上的年均增长速度；全市各类商品市场653个，成交474亿元，其中，汉正街小商品市场交易180亿元以上，有“中国建材第一市”之称的西汉正街市场去年销售过60亿元；4大商业上市公司快速壮大，武商集团三栋大楼20万平方米营业面积联体经营，形成“摩尔”商业城，去年武商集团销售42亿元；现代流通业态发展态势良好，20家连锁商业企业、393个店铺，实现销售80亿元，比上年增长30%；国际商业巨子在汉投资加快，去年外资商业销售增长44%，港台投资商业销售增长25.1%；支柱企业和骨干市场开始探索电子商务。武汉商业已为尽快实现流通现代化，力争在全市经济社会发展作出新的贡献打下了较好的基础。

武汉市商业局

The Developping Cimmerce Of Wuhan

武商百盛量贩店

中百仓储购物广场

中商徐东平价广场

家乐福超市开业庆典

武汉市劳动和社会保障局

局长、党组书记：马畅达

武汉市劳动和社会保障局由原武汉市劳动局和武汉市社会保险管理局合并组建而成，是市人民政府综合管 理全市劳动和社会保障工作的职能部门。全局现有590余人，设有政策法规处、规划财务处、劳动工资处、劳动监察处、劳动关系处、职业技能开发处、养老保险处、医疗保险处、失业保险和就业处等14个处（室）,下辖劳动就业管理局、社会劳动力管理处、劳动保障监察大队、社会保险基金结算中心和8个社会保险结算中心等16个直属单位。近年来，劳动和社会保障部门的广大干部职工在市委、市政府的领导下，以邓小平理论和党的十五大精神为指导，牢牢把握工作大局，始终坚持“两手抓”的工作方针，紧紧围绕“两个确保”、养老金社会化发放、再就业工作和医疗保险制度改革启动工作，认真履行劳动和社会保障工作的各项管理职能，同心同德，奋力开拓，使劳动和社会保障工作上了一个新台阶，有力地促进了我市社会政治稳定和经济发展，多次受到上级有关领导及部门的好评。1996年至2000年连续五年被市委、市政府评为工作目标管理先进单位。

1997年市政府授予我局“行政执法主体合格单位”称号，同年被市委、市政府和武汉警备区授予“拥军优属模范单位”荣誉称号。1998年原省劳动厅授予我局“全省劳动工作先进单位”、“确保养老金发放工作先进单位”和“劳动监察工作先进单位”等多项荣誉称号。1999年，被省政府评为湖北省国有企业下岗职工基本生活保障和再就业、离退休人员基本生活保障工作先进集体。同年，市政府授予我局“全市依法行政先进单位”称号。特别是1999年，江泽民总书记和尉健行、吴邦国等中央领导同志先后亲临武汉劳动力市场视察,对武汉市劳动和社会保障工作给予了充分肯定。

地址：汉口铭新街8号
电话：82834684
传真：82833043

市委副书记程康彦、副市长李涛亲临武汉劳动力市场，指导再就业工作。

市委副书记、常务副市长张代重，市政府副秘书长肖常谷和市劳动保障局负责人研究劳动保障工作。

副局长尹海香看望退休人员

市劳动保障局组织劳务招聘活动，积极做好下岗职工再就业。

武汉市水务局

武汉市地处中原，位于长江、汉江的交汇处，形成了独具特色的依江傍水、三镇鼎立的格局。得水独厚，得水独丰，形成滨江滨湖特色。自古就有九省通衢之美誉，是长江防汛的重点城市之一，依靠800公里堤防保护大武汉的安全。

武汉水务局承担着城市供水、地下水开发利用、排水、污水处理、水资源管理防汛抗旱、河道、堤防、湖泊、水库管理，农田水利建设、水土保持等项工作，是集水务行业的建设、维护、管理与执法为一体的政府职能部门。

全局共有职员7000余人。维护管理800公里堤防，11座水厂，5座污水处理厂，84座大、中型泵站，273座水库，27个城市区湖泊，1446公里排水管网。

武汉市水务局于2001年10月重新组建，做好“水安全、水环境、水资源”的水文章，为创武汉名城、名水、名景而努力。

武汉市科学技术协会

2001年8月，《反对邪教、崇尚文明》大型展览在武汉科技馆举行，省、市领导杨永良、罗清泉等出席开幕式。

武汉市科协党组书记、主席：

2001年，武汉市科学技术协会各级组织及所属团体认真履行党和政府联系科技工作者的桥梁纽带职责，以经济建设为中心，大力实施“科学素质工程”，广泛开展学会活动，努力建设“科技工作者之家”，为武汉市的两个文明建设做出了应有的贡献。

一是深入实施“科学素质工程”，不断提高市民科学文化素质：通过开展以“科学在我身边”为主题的全国性科技周等一系列活动来普及科技知识；二是加强学会建设，活跃学术思想：通过系列学术活动，促进学科理论发展和技术水平的提高；三是坚持为经济建设服务，促进科技与经济结合深入开展“讲理想、比贡献”等一系列活动，组织广大科技人员参与科技课题的研究，取得了良好的经济效益；四是认真履行桥梁纽带职责，努力建设科技工作者之家。

市科协组织中国工程院黄旭华院士（左一）、中国科学院熊有伦院士（右一）等专家在武昌造船厂实地考察并提供技术咨询。

2001年 12月 7日，武汉市科协、市科技局、市人事局联合组织召开武汉市第九届自然科学优秀学术论文评审会。

市科协组织农业专家到田间地头服务，图为林果专家为果农辅导柑桔剪枝技术。

武汉市公安局交通管理局

武汉市公安局交通管理局党委一班人

局长刘家祥同志参加交通秩序宣传活动

2001，武汉市公安局交通管理局以深化实施“畅通工程”和创建“平安大道”为载体，以交通秩序综合整治为主线，加强交通管理科技化，规范化、法制化工作，交通秩序明显改观，交通事故141次，死亡14人，较上年分别下降9.68%和26.3%，较市政府下达的一级管理目标（240次、死亡45人）分别下降58.75%和31.11%。3条“严管街”继续保持一等管理水平，全市“畅通工程”达到二等管理水平。

政委肖德洲与荣获武汉市十大爱民警察的瞿和平亲切握手

武汉市十大爱民警察徐斌为民服务

武汉市房产管理局

局长：周茂棣

武汉市房产管理局是主管全市房地产行业的市人民政府工作部门，市住房制度改革委员会办公室与市房产管理局合署办公，地处汉口高雄路166号。市房产局、市住房制度改革委员会办公室设15个职能处室，其中业务处室8个。主要负责全市房产法规、规章的制定、房地产行政执法监察队伍的建设和管理、房产行政复议、行政诉讼、行政赔偿咨询及行政处罚、行政执法监督检查工作；负责全市经济适用房、集资合作建房、个人建房、公务员住房、廉租房等有关工作、负责调查统计全市住房水平及状况；负责全市房屋权属管理工作，负责全市房屋权属证书的统一印制、管理和发放；负责房地产抵押、测绘及房屋产籍资料的管理工作；负责全市房地产交易管理、租赁管理、评估管理、中介管理、置换管理、拍卖管理及全市房产市场信息的收集、整理、统计，定期发布房地产价格指数；负责全市物业管理企业的资质管理、全市新建住宅区、大厦的前期物业管理和移交管理，指导业主委员会的组建，指导和管理全市物业管理招、投标工作。负责组织指导全市物业管理企业和住宅小区、大厦的评优工作；负责拟定全市住房分配货币化的相关政策及配套办法、负责全市市直行政事业单位职工住房补贴方案、自管房单位房改售房方案和房改房调整方案的审批工作，指导各单位售房资金的专项储存、使用初审工作。负责全市房屋使用安全管理和安全鉴定工作，负责全市房屋立面改造整治工作，参与审批历史优秀建筑的保护及维修改造方案，负责全市房屋维修的行业管理。负责全市国有直管公有住房出售和住房租金的调整工作，负责市属国有直管公房的维修计划和资金使用等工作，负责全市危房改适工作。负责市属党政群机关办公用房的使用、调整和分配，兴建、改造、维修等工作。

奋进的武汉气象事业

湖北省气象局党组成员
武汉市气象局党组书记、局长 谭建民

省、市人大领导及副市长胡国璋视察市气象局

武汉市气象局正式成立于1985年，为武汉市市属局级单位，现有职工123人。主要职能是：大气探测，包括地面、高空、日射、酸雨、花粉和农气六大项目；制作天气预报，向市委市政府和有关部门提供公益决策气象服务和向用户提供专业气象服务；农业气象试验、气候区划和气候评价；对所辖区气象局进行行政管理和业务指导；依法行政，依法管理全市气象工作。

目前，武汉市气象局拥有全省一流的以静止气象卫星中规模利用站、天气预报人机交互处理系统、VSAT单收站、极轨卫星遥感监测系统和人工降雨服务体系为主体的现代化业务体系，担负着为全市春播、防汛抗旱、森林防火和各种大型社会活动提供气象服务的重任，全市气象部门60%以上单位已建成省级文明单位。

武汉市气象局领导班子

中共中央政治局委员吴官正同志(右一)接见郑仲衡会长(中)和朱守志副会长

武汉企业联合会

武汉企业联合会（前称武汉企业管理协会）成立于1982年12月，现有常务理事、理事共681人。武企联多次被评为省、市先进社团，1998年荣获全国企联系统先进集体。武企联会长郑仲衡被中企联评为全国企联系统优秀工作者。荣获“金鹰奖”，当选为中国企业联合会、中国企业家协会常务理事。

武汉企业联合会全体工作人员

总结典型，推广经验，促进企业改革和发展。每年都要召开3～5次大型经验交流会。2000年1月，在武汉晨鸣汉阳纸业公司召开现场经验交流会。省委副书记、市委书记罗清泉，副省长韩忠学等领导出席会议，根据武企联领导建议，提出“企业学晨鸣”的号召。

坚持开展“双十”、“双优”评选表彰活动，加强企业家队伍的建设。武企联和武汉企业家协会从1984年至今，每年评选一次武汉企业界10件新闻大事和10位新闻人物，已坚持了15年。评选优秀企业、优秀企业家活动，已进行了10届，共评选表彰优秀企业219个/次、优秀企业家398人/次。

创新服务领域，组织鲁汉经济联合，2000年以来，武汉企联和山东省企联为加强鲁汉经济联合，拓展汽车、造纸、机床、纺织、化工、基建等行业的市场，发挥了职极作用，取得了丰硕成果，受到中共中央政治局委员、山东省委书记吴官正，济南、潍坊市等领导和湖北省副书记、武汉市委书记罗清泉，副省长周坚卫，原武汉市市长王守海等领导的重视和支持，受到鲁汉两地企业的欢迎。

开展企业现代化管理成果表彰、推广活动，已进行了12届。1995年以来，全市企业获奖成果158项，节约费用6.15亿元，荣获湖北省企业现代化管理工作先进集体奖。加强企业管理培训，开展调研咨询工作，做好信息中介和协调服务。为武汉地区的经济发达作出了积极贡献。

坚持“四必访”：1、对生病住院的企业家必访；2、以离退休的企业家和企业界老领导必访；3、对优秀企业家的遗属春节必访；4、对遇到特殊困难的企业家必访；每年都要走访、慰问200多人次。市领导称赞这是一次暖人心、得人心、顺人心、稳人心、抚人心的活动。

武汉经济技

武汉经济技术开发区于1991年动工兴建，1993年经国务院批准设立。开发区位于武汉市区西南，地处武汉市中环线和外环线之间，中期规划面积31平方公里，远期控制规划面积90.7平方公里，目前已开发18平方公里。2000年4月国务院批准在开发区内设立我国中部地区唯一的出口加工区。

以“二十一世纪现代城市新区”为目标，武汉经济技术开发区致力于塑造一个与国际惯例和国际市场接轨的投资环境。经过十一年的开发建设，开发区投资环境日臻完善，已成为中国内陆最具吸引力的投资区域之一。

武汉经济技术开发区已有一千多家中外企业落户，世界500强中已有17家落户开发区，以汽车产业和高新技术产业为支柱，形成了机械、电子、食品、建材、轻工、医药、生物工程、房地产等支柱产业，经济实力日益壮大，经济总量迅速增长，在武汉市新的经济增长带中扮演着“一肩挑两头”的重要作用。

随着中国加入世贸组织和西部大开发战略的实施，武汉经济技术开发区将抢抓机遇，发挥优势，以招商引资为重点，以环境和体制创新为引导，不断完善开发区的软硬环境，提升开发区的功能和综合竞争力，在开发区二次创业中实现发展的新跨越。

术开发区

开发区的优美环境

管委会大楼

神龙公司生产线

开发区全景

武汉出口加工区

富民强区

——江汉区打

区委书记：车延高

区长：尹维真

江汉--武汉市中心城区，面积33.43平方公里，人口59万，历史上有“十里帆樯依市立，万家灯火彻夜明”的写照。今日江汉，作为武汉的商务中心和正在建设中的现代商贸金融区，具有地理、交通、市场、信息、服务等综合优势，呈现一派金融集聚、商贸活跃、内联外通、信息快捷、环境靓丽的繁荣景象。江汉区坚持经济和社会的协调发展，是“全国科技先进城区”、“全国文化先进城区”和“全国社区建设实验区”，具有可持续发展的良好前景。

新世纪，新江汉。围绕“富民强区跨越式发展，建设现代商贸金融区”的宏伟目标，江汉儿女正按“三区一园”（中央商务区、中心商贸区、专业市场区、江北国家民营科技园）的发展布局，大力实施“科教兴区”，“开放先导”、“环境创新”三大战略，努力实现综合经济实力、中心城区功能、居民生活质量、社会文明程度四个方面的明显提高，推动经济和社会的全面进步。

▲江北国家民营科技园

龙王庙观景台▶

◀汉口火车站

共铸辉煌

造新型经济强区

▲城市街心花园

▲长江证券公司

▲武汉中国信合

▲中国人民银行武汉分行

▲中国交通银行武汉分行

▲中国建设银行武汉分行

▲中国农业银行武汉分行

▲中国工商银行武汉分行

▲武汉金融一条街

科技经济发展为主

——硚口区人民政府

中共硚口区委书记张岱梨

中共硚口区委副书记、硚口区区长唐良智

硚口区位于武汉市汉口西部，素有汉口“西大门”之称，东与江汉区毗邻；西抵舵落口，与东西湖区接壤；南滨汉水，与汉阳区隔水相望；北至张公堤。全区总面积41.92平方公里，总人口68.63万人。区辖10个行政街道、1个乡、128个社区居委会、13个村民委员会。

硚口区是武汉市老工业基地，大中型企业占全市总数的37%；亦是个体私营经济发展最快的城区。1979年个体私营经济率先在汉正街小商品市场走向中国经济舞台，如今店铺逾万，日均客流量达18万人，年销售额100多亿元，成为华中地区最大的小商品集散中心，人均纳税居全国十大小商品市场的首位。 全区各类市场和大型批发市场十分发达，中国建材第一市----西汉正街建材市场、硚口美食街等一批专业市场正在不断壮大；在硚口落户的民营企业集团占全市总数的三分之一。硚口区还是世界冠军的摇篮，先后培养了11位世界和奥运冠军。

改革开放，经济腾飞的硚口，处处是商机，处处是挑战。

中冶集团

武汉勘察研究总院

勘察设计百强

中国冶金建设集团武汉勘察研究总院（原冶金工业部武汉勘察研究院），创建于1955年，是全国勘察设计综合实力百强单位。持有国家建设部颁发的工程测量、工程地质、岩土工程、水文地质、工程监理、工程咨询甲级证书和地基与基础工程施工壹级资质证书，具有对外经营权。1999年通过了ISO9002质量体系认证。全院现有职工1000余人，其中，中高级工程师360人，包括国家勘察大师2人，享受国务院政府津贴专家11人。本院在上海、珠海、厦门、宜昌、马鞍山和广州、重庆等地设有分院或办事处，业务范围遍及全国。

本院专业齐全、设备精良、技术力量雄厚，能应用GPS技术建立各等级控制网及进行变形监测，运用数字化成图和 GIS技术进行工厂矿山、城镇的测绘及建立各种类型的地理系统；能承担各类大型工厂、矿山、市政工程及高层建筑等的岩土工程勘察和原位测试，各种桩与地基土的静动载检测，建筑物纠偏，边坡治理等：能运用滞后压浆、劈裂注浆帷幕等新工艺进行深基坑支护和大型桩基的施工；并在水文地质勘察、基坑深井降水、水平垂直联合排渗、尾矿坝加固及工业废渣桩复合地基技术等方面处于国内领先水平。

四十多年来，本院完成了国内冶金、建材、化工、电力、交通、市政和房地产等行业的工程项目1万余项。取得了许多辉煌的成绩，包括出色地完成了武钢一米七工程、宝钢一、二、三期建设工程等国家大型重点建设工程，江苏、淮海、安徽宁国、福建顺昌、龙岩、南京小野田、江西亚东等大型水泥厂建设工程，上海南北高架桥、延安路高架桥、桂林解放桥、武汉轻轨、武汉外环线等大型市政工程的勘察任务以及武汉国贸大厦、武汉建银大厦、武汉国际会展中心等大型超高层建筑的工程勘察和桩基施工任务，为我国钢铁工业的发展和国民经济的振兴作出了突出的贡献。本院还与日本、德国、法国、韩国、前苏联、新加坡、台湾、香港等国家和地区进行了广泛的技术交流与合作，曾多次派遣技术专家援外，赢得了广大用户的赞誉和信赖。

本院是中国工程建设标准化协会工程勘测主任委员单位，并负责《供水水文地质勘察规范》和《供水管井技术规范》两个国家标准的管理工作。

本院始终坚持质量第一的原则，并把技术进步作为院发展的根本动力，近年来，本院先后荣获国家优秀勘察工程金、银、铜质奖13项，荣获省、部级优秀勘察工程奖60余项，有6项科研成果获得国家和省部级科技进步奖、发明奖。自1993年起历年被评为武汉市“重合同、守信用企业”，2000年获湖北省“重合同、守信用”企业。1992年被建设部评为“全国工程勘察先进单位”。1997年被建设部评为“八五”期间“全国工程建设管理先进单位”。

法人代表、院长：唐龙根
地址：武汉市青山区冶金大道177号
电话：（027）86863404 86861907
邮编：430080

鸟瞰武汉勘察研究总院

院长：[签名]

武汉建银大厦桩基工程（样板）

（背景图为我院承担的武汉国贸大厦桩基工程）

武汉锅炉集团有

吴邦国副总理视察武锅

李宪生市长视察武锅

外国专家检查公司质量体系文件

武汉锅炉集团有限公司的前身是始建于“一五”期间的武汉锅炉厂，1995年8月正式挂牌成立集团公司，是我国四大电站锅炉生产基地之一和最大的环保锅炉生产基地。1994年底被国务院列入全国100家建立现代企业制度试点企业之一，1995年又被机械部列为500户重点骨干企业，湖北省85户和武汉市18家重点扶持的企业集团之一。集团公司拥有13家子公司，其中核心企业武汉锅炉股份有限公司1998年4月在深圳B股上市。目前集团公司总资产22.94亿元，现有员工5000余人，其中中级以上职称500余人，享受政府津贴13人。

集团公司主要从事各类电站锅炉、环保锅炉的设计与制造，拥有全套冷作、焊接、铸锻和机械加工等生产制造手段，主要设备、设施1400余台（套）。1990年武锅取得国际通用的美国机械工程师协会（ASME）授予的锅炉及压力容器授权证书及相应的压力容器规范“U”钢印和动力锅炉规范“S”钢印，1995年获得中国商检质量认证中心颁发的ISO9001质量体系注册证书。多年来，武锅集团在市场开发及技术引进方面与国际知名锅炉制造商有着良好的合作关系，拥有较强的技术研究和开发能力。1993年武锅被国家认定为首批40家企业技术中心之一，全国技术开发实力百强企业之一，并前居第15位。

武锅目前的年生产能力已达到2500MW，具备了生产600MW以下电站锅炉的设计和生产能力。公司主要产品有：大容量电站锅炉、环保锅炉、脱硫设备、各类压力容器、锅炉辅机、各类阀门，其中电站锅炉是武锅的主导产品，环保锅炉是武锅的特色产品，主要包括黑液炉、甘蔗渣锅炉、一氧化碳炉、余热锅炉等。其中黑液炉是武锅率先在全国开发的一种环保锅炉，长期以来该种锅炉所产生的经济效益和社会效益极为显著，深受国内外造纸厂家的欢迎，1986年该产品获得机械部部优产品称号，1989年又获得国家产品最高奖——金质奖牌，这是迄今为止国内环保锅炉唯一的一块金牌，目前在国内的市场占有率仍达85%左右，并已出口东南亚国家。

限公司

中国湖北武汉市武珞路586号 邮编：430070
E-mail:WBGCHW@public.wh.hb.cn
电话：（027）87657077
传真：（027）87883938

武锅集团投资建设的江天大厦

武汉特种锅炉成套设备工程公司总承包的梅雁轮胎厂自备电站锅炉

武锅出口印尼的千吨碱炉

武汉锅炉集团阀门有限责任公司生产制造的阀门产品

武汉锅炉集团运通有限责任公司的员工在吊装锅炉产品

中国人寿保险公司 武汉市分公司

China Life Insurance Company

公司简介

中国人寿保险公司是全国唯一国有专业化的寿险公司，隶属国务院领导，其实力雄厚、商品齐全具有中国寿险业航空母舰之称，现有总资产2212亿人民币，可运用资金1300亿人民币，2001年保费总收入突破812亿，利息加投资收益达67亿人民币。

中国人寿武汉市分公司是中国人寿在汉分支机构，几年来为武汉地区经济建设、社会稳定、人民生活安定作出了一定贡献，目前已有投保客户近400万人次，年保费收入突破10亿元，员工近7000名，拥有集业务处理、客户服务、财务中心、信息计算中心为一体的保单保全服务体系，内部管理具备现代化商业寿险公司要求。

总经理：张莉莉

武汉地区大、中专院校学生健康平安险座谈会现场。

举行国寿、邮政合作代理（保险）业务仪式。

为进城务工青年提供人身意外伤害保险。

国寿、中行合作开办“储保通”业务签字仪式。

3.5在国际会展中心开展保险咨询活动。

地址：武汉市解放大道1037号　　咨询服务电话：95519

党委书记：孙玉昌

厂长：杨志刚

武昌车辆

武昌车辆厂是隶属中国铁路机车车辆工业总公司的国有大型铁路企业，是全国500家最大交通运输设备制造工业企业之一。工厂现有员工6221人，其中各类专业技术人员1235人。占地面积89.29万平方米。

该厂主要制造铁路机械冷藏车、冰冷车、平车、特种车和新型冷藏汽车、国际标准型冷藏（板）集装箱以及修理客车。此外，还经营本企业自产机电产品、成套工装设备及相关技术的出口业务；经营本企业生产、科研所需的原辅材料、机械设备、仪器仪表、备品备件、零配件及技术的进出口业务；开展本企业进料加工和“三来一补”业务。2001年，工厂被湖北省统计局、湖北省社会经济评价中心评为2000湖北省工业企业综合实力五百强。2002年4月，该企业被武汉市人民政府授予“诚信纳税人”企业称号。

1998年，该企业被中国船级社审核通过ISO9001质量标准体系。

地址：湖北省武汉市和平大道820号

电话：86723492

邮编：430062

工厂新一届党委领导班子

数控激光切割机

国际标准20英尺机械冷藏集装箱

YZ254型空调客车

工厂办公大楼

B10型单节机械冷藏车

交通银行
BANK OF COMMUNICATIONS
武汉分行
WUHAN BRANCH

在改革的浪潮中，交通银行武汉分行把先进的企业理念、规范的内部管理和强大的技术实力有机结合起来，以“一流的服务质量、一流的工作效率、一流的银行信誉”为宗旨，坚持严格管理、规范管理、科学管理，以市场为导向，以客户为中心，以效益为目标服务社会，走出了一条国有股份制商业银行改革创新，持续发展的金融发展新路，在社会上树立了优质服务的“窗口”形象和安全可靠的银行信誉。

交通银行武汉分行在经营活动中，始终坚持稳健经营，规范发展的工作方向，保证了各项工作持续健康发展。图为交通银行武汉分行召开2002年财务会计工作会议。

交通银行武汉分行积极支持市房产局设立商品房维修基金，协助该局解决了商品房售出后长期存在的公共设施部分维修、改造费用的矛盾。图为交通银行武汉分行与市财政局、市房产局一起研究商品房维修基金缴存业务的合作事宜。

交通银行武汉分行在全市有自助设备近200台，设立24小时对外服务的自助银行12个，在各网点均设置了自助服务区，对改善持卡人用卡环境，提高服务效率发挥了重要作用。图为交通银行武汉分行花桥自助银行服务大厅。

交通银行武汉分行宽敞明亮的营业大厅，为客户办理业务提供了一流的营业环境。图为交通银行武汉分行营业大厅。

中国信合 CREDIT COOPERATIVE OF CHINA

城乡人民的银行

省、市领导高瑞科、张代重亲临我社视察指导工作

中共武汉市委常委杨世洪，人行武汉分行杨家才副行长为"武汉信合金融卫士"黄红英、肖俊姣颁奖

中国信合员工走上街头向武汉市民开展储蓄业务宣传

中国信合武汉市农村信用社是经中国人民银行批准设立的合法金融机构，始建于1951年。1996年按照国务院农村金融体制改革决定，与农业银行脱离行政隶属关系。1998年3月，经人民银行批准，成立了武汉市农村信用社的最高决策领导机构---武汉市农村信用合作社联合社。1999年市联社纳入市委、市政府直接管理。成为武汉市一支多功能、现代化、综合性金融机构生力军，为武汉市城乡经济的发展作出了积极贡献。

武汉市信用联社成立后，肩负起全市农村信用社的统一领导、管理、指导、协调、服务的职能。下辖江南、江夏、汉南、蔡甸、新洲、黄陂等6个区级联社，3个直属营业部和后湖、先锋、长丰、汉阳、沌阳等5个直管信用社。357个营业网点遍布武汉城乡各地。其辐射面占全市各金融机构之首。目前全市信合系统资产总计约130亿元；全市信合系统现有干部职工3000余人，初步形成了硕士研究生、本科生、大专生、中专生以及经济、会计、电子工程等序列高、中、初级专业技术职称的不同层次、具有较高专业素质的员工队伍。

武汉市农村信用社近年来，在改革中不断发展壮大，通过加强电子化建设，增强了现代化服务功能，拓展了新的服务领域。目前全市城乡已开通近230个通存通兑网点，具有多种功能与人民银行金卡工程直接联网的信通卡业务方兴未艾；以代理移动通讯电话收费和行政事业代收费为代表的各类中间业务、电话银行业务、Internet网上查询等新业务蓬勃兴起；传统的城乡居民及企、事业单位存、贷款业务及银行承兑、贴现、同城资金清算、异地电子汇兑、特约汇兑等各项业务也得到进一步巩固发展；城镇居民建房贷款、小额农户贷款、联保贷款、消费贷款、教育储蓄等与城乡人民生活息息相关的个人金融业务品种也已全面开办。中国信合已成为名副其实沟通城乡经济金融的城乡人民自己的银行。

长江航道局是1957年3月1日经交通部批准成立的从事长江干线航道维护管理和建设开发的公益型事业单位，现在又是具有很强实力的工程施工单位，持有国家建设部颁发的一级施工企业资质证书和国家测绘局颁发的甲级测绘许可证。

长江航道局下设泸州、重庆、宜昌、武汉、南京5个航道局和重庆、宜昌、武汉、南京4个航道工程局，以及长江航道救助打捞局、长江航道规划设计研究院和一所航道专业技术学校。现有在职职工11000余人，其中各类高中级专业技术人员1300余人。拥有各类船舶近650艘，各种陆上大型施工机械200余台套。其中有长江最大、技术最先进的挖泥船，有起重能力最大的救捞起重船，固定资产约为17亿元。

2002年16月，交通部副部长翁孟勇（中）在长江航道局党委书记刘恒伟（左一）、局长周冠伦（右一）的陪同下，到武汉长江大桥水道察看应急清淤工程施工现场。

长江航道局主要经营业务有：航道整治、疏浚吹填工程、陆上水下土石方工程、水工工程、公路工程、市政工程、救助打捞、沿海港口及内河水道测量、航标测量、码头港口航道工程勘察设计和教育培训等。

多年来，长江航道局坚持“一业为主，多种经营”的方针，在确保长江航道畅通的前提下，积极开拓市场，凭着雄厚的技术实力严格的科学管理，良好的职业信誉，承担了许多大型工程的设计和施工，足迹遍及海内外。其中马尾、海口、锦州、深圳、珠海等港口吹填，香港、澳门机场填海造地，上海金山化工区吹填，长江口深水航道疏浚。缅甸依洛瓦底江疏浚，文莱海岸防护，泰国索拉他尼疏浚，四川内宜高速公路修筑及三峡枢纽航道炸礁及清淤，兰巴段航道整治，鸡扒子滑坡整治，界牌河道综合整治等一批航道治理工程和水工、打捞等其他工程，都是由长江航道局总承包或参与施工建设的较大工程。其中有一批工程项目分别获得了国家和交通部科技进步奖、优质工程奖和优秀设计奖。

多年的工程施工实践，造就了一支团结敬业、开拓进取、吃苦耐劳、作风顽强、技术精湛、声誉卓著的长江航道职工队伍。

在崭新的21世纪，长江航道局将继续遵循用户第一、质量第一信誉第一的宗旨，一如既往，竭诚为客户提供更优质的服务，为祖国和现代化建设作出新的贡献。

长江航道局

Changjianghangdaoju

水文泥沙观测取样

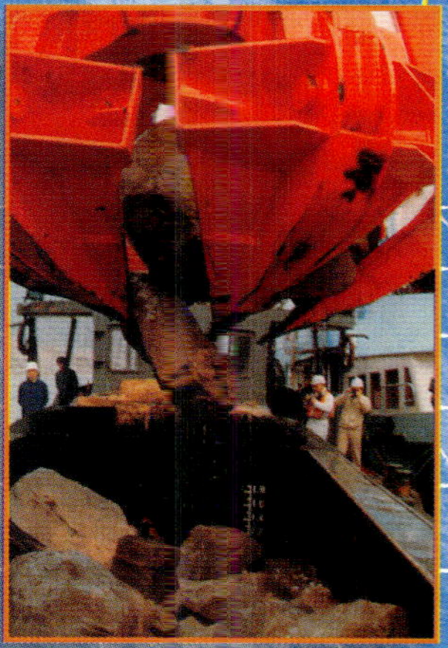

川江航道水下清渣

林港码头清淤工程

长江下游航标工作船作业

奋力开拓　与时俱进

武汉塑料工业集团股份有限公司

武塑集团是中国塑料制品加工企业的第一家股票上市公司，国家大型二档企业，湖北省武汉市50户国有大中型重点企业之一。“武塑集团技术中心”是湖北和武汉市分别确认的第一批省级和市级企业技术中心。2000年被国家科技部认定为国家火炬计划重点高新技术企业。截止2001年末，总股本14096万股，总资金78078万元。2001年主营业务收入48019万元，净利润3143万元。

近几年来，武塑集团根据发展汽车工业的产业政策，坚持依靠技术进步，不失时机地调整产品结构，开发高新技术产品，现已发展为以生产汽车零部件为主，科工贸全面发展的企业，经营范围涉及商贸、信息咨询、计算机工程设计、进出口贸易等业务。当前已为神龙公司、三江雷诺公司、东风汽车公司、武汉万通公司、风神汽车有限公司、颐中（青岛）运输车辆制造有限公司、东风柳州汽车有限公司、上汽集团奇瑞汽车有限公司、安微江淮汽车集团公司等汽车制造厂配套生产供应汽车塑料燃油箱、塑料保险杠、汽车座椅配件、汽车空调器配套塑料件等近300多种汽车塑料产品，为长飞电览配套生产光纤环绕盘等系列产品。

公司引进德国具有世界先进水平的大型中空吹塑设备，目前已是神龙汽车有限公司、三江雷诺汽车有限公司、万通汽车有限公司等汽车油箱的定点供应商。

公司引进的德国KRAUSS-MAFFEI注射机，法国MECASONIC焊接机等设备，均属国际一流的汽车塑料保险杠制造加工设备。目前，已为多家汽车制造商生产保险杠。

武塑工业园生产现场

武汉市副市长段轮一同志和武塑集团经济工作座谈会的全体代表合影

地址：武汉市解放大道单洞路特1号武汉国际大厦A座12楼　邮编：430022　电话：86-27-85898652　86-27-85425513　传真：86-27-85891746

ADD:12/F A.BIOCK WUHAN INTERNATIOAI BUIIDING. NO.1DANDONG RD,.JIEFANG AVE., WUHINA

武汉高科国有控股集团有限公司

WUHAN HI-TECH HOLDING GROUP CO.,LTD.

武汉高科国有控股集团有限公司，经武汉市政府授权全面经营、管理东湖开发区国有资产，武汉工程科学研究院、武汉农业科学院资产也相继划归武汉高科管理。集团注冊资本15亿元，成为华中地区一家集资产经营与管理、创业孵化器、风险投资、技术产权交易中心、工程科学研究、高新技术产业、科技园区建设为一体的大型国有科技集团。是“武汉·中国光谷”商标的所有者，也是光谷建设业主。

各级领导十分关心“武汉·中国光谷”建设。图为国家科技部部长徐冠华（左一），教育部副部长周济（左四）、湖北省委副书记、武汉市委书记罗清泉（左二），武汉市副市长袁善腊（左三），在武汉高科总经理万力（右一）陪同下检查光谷重点项目。

武汉高科集团公司创建伊始，便高起点地与国际惯例接轨，本着“走持续发展之路，创百年常青企业”的理想，建立起卓有成效的现代企业管理模式。集团公司投资的“东湖大学科技园”建设项目是国家级大学科技园之一。参股的“华中曙光软件园”是国家重点软件产业基地——“湖北省软件产业基地”的主体和示范工程。参股的“光谷技术产权交易所”是湖北武汉体制创新和技术创新体系的主要组成部分。武汉市重点建设项目——汤逊湖新社区由武汉光谷基地建设公司承担建设，规划用地290亩，住宅总建筑面积18万M^2，目前一期工程已竣工，二、三期工程全面开工。公司有53家全资、控股、参股企业，分布在电子与通信、新型复合材料、高科技农业、现代交通、机械、旅游、科技园区建设等产业，发展势头良好、投资收益明显，形成了多层次经济结构、多项目投资开发、多元化开放经营、全方位社会服务的经营格局。

图为“武汉·中国光谷”重点产业项目受到各界人士的关心。

在武汉高科投资企业中，“人福科技”、“长江通讯”已成功地在上交所挂牌。“三特索道”，“国测电力”等企业将相继上市。

武汉高科集团公司热忱欢迎国内外商家和有识之士进行产业、项目、资金和人才的合作，充分利用“武汉·中国光谷”建设的难得时机和強大政策支持，更快地为社会创造更多的财富。

地址：武汉市东湖开发区华光大道18号
电话：（027）87592027 87592017
传真：（027）87592029
邮编：430070

图为武汉高科大厦

高　科　房　地　产

武汉高科房地产开发有限公司

WUHAN GAO KE FANG CAN

武汉高科房地产开发有限公司是由武汉高科国有控股集团有限公司、武汉高新技术风险投资有限公司、武汉当代物业发展有限公司共同投资组建的具有二级房地产开发资质的企业，公司注册资金4000万元。

公司自1999年5月成立以来，主要是为了完成武汉市政府下达的3000亩康居工程任务。公司拥有的3000亩土地分布于武汉三镇，其中汉口江岸区后湖1246亩的东方恒星园已完成第一期工程的开发、建设与销售；位于武昌卓刀泉的“星光苑”项目已全面竣工，基本完成销售任务。目前，公司正在建设“武汉·中国光谷”新社区及汉阳墨水湖等项目。

公司现有员工28人，其中各类专业技术人员20名，平均年龄30岁左右，是一个富有朝气、充满活力的团队。公司下设办公室、计划财务部、开发招商部、工程管理部、营销策划部、预算合同部、产品研发部七个职能部门。

公司以“团结、竞争、追求、创新、奉献一流”为企业理念，坚持“以人为本、不断创新、服务社会”的原则，以市场为导向，做好每一项工作，把一流的住宅产品奉献给社会。

中国第一冶金建设公司

总经理：[签名]

国第一冶金建设公司是中央直属大型综合性工程施工总承包一级企业，成立于1954年，现有从业人员12935人，其中各类技术人员4947人(高级职称402人，中级职称1959人)，拥有各类机械设备3628台套，总功率8.7万千瓦。具有承包冶金大型系统工程及机械，电子、电力、化工、石油、轻纺、交通、通讯、建材和高层建筑、市政建设等行业系统工程综合实力。国内年施工生产能力达24亿元以上。

1995年经国家外经贸部批准，公司取得了经营国外经济技术合作业务的资质。四十余年来，先后承建了武钢"双四百"等一大批钢铁联合企业系统工程，承建了深圳、广州、湖北等地区大量的高层建筑和市政建设以及其它行业的一些工程。在已竣工的工程中，公司先后在武钢3200M高炉工程，天津无缝钢管厂炼钢连铸以及武钢高速线材工程均荣获国家建筑业最高奖项----鲁班奖。公司曾多次被中央，市政府授予各项荣誉。公司按ISO9002标准建立了质量体系，并于1996年6月获国家中建协质量体系认证证书。

地址：武汉市青山区和平大道1247号

电话：027-86862812

传真：86856603

邮编：430081

承建的武钢70万吨高速线材厂(获鲁班奖)

承建的武钢3200立方米高炉(获鲁班奖)

承建的湖北宜昌邮电大厦

中国一冶承建

国内第一、世界第三大光纤光缆生产厂房---武汉长飞光纤光缆有限公司

武汉桥建集团有限公司

武汉桥建集团有限公司的前身是设立于1990年的武汉桥梁建设公司，是在武汉市改革传统的城市基础设施投融资体制，尝试以企业化、市场化的手段建设武汉长江二桥的背景之下应运而生的一家国有控股企业。自1990年至1995年，围绕这一主要目标，公司一方面本着审慎的态度，适当从事了一些产业投资，多方补充建桥资金；另一方面，率先在国内采用组建外商投资股份有限公司的形式，通过定向发起设立武汉桥梁建设股份有限公司，吸收境内外投资，保证了武汉长江二桥1995年6月建成通车。

在武汉长江二桥建成通车后，武汉桥梁建设公司更名为武汉桥建集团有限公司，并调整业务经营方向，转而从事房地产综合开发。秉持“诚实守信、客户至上、人性为本”的开发经营理念，近年来，公司开发了汉正街中心商城、汉正花园、澎湖公寓等代表性的房地产开发项目，这些项目以准确的市场定位、超前的规划设计、完善的物业管理在同类楼盘中树立了鲜明的特色，屡获“优良工程”、“黄鹤金奖”、“用户满意的放心房”、“优秀物业管理大厦”等称号，受到客户的青睐。公司2000年入选有关权威部门认定的“武汉市房地产开发行业前十强”。

在住宅产业化大潮方兴未艾的形势下，面对前景看好且不断成熟的房地产市场，我公司将凭借多年来积累而成的专业化经验，继续专注于从事房地产开发业务，进一步打造“桥建”品牌，走创建“成熟、稳健、可靠”的品牌企业的发展之路，努力为客户创造更多、更好的精品楼盘，并促进武汉市房地产业整体水平的提升。

地址：汉口台北路102号

联系电话：（027）85495230

邮编：430015

公司董事长：郑小华

澎湖公寓

汉正花园

汉正街中心商城内衣批发市场

汉正街中心商城时装批发市场

汉正街中心商城品牌服饰写字楼

背景图片为武汉桥建集团有限公司开发的汉正街中心商城全貌

创新机制 加快发展 提高效益 增强实力

武汉电信分公司

WUHAN TELECOMMUNICATIONS

武汉电信新世纪上新阶

湖北省委书记俞正声视察武汉电信

总经理：林幼槐

2001年是湖北省电信公司武汉电信分公司企业改制后的第一年，在这一年里，武汉电信牢牢把握改革、发展、管理、效益主旋律，坚持技术、管理、服务、机制创新，从提高市场占有率、资金利用率、网络利用率和企业经济效益入手，进行了以三项制度改革为重点的企业机制调整，加快了电信业务的发展，加强了企业战略和以财务为核心的企业管理，向网络先进、管理科学、机制灵活、服务一流、效益良好的企业建设目标迈了一大步。企业实力和竞争力明显增强，2001年武汉电信的业务收入增长速度达10%，高于全国电信（固定电话）平均增长水平，劳动生产率较上年有较大增幅，在全国可比省会城市中名列前茅。

湖北省长张国光等领导视察武汉电信

2001年，武汉电信固定电话新增30万户，全市电话交换机容量达250万门，全市固定电话用户达188万，使全市家庭固定电话普及率超过80%。

宽带通信快速发展，建成全市宽带城域网，网络带宽出口达2.5G，宽带接入户超过10万。以千兆以太网、CABLE MODEM、ADSL等多种宽带接入方式，满足不同用户的需求。

武汉市委书记罗清泉视察武汉热线

2001年12月8日，武汉电信开通了湖北首个宽带网站“宽频世界”，成为全国为数不多的能提供宽带节目的网站。它与“武汉热线”“卡秀”“武汉电信”网站一起构成华中地区最大的网站群。其中，武汉电信“卡秀”网站注册用户达120万，日访问量达500万次，节日发卡量突破百万次，成为全球最大的贺卡网站。

武汉电信通信建设在2001年取得突破性进展，投资达4亿，建设面积达5万平方米的武汉电信长途第二通信枢纽大楼胜利封顶，它标志着武汉在全国的通信枢纽地位进一步增强和武汉的通信能力进一步提高。新建成武汉电信长途第二通信枢纽，以先进的宽带通信技术为主，是我国为数不多的宽带长途通信枢纽，它的封顶被评为湖北省企业界20件大事。

武汉电信长途长二通信枢纽大楼封顶仪式

2001年，武汉电信在省、市党委政府的领导下，围绕“数字武汉”和华中信息中心建设目标，大力加强电信基础设施建设，积极实施政府、企业、家庭、学校信息化工程，不断进行服务创新，最大限度地满足用户对通信服务的需求，先后完善了大客户服务、1000服务、窗口服务、装机修障服务等多个服务平台，为湖北、武汉经济发展提供良好的通信服务保障。2001年，武汉电信被武汉市评为“优秀企业”，被湖北省政府授予全省“最佳文明单位”，荣获全省“五一劳动奖状”

铁通

GHINA RAILCOM

总经理顾秋生（ 右三）在与职工代表畅谈公司发展方向

铁道通信信息有限责任公司武汉分公司成立于2001年8月30日，它是铁道通信信息有限责任公司在湖北省组建的省会城市分公司，是中国铁道通信中南地区的通信枢纽，现有程控交换机容量为14万线。随着铁通通信网络的建设，铁道通信信息有限责任公司武汉分公司已成为中国铁通京沪穗400G高速环、西南80G传输环的骨干结点，在中国铁通的通信网络中起着重要的作用。

铁道通信信息有限责任公司武汉分公司主要经营电信主管部门批准的各种电话业务、数据、电视等非话业务、网元出租代维业务、宽带接入、综合信息服务及铁路专用通信等业务。

铁道通信信息有限责任公司武汉分公司机关设有办公室、劳动人事部、财务部、市场营销部、技术发展部、网络运行部、党群工作部等六部一室，下辖洪山、江岸、汉口、武昌、武北五个支公司及铁道通信维修中心、报话服务中心、中铁寻呼武汉台、鹏翔公司。

电话：10050

地址：武昌八一路附2号

铁道通信信息有限责任公司 武汉分公司

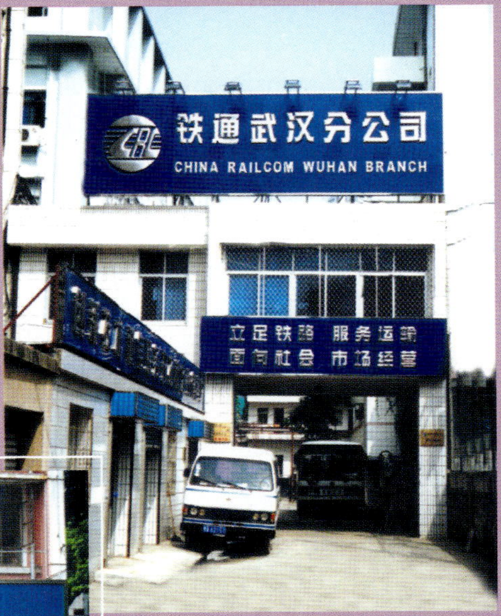

武汉钢铁有限责任公司

厂长

书记

武汉钢铁有限责任公司炼铁厂是武钢的主体厂矿之一，现有五座现代化大型高炉，固定资产17.56亿元，职工在岗人数2022人。

该厂于1957年7月1日破土动工，1958年9月13日建成投产。经过45年的建设、改造和发展，生产规模不断扩大，到目前为止，高炉总有效容积10965m^3，年产生铁可达800多万吨。

1958年9月13日，该厂在毛泽东主席的注视下，炼出了第一炉铁水，至今已累计生产生铁13645万吨，为我国的经济建设和社会发展作出了重大贡献。

45年来，该厂不断加大投入，依靠科学管理和技术进步，充分发挥先进工艺及设备的优势，成绩斐然。尤其是以1991年10月19日五号高炉建成投产为标志，炼铁生产以科技进步为推动器进入加速发展时期。十多年来，该厂始终坚持“优质、低耗、高产、安全、长寿”的高炉技术操作方针，走引进、消化、移植与自主开发之路，无料钟炉顶、软水密闭循环、INBA炉渣处理系统、高炉专家系统等一大批当代先进的炼铁工艺广泛应用于高炉生产之中，各项经济技术指标日新月异，焦比、煤比。风温、工序能耗、高炉利用系数、全员劳动生产率均居国内同行业前茅。

在高炉前入党宣誓

近年来，该厂还致力于安环设施的建设和厂容厂貌的整治，使现场生产环境及厂貌大为改观，并因此多次荣获公司“环保先进单位”、“一流工厂”的称号，还被湖北省政府评为“花园式”工厂。

炼铁厂

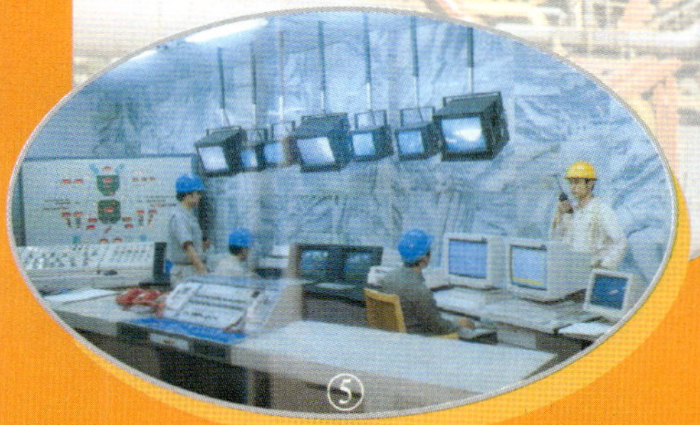

①五号高炉出第一炉铁水的盛况
②自主管理成果发布
③职工教育培训
④时装表演
⑤四号高炉主控室

主任兼党委书记

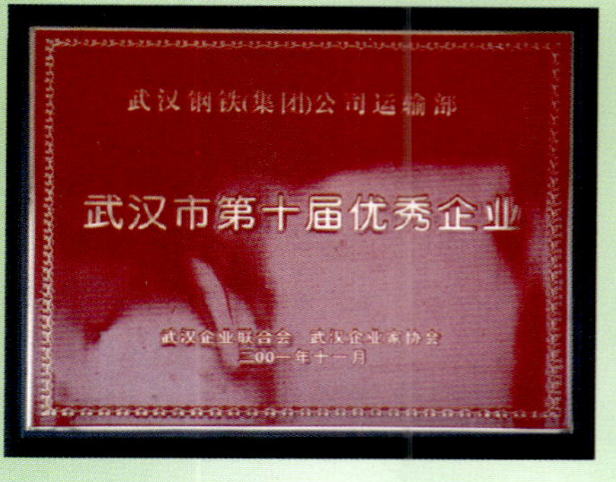

荣获武汉市优秀企业

武钢运输部主要承担武钢（集团）公司内部各厂及青山热电厂、一冶水泥厂等企业的原燃材料及半成品、成品的铁路运输，起着衔接钢铁材生产工序的作用。现有职工 4151人，净资产83543万元。近年来，该部贯彻“质量、安全、效益”的方针，有力地保障了武钢生产经营的顺利进行。被评为2001年武钢（集团）公司红旗单位，武汉市1999-2000年优秀企业等称号。

多年来，该部的铁路运输量均超目标完成，实现销售收入创历史最好水平，机车完好率、线路完好率、运输全员劳动生产率等主要技术指标保持全国十大钢厂一流水平，机车台日产量保持全国冶金同行业的领先地位。

2000年率先在全国冶金系统淘汰了蒸汽机车，并全面实现了铁路运输“六化”目标---机车内燃化、车辆大型化、线路重载化、信号自动化、通讯程控化、调车无线化。目前，已开始实施管理信息化。研制的预应力混凝土拼装式轨道枕根，C型无螺栓扣件等形成了独有的技术优势，已推向了国内冶金运输技术市场，“九五”期间，先后完成技术攻关项目 323个，技术进步带动了企业降低成本9166. 2万元。

安全生产是铁路运输行业的重点和难点，多年来，该部领导认真履行安全生产责任制，采取多种形式加大安全环保现场监控，一般事故率降到历史最低点，连续10年消灭人身工亡事故。同时全面加强内部管理，积极推进车间核算，逐步实现了由生产管理型企业向资产经营型的转变。

武汉钢铁（集团）

在全国冶金同行业率先实现机车内燃化

注重现场管理，荣获湖北省冶金行业花园式工厂称号

通过铁路运输将武钢产品源源不断发往四面八方

开拓进取的武钢运输部领导班子

WUGANGYUENSHUBU

公司运输部

狠抓安全工作,安全生产创历史最好水平

积极推进企业信息化建设,提高企业管理水平

提高职工技术素质,适应企业发展需求

精神文明建设取得累累硕果

处长：刘诗雄

党委书记：白士铎

武钢(集团)公司中小

武钢党政主要领导接见获第40届国际数学奥赛金牌的武钢三中学生程晓龙

获国际数学奥赛金牌的武钢三中学生郑晖载誉归来

党委书记白士铎与扶贫助困奖学金一等奖获得者在一起

武钢（集团）公司中小学教育处直辖武钢青山地区中小学33所。其中中学14所、小学15所，九年一贯制学校3所，体校1所；武钢三中为湖北省重点中学，武钢职教中心为湖北省重点职业高中；1999年，全处教职工2427人，在校学生33216人，其中小学生17318人，中学生15007人，职业学校学生891人；学校分布在红钢城、工人村、白玉山、武东、肖家湾等地区，点多面广，形成了一个规模较大、结构较完整的兼容职业教育和特殊教育的普通教育体系。

在长期的办学实践中，武钢中小学教育处坚持以邓小平教育理论为指导，认真贯彻落实党的教育方针，全面推行素质教育，紧紧围绕教育教学中心，团结奋进、拼搏进取、务实创新。“九五”期间，他们通过学制改革、招生、考试制度的改革，教育科研，改善办学条件，开展现代技术教育，制定和执行小学、初中、高中学段的工作重点，强化教育教学管理，制定中、高考对策等措施，使教育教学质量、效益和办学水平稳步提高；每年义务教育阶段入学率100%；小学、初中、普高、职高毕业率接近或达到100%；中小学体育达标率均在90%以上；中小学生思想品德评定合格率超过99.99%，犯罪率为零；每年有上千人次在国家、省、市学科竞赛中获奖；2000年，高考上线880人，上市线以上1012人，上新高职线98人，再创历史最好水平。由于各方面工作成绩突出，该处连续几年获得“武钢红旗单位”、“武钢先进党委”、“武汉市师训工作先进单位”、“武汉市勤工俭学明星单位”等殊荣几十项，每一领域的工作都受到了武钢（集团）公司和上级教育主管部门的充分肯定和高度评价。

全面推行、普及计算机远程教学

创新素质实践行

学教育处

环境育人，服务育人，管理育人

不断培养学生的自创能力。图为武钢二小学生在武汉市劳动课中获得一等奖

全面贯彻教育方针，实施素质教育

学校硬件建设日新月异

武汉华枫传感器件公司

WUHAN HUAFENG SENSOR DEVICE CO

总经理：[signature]

武汉华枫传感器件公司于1996年在武汉东湖高新技术开发区注册登记，注册资金200万元。是经国务院批准的武汉东湖高新技术开发区内命名的高新技术企业。该公司依法自主经营。独立核算，是享有民事权利和承担民事义务的企业法人，企业经济性质为全民所有制。

该公司现有职工180人，其中大专以上学历者占总人数的50%以上，具有中级技术职称者占35%以上，是一支善于攀登科技高峰，刻苦钻研高新技术，能解决疑难技术的高素质队伍。

本公司愿为发展中国的民族工业作出自己的贡献。

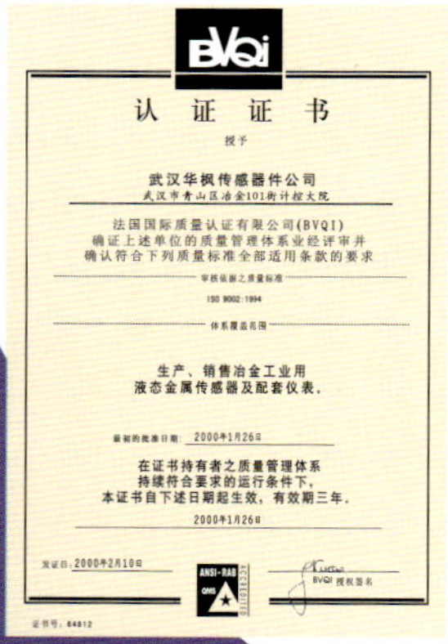

BVQI

认证证书

授予

武汉华枫传感器件公司

武汉市青山区冶金101街计控大院

法国国际质量认证有限公司(BVQI)
确证上述单位的质量管理体系业经评审并
确认符合下列质量标准全部适用条款的要求

审核依据之质量标准

ISO 9002:1994

体系覆盖范围

生产、销售冶金工业用
液态金属传感器及配套仪表。

最初的批准日期：2000年1月26日

在证书持有者之质量管理体系
持续符合要求的运行条件下，
本证书自下述日期起生效，有效期三年。

2000年1月26日

发证日：2000年2月10日

BVQI 授权签名

证书号：84812

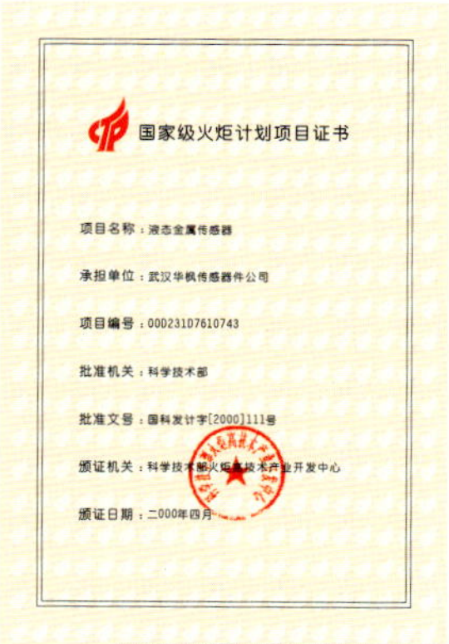

国家级火炬计划项目证书

项目名称：液态金属传感器

承担单位：武汉华枫传感器件公司

项目编号：00023107610743

批准机关：科学技术部

批准文号：国科发计字[2000]111号

颁证机关：科学技术部火炬高技术产业开发中心

颁证日期：二000年四月

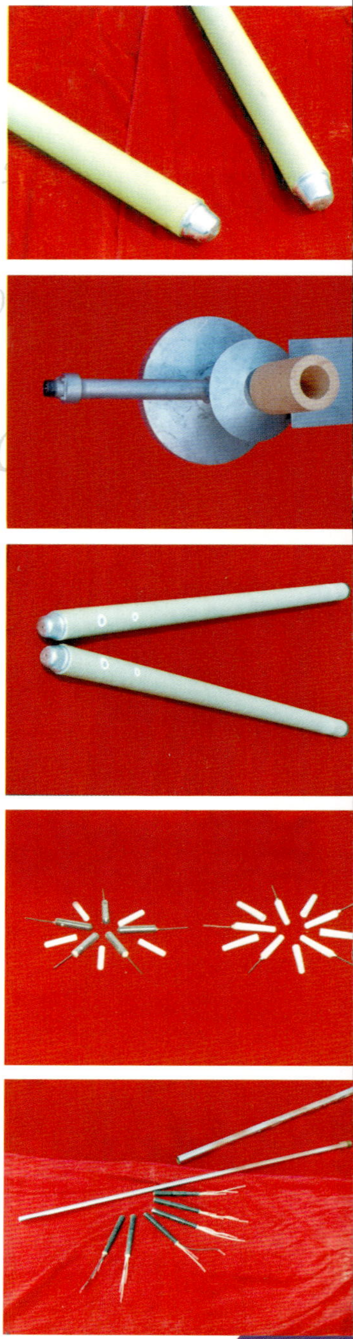

高新技术产品

公司办公大楼

法定代表人：潘正林

省军区领导视察汉武集团

武汉汉武集团有限公司

武汉汉武集团有限公司原系中国人民解放军湖北省武汉警备区“以劳养武”企业的龙头，分管武汉市13个区武装部“以劳养武”企业，集房地产综合开发、建筑安装施工、装饰装璜、物业管理、设备材料采供、铝塑复合装饰材料生产、多种经营为一体，具有房产开发、建筑施工、装饰装璜二级资质，为军队建设和地方经济发展做出了卓越贡献。

武汉汉武集团有限公司的前身是武汉汉武基建工程队，始创于1992年4月，由公司现任董事长兼总经理潘正林同志“以开发带建筑，以建筑促开发”为经营理念，艰苦奋斗，不断开拓，逐步发展到今天拥有总资产1.74亿元，净资产1.12亿元，年产值过亿元，每年向国家贡献利税近500万元的“以劳养武”企业，汇聚了一批能经营、善管理、懂技术、讲信誉的专业人才，现有职工87人，各类专业技术人员77人，占现有职工人数的88%，其中中高级专业技术人员29人。

武汉汉武集团有限公司在市场经济的改革浪潮中，始终把“讲求信誉，质量第一、用户至上”作为工作的出发点，武汉汉武集团公司在注重开发效益的同时，把工程质量也始终放在首位，公司领导集体深深意识到“质量是企业的生命”。公司内部分别制定了《建筑工程质量管理办法》《建筑工程安全管理实施细则》和与之相配套的一系列措施。严格要求操作人员持证上岗，按规程施工，所开发建设的工程项目合格率100%，优良率33%。

武汉汉武集团有限公司自成立至今，始终保持着稳步发展的态势，年年被工商行政管理部门评为“重合同、守信誉单位”，被省人民政府、湖北省军区授予“以劳养武”先进单位，被武汉市信誉评级委员会及武汉市统计局授予“AAA”级资信单位，被湖北省统计局授予“百强企业”称号，被汉南区委、区政府授予“双文明单位”和“十佳企业”纳税先进单位称号。

训练有素的汉武民兵应急分队

风景如画的汉武工业园

武钢铁

Wuhang Iron & Steel C

厂长:韩永泽

武钢铁路工程器材厂(以下简称铁路器材厂)始建于1983年，建厂后主要生产铁路器材，为了开拓市场，满足武钢生产需求，于1996年投资210万元建成了两条稀土金属丝、棒生产线。目前我厂已成为生产混合稀土金属材料及铁路器材专业厂家。现有职工280人，其中专业管理技术人员占11%。铁路器材厂依托武汉钢铁（集团）公司坚持走科技进步，走质量效益型的发展道路，不断发展壮大，取得了令人瞩目的成绩。

铁路器材厂开发的混合稀土金属丝、棒系列产品是生产稀土处理钢的主要添加剂。其技术装备、生产工艺处于国内领先水平。产品质量稳定，其中φ2.0mm混合稀土金属丝产品填补了国内空白。

铁路器材厂坚持质量第一，信誉第一，顾客至上的宗旨，并将顾客对产品质量的要求作为控制产品实物质量的重要依据，以满足顾客的需求，为顾客提供信誉保证。

QAC

质量体系认证证书

武钢铁路工程器材厂

多种规格产品满足不同轨型的需求

“钢禾”牌混合稀土金属丝

路工程器材厂

poration Railway Engineering Apparatus Fty.

团结进取的领导集体

产品在木枕上应用

厂办公大楼

武汉东鑫

武汉东鑫物业发展有限公司成立于一九九六年，一九九八年由国营企业改制为民营企业。过去公司仅是一个资产近10万元的单一的商贸企业，企业改制后，经过艰苦创业由一个单一的商贸企业发展成为以房地产开发为主，工程建筑、商贸和服务为一体的综合型企业，资产增值到三千万，成为吴家山地区的龙头企业。

近年来，公司开发了“革新小区”、“东鑫商住楼”等项目，共计10万平方米。销售量达到100%以上，销售量在东西湖同行业之首。为了中学达标，造福子孙后代，公司在一九九八年投资152万元兴建教学楼、实验室等无偿赠送给桥头中学。公司一贯奉行“优质高效、信誉至上”的经营宗旨，力求满足各层次市民的需求，取得了喜人的经济效益和社会效益。自企业改制以来，连续三年被省、市、区工商行政管理局评为“重合同守信用”企业和武汉市特级“AAA”信用企业，“明星企业”等荣誉称号。

跨越21世纪，东鑫公司继续艰苦创业，奋发进取，实施东鑫名牌战略。目前正在施工“新城·枫林苑”品牌小区工程。该小区占地面积为47.81亩，总建筑面积为5.46万平方米，预计创造销售额7000多万元。

在“新城·枫林苑”小区启动中，下半年同时开发三店的“鑫海花城”小区，占地面积295.23亩，总建筑面积为35万平方米，预计三年内完工，东鑫公司将以“优质高效、信誉至上”的宗旨接待四方客户。

完备的环境设施

公园　特有的枫树

新城·枫林苑毗邻占地3万平方米的吴家山绿化广场，绿意葱茏、华灯点点、喷泉随音乐舞动；北有大型水上乐园碧水悠悠；西郊公园山青树秀，满目苍翠；自然景观得天独厚。小区礼聘专业环境设计公司精心设计特色绿化生态园林，在遍植各类花草树木的同时特别打造一个全市唯一的以枫树情调为主题的生活园区。住户漫步在园林灿烂的枫林中，感受秋的和谐与美丽。

首 / 席 / 精 / 致 / 高 / 尚 / 生 / 活 / 园

物业发展有限公司

独特的绿化景观

新城·枫林苑

枫情 枫韵 枫华人生

DongXin

新城·枫叶苑所处的台商投资区周边，业已发展成配套设施齐全，交通便利的大型新兴城区，学校、医院、银行、文化活动中心、车站、市场等应有尽有，当您寄情山水风景，坐拥现代生活的繁华便利之时，更能独享一份难得的自在宁静。

专业的物业管理

亲 和 的 设 计

度假 天天回家

现代人的工作节奏快，竞争激烈，精神上的困倦远远超过体力上的疲劳。新城·枫林苑打造全新度假生活概念，广集多项娱乐与康体设施，把一个过日子的地方变成度假休闲的好去处。当你忙碌一天归来，换上家居服，眺望美丽的园景，充分放松身心，拂去都市的烦嚣，眩目处，教人心驰神往。

管理 高科技智能

新城·枫林苑刻意营造超前义的“资讯时空”，实行智能化综合布线，使有限的住宅空间通过资讯得以无限地拓展。小区采用高科技智能管理，为业主提供多姿多彩的数字社区宽带网络，设红外线控系统、烟感报警、家居远程监控及多项家居服务，引领时尚生活。

胡区吴家山六支沟 热线：027-83251883 83251586

武汉市第三市

董　　　　　事　　　　　长
经济和城市建筑高级工程师
市政府特殊津贴专家
市优秀经营企业家

萧锡放

武汉市第三市政工程有限公司，其前身为湖北省武汉市第三市政工程公司，为国有市政中型企业。

公司注册资金为2350万元、经过半个世纪的发展，公司现拥有：壹级中心实验室壹座，砼拌合场壹座，小型预制厂壹座，专业设备、机械285台，各类高、中专业技术人员185人，公司现在年生产能力达亿元以上。2001年2月公司被湖北省统计学会评为”湖北市场建筑行业十佳”单位，5月被武汉市总工会授予”五一劳动奖状”荣誉称号。

本公司的服务宗旨：质量第一、信誉至上。

公司所承建的道路、桥梁、堤防、机场场道、治污、给排水及大型建筑结构工程，曾多次获省优、市优质及武汉地区优良样板工程称号。汉口青年路道排工程获省优质工程，武昌八一路道排工程获得武汉地区优良样板工程，武昌文明路道桥（双湖桥）工程获黄鹤杯金奖，武昌东湖路排水工程、长江大桥武昌引道沥青砼加铺张工程、武汉龙王庙桩基L墙工程均获市优质工程称号，黄浦路立交三层高架桥及落地段NS0－NS14和黄浦路立交桥3＃、4＃匝道工程、武汉青年路高架桥工程分别获市优质工程称号。目前完工的武昌洪山广场地下通道工程、武汉白沙洲大桥DI标道路工程、汉口额头湾立交桥工程、江汉三桥汉口岸引桥工程、东湖沙滩泳场工程均为市内亮点工程。

公司已申报市政公用二级施工总承包资质、公路工程三级施工总承包资质，目前已通过北京九千标准质量体系认证中心颁发的质量体系证书及UKAS认证书。

不懈追求是本公司发展的动力。一流管理、一流工程、一流服务、一流信誉是公司的质量方针。

工程有限公司

长江三桥建成通车，凝聚了武汉市第三市政工程有限公司广大职工辛勤汗水。

我公司承建的东湖沙滩浴场工程，二00一年被评为优良工程，为广大市民节日出行、盛夏嬉水的好去处。

武汉市第三市政工程有限公司董事会成员。二00一年被市总工会评为“五一”劳动奖状。

我公司承建的武昌文明路双湖桥工程，二000年获武汉市市政黄鹤杯金奖，为武汉市增添了一道亮丽的风景。

地址：武汉市硚口区发展大道38号　邮编：430023　电话：027－83528042　传真：027－83520342

CHANG YUAN

湖北长源房地产开发有限责任公司

公司高层管理人员：
右起：副总经理　王志刚
总经理　董洪汉
董事长　刘亨灿
副总经理　李世忠

武汉二000年度主要经济指标

房地产开发企业五十强

武汉市统计局
武汉社会经济科技发展评价中心

湖北长源房地产开发有限责任公司（以下简称公司）系由湖北省电力系统的17家大中型企业合股组建成的有限责任公司，于1996年12月成立，为二级房地产开发企业，公司注册资金由2500万元增资扩股到8000万元。公司以房地产开发、商品房销售、物业管理、建筑装饰装璜工程及建材生产销售为主，兼营机电、通讯设备、电线电览、金属材料、化工产品及家电、日杂百货。

公司实行董事会领导下的总经理负责制，按照现代企业制度规范公司的各项管理工作。公司尊重知识，广纳人才，拥有一大批中高级经济技术工程管理等方面的人员，其中具有高级职称的8人、中级职称的36人、初级职称的8人。

公司成立以来，在武汉市汉正街地区投资1000多万元开发一家约10000平方米“电力家电商城”，它集商铺、仓库、停车、购物于一体，己具规模，在汉正街商贾云集地区占有一席之地；开发建设的武汉市汉口青年路"长源商住大厦"30层3.5万平方米的综合楼,现己交付使用;正在兴建中的建筑面积8万平方米的汉口“西华园”项目和建筑面积10万平方米的宜昌西陵小区工程是武汉和宜昌地区的明星楼盘，其中“西华园”项目是集三星级楼盘智能化、酒店式物业管理、园林式建筑风格、休闲娱乐居住的高尚小区。

公司作为省电力系统多经产业发展的四大支柱之一，将遵循“以人为本、创意为先、立足现实、崇尚业绩”的服务宗旨，追求“优良的施工质量、优美的人文环境、优质的物业管理、优秀的企业文化”的工作理念，本着“自强、奋进、求新、创新”的发展原则，立足武汉，面向全国，充分发挥公司在人才、技术、资金等方面的优势，为繁荣房地产开发市场，拓展新的发展领域而作出新贡献。

长源商住大厦

长江绿色工程科技研究开发中心

为了举世瞩目的南水北调工程生态环境建设。长江水利委员会于1998年成立了长江绿色工程科技研究开发中心（简称长绿中心）。长绿中心立足于长江流域，面向全国，具有城市园林绿化二级企业资质，主要从事生态环境的科研开发以及绿色工程建设，是集科、工、贸为一体的绿色生物工程的专业企业集团。

长绿中心依托长江委和中国林科院，形成了技术密集，专业齐全的国内知名园林绿化企业。中心建有大型专用开发基地6个。总面积逾万亩，引进了120余种国内外冷暖型名优系列草种、苗木。采用高新技术快速繁育，并取得了一些科研成果，中心与众多科研机构以及大专院校建有广泛的信息、技术合作网络，与中国林科院合作开发。进一步扩大了科研范围与成果，为南水北调工程的生态环境建设奠定了坚实的科研基础。形成了集花草繁育、苗木建植、水土保持、水质保护、生态恢复、森林保护、边坡防护、园林建筑、城市雕塑、喷泉喷灌、花卉租摆的规划、设计、施工等为一体的企业集团。中心以先进的技术、精心的施工、优质的服务取得了客户的信赖，先后承接并完成了三峡移民安置区环境保护、深圳南山区小流域治理、河南南阳广场绿化、南水北调中线工程景点边坡防护、武汉市木兰湖旅游区建设、长江及赣江重要堤防边坡景观绿化等近百项环境绿化美化工程。同时，在治理“三废”（即废气、废水、废渣）方面也取得了卓越的业绩。长绿中心本着“保护绿色、播撒绿色、创建绿色”的理念，实行“产业发展、规模运作、现代管理”的战略方针，充分运用资本运营、信息网络和技术优势，把握当今科技脉搏，推动绿色产业发展，不断追求美好未来。

武汉江夏一中整体环境工程

黄石迎宾大道绿化工程

杨树速生用材丰产林基地

黄石花湖水厂绿化工程

武汉钢铁集团建设有

CONSTRUCTION LIMITED LIABILITY

武汉钢铁集团建设有限责任公司，具备国家工业与民用建筑施工一级资质，是全国建筑业综合实力500强、湖北省30强企业，1996年通过法国BVQI公司ISO9002国际标准质量保证体系审核认证。

公司施工装备力量雄厚，技术力量 强，施工专业手段齐全，经验丰富，拥有各种大中型工程机械设备512台套，各种高、中级职称人员超过从业人员的20%，具有从大型土石方、基础处理、工业与民用建筑、设备安装与检修等多专业综合施工能力，能独立承接国内外工业、民用和公共设施、建筑工程，承接各种大中型机械、电气设备的安装、调试和检修工程。

公司成立以来，施工足迹遍及大江南北，先后创建了武钢工业港8、9号码头，武钢一炼钢平改转、武钢第四烧结车间、中日合资兴井工程等一大批国家级、省部级优良工程，赢得了用户的青睐，被武汉市政府评为建筑业“AAA级信誉企业”，被授予“重合同、守信用”和“重质量、守信用”企业。

公司在发展建筑主业的同时，面向市场调整产业结构，建有国家一级资质的预制构件制作与商品砼搅拌中心和装备一流的轻钢结构生产线，形成了“一体两翼”的多元化产业格局。

公司苛求质量、信守合同、注重信誉，愿与国内外各界同仁携手同进，同创未来。

董事长、总经理：张玉才

本公司施工装备力量雄厚。拥有各种大中型工程机械设备512台，总装备能力33540千瓦，人均装备率10.7万元。拥有各种载重车辆125台，总载重量904.5吨；拥有300吨及以下履带式和轮胎式各种规格的起重设备25台，总起重量1064吨；拥有各种推土机15台，总功率2028.6千瓦。还拥有混凝土搅拌机、混凝土搅拌输送车、混凝土输送泵车、散装水泥罐车及装载机、平整机、挖掘机、铲运机、各类桩基施工等配套的施工机械设备，具有较强的综合性机械化施工能力和汽车运输能力。(图为大型自卸汽车车队)

武钢第四烧结车间占地面积75万平方米，建筑面积5万平方米，是继宝钢烧结车间后全国又一特大型烧结矿产生产车间。本公司承建了原料、机修、矿石缓冲堆放、生活等4大系统和供料、返矿两个系统的外部配套项目，施工中实行项目法施工管理，严格按工程网络节点计划逐项立下军令状，并大量采用新方案、新工艺、新技术，仅用22个月就安装机械设备5000多吨、敷设电缆电线300多公里，吊装结构件4000多吨、安装皮带通廊15公里，工程质量荣获武汉市优良样板工程奖。(图为荣获武汉市优良样板工程奖的武钢四烧结车间外景)

限责任公司

OMPANY WUHAN IRON & STEEL(GROUP)COMPLEX

本公司拥有国家一级资质的商品混凝土搅拌中心、预制构件制作车间、钢筋加工车间、金属结构加工车间。能生产C60高强度等级混凝土，各种抗渗、抗冻、抗高温的混凝土以及能满足水下、道路、遂道等施工要求的特种混凝土；能生产各种预应力空心梁板、桥板、大型屋面板、屋架、柱、梁、桩等各种混凝土构件。拥有国家计量认证的一级专业试验室，能对商品混凝土和预制构件进行质量检验、计量、分析、技术咨询等。(图为取得国家一级资质的全自动化商品混凝土搅拌中心)

本公司施工专业手段齐全，技术力量强，具有大型土石方、地基处理、厂房纠偏、工业与民用设施建设、道路桥涵、通风采暖、工业结构管道制作及安装、机械电气设备安装及检修、机械加工修造、机械动力运输、特重型设备拖运及吊装、轻型钢结构制作及安装、商品混凝土搅拌运输及高压泵输送等多种专业综合施工能力。具有工业制冷系统设计、安装与检修、工业与民用空调维修、电气屏箱柜制作及安装、非标设备制作，重型施工机械及汽车修理、混凝土预制构件制作、商品混凝土加工、冷轧彩色屋面板与墙壁板压制加工等多种专业能力。(图为武汉市防汛整治工程龙王庙南岸嘴河道改道加固土方施工)

本公司施工足迹遍及大江南北，施工领域广泛涉及冶金建设、工业辅助、市政建设、民用设施等。50年代至今，曾先后参加了武钢矿山建设、攀技花钢铁基地建设、武钢一米七轧机工程和三炼钢工程建设、武汉东湖新技术开发区、湖南长沙星沙开发区、福建漳洲经济开发区及京九铁路、武黄高速公路、沪蓉高速公路等工程建设，先后建成武钢工业港8号、9号码头，武钢一炼钢平改转工程，武钢四烧结工程，武钢自备电厂综合煤场，武钢冷轧厂、硅钢厂、热轧厂检修改造与扩建等冶金建设工程，武钢一炼钢5万立方米威金斯干式煤气柜，武钢硅钢材料库，中日合资兴井公司等工业辅助工程；武汉市重点水利整治项目-----龙王庙工程，龙角湖方涵兴建与整治工程，朱家河大桥，黄石人民广场，监利县公安大楼，关山高新电厂，阳逻电厂，武汉港东水厂等市政工程；武汉科技大学体育馆扩建，104街民用煤气柜，钢都花园住宅小区，白玉山职工住宅小区，东西湖商地住宅小区等民用设施工程。其中武钢工业港8号、9号码头工程双双荣获国家银质奖，武钢一炼钢平改转工程和武钢四烧结工程双双荣获武汉市优良样板工程奖，武钢一炼钢平改转工程还荣获湖北省优良样板工程最高奖-----楚天杯，赢得了社会各界的广泛赞誉。(图为荣获湖北省优良样板工程-----楚天杯的武钢一炼钢平改转工程外景)

武汉钢铁集团民用建筑

武钢总经理刘本仁和党委书记张明达视察“钢都花园”

武汉钢铁集团民用建筑工程有限责任公司是武汉钢铁（集团）公司具有独立法人资格的全资子公司。企业资质等级为国家建筑二级，可承担30层以下、30米跨度以下的建筑物和高度100米以下的构筑物的建筑施工，并具有与此等级相应的基础处理、设备安装、装饰装璜、预制构件生产、彩色钢制品制作安装能力。注册资金8000万元，年生产能力1．5亿元建安产值。为国家一级计量单位，拥有一个湖北省一级建筑资质试验室。工程预算、施工组织、财务核算等全部实行网络管理。质量体系已通过中质协ISO9001·2000版认证。目前本公司已拥有50余项湖北省、武汉市优良样板工程，曾获国家“金屋奖”、湖北省“银屋奖”、“楚天杯奖”、武汉市“黄鹤杯”奖，现为湖北省建筑业先进企业、武汉市AAA信誉企业、武汉市五一劳动奖状单位和武汉市建筑业30强企业。

公司历来注重声誉、信守合同，以“坚持质量第一，创造名牌产品，满足顾客需要，追求质量效益”为宗旨，乐意在建筑领域竭诚为各界提供优质报务,共同创造美好未来。

工程有限责任公司

青山区106街32号（湖北省样板工程）

武钢计算机大楼工程

武钢党校图书馆

钢花新村121街81号楼（武汉市优质工程）

武钢白玉山游泳池工程

钢花新村115街24号住宅楼

武钢矿业建设有

董事长、经理：徐腊明

武汉钢铁集团矿业建设有限责任公司是从事矿山建设、工业与民用建筑、隧道施工、土石方工程、管道安装、机电安装、混凝土预制构件、金属结构件制作安装、建筑装饰装修工程、建筑物控制爆破拆除的综合性专业施工企业。

公司具有二级房屋建筑工程施工总承包、二级矿山工程施工总承包、二级机电设备安装工程总承包及二级爆破与拆除工程、土石方工程、隧道工程、建筑装饰装修工程、管道安装工程专业承包企业资质。

公司技术力量雄厚，施工设备精良，管理手段先进。公司现有专业技术人员327名，其中高级工程师14名，工程师96名；63人具有建设部颁发的项目经理资质证书；现有固定资产8660万元，流动资产3600万元；年完成建安工作量亿元以上。公司于1998年通过中建协质量认证中心审核认证。

公司奉行的服务宗旨是："干一项工程，树一座丰碑，交一批朋友，赢一片市场，建一个基地，创一个窗口。"到2001年，该公司已连续三次获得湖北省"文明单位"称号，连续三年获武汉地区建筑业"三A"级信誉企业称号，并迈入湖北省建筑业百强企业行列。

公司的奋斗目标是；将公司建成一个以建筑为主，多种经营相结合，跨行业，跨地区，优势互补的高效率、高水平、高素质的大型现代化企业。

公司地址：武汉青山区厂前武钢附7号门
邮　　编：430085
电　　话：027-86891306
传　　真：027-86892447

湖北省冶金矿业高级技工学校图书馆

限责任公司

省部级优质工程：大冶铁矿龙白隧道（3m×3.6m）全长2613m，南北对接贯通后接合点中心偏差仅22mm，腰线偏差33mm。

华中职业技工学院体育中心27m跨球形钢网架结构屋面

冶铁矿球团厂园盘造球系统，造球30万吨/年

武钢焦化厂废弃烟囱控制爆破，烟囱高50m、底∅6m

武钢三炼钢∅100mm工业管道安装

武钢"九五"重点工程，年产30万吨球团矿的大冶铁矿竖炉球团厂

武汉房地产开发集团股份有限公司

总经理：周浩

汉房地产开发集团股份有限公司1992年7月成立，注册资金3980多万元，二级开发资质，拥有各类高中级技术人员40余人，是集房地产开发、物业管理、经营销售、实业开发等多种经营为一体的现代化集团公司。

公司先后开发建设了东方商都、汉正街利南片商住小区、佳园经济适用房小区等多个项目。正在开发建设的项目有香江苑，佳境小区等项目。

本着“团结、守信、务实、创新”的宗旨，公司成立十年来，一直在为改善我市人民的居住状况而努力工作，开拓创新。公司多次被评为省、市房地产开发五十强企业，并被市政府授予2001年住宅建设目标管理先进单位。

地址：汉口火车站东方商都四楼

邮编：430022

电话：85604338

佳园经济适用房小区

东方大酒店

汉正街利南片小区

湖北省水利水电工程一处

副省长贾天增在水利厅厅长段安华等领导陪同下来该处调研

湖北省水利水电工程一处 创建于1960年，隶属于省水利厅。地处武汉市武昌武珞路交通主干道旁，毗邻新大地酒店和武昌付家坡长途汽车站，交通便利，地理位置优越，发展前景广阔。

该处主要从事水利水电工程建设施工。可承担大型水利水电工程施工及辅助生产设施的建筑安装，其产品和服务项目有：各类电站厂房、引水和泄水建筑物、导截流工程、堤防加高、加固、大型金属结构、水电站、电排站、变电站机电设备安装、工业与民用建筑供排水、暖通、电气设备安装、高、低压成套开关设备制造、货物运输、招待所(包括住宿、停车、餐饮等)。获有水利部大型水工金属结构生产许可证，原机械工业部、电力工业低压成套开关设备生产许可证，经国家经济贸易委员会审定入选第三批《全国城乡电网建设与改造所需主要设备产品及生产企业推荐目录》。通过ISO9002质保体系认证审核,并获得证书。

由该处承建的新沟闸改造工程

该处现有职工470人，离退休职工173人。年产值3200万元，年利润48万元，年职工工资总额283.22万元。各类专业技术人员占总人数22%，其中中高级专业技术人员37人，水建项目经理人员占总人数5%，其中壹级项目经理9人;拥有各类机械设备400余台套，生产厂房面积4200平方米和花园式厂区环境；无损探伤和机电设备试验检测手段完备，质量保证体系健全；办公文字处理实现自动化，经营管理实现微机化，金结生产线实现半自动化；焊接工程能力达到高强调质钢62Kg级，金属结构年生产能力达3000余吨，土建年施工能力达混凝土浇筑10万方，回填土50万方；机电设备年安装能力达15万千瓦，高低压成套开关设备年制造能力达1500台套。

该处成立40多年来，先后参加了国内外180多项水利水电工程建设，如高潭口电排站、霍河电站、樊口电排站、四方洞电站、锁金山电站、清泉沟泵站、塘口电站、王甫洲泄洪闸、西藏当巴电站、武穴闸、民乐闸、黄陵闸、富池大闸、兴隆二闸、中美洲伯利兹马考尔电站、陡岭子电站、恩施云龙河水电站、巴东小溪河水电站以及安徽同马大堤、王英水库等。

该处曾多次获得国家、部、省级优质工程奖。其中湖北洪湖高潭口电排站1982年9月荣获国家优质工程银奖和水利电力部优质工程奖；湖北罗田天堂四级水电站1984年9月荣获湖北省人民政所优质工程奖；湖北竹山霍河水电站1990年12月荣获湖北省人民政府优质工程奖；湖北来凤塘口水电站1995年9月荣获水利部质量管理奖；西藏措美当巴水电站1996年10月荣获西藏自治区优质工程奖；我处2000年元月被武汉市人民政府授予防汛堤防建设先进单位称号。

该处承建的工程技术含量高。鄂州樊口电排站排涝单机容量为亚洲最大水泵机组(6000KM, Q=280秒立方)；长阳四方洞设计水头为国内最高水头之一(H=861米)；巴东南潭河水电站压力钢管为国内最长的管道(L=2620米)；湖北五峰锁金山水电站引水压力钢管PD值为国内最大，该站冲击式四喷嘴机组为省内首次应用的新机型，其技术从俄罗斯引入；西藏措美当一措线路35KV42公里输电线路，海拔高度为国内最高(海拔4550米)。

该处本着诚实守信的宗旨，始终遵循“质量第一，信誉至上”的经营方针，强化管理，开拓进取，竭诚为社会提供优质产品和服务。

由该处承建的安徽同马大堤工程

湖 北 湖北大禹水利水

Hubeidayushuilishuid

董事长、党委书记、法人代表：许嘉民

“建一项工程、创一块牌子、
树一方信誉、立一座丰碑、
争一片市场、交一批朋友”

湖北大禹水利水电建设有限责任公司由湖北省水利水电工程二处改制而成。前称为湖北水利厅工程二团，创建于五十年代初期，是经国家有关主管部门审定的水利水电施工一级企业，并通过ISO9002质量系体认证。公司现有员工1550人，其中各类技术经济管理人员315名，具有高、中级职称的有198名，由建设部审定的一级项目经理20名；拥有各类专业机械设备968台（套），年施工产值达2亿元。

公司主要经营范围：水利水电工程建筑、金属结构制作安装、基础处理、控制爆破、工业与民用建筑、公路桥梁和市政 工程施工、以及宾馆、酒店业等。

成立40多年来，先后建成国内外大中型水利水电工程500多项，创造了巨大的社会效益和经济效益，成为湖北省水利水电工程施工的骨干力量，是湖北知名企业和武汉地区建筑行业第十九强。先后荣获全国科学大会奖、湖北省科技进步二等奖和湖北省委、省政府授予的“先进集体”。1991年以来，连续10年被湖北省授予“重合同、守信誉”单位；还先后被授予“全国水利建设系统先进单位”、“湖北省水利建设表扬单位”、“武汉市防汛堤坊建设先进单位”等荣誉称号。

公司履行“建一项工程、立一座丰碑、创一块牌子、树一方信誉、争一片市场、交一批朋友”的经营理念，建立和完善现代企业制度，群策群力，开拓奋进，愿与海内外同仁精诚合作，共创美好未来。

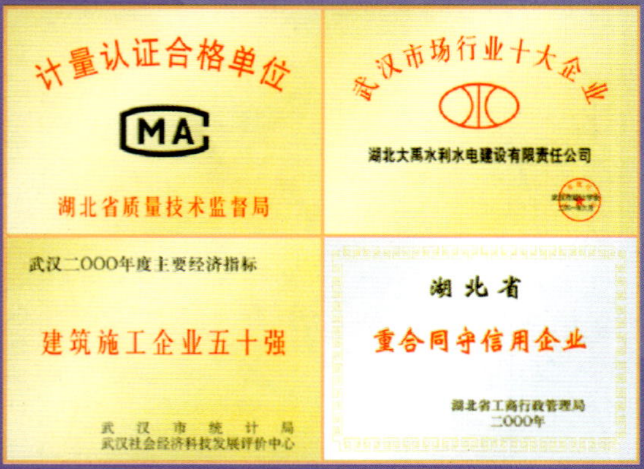

电建设有限责任公司

anjiansheyouxianzerengongsi

精品工程回放

枣阳石台寺渡槽，全长6.2km，为湖北省最长的渡槽。

武汉市龙王庙险段综合整治工程（黄鹤杯奖）

恩施车坝水库大坝，坝高66m，为湖北省首座沥青砼斜墙坝，获湖北省委、省政府授予的先进集体称号。

湖北省第一座抽水蓄能电站-----罗田天堂抽水蓄能电站

加纳阿菲费农业灌溉工程。

鄂州电厂干煤棚为大跨度螺栓球节点钢网架结构，长105m，跨度84m，拱高35.48m，重430.3吨。

湖北鄂州自来水厂江边泵房，为砼圆形筒体，外径19.6m，高15m，重2300t，采用控制爆破进行岩基沉井施工成功，获省政府颁发的科技二等到奖。

塞浦路斯家业灌溉工程（图为1号泵站和前池）

武汉市中大房地产开发有限公司

总经理:付汉桥

武汉市中大房地产开发有限公司成立于一九九七年，注册资金人民币四千万元,房地产开发资质为二级。

公司于一九九八年在武汉市洪山区和平乡征用购买土地500亩开发建设鹤园小区，总建筑面积53万平方米，规划四年完成。鹤园小区采用欧陆建筑风格，又具武汉地区简洁、明快、实用之特点，小区绿化率达40%以上，建有幼儿园、集贸市场、商场及九年制中小学、地下停车场。为了更好地服务于小区，二000年成立了鹤园物业管理有限公司。

我公司拥有一批经验丰富的房地产开发、管理人才，现有员工32人，其中中、高级以上职称的人员占员工总数的85%。公司管理坚持“优质高效”配备各岗位人员；开发建设坚持“以人为本，质量第一”的宗旨；营销坚持“以销定产，客户至上，全心服务”的经营方针。

公司从一九九九年至二00一年短短三年时间，共开发建设三期住宅工程，完成住宅建筑面积43.4万平方米，并已全部销售完毕。目前正在开发建设12.5万平方米的四期住宅工程，计划二00二年十月竣工交付使用。依前期销售及第四期房屋预订数量可望开盘后一个星期将销售8万平方米，预计三个月内基本销售完毕，前景十分可观。

我公司在开发建设的进程中，没有向银行贷过一分钱，全部使用自有资金和资金再投入进行经营，投资回报翻番，业绩之显著、发展之迅猛在同行业内堪称奇迹。

公司本着“打一、备二、看三”的开发经营策略，目前正在商谈两个开发项目。第一：供电局航空侧路电业村小高层住宅改造工程8万平方米，预计投资人民币2亿元；第二：材料保护研究所撤迁置换35亩开发建设小高层住宅10万平方米，预计投资人民币2.5亿元，近期准备草签合同。以上两个项目位于武汉市黄金地段，商业繁华。交通便利且闹中取静，是开发建设小高层住宅的最佳选择。它们的建成不仅会给公司房地产开发创造又一辉煌，同时将为武汉市增添一道靓丽的风景。

金鹤园
GOLD HETOWER

武汉市土地整理储备

中心主任：朱吉生

武汉市土地整理储备供应中心成立于1993年3 月9日，主要承担全市重大项目和征地拆迁代办工作。1999年1 月1日新《土地管理法》实施以后，为深化土地使用制度改革，实现全市耕地总量动态平衡，建立土地储备制度，实施土地收购、储备和供应，促进土地集约利用，于1999年11月18日挂牌成立武汉市土地整理储备供应中心。为进一步规范和搞活土地二级市场，于2000年月11月25日成立武汉市土地交易中心，隶属于市规划国土局，实行三块牌子，一套班子，合署办公。

该中心主要业务包括实施建设占用耕地“占一补一”、集体土地征用、国有存量土地收购储备，通过土地有形市场，以市场方式集中统一供地，为国有土地使用交易提供交易场所，办理交易事务，提供交易信息，代理土地交易等。

供应中心

市政协领导视察拍卖地块现场

武汉市第二次国有土地使用权拍卖会

中心与银行进行合作协议签字仪式

中心组织业务学习培训

国有企业改革盘活土地资产签字仪式

中层以上干部学习土地政策

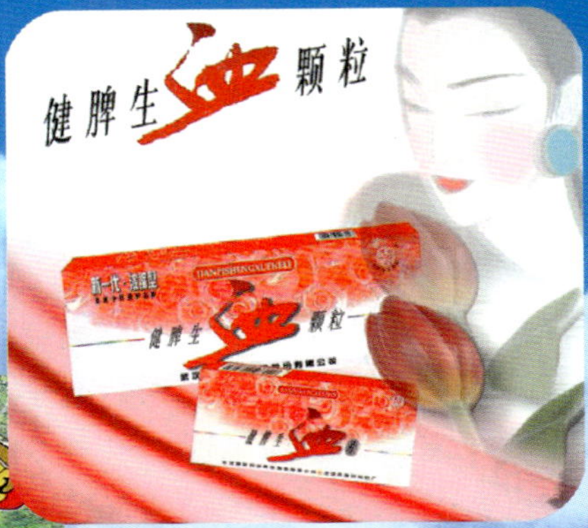

发展扩张中的武汉健民集团

武汉健民药业集团股份有限公司是省、市及国家重点高新技术企业，全国中成药小儿用药生产基地。公司前身是始建于明朝崇祯年间、闻名遐尔的全国四大药店之一“叶开泰药店”，至今已有360余年历史，1953年成立武汉健民制药厂，1993年改制为股份公司。

改革开放以来，健民集团以邓小平理论为指导，大胆改革，不断创新，企业规模和经济效益连续十多年保持了稳步扩张的发展态势，企业由1986年资产不足四百万元的小企业壮大成为全国重点制药企业，是全国中药行业五十强企业，并被列为国家经贸委520户重点企业。依托品牌经营，武汉健民集团创造了公司主导产品、国家一级中药保护品种、荣获中国中药名牌证书的龙牡壮骨颗粒，由年产销2万元飙升到数亿元规模的骄人佳绩，创造并培育了健民咽喉片、健脾生血颗粒、健民慢肝灵等一系列享誉全国的健民名牌林，形成了武汉、随州、十堰等三个中药生产基地；坚持科技创新，使健民集团具备了强大的科研实力和坚实的产业基础、拥有完备的科技创新体系及国内领先、符合GMP标准的现代化中药生产线和国际先进检测设备；在新的世纪，武汉健民集团又以中央精神和湖北省及武汉市十五规划纲要为指导，抓住中药现代化科技产业（湖北）基地的契机，一业为主，两翼齐飞（即以中药为主业，发展生物技术与新医药），加快企业产品与产业结构的战略调整，着重加大了资本运作与扩张力度，构架科技先导型现代医药大集团。目前，健民已发展成为我国中部具有举足轻重、核心竞争力强劲的现代化制药企业集团。

健民集团良好的发展态势和不俗的业绩，赢得消费者的信赖和社会各界的一致好评，企业先后荣获全国中药行业先进集体、全国“五一”劳动奖状、全国工业五百强等殊荣70余项。被中央党校等国内知名专家、学者称誉为国有资产高质量运作的典范。“健民”牌商标也被认定为中国驰名商标，是湖北省为数不多，也是湖北中药行业中唯一的中国驰名商标。

地址：武汉市汉阳鹦鹉大道484号　邮编：430052
法人代表：鲍俊华
电话：84525347　传真：84520221

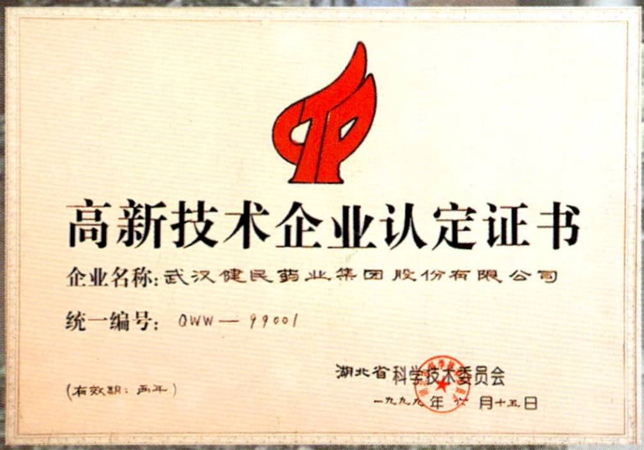
高新技术企业认定证书
企业名称：武汉健民药业集团股份有限公司
统一编号：OWW—99001
湖北省科学技术委员会

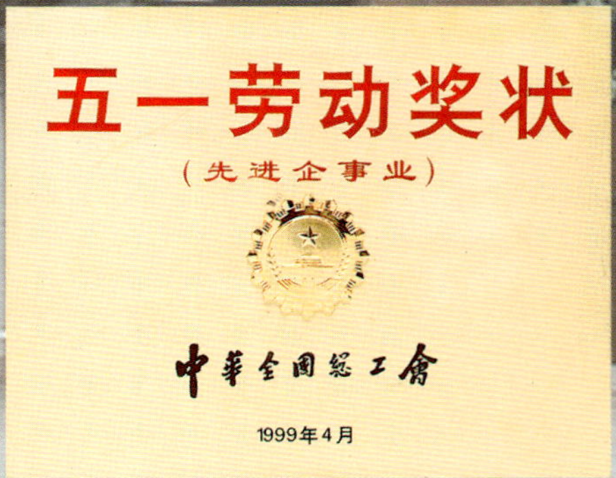
五一劳动奖状
（先进企事业）
中华全国总工会
1999年4月

武汉市自来水公司

白沙洲水厂四期扩建工程沉洗池

武汉市自来水公司是国家特大型供水企业。主营城市制、供水及二次供水，兼营与自来水有关的大型管道施工、管网维护、机电设备安装、净化药剂生产、水表生产与销售、优质直饮水生产与销售、自动化仪器仪表研制等。公司所在地位于武汉市硚口区解放大道240号。2001年末，公司固定资产原值达165104万元。全市共有水厂13座（含沌口水厂），日综合生产能力305.6万立方米，居全国供水行业第三位。供水管道总长度4217.58千米，供水面积449.17平方公里，用水人口340.4万人，用水普及率100%。年末职工总数5071人。

2001年，公司克服由于底度标准下调，全市工业用水持续低迷，实施抄收到户漏耗率增加等不利因素所引起的售水量严重下滑的困难，加强自来水的经营目标管理，积极采取对策，努力降低成本消耗，每生产千立方米自来水，电耗比去年减少5.22度，比计划降低12.87度；矾耗比去年减少0.79千克，比计划降低1.29千克；氯耗比去年减少0.26千克，比计划降低0.87千克；制水成本比计划减少10.15元。全年售水总量完成61709万立方米，在比去年减少4170万立方米的条件下，仍圆满完成了上级下达的实现利润3000万元的经营目标。

琴断水厂一角

2001年，公司进一步强化水质管理，努力为社会提供更优质的自来水。根据城市供水发展规划的要求，2001年5月，公司拟定了按出厂水浑浊度1NTU的标准来考核各水厂的水质。通过科学地组织生产和严格检测制度，下半年以来，1NTU水合格率达到90%以上，0.5NTU的合格率也达到70%。水质综合合格率达99.9%，已跻身于全国供水行业的先进行列。

国棉水厂沉淀池

2001年，公司继续实施“湖改江”工程。2001年4月，被列为市政府重点建设项目白沙洲水厂四期扩建工程竣工投产，总投资近1亿元人民币。至此，白沙洲水厂日综合生产能力达到50万立方米，东湖周边及关山一路以西共15万居民用上了长江水。以东湖水为水源的东湖水厂从此停产。

2001年，公司继续贯彻“用户第一”的思想，不断加强职业道德建设和行业作风建设，努力塑造自来水“窗口”行业的新形象。2001年，公司接到市人大、市政协转来的议案、提案达17件，本着对人民高度负责的精神，按规定于7月份全部办理完毕，并做到与代表、委员见面率达100%，满意率超过95%。供水热线和二供热线继续实行24小时全天候对外服务和“110”联动服务，实行“当日接警当日结”制度．做到件件有落实，事事有回音。全年供水热线共受理群众反映用水疑难信息26032件次，二供热线共受理2800件次，处理及时率和回复率均达到100%。

泸州市第十

总经理：谭顺民

泸州市第十建筑公司成立于1980年（96年因区划调整，由泸县第八建筑公司更名为泸州第十建筑公司）系集体贰级施工企业，拥有雄厚的施工技术力量和机械设备，固定资产430万元，流动资金650万元。有固定职工2020人，其中各类专业管理人员325人，大中专学历152人，中、高级职称47人，专业持证人员138，公司拥有大型机具：塔吊、挖掘机、装载机、大、中型施工机具648台（套），年产值完成在1.5亿元以上。

公司下属六个分公司，八个工程处，长年分布湖北省的武汉市、宜昌、恩施、贵阳、云南狄马、墨江四川的甘孜以及泸州。

泸州第十建筑公司武汉分公司是泸州市第十建筑公司的子公司。历年来工程合格率为100%，优良率为61—63%，九四以来，先后被评为“四川省先进集体企业”、“四川对外开拓先进企业”、“四川省乡镇明星企业”、“四川省乡镇建筑先进企业”四川省工商局授予“重合同、守信用”企业。

武汉分公司于80年进入湖北省鄂西州，在恩施地区承建了大量的工程，其中规模大、困难多、质量高的优良项目就有三十余个项目，深受恩施地区人民的好评，由此推荐92年进入武汉市。

进入武汉多年来，在各级主管部门的指导下，经全体员工努力奋斗，取得了很好的成绩，在市内完成80余个项目，并一次性合格率100%，特别是近三年，在国家建筑法的贯彻实施之后，公司交付工程优良率达96%。企业99年至2002年连续被武汉市建筑企业协会评为AAA企业。分公司经理谭顺民98、99、2001年度均被武汉市建协评为企业优秀经营者，连续荣获98、99年优秀项目经理6人，武汉工业学院图书大楼行政大楼被市建委评为“文明施工样板工地”，99年、2001年度被市评为“安全优良先进施工企业”。由公司施工的武汉市招行“招银苑”1#楼被推荐参加四川省“天府杯”评选项目。四川省建设厅（2000）0119号文发布该项目被评为四川省2000年天府杯银奖。武汉工业学院图书大楼被评为武汉地区九九年优良样板工程获黄鹤杯奖。二00一年度华师研究生楼和武汉工业学院行政大楼被评为“文明样板”工程。

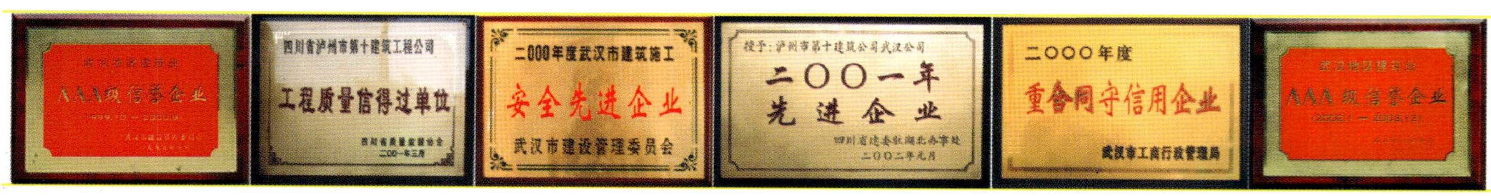

由泸州十建承建武汉工业学院人工湖凉亭项目　项目经理余敏梅

建筑公司武汉分公司

泸州十建承建的武汉工业学院人工湖凉亭及运动场司令看台　项目经理：余敏梅

泸州十建承建的武汉工业学院行政大楼该工程获二零零一年文明样板工程
2001年---8月竣工

泸州十建承建的武汉工业学院图书馆，该工程获2000年武汉市“黄鹤杯”银奖，获四川省2001年度“天府奖”
项目经理：余敏梅

泸州十建承建的华师幼儿园主楼工程

“招银苑”1号楼主楼（17层）获四川省“天府杯”银奖

武汉经开建设工程发

董事长：宗贤亮

总经理：喻中奕

武汉经开建设工程发展有限公司是在武汉经济技术开发区农村城市化建设中应运而生的一家房地产开发企业。作为开发区征地拆迁及社区建设管理的载体，在开发区农村城市化建设办公室和沌口街的直接领导下，推进农村城市化进程，完成社区建设的根本目标和任务。

二00二年，公司秉承“服务拆迁还建、实现城建目标”的宗旨，发扬“团结拼搏、争创一流”的开发区精神，高标准完成九十万平方米还建住宅楼的建设，相继建成薛峰社区、李仙社区、后官湖社区、碧湖新村社区、万家湖社区、升官渡社区，安置拆迁农民七千余户、二万余人，为开发区建设和发展提供了广阔的空间。

本公司坚持优质服务的经营方针，为广大客户着想，进一步加强和完善内部管理机制，狠抓工程质量，不断开拓进取、为实现农村城市化，建设开发区美好的家园作出贡献。

碧湖新村社区

永久社区

承建的民营

展有限公司

工业园

新民小区

开发建筑的职工住宅楼

leading singer

绿地•晴天•生活懒洋洋

Flowerland

新地•东方花都

如果说当年花桥住宅区的拨地而起实现了人们居住套房的心愿，蔡家田小区的迅速崛起又满足了人们对住宅小区的梦想；

那么后湖片区的组团开发无疑将重新定义知识经济时代下人们对理想生活的领地标准。

一、可以看见的繁荣——未来5年武汉30万人的居住中心

根据国务院批准的《武汉市城市总体规划》，后湖属于汉口未来三个综合组团之一，她将以水面、城市绿地、低密度高尚居住用地组成主城生态走廊，并将布局面积在50公顷左右的市级公园----后湖公园。可以毫不夸张在说，后湖将成为汉口的一叶“绿肺”。2002年，规划与环境成为人们置业选择的首要要素。越来越多的人把置业的目光投向后湖，规划中的黄浦科技园和跨世纪十大公共建筑----后湖体育中心均位于此；这里噪音低、大气质量好；未来五年内，这里的居住人口将达30万。也就是说，不久以后的后湖片区将是一个全新的、大型人文生态生活圈。

三、可以说话的建筑——8

新地·东方花都沿袭荷兰风格派建筑特点，典雅、浪漫、现代、简约……“荷兰风格派”是上世纪二十年代由荷兰的一些画家、设计师、建筑师集体发起的现代主义运动的重要流派，其自由、简洁、多色彩组合的建筑文脉赋予东方花都鲜明的建筑特征：

从建筑立面看，将阳台板、山墙、遮阳板等建筑元素变成最基本的几何结构单体，保持其独立性及鲜明的

四、可以亲近

“新地·东方花都”精心缔造40万M^2的景观园林，回归自然，与清风为邻、与阳光为伴。

这里有缀满风情的情人谷、许愿墙、情景雕塑、风雨长廊；

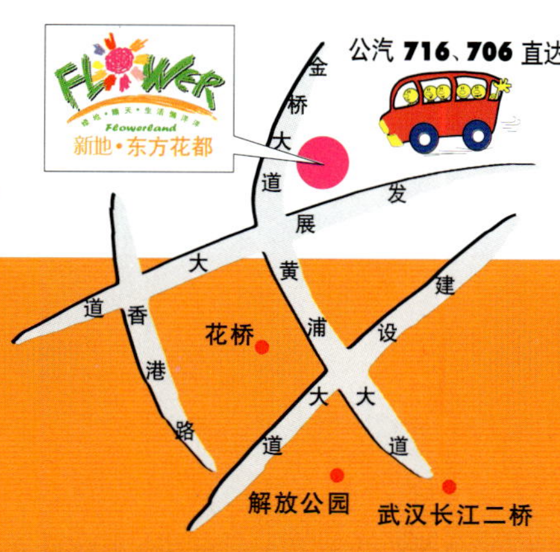

喜讯：感谢社会各界

花都热线：

发展商：武汉新地置业发展有限公司

领唱后湖时代

从花桥时代到蔡家田时代再到后湖时代是武汉房地产发展史上的三个重要里程碑，同样也是人们居住情结上的三种印记。

尽管后湖片区离成熟还有一步之遥，但从新地·东方花都3月23日面市以来引起的强烈反响----应接不暇的咨询电话、络绎不绝的诚意客户、VIP卡直接上升的认购号码……我们似乎已提前走进了一个后湖时代！

新地·东方花都，领唱后湖时代！

二、 可以分享的社区——108万m^2到底有多大？

新地·东方花都总占地80万m^2，建筑面积108万m^2，规划居住人口3.5万人。500米步行商业街、幼儿园、小学、中学、电影院、假日广场、银行、生活馆、超市、健身房、咖啡厅、书屋、反斗城……各种生活设施应有尽有，是一个你可以踏踏实实住下来的成熟社区。

因为新地·东方花都，你可以共享大社区的配套资源----休闲、娱乐、运动……一切就在你的眼前，一切就在你的家门口……

因为新地·东方花都，你可以分享大社区的人文景致----有交流、有沟通、有参与……还有你的笑脸，她的祝福……

因为新地·东方花都，你可以感受到大社区的天很高、路很宽、人很好……

历史荷兰风格派的建筑文脉

可视性，使普通住宅升华为具有艺术表现力和感染力的建筑作品；

从立面色彩看，采用白色与蓝色两种主流色系，清新雅致，结合“景观墙”红、黄、蓝三种颜色排列组合处理，具有较强序列感和视觉冲击力，同时在一至三层阳台板点缀红、黄、蓝三原色，使之产生戏剧效果，给人带来变化上的满足感。

建筑是可以说话的，透过建筑语言，我们惊喜地发现新地·东方花都后天修成所流露出的内在气质是迷人的……

环境——40万m^2园林景致的大气雕琢

这里有陶冶性情的玫瑰花架、休闲广场、陶艺坊；

这里有让你充满活力的动感天地、反斗城、老人健身园、缓跑径；

新地·东方花都园林景观由八大景区和一条缓跑径组成，

所有的空间都是可参与的、可亲近的、可触及的、可理解的……

选择新地·东方花都，就像你把家安在公园里----每天一幅山水画，每晚一首小夜曲，每时每刻深呼吸……

新地·东方花都VIP卡首期全部售罄，循众要求，现限量加推50份，优惠机会，珍贵机会！

82881690 82881691 82881692

策划销售：武汉世联房地产顾问有限公司　　物业管理：武汉新地物业管理有限公司　　整合推广：深圳同路广告

武汉江北国家民营科技园

全国政协副主席张思卿视察民营科技园

湖北省委书记俞正声视察民营科技园

武汉江北国家民营科技园是在武汉市江汉经济发展区的基础上创建的。2001年2月，经国家科学技术部批准为国家级民营科技园，享受国家级开发区的各项优惠政策。园区区域性规划面积156公顷。位于武汉市江汉区北部，东临常青路，南至京广线，北依张公堤，西至张公子堤，交通十分便利，基础设施完备，环境优美，服务机构健全，已形成了较强的经济规模，聚集了一大批好的企业和好的项目，诸如湖北京山轻机、湖北移动通讯、武汉美能达公司、长江交科、武汉维豪、长江数据通讯，以及太和集团、爱帝集团等一批高、新、强的企业汇集园区。形成了以民营经济为主体，以高科技产业为支撑的发展特色。

园区实行封闭式管理，各种服务机构健全。由区工商、税务、劳动、人事、公安等20个相关部门组成的园区联合管理服务中心，可以为入园企业提供“一门式”的优质服务。园区综合商务服务、信息服务、人才服务和投、融资服务等日渐深化和完善。

武汉江北国家级民营科技园以其优越的地理位置，良好的投资创业环境，广阔的发展空间，一流的服务体系诚邀海内外工商界朋友、民营企业家、有志科技创业的学子入园投资、创业，共图发展，共创未来。

地址：中国武汉市江汉区江兴路1号

电话：86-27-83517932

传真：86-27-83524387

邮编：430023

Http://www.jhfzq.com

E-mail:public@hkibi.com

花园式的科技园

汉口高新技术创业中心

汉口高新技术创业中心(简称汉口创业中心)，是武汉市汉口地区规模最大，创业环境最优的科技企业孵化器，其宗旨和主要任务是通过建立完善的基础设施和优质高效的服务体系，培养具有成长潜质的中小型科技企业，促进高新技术成果的产业化。

汉口创业中心位于国家级开发区——武汉市江北民营科技园内，距武汉天河机场12公里，距汉口火车站仅1公里，交通便利、通讯发达、生活条件良好。具有人才、信息、物质流通及产业发展优势。汉口创业中心建筑面积2.8万平方米，中心大楼采用全封闭管理，内设有国际互联网、中央空调系统、客货两用电梯。分设有中央办公区、孵化区和综合服务区，中心按照国际企业孵化器的要求，严格管理、规范运作、建立完善的服务支撑体系，为入驻企业提供科技成果转化过程中全方位服务。

热忱欢迎海内外创业者人驻发展!

地址：中国武汉市江汉区江兴路6号

电话：86-27-83524582

传真:86-27-83524387

邮编：430023

http://www.hkibi.com

E-mail:pubi1c@hkibi.com

多功能报告厅

汉口创业中心

CFC

湖北长丰通

公司简介

湖北长丰通信有限公司是由重庆长丰通信股份有限公司(深交所上市公司，股票代码000892)在湖北投资成立，致力于湖北省宽带网的建设、运营和管理，持有ISP、宽带驻地网等电信业务经营许可证，是武汉市高新技术企业。湖北长丰通信有限公司的注册资本为4000万元。公司主要从事宽带网接入服务、教育信息化建设、电信增值服务、通信工程、计算机网络系统集成等业务。

湖北长丰拥有丰富的网上教育信息资源，为湖北省教育信息化建设服务。公司和湖北省教育厅投资成立湖北鄂育教育信息网有限公司，面向全省教育系统和社会提供具有特色的教育资源和教育信息化建设服务。公司和武汉市教育局共同投资的武汉公众金网学校已成为武汉市教育信息化建设的标志性项目，公司依托武汉丰富的基础教育资源向社会提供网络教育服务。

湖北鄂育教育信息网有限公司投资建设的湖北省的教育门户网站——湖北教育信息网(www.e21.edu.cn)。网站依托湖北省的教育教学资源和教育电子政务平台，形成以e21网站为核心的，以各类特色资源为重点的分布式的网站集群，将逐步建设成为全省教育信息化的平台和全省教育资源的管理中心。

湖北长丰宽带网络已经覆盖武汉市主城区，并将以武汉为中心逐步辐射湖北省各地市州。公司以先进的DPT技术和MPLS技术构建了武汉高速宽带网和湖北长丰网络数据中心(IDC)。为用户提供宽带接入、宽带虚拟专网组建、电信增值服务、系统集成、虚拟主机、服务器托管、网站建设、网上教育、电子商务等一系列网络服务，充分满足政府部门、各级各类学校、企事业单位、个人用户的宽带上网的需要，以推动湖北省武汉市的信息化建设。

湖北长丰通信有限公司拥有一只专业化的人才队伍，

信有限公司

总经理：刘剑华

其中博士4人、硕士30人，大学以上学历占90%，多人获得Cisco、Microsoft等IT专业认证，主要技术人员均具有多年的网络、电信行业工作背景，熟悉各类宽带IP网络运营及技术的开发与应用。公司以尊重知识、尊重人才为本，建立了一套引进、培养、激励的人才机制，高素质、专业化、年轻化的人才储备为公司的飞速发展积聚了强大的后劲。目前公司下设市场部、工程建设部、运行维护部、行政部、财务部、资源建设和管理中心、客服中心等部门，竭诚为用户提供优质的服务。

公司秉承长丰通信“诚信、务实、优质、高效”的服务原则，不断丰富网络资源，完善运营体系，为广大用户提供先进、快捷、优质的服务，共同开创信息化的未来。

武汉市公共客运交通

市公交监察办领导班子成员

武汉市公共客运交通监察办公室在市交委的领导下，在有关管理部门支持配合下，按照“三个代表”的要求，认真履行全市公交行业管理和行政执法职能，坚持“两手抓、两手都要硬”的方针，在领导班子建设、党风廉政建设、制度建设、基础管理、精神文明建设等方面取得明显成效。特别是去年以来，围绕落实市人大“3号议案”，开展公交运营秩序专项整治活动，促进了我市公交行业的整体综合服务功能的提升。

当前，随着公交行业管理体制和经营机制的逐步推进，市场管理和监察执法面临许多新课题。市公共客运交通监察办公室按照市交委的构筑“城乡交通一体化”新格局的总体部署，以加强党的建设为重点，进一步转变工作作风，积极开展“人人都是投资环境”大讨论，开创武汉公交市场管理和监察执法的新局面。

市整治规范客运市场秩序综合执法专班研究部署工作

民主评议行风工作动员会

监察办公室

“吴天祥小组”开展帮扶活动

组织编写“武汉市公交驾乘人员培训教材”,发至司乘人员手中

宣传武汉市城市公共客运交通管理办法

服务上门，经常与公交企业沟通

委托专业保洁公司，对全市站点设施进行保洁。

站长:刘文珊

武汉市环境监测中心站

武汉市环境监测中心站始建于1977年，是承担武汉市环境监测技术监督职能的社会公益型事业单位，是全国环境质量监测网的三级监测机构。站现有实验室和办公室用房3840平方米，设有现场监测、仪器分析、化学分析、技术开发、信息管理、综合技术、质量控制、机动车尾气、自动化监测及行政管理等12个科室。

武汉市环境监测中心站是武汉地区环境质量监测的网络中心、数据中心、技术中心和培训中心。现已形成了以武汉市环境监测中心站为龙头的，由武汉市13个区级监测站、4个企业监测站组成的武汉市环境质量监测网络。同时是国家和湖北省环境质量监测网，长江中游环境生态监测网的主要成员单位；是全球环境监测系统长江水质监测站。该站承担着武汉地区的环境质量及污染监测，污染事故及纠纷仲裁监测，监督管理监测，环境科研监测以及委托监测等项工作。该站以其严格的质控措施，求实的技术作风，良好的管理程序，为武汉地区的环境治理作出了突出的贡献，多次被评为全国和省级优秀监测站及国家优秀实验室。

武汉市环境监测中心站把为社会提供公正、准确、规范、及时的环境监测数据视为全站监测质量管理的根本。提出的质量方针是：严格执行国家环境保护法及国家颁布的各种条例法规，认真落实管理制度和技术规范，强化内部管理，加强质量保证，确保上报和向社会出具的监测数据准确、可靠。近年来，该站通过各种新闻媒介向社会发布的“空气质量日报”和“空气质量预报”，为全市人民了解武汉市的大气环境质量状况提供了窗口，深受市民的欢迎。

该站近年来主持承担的科研课题约40余项，其中28个项目获得了国家、省、市级科学技术进步奖。并在环境监测和科研领域同美国、加拿大、英国、德国、法国等国家及地区进行广泛的交流与合作。

葛海燕　撰文
汪　沁　摄影

武汉市教学研究室

武汉市教学研究室成立于1983年6月2日，现有在职教职工92人，其中特级教师12人，省、市管专家3人，享受国务院政府特殊津贴1人，入选“213”人才工程1人，中学高级教师51人。建室十九年来，武汉市教研室即至力于全市基础教育的研究、指导和管理工作，为上级领导部门提供决策依据，为基层学校的师生服务。

近年来，市教研室直接参与了国家有关课程改革课题研究，承担了国家语文、外语课程标准的研制任务，并成为其核心组成员，完成了为教育部起草的关于中小学语文、外语教学改革的指导意见，为过渡时期改革中小学语文、外语教学现状提出了指导性意见；在教材建设方面，编写各类教材二十余种，硕果累累；在考试研究方面，积极贯彻教育部有关精神，使武汉市的中考改革、高考备考在全省乃至全国产生一定的影响，中央电视台、《中国教育报》均予以报道，社会反映良好；在教科研专题研究方面，承担并完成了二十几个专题的研究工作，其中《中小学教学评价系统》于1999年6月顺利通过武汉市科委的结题，并荣获武汉市科技进步三等奖。……

展望未来，任重道远。武汉市教研室将进一步开创与新世纪相称的教育教学新局面而努力。

党委书记、主任：

副市长辜胜阻来室调研

主持召开国家课程标准征求意见会

主持召开七城市第四次高中课程改革协作会议

武汉市排水泵站管理处

江城暴雨守护神

该管理处成立于1986年,现隶属于武汉市水务局,是担负全市大型泵站维护管理和排渍调度等社会职责的县处级事业单位。全处总装机容量40750万千瓦，总抽排能力312.171立方米秒，具备对110千伏及以下高低压电气设备预防性试验的进网作业资格。多年来，该处坚持以排渍为中心，以深化改革为动力，以科技创新为先导，以思想政治工作为保证，精心维护管理市属大型泵站，充分发挥泵站效能，很好地履行了排渍职责，特别是为全市连续战胜1998、1999年姊妹暴雨洪水立下了汗马功劳，为保卫江城雨季安全，巩固全市经济建设成果，促进环境创新作出了重要贡献。由该处主持研发的《800千瓦同步机组增容提速研究》《排水泵站信息远程数据采集监控系统》获市科技进步三等奖和省科技进步二等奖。1999年建成排水泵站远程数据采集监测系统，实现了对分散于武汉三镇的各大泵站的远程监控。

泵站新貌

2001年该处利用自己研发的同步机组增容提速技术改造了后湖二期泵站3#、4#机组，提高抽排能力4立方米/秒，节约同等规模泵站建设资金约260万元。在鹦鹉洲泵站增装了5号机组，增加抽排能力3立方米/秒。以良好的设施状态战胜了4月中旬和6月中旬大暴雨，市属七大泵站全年累计安全运行18860台/时，抽排雨污水51187万方。依据《武汉市湖泊管理办法》，实行湖长制，加强湖塘管理，并积极引进社会资金300万元改造了黄孝河明渠出口石桥村段计900余米，为区级经济发展提供了良好环境。在全市机构改革主管局变更的大环境下，全处保持了稳定，上级下达的各项目标管理任务胜利完成。

全自动控制泵站—武昌新生路泵站泵房内景

泵站出江(河)口

全国最大的城排泵站后湖泵站内景

开放办馆 服务读者

——前进中的武汉图书馆

武汉图书馆是面向社会，用丰富的文献、信息直接为广大人民群众服务的公益文化事业单位。其前身是“汉口市立图书馆”始建于1946年10月。2000年12月30日，市委、市政府投资1.5亿兴建的武汉图书馆新馆对外开放。

教育培训

- 武汉图书馆教育培训部是一个面向社会承担各类培训任务的教育基地，具有市教委认可的社会办学资格。教育培训基地位于武汉图书馆五楼。配备四名专职人员。设有全封闭式空调系统。拥有大小不一教室8间（其中电教化教室一间）。约740平方米，学习环境舒适。为致力于教育事业，充分体现武汉图书馆的社会教育职能，教育培训部愿于各教育机构、人士共创社会办学之路。
- 联系电话：（027）85718012
- 传真：（027）85718060

多功能学术活动室

電子閱覽

- 视听点播

  近600平方米多媒体视听室，设机位200余个，可在线欣赏2500余部中外经典影视片、3000余首音乐。
- 数据库检索

  提供数十种国内外光盘数据库检索报务，学科覆盖理、工、农、医、商等各个领域，数据量大，操作简便。
- 多媒体光盘阅读

  藏有各类多媒体光盘百余种，内容涉及英语、日语、计算机、法律、股票、科普、艺术等多方面知识。
- 因特网浏览

  光纤宽带网，并配有下载拷贝、打印等服务。
- 多媒体影视制作加工

  拥有一支专业水平的摄像、编缉、技术人员和专业制作设备，能承接摄影、摄像、多媒体影视加工制作。
- 联系电话：（027）85718039

  Email:whlibaw@163.com

电子阅览室

信息服务中心

- 武汉图书馆信息服务中心是武汉市一家专业资讯机构。它依托武汉图书馆丰富的馆藏资源、先进的网络办公设施，资深的信息编缉人员，遵照客户的要求和指示快速、全面地向用户传递其真正密切关注的各类信息。
- 电话：(027)85718066

地址：汉口建设大道861号　TEL:027-85718003　FAX：027-85718060　邮编：430015

勇于拼搏的竹叶山村

村党委书记：陈志福

村委会主任：陈新

竹叶山村是一个原以纯农业经济为主的集体，近几年，在各级党委、政府的指导下，在竹叶山村两委会的正确领导下，以经济建设为中心，坚持两手抓、两手都要硬的原则，不断提高村民全方面素质，不断抢抓机遇、大胆开拓，一年一个新台阶，现已是湖北省“十强村”，武汉市文明单位，竹叶山村党委被中共湖北省委授予“五好基础党组织”称号，村党委书记陈志福也被评为全国杰出青年星火带头人、省优秀党务工作者、获得湖北省五四青年奖章、武汉市十佳建功立业“标兵党员”称号、武汉市劳动模范称号。在竹叶山精神文明之花盛开的今天，竹叶山拥有着一个集物业管理、交通运输、科、工、贸于一体，下辖9个子公司、16个经济实体。资产总额3.59亿元的综合性集团股份公司---武汉竹叶山集团股份公司。2001年实现社会总收入19亿元，创利税2亿元，村级经济综合实力居全省第一，结出了丰硕的物质文明之果。

在竹叶山村两个文明共同发展的今天，竹叶山村村民的生活也日益富足，村民生活质量居全省300强第一名。竹叶山村十分注重对村民素质的培养，不断为其提供各种机会和条件。为了进一步改善村民的居住环境，竹叶山征地89.55亩用于建设竹叶山示范村，建筑面积5万平方米，将于周边正在建设的恒星园、后湖生态花园等形成江岸区与国际接轨的高级住宅区。

竹叶山村将以人为本，以现代企业管理制度为手段，依靠和运用现代科技，走可持续健康发展道路，积极参与全球经济一体化，立足中国，面向世界，为我国经济的进一步繁荣和发展再作贡献，实现楚天第一村。

武汉竹叶山钢材市场硬件设施一流，交易品种齐全，辐射整个中南地区，2001年交易额4.5亿元，在全市同行业中首屈一指。

武汉竹叶山村经济实体结构图

武汉竹叶山集团股份公司

- 武汉竹叶山汽车市场
- 武汉竹叶山佐料家禽批发市场
- 武汉竹叶山钢材市场
- 武汉竹叶山汽车出租公司
- 武汉竹叶山农贸市场
- 武汉竹叶山汽车贸易公司
- 武汉竹叶山钢质活塞环厂
- 武汉竹叶山奶牛场
- 武汉市艺术制作有限公司
- 武汉竹叶山园艺公司
- 武汉竹叶山华中快餐公司
- 东风环宇汽车网络贸易开发有限公司
- 武汉竹叶山房地产开发有限公司
- 武汉竹叶山商贸公司(正大超市)
- 武汉竹叶山利生配送中心
- 武汉兴福发展有限责任公司
- 武汉竹叶山创业大厦

江岸区后湖乡新世纪首届农民体育运动会

竹叶山村参加武汉市庆祝建党八十一周年“党旗颂”歌咏大会。

武汉竹叶山汽车市场年交易额近20亿元，国内80多个汽车厂家在这里设立窗口，是华中地区最大最具现代化的汽车专业市场，被评为湖北省文明市场、武汉市“购物放心”市场。

书记、主任：

洪山区洪山乡东亭村民委

洪山区洪山乡东亭村位于武昌中北路与徐东路交汇处，交通十分方便，地域环境优越，是投资开发的好去处。

东亭村有三个村民小组，188户，373人。村级经济主要以商业服务为主，现有武汉西西宾馆，东亭综合市场、方圆美食城等企业10余家。去年总投资1800万元，拓建东亭综合大厦。东亭村充分利用地域优势，加大发展力度，获得了良好的经济效益，2001年社会总产值达2.5亿元，上交税收175万元，人平均收入8000元以上，村民（含退休村民）的福利待遇不断改善，生活水平不断提高。

东亭村在村党支部书记、村委会主任夏佳舜的带领下开拓进取、不断创新，两个文明建设取得了可喜成绩，曾荣获湖北省“五百强村”、“小康村”、“文明单位”等多项荣誉称号。

即将建成的综合楼

方圆美食城

员会

民兵连在教官的指导下进行演习

青年团员开展义务植树

一天天富起来的东亭村民，文体活动开展得有声有色。

武汉市地方税务

李涛副市长（左三）和局长徐兵（左二）参加分局税法宣传

武汉市地方税务局洪山分局现有干部职工210人，负责洪山行政区域509平方公里内地方税费的征收管理和税务稽查任务。征管总户数为6307户。

2001年，该局在以局长、党组书记徐兵为首的分局党组领导下，高举邓小平特色理论伟大旗帜，以“十五大”精神为指针，组织全局干部学习江泽民同志“七一”讲话精神，立足洪山实情，迎难而上，团结奋进，取得显著成绩。

一是坚持依法治税，实现税收宣传与严格执法相结合、税源控管与内部管理相结合、发票管理与以票控税相结合、税务稽查与清缴欠税相结合，大力组织收入，2001年完成三项收入22538万元，比上年同期增长28.97%，增收5063万元。

二是突出教育重点，坚持以“三个代表”重要思想教育、知识经济教育和党的基本知识教育为重点，狠抓干部队伍建设和精神文明创建活动。第三管查所和和平管查所分别保持国家级“青年文明号”和省级“青年文明号”称号。通过开展一系列教育实践活动，增强了干部的事业心、责任感和集体主义荣誉感。在全市组织的地税系统第十一届业务技能竞赛中，该局有3人进入前十名，有8人进入前三十名，有力地促进了全局干部敬业爱岗热情。

三是抓好为纳税人服务、为经济建设服务、为领导决策服务。局领导累计 145人次深入基层和企业调查研究。全局干部在市级以上专业刊物发表了19篇调查报告和论文，解决了一些实际困难和税政问题，使服务水平和质量有了进一步提高。

四是选准完成收入任务“切入点”，找准基层建设“支撑点”，激活文娱教育活动“兴奋点”、抓住适应形势需要“转折点”，全方位多层次开展创新实践，取得了丰硕成果。其中分局连续两届保持了“省级文明单位”称号，并于2001年被评为“省级最佳文明单位”，分局下属的第三管查所连续六年被团中央和国家税务总局命名为“青年文明号”，和平管查所被命名为“省级青年文明号”，征收局被命名为“市级巾帼文明示范岗”，“最佳办税服务厅”，全局有三百多人次获得省、市、区级先进个人荣誉，局长徐兵被授予武汉市“五一劳动奖章”，并评为“武汉市劳动模范”。

（供稿：徐月珍、李恒光　组编：吴文杰）

党组书记、局长：徐兵

团结进取的分局领导一班人

局

洪山区分局

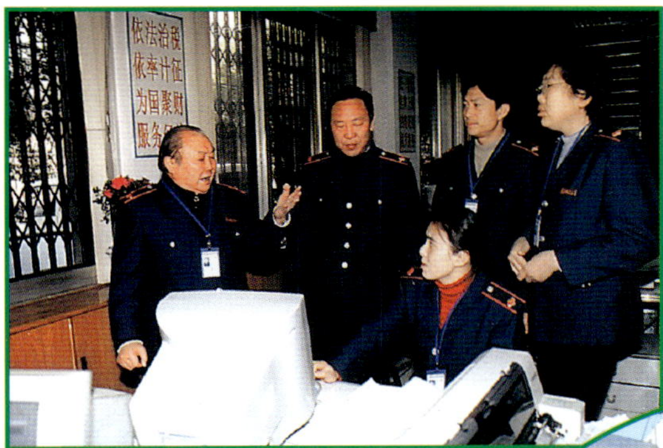

局领导深入基层调研

市地税局与分局联合举办“专家与学者谈税收与未来暨武汉地区定额发票第三期抽奖仪式”

地税局洪山分局大楼

努力工作，向党的生日献礼

加强干部队伍建设，积极推进党的建设

现代化的管理系统

洪山区文化体育局

局长、党委书记：周德胜

改革开放后，洪山区文化体育事业有了飞跃发展。全区有公共藏书4118万册，人均70.2册；阅览室总面积71220平方米，文化设施总面积177700平方米；体育设施总面积5534900平方米，为繁荣全区的文体事业奠定了坚实的基础。

近几年，该局实施特色战略，形成了校园文化、军营文化、社区文化、“百千万工程”、民办文化五大文化品牌，其中校园文化、“百千万工程”正成为全国品牌。通过这些文化工程促进文体繁荣，使全区文体事业得到了蓬勃发展，广大群众的文化生活不断提高。每年举办文体活动百余场，参加活动群众达40余万人次。“新春文化节”，“红五月”，“武汉之夏”，“金秋先锋赞歌”，“棋类赛”等已成为洪山社区传统活动。影响闻名遐迩。

同时，该局在建设有中国特色的社会主义理论和党的基本路线方针的指引下，认真贯彻实施《体育法》和《全民健身计划纲要》，在“全民”上下功夫，在“健身”上做文章，努力满足人民群众日益增长的体育要求，形成了具有洪山特色的体育事业发展格局。

该局多次获得各项荣誉，2001年被省委、省政府命名为“湖北省文化先进区”，并被省文化厅推荐为“2001年度全国文化先进区”同时各级主管部门授予多项荣誉。

局领导上街作反盗版宣传活动

农村思想文化阵地建设现场会在我区召开

组织的洪山区社区迎国庆文艺演出

服务宣传周期间向部队赠书

全区第二届社区体育盛会

乡党委书记：胡佐喜

乡长：涂光群

洪山区

和平乡与您携手共铸辉煌

市领导李宪生等在余家头蔬菜基地调研

洪山区经济发展区和平铁机工业园

洪山区和平乡与武昌、青山、东湖风景区犬牙交错，全乡版图面积43.6平方公里，有19个行政村，三万多亩耕地和养殖水面，辖区内有近20家社区居委会，常住和暂住人口达10万多人。

近几年来，在上级党委政府的正确领导和社会各界的关心支持下，全乡始终坚持抢抓机遇，突出发展，以“团结、严谨、正派、高效”为办事格言，坚持“与时俱进，开拓创新”的前进方向，促进了两个文明建设快速发展，连续两届获“全国最佳乡镇”殊荣；连续10年获省、市“经济综合实力”和“十强乡镇”第一名；1999年被中央文明委授予“全国文明乡镇”称号。2001年实现17.5亿元的增加值，向国家纳税5790万元。

昔日的辉煌，为我们在新世纪、新形势下大发展奠定了坚实的基础，我们决心在当前的工作中抓好以下几件事：一是要在农业结构调整上勇于突破。做到农业结构调优、农产品质量调高、农业竞争力调强、农民收入调高，继续优先发展工厂农业、订单农业、生态农业和休闲旅游农业。二是重点抓好园区建设。通过园区建设，努力形成块状经济，并最终达到以布局结构调整带动产业升级。三是深入推进乡、村集体企业产权制度改革。做好“切一点刀”，不搞“一刀切”，强力推进改制，真正实现在改制中发展创新。四是加快开发引进工作步伐。要把招商引资作为上项目的主攻方向，努力营造宽松的招商环境，做到诚信至上，大局为重，与您携手并进，创造和平的美好明天。

地处徐东路黄金地段的武汉销品茂商城

洪山区洪山乡人民政府

HONGSHAN TOWNSHIP

乡党委书记：刘保民

乡长：李高兴

洪山乡是武汉市一个典型的城中之乡。西、北与武昌城区犬牙交错，东面是国家级高新技术开发区——东湖新技术开发区和风景秀丽的东湖风景区,南面是湖北省南湖高科技农业园。周边三大单位林立，三分之二的地区紧靠大中型企业和全国重点院校，交通便利。全乡现辖23个行政村，145个村民小组，1个居委会，8所小学，2所中学，1所职校，1座养老院，版图面积51190亩，总人口24197 人，耕地面积7489亩。水产养殖面积27169亩。

近年来，洪山乡党委、政府在区委、区政府领导下，结合全乡实际，坚持发展是硬道理，提出“农业抓规模、产品抓名气、商业抓市场、物业抓规范、旅游抓环境”的经济发展思路。党委政府一班人团结拼搏，经过历年的努力，全乡经济基础发展总体水平和人民群众生活发生了质的飞跃。洪山乡先后荣获多项省市级荣誉称号：“楚天明星乡镇”、“全国农民健身先进乡”、“省教育先进乡”、“省发展乡镇企业十强乡镇”、“楚天十佳乡镇”、“全省乡镇综合实力第二名”等荣誉称号。2001年洪山乡实现国内生产总值107500万元，实现村级提留8887万元，农民人均纯收入5829元，上交国家税收4851万元。

一份耕耘、一份汗水、一份收获，经过历届领导班子的创新，人民安居乐业，事业辉煌。在掌声中自责，在浪尖上弄潮，在困难里突围，在号令下冲刺，今天的洪山呈现一派欣欣向荣、蒸蒸日上的景象。我们决心将邓小平同志提出的“三个有利于”，江总书记提出的“三个代表”和乡党委、政府提出的“三个提高”做为工作指南，以最优惠的政策、最优良的环境、最优质的服务和最灵活的机制诚招天下客。

享誉中外的“洪塔”牌洪山菜苔

农民渡假村

HONGSHAN TOWNSHIP

麦德龙武昌商场

洪山区教育局

HONG SHAN QU JIAO YU JU

局长、党委书记：徐定斌

街道口小学的绿化环保小志愿者在行动

省级重点----石碑岭高级职业中学

特色教育稳定发展----武汉市盲童学校

洪山区教育局是洪山区人民政府的一个职能部门，属国家行政机关，负责党和国家的教育方针、教育法令法规在洪山区的贯彻落实，负责规划协调、管理、指导洪山区的各级各类教育。2001年，全区共有各级各类学历教育学校152所，在校学生80657人，教职工6175人，幼儿园44所，在园幼儿6074人，教职工935人；有农村成人文化技术学校15所；有社会力量办非学历教育学校33所。

2001年是洪山区教育喜获丰收的一年，全区教育教学目标全面完成，各类教育取得了明显进步。区教育局（原教育委员会）被评为全省“两基”（基本普及九年义务教育、基本扫除青壮年文盲）达标先进单位；湖北省教育科研五强区县，全国特殊教育先进区县。全区有127名教师分别受到国家和省、市、区的表彰。

洪山区幼儿入园率达95.29%；小学“四率”10项指标达到或超过了国家标准；7至15岁三类残疾儿童入学率达100%；初中入学率达99%，毕业合格率达99.2%；高考上线人次比2000年增加50%；广埠屯小学、街道口小学、洪山中学被认定为市级示范学校，华中师范大学附属小学被认定为省级示范学校，石牌岭高级职业中学被认定为省级重点学校。洪山乡成人文化技术学校和和平乡成人文化技术学校被认定为省级示范成人文化学校。

在洪山区委、区政府的领导下，洪山区的办学条件正在不断改善，各级各类教育在健康、稳定、持续地向前发展。

以“小班教学、英语特色、注重个性、和谐发展”为办学风格的英格中学

宏伟气派的洪山高级中学

武昌区教育局

局长：詹和祥

武昌区教育局在区委、区政府的正确领导下，坚持以教育改革与发展为中心，以实施“三课”（课程、课堂、课题）为突破口，以扩大优质教育资源为主线，以全面推进素质教育为根本出发点，充分发挥基础教育优势，全面实施教育开放战略、科研兴教战略、信息化战略、教育品牌战略，不断提高基础教育的综合实力，为实现教育大区向教育强区的跨越取得了新的成绩，开创了新的局面。

目前，全区各级各类学校128所。小学67所、单设初中38所、普通高中14所、职业学校9所。在中小学中，省级示范学校8所、市级示范学校7所、市级先进学校35所。我区办学历史悠久的老校名校多如：武汉中学、省实验中学、14中、15中、市女子高级中学、33中、25中、省实验小学等都是百年老校，具有光荣的革命传统或厚重的历史积淀；全区教职工共有10414人，其中在职6921人，离退休3493人；国务院津贴获得者1人，市管专家2人，市津贴获得者7人，区管拔尖人才16人；特级教师28人，市学科带头人48人，市优青64人。在校学生人数总计10.7万。其中小学生4.7万、初中学生4.2万、高中学生1.9万。

武昌教育具有影响深远：93年被原国家教委评为全国首批“两基”达标区、全国特殊教育先进区；95年被湖北省、武汉市评为省、市‘普九’达标先进区，被湖北省确定为省爱国主义教育实验区，96年被原国家教委评为全国义务教育阶段活动课程实验区、全国自学考试先进单位；97年湖北省、武汉市确定为省、市首批素质教育实验区；2001年又被评为省“两基”达标先进区、省“十强科研区”,同时又被国家教育部确定为全国首批国家基础教育课程改革实验区。我区已经形成以粮道街中学的希望教育、实验中学的创造教育、华师一附中的素质学分制、武汉中学的人格教育、十四中学的成才教育、实验小学和45中的整体改革、昙华林小学“三个了不起”的德育教育等“十大教育品牌”，成为基础教育的“百花园”。

开展科技活动示范基地建设

大力开展“课堂教学与学生主体”研讨活动，陶冶学生情操。

不断加强地区学校与国际学校之间的合作与交流，让学生开阔眼界、增长见识。

全国首批科普示范城区

武昌区

三进三创一消除”活动是武昌区科协结合城市社区特点探索出的一种社区科普活动的成功经验。近年来，这一活动得到中国科协，省、市科协的肯定和推广。图为全国部分城市社区科普工作研讨会在武昌区召开，总结推广这一经验。

武昌区科学技术协会是全区科学技术工作者的群众组织，是中共武昌区委领导下的人民团体，是区委和区政府联系科技工作者的桥梁和纽带，是区域内发展科技事业的重要力量。区科协于1980年6月成立，现在的第六届委员会，有委员84人。科协机关设二个内部机构(办公室、学会普及部)，现有干部7名，办公地点在武昌中山路307号。区科协下属13个街道科协(195个社区居委会科普站)，19个区属学(协)会，一个行业(工交)科协和一个直属二级机构---武昌科技咨询服务中心。

其工作职责为：开展学术交流，普及科学知识，进行科技咨询，组织继续教育培训，办好科技人员之家。近年来，区科协在发挥科普工作“四个网络”作用，开展“三进三创一消除”活动、创建科技教育特色学校活动、以及科普橱窗硬件建设、地区单位科普资源的利用等方面正形成自身特色，成为重要品牌。

区科协1998年荣获武汉市首次命名的“武汉市科普工作先进集体”称号。曾多次先后被省科协评为“科普工作先进集体”和“‘科学素质工程’先进单位”，2000年被省科技厅、省人事厅、省委宣传部、省科协联合评为湖北省科普工作先进集体。1999年 11月，武昌区被中国科协确定为首批全国科普示范城区之一。连续6年被区委、区政府授予“文明机关”称号。

武昌区委、区政府非常重视区科协工作，坚持定期听取区科普工作汇报。图为区委副书记吴志振（中），区政府副区长李纪武（左二）在区科普工作汇报会上。

武汉市科协副主席严昌琪(左二)，区科协主席、党组书记周训(右二)，区科协副主席方汉生(右一)，原区科协主席方汉堂(左一)在2002年区科协工作会议上。

近年来，武昌区科协十分重视科普阵地建设，区、街两级科协先后建有具有现代化的大型科普长廊五座，共110余米，全区社区科普站建立较大规模的科普橱窗30余座。图为区科协科普长廊一角。

结合自身特点，卓有成效的开展每年科技周活动是武昌区科协工作又一特色。图为 2001年区科技周在武昌首义广场（阅马场）进行大型科普宣传活动。

武昌区科协始终把围绕中心工作开展科普活动作为重点。图为为推动“绿色武汉”行动计划的实施，区几大家领导以科普志愿者”身份参加区科协举行的“绿色武昌、科学生活”大型街头科普活动。

（图片摄影周训、高喻平、肖善华）

武昌区中南路街办事

区委委员
办事处主任 王继连

中南路街位于武昌区东南部，总面积约12平方公里，总人口约13万；有130余个县处级以上单位、21个驻军部队、28个社区居委会。省委组织部、省总工会和中南路街联合投资兴建的社区服务示范基地是全省社区的一个窗口。秀美的洪山广场，是市内最大的群众休闲娱乐场所；以洪山宝塔、施洋烈士陵园、洪山公园为主体的洪山风景区，是人们瞻仰先烈和观赏景致的好去处；长春观、宝通寺和莲溪寺古朴肃穆，久负盛名，是闻名中外的游览胜地。环境优越．经营兴旺的中南商业大楼、亚贸广场、小东门建材市场，是广大顾客购物的天堂。中南路街是一个以金融、商贸、高新技术、房地产开发为主；集科研、建材、娱乐、旅游、休闲为一体的综合型街道。

近年来，中南路街在武昌区委、区政府的领导下，在全辖区单位．纳税人、居民的积极支持下，狠抓环境创新，大力发展税源经济，两个文明建设取得丰硕成果，先后获得“省双拥先进 街”、“市先进街道党工委”、“市文明街”、“市五一劳动奖状”等50余项荣誉称号。今年实现总产值9.5亿元，实现利润9300万元，实现税收26020万元。跨入武汉市经济强街之列，继续保持着经济高速增长的良好势头。

回顾以往，心潮澎湃；展望未来，信心倍增。我们将以饱满的热情，旺盛的斗志，抢抓机遇，迎接挑战，再创辉煌。

处

省委副书记黄远志同志、省工会常务主席郭佩英同志在武昌区委书记张学忙同志、副书记黄楚卿同志的陪同下视察梅苑小区社区服务示范基地。

中南路街新班子成员合影

社区体育运动文化节开幕式

2001年10月，武汉女企业家金秋座谈会在梅苑小区召开

社区老年夫妇积极参加社区活动

中南路街工作人员参加禁毒日宣传“百人接力”

武汉市第二中学

江城学子成才的摇篮

武汉二中高一新生军训阅兵式

校长詹仲振（中）党委书记董汉（右）陪同市政协主席刘善壁参观艺术长廊

武汉二中是湖北省最早的省重点中学之一。1999年经省政府、教育督导室评估授予湖北省示范学校称号。2000年被全国总工会授予《全国模范职工之家》、2001年又定为湖北省电教示范学 校。

学校坚持“着眼主体，面向未来，培养志向高远，人格健全，基础厚实，素质全面，特长明显，自主自律，善于创新的一代新 人”的教育目标，致力于“主体教育”的课堂教学模式。在课堂教学中充分发挥学生的积极性、主动性和创造性，激活学生思维，注重学法指导，使学生学习能力在课堂四十分钟内获得最大限度的发展。

为推进实施素质教育，学校大力进行课堂课程结构改革，逐步建立完善必修班、选修课、隐性课三大板块组成的新型课程体系，积极开展社会实践活动，促进学生全面素质的提高。

学校1994年至2001年八年高考，八铸辉煌，八登江岸区高考榜首，并稳居全省前列。高考上重点率、本科率分别达到70%和90%以上，升学率达99%。近几年学校加快对外开放步伐，先后两次组织赴英国曼彻斯特考察，开创学生组团出国访问交流的先例，使我校对外友好交流的学校发展到14所，遍及港澳地区和欧、美、澳三大洲。

学校师资力量雄厚，教学设施一流，教师爱生敬业，学校科学管理，教风学风优良。

在科教兴国，全面实施素质教育的春天，二中人正在努力创全国千所示范学校，为把二中办成全国闻名、国际知名的学校而努力奋斗。

武汉市实验学校

校长、党委书记、优秀专家：苏先照

武汉市实验学校是湖北省武汉市基础教育实验学校，是国家教材教法实验先进学校，全国课外活动先进学校，国家教育部、中央教科所重点课题实验学校，湖北省艺术教育先进学校，湖北省招飞工作先进学校，武汉市素质教育实验学校，武汉市艺术教育特色学校，武汉市现代技术教育先进学校，武汉市普通中小学办学水平先进学校，现比照省重点招生。

学校办学条件优，育人环境美，教师队伍精，教育质量高。学校现有高、初中专职教师103人，其中省特级教师3人，省优秀青年教师1人，高级教师51人，市学科带头人5人，市优秀青年教师2人，区管专家2人，区学科带头人10人，区优秀青年教师6人，具有研究生学历12人，他们素质全面，教风严谨，勇于创新，为人师表，在各级各类教育教学评比竞赛中，屡屡荣获大奖。

国家督学柳斌同志为我校题词

在各级政府及教育行政部门的亲切关怀和大力支持下，在以校长为首的校领导班子的带领下，学校一贯坚持全面贯彻党的教育方针，坚持以全面提高学生综合素质，培养学生意志品质和科学创新能力为己任，以人为本，与时俱进，励志守纪，勤勉求索，在“健全人格，发展特长”的办学实践中，经全体教职员工的共同努力，不断取得“低进高出，高进特出，特进精出”的骄人成绩，为四化建设培养出大量优秀人才，不少学生毕业后分别走上各级、各部门领导岗位，“实验学子”享誉国内外。

副省长王少阶同志慰问我校省特级教师王余兴

二级甲等中西医结合医院

中华人民共和国
国家中医药管理局

武汉市第二中西医结合医院

武汉市第二中西医结合医院，又名672医院，座落于武汉东湖之滨、卓刀泉（珞瑜路95号），医院地处东湖新技术开发区，交通便利，环境优雅。

医院是一所以骨伤、心血管、眼科等为重点特色专科，其它临床各科医疗功能齐全的国家二级甲等中西医结合医院。

医院原是中国人民海军及中国舰船研究院医疗单位，拥有一批学术造诣精深、医德高尚的医学专家和中青年骨干，他们中有享受政府特殊津贴的专家，也有曾荣获省部、市级精神文明奖励的先进工作者。医院采用包括网络计算机管理信息系统在内的先进管理方式与方法，拥有严格完善的管理体系。医院正积极面向21世纪的医药卫生事业的要求和挑战，加强中西医结合治疗的应用和研究，为我国的医药卫生事业的发展而努力。

医院设有急诊、骨伤、内科、外科、妇科、儿科、眼科、口腔、皮肤性病、预防保健、康复、美容、肝病、颈椎病、中医肿瘤、高压氧等临床专业科室及专病专科。同时开展多种体检、化验及康复等服务。

电子信箱：（Email）info@672hospital.com
医院地址：武汉市洪山区卓刀泉珞瑜路95号
咨询电话：027-87878085、87869790-830/831

武汉市老中医药门诊部

名医荟萃　医技精湛　药优价廉

该部创办于1993年2月，系由武汉三镇一些大医院，52位离退的著名主任中医师和中西医结合专家教授组成，并轮流应诊，至今已为国内外30余万人次的多种疑难重症患者，解除或缓解了病痛，深受社会好评，为此国家中医药管理局及省、市有关领导，均给予了高度赞赏勉励。

该部优势体现在如下三个方面：

一、专家阵容实力雄厚：他们中有30位曾先后担任过全国和省市中医药，针灸中西医结合等医药学术团体的重要学术职务，实系各相关学科老一辈学术带头人；有20位兼任过省市中医药高级技术职称、科研，新药评审等委员会委员和副主任委员；其中有10余位属全国老中医药专家学术继承工作带教指导老师，并荣获国务院暨省、市政府颁发的突出贡献专家及特殊津贴；不少专家曾多次出国讲学、援外医疗或作学术交流。如仅就该部中医药及中西医结合高级专家的技术专长和人数之众而言，确可谓名医荟萃，决不逊于某些大医院在这方面的实力。故在鄂省内外均有较高声誉、慕名求医者络绎不绝。

二、科别设置齐备，专科、专病疗效突出；设有：内、外、妇、儿、五官、针灸、正骨推拿、皮肤、痔瘘、肿瘤等专科；还辟有老年病、肝胆病、肾病、骨伤、消化道疾病、心脑血管疾病、男女不育不孕症、糖尿病、中风偏瘫等专科专病。

三、药优品齐价廉：选购道地药材，精制饮片煎剂；为方便患者并依据不同的病情特点，有针对性地加工制作膏丹、丸、散剂；其药价平均低于市场价格的10%以上。

部址：汉口一元路（市卫生局楼下）。
电话：（027）82801598（传真）、82838788
邮编：430014

曾任国家中医药管理局副局长，中国民族医学会会长诸国本（右），2001年在本市卫生局陈振中（左）副局长陪同下，视察该部时，高度赞扬门诊部软件建设属一流。因此希望能给老中医专家们提供更好发挥余热的场所，加强硬件建设。

国家中医药管理局顾问于生龙（左二带眼镜者）、暨局老领导张洪魁（右二）、诸国本（右一）二位局长，在会议期间接见本部主任王海涛（左一）时合影。

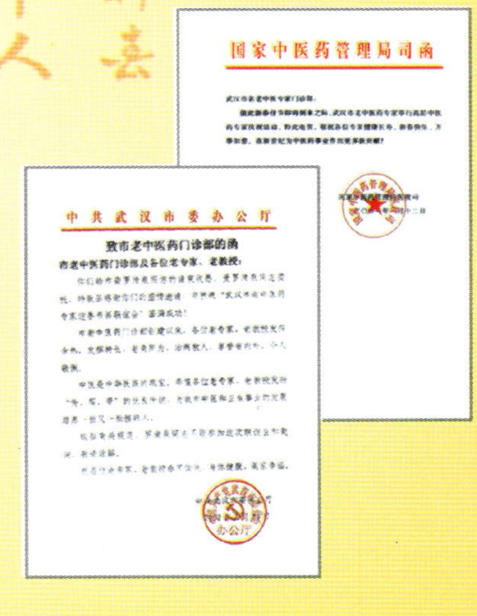

武汉锅炉集团阀门

董事长、总经理：

武汉锅炉集团阀门有限责任公司有近50年的阀门生产历壳史，取得了美国贝尔国际验证机构颁发的ISO9001：2000版质量体系认可证书。该公司是国家电力公司（200MW、300MW）火电机组主要辅助设备推荐厂；是中国石化系统物资资源市场成员厂。能为火力电站、石油化工、核电、城市管网等工程系统提供阀门和管道的成套服务。可为用户提供安全阀、调节阀、闸阀、截止阀蝶阀等12个类型，公称通径DN4-3500mm、公称压力从PN2.5~42Mpa共1000多个品种规格的高、中、低压阀门产品。

地址：武汉市武珞路586号
电话：027-87643755　87657343　87657503
传真：027-87655084
http：//www.wuhanboiler.com
Http：//www.wbcl.com.cn
E-mail：valvewbg@pulic.wh.hb.cn.

有限责任公司

市委书记罗清泉、常务副市长张代重等领导来公司视察

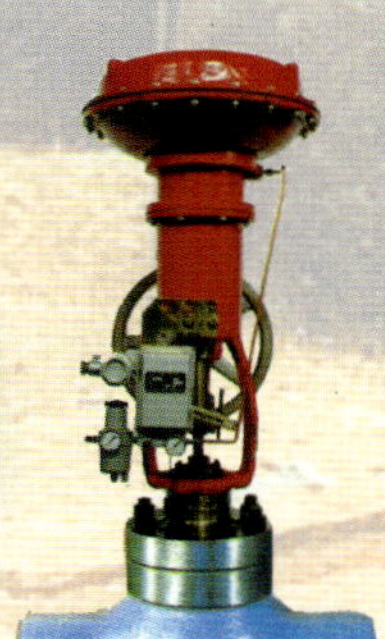

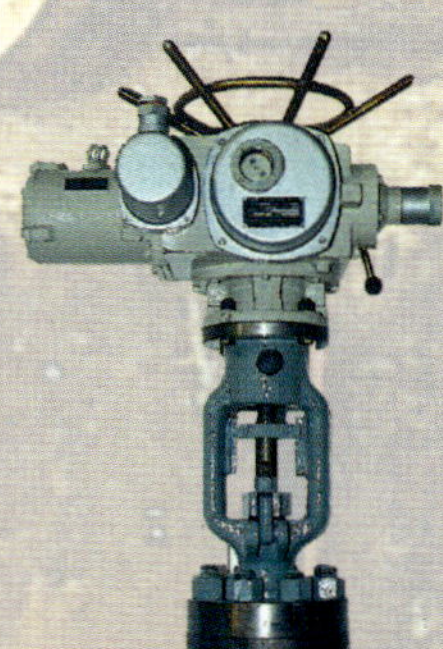

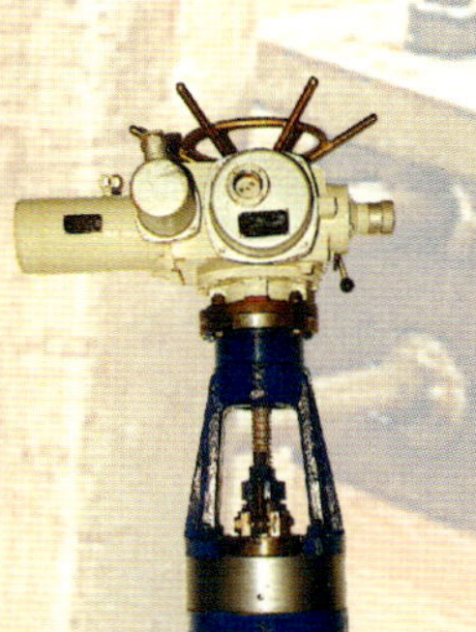

WTD 第一副总经理

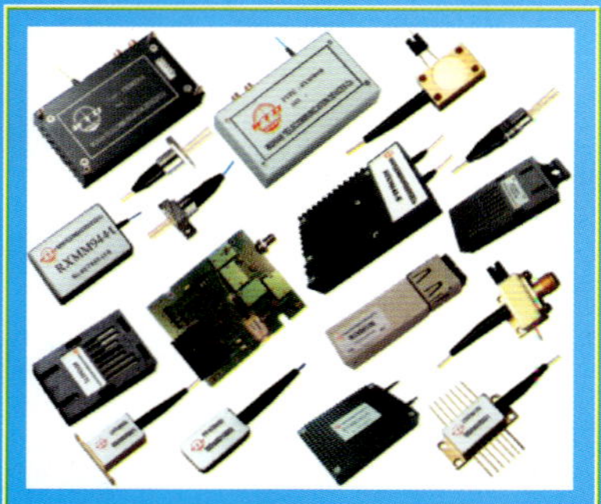

器件公司

ICATION DEVICES CO.

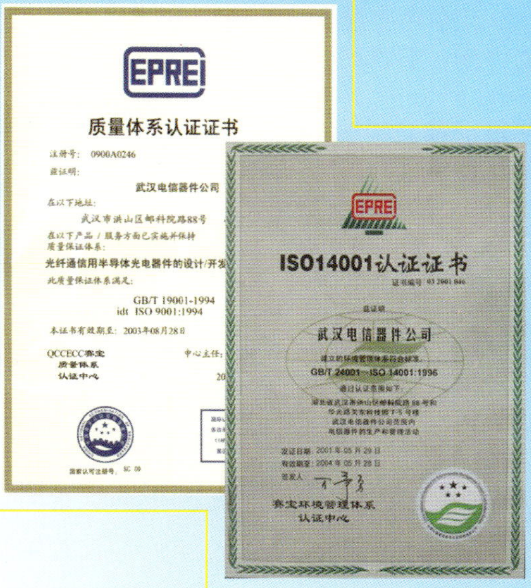

企业文化

我们的工作原则：勇于创新、充满干劲、处事积极、专业水平、质量可靠。并在内部推行 "5S"（组织、整洁、清洁、标准、纪律）目标管理，取得了显著的效果。

质量体系

公司一贯坚持"顾客至上，质量第一"的经营方针。按照国际一流企业标准实施企业内部控制，引进和装备了先进的MRP-II计算机管理系统。所有产品均严格按照以IEC标准和Bellcore有关建议为基础的本企业标准进行检验。1996年通过ISO9002质量体系认证、1997年通过ISO9001质量体系认证、2000年通过ISO14001环境管理体系认证，目前正在进行TL9000电信业质量管理体系的宣贯。

省、市领导

,2001年，科技部徐冠华部长、科技部程津培副部长、湖北省张国光省长、陕西省省委肖月梅副书记、高新技术司马德秀司长、中央文明委李伟局长、武汉市市委书记罗清泉等领导莅临WTD指导工作。

武汉市重点建设项目

武汉市江堤整险加固工程

武汉市江堤整险加固工程从1999年初至2002年2月，先后完成了“可研”、“初设”的审批工作，于2002年2月，以长计[2002]69号文《初步设计报告》(非隐蔽工程)进行了批复，核定投资为298644万元，其中国债资金178000万元，利用外资44547万元，地方配套76097万元，工期四年。

武汉市江堤整险加固工程建设标准：为防御1954年型洪水，堤顶高程按1954年最高洪水位超高1.5-2.0米，面宽6-12米，内外坡比1：3；内平台宽30米，外平台宽50米；堤内100米范围内的渊塘填至地面高程。重点险工险段进行堤基截渗或盖重处理。

武汉市江堤整险加固工程建设内容及主要工程量：整险加固堤防总长346.6公里，其中城区堤防194.45公里，效区堤防152.15公里，堤基加固长度39.33公里，堤身加固长度286.12公里，修筑砼路面193.87公里，沥青路面55.1公里，迎水面砼预制块护坡268.67公里，干砌石护坡1.85公里，草皮护坡6.05公里，加固穿堤建筑物164座。锥探灌浆232公里，加固土方4685万立方米，各类石方175万立方米，各类砼111万立方米，房屋拆迁78.06万平方米。

武汉市江堤整险加固工程从1999年至2001年，共招标128个标段，截止2002年6月底，完成71个标段，完成主要工程量：加固土方3286万立方米，穿堤建筑152座，堤身护坡122公里，堤顶公路55公里，房屋拆迁78.06万平方米，完成投资186168万元,全部工程于2002年底竣工。

市领导李宪生视察堤防工程建设现场

龙王庙险点变成了景点

土堤改建防水墙工程

竣工后的江永堤

武汉市重点建设项目

武汉市汉南至白庙整险加固工程

市委书记罗清泉视察江永堤加固工程现场

护坡铺砌在紧张进行

武汉市汉南至白庙整险加固工程从1999年年初至2002年2月，先后完成了“可研”、“初设”的审批工作，于2002年2月，以长计[2002]68号文对《初步设计报告》(非隐蔽工程)进行了批复，核定投资为40363万元，其国债资金19462万元，利用外资12528万元，地方配套8373万元，工期四年。

工程建设标准：汉南长江干堤按防御1954年型洪水位，东荆河堤采用陶朱埠分流5000秒立方米，相遇汉口1931年洪水位28.28米，陶朱埠分流3500秒立方米，相遇汉口1954年洪水位29.73米两种情况推算的洪水水面线取外包线确定；堤防按二级，穿堤建筑物按相应堤防的设计标准进行加固。堤顶高程按设计洪水位加超高1.5米，堤面宽8米，并铺设6米宽的泥结碎石路面。

主要工程内容及工程量：按照原堤线加高培厚50.252公里，修筑砼路面9.517公里，泥结碎石路面40.735公里，浆砌石及砼护坡50.252公里，锥探灌浆37公里，穿堤建筑物加固15座，土方加固1108万立方米，各类石方25.3万立方米，各类砼8.3万立方米，房屋拆迁1.8万平方米。

汉南至白庙整险加固工程从1999年至2001年共招标10个标段，截止2002年6月底，完成5个标段，完成主要工程量：土方803万立方米，堤身护坡7公里，堤顶公路15公里，穿堤建筑物9座，房屋拆迁0.8万平方米，完成投资21713万元，工程于2002年底全部完工。

竣工的护坡工程

大堤土方加培

武汉市重点建设项目——

武汉市二妃山垃圾处理场

2002年3月15日市委常委、副市长涂勇会见友城荷兰阿纳姆市代表团。

1999年9月二妃山垃圾处理场场长陆文随政府代表团考察法国垃圾收集设施制造企业。

随着改革开放进一步深入，我市经济发展进程加快，市民生活水平有了很大提高，城市垃圾产量迅速增长。目前我市日产生活垃圾约6000吨，其中武昌地区日产生活垃圾约2000吨。如何处理大量的垃圾一直是武汉市城市建设和经济建设可持续发展急需解决的问题之一，特别是我市江南地区，原有的老式垃圾填埋场处理方式简单，对周边环境影响较大，且填埋量已趋饱和。对此，迫切需要在江南地区新建一座符合国家标准的垃圾无害化填埋场。

经过充分勘探研究，武汉市有关单位在江夏区二妃山选择了一处荒山洼地作为新垃圾填埋场用地，并决定申请使用荷兰政府环境与经济贷款（即MILIEV）建设该项目。省、市各级政府以及荷兰阿纳姆市对本项目非常重视并给予了大力的支持。本项目是武汉市与友好城市荷兰阿纳姆市之间成功合作的第一个项目。

本项目占地351亩，总投资1.396亿元人民币，利用荷兰政府混合贷款940万欧元（其中荷兰政府赠予60%。垃圾场划分为五大功能区：综合管理区、垃圾分选区、垃圾填埋区、污水处理区和沼气发电区。设计日处理城市生活垃圾800吨，分4个单元进行分期填埋，达到雨污分流的目的。场地使用年限10年以上，库容量达400万立方米。

本项目的宗旨是：根据中国、荷兰及国际标准和规范，利用荷兰方面的成功经验、专业技术和设备，设计、建设、运行和维护一个适合我市实际的高标准卫生填埋场。通过对城市垃圾进行无害化处理，改善了城市环境，提高了居民的健康水平，有利于环境创新和生态平衡，能从根本上解决垃圾污染问题，将产生非常显著的环境效益和社会效益。

本项目主体工程于2002年3月开工。在工程建设中我们严格落实“三个代表”的重要思想，严把工程质量关，严格按工作程序开展工作，加强对工程建设的管理监督，搞好干部职工的思想教育，牢固树立质量意识、全局意识、责任意识、廉政意识。努力在全体干部职工思想上、行动上构筑党纪国法和思想道德的“防腐墙”，杜绝腐败现象。争取将本项目做成国际知名、国内一流的垃圾处理场，为我市的环境创新和碧水蓝天建设作贡献。

2002年 3月 15日
荷兰阿纳姆市代表团视察二妃山垃圾处理建设工程。

1999年10月20日利用荷兰政府贷款武汉市垃圾处理项目合同签字仪式。

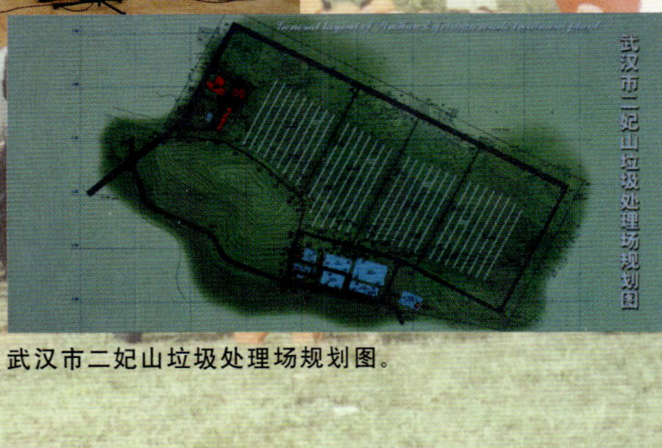

武汉市二妃山垃圾处理场规划图。

武汉重点建设项目——

华中软件园

Central china software park

华中软件园是由国家及湖北省、武汉市政府和东湖开发区管委会于2000年3月共同筹划建设，旨在集中华中地区，特别是武汉地区软件产业的优势产品和优势企业，通过提供更多的政策扶持和更好的发展环境，促使软件产品的产业化和市场化，从而带动湖北软件产业的发展。为落实各级政府及领导的这一构想，加速华中软件园的建设，由东湖开发区管委会发起，于2000年7月正式组建了武汉曙光软件园有限公司，负责华中软件园的规划建设与管理。

华中软件园是“武汉·中国光谷”和武汉科技新城的门户，东临关山一路，北倚南湖南路，占地1620余亩，规划建设总面积100万平方米，总投资约15亿元。分为IT文化园区、软件产业区和商居生活区等三个功能区。计划用3-5年时间全部建成。

华中软件园作为“武汉·中国光谷”第一个新实施的重大基本建设项目，湖北省软件产业示范工程，计划建设成国家级软件产业园区。华中软件园不仅享有得天独厚的政府资源和地理优势，而且在园区的规划建设上，充分考虑软件产业的发展要求，精心设计，完美规划：55%的绿化空间、1000M级宽带数据网、庭院式建筑布局、大面积公共广场，将现代人文景观与自然生态环境融于一体。同时还致力于园区的软环境建设，引进工商、税务、金融等职能机构，建立软件产品市场和培训交流中心，实施全过程智能化服务和管理，为软件企业提供了一个既具创新文化氛围又有良好生活环境、设施齐全、服务完善、管理智能化的理想家园。

武汉曙光软件园有限公司
武昌关山一路1号华中软件园
图文传真：87611115
网址：www.ccsp.crp.cn
邮政编码：430073
总机.................87611117
招商.................87611116

武汉黄鹤楼酒业集团

CHINA WUHAN HUANGHELOU DRINK GROUP TIANJIOU CO

天久公司

书记：李家喜

总经理：韩宝光

武汉黄鹤楼酒业集团天久公司（前身武汉黄鹤楼酒厂汉阳分厂，始建于1981年）是生产黄鹤楼名酒及黄鹤楼优质酒基地。公司位于武汉市汉阳鹦鹉大道，占地面积76000平方米，建筑面积45000平方米。投资6300万元的扩建工程全面完成，整个厂区气势恢宏，绿树成荫，花木环绕，具有现代化企业和园林化标准。

公司以从严、求实、团结、奋进的精神，集现代化管理手段，先进的技术装备，实现创一流企业、出一流产品，创一流效誉的诺言。

公司除生产黄鹤楼名酒，优质黄鹤楼酒外，恢复改进老品牌晴川系列开发新产品天久老窖和天久醇等高、中、低档系列产品奉献给广大消费者，真可谓人间美酒何处寻，天久老窖天久醇。

团结进取的领导集体

公司大门

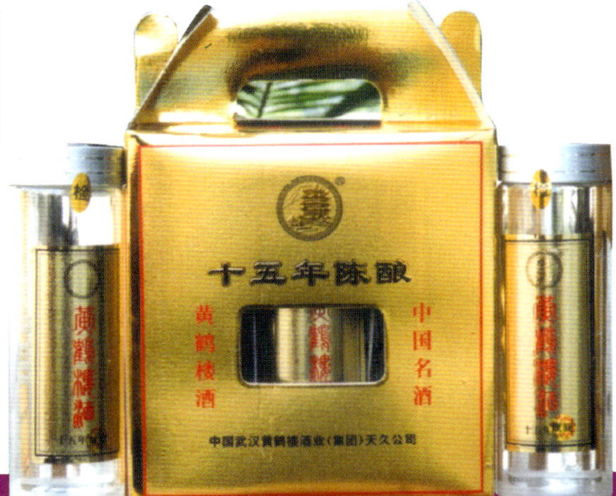

厂区一景

公司地址：武汉市鹦鹉大道558号　邮编：430050　电话：027-84523874

中国一冶建筑企业公司矿渣厂

中国一冶建企公司矿渣厂地处十里钢城东部，现有职工60人，建厂三十多年来，他们利用武钢高炉熔炼渣生产矿渣骨料，累计达数百万吨，用矿渣加工制作的混凝土预制构件遍布中南地区。在市场经济的大潮中，他们在服务武钢、关注环保、取得良好社会效益的同时，坚持“以市场为导向、以服务为龙头、以质量为根本、以信誉为保证”的生产经营理念，克服设备老化、环境恶劣种种困难，自力更生、艰苦创业，“两个文明”建设取得了丰硕成果。1999年至2001年，累计完成产值510万元，实现利润108万元，连续三年评为中国一冶的标兵集体和先进基层党组织，成为一冶改革发展的排头兵，被誉为渣山灰海中一面不褪色的红旗。

生产破碎系统一角

产品源源不断销往外地

武锅集团广域经济发展有限责任公司

国务院副总理吴邦国在省、市领导陪同下视察广域公司兴办的“广域平价”

“要大力推广武锅集团分流人员附加带走有效资产的经验，积极引导企业采取多种形式对主管业务和辅助生产部门进行剥离，实现自我减负。”

——省长张国光在全省国企改革与发展工作会上的讲话摘要

2000年年初，市委对武锅集团的班子进行了调整，新班子组成后，提炼了“激情燃烧，承压奋进”的武锅精神，并在武锅精神的激励下，公司的各项工作成效显著，从2000年开始，以每年50%连续减亏共计5051万元。

为了精干主体，减轻社会负担，集团公司加大了后勤部门分流改制的工作力度。根据市政府文件精神，将下属的总务处、教育中心、膳食处、招待所、社区办、各子公司的商贸门面等七个后勤社区职能部门计294人与武锅主体分流。经过资产评估等法律程序，从后勤资产中剥离433万元设立广域经济发展公司。

合资兴建的广域购物长廊